FUNDAMENTAL PRINCIPLES OF HEALTH LAW

卫生法学原论

申卫星　主编

人民出版社

责任编辑：王青林　江小夏

图书在版编目（CIP）数据

卫生法学原论/申卫星 主编. —北京：人民出版社，2022.5
ISBN 978 - 7 - 01 - 024358 - 0

Ⅰ.①卫…　Ⅱ.①申…　Ⅲ.①卫生法-法的理论-中国　Ⅳ.①D922.161

中国版本图书馆 CIP 数据核字（2021）第 262432 号

卫生法学原论

WEISHENG FAXUE YUANLUN

申卫星　主编

人 民 出 版 社 出版发行

（100706　北京市东城区隆福寺街 99 号）

北京中科印刷有限公司印刷　新华书店经销

2022 年 5 月第 1 版　2022 年 5 月北京第 1 次印刷
开本：787 毫米×1092 毫米 1/16　印张：38.5
字数：775 千字

ISBN 978 - 7 - 01 - 024358 - 0　定价：168.00 元

邮购地址 100706　北京市东城区隆福寺街 99 号
人民东方图书销售中心　电话 （010）65250042　65289539

主　编：申卫星

撰稿人（以撰写章节为序）：

申卫星　满洪杰　杨淑娟　赵　敏　刘兰秋　杨　芳

作 者 简 介

　　申卫星，清华大学法学院院长、教授、博士生导师。国务院政府特殊津贴专家、国家万人计划哲学社会科学领军人才、第七届"全国十大杰出青年法学家"、国家卫生健康委员会法律顾问、国家药品监督管理局法律顾问。中国法学会常务理事、中国卫生法学会副会长、中华预防医学会公共卫生管理与法治分会主任委员。德国洪堡学者、美国哈佛大学法学院富布莱特访问学者。主要研究领域为民法学、卫生法学、计算法学，出版《民法基本范畴研究》《期待权基本理论研究》《中国卫生法前沿问题研究》《〈中华人民共和国基本医疗卫生与健康促进法〉理解与适用》《〈医疗纠纷预防和处理条例〉条文释义与法律适用》等著作和教材 19 部；发表法学学术论文 90 多篇。参与《民法典》《基本医疗卫生与健康促进法》《人体器官移植条例》《医疗纠纷预防和处理条例》等多部法律法规的起草论证和修订工作。

　　满洪杰，华东政法大学公共卫生治理研究中心主任、教授、博士生导师。复旦大学法学院民商法学博士，山东大学人权法学博士后。中国卫生法学会常务理事、中华预防医学会公共卫生管理与法治分会委员会常务委员、中国法学会民法学研究会理事、中国人权学会理事。先后在美国威斯康星大学法学院、德国马克斯普朗克比较法和国际私法研究所、加拿大麦吉尔大学、日本学习院大学任访问学者。主要研究方向为卫生法学、民商法学、人权法学。出版和主编专著 8 部，发表中、英文论文 40 余篇，主持国家社科基金项目等科研项目多项。

　　杨淑娟，吉林大学公共卫生学院教授，吉林大学法学学士、管理学硕士、医学博士。中国卫生法学会副会长，中华预防医学会公共卫生管理与法治分会副主任委员，吉林省健康管理学会健康法学委员会主任委员。从事卫生法学教育和研究工作 20 余年，是我国首批医事法学专业创始学校——吉林大学医事法学专业的创始人。参与多部国家、地方卫生法的立法起草、论证和研究工作，同时承担国家卫健委和地方卫健委委托的多个项目的专家论证、风险评估等智库服务。承担《对已取消下放的卫生健康行政许可事项事中事后监管措施落实情况评估研究》等国家、省市级科研项目 20 余项；在此领域发表论文 30 余篇，主编、副主编、参与编写《卫生法概论》等教材、著作 10 余部。

赵敏，湖北中医药大学卫生健康与中医药法治研究中心主任、教授，卫生法省级教学团队负责人，医药卫生法学重点学科负责人，北海道大学访问学者。湖北省新冠肺炎疫情防控综合专家组法律服务专家，中国卫生法学会常务理事兼学科建设与教学委员会副主任，中华预防医学会公共卫生管理与法治分会常务委员，湖北省卫生健康法学会副会长，湖北省医院协会法制专委会副主任委员，湖北省应急管理法学会常务理事。长期从事卫生法学教学研究工作，出版专著、教材30余部；发表学术论文90余篇，主持包括国家级在内的各级课题24项，承担教育部首批新文科研究与改革实践项目"医学与法学深度交叉融合的卫生法学专业建设与探索"。

刘兰秋，首都医科大学医学人文学院卫生法学系教授、博士生导师，中国政法大学法学博士，首都医科大学卫生法学研究中心主任，中国政法大学卫生法学研究中心兼职研究员，首都卫生管理与政策研究基地研究人员，中华预防医学会公共卫生管理与法治分会常务委员，中国医院协会医疗法制专业委员会分会常务理事，中国卫生法学会学术委员会委员，北京市法学会理事，北京卫生法学会常务理事，北京市法学会"百名法学英才"。出版独著1部，主编5部，副主编10部，在《比较法研究》《中国行政管理》等刊物发表学术论文近50篇，主持完成国家社科基金等省部级以上课题5项，获北京市第十一届哲学社会科学优秀成果奖一等奖，研究成果多次被政府相关部门采纳。

杨芳，安徽医科大学法学院副院长、医学人文研究中心专职副主任，教授。先后毕业于安徽师范大学、西南政法大学、南京师范大学、安徽大学，清华大学法学院访问学者。中国卫生法学会教学与学科建设委员会副主任委员、中华预防医学会公共卫生管理与法治分会常务委员，中国科技法学会理事，安徽省法学会卫生法学研究会副会长，安徽省医学伦理专家委员会委员，担任多家医院伦理委员委员。长期从事民法学、卫生健康法学和医学伦理学的教学和研究工作，主持和参加国家社科基金项目等多项，出版专著多部，主编省规划教材等多部，发表第一作者学术论文40余篇。

目　录

第二编　以公众健康权为核心的国民健康法

第三编　以个体健康权实现为目标的医疗服务法

第四编　健康权实现的物质基础：健康产品法

第五编　健康权的伦理向度：生命伦理和法律

序　言

　　这是一本致力于推动中国卫生法学理论科学化的教材。长久以来,一直有这样一个心愿,就是出版一本高度理论化和体系化的卫生法学教材,以彻底改变卫生法学教学和研究的现状,重塑人们对卫生法学科的形象,使得卫生法学成为一个科学、体面、有尊严的独立学科,更能适应健康中国的法治化需求。

　　最早接触卫生法是在 2003 年,彼时非典刚刚结束,人们还沉浸在对 SARS 的恐惧中,社会对白衣天使和公共卫生工作地位的尊重也达到了前所未有的程度。可是好景不长,各地又出现了不同程度的医患冲突,有些甚至演化升级为伤医乃至杀医事件。除了公法上需要思考非典引发的强制隔离与人的基本权利保障之间如何平衡外,作为民法学人,我自然觉得有义务回应医患关系这一人类社会最基础、最根本、最重要的社会关系所引发的法律问题,否则民法何以为市民生活的百科全书? 同时,2003 年深圳正在起草《人体器官捐献移植条例》,起草者征求对器官乃至遗体法律属性的看法,到底是人体组成部分,还是"物"? 让我第一次感受到了学理对实践中鲜活问题回应的乏力。

　　长久以来,涉及卫生法的问题,传统法学学者要么觉得缺乏医学背景不愿置喙,要么觉得问题琐碎不屑参与。须知法学作为社会科学的重要组成部分,自然应以通过权利义务的合理配置解决社会问题、推动社会发展进步为己任。面对从生到死的诸多法律问题,法律人岂可因问题琐碎而自傲得不予理会? 由是,我投身到医疗健康引发的卫生法学问题的研究,具有更强的时代价值和社会使命。

　　2004 年暑假,受清华大学委派到美国天普大学接受了为期一个月的名为"Health Law Workshop"的卫生法学培训,Scott Burris 等美国十多位教授从各个角度对卫生法学的讲授,让我们意识到了卫生法学知识的广博和重要价值,回来后我们同行参加培训的11 名学者就在美国所学课程结业报告的基础上,组织编写了《中国卫生法前沿问题研究》教材。因是专题研究,这部教材虽有一定深度但是体系未尽完满,只能作为研究生用书。从美国学习卫生法回来后,我在清华大学法学院创立了卫生法研究中心,并开设了中国卫生法专题研究课程,旨在培养医学与法学的交叉学科人才,同时致力于推动卫生法学教育进法学院。

　　过往,卫生法学的教学大多是在医学院校进行,在法学院因为前述原因极少开设。

在意识到卫生法学的重要性并推动卫生法学教育进法学院的过程中,我们发现既有的卫生法学教材,内容上大同小异,形式上基本是将现有的法律法规逐一释义汇总成书。这样的教材让学生学习卫生法时,只能知其然,却不知其所以然,难以形成对卫生法体系化的整体认知,从而导致卫生法学科的碎片化。体系化和理论化程度不高也在一定程度上影响了这个学科的影响力。于是,在清华大学法学院进行中国卫生法专题研究课程教学过程中,我有意识地从庞杂的医疗卫生法律法规和卫生法学文献中去提炼卫生法学的理论框架,并开始探究中国卫生法学的外在与内在体系。

2009 年 1 月,作为富布莱特访问学者赴美国哈佛大学法学院进修卫生法,十个月的访学让我有时间从容思考,特别是哈佛大学法学院 Petrie-Flom Center 和公共卫生学院 Program in Law and Public Health 丰富多彩的学术活动,激发我再次深入思考中国卫生法学体系化建构问题。在哈佛学习期间以及回国后与中国卫生法学同行的交流,让我确立了以"健康权"为核心重塑中国卫生法学体系的决心,唯有如此,才能使得卫生法成为一个 Coherent Field of Law,避免成为"马法"(the Law of Horse)。① 可以说,健康权是卫生法外在体系组成的一根红线,也是其内在体系建构的逻辑起点。

2013 年暑期,为了将这一设想变成现实,我组织了"中国卫生法学科体系与教材建设"研讨会,邀请国内医学院和法学院从事卫生法教学的代表性学者齐聚清华大学法学院,三天的会议共同探讨卫生法学的学科建设和教材改革,提出了以"健康权"为主线重塑中国卫生法学体系的具体思路。改变以往卫生法教材逐个法律法规的释义汇总的结构。我当时的表达是,将逐个累摞在一起的法律法规的释义汇编,切开以后我们会看到它们的横切面是——健康权,有围绕个体健康权的医疗服务法,有涉及群体健康权实现的公共卫生法,有保障健康权实现物质基础的健康产品法,还有医疗卫生健康是伦理性最强的领域,我们需要研究健康权实现的伦理向度。如此,卫生法学的外在体系就可以通过"健康权"这一基石范畴成为一个 Coherent Field,不再是彼此毫无关联的碎片组合。同时,对健康权内在体系的发掘,也应以"健康权"的实现为其逻辑和价值起点。

记得 2013 年会议上大家都很兴奋,围绕上述观点,与会者充分讨论并达成共识,会议对于按照这一想法设计的教材大纲进行了分工,并认领到人,也确定了交稿期间,联系了出版社。但是其后教材的编写进展缓慢,一是因为卫生法的体系庞杂,工作量非常大;二是尽管理念上达成了共识,但在落笔时二十多位作者之间的理解尚有差距,交出的稿子需要甄别取舍进行体系化整理。一时间,教材的编写陷入停滞,也有作者以此为理念单独编写了教材。这让我深深地体会到一个理想的想法要变成外在的现实,需要走过艰难漫长的道路。

---

① Einer R.Elhauge,"Can Health Law Become a Coherent Field of Law?",*Wake Forest Law Review*,Vol.41,pp.365-390.

尽管教材编写一度停滞,但是我们追求一部体系化教材的梦想从未放弃,幸得卫生法学界几位同道在 2019 年一次会议上,再次燃起了教材编写的愿望。这一次我们再次聚首清华园,小范围逐章逐节细致讨论,从明理楼到近春园,有会议室里的长篇大论,也有清华园路上的慷慨激昂辩驳,遂逐一达成共识,可以说这本教材编写有分工,但是核心内容却是集体形成,前后贯通的,是我们六个人共同完成的一部作品。即使如此,这部教材的编写前后也跨越了两年多,这两年里我们六位作者多次在北京、上海碰头讨论,初稿形成后,交叉审稿,互提意见,不断完善,前后修订的版本达 12 次之多。同时,伴随着本教材的编写,我们还经历新冠肺炎疫情防控的洗礼,回想一边抗疫一边编写卫生法教材的过程,真有一种"零丁洋里叹零丁"的场景感。可以说,本书孕育于非典,诞生于新冠肺炎疫情中,承载了时代变迁的历史使命。

从非典到新冠,再次警醒国人要高度重视公共卫生,并进一步反思公共卫生法治的价值,我等学人更加深刻地认识到一部体系化的卫生法学教材对于传播这一理念,并通过卫生法学理论的科学化,引起我国法学教育界对卫生法学科的重视,加快卫生法治人才的培养,是全面依法治国的题中应有之义。

本教材围绕"健康权"这一核心概念,尝试建构中国卫生法学新体系。全书分为总论和分论,共设五编二十八章。

第一编卫生法总论:以健康权为主线,共计 4 章。该编以医疗卫生与法治建设为导引,确立健康权在卫生法中的核心地位,阐释卫生法的五项基本原则,从纵向和横向展开卫生法的历史演变和国内国际体系。

第二编以公众健康权为核心的国民健康法,共计 7 章。该编的编写思路是从明确公众健康权的属性和内涵出发,探讨以公众健康权为核心构建国民健康法,在此基础上逐一展开国民健康法的各项制度。具体包括:第五章,问题与挑战:公众健康权的逻辑起点;第六章,公共健康权与国民健康法;第七章,便利性:医疗资源的供给;第八章,可负担性:医疗保障体制;第九章,均等性:基本公共卫生体系;第十章,社会共治:健康促进与健康教育;第十一章,公共健康应急管理与公共卫生法。

第三编以个体健康权实现为目标的医疗服务法,共计 6 章。该编是在清晰界定医疗服务法基本范畴的基础上,明确医疗服务的两方当事人医疗服务的提供者和接受者的权利和义务,然后根据现行法分析医疗服务合同的义务群以便法律适用,再次分别阐释了医疗损害责任和医疗纠纷解决。具体包括:第十二章,医疗服务法的基本范畴;第十三章,医疗服务接受者:患者;第十四章,医疗服务提供者;第十五章,医疗服务合同;第十六章,医疗损害责任;第十七章,医疗纠纷的解决。

第四编健康权实现的物质基础:健康产品法,共计 6 章。该编包括:第十八章,健康产品法概述;第十九章,健康产品法的基本原则;第二十章,健康产品的市场准入;第二十一章,健康产品的风险控制;第二十二章,健康产品安全监管;第二十三章,健康产品的法律责任。该编没有像以往教材那样把不同类型健康产品的法律规制,如食品安全法、药品管理法、医疗器械管理条例、保健品管理条例、化妆品管理条例等,逐一写一遍,而是在明确健康产品法基本原则的前提下,把这些规定作为素材,从健康产品监管流程的角度,分别阐释了健康产品的市场准入、风险控制、安全监管、法律责任。

第五编健康权的伦理向度:生命伦理和法律,共计 5 章。该编第二十四章明确了卫生法与生命伦理的关系,第二十五章阐释了医学研究中的伦理和法律问题,第二十六章到二十八章,按照人的生命周期分三章介绍了在生命起始、生命存续、生命终结三个阶段的伦理和法律问题。

本书按章节具体分工如下:

申卫星:第一章、第二章、第三章、第四章、第十三章、第十九章、第二十七章第二节。

满洪杰:第五章、第七章、第八章、第十四章、第十五章、第二十五章、第二十六章第四节。

杨淑娟:第六章、第九章、第十章、第十一章。

赵敏:第十二章、第十六章、第十七章。

刘兰秋:第十八章、第二十章、第二十一章、第二十二章、第二十三章。

杨芳:第二十四章、第二十六章第一至第三节、第二十七章第一节和第三节、第二十八章。

如果从 2013 年清华会议讨论卫生法学教材改革算起,这本书的完成可以说是"十年磨一剑",个中艰辛不言,值得庆幸的是我们坚守的初心不改,从未放弃。历经我们六位作者持之以恒的努力,今日得以付梓,感慨万千。期待我们的绵薄之力可以推动中国卫生法学的发展。

本书得以完成,除了作者们的坚持和努力外,我们要特别感谢人民出版社王青林编审、江小夏编辑耐心、细致、专业的审校,没有他们的帮助,本书不能如此完美地呈现给大家。此外,还要感谢我的博士生傅雪婷同学,一直担任这本教材编写组的秘书,两年多来坚持提供高效高质量的专业辅助和联络工作。

当然,本书的编写仅仅是卫生法学教育的一种尝试,未必全面,也难谓彻底。一切都在路上,只是我们希望借此唤起更多的人同行。如果您对本书有任何意见和建议,欢迎不吝指教!联系邮箱:healthlaw@tsinghua.edu.cn,让我们一起努力推动中国卫生法学教育和中国卫生法治不断前行。

申 卫 星

2022 年 4 月 4 日于清华大学法律图书馆楼

第 一 编

卫生法总论:以健康权为主线

第一章　医疗卫生与法治建设

第一节　医疗卫生事业发展与卫生法治

随着人类社会的发展,健康的地位越来越重要,它不再像从前一样单单指没有疾病及虚弱现象,而是身体、精神和社会适应三者统一的完好状态;人们逐渐意识到,健康权是一项事关人类福祉的基本权利。健康与健康权重要性的凸显,也唤醒了人们对以健康权为主线的医疗卫生法的关切。公共卫生的危机、现代医学技术的快速发展和医疗卫生体制改革,影响着人们健康权的实现,是医疗卫生法学研究与发展的源头活水,使得医疗卫生法学的重要性日益凸显。要研究卫生法学和建构卫生法学体系,离不开对公共卫生危机、现代医学技术和医疗卫生体制发展的认识和把握。

一、公共卫生危机应对呼唤卫生法治

人类社会的发展始终受到地震、战争、传染性疾病的威胁。某种意义上,传染性疾病的暴发比战争和地震的威胁还要大,尤其是在当今社会,人员流动性大幅度提高,局部的传染病疫情往往牵一发动全身而迅速演化为全局性的重大危机。长期以来,公共卫生防治是我们国家治理面临的重要难题,以传染病为代表的公共卫生危机由于涉及的人口多、影响的地域范围广,社会影响巨大,深刻地影响着人类社会的发展。公共卫生法治对于科学、有效防治传染疾病、保障公共卫生安全,维护公共卫生事件暴发后的社会稳定,保障公民基本权利,有着举足轻重的意义。

2003 年的那场非典(SARS),记忆犹新,它给人们带来了巨大的心理冲击。君不见,SARS 刚过之时,人们是多么重视公共卫生建设,多么尊重其中涌现的英雄医生。然而 17 年之后,一切又回到原样,伤医乃至杀医频现报端,公共卫生的重要性和紧迫性也早已淡忘。2019 年末暴发的新型冠状病毒疫情,可以说是大自然毫不客气地再次给我们的沉重教训,也是对我国突发公共卫生事件应急体系的一次全方位检验。人类的发展史就是一部与疾病斗争的历史。正如麦克尼尔所指出的那样,传染病在历史上出现的年代早于人类,未来也将和人类天长地久地共存。而且,它也定会和从前一样,是人类历史中的一项基本参数和决定因素之一。① 唯有"养兵千日"方得"用兵于关键的

---

① ［美］威廉·麦克尼尔:《瘟疫与人》,余新忠、毕会成译,中信出版社 2018 年版,第 237 页。

一时",面对传染病等突如其来、猝不及防的突发公共卫生事件,绝不可"临阵磨枪",而应居安思危,日常工作中就应切实加大对公共卫生建设的投入。建立高效、敏捷、快速反应的突发公共卫生事件应急机制,并能产生实际效果等,离不开法律对公共卫生系统进行整体设计与制度创新。

二、现代医学技术发展推动卫生法律体系更新

从 19 世纪晚期开始,现代医学出现一系列斐然成就。随着细菌学、微生物学与寄生虫学等研究领域的兴起,科学家在数十年间陆续找出肺结核、天花、伤寒、鼠疫、流行性感冒、白喉、疟疾等重大传染病之病因,并有效降低了患病率与死亡率。以 1928 年青霉素的发现为契机,抗生素的发现更带来不少细菌传染病的有效治疗方法。[1] 这期间,现代外科也不断地拓展疆域,过去视为禁区的胸腔与腹腔,在麻醉与消毒技术的帮助下逐一打开,而能有效治疗许多过去必然导致病人死亡或严重失能的疾病与伤害。此外,1954 年美国医生默瑞(Joseph E.Murray)实施了同卵双生兄弟间的肾移植,这是移植史上首次获得长期有功能存活的案例,20 世纪 60 年代以后,器官移植真正发展起来,除了全脑没有移植外,人体其他器官目前几乎都有移植的案例。许多医界人士认为 19 世纪末到 20 世纪 60 年代是"医学的黄金时代"。[2] 20 世纪 70 年代以来,生物医学仍有让人惊叹的发展,例如,第一位试管婴儿在 1978 年诞生。21 世纪以来,生命科学蓬勃发展,分子生物学和以基因工程为核心的生物技术迅速发展,其科学思想、科学方法与技术广泛渗透到了医学领域,使医学研究从细胞深入到了亚细胞、分子水平及量子水平中,从微观层面阐明了各种生命现象和疾病的病因及发病机制,为新的疾病监测技术和临床防治策略提供了理论依据。[3]

在现代医学技术跨越式发展的同时,医患关系模式也在悄然转变。如何定义医患关系,怎样的医患关系才是合理的,是理论探讨的重要性、基础性问题。美国社会学家 Szasz 和 Holender 在 Parsons 提出的患者角色的理论框架[4]的基础上,从医学心理学角度,将医患关系划分为三种基本模式,即主动—被动模式、指导—合作模式和共同参与模式:(1)主动—被动模式是一种古老的医学模式,此模式下医生是主动的,患者是被动的。(2)指导—合作模式中,医生是主动的,患者也有一定的主动能力,但要以医生的意志为前提,医生起着决定性作用。(3)共同参与模式则强调平等的医患关系,医患双方有着同等权利,相互依存、相互配合,共同参与医疗方案的制定和实施,是一种较为

---

① [英]罗伊·波特:《极简医学史》,王道还译,清华大学出版社 2016 年版,第 56—80 页。

② Allan M.Brandt and Martha Gardner,"The Golden Age of Medicine?", in Roger Cooter and John Pickstone(eds.),*Medicine in the Twentieth Century*,Howard Academic Publishers,2000.

③ 张大庆主编:《医学史》,北京大学医学出版社 2013 年版,第 208 页。

④ Parsons T., *The Social System*,Glencoe:The Free Press,1951:428-473.

理想的医患关系模式。① 上述医患模式各自有其应用场景,但应当看到,医患关系的理想调整模式已从过去的主动—被动模式转向指导—合作模式,并逐步过渡到现代社会所倡导的共同参与模式。过去行政管理思维模式主导下的立法过分强调医师权威,相对忽视了患者的自决权,无法适应当前医患关系的现实需求。此时,以平等和平衡为理念,强调患者的自决权尤其是知情同意权,应是现代医疗立法的核心所在。

最后,高新技术被越来越广泛地运用于医学领域,这既是现代医学发展的斐然成就,也是未来医学的发展方向。现代科学许多高新技术,如计算机、电子显微镜、同位素、激光、超声显像、免疫疫苗、基因技术、光导纤维、人工器官等被广泛地应用于基础医学研究以及临床医学诊疗,以及各种人工智能(Artificial Intelligence,AI)尖端科技医疗设备的出现以及人类基因组计划的实施②、大数据分析引发的医疗革命与精准医疗的建构与实施等,都对人类的健康以及医疗事业产生了巨大的影响。③ 一方面,医院可以利用 AI 进行居民健康管理,通过 AI 模拟医生诊疗过程并给予诊疗建议,满足常见病咨询需求,在给患者和医生节约大量时间的同时也更好地保证患者的生命安全。另一方面,随着"互联网+"在医疗领域中的应用,我们正在迈向精准医疗时代。通过建立高质量、共享的临床医学研发及健康管理平台,通过大数据构建疾病风险预测模型,实现"精准医疗",提高了协同研究网络的内在质量和水平,推动医学模式跨越式发展。④

三、医疗卫生体制改革与卫生法治建设

医学的发展一靠技术,二靠体制。医学首先是一门科学,技术在促进医学发展方面起着主要的作用。同时,医学的发展也离不开体制的革新与发展。医疗卫生体制从两方面为医学发展保驾护航:一是提高医生诊疗的积极性,二是提高医疗服务的可及性与可负担性。总之,看病首先是一个医学问题,法律与医疗卫生体制虽不可直接看病,但能帮助把看病看得更好,技术与体制相互作用、密不可分,共同促进着医学的发展与进步。

(一)我国医疗卫生体制改革的历史变迁

医疗卫生制度是在一定的经济、政治、社会和价值取向等多方面因素影响下逐渐形

---

① Szasz T.S., Holender M.H.A., *Contribution to the Philosophy of Medicine:the Basic Models of the Doctor-Patient Relationship*, Arch Intern Med,1956,97(5):585—592.

② Wahl B., Cossy—Cantner A., Germann S., et al., *Artificial Intelligence(AI) and Global Health:How Can AI Contribute to Health in Resource—Poor Set-Tings*, BMJ global health,2018,3:e000798.

③ [美]克瑞莎·泰勒:《医疗革命:大数据与分析如何改变医疗模式》,刘雁译,机械工业出版社 2016年版,第2—10页。

④ 芮晓武、金小桃主编:《中国互联网健康医疗发展报告(2018)》,社会科学文献出版社 2018年版,第11—20页;罗奇斌、陈金雄主编:《互联网+基因空间:迈向精准医疗时代》,电子工业出版社 2017年版,第8页。

成的,我国医疗卫生中制度的历史变迁也不例外,它植根于当时中国的政治、经济环境,受人们意识观念的影响。根据我国经济体制的发展,以及影响医疗卫生体系变迁的重大政策、事件,结合当前学者的主要划分方法,我国的医疗卫生体制大概划分为三个阶段。

第一阶段是 1949—1978 年计划经济时期的医疗卫生制度。此阶段我国在农村和城市分别建立了三级网,在宏观层面,国家、社会和个人一起成就医疗卫生事业;在微观层面,多劳多得,调动医务人员积极性,中国医疗卫生服务体系的根基在这个时期基本形成,被称为"福利国家模式"。① 首先,公立医院无论是在质量还是在数量上,均占绝对优势。其次,我国医疗保障制度主要由城镇的公费医疗制度和劳保医疗制度、农村的农村合作医疗制度组成,在提供基本医疗保障的同时,也起到转移支付的作用。最后,在医疗服务体系供给方面,医疗机构的人员工资、医疗设备投入主要来自政府,药品价格也受到政府严格控制。该阶段我国的医疗卫生体制取得巨大成就的同时,也显露了种种问题,例如,计划经济的低效率导致医疗卫生投入和专业技术教育赶不上医疗服务体系的迅速扩张,致使医疗卫生服务的总体技术水平较低;经济、社会发展的不平衡状况,导致地区之间、城乡之间在医疗服务体系发展和医疗保障水平上存在很大差距;过分严格的政府计划管理,在一定程度上影响着医疗服务机构及医疗人员的积极性。②

第二阶段是 1978—2009 年旧医改时期的医疗卫生制度。此阶段我国实现了城市医院的分级管理,建立包括城镇职工医疗保险、城镇居民医疗保险及新型农村合作医疗的医疗保障制度,尤其 2003 年非典后建立的公共卫生投入体系,医疗卫生体制从福利国家模式向社会保险模式转变。1985 年,国务院批转卫生部《关于卫生工作改革若干政策问题的报告》,1985 年也被称为我国"医改元年"。1992 年,国务院颁布《关于深化卫生医疗体制改革的几点意见》,卫生部下发文件动员全国医疗卫生系统深入贯彻执行,督促医院坚持"以副补主,以工助医"的方针,鼓励医院竞争创收,补贴开支亏损。1993 年,中共十四届三中全会明确提出建立社会主义市场经济体制后,医疗卫生体制改革也随之进入深化阶段。这次医药卫生改革的市场化倾向明显,医院由政府资助的公益性机构转变成基本上自负盈亏的组织。从放权让利、扩大医疗机构自主权到有偿服务,整个医疗服务体系全面走上了商业化、市场化的道路,取得了一定的效果,③但旧医改没能解决老百姓看病难、看病贵的问题,反而使之愈演愈烈,全面的市场化倾向被

---

① 陈永正、李珊珊、黄滢:《中国医改的几个理论问题》,《财经科学》2018 年第 1 期。
② 黄滢、李珊珊、骆前秋、邹炳文:《中国医疗卫生改革的思考》,四川大学出版社 2016 年版,第 1—20 页。
③ 例如,医疗卫生机构数从 1981 年的 800205 个增长到 1993 年的 1000531 个,医疗服务供给能力、供给质量等得到一定程度的提高。参见《2013 年中国卫生统计年鉴》。

有的学者评价为出现了"方向性错误":一方面,医院自负盈亏后,就变成了企业,"医疗产业化"令医院的首要任务很明确变成了增加收入。另一方面,旧医改只涉及城镇职工,公费医疗制度转变为单一城镇职工医保制度,包括农民和城镇居民在内的广大体制外人群直接进入自费医疗的同时,机关事业单位职工仍然属于公费医疗,加上大城市和小城市、乡村之间医疗资源分布的不平衡,老百姓看病难、看病贵的窘境未得到改善,反而削弱了医疗行业的公共信任资本:趋利的医改政策、"莆田"系医院市场经济的大举进攻、血腥的竞价排名,摧残了人们对医疗行业的信任。医疗卫生行业是关系到公众健康的社会公共事业,本质上是利他行业,应当由国家与社会兜底。但是,市场化改革将利他的医学伦理转变为"从牛身上榨油,从人身上榨钱"的互利的经济学伦理和达尔文主义,以客户最大化和利润最大化为目标,极大地冲击了医疗行业的公共信任资本,医务人员的尊严也受到了极大的损害。

第三阶段是 2009 年至今新医改时期的医疗卫生制度。面对旧医改的种种弊端,2009 年中共中央、国务院发布《关于深化医药卫生体制改革的意见》,标志着新一轮医改的正式启动,大致从三方面入手,进行医疗卫生体制的改革。一是加大了政府的投入,仅 2009 年到 2011 年,中央财政就增加了 3318 亿元的医疗支出,2013 年至 2018 年全国财政医疗卫生累计支出 59502 亿元,我国医疗保障力度不断加大。① 二是把基本医疗卫生制度重新作为公共产品,明确由政府提供。基本医疗覆盖面扩大,从 2012 年初至今,三大医疗保险覆盖率稳定在 95% 以上,基本实现了全覆盖。② 新农保的缴费标准 2019 年是 220 元,而到了 2020 年则涨到 250 元,但与此同时国家的财政补助也会上涨至每人 520 元,同比 2019 年上涨了 30 元,其中 15 元用于大病保险。另外,大病报销的起付线也调低了,支付比例也从 50% 提高到 60%。③ 三是建立了基本药物制度,明确提出解决以药养医问题,实行医药分开,以及进行公立医院改革,吸引各种资本进入医疗领域,形成竞争办医疗的格局等。党的十八大提出建设健康中国,而党的十九大把健康中国战略上升到了国家战略高度层面。新医改成果斐然,但也存在着许多问题。第一,政府与市场的职责有待进一步明确。现阶段我国政府实际上仍是医疗资源的主要配置者,医疗在政府提供的制度框架内由医患双方通过交易实现的平等竞争结构尚未形成。④ 第二,公立医院改革未能解决医疗资源配置低效率的问题。在公立医院改革,

---

① 搜狐新闻:《2018 年全国财政医疗卫生支出 59502 亿元,都用在哪了?》,见 https://www.sohu.com/a/284731346_456060,2019 年 12 月 29 日。

② 搜狐新闻:《雷晓燕:中国医疗保障体系建设的回顾与展望》,见 https://www.sohu.com/a/234498782_330810,2019 年 12 月 29 日。

③ 《2020 年新农合缴费开始了,政策又有哪些新变化?》,见 https://baijiahao.baidu.com/s? id = 1651429355550819287&wfr=spider&for=pc,2020 年 1 月 29 日。

④ 陈永正、李珊珊、黄滢:《中国医改的几个理论问题》,《财经科学》2018 年第 1 期。

增加医疗供给的同时,我国的医疗成本也在不断增高,①抵消了不断增长的医疗供给。如果公立医院改革无法破解高成本难题,也就无法真正走出看病难和看病贵的阴影。此外,我国医疗系统还存在医疗资源配置不均、医疗服务利用不合理等问题。②

(二)我国基本医疗保障制度的改革

医疗保障制度是国家经济和社会福利的重要制度安排,也是医疗卫生体制的重要组成部分。在我国,基本医疗保障制度改革是我国医疗卫生体制改革的重点,因此,有必要做专门讨论。

由于城乡分割的二元结构,我国医疗保险制度长期呈现"碎片化"特征,由三大基本医疗保障制度构成,即城镇职工基本医疗保险、新型农村合作医疗和城镇居民基本医疗保险,被称为"三保分立"。此种模式由于不同医保制度实施时间、政策、管理部门、保障水平、补偿方式以及费用监管等各不相同,存在着居民重复参保导致政府重复补贴③、保障水平差异明显④、"逆向分配"⑤、管理效率低下等积弊,成为社会和谐的严重阻碍。

有鉴于"三保分立"的积弊,"三保合一"的呼吁和主张愈加强烈,在经过漫漫探索之后,2016年"新农合"和"城居保"合并,医保制度城乡统一。其实早在2013年3月26日,国务院办公厅发布的《关于实施〈国务院机构改革和职能转变方案〉任务分工的通知》曾要求,2013年6月底前完成"三保合一"整合工作。然而,随着时间的推移,效果并不理想。在多数地区城镇职工医保和城镇居民医保仍由人社部管理,新农合依旧由卫计委管理。事实上,自国务院提出"三保合一"整合工作以来,人社部和卫计委便

---

① 世界银行和世界卫生组织与我国财政部、国家卫计委、人力资源和社会保障部联合撰写并于2016年7月22日发布的报告指出,我国卫生支出在GDP中所占比重将从2014年的5.6%增至9%以上,即从2014年的3.5万亿元增加至2035年的15.8万亿元,这种医保系统高成本难题已经上升为我国医改的战略性问题。参见世行和世卫报告:《中国医保政策亟需战略性改革》,《参考消息》2016年7月25日。

② 雷鹏、冯志昕、丁荆妮、段睿、余红、刘奇川:《中国医疗资源配置与服务利用现状评价》,《卫生经济研究》2019年第5期。

③ 资料显示,全国重复参保的人数已经超过1亿人,占参保人数的10%左右,每年财政无效补贴超过200亿元。参见李唐宁:《全国医保重复参保人数超一亿》,《经济参考报》2014年8月15日。

④ 住院费用报销:符合规定报销部分,城镇职工医疗保险起付线以上至5000元的部分,按75%报销;5000—10000元部分,按80%报销;10000元以上部分,按85%报销;退休人员相应提高10%。而城镇居民医疗保险在起付线以上部分均按55%报销,并且每个年度最高报销额度为3万元。统筹病种门诊费用报销:在职职工为80%,退休职工为85%;城镇居民医疗保险在起付线以上的,按50%报销。新农合的保障水平和城镇居民医保相当,差异不是很大。

⑤ "逆向分配"指的是"三保分立"的医疗保障制度使得社会保障制度的收入再分配功能扭曲,不但没有缩小收入分配差距,反而加剧了不同人群间的贫富差距,形成逆向分配。社会基本医疗保险是要保证社会成员公平享有基本的医疗服务,促进全民健康水平的提高。就三个群体而言,城镇居民医保和新农合所覆盖的人群在经济能力、社会地位等方面处于弱势地位,其医疗保障水平不但不高于城镇职工医保,反而低于城镇职工医保,结果出现社会医疗保险在收入再分配上呈现从低收入者向高收入者转移的"逆向分配",严重损害了社会公平。

就医疗保险管理权归属展开了激烈的争夺。2018年3月,《国务院机构改革方案》发布,新组建国家医疗保障局,隶属国务院直接管理。从职责来看,医保局的职责涵盖了原卫计委的新农合、人社部的城镇职工和城镇居民基本医疗保险、生育保险,国家发改委的药品和医疗服务价格管理,以及民政部的医疗救助等,其职责与职能的内涵构成不仅是"保险",而且是"保障",医保局将是医疗服务的主要购买者,涉及筹资、支付、监管等内部管理机制的创新。国家医保局的成立,令城镇职工基本医疗保险、新型农村合作医疗和城镇居民基本医疗保险"三保合一"的落实成为可能,"三医联动"、真正体现"第三方管理",进而理顺医保管理体制,统一基本医保行政管理职能,建立全国统一的经办管理平台等目标不再是空中楼阁,这既给出了机遇,更提出了挑战。需要我们认真考虑历史,遵循规律,科学谋划,科学决策,科学实施,不断完善,谋定而后动,最终实现国家统一的全民医疗保障制度,更好地完成其责任与使命。①

(三)我国医疗卫生体制改革的主要问题与目标

我国医疗卫生体制改革应进入深水区,每一步都有既定利益藩篱的阻碍,必须深入研究并解决关键问题,实现医改的基本目标。

第一,理顺医疗卫生体制改革中政府与市场的关系。一方面,医药卫生服务具有公益性质,政府有责任保障人民可以公平地享有基本的医药卫生服务,合理配置医疗资源。另一方面,发挥市场的作用,积极鼓励社会办医,形成公立医院、私立医院、非营利性医疗机构、医师协会成员和单个医生多元竞争主体格局,改善医疗供方过于垄断的问题。②

第二,健全基本医疗保障制度,提高医疗服务的可及性和可负担性。医疗保障制度是国家经济和社会福利的重要制度安排,深刻地影响着社会公平,需要我们去健全完善。在建构统一的、全覆盖的医保制度之外,还需要建构医疗救助制度,形成相互补充的医疗保障制度。医疗救助制度,是对低收入者等社会弱势群体予以医疗救助的制度,可分为两个部分,一部分为个案补助,主要针对家庭贫困的患者,根据家庭收入确定不同等级以及相应的补助比例。另一部分为对特殊患者群体的补助,主要针对患有特殊危重病种的患者,如需要高额手术费用的患者等。对于处于危急情形的患者,例如患者昏迷且无家属或者无法联系家属,也应该给予相应的补助。③ 除了完善现有医疗救助制度之外,还可以借鉴美国的老年和残障健康保险(Medicare)④和医疗补助保险(Medi-

---

① 张晓:《国家医保局成立:医保制度改革的大格局与大变革》,见 https://www.cn-healthcare.com/articlewm/20180316/content-1023389.html#&gid=1&pid=1,2019年12月30日。

② 陈永正、李珊珊、黄滢:《中国医改的几个理论问题》,《财经科学》2018年第1期。

③ 申卫星:《医患关系的重塑与我国〈医疗法〉的制定》,《法学》2015年第12期。

④ "Medicare"是美国联邦政府为65岁及以上民众所设置的医疗健康保险计划。某些65岁以下的人也有资格获得联邦医疗保险,包括残障者、永久性肾衰竭以及肌萎缩性脊髓侧索硬化症患者。参见 http://www.health-insurance-overseas.com/public-health-insurance_usa_html,2015年9月21日;http://www.mof.gov.cn/moihome/guojisi/pindaoliebiao/cjgj/201310/t20131025_1003317.html,2015年9月21日。

caid)①制度,建立针对特定患者和人群的医疗保险制度。此外,还需要从提高并均衡医疗保障待遇水平、加强医疗保险管理、提高基金使用效率等方面,进一步完善基本医疗保障制度。

第三,深化公立医院改革,优化资源配置,加快基层医疗机构建设。一方面,从回归公立医院内外兼修治病救人的公益性、规范混合所有制医院、提升医院的管理专业化、把握经济新常态以处理好医疗中的利益平衡入手,深化公立医院改革。② 另一方面,健全城乡基层医疗卫生服务网络,完善分级诊疗制度,加强基层医疗卫生机构能力建设和人才培养,提高服务水平,促进城乡一体化和医院与社区一体化的发展。③

第四,提高医疗资源配置的效率,控制医疗费用支出。首先,需要建立医疗价格增长的识别机制。厘清供给诱导需求和技术进步的边界,建立适宜和先进医疗技术库,针对常见病症使用适宜技术。其次,先进医疗技术推广应审慎而行,按照先试点再示范后推广的方法稳步推进。④

第五,进一步完善基本药物制度,建立科学合理的药价形成机制。对市场竞争充分的药品,政府放开药价,简政放权,能充分发挥市场资源配置的作用,建议后续进一步推进仿制药一致性评价、促进市场良性竞争,同时完善医疗保险付费机制和药品价格市场监督机制。⑤

四、从生到死的卫生法律问题

法学作为一门实践性学科,必须以解决社会问题为己任,单纯追求抽象和宏大的美而不研究具体问题,不关注现实,是与法律学者的使命相违背的,尤其现在处于社会转型时期,法学研究更应关注并认真对待包括医疗问题在内的具体社会问题。事实上,"从摇篮到坟墓"的人类全生命周期,都与医疗卫生服务息息相关。在现代医学高速发展与包含医疗卫生体制改革在内的社会转型背景下,医疗卫生有种种法律问题与挑战需要应对与回答。通过权利义务的合理配置,可以改善并引导包括医患关系在内的各种复杂社会关系向着良好的方向发展,使社会关系处于良好的运转状态,最终推动社会的发展与进步。

---

① "Medicaid"是美国针对低收入群体的医疗健康保险计划,服务对象包括低收入的父母、老人、儿童及残障人士。这一项目由美国联邦政府和各州政府共同出资,具体运作由各州负责管理。各州政府可根据本州居民的收入水平等相关情况确定获得医疗补助的人员资格。

② 秦宇、杨纲:《公立医院改革路在何方》,《医学争鸣》2017 年第 2 期。

③ 陈中楼:《"四大问题"拷问新医改——新形势下医改面临的重大问题及对策思考》,《财税纵横》2014 年第 22 期。

④ 高春亮、余晖:《新医改能遏制医疗支出上涨吗?》,《江海学刊》2019 年第 3 期。

⑤ 宋燕:《新医改后药品价格形成及其影响因素研究》,《价格理论与实践》2019 年第 2 期。

（一）从生命的孕育到出生的法律问题

一个生命的诞生对于父母和子女都是一生的大事,对于卫生法来说,这是一个不容忽视且需要进一步加强的重要领域。围绕着生命的孕育和出生存在着所谓生育权的问题、人工生殖中试管婴儿的法律地位、代孕协议引发法律纠纷、胎盘和脐带血的归属和处分问题等,都值得认真对待。

第一,生育权所涉及的法律问题。随着人们权利意识的觉醒,近年来关于生育权的纠纷屡屡见诸报端,关于生育权的呼声也是此起彼伏,这其中有的是概念的炒作,有的则让我们感到有学理和规定的不足:单身母亲是否享有生育权? 夫妻或同居双方避孕协议的效力如何? 未经男方同意,女方私自堕胎,是否侵犯了男方的生育权? 有观点认为,公民权利"法无明令禁止即自由",单身女性可以享有生育权。反对观点则认为生育权的背后还有孩子的生存权,保护了单身女性生育权的同时会侵犯孩子享受父爱的权利。2016 年修订的《吉林省人口与计划生育条例》第 28 条规定:"达到法定婚龄决定不再结婚并无子女的妇女,可以采取合法的医学辅助生育技术手段生育一个子女。"但是,这并不是一个单纯的法律问题,而是一种全新的观念,冲击着我国长期以来形成的传统家庭模式和社会道德观念。一方面,社会相关配套措施需要准备就绪;[1]另一方面,法律的具体规定上的诸多问题也需要加以明确,例如允许了主观上希望单身生育的妇女的生育权,对于那些被动受孕的妇女是否也应该允许? 单身生育的方式是否可以自由选择? 男子的单身生育权是否也应该保护? 等等。

第二,人工生殖中的试管婴儿的法律地位。"试管婴儿"引起的问题很复杂,卫生部于 2001 年 3 月 5 日颁布了《人类辅助生殖技术管理办法》和《人类精子库管理办法》,主要规定人类辅助生殖技术和人类精子库实行严格的审批准入管理,同时也规定了人类辅助生殖技术应用、人类精子库设置以及精子采集与提供等方面的原则和规范。但是婴儿的生物学父亲、生物学母亲、法律上的父亲、法律上的母亲中,谁在道德和法律上具有义务和权利? 把"婴儿"当作"物品"来生产,是否人道? 试管婴儿是否享有一定的权利? 这一系列问题,现行法律都没有给出答案,都是卫生法学必须研究解决的现实问题。

第三,出借子宫协议纠纷以及代孕母亲的法律地位。出借子宫的问题比试管婴儿更为复杂,一方面到底谁才是婴儿的真正的母亲的问题。"代孕"生产出的婴儿,虽然遗传特质完全同夫妻二人一致,但由于"代孕母亲"经过长时期的孕育,对新生婴儿会

---

[1]　如单身女性抚养孩子有没有社会机构的支持和社会福利的保证,对于精子的使用要按照国家卫生部的严格规定,单身母亲的结婚权,单身母亲再婚后如何执行计划生育的政策等。

产生感情容易造成孩子归属问题纠纷。① 另一方面,虽然孩子在遗传物质上与提供精子、卵子的个体完全一致,但在法律上很难判断该婴儿的真正母亲究竟是出借卵子的妈妈还是提供子宫的妈妈。② 卫生部于 2001 年 3 月 5 日颁布的《人类辅助生殖技术管理办法》第 22 条规定,医疗机构禁止实行代孕技术。全国首例由代孕引发的监护权纠纷案也已于 2015 年宣判③,尽管如此,对于如何处理代孕合同纠纷,以及代孕母亲的法律地位等问题,社会仍然存在很大的争议,亟待法律回应。

(二)生命存续期间的法律问题

第一,医患间的合同与侵权关系。生命存续期间的法律问题首先涉及的就是医患间的合同与侵权关系。医疗合同虽有不同于一般民事法律关系的特点,但是不可否认的是医患关系中很多现象完全可以运用民事法律理论(合同与侵权等)进行剖析。一方面,债法关系上的主给付义务、从给付义务、附随义务以及不真正义务在医疗合同中表现是最明显、最突出的,需要利用债法关系上的义务群理论这一"债法理论的核心和最美之处"④加以分析。另一方面,医疗损害责任也是重要的医疗卫生法问题,包括医疗技术损害责任、医疗伦理损害责任和医疗产品损害责任等类型,⑤需要具体分析。

第二,知情同意原则与患者隐私保护问题。知情同意原则(informed consent)是私法自治原则在医患关系上的具体化,是医患关系的根本原则。但是目前我国包括研究者、临床医生、科学工作者、卫生决策者以及公众在内,许多人对知情同意的理解,仅仅停留在必须获得患者或受试者签署知情同意书,以得到他们同意接受检查、治疗或参与研究试验的"法律文件模式"上,或是在"家长主义"传统医疗观念上形成的"共同决定

① 在美国的判例法下,代孕母亲事后反悔而主张自己为婴儿法律上母亲的案件时常发生。例如,在 In the Matter of Baby M 537 A.2d 1227(N.J.1988)一案中,Stern 先生与 Whitehead 夫人签订了代孕协议,约定通过人工生育辅助技术将 Stern 先生提供的精子植入 Whitehead 夫人体内,由其代孕生育一名婴儿。Whitehead 夫人承诺,等婴儿出生交给 Stern 先生后,她将放弃其作为法律上母亲的权利。然而,等到新生儿落地后,Whitehead 夫人无法割舍其对孩子的情感依恋而拒绝交出孩子。于是,就出现了两个家庭抢夺婴儿的场景。类似的案件还有,Johnson v Calvert 5 Cal 4 th 84(Supreme Court of California 1993),R.R.v M.H.689 N.E.2 d 790 (Mass.1998)。

② 此种情形下,就谁是孩子法律上的母亲的纠纷,也时有发生。例如,在 Culliton v Beth Israel Deaconess Medical Center 756 N.E.2d 1133(Mass.2001)一案中,原告是新生婴儿的基因父母,被告是代孕母亲,双方就谁是孩子法律上的母亲发生争执并诉诸法庭。法院最后认定原告为该名孩子法律上的父母。

③ 在全国首例由代孕引发的监护权纠纷案中,法院在自然血亲关系父亲的确定上采纳"血缘说",而在自然血亲关系母亲的确定上,不采纳"契约说",也不采纳"子女最佳利益说"或"血缘说",而坚持"分娩说",认为"分娩者为母",参见"陈某与罗某监护权纠纷上诉案",上海市第一中级人民法院(2015)沪一中少民终字第 56 号民事判决书。

④ 参见王泽鉴:《债法原理(一)》,中国政法大学出版社 2001 年版,第 34—48 页。

⑤ 杨立新:《医疗损害责任研究》,法律出版社 2012 年版,第 1—21 页。

模式"上。告知主体①、告知对象②、告知的内容③、告知的形式和程度④，以及同意的主体、同意能力的判断、同意的要求等，都值得研究。这些问题一方面是私法自治原则在医疗领域的具体化，另一方面也会发展私法自治原则。

第三，器官移植所涉及的法律问题。器官移植是医学中需要法律来规制的另一个重要问题，在代表现代生物医学最高成就的基因疗法、人工生殖和器官移植三大领域中，器官移植的医学和法律实践最为成熟，取得了举世公认的重大进展。支持器官移植的人认为，它符合治病救人的人道主义，体现了人类的崇高献身精神。但是，反对器官移植的人认为器官移植有太多的功利主义色彩，特别是对于像多器官联合移植、大脑移植、异种移植这些尚待开发和改进的领域违反了传统的道德观念，而且器官移植的高昂费用也引起了争议。除了道德伦理上的争论外，器官移植在法律上也有诸多问题。诸如进行器官移植的条件、死亡的确定、器官分配、对器官供体的激励机制等，都等待法律有更大作为。

第四，以人体为试验对象的法律问题。人体试验乃是各国医学发展的不可或缺的部分，对于新药研发者了解掌握新药疗效和毒、副作用具有不可替代的权威观测意义。⑤ 在人体试验中如何保护受试人的权益，成为我国当前法律规制和法学研究的重点。另外，对于特殊人群，如无民事行为能力人、限制行为能力人、失去自由的人、孕妇、胎儿等作为受试者，其权益如何进行特殊保护？⑥ 受试者是否可以任意地反悔，对医院或者试验单位要承担什么样的责任，知情同意书的说明义务需要到什么程度？ 试药者出现功能性障碍、残疾、死亡情况时的费用和补偿如何解决？ 医院能否因为在知情同意书中写明相应的免责条款就得以免责？ 这些问题都需要合理的解决，才能保证人体受试者不会受到不必要的伤害，促进医药业的健康发展。

第五，基因技术的应用。21 世纪以来，基因技术取得了巨大进步，但也同时给我们

---

① 即谁拥有知情同意权，从法理上看，知情权有强烈的人身性质，只能属于病人，不属于病人家属或其他个人与组织。但是在权利人放弃或正式委托亲属行使权利和权利人缺乏或丧失了行为能力的情况下，家属可以代为行使知情同意权，但这里存在的另一个问题是，根据我国的代理制度、监护制度，病人的法定代理人往往不止一个，那么谁最有权威来代表病人做出选择，特别是当监护人或者所谓的关系人的利益与患者处于对立地位时如何处理。

② 即向谁告知，除了患者还需要向谁告知，以及在什么情况下免除向患者告知的义务而告知家属。

③ 即告知什么，哪些信息是必须告知的，告知与医疗成本的关系等。

④ 即如何告知以及告知履行何以充分。在医学实践过程中，医患双方在对疾病的认识上地位是不平等的，患者很可能并不了解医生认为已经合理告知的信息，这种情况下是否构成告知义务的不完全履行以及应承担何种责任等。

⑤ 《民法典》第 1008 条规定："为研制新药、医疗器械或者发展新的预防和治疗方法，需要进行临床试验的，应当依法经相关主管部门批准并经伦理委员会审查同意，向受试者或者受试者的监护人告知试验目的、用途和可能产生的风险等详细情况，并经其书面同意。进行临床试验的，不得向受试者收取试验费用。"

⑥ 罗蓉：《医学研究中人体试验的保护》，[美]斯科特·伯里斯、申卫星主编：《中国卫生法前沿问题研究》，北京大学出版社 2005 年版，第 251—256 页。

所处的时代带来了多维风险。2019年12月30日,"基因编辑婴儿"案一审宣判,①人类基因技术上的不确定性风险、伦理性风险、公平性风险以及合法性风险,再一次深深引起了社会的广泛关注和担忧。《民法典》第1009条②为基因研究划定了边界,但是,我国目前对人类基因技术问题的法律规范体系尚存不足,特别是基因权利立法基本阙如。对此,法律应当加以回应,确定法律规制的基本原则和重点措施。明确如何保护基因隐私权、解决基因歧视问题、规制基因实验多维度风险,在研究自由、技术进步和风险防范、权利保护等方面予以衡平考量,以维护人的尊严、自由和社会安全。

(三)因生命结束而引发的法律问题

古人云:"死生亦大矣",法律对生命的终极关怀同样体现在对因生命结束而引发的法律问题上。

第一,缓和医疗与临终关怀问题。随着生命质量概念的提出和全人类健康照护理念在世界范围内的发展,缓和医疗作为一门新兴学科愈加受到重视。近年来,缓和医疗开始进入我国,并逐渐得到社会各界的广泛支持。然而,在操作层面上,安宁缓和医疗还存在诸多具体的法律问题有待解决,包括缓和医疗的基本条件、缓和医疗和安乐死的界限、患者自主决定权的行使以及预先指示的适用条件、不施行心肺复苏术意愿书的法律效力以及主治医师的法律义务和医疗代理人决策权的法律边界等。我国应当在借鉴澳大利亚、美国和德国等国家、地区立法经验的基础上,从适用前提、医疗决定权、医生义务等方面完善、构建缓和医疗法律制度,以此促进缓和医疗在我国的发展。③

第二,安乐死之争。"安乐死"一词来源于希腊文 Ευθανασα/Euthanasia,意思是无痛苦的、幸福的死亡。安乐死有广义和狭义之分,广义的理解包括一切因为"健康"的原因致死,任其死亡和自杀。狭义的理解则把安乐死局限于对患有不治之症的病人或死亡已经开始的病人,不再采取人工的方法延长其死亡过程,或者为制止剧烈疼痛的折磨不得不采用加速死亡的药物。从20世纪30年代起,西方国家就有人开始要求在法律上允许安乐死,并由此引发了安乐死应否合法化的大论战。迄今为止,关于安乐死问题的争论从来就没有停止过。安乐死是个相当复杂的问题,它涉及社会的许多方面,也牵连着社会、家庭、医院等诸多关系。什么条件下才可以安乐死? 如何区分对待主动安乐死与被动安乐死? 何谓安乐死中的"无痛苦"? 什么叫作"确实无法挽救的病人"? 只有上述问题得到解决,才能够使得我们的安乐死制度充分完善,不违背社会的伦理道德。

---

① 新华网:《"基因编辑婴儿"案一审宣判 贺建奎等三被告人被追究刑事责任》,见 http://www.xin-huanet.com//legal/2019-12/30/c_1125403802.htm,2019年12月30日。

② 《民法典》第1009条规定:"从事与人体基因、人体胚胎等有关的医学和科研活动,应当遵守法律、行政法规和国家有关规定,不得危害人体健康,不得违背伦理道德,不得损害公共利益。"

③ 赵雪帆、申卫星:《缓和医疗立法的问题、经验与构建》,《中国卫生产业》2019年第17期。

第三,遗体的性质与法律保护。关于遗体的法律属性并未形成一致见解。在法教义学体系中,遗体是否能被评价为民法中的"物"? 遗体所蕴含的伦理道德等因素使遗体之上的权益呈现出所有权与人格利益的双重构造,如何去进行平衡?"死者生前意愿"和"公序良俗"对遗体的法律保护会产生什么影响? 法律应当回应这些问题。

五、现代社会卫生法的重要性日益凸显

医疗卫生提出了种种法律问题,需要法律给予应对和解答,卫生法的重要性也因此凸显。应当认真对待医学中的法学问题,借由卫生法这一充满活力、令人激动的法学领域,实现法律对人从摇篮到坟墓的终极关怀。具体而言,卫生法的重要性表现在如下几个方面。

(一)卫生法体现了对人从生到死的终极人文关怀

以人的生命周期为主线,从生命的孕育开始,历经胎儿的出生、人的生存直到死亡,切实地渗透着很多法律的问题。好的法学理论要既能上天也能入地,所谓能"上天",就是研究纯理论的抽象能力;所谓能"入地",就是要运用法学的一般理论解决具体问题,指导司法实践。同时通过对具体问题的研究扩展、升华既有的一般理论。对实践中具体问题的鄙视和忽略,只能凸显理论的苍白,也违背了法学这种实践性学科应有的品质。面对社会发展和技术革新给我们带来的法律和伦理的挑战,卫生法学以问题为主导、以健康权为主线,是一个充满活力、令人激动的法学领域。[1] 所谓健康,指的是全民健康、全覆盖的健康,涵盖了人"从摇篮到坟墓"的全生命周期。卫生法学以促进健康为使命,体现了对人从生到死的终极人文关怀。

(二)卫生法回应新兴生物技术发展的需求,推动人民健康事业的发展

现代医学的革命,将克隆人、基因技术、器官移植等人类从未面临过的问题带入我们的生活,现代文明中私人权利意识的发展,将生育权、隐私权、悼念权等带入我们的生活。这些新的医疗技术和新的权利意识的出现,既能造福人类,又给我们带来了无尽的困惑与思考。但是人类社会自身的发展历程也告诉我们,当人类面对社会更新、伦理道德危机时,应该理性正视现实。某项科技进步最终是否真正有益于人类,关键在于人类如何对待和应用它,在于从一开始就将其纳入到严格的规范化管理之中,不能因为暂时看来不合乎情理而因噎废食。[2] 于此,卫生法将发挥重要的作用,对新兴生物技术的发展需求进行回应,进而推动人民健康事业的整体发展。

---

① 申卫星:《从生到死的民法学思考——兼论中国卫生法学研究的重要性》,《湖南社会科学》2011年第2期。

② 申卫星:《从生到死的民法学思考——兼论中国卫生法学研究的重要性》,《湖南社会科学》2011年第2期。

（三）卫生法能够促进社会主义和谐社会建设

医疗卫生事业是与每一位人民群众都息息相关的事业。一方面,卫生法在传染病等突发公共卫生事件中保障着集体健康权;另一方面,卫生法通过医疗服务法等调整着个体健康权。两者共同作用,维护着公众的健康与社会稳定,促进了社会主义和谐社会的建设。此外,卫生法对社会主义和谐社会建设的意义还体现在对矛盾与纠纷的化解上,以医患纠纷为例,随着社会的发展,人们的维权意识逐渐增强了,对于在医疗卫生事业中自身的权利问题更加关注了。人们对于医护工作者的行业准入标准、医务工作者的工作技术水平与职业道德水平、医院药品的价格与疗效等都十分关注,卫生法规定了医疗卫生事业中各个环节的工作准则和制度要求,对于人民群众关注的这些问题都有详细的规定,也能够促进医务工作者按照法律中的明确规定来严格要求自己,减少医疗事故和医疗纠纷的出现,提高人们对于医疗卫生事业的满意度,进而促进我国的社会主义和谐社会建设。

第二节　健康中国与卫生法治

一、健康中国的战略愿景

人民健康是民族昌盛和国家富强的重要标志,在"五位一体"总体布局中具有基础性、全局性、长远性的作用。中国特色社会主义新时代,以习近平同志为核心的党中央高度关注人民健康,积极推进健康中国建设上升为国家战略。2013 年 8 月,国家主席习近平在会见世界卫生组织时任总干事陈冯富珍时强调,中国政府坚持以人为本、执政为民,把维护人民健康权益放在重要位置。2015 年 4 月,习近平总书记在主持召开中央全面深化改革领导小组第十一次会议并发表重要讲话时强调,公立医院是我国医疗服务体系的主体,要把深化公立医院改革作为保障和改善民生的重要举措,要坚持公立医院公益性的基本定位,将公平可及、群众受益作为改革出发点和立足点,落实政府办医责任,统筹推进医疗、医保、医药改革,坚持分类指导,坚持探索创新,破除公立医院逐利机制,建立维护公益性、调动积极性、保障可持续的运行新机制,构建布局合理、分工协作的医疗服务体系和分级诊疗就医格局。

2015 年 10 月,党的十八届五中全会通过的"十三五"规划建议明确从八个方面推进健康中国建设。2016 年,中共中央、国务院召开 21 世纪第一次全国卫生与健康大会,并印发实施《"健康中国 2030"规划纲要》,明确了推进健康中国建设的宏伟蓝图和行动纲领。党的十九大报告进一步提出要"实施健康中国战略",标志着党和政府将人民健康上升到事关现代化建设全局的高度,将"健康中国战略"正式确立为一项国家战略。

二、法律在健康领域的重要作用

医疗卫生事业的发展及其面临的新问题、新挑战,也给法律提出了更高的要求,法律通过对前述种种问题给予回应,为健康中国的建设保驾护航。

第一,在国民健康领域,法律保护着公众健康。对于以传染性疾病为代表的公共卫生危机,《传染病防治法》《突发事件应对法》《突发公共卫生事件应急条例》提供了基本的法律框架,通过建设科学化、专业化、权责一致的传染病疫情监测、预警机制,高效、敏捷、快速反应的公共卫生应急处置机制,配合公共卫生的领导协调机制和长效投入机制以及严格的责任制度,对公共卫生危机加以防控。对于健康生活方式的倡导,我国也做了大量工作。例如,2019 年 12 月 28 日表决通过的《基本医疗卫生与健康促进法》就从健康促进角度系统规定了政府提供健康信息、健康生活方式指南、健康饮食指引、可及的体育健身设施等信息和条件的义务;同时规定"公民是自己健康的第一责任人",也就是说,个人对于自身甚至他人健康也具有维护和促进的义务。法律通过鼓励个人采用良好的健康生活方式,包括健康管理理念、健康知识、健康素养和持之以恒管理个人健康的实践①,对促进公众健康发挥着积极的作用。

第二,在医疗服务领域,卫生法通过合理配置权利(力)与义务,重新塑造和谐的医患关系。具体言之,重建良好医患关系的根本在于信任,而建立制度信任的关键在于利益的平衡和规则的可预测性。法律通过平衡医患双方的权利义务,并从建立健全医保制度、改革医药价格制度和医师收入分配制度、建立解决医疗纠纷的多元化路径,以及完善医疗风险分担机制等四个方面着手,积极重建着医患之间的制度信任,化解着当前医患关系的困境。②

第三,在健康产品领域,法律指引健康产品安全风险治理,保障健康事业的物质基础。面对我国食品、药品、化妆品等健康产品风险巨大、安全事故高发的状况,应当明确安全治理的核心在于风险治理,在法治框架内,同时发挥政府监管与社会共治的作用,保障人民的安全与健康。通过树立风险预防理念,创新多元主体参与制度,完善和发展行业自律、研制管理、追溯与警戒、审批等系列制度,确立惩罚性赔偿制度,建立药品风险分担与激励惩戒机制等法律手段,法律积极促成平等、合作的治理关系,以解决我国健康产品安全存在的现实问题,实现确保公共利益的治理目标。③

第四,在生命伦理领域,生命科技创新呼唤伦理法律保驾护航。生命科技的应用是一把"双刃剑",既推动人类健康事业和社会经济发展,又因其高技术性、高风险性、不

---

①　王晨光、张怡:《〈基本医疗卫生与健康促进法〉的功能与主要内容》,《中国卫生法制》2020 年第 2 期。

②　申卫星:《医患关系的重塑与我国〈医疗法〉的制定》,《法学》2015 年第 12 期。

③　申卫星、刘畅:《论我国药品安全社会治理的内涵、意义与机制》,《法学杂志》2017 年第 11 期。

确定性而凸显各种风险和隐患。无论是女明星陷入代孕风波引发全社会对代孕的关注，还是首例"基因编辑婴儿"案引起人们对基因科技的反思，均说明了现代科技发展下生命伦理面临的问题与挑战。法律与伦理通过为生命科技的发展划定禁区、合理分配权利与义务而平衡和塑造法律关系，既促进生命科技的发展，使之造福人类社会；又规制着生命科技发展带来的风险，使这把"双刃剑"不至于脱轨伤人。

三、卫生法治托起健康中国

随着医疗卫生体制改革的日益深入，尤其是《"健康中国2030"规划纲要》的出台，"健康中国"的提出，健康权的价值在国家战略层面受到前所未有的重视。医药卫生法治恰恰以健康权为其最高宗旨与核心概念[①]，以卫生法治托起健康中国，已经成为社会共识。[②]

卫生法治，是指卫生健康体系的运行需要符合"办事依法、遇事找法、解决问题用法、化解矛盾靠法"的特征。[③] 良好的卫生健康体系需要满足所有利益相关人员共建共治的目标，卫生法治的目标是尊重、实现和保护公民健康权利，以及由此产生的其他相关的权利和利益的依法调节和依法分配。在健康中国的建设中，卫生法治发挥着以下几方面的作用。

第一，卫生法治回应医疗卫生事业的发展需要，规范和引领卫生和健康事业的发展。虽然我国综合国力在不断提升，但是人均GDP仍然处于较低水平，与日益增长的健康需求相比，医疗卫生资源仍然具有较大缺口，加上卫生资源分布不均衡、资源不足、医药产业发展水平仍然与发达国家有较大差距。在这种情况下，卫生法治通过巩固和完善基本医疗卫生服务体系、建设基层医疗服务网络和全方位全周期的服务体系，建立医疗机构分类管理体制和多层次的医疗保障体系，明确药品供应保障体系等，积极保障健康资源分配的可获得性和公平性，推动了健康中国建设。

第二，卫生法治贯彻大健康理念，强调生命全周期和全方位的健康保障，把传统的以治病为中心转变为以人民健康为中心，突出健康权这一公民享有的基本权利的核心地位，从而有力地保障着健康中国战略的实施。健康权的实现不仅需要公民作为自己健康第一责任人付出努力，还需要政府尊重并保护公民健康权。这不仅是推进国家治理体系和治理能力现代化的重要组成部分，也是健康中国战略的内在要求。卫生法在国家与公民之间分配权利（力）与义务，明确了政府在健康领域负有的不可推卸的职

---

① 王晨光：《论以保障公民健康权为宗旨 打造医药卫生法治的坚实基础》，《医学与法学》2016年第1期。

② 王晨光：《论以保障公民健康权为宗旨 打造医药卫生法治的坚实基础》，《医学与法学》2016年第1期；江必新：《实现医疗法治 推进健康中国建设》，《人民法治》2017年第1期。

③ 莫纪宏：《法治思维和法治方式的核心是"依宪治国"》，《前线》2013年第3期。

责、政府发挥作用的方式以及政府行为的负面清单,为健康中国保驾护航。

　　第三,卫生法治通过常态化的、稳定的机制,为健康中国建设提供了可靠的制度保障。一方面,我国卫生法的制定为国家的医疗卫生事业的发展提供了法律依据,在我国建立了一个以卫生法为主体、卫生部门规范为辅助的全面的卫生法律法规体系,为我国医疗卫生事业的发展提供了健全的法律环境,也为卫生法的实施提供了制度前提。另一方面,卫生法治要求社会主体自觉遵守卫生的规定、国家机关根据法定权限和程序执行与适用卫生法律、解决卫生领域的纠纷,使得卫生法的目的得以实现,卫生法的作用与社会效应得以发挥,进而有力地保障了我国医疗卫生事业的健康发展和顺利进行。

第二章 卫生法与健康权

第一节 健康权在卫生法中的核心地位

一、健康权的概念

从健康权产生至今,关于其内涵的争议从来没有停止。健康权概念的界定依公法、私法和社会法之研究视角的不同,而有所区别。

首先,社会权视角下的健康权。所谓社会权,是指基于福利国家或社会国家的理念,为使任何人都可以获得合乎人性尊严的生存,而予以保障的所有权利的总称。社会权最初的产生是为了纠正市民社会的缺陷,它的根本目标是实现实质的社会公平和正义,强调对弱势群体的保护。随着社会的不断发展,社会权的"社会"呈现出由"部分社会"向"整体社会"发展的趋势,即由强调特定条件下特殊群体的社会利益保障,过渡到对全体民众的社会利益保障。社会权的内容决定了它要求国家履行积极的给付义务,而非恪守传统的消极立场。需要说明的一点是,行政法中有关于社会保障(医疗救助、公共卫生服务)的行政给付的规定。从表面上来看,这些权利规定在行政法中,似乎应该属于公民的公法权利。但是,就行政给付的实质内容来看,它无疑是属于社会权的范畴。正如学界所公认的,社会法是公法和私法的融合,包括强制规范和任意性规范。判断权利类型的依据不在于它出现在何种性质的法律中,而在于权利内容本身的性质。因此,社会权规定在行政法中也就不足为奇。从社会权的视角来看健康权,即国家和社会有义务提供基本医疗服务、基本公共卫生服务、基本药物等服务或产品,以保障公民健康权的实现。概括来说,社会权下的健康权,强调对弱势群体的医疗卫生保障,其根本目的在于实现社会公平,维护公民之生存尊严与生活质量。它要求政府履行积极义务,建立医疗卫生保障制度,对符合条件的公民提供健康产品或服务。

其次,公法权利视角下的健康权。作为公法权利的健康权,其作用主要在于促使政府履行保护义务,且确保政府在履行行政职能时应当避免对个人自由的不当侵犯。可以说,作为公法权利的健康权有助于推动政府在医疗卫生领域的依法行政。在公法权利视角下,健康权的主要内容是指获得健康教育权、获得健康保障信息权、获得突发公共卫生事件应急保障的权利、要求政府履行公共防疫职责的权利等。

最后，在私法权利视角下分析健康权，主要是指在医患关系中公民的健康权利，在健康权的谱系中，作为私法权利的健康权最为精致。自 20 世纪 60 年代起，随着轰轰烈烈的患者权利运动，各国和地区开始纷纷制定相应的患者权利法案，比如《世界医学会关于患者权利的里斯本宣言》（1981 年）、《促进欧洲患者权利宣言》（1994 年）、《欧洲患者权利约章》（2004 年）、《美国患者自主决定法》（1990 年）、《芬兰患者地位与权利法》（1992 年）、《以色列患者权利法》（1996 年）、《冰岛患者权利法》（1997 年）、《挪威患者权利法》（1999 年）、《伊朗患者权利规章》（2002 年）等。在我国，当前私法上规定的患者健康权利，见于《基本医疗卫生与健康促进法》《侵权责任法》《医师法》《医疗机构管理条例》《护士条例》等。① 其中，《基本医疗卫生与健康促进法》旗帜鲜明地肯定了健康是人的基本权益，提出"国家和社会尊重、保护公民的健康权"。总结起来，患者的权利大致包括以下内容：合理医疗服务的权利、知情同意的权利②，也包括生命权，健康权，生育权，身体权，隐私权，平等医疗保健权，自主决定权，人身和财产安全权③，医疗文书查阅、复制及封存权等。

总之，健康权的规范构造呈现出复杂的结构。健康权既是自由权，也是社会权；既包含积极权利，也包含消极权利。从消极的层面来看，健康权的内容包括两个部分：一是指民事主体的健康权免受他人的侵犯，二是要求政府恪守尊重义务。后者又包括政府不得干预公民对健康权的享有、政府应当遵守平等和非歧视原则、政府不得实施伤害公民健康的行为等三个方面。从积极的层面来看，健康权一是指健康权主体自由控制自己的健康和身体。二是强调政府的保护义务和给付义务，即健康权的内容应明确肯定公民的权利诉求。此外，健康权既包括个体的健康，也包括群体的健康；既指获得卫生保健的权利，也包括获得构成健康基础条件的权利。

二、健康权的法律基础

健康之于人的价值不言而喻，《联合国宪章》（1945 年）第 55 条第 2 款规定，促进国际经济、社会、健康及有关问题之解决是联合国的基本职责。为推动全球健康问题的解决，联合国根据 1946 年通过的《世界卫生组织组织法》成立专门的世界卫生组织。《世界卫生组织组织法》将健康定义为"不仅为疾病或羸弱之消除，而系体格、精神与社会之完全健康状态"，并且首次明确提出"享受最高而能获致之健康标准，为人人基本权利之一。不因种族、宗教、政治信仰、经济或社会情境各异，而分轩轾"。当然，这只是世界卫生组织的工作目标和愿景，并不具备国际法上的约束力，真正为健康权奠定国际法律框架基础的是 1948 年通过的《世界人权宣言》。《宣言》第 25 条第 1 款规定，"人

---

① 饶浩：《论国际人权法上的健康权与〈基本医疗卫生法〉的起草》，《人权研究》2018 年第 1 期。
② 申卫星：《医患关系的重塑与我国〈医疗法〉的制定》，《法学》2015 年第 12 期。
③ 解志勇主编：《卫生法学通论》，中国政法大学出版社 2019 年版，第 140—153 页。

人有权享受为维持他本人和家属的健康和福利所需的生活水准,包括食物、衣着、住房、医疗和必要的社会服务"。与《世界卫生组织组织法》相比,《世界人权宣言》虽然再次肯定了健康权的价值,但表述较为保守,仅仅将健康权视为维持必要生活水准的条件。1966 年,《经济、社会和文化权利国际公约》第 12 条规定,人人享有能达到的最高体质和心理健康的标准是一项基本人权,并列举了若干缔约国为实现该权利应采取的步骤。这是健康权第一次以公约形式出现在条约之中,对缔约国具有法律约束力,其他公约中的健康权条款基本上是对该条款的展开和适用,因而《经济、社会和文化权利国际公约》第 12 条规定被视为健康权的核心条款。在此基础上,《消除一切形式种族歧视国际公约》(1965 年)、《消除对妇女一切形式歧视公约》(1979 年)、《儿童权利公约》(1989 年)、《残疾人权利公约》(2006 年)均含有健康权的相关规定,要求缔约国严格遵守非歧视性原则,并根据妇女、儿童、残疾人等特定人群的健康状况,提供必要的健康保障服务。通过这一系列的国际法文件和公约,清晰且完整的健康权概念在国际法层面上逐渐形成。受联合国多边公约的影响,区域性的国际条约也纷纷对健康权作出相应规定。比如,《欧洲社会宪章》(1961 年)第 11 条规定了卫生保健权(the right to health protection)①;《美洲人权公约关于经济、社会和文化权利领域的附加议定书》(1999 年)第 10 条规定了健康权,第 11 条规定了健康环境权(right to a healthy environment),第 12 条规定了获得食物的权利;②《非洲人权和民族权利宪章》(1986 年)第 16 条规定了个人有权享有能达到的最高体质和心理健康的状态。③ 不仅如此,在国际人权法的影响下,越来越多的国家选择将健康权纳入本国宪法之中。美国学者金尼(Eleanor D. Kinney)在 2001 年做的一项统计显示世界上有 142 个国家批准了《经济、社会和文化权利国际公约》,83 个国家批准了与健康权有关的区域性公约,而在宪法中直接或者间接规定健康权的国家达到 109 个。④ 2004 年,金尼与克拉克进一步对各国宪法进行统计分析,发现世界上有 67.5%的国家在宪法中规定了健康权条款。这些健康权条款大致分为五种类型:目标型(aspiration)、授权型(entitlement)、国家义务型(duty)、方案纲领型(statement)、参照条约型(referential)。其中,授权型条款比例最高(占 38.7%),国家义务型条款次之(占 38.1%),方案纲领型占 26.3%,目标型占 11.3%,

---

① Council of European, European Social Charter, 18 October 1961, ETS No.035(Entry into Force, February 26,1965), https://www.coe.int/en/web/conventions/full-list/-/conventions/treaty/035(accessed 6 May 2018).

② Organization of American States(OAS), Additional Protocol to the American Convention on Human Rights in the Area of Economic, Social and Cultural Rights ("Protocol of San Salvador"), 16 November 1999, A-52, http://www.refworld.org/docid/3ae6b3b90.html(accessed 6 May 2018).

③ African Commission on Human and Peoples' Rights(ACHPR), African Charter on Human and Peoples' Rights, http://www.achpr.org/instruments/achpr/#a16(accessed 6 May 2018).

④ Kinney, supra note 2, at 1465.

参照条约型仅占 4.6%。① 联合国人权委员会在 2008 年也做了一项统计，指出全球至少有 115 个国家的宪法规定了健康权（right to health）或者健康照护权（right to health care），并且至少有 6 部宪法规定了健康有关的责任，诸如国家发展健康服务或者为其划拨特定的财政预算。②

　　在我国，随着"健康中国"战略的实施，健康权愈来愈得到广泛关注。2016 年 8 月 19—20 日，全国卫生与健康大会在北京召开，中共中央总书记、国家主席习近平出席大会并发表重要讲话，提出"把人民健康放在优先战略地位"。这是国民经济社会生活中"健康"地位显著提升的标志，也是我国卫生与健康事业发展史上的一个里程碑。至此，健康优先已经成为国家政策。2016 年 11 月 21—24 日，第九届全球健康促进大会在上海召开，国务院总理李克强出席大会开幕式并致辞。这次会议把健康列入可持续发展的议程中，将其提升为各国政府的政治承诺，是健康促进领域的新起点。2016 年 10 月 25 日，中共中央、国务院发布《"健康中国 2030"规划纲要》。该纲要围绕总体健康水平、健康影响因素、健康服务与健康保障、健康产业、促进健康的制度体系等方面设置了若干量化指标，并据此提出健康中国"三步走"的目标。③ 我国宪法上有多个条款可以作为健康权的依据，其规范内涵是：公民健康不受侵犯（第 33 条第 3 款，第 36 条第 3 款）；公民在患病时有权从国家和社会获得医疗照护、物质给付和其他服务（第 33 条第 3 款，第 45 条第 1 款）；国家应发展医疗卫生事业、体育事业，保护生活和生态环境，从而保护和促进公民健康（第 21 条、第 26 条第 1 款）。④ 宪法的上述规定是原则性规定，不能直接适用于司法裁判的适用法律部分，国家又根据宪法规定制定了一系列卫生法律。⑤《基本医疗卫生与健康促进法》明确提出了"健康权"的概念，事实上，我国现行法律的规定对社会权和自由权层面的健康权都有涉及，例如社会权层面的《劳动法》《社会保险法》《未成年人保护法》《残疾人保障法》《妇女权益保障法》《母婴保健法》等；再如当前我国私法上规定的患者健康权利，散见于《侵权责任法》《医师法》《护士条例》等。⑥

---

　　① Eleanor D.Kinney & Brian Alexander Clark, Provisions for Health and Health Care in the Constitutions of the Countries of the World, 37 Cornell Int'l L.J.285, 298（2004）.

　　② 王晨光、饶浩：《国际法中健康权的产生、内涵及实施机制》，《比较法研究》2019 年第 3 期。

　　③ 解志勇主编：《卫生法学通论》，中国政法大学出版社 2019 年版，第 43 页。

　　④ 焦洪昌：《论作为基本权利的健康权》，《中国政法大学学报》2010 年第 1 期；邓海娟：《论非国家行为体的健康权保障义务》，《湖北大学学报（哲学社会科学版）》2012 年第 3 期；夏立安：《经济和社会权利的可裁决性——从健康权展开》，《法制与社会发展》2008 年第 2 期；曲相霏：《国际法事例中的健康权保障——基于〈国际法上作为人权的健康权〉的分析》，《学习与探索》2008 年第 2 期；蒋月、林志强：《健康权观源流考》，《学术论坛》2007 年第 4 期；杜承铭、谢敏贤：《论健康权的宪法权利属性及实现》，《河北法学》2007 年第 1 期；林志强：《论健康权的国家义务》，《社会科学家》2006 年第 4 期；韦以明："生命权"、"生命安全权"、"生命健康权"谁宜入宪——"非典"现象中的生命观透视》，《政法论坛》2003 年第 6 期。

　　⑤ 陈云良主编：《卫生法学》，高等教育出版社 2019 年版，第 21—22 页。

　　⑥ 饶浩：《论国际人权法上的健康权与〈基本医疗卫生法〉的起草》，《人权研究》2018 年第 1 期。

三、健康权的内容与类型

(一)健康权的内容

健康权作为一项基本权利,其内容有两个层面的含义,从第一个层面的含义出发,健康权的内容首先指的是维持人的生命;从第二个层面的含义出发,健康权的内容还要求保障人生存的质量,即是指安慰免于痛苦。

健康权的内容的第一个面向首先指的是维持生命。作为一项基本权利,健康权与诸如生命权、自由与人身安全、居住与迁徙自由、表达自由及文化权等基本权利都有密切的关系。从基本权利的角度来看,自由权、平等权、生存权、健康权、发展权是基本人权,生存权更是有着其他权利的基础和前提的重要地位。而健康是伴随人一生的重要资本。在保障生存权的目标下,健康便成为其他一切权利能否实现或在多大程度上实现的重要前提。从某种程度上讲,剥夺健康就是剥夺人的生命,两者仅是程度轻重的区别。①

健康权不仅保障人活着的权利,同时也保障人有质量地生存的权利,这就是健康权内容的第二个层面的含义——安慰免于痛苦。所谓健康,《世界卫生组织组织法》将之定义为"不仅为疾病或羸弱之消除,而系体格、精神与社会之完全健康状态",并且首次明确提出"享受最高而能获致之健康标准,为人人基本权利之一。不因种族、宗教、政治信仰、经济或社会情境各异,而分轩轾"。现代医学对健康的保护呈现出由单一的生物因素的考量向生物—心理—社会医学模式发展的转向②,也体现了人类社会对健康内涵与外延认识的完善,健康权不仅保障人活着的权利,同时也保障人有质量地生存的权利,保护人安慰免于痛苦。随着生命质量概念的提出,健康权安慰免于痛苦这一层次的内涵越来越受到人们的重视③,缓和医疗、安宁疗护、临终关怀等的发展也很能说明问题。

(二)健康权的类型

健康权的类型依照自由权与社会权、积极权利与消极权利的划分标准,而有不同。

首先,依照自由权和社会权的角度,健康权除了具有自由权性质和社会权性质之外,还具有公法权利的性质。关于健康权的性质,有学者依据人权发展的三个时代划分:个人权利法、自决权法、发展权法,将健康权归为第三代人权。人权的代际划分理论,将第一代人权定义为消极的人权,第二代人权定义为积极的人权,第三代权利定性为连带性权利。④ 但

---

① 陈云良主编:《卫生法学》,高等教育出版社2019年版,第20页。
② 该医学模式是1977年美国心理—精神病学教授恩格尔(Egle G.L)提出的,恩格尔教授分别从生物学、心理学、社会学三个不同领域,综合考察人类健康以及疾病,运用综合措施防病治病,增强人类健康。参见张广森:《生物—心理—社会医学模式:医学整合的学术范式》,《医学与哲学(人文社会医学版)》2009年第9期。
③ 赵雪帆、申卫星:《缓和医疗立法的问题、经验与构建》,《中国卫生产业》2019年第17期。
④ Swinarski C., *Studies and Essays in International Humanitarian Law and Red Cross Principles in Honour of Jean Pictet*, Martinus Nijhoff, 1984.

是,这种机械的代际划分很容易遮蔽健康权性质的复杂性,并且影响了健康权的司法适用。我们认为,对健康权性质的认识,关键在于确定政府对该项权利具有何种义务。因此,从自由权和社会权的角度来分析健康权的性质更有针对性。自由权的产生直接来自于近代民主政治革命,其核心在于防范政府对人民权利的侵犯,强调政府的消极义务。社会权的产生则来自于对市民社会缺陷的纠正,近代兴起的市民社会过于强调自由竞争,最终导致强势集团对弱势群体的压迫,尤其是劳工群体的健康受到极大的威胁。因此,社会权要求政府履行积极的义务,为弱势群体提供相应的社会保障。健康权在自由权时代,主要强调政府不得迫害人民,侵犯人民的自由和健康,并且在人民健康受第三人侵害时应当提供救济。在社会权时代,健康权作为自由权的成分并没有消失,但同时更加强调政府的积极义务,要求政府进行社会保险立法义务,为人民提供基本的医疗卫生保健服务。从健康权的发展历史来说,健康权既有自由权成分,也有社会权成分,既有消极人权的含义,也有积极人权的部分。这一点也体现在经济、社会及文化委员会在2000年通过的一般评论中,该评论认为健康权既包括自由也包括权利,具体说自由包括控制自己健康和身体的权利,包括性自由和生育自由、免于干涉的自由,如免于酷刑、强制医疗和实验的自由。相比之下,权利即指享受最高健康水准的平等机会。这里所说的自由显然是就第一代消极的自由权而言,而权利则是指第二代积极的社会权。我们认为,健康权除了具有自由权性质和社会权性质之外,健康权还具有公法权利的性质。比如典型的知情同意权,其中的知情权有一部分属于行政法上的权利。依据知情权,公民有权要求政府公开与健康保障有关的信息,并获得相关资料。再比如,医疗卫生服务过程中的患者投诉权,患者可以向卫生行政部门投诉医疗机构。还有,政府控制和防止传染病的义务,这也是基于健康权所产生的政府义务,显然也具有公法性质。

其次,依照积极权利与消极权利的划分标准,健康权呈现出混合积极权利与消极权利的复式构造。在以前,人们对健康权进行片面理解和解释,要么将其解释为积极权利,要么将其解释为消极权利,缺乏对健康权规范模式的整体把握。但是,消极权利与积极权利二分法是现代宪法基本权利理论的基本分析范式,随着实践需求的变化和法学理论的不断演进,原来将权利区分为消极权利与积极权利的类型化方法已经难以满足权利理论与实践的需求。[1] 事实上,健康权的发展经历了从私权到社会权,再到各国宪法和国际法强调的基本权利和现代人权发展进路。[2] 健康权同时具有消极权利和积

---

[1] 陈云良:《健康权的规范构造》,《中国法学》2019年第5期。
[2] 林志强:《论健康权的国家义务》,《社会科学家》2006年第4期;蒋月、林志强:《健康权观源流考》,《学术论坛》2007年第4期。

极权利的属性,越来越多地得到了承认。① 积极健康权首先是健康权主体要求公权力履行积极义务的权利。根据权利行使方式的不同,可以分为直接要求行政给付的主观受益权和间接要求权利保障的客观秩序保障权,相应的权利、义务、责任也不同。具体而言,有基于健康权主体请求的积极权利和基于国家制度构建的积极权利规范构造。② 积极健康权肯定公民的权利诉求,强调政府的保护义务和给付义务。③ 前者要求国家采取必要步骤防止其他人带来的权利侵害,是一种积极的义务,如制止健康领域中的歧视现象。后者需要国家采取措施去实现法定的权利,也是一种积极的义务。④ 另外,积极健康权还主张民事主体自由控制自己健康和身体。⑤ 消极健康权也有两层含义。一方面,其强调健康权主体的健康免受他人的侵犯⑥,旨在排除他人干涉并于受到侵害时得请求损害赔偿。⑦ 当健康权主体具有有效选择能力和条件时,享有按照自己意愿行为的权利、不受外界的干预、负有不影响他人利益和公共利益的义务,也必须对自己的行为承担责任。有两种较为典型的表现形式,一种表现为日常生活中与健康权有关的行为、习惯等,另一种表现为医疗过程中健康权主体自由选择医疗方式并自愿承受风险后果的行为。这两种权利的行使都由民法规范。⑧ 另一方面,消极健康权要求政府恪守尊重义务:一是政府不得干预公民对健康权的享有,二是政府应当遵守平等和非歧视原则,三是政府不得实施伤害公民健康的行为。⑨

第二节　围绕健康权形成的法律关系

一、健康权对传统法律关系的冲击

健康权的兴起,对传统法律关系发起了挑战,传统法律关系在处理涉及健康领域的问题时常显得捉襟见肘,其根本原因在于卫生法律关系的复合性。以医疗法为例,一方

---

① 王晨光、饶浩:《国际法中健康权的产生、内涵及实施机制》,《比较法研究》2019 年第 3 期;解志勇主编:《卫生法学通论》,中国政法大学出版社 2019 年版,第 39—40 页;陈云良:《健康权的规范构造》,《中国法学》2019 年第 5 期;夏立安:《经济和社会权利的可裁决性——从健康权展开》,《法制与社会发展》2008 年第 2 期;曲相霏:《国际法事例中的健康权保障——基于〈国际法上作为人权的健康权〉的分析》,《学习与探索》2008 年第 2 期;杜承铭、谢驰贤:《论健康权的宪法权利属性及实现》,《河北法学》2007 年第 1 期。

② 陈云良:《健康权的规范构造》,《中国法学》2019 年第 5 期。

③ 饶浩:《论国际人权法上的健康权与〈基本医疗卫生法〉的起草》,《人权研究》2018 年第 1 期。

④ 夏立安:《经济和社会权利的可裁决性——从健康权展开》,《法制与社会发展》2008 年第 2 期。

⑤ 解志勇主编:《卫生法学通论》,中国政法大学出版社 2019 年版,第 39—40 页。

⑥ 解志勇主编:《卫生法学通论》,中国政法大学出版社 2019 年版,第 39—40 页。

⑦ 陈云良主编:《卫生法学》,高等教育出版社 2019 年版,第 20 页。

⑧ 陈云良:《健康权的规范构造》,《中国法学》2019 年第 5 期。

⑨ 饶浩:《论国际人权法上的健康权与〈基本医疗卫生法〉的起草》,《人权研究》2018 年第 1 期。

面,医疗法要规制医患双方间的权利义务关系,是横向法律关系;另一方面,医疗法也要规制医疗机构、公民和政府间的关系,包括患者针对政府享有的要求政府保障医疗服务可及性的权利、要求政府提供基本医疗保险的权利,以及国家与医疗机构、药品企业、医务人员之间的关系等,这又是纵向法律关系。总之,健康权不是任何一个单一的法律关系所能描述的,而是汇集了横向法律关系、纵向法律关系的复合型法律关系。在此背景下,传统地按照法律部门,将法律关系划分为单一的民事法律关系、行政法律关系、刑事法律关系等,已经无法有效回应医疗卫生事业发展的需求,有必要以健康权为核心,构造卫生法律关系,回应时代的诉求。

二、以健康权为核心的卫生法律关系

卫生法能否成为独立的法律部门,是卫生法学研究的热点问题。从卫生法产生至今,关于卫生法学科独立性的争论从来没有停止。①

我们认为,卫生法能够且应当成为一个独立的法律部门,且其核心与根本所在就是健康权。随着人类社会的发展,健康问题从来没有像今天这样如此强烈地牵动社会方方面面的神经,健康权是一项事关人类福祉的基本权利,“人民的获得感、幸福感、安全感都离不开健康”②。医药卫生体制改革的最终目标是保证人民群众的健康权,极大地提高人民群众的健康水平。因此,医药卫生法治应当以健康权为其最高宗旨。在利益多元化的当代社会,健康权是形成全社会共识的纽带,是医药卫生法律体系的核心概念,是建构医药卫生法治体系的坚实基础。③ 以健康权为主线,卫生法学的各分部门渐次展开:国民健康法以公众健康权为核心,调整国民健康事务组织关系、国民健康服务关系、国民健康风险防控关系;医疗服务法以个体健康权的实现为目标,调整医疗服务合同关系、医疗事务无因管理关系和强制医疗关系;健康产品法则是关于健康权实现的物质基础——健康产品的全过程、全周期的法律体系;生命法则积极回应卫生健康科技创新发展带来的伦理和法律议题,是健康权的伦理向度。

---

① 持肯定观点的学者及其论述可参见刘苹、覃慧:《卫生法理论体系建构的前提》,《行政法学研究》2015 年第 4 期;石超明、何振主编:《卫生法学》,武汉大学出版社 2014 年版,第 15—16 页。持否定观点的学者及论述可参见李筱永:《卫生法学的概念及基本范畴辨析》,《医学与社会》2011 年第 8 期;钱矛锐:《论卫生法的部门法属性》,《医学与哲学》2008 年第 2 期;陈绍辉:《卫生法地位研究》,《法律与医学杂志》2005 年第 2 期。事实上,不仅在我国,在国际上这个问题也是研究的热点。例如,哈佛大学法学院教授 Einer R.Elhauge 在 2006 年的一篇论文中专门回应了关于卫生法学科独立性的问题,参见 Einer R.Elhauge,"Can Health Law Become a Coherent Field Of Law?",*Wake Forest Law Review*,2006,Vol.41,No.2,0043–003X。

② 习近平:《没有全民健康就没有全面小康》,中国新闻网,见 http://www.chinanews.com/gn/2016/08-21/7979460.shtml,2020 年 4 月 19 日。

③ 王晨光:《论以保障公民健康权为宗旨　打造医药卫生法治的坚实基础》,《医学与法学》2016 年第 1 期。

三、卫生法律关系的属性

卫生法律关系呈现出混合公私法的复式构造。卫生法律关系以健康权为核心,而健康权呈现出混合积极权利与消极权利的复杂的结构。一方面,积极健康权肯定公民的权利诉求,强调政府的保护义务和给付义务,[①]也主张民事主体自由控制自己健康和身体。[②]另一方面,消极健康权则强调健康权主体的健康免受他人的侵犯[③],旨在排除他人干涉并于受到侵害时得请求损害赔偿[④],也要求政府恪守尊重义务。[⑤]

正因卫生法律关系混合公私法的复式构造,笼统地界定某类卫生法律关系属于"私法关系"或"公法关系"往往是不准确的,而应当具体分析。例如,医疗服务卫生法律关系的内容有两个层面的含义,其中第一个层面的含义是指医患双方的权利义务是针对对方而言的[⑥],此时主要涉及的是私法关系;第二个层面的含义是指医患双方的权利义务是针对政府而言的[⑦],此时又涉及公法。又如,健康产品法律关系强调政府对健康产品监督管理的权力与责任的同时,也尊重与保障消费者自主选择健康产品的权利等贯彻私法自治的内容。再如,国民健康卫生法律关系强调国家对国民健康的保障义务,同时尊重个人自主与社会共治。生命伦理卫生法律关系以尊严至上、尊重自主为基本原则,但也离不开国家监管与法律规制。总之,卫生法并涉宪法、行政法、经济法、民法、商法、诉讼法、证据法、国际法、刑法、社会法等多个法律部门[⑧],呈现出混合公私法的复式构造。

四、卫生法律关系的内容

卫生法律关系的内容指的是卫生权利、卫生义务、卫生权力和卫生责任。依据卫生法律关系类型的不同,各卫生法律关系主体享有的权利、承担的义务不尽相同。

(一)国民健康卫生法律关系的内容

国民健康卫生法律关系的内容大致包含以下几类。

第一,国家与公民的卫生法律关系的内容,包括:(1)公民的健康权利:医疗卫生服务权,基本医疗保险权,医疗救助权,紧急医疗救治权。(2)公民的健康义务:遵守医疗

---

① 饶浩:《论国际人权法上的健康权与〈基本医疗卫生法〉的起草》,《人权研究》2018 年第 1 期。
② 解志勇主编:《卫生法学通论》,中国政法大学出版社 2019 年版,第 39—40 页。
③ 解志勇主编:《卫生法学通论》,中国政法大学出版社 2019 年版,第 39—40 页。
④ 陈云良主编:《卫生法学》,高等教育出版社 2019 年版,第 20 页。
⑤ 饶浩:《论国际人权法上的健康权与〈基本医疗卫生法〉的起草》,《人权研究》2018 年第 1 期。
⑥ 申卫星:《医患关系的重塑与我国〈医疗法〉的制定》,《法学》2015 年第 12 期。
⑦ 申卫星:《医患关系的重塑与我国〈医疗法〉的制定》,《法学》2015 年第 12 期。
⑧ 关于卫生法涉及的法律部门,可参见陈云良主编:《卫生法学》,高等教育出版社 2019 年版,第 1—10 页;张静、赵敏主编:《卫生法学》,清华大学出版社 2014 年版,第 13 页;樊立华主编:《卫生法律制度与监督学》,人民卫生出版社 2012 年版,第 4 页;张静、王萍主编:《卫生法学》,西南师范大学出版社 2008 年版,第 23 页。

卫生秩序的义务,配合公共卫生服务的义务,接受疫苗接种的义务,特定传染病患者配合相关部门的义务,接受健康管理的义务,支付医疗费用的义务。(3)政府的主导责任:免费提供公共卫生服务;举办医学教育,培养医疗人才;举办公立医疗卫生机构;建立基本医疗保险制度;保障基本药物供给。①

第二,国家与医疗机构的卫生法律关系的内容,包括:(1)医疗机构的权利:设置权,自主展开医疗活动的权利,寻求救济的权利。(2)医疗机构的义务:登记义务,明显悬挂的义务,预防保健义务。(3)卫生行政部门的职权:设置医疗机构的许可权,医疗机构展开执业的许可权,检查指导和评审权,卫生行政事项的行政处罚权。(4)卫生行政部门的义务:申请许可程序中法定期间内的书面通知义务。

第三,国家与药品企业的卫生法律关系的内容,包括:(1)药品企业的权利:开设药品企业并进行生产经营的权利,对检验结果的异议权,研制新药的权利。(2)药品企业的义务:依法组织生产经营的义务,质量保证的义务,新药申请的保送义务,合理妥善包装义务,购销价格和数量保送义务。(3)药品监督管理部门的职权:开办药品生产、经营企业的许可权,临床试验和新药审批许可权,监督检察权,药品管理事项的行政处罚权。(4)药品监督管理部门的义务:监督检查过程中的证明义务,保密义务,公告义务,不得参与生产经营的义务。

第四,国家与医务人员的卫生法律关系的内容,包括:(1)医务人员的权利:执业的权利;从事学术研究和参加专业学术团体的权利;依法寻求救济的权利。(2)医务人员的义务:服从调遣的义务;报告义务;变更注册和变更报告义务;如实出具证明文件的义务。(3)卫生行政部门的职权:执业许可权;指导、检查、监督权;表彰、奖励权。(4)卫生行政部门的义务:培训义务;听取意见和建议的义务。②

此外,国民健康卫生法律关系的内容除了国家的公众健康义务、权力及权力限制外,国民健康领域隐私权的限制与保护、国民健康领域自己决定权的限制与保护等内容同样值得引起注意。例如,在美国,《州公共卫生示范法》明确了在预防和控制公共卫生威胁方面,州和地方公共卫生机构的核心职责和权力,包括:监测活动、报告、流行病学调查、通知和转诊服务、试验、检查和筛查、医学治疗、检疫和隔离、疫苗接种、许可、消除针对性、影响程度最小、非歧视、尊重人格尊严、社区参与原则等。同时,还阐述了公共卫生应急、公共卫生信息隐私权,为州和地方公共卫生机构合理地获取、使用、透露和储存可用于识别个人身份的健康信息提供了一套行之有效的"金标准"。③

---

① 陈云良主编:《卫生法学》,高等教育出版社 2019 年版,第 5—9、23—33、37—44 页。

② 解志勇主编:《卫生法学通论》,中国政法大学出版社 2019 年版,第 14—26 页。

③ 汪建荣等主编:《用法律保护公众健康——美国公共卫生法律解读》,中国科学技术出版社 2008 年版,第 82 页;李燕、金根林:《公共健康法原论》,中国政法大学出版社 2014 年版,第 92—100、130—134、153、189、240—292 页。

（二）医疗服务卫生法律关系的内容

医疗服务法的核心使命在于保障公民健康权,健康权作为公民的一项基本权利,对政府的立法有双重规制作用。第一,它要求政府通过立法保障公民的健康权免受私人侵犯,即明晰私主体之间的权利义务,如医方和患方之间;第二,它要求政府承担相应的职责,通过立法保障公民基本医疗服务的可及性。因此,医疗服务法律关系的内容有两个层面的含义,其中第一个层面的含义是指医患双方的权利义务是针对对方而言的,第二个层面的含义是指医患双方的权利义务是针对政府而言的。[①]

从第一个层面的含义出发,医疗服务卫生法律关系的内容包括:(1)患者的权利,在域外,自 20 世纪 60 年代起,就开始了轰轰烈烈的患者权利运动,各国和地区纷纷开始制定相应的患者权利法案,比如《世界医学会关于患者权利的里斯本宣言》(1981年)、《促进欧洲患者权利宣言》(1994 年)、《欧洲患者权利约章》(2004 年)、《美国患者自主决定法》(1990 年)、《芬兰患者地位与权利法》(1992 年)、《以色列患者权利法》(1996 年)、《冰岛患者权利法》(1997 年)、《挪威患者权利法》(1999 年)、《伊朗患者权利规章》(2002 年)等。也有学者尝试从信义义务等角度阐释医患权利义务关系。[②] 在我国,当前法律上规定的患者健康权利,见于《侵权责任法》《医师法》《护士条例》等,[③]其中,《基本医疗卫生与健康促进法》旗帜鲜明地肯定了健康是人的基本权益,提出"国家和社会尊重、保护公民的健康权"。总结起来,患者的权利大致包括以下内容:合理医疗服务的权利、知情同意的权利[④],也包括生命权,健康权,生育权,身体权,隐私权,平等医疗保健权,自主决定权,人身和财产安全权,[⑤]医疗文书查阅、复制及封存权等。另有几类特殊的权利保护,包括医疗活动中与胎儿有关的权利保护、患者(方)的身体权与遗体处分权和医患纠纷发生后、纠纷解决前患者(方)的几项权利等。[⑥] (2)患者的义务,包括交纳费用义务、尊重医师人格尊严的义务、不得侵害医师人身安全的义务、不得妨碍公共医疗秩序的义务等。(3)医方的权利,包括:获得医疗报酬的权利,医师人身安全和名誉不受侵犯的权利等。(4)医方的义务,包括:医方的告知义务、医疗救

---

① 申卫星:《医患关系的重塑与我国〈医疗法〉的制定》,《法学》2015 年第 12 期。

② 例如,Arthur B.LaFrance 提出医生对病人负有信义义务(fiduciary obligation),See Arthur B.LaFrance, *Bioethics: Health Care, Human Rights, and the Law*, Matthew Bender Press, 2006, pp.483-723。此外,也有学者分别从医疗服务合同、知情同意框架下医生的告知义务、医师间的保密义务等,以及病人保护身体完整权(protection of bodily integrity)、平等权(equality)、宗教信仰自由与言论自由(freedom and religion and expression)等角度展开研究,See Barry R.Furrow, *Health Law Cases, Materials and Problems*, West Academic Publishing Press, 2018, pp.113-207。Barry R.Furrow, *The Law of Health Care Organization and Finance*, Thomason West, 2008, pp.212-254。

③ 饶浩:《论国际人权法上的健康权与〈基本医疗卫生法〉的起草》,《人权研究》2018 年第 1 期。

④ 申卫星:《医患关系的重塑与我国〈医疗法〉的制定》,《法学》2015 年第 12 期。

⑤ 解志勇主编:《卫生法学通论》,中国政法大学出版社 2019 年版,第 140—153 页。

⑥ 侯雪梅:《患者的权利——理论探微与实务指南》,知识产权出版社 2005 年版,第 67—217 页。

治义务等。① 此外,如果从医疗服务合同的角度出发,则可以对医患权利义务进行进一步的研究。医疗服务人员的义务可以分为:主给付义务,包括诊疗义务和遵从指示义务;从给付义务,包括说明义务和病历制作保管义务;附随义务,主要是现代医事法的信息自主。医疗需求人和患者的义务可以分为主给付义务(报酬给付义务和受托人财产付出偿还义务)和不真正义务。②

从第二个层面的含义出发,医疗服务卫生法律关系的内容包括患者要求政府保障医疗服务可及性的权利、要求政府提供基本医疗保险的权利,医师有获得合理医疗报酬的权利等。③

(三)健康产品卫生法律关系的内容

健康产品卫生法律关系的内容,首先包括健康产品消费者的权利,尤其是自主选择权,即消费者有权根据自己的意愿自主地选择其购买的商品及接受服务。④ 其次,卫生行政部门对健康产品的职责。例如,国家药品监督管理部门这一国务院综合管理药品、医疗器械、化妆品安全的机构,具有药品、医疗器械和化妆品安全监督管理,标准管理,注册管理,质量管理,上市后风险管理,执业药师资格准入管理,组织指导药品、医疗器械和化妆品监督检查,药品、医疗器械和化妆品监督管理领域对外交流与合作,指导省、自治区、直辖市药品监督管理部门工作等 11 项职责。⑤

(四)生命伦理法律关系的内容

生命伦理和法律领域,涉及人类基础数据的权利归属和法律保护、生育权、基因治疗的自主决定权与知情同意、基因隐私权和利益共享权、性别自主决定权等,这些都是法律关系的重要内容。例如,以基因为对象的医学研究问题中,关于基因数据的权利归属这项重要的法律问题,不同学者提出了不同的主张。有的学者认为,不应套用传统的权利保护模式,而应设立一项独立的基因信息权(包括基因信息控制权、基因信息知情权和基因信息支配权),对个人基因信息进行保护,我国在加强个人基因信息权保护国内立法的同时还应加强国际合作。还有学者主张,当代民法应明确以基因隐私权的权利形式保护基因隐私,并结合我国的国情,"突破人格权专属性太强,难以与主体分离的传统理论,由法律直接授权权利人转让或许可他人使用其基因隐私的权利"⑥。还有学者认为,基因隐私权的确立使作为人格权之客体的人类基因具有了相当重要的私法意义,而对这一权利的界定实际上也否定了不同主体可以任意知悉他人基因信息的权利(除非在为

---

① 申卫星:《医患关系的重塑与我国〈医疗法〉的制定》,《法学》2015 年第 12 期。
② 陈云良主编:《卫生法学》,高等教育出版社 2019 年版,第 5—9、23—33、37—44 页。
③ 申卫星:《医患关系的重塑与我国〈医疗法〉的制定》,《法学》2015 年第 12 期。
④ 朱新力、王国平主编:《卫生法学》,人民出版社 2000 年版,第 15 页。
⑤ 解志勇主编:《卫生法学通论》,中国政法大学出版社 2019 年版,第 188—189 页。
⑥ 林燕玲:《基因隐私权及其人格权法保护》,《华中科技大学学报(社会科学版)》2005 年第 5 期。

了公共利益的情况下才允许不同主体获知他人的基因信息)。① 又如,基因技术的应用涉及基因隐私权②、基因平等权等诸多权利的保护,法律应当回应如何在研究自由、技术进步和风险防范、权利保护等方面予以衡平考量,以维护人的尊严、自由和社会安全。

五、卫生法律关系的类型

在现有文献中,关于卫生法律关系的类型的观点,主要有以下几种学说。

第一种是将卫生法律关系分为纵向卫生法律关系与横向卫生法律关系。例如,解志勇主编的《卫生法学通论》(2019年)将卫生法律关系分为纵向卫生法律关系和横向卫生法律关系,纵向卫生法律关系分为国家与医疗机构的卫生法律关系、国家与药品企业的卫生法律关系、国家与医务人员的卫生法律关系,另外,国家与公民间也可能存在纵向卫生法律关系。例如医疗保险,职业健康,器官移植,辅助生殖等。横向卫生法律关系分为医务人员与患者之间的卫生法律关系、医疗机构与患者之间的卫生法律关系、医疗机构与医务人员之间的卫生法律关系、其他横向卫生法律关系(主要是医疗机构和药品企业之间的采购合同法律关系和职业健康领域的卫生法律关系)。③ 黄威主编的《卫生法》(2012年)将卫生法律关系分为横向卫生法律关系、纵向卫生法律关系。纵向卫生法律关系既包括外部的卫生行政部门及卫生监管机构与行政相对人之间结成的卫生行政法律关系,也包括企事业单位与其内部职工之间结成的卫生业务管理关系,还包括卫生行政部门与同级政府之间、与同级卫生监督机构之间,上级卫生行政部门与下级卫生行政部门之间及各级卫生行政部门与其公务员之间各自结成的内部管理关系。横向卫生法律关系既包括典型的医疗机构及其医务人员与患者之间结成的医患法律关系,也包括从事药品、食品、保健品等生产的生产经营者企业和提供公共卫生服务的单位以其卫生服务质量和药品疗效与被服务者之间所结成的卫生服务法律关系。④ 吴崇其、张静主编的《卫生法学》(2012年)将卫生法律关系分为横向卫生法律关系、纵向卫生法律关系、新型的特殊的卫生法律关系。横向卫生法律关系如人体健康相关产品的制造者或者生产经营者同相关产品的消费者之间形成的法律关系、从事医疗保健服务活动的服务者与被服务者之间的法律关系、医疗侵权损害赔偿事件中侵权人与被侵权人之间的法律关系等。纵向卫生法律关系又分为两种,一种是存在于医药卫生行政机关或者医药企事业单位内部的具有职务行为上下级之间隶属的法律关系,另一种则是依法享有国家医药卫生行政管理职权的机关与职权管辖范围内的各种行政相对人

---

① 张亮:《人类基因的法律定位——基于人文主义的法学立场之分析》,《青岛科技大学学报(社会科学版)》2012年第2期。
② 林燕玲:《基因隐私权及其人格权法保护》,《华中科技大学学报(社会科学版)》2005年第5期。
③ 解志勇主编:《卫生法学通论》,中国政法大学出版社2019年版,第14—26页。
④ 黄威主编:《卫生法》,人民卫生出版社2012年版,第5—9页。

之间形成的卫生行政法律关系。新型的特殊的卫生法律关系包括医患关系、生命伦理法律关系等。①

第二种是按照法律部门对卫生法律关系进行分类。陈云良主编的《卫生法学》(2019 年)将卫生法律关系分为卫生宪法法律关系、卫生行政法律关系、卫生民事法律关系。② 张静、赵敏主编的《卫生法学》(2014 年)将卫生法律关系分为生命健康权益保障关系、卫生民事法律关系、卫生刑事法律关系、卫生行政管理关系、国际卫生法律关系、医学科技发展形成的新型社会关系。③ 樊立华主编的《卫生法律制度与监督学》(2012 年)将卫生法律关系分为卫生行政法律关系,包括卫生组织关系、卫生管理关系;卫生民事法律关系,主要指卫生服务关系,例如医患关系;卫生刑事法律关系;国际卫生法律关系。④ 张静、王萍主编的《卫生法学》(2008 年)将卫生法律关系分为行政管理关系、民事法律关系、刑事法律关系、国际卫生法律关系。⑤

上述主张和学说对卫生法律关系的类型的讨论,都是有价值的,但研究亦有不足之处,不少主张缺乏对卫生法学科独立性、理论性、体系性的整体把握。

我们认为,健康权是卫生法的核心。围绕健康权,卫生法可以分为保障公众健康权的国民健康法、保障个体健康权的医疗服务法、作为健康权实现物质基础的健康产品法,以及作为健康权的伦理向度的生命伦理法。各部分围绕健康权这一核心,分别展开,形成了国民健康卫生法律关系、医疗服务卫生法律关系、健康产品卫生法律关系、生命伦理卫生法律关系等四类基本的卫生法律关系。

第三节　健康权实现路径的多元化

一、构建完善的卫生法律体系是权利义务实现的前提

在一定的社会条件下,法是实现权利的最为基本的途径。⑥ 法律通过直接规范人的行为、界定主体的利益以及制裁违法犯罪行为来实现权利义务,因此构建完善的卫生法体系,是卫生权利义务实现的前提和基础。对我国当前的卫生法渊源进行考察,可以从中窥见卫生领域的权利义务实现的法律依据。虽然,我国当前与健康权保障相关的法律规定散见于从《宪法》《民法总则》到《药品管理法》等卫生专门立法当中。其中,

---

① 吴崇其、张静主编:《卫生法学》,法律出版社 2012 年版,第 30—35 页。
② 陈云良主编:《卫生法学》,高等教育出版社 2019 年版,第 5—9 页。
③ 张静、赵敏主编:《卫生法学》,清华大学出版社 2014 年版,第 13 页。
④ 樊立华主编:《卫生法律制度与监督学》,人民卫生出版社 2012 年版,第 4 页。
⑤ 张静、王萍主编:《卫生法学》,西南师范大学出版社 2008 年版,第 23 页。
⑥ 柯卫:《论权利的法律实现途径》,《山东社会科学》2004 年第 3 期。

《宪法》作为我国的根本大法,规定了国家实行医药卫生保障的基本制度以及法律赋予公民基本的生命健康权利等内容。自 2018 年修改后,《宪法》中直接涉及"卫生"或"健康"的相关条款包括第 21 条:"国家发展医疗卫生事业,发展现代医药和我国传统医药,鼓励和支持农村集体经济组织、国家企业事业组织和街道组织举办各种医疗卫生设施,开展群众性的卫生活动,保护人民健康。国家发展体育事业,开展群众性的体育活动,增强人民体质。"该条集中阐述了国家对医疗卫生事业、对人民健康的立场、态度、责任及其所追求的目标,清晰地阐明了国家要为保障生命健康积极创造条件。① 第 25 条规定:"国家推行计划生育,使人口的增长同经济和社会发展计划相适应。"第 26 条第 1 款规定:"国家保护和改善生活环境和生态环境,防治污染和其他公害。"第 33 条第 3 款规定:"国家尊重和保障人权。"第 36 条第 3、4 款规定:"国家保护正常的宗教活动。任何人不得利用宗教进行破坏社会秩序、损害公民身体健康、妨碍国家教育制度的活动。"第 45 条第 1、2 款规定:"中华人民共和国公民在年老、疾病或者丧失劳动能力的情况下,有从国家和社会获得物质帮助的权利。国家发展为公民享受这些权利所需要的社会保险、社会救济和医疗卫生事业。"这更进一步规定了国家发展为公民享受权利所需要的社会保险、社会救济和医疗卫生事业。② 第 49 条第 1 款"婚姻、家庭、母亲和儿童受国家的保护",及第 2 款"夫妻双方有实行计划生育的义务"中规定的社会保障、医疗卫生以及物质帮助,可推导出有关健康权保护的一般性规定。第 36 条、第 51 条转而从禁止加害、权利不得滥用的角度,规定了任何人不得在行使自由和权利的时候,损害其他公民的合法的自由和权利,或者利用宗教进行损害公民身体健康的活动,体现了对生命健康权的消极保障。再加上若干间接关联的条款,共同构成了卫生法基本原则的宪法和权利基础。《民法典》第 110 条第 1 款规定了自然人的"生命权、身体权、健康权"。《刑法》分则在第三章"破坏社会主义市场经济秩序罪"第一节"生产、销售伪劣商品罪"中对生产、销售假药、劣药、不符合安全标准的食品、有毒有害食品、不符合卫生标准的化妆品等行为,以及在第六章"妨害社会管理秩序罪"第五节"危害公共卫生罪"中对各种危害公共卫生的行为分别予以定罪量刑。《药品管理法》中规定了制造、销售伪劣药品的法律责任和行政责任。此外,国务院授权国家医药卫生行政部门发布的《国境卫生检疫法实施细则》,以及卫生部门规章如《食品安全国家标准管理办法》《药品召回管理办法》《药品注册管理办法》《药品广告审查办法》《公共场所卫生管理条例实施细则》《托儿所幼儿园卫生保健管理办法》等从不同层面细化了卫生法领域的权利和义务。以上法律规范,分别从积极确定权利保护依据和制裁违法行为、追究行为人法律责任等方面,为卫生法领域权利义务的实现提供了法律依据。

---

① 解志勇:《卫生法基本原则论要》,《比较法研究》2019 年第 3 期。
② 解志勇:《卫生法基本原则论要》,《比较法研究》2019 年第 3 期。

二、权利与义务实现的途径

权利和义务的实现既可以依靠主体自身力量来实现,也可以依靠国家和社会的力量来实现。权利主体通过自身行为实现法律规范中所设定的权利,实施一定的作为或不作为行为,这是权利实现过程正常化的法律标志之一。然而,权利主体实施这种活动时常会受到社会因素的制约,单靠自身力量无法实现,需要国家力量的介入,一种方式是国家对侵犯公民行使权利的行为予以制裁,从而使受到侵犯的主体权利得以恢复;另一种方式就是国家积极主动地参与公民权利的实现,从而帮助公民实现权利。《经济、社会和文化权利国际公约》及经济、社会、文化权利委员会通过的《第 14 号一般性意见》即提出国家作为健康权实现的义务主体,赋予政府承担尊重、保护和实现健康权的义务。其中,尊重义务是一种消极性义务,而保护和实现则是积极性义务,这与健康权的积极属性及消极属性相对应。① 一方面,健康权要求在国家及第三人上施加了某些积极义务,公民在参与有关活动中维持健康,强调国家权力对个人自由实现的责任与义务,以及政府"应该提供"的义务,包括改善卫生环境、创造保证人人在患病时能得到医疗照顾的条件、预防和控制传染病、使儿童得到健康的发育、承认人人有权享受社会保障、查处不规范的市场、进行经济重分配、实施全民教育、制定职业健康与安全管理标准等;另一方面,健康权亦要求国家以消极方式"不侵犯"健康权。② 其中保护义务侧重防止第三方对健康权行使的侵害,而实现义务则强调政府自身应该采取积极的措施,包括立法、行政、司法措施等,来促进健康权的实现。

没有救济就没有权利,健康权能否通过司法程序救济是权利能否获得最终保障的评价标准。③ 从域外的立法状况来看,《经济、社会和文化权利国际公约》明确规定,缔约国应通过司法途径促进健康权的实现,健康权受到侵犯的任何受害个人或群体,都应有机会在国家和国际上得到有效的司法或其他适当方式的补救。所有这方面违反行为的受害人,均应有权得到适当赔偿,并建立了内部和外部两种健康权救济机制。外部机制是指国际组织下的报告审查机制,而内部机制是指缔约国内部的司法救济机制,也是最重要的救济途径,其重要性被形象地表述为"一旦缺失了对健康权在内的经济和社会权利的主要内部司法救济制度,对这类权利的可裁决性便陷入了依赖辅助的外部救济的瘸腿状态"④。此外,有学者根据司法介入程度的标准,将全球范围内通过司法救济公民健康权的模式区分"强司法救济"(以阿根廷为例)、"弱司法救济"(以美国、加

---

① 杜承铭、谢敏贤:《论健康权的宪法权利属性及实现》,《河北法学》2007 年第 1 期。
② 杜承铭、谢敏贤:《论健康权的宪法权利属性及实现》,《河北法学》2007 年第 1 期。
③ 陈云良:《基本医疗卫生立法基本问题研究——兼评我国〈基本医疗卫生与健康促进法(草案)〉》,《政治与法律》2018 年第 5 期。
④ 夏立安:《经济和社会权利的可裁决性——从健康权展开》,《法制与社会发展》2008 年第 2 期。

拿大为例)以及"准司法救济"(以欧盟集体申诉制度为例)三种类型,并分别介绍了每种类型的基本制度结构和运行样态。① 其中,有学者以阿根廷为"强司法救济"的研究样本,研究了阿根廷卫生保健体制对健康权诉讼的主体、诉求类型的影响,认为阿根廷的基本医疗保险体制与我国存在非常类似的结构性特征,而我国在国家医疗保障上的司法救济是缺失的,随着《基本医疗卫生与健康促进法》对健康权的明确规定,阿根廷的诉讼制度能够为我国未来健康权的行政法救济提供一定的智识参考。② 还有学者探讨了国际组织对健康权救济的"报告程序"和"内部救济",即各缔约国内部的司法救济机制。③

与其他类型的纠纷相比,卫生纠纷有以下特点:第一,当事人类型特殊。民事领域的纠纷常表现为医疗纠纷,即医患双方发生的纠纷④,典型如医疗侵权责任纠纷。公民与食品生产经营单位,药品生产经营单位,传染病毒株保存单位之间,医学、卫生科技合作或技术引进转让中的技术合同,卫生改革、卫生产业等工作运转中的卫生资源,也可能导致卫生纠纷。在行政领域,具有卫生行政管理权力的卫生行政机关和作为行政管理对象的行政相对人之间形成了管理与服从的行政关系,由此可能产生行政纠纷。在刑事领域还存在着与健康产品、危害公共卫生和公民生命健康权相关的纠纷。卫生纠纷的当事人类型广泛,决定了权利的实现需要多元化的救济途径。第二,专业性强,表现为卫生法中存在的大量技术性规范,以及专家鉴定的广泛需要。第三,当事人力量的不对等,包括信息和专业知识上的不对等,以及行政纠纷中行政机关与相对人之间管理与服从的关系。⑤

虽然卫生纠纷有其特殊性,但是纠纷解决的途径与其他法律纠纷相比并无特殊之处,目前国内的学者大多通过论述一般的纠纷解决途径,包括司法纠纷解决机制(如卫生民事诉讼、行政诉讼、刑事诉讼)以及其他纠纷解决机制(如卫生行政复议、卫生行政赔偿、卫生纠纷调解及仲裁),辅之以卫生法的特色(如在处理卫生民事诉讼时遵循尊重科学原则、专业问题鉴定原则、保护弱势群体原则等⑥)撰写相关章节⑦,内容涉及管辖、诉讼程序以及举证责任等方面⑧。现针对主要救济手段进行简要介绍。

---

① 李广德:《健康权如何救济?——基于司法介入程度的制度类型化》,《清华法学》2019 年第 3 期。
② 李广德:《健康权如何救济?——基于司法介入程度的制度类型化》,《清华法学》2019 年第 3 期。
③ 夏立安:《经济和社会权利的可裁决性——从健康权展开》,《法制与社会发展》2008 年第 2 期。
④ 艾尔肯:《医疗损害赔偿研究》,中国法制出版社 2005 年版,第 17 页。
⑤ 解志勇主编:《卫生法学通论》,中国政法大学出版社 2019 年版,第 93—94 页。
⑥ 吴崇其、张静主编:《卫生法学》,法律出版社 2012 年版,第 138 页。
⑦ 解志勇主编:《卫生法学通论》,中国政法大学出版社 2019 年版,第 94—107 页;吴崇其、张静主编:《卫生法学》,法律出版社 2012 年版,第 138 页。
⑧ 解志勇主编:《卫生法学通论》,中国政法大学出版社 2019 年版,第 94—107 页;黎东生主编:《卫生法学》,人民卫生出版社 2014 年版,第 33—39 页;吴崇其、张静主编:《卫生法学》,法律出版社 2012 年版,第 70—157 页;蒲川、陈大义主编:《卫生法学》,科学出版社 2017 年版,第 8—13 页。

（一）卫生民事诉讼

卫生民事诉讼可分为医疗事故纠纷、医疗欠费纠纷以及违反各项卫生特别法（如食品安全法、药品管理法、公共卫生法等法律法规）的民事诉讼。[①]（1）医疗纠纷诉讼，指医患双方对医疗行为是否存在过错、过错行为与损害后果间是否存在因果关系产生争议提起的诉讼。（2）医疗欠费诉讼，指因患者在医疗机构住院接受抢救、治疗后，拖欠或拒付医疗机构的医疗费用，被医疗机构提起的诉讼。（3）违反食品安全法律法规的诉讼，例如食品生产经营单位违反食品安全法律规范，出售不符合卫生标准的食品，造成食品中毒和食源性疾病，给食用者造成损害而引发的民事诉讼，通常存在于生产经营者和食品消费者之间。（4）违反药品管理规范的诉讼，典型如因生产、经营、使用假劣药造成公民合法权益损害的，可被提起卫生民事诉讼。（5）违反传染病防治法律规范的民事诉讼，如因医院内感染或对传染病毒株菌液处理不当造成传染病流行或感染，或因传染病患者故意或过失造成他人健康权损害的而被提起诉讼。（6）违反医疗保健、计划生育管理法律规范的诉讼，包括因违反行医行为、未经批准擅自从事医疗活动或医疗单位未经批准擅自扩大诊疗业务范围而引起的诉讼；违反血液管理规范导致公民身体伤害等引起的诉讼；违法实施免疫或因计划生育并发症等问题引起的民事诉讼；违反《母婴保健法》、《女职工劳动保护特别规定》和妇幼保健法律规范等引起的民事诉讼。[②]

（二）卫生行政诉讼

卫生行政诉讼，指卫生行政管理相对人不服卫生行政机关作出的行政行为，依法向人民法院提起诉讼，在诉讼当事人及其他诉讼参与人的参加下，法院对被诉行政行为进行审理和裁判的司法活动。根据《行政诉讼法》的规定，现有的行政诉讼受案范围包括卫生行政处罚案件（如对暂扣、吊销许可证或执照、责令停产停业、没收违法所得或非法财物等行政处罚不服），卫生行政强制案件（如对财产的查封、扣押、冻结等行政强制措施和行政强制执行不服），卫生行政许可案件（如行政机关拒绝行政许可，或在法定期限内不予答复等），对卫生行政机关作出的有关确认土地等自然资源所有权或使用权的决定及有关征收、征用或补偿决定不服、申请卫生行政机关履行保护人身权、财产权等合法权益的法定职责、行政机关拒绝履行或者不予答复的，认为卫生行政机关侵犯其经营自主权、滥用权力排除或限制竞争等行为的。

（三）卫生刑事诉讼

卫生刑事诉讼案件的种类可以分为：（1）与健康产品相关的刑事诉讼，主要指生产、销售不符合卫生标准或有毒、有害的健康相关产品，数量较大或已致人伤害的犯罪

————————

① 吴崇其、张静主编：《卫生法学》，法律出版社 2012 年版，第 139 页；解志勇主编：《卫生法学通论》，中国政法大学出版社 2019 年版，第 94—107 页。

② 解志勇主编：《卫生法学通论》，中国政法大学出版社 2019 年版，第 97—98 页。

行为引起的刑事诉讼。（2）与公共卫生监督相关的刑事诉讼,主要指危害公共卫生犯罪行为引起的刑事诉讼。（3）与医疗机构和医务人员管理有关的刑事诉讼,主要指违反医师法律规范、擅自行医的犯罪行为引起的刑事诉讼。（4）与公民生命健康权益相关的刑事诉讼,主要指侵犯与卫生法律规范相关的公民生命健康权益的犯罪行为引起的刑事诉讼。（5）与卫生行政执法和卫生管理有关的刑事诉讼。主要指卫生管理及执法人员的失职犯罪行为引起的刑事诉讼。①

（四）其他纠纷解决机制

1. 卫生行政复议

卫生行政复议指卫生行政管理相对人因对卫生行政机关实施的行政行为不服,依法向复议机关提出复议申请,并由其对原行政行为进行审查并作出行政复议决定的活动。根据《行政复议法》及相关卫生法律规范,复议被申请人只能是卫生行政机关及法律法规授权的组织,如各级地方卫生管理部门、国境卫生检疫机关等。值得注意的是,卫生复议程序具有可选择性,如根据《人口与计划生育法》第44条规定,权利人认为行政机关在行政管理过程中侵犯了其合法权益的,可以在申请行政复议和行政诉讼之间自由选择。

2. 卫生行政赔偿

卫生行政赔偿,指国家卫生行政机关及其工作人员在执行公务过程中,因违法或者不当的具体行政行为侵犯相对人合法权益并造成损害时,由国家卫生行政机关依法予以赔偿的制度。

3. 卫生纠纷调解

医疗纠纷不仅需要事先防范机制和事中控制机制,也需要良好的事后解决机制。调解是指纠纷各方在中立第三方的帮助下,通过协商协调分歧,达成协议的行为,包括行政调解、司法调解和人民调解委员会调解。其中,行政调解主要适用于解决因医疗事故引发的纠纷,根据《医疗纠纷预防和处理条例》第40条规定:医患双方申请医疗纠纷行政调解的,应当向医疗纠纷发生地县级以上人民政府卫生主管部门提出申请。司法调解则是在人民法院主持下进行的调解。双方自愿达成调解协议后,人民法院制作司法调解书,一经送达即具有与判决书同等的法律拘束力。人民调解委员会调解指人民调解委员会通过说服、疏导等方式,促使当事人在平等协商的基础上自愿达成调解协议解决纠纷的方式,有助于化解当事人之间的矛盾,缓解紧张的医患关系。②

4. 卫生纠纷仲裁

卫生纠纷仲裁是指各方通过约定,事先或者事后将纠纷提交给一个或多个中立第

---

① 张静、王萍主编:《卫生法学》,西南师范大学出版社2008年版,第65页;吴崇其、张静主编:《卫生法学》,法律出版社2012年版,第139页。

② 解志勇主编:《卫生法学通论》,中国政法大学出版社2019年版,第94—107页。

三方，自愿受其裁决约束并放弃诉讼途径的纠纷解决方法。根据我国《医疗纠纷预防和处理条例》第 22 条的规定，医疗纠纷解决渠道包括双方协商解决、人民调解、行政调解和民事诉讼外，还包括法律、法规规定的其他途径。这就给实践探索更多样化的医疗纠纷解决手段提供了空间。随着我国医疗纠纷的日益增多，传统的主要解决医疗纠纷的诉讼制度存在如前所述的程序繁琐、耗时长、成本高等缺点。所谓迟到的正义并非正义，为尽快化解医患矛盾，通过第三方非诉机制解决医疗纠纷成为一种趋势。因此，建议在现有的医疗纠纷解决渠道中增加医疗纠纷仲裁。通过仲裁解决医疗纠纷，具有成本低、效率高、专业性强、对医患双方的精神损害小等优点，能较大限度地避免医患关系的进一步恶化。此外，随着越来越多的外国人进入中国，我国医疗机构与外国公民之间发生的医疗纠纷也将越来越多。与调解相比，外国公民更易于接受医疗纠纷仲裁，这是因为医疗纠纷仲裁裁决具有国际效力，可以作为外国公民回国报销医疗费用的有效证明。

第三章　卫生法的调整对象与基本原则

第一节　卫生法的调整对象和范围

一、卫生法的调整对象

在现有文献中,关于卫生法的调整对象的观点,主要有以下几种学说。

第一类是以法律部门为标准进行分类。樊立华主编的《卫生法律制度与监督学》(2012年)提出卫生法的调整对象是卫生行政法律关系:卫生组织关系;卫生管理关系;卫生民事法律关系:主要指卫生服务关系,例如医患关系;卫生刑事法律关系;国际卫生法律关系。[①] 黎东生主编的《卫生法学》(2013年)提出卫生法的调整对象是卫生行政管理关系、卫生服务关系和调整因保护公民健康权益而形成的其他社会关系。[②] 石超明主编的《卫生法学》(2010年)提出卫生法的调整对象是民事性质的关系、卫生行政管理关系、刑事法律关系。[③] 张静、王萍主编的《卫生法学》(2008年)提出卫生法的调整对象是行政管理关系、民事法律关系、刑事法律关系、国际卫生法律关系。[④]

第二类是以调整对象的内容为标准进行分类。蒲川和王安富主编的《医事法学》(2008年)提出医事法学的调整对象是医事组织关系、医事管理关系、医事服务关系。[⑤] 苏玉菊主编的《卫生法学》(2014年)提出卫生法的调整对象是卫生组织关系、卫生管理关系、卫生服务关系、国际卫生关系。[⑥] 孙东东主编的《卫生法学》(2011年)提出卫生法的调整对象是卫生组织关系、卫生管理关系、卫生服务关系。[⑦]

第三类是兼采法律部门和调整对象的内容标准进行分类。解志勇主编的《卫生法学通论》(2019年)提出卫生法学的研究对象是卫生法和卫生法律现象。[⑧] 卫生法调

[①] 樊立华主编:《卫生法律制度与监督学》,人民卫生出版社2012年版,第4—6页。
[②] 黎东生主编:《卫生法学》,人民卫生出版社2013年版,第11页。
[③] 石超明主编:《卫生法学》,武汉大学出版社2010年版,第9页。
[④] 张静、王萍主编:《卫生法学》,西南师范大学出版社2008年版,第10页。
[⑤] 蒲川、王安富主编:《医事法学》,西南师范大学出版社2008年版,第7页。
[⑥] 苏玉菊主编:《卫生法学》,中国民主法制出版社2014年版,第5—6页。
[⑦] 孙东东主编:《卫生法学》,高等教育出版社2011年版,第6页。
[⑧] 解志勇主编:《卫生法学通论》,中国政法大学出版社2019年版,第9—11页。

整:科技社会关系、生命社会关系、生命科技关系;卫生行政机关、医疗卫生组织、其他主体;行政关系、民事关系、刑事关系。吴崇其、张静主编的《卫生法学》(2012年)提出卫生法的调整对象是人体生命健康权益保护关系;人体生命健康权相关活动和行为中形成的各种传统社会关系,包括行政管理关系、民事关系、行政关系;人体生命健康权相关活动和行为中形成的各种新型特殊社会关系,包括生命伦理法、医事法(医患关系);卫生安全保障关系;医药卫生资源配置关系;国际卫生关系。①

第四类是将卫生法的调整对象统称为卫生法律关系。陈云良主编的《卫生法学》(2019年)提出卫生法是调整因公民健康事务而产生的各种社会关系的法律规范的总称。② 王岳著的《医事法》(2010年)提出医事法是以医疗服务法律关系为调整对象的法律。③ 朱新力、王国平主编的《卫生法学》(2000年)提出卫生法是以卫生关系为调整对象的法律。④

上述四类之外,也有其他学说。例如,宋文质著的《卫生法学》(2008年)提出卫生法的研究对象是因健康权实现引发的现象及其发展规律,法律规范、法律意识、法律职业、法律行为、法律关系。

综合以上学说,我们认为,卫生法的调整对象是因健康权实现引发的社会关系。卫生法调整对象具有广泛性,同时调整国民健康卫生法律关系、医疗服务卫生法律关系、健康产品卫生法律关系、生命伦理卫生法律关系等各类卫生法律关系,并涉宪法、行政法、经济法、民法、商法、诉讼法、证据法、国际法、刑法、社会法等多个法律部门。⑤

二、卫生法的渊源

卫生法调整国民健康卫生法律关系、医疗服务卫生法律关系、健康产品卫生法律关系、生命伦理卫生法律关系等各类卫生法律关系。中华人民共和国成立以来,我国卫生立法在数量上空前繁荣,各类各级有权机关颁布了大量的规范性文件,共制定和修改了约13部卫生法律、约50余部卫生法规以及约250余件卫生行政规章。法律文件在数量上的增长部分地满足了医药卫生领域对法律的需求,初步形成了卫生法体系⑥,这也成为卫生法的主要渊源。

具体而言,我国当前的卫生法体系分为以下内容:

---

① 吴崇其、张静主编:《卫生法学》,法律出版社2012年版,第21—26页。
② 陈云良主编:《卫生法学》,高等教育出版社2019年版,第3页。
③ 王岳:《医事法》,对外经济贸易大学出版社2010年版,第2页。
④ 朱新力、王国平主编:《卫生法学》,人民出版社2000年版,第5页。
⑤ 关于卫生法涉及的法律部门可参见陈云良主编:《卫生法学》,高等教育出版社2019年版,第1—10页;张静、赵敏主编:《卫生法学》,清华大学出版社2014年版,第13页;樊立华主编:《卫生法律制度与监督学》,人民卫生出版社2012年版,第4页;张静、王萍主编:《卫生法学》,西南师范大学出版社2008年版,第23页。
⑥ 董文勇:《论基础性卫生立法的定位:价值、体系及原则》,《河北法学》2015年第2期。

第一,宪法。《宪法》第 21 条,第 25 条,第 26 条第 1 款,第 33 条第 3 款,第 36 条第 3、4 款、第 45 条第 1、2 款、第 49 条第 1 款和第 2 款,内容涉及国家推行医疗卫生事业、人权保障、计划生育等方面,从根本大法的高度规定了我国医药卫生保障的基本制度以及对公民基本生命健康权利的保障。

第二,法律。《民法典》第 110 条第 1 款规定了自然人的"生命权、身体权、健康权",《刑法》规定了"生产、销售伪劣商品罪""危害公共卫生罪"等相关罪名,《基本医疗卫生与健康促进法》则为发展医疗卫生与健康事业,保障公民享有基本医疗卫生服务,提高公民健康水平,推进健康中国建设提供了法律保障。此外,《医师法》《药品管理法》《食品安全法》《精神卫生法》《母婴保健法》《职业病防治法》《传染病防治法》《中医药法》《人口与计划生育法》《献血法》等单行法以及《劳动法》《环境保护法》中涉及卫生事务的规定从普通法的层面规定卫生领域的相关事务。

第三,行政法规、部门规章、地方性卫生法规、地方政府卫生规章、卫生自治条例与单行条例、卫生标准和技术规程。① 行政法规包括国务院发布的《医疗事故处理条例》《突发公共卫生事件应急条例》《医疗机构管理条例》《血液制品管理条例》以及授权国家医药卫生行政部门发布的《国境卫生检疫法实施细则》等。卫生部门规章如《食品安全国家标准管理办法》《药品召回管理办法》《药品注册管理办法》《药品广告审查办法》《公共场所卫生管理条例实施细则》《托儿所幼儿园卫生保健管理办法》等从不同层面规定了卫生法的相关内容。地方性法规如《河北省人口与计划生育条例》等;其中,《深圳经济特区医疗条例》是我国首部地方性医疗基本法规。地方性政府卫生规章如《北京市公共场所禁止吸烟范围若干规定》。卫生自治条例与单行条例如《新疆维吾尔自治区爱国卫生工作条例》《宁夏回族自治区人口与计划生育条例》等。

第四,卫生国际条约。我国作为国际法主体,参与缔结的国际条约包括《国际卫生条例》《精神药品公约》《麻醉品单一公约》等,调整着我国与其他国家之间、类似国家的政治实体之间以及国际组织之间,在保护人体健康活动中所产生的权利义务关系。

第二节　卫生法的基本原则

一、卫生法的基本原则的含义、功能与内容

卫生法的基本原则,是联结卫生法价值与卫生法制度、规则,效力贯穿整个卫生法律体系,集中体现卫生法的价值、目标和理念,对卫生法的制定与实施具有普遍的指导作用的卫生法的基本出发点和指导思想。

---

① 解志勇主编:《卫生法学通论》,中国政法大学出版社 2019 年版,第 84—87 页。

从卫生法原则的功能上看,卫生法之所以能成为相对独立的法律部门和部门法学,最根本的原因在于卫生法具有独特的价值追求。① 而能体现这一点的,恰恰是卫生法的原则。卫生法原则的功能是多方面的,首先表现在统率卫生法的立改废方面。在立法方面,它是国家制定法律的基本依据,立法时遵循先原则后规则,先确定法律框架来约束具体内容;它也是后续立法的基础,是创制次级法律规则的准则,使法律规则保持连续性、稳定性、协同性,保证法律体系内部制度的协调统一。② 其次表现在指导卫生法的法律适用方面,正如德沃金所言:法律原则乃是为了推翻法律实证主义的法官自由裁量权理论,弥合法律理论大厦上出现的裂缝,保证法的完整性和自主性,巩固司法权与立法权相对分离的宪政传统,捍卫法的公平、正义价值。③ 张文显教授认为:原则是指导和协调法律调整机制、进行司法推理、选择法律行为,以及平衡互相重叠或冲突的利益,为疑难案件找到合法解决方案的需要。④ 徐国栋教授认为,原则是为弥补成文法或习惯法之不足之需。⑤ 现概括如下:

第一,指导法律解释和法律推理。法律解释和法律推理是法律运行的重要环节。法律解释是对法律规范及其所表达的立法精神或者意图进行进一步阐明以补充现行法的一种国家活动,可以及时消解法律稳定性与社会发展变化的矛盾,既保证法律与时俱进又能应对社会生活的重要途径。⑥ 法律解释有立法解释、执法解释和司法解释之别。司法解释是恰当准确地适用法律和行使司法权的重要保证,在一定程度上也具有立法意义,法律原则的存在为法律解释提供了可能,同时也为法律解释提供了方向指导和理论依据。同时,卫生法原则也构成了法律推理的权威性基点,以降低法律推理结果违反法律目的之可能性。反之,如果离开卫生法原则的指导,法律解释和法律推理不合理频率就可能较高,并影响法律的实施。

第二,纾解法律规范之间的矛盾和冲突。伴随健康科技的快速发展,各种卫生法规范应运而生。但当两个以上法律规范交叉或重叠同时适用于同一个案件时,会发生后果不兼容或者相互抵触、冲突的情形。法律规范冲突的成因复杂,既有客观原因(如法制传统差异、立法主体多元、立法权限不清、法律解释权限不明等),也有主观方面的价值标准问题。因此,卫生法原则就为从价值层面寻求法律冲突的解决提供了方法论和具体路径,从而发挥了协调和消解法律规范冲突的功能,使其紧扣时代和社会发展的脉搏,以

---

①　解志勇:《卫生法基本原则论要》,《比较法研究》2019 年第 3 期。
②　高其才:《法理学(第 3 版)》,清华大学出版社 2015 年版,第 46 页。
③　[美]罗纳德·德沃金:《论规则的模式——略论法律规则与原则、政策的法律效力,批判实证主义》,潘汉典译,《环球法律评论》1982 年第 1 期。
④　张文显:《二十世纪西方方法哲学思潮研究》,法律出版社 1996 年版,第 391 页。
⑤　徐国栋:《民法基本原则解释——成文法局限性之克服》,中国政法大学出版社 1992 年版,第 11 页。
⑥　陈金钊:《法律解释规则及其运用研究(上)——法律解释规则的含义与问题意识》,《政法论丛》2013 年第 3 期。

强化其对健康科技的法律调控能力,同时也是卫生法变革和发展不可忽视的原动力。

第三,合理限制法官自由裁量权。自由裁量权是法官或者审判组织根据自己的认识、经验、态度、价值观以及对法律规范的理解而选择司法行为和对案件作出裁判的权力。[①] 法官自由裁量权对公正合理地解决社会纠纷,克服法律自身局限具有积极意义。其实质是法官对案件证据进行价值选择的过程,体现法官的道德判断和价值选择,从而化解法律规范的僵化生硬与现实生活的纷繁复杂之间的矛盾,最终实现社会的公平正义。这时候就需要以法律原则为指导,以指导法官的自由裁量权,避免法律原则司法适用的随意性倾向、论证推理两极分化以及克服对法的安定性的消极影响,从而使司法裁判既能有效满足在现有法律体系内合理裁判的目标,又能缩小司法确定力与民众法律诉求之间的差距,实现对司法个案的正义追求。在法律缺陷或漏洞明显、无法适用具体法律规则的情况下,尤其需要将法律原则作为大前提进行推理,必须讲求司法公信力,守护公平正义,维护司法良知,确保裁判公平公正。

第四,弥补现行法律规范的缺漏和局限。相对于判例法而言,由于各种主客观原因,成文法皆可能存在天然的漏洞。[②] 何谓法律漏洞?日本学者矶村哲认为,法律漏洞指实定法上反于法律意图之法律的不完全性。[③] 德国学者拉伦茨认为所谓法律漏洞指法律体系上违反计划的不圆满状态。[④] 梁慧星认为,法律漏洞指现行制定法体系上存在违反立法意图并影响现行法应有功能的缺陷。[⑤] 法律原则不失为一种更灵活、更适用的卫生法漏洞的修复技术,其原因在于:前已述及,卫生法原则在内容上的概括性、在结构上的伸缩性、事项上的广延性等特点,可以广泛适用于人类社会生活某一领域,成为该领域通行的价值理念和裁判依据,例如人格尊严原则、自主自愿原则(知情同意原则)就是现代社会公认的法律原则,广泛适用于现代卫生法系统,也深刻融贯于卫生法各组成部分。卫生法原则的主要功能是以其弹性规定,以补充成文规则内容具体、结构封闭、形式僵化和适用局限性等造成的缺憾,又可以有效防范法律规则的衍生,并保持法律的权威性和稳定性。

第五,指导卫生立法。一个国家的法律制度是其政治、经济的指导方针和发展目标的反映,是各种力量综合平衡的结果。这些法律之外的因素,在法律中的集中表现就是法律原则。法律原则直接决定了法律制度的基本性质、内容和价值取向,是法律精神最集中的体现,也是法律制度内部和谐统一的重要保障,对法的制定具有导向作用。卫生法领域也不外如是,卫生法的创制机关在法律的创制过程中必须根

---

① 江必新:《论司法自由裁量权》,《法律适用》2006 年第 11 期。
② 梁慧星:《民法解释学》,法律出版社 1995 年版,第 247 页。
③ 转引自梁慧星:《民法解释学》,法律出版社 1995 年版,第 247 页。
④ [德]卡尔·拉伦茨:《法学方法论》,陈爱娥译,五南图书出版公司 2000 年版,第 283、343 页。
⑤ 梁慧星:《民法解释学》,中国政法大学出版社 1995 年版,第 251 页。

据法律化的政治原则和道德原则对法律的内容进行总体的设计,发挥卫生法原则的立法指导作用。

　　既往的卫生法文献中关于基本原则的讨论,有二原则说①、四原则说②、五原则说和六原则说③、七原则说和八原则说④。但是,上述学说无论是内容指向还是叙述方式,均较为杂乱。法律基本原则的确立,需要符合一系列的标准,卫生法也不例外。卫生法的基本原则应当符合法律性、统率性、概括性和特殊性的标准。⑤ 以此为据,结合中国国情和卫生法法律体系建构的实际需要,考虑卫生法学领域学者们的传统认知,借鉴西方国家卫生法治建设的经验,从统率性、法律性、周延性和前瞻性等角度考量,我们拟将卫生法基本原则确定为以下五项:一是保障人权原则;二是健康正义原则;三是自主原则;四是共治原则;五是促进健康原则。

---

　　① 解志勇:《卫生法基本原则论要》,《比较法研究》2019 年第 3 期。该学说主张将生命健康权保障原则和科技促进与伦理约束原则作为卫生法的基本原则。

　　② 有些教材主张卫生法基本原则有四项,但内容差距很大。较具代表性的有:吴崇其主编的《中国卫生法学》(2005 年)确立了保护公民生命健康权、国家卫生监督、全社会参与、预防为主四项原则。丁朝刚等主编的《卫生法学》(2015 年)主张将保护人的生命健康、预防为主、卫生公平性、个体卫生权益和社会卫生权益协调发展列为卫生法基本原则。崔新宇等主编的《卫生法学概论》将保护公民健康权利、预防为主、中西医协调发展和国家卫生监督列为基本原则。朱新力等主编的《卫生法学》教材则把保护公民健康权、预防为主、中西医协调发展、社会参与和政府管理相结合作为基本原则。稍加比较可见,四原则说的若干主张中,尽管用语不完全一致,但大多数包含了保护公民健康权、预防为主两项内容。参见吴崇其主编:《中国卫生法学》,中国协和医科大学出版社 2005 年版,第 20—22 页;丁朝刚等主编:《卫生法学》,北京大学出版社 2015 年版,第 8—11 页;崔新宇等主编:《卫生法学概论》,人民军医出版社 2009 年版,第 5—6 页;朱新力等主编:《卫生法学》,人民出版社 2000 年版,第 10—15 页。

　　③ 杜仕林主编的《卫生法学》将卫生法基本原则区分为实体性原则和程序性原则,共五项,实体性原则包括尊重和保障公民生命权和健康权、卫生法治、注重医学伦理原则,程序性原则包括平等对待和公众参与原则。吕秋香等主编的《卫生法学》教材中将卫生保护、预防为主、公平、保护社会健康、患者自主原则列为卫生法基本原则。吴崇其于 2005 年主编的另一本教材《卫生法学》所提到的基本原则还包括依靠科技进步原则和中西医协调发展的原则。参见杜仕林主编:《卫生法学》,中山大学出版社 2012 年版,第 6—7 页;吕秋香、杨捷主编:《卫生法学》,北京大学医学出版社 2011 年版,第 3—4 页;吴崇其主编:《卫生法学》,法律出版社 2005 年版,第 23—26 页。

　　④ 石悦等主编的《卫生法学》教材确立了保护公民生命健康权、卫生法治、预防为主、依靠科技进步、中西医并重、全社会参与、卫生监督七项原则。樊立华主编的《卫生法学概论》教材的"七原则"更像是行动纲领,包括保护人体生命健康、预防为主、依靠科技进步、中西医协调发展、动员全社会参与、国家卫生监督、患者权利自主原则等。达庆东等主编的《卫生法学纲要》的"七原则"包括保护公民身体健康、公平、预防为主、保护社会健康、动员全社会参与、国家卫生监督、奖励与惩罚相结合原则。徐玉芳等主编的《卫生法学教程》中提出了"八原则"说,即卫生保护,预防为主、防治结合、公平、患者自主、依靠科技进步、中西医协调发展、国家卫生监督与全民卫生监督相结合,动员全社会参与原则等。与前述主张相比,七原则、八原则的主张多了"参与"(或社会参与、动员全社会参与)、卫生监督、公平、患者自主等内容。参见石悦等主编:《卫生法学(案例版)》,科学出版社 2016 年版,第 16—17 页;樊立华主编:《卫生法学概论》,人民卫生出版社 2007 年版,第 16—18 页;达庆东等主编:《卫生法学纲要》,复旦大学出版社 2014 年版,第 6—7 页;徐玉芳等主编:《卫生法学教程》,中国中医药出版社 2014 年版,第 6—7 页。

　　⑤ 解志勇:《卫生法基本原则论要》,《比较法研究》2019 年第 3 期。

二、保障人权原则

(一)保障人权原则的概念

现代人权概念的"发现"始于 17 世纪和 18 世纪的资产阶级革命,并在几部重要人权文献中得以彰显[1],而其思想源头则可以追溯到文艺复兴运动推动下的启蒙运动时期。[2] 人权一开始是从单个的个人——自然人——提出来的。作为个人权利,人权大致可以分为人身自由权利、政治权利和经济、社会、文化权利三大类。[3] 从人权发展的历史分期来看,人权又可以划分为"消极权利""积极权利""连带关系权利"等三代人权。[4]

人权保障不完全等同于人权,其来源于人权理论。它们的重心已悄然发生着变化,即由以人作为人权的主体转换成了以国家作为人权保障的主要实施主体。[5] 随着公共治理的蓬勃发展,承担公共任务、治理功能的主体越发多元化,相应的,人权保障亦诉诸软法,承担人权责任的主体亦日趋多元。[6]

综上所述,作为卫生法的基本原则的保障人权原则,指的是以国家人权保障的主要实施主体,另诉诸多元化主体,对含健康权在内的诸多人权加以保障。这一方面既要求国家承担消极义务,保护人权免受侵犯和破坏;也要求国家积极地为健康促进目标的实现提供支持,促进卫生事业的发展进步。另一方面,也诉诸多元化人权责任主体的分担与合作,共同促进卫生领域的人权保障。

(二)保障人权原则的意义

保障人权原则作为一项基本原则,在卫生法中得到贯彻和落实,有着一系列深层次的原因和重要的意义。

首先,人权的国际化趋势、国际秩序和国内政治对于合法性的需求,是卫生法保障人

---

① 如美国《独立宣言》宣告了人人生而平等,每个人都被赋予了某些不可转让的权利,为了保证这些权利,才在人们中间成立政府;法国《人权和公民权利宣言》宣布自由、财产、安全和反抗压迫是天赋的不可剥夺的人权。参见郑若瀚:《改革开放 40 周年中国人权保障的路径选择,实践探索与话语建构》,《西南政法大学学报》2018 年第 6 期。

② 譬如斯宾诺莎的"思想自由"、伏尔泰的"不宽容不可能是人权"、康德的"人是目的"等。总之,"人权是人类启蒙观念的反映"。参见[瑞士]托马斯·弗莱纳:《人权是什么?》,谢鹏程译,中国社会科学出版社 1999 年版,第 5 页;李龙、余渊:《全面推进依法治国视域下的人权保障》,《现代法学》2015 年第 2 期。

③ 徐炳:《人权理论的产生和历史发展》,《法学研究》1989 年第 3 期。

④ 法国法学家卡雷尔·瓦萨克(Karel Vasak)的"三代人权"理论认为,18 世纪欧洲人权运动所主张的人权——公民的政治权利——是"第一代人权",其特征是人权需要国家的消极或弃权行为来加以保障,因而它通常被称为"消极权利";19 世纪末 20 世纪初反抗压迫和剥削的社会主义运动提出的经济、社会和文化权利是"第二代人权",由于这种人权观要求国家积极采取干预措施以求权利的实现,故被称为"积极权利";而第二次世界大战后出现的特别是与全世界非殖民化运动联系在一起的新一代人权被称为"第三代人权",这种人权观主要是探讨关涉人类生存条件的集体"连带关系权利",如和平权、发展权、环境权与食物权等。

⑤ 李龙、余渊:《全面推进依法治国视域下的人权保障》,《现代法学》2015 年第 2 期。

⑥ 王瑞雪:《人权保障与软法关系探究》,《人权研究》2018 年第 1 期。

权原则的时代背景与政治动力。人权问题是当代全球性重要议题之一,第二次世界大战期间法西斯践踏人权的恶行,引发了人们的深刻反思,国际人权法兴起。同时,对于联合国而言,维护战后国际秩序的最好方式就是巩固国际人权公约的地位,不断强化各国对于国际人权的保障力度。从国内政治层面来看,对于大多数国家的政府而言,无论是基于自身合法性的考虑,还是为了讨好选民,承认和保障健康权都是一张很好的"政治王牌"。①英国著名人权学者米尔恩指出:"人权概念是当今西方最引人注目的政治辞藻之一。一个保护人权的制度就是好制度。一个侵犯人权甚至根本不承认人权的制度便是坏制度。"②正是在此背景下,我们才能理解保障人权为什么以卫生法基本原则的面貌出现。

其次,健康权的兴起对卫生法提出了保障人权的内在要求。第二次世界大战后,出于对法西斯践踏人权的恶行的反思,也因为医药技术的进步和人类平均预期寿命的提高③,作为卫生法核心的健康权兴起。健康权与人权相互促进、密不可分。一方面,健康权本身就是一项重要的基本人权;另一方面,健康权与人权有着深刻的联系。第一,健康政策对人权的保障有重要影响,因为没有健康就无法享有其他人权。第二,人权保障的好坏直接关系到健康,比如刑讯逼供、非法拘禁等侵犯人权的现象直接损害公民的健康。第三,健康和人权在促进人类福祉这一核心问题上,具有互补性。④ 在我国,随着"健康中国"战略的实施⑤,其民本基础与法律保障无一不对卫生法提出更高要求,要

---

① 参见 Eleanor D.Kinney, The International Human Right to Health: What Does this Mean for Our Nation and World, 34 Ind.L.Rev.1457, 1458(2001);王晨光、饶浩:《国际法中健康权的产生、内涵及实施机制》,《比较法研究》2019 年第 3 期。

② 转引自刘旺洪、陆海波:《西方宪政与人权保障:本质与启示》,《世界经济与政治论坛》2016 年第 6 期。

③ Roger A.Ritvo, Edward A.McKinney & Pranab Chatterjee, Health Care as a Human Right, 10 Case W.Res. J.Int'l L.323, 339-343(1978).

④ Gostin L.O., Lazzarini Z., Human Rights and Public Health in the HIV/AIDS Pandemic, (1998).Fletcher Forum of World Affairs 22(1), pp.125-134.此外,Jonathan Mann 和同事也提供了一个三部分框架,以描述健康和人权之间的关系,展示二者促进人类福利增长的途径。第一,当隔离检疫剥夺个体自由时,健康政策能够代替人权行使责任。第二,侵犯人权的行为可能会损害健康,甚至更严重于像酷刑那样明显的案例。例如,对女孩子入学的歧视,可能增加婴幼儿的死亡率。第三,健康和人权相辅相成。比如,知情权、受教育权、获得营养和社会保障的权利,不仅能够保障健康,而且能够使得健康的人更好地参与政治进程和行使公民权利。See Jonathan Mann et al., "Health and Human Rights", *Health and Human Rights*, 1, 1994:6-23.

⑤ 2016 年 8 月 19—20 日,全国卫生与健康大会在北京召开,中共中央总书记、国家主席习近平出席大会并发表重要讲话,提出"把人民健康放在优先战略地位"。这是国民经济社会生活中"健康"地位显著提升的标志,也是我国卫生与健康事业发展史上的一个里程碑。至此,健康优先已经成为国家政策。2016 年 11 月 21—24 日,第九届全球健康促进大会在上海召开,国务院总理李克强出席大会开幕式并致辞。这次会议把健康列入可持续发展的议程中,将其提升为各国政府的政治承诺,是健康促进领域的新起点。2016 年 10 月 25 日,中共中央、国务院发布《"健康中国 2030"规划纲要》。《纲要》围绕总体健康水平、健康影响因素、健康服务与健康保障、健康产业、促进健康的制度体系等方面设置了若干量化指标,并据此提出健康中国"三步走"的目标。2017 年,《中国健康事业的发展与人权进步》白皮书开篇写道:"健康是人类生存和社会发展的基本条件。健康权是一项包容广泛的基本人权,是人类有尊严地生活的基本保证,人人有权享有公平可及的最高健康标准。"

求其坚持以人的健康权为中心,促进卫生事业的发展进步。换言之,卫生法以健康权为主线,而健康权与人权密不可分的联系为卫生法保障人权提供了内在动力。

(三)保障人权原则的表现

作为卫生法的基本原则,保障人权原则具有统率性,对卫生法的所有子部门都具有普遍的指导意义。

在国民健康法领域,过去70年里,人权日益使世界在前所未有的公共卫生合作中走到一起[1],形成了以权利为基础的国际卫生话语体系。[2] 艾滋病、传染病强制医疗、支持和促进性健康、堕胎、安乐死/协助自杀(assisted suicide)、体育运动中跨性别运动员的人权保障、促进土著居民健康等公众健康问题,都可以用人权保障原则为视角进行观察与回应。以艾滋病的防治为例,健康和人权的真正的开始是艾滋病流行早期,那时候的普遍观点是以个体为中心的人权与社区公众健康相冲突时,有时为了保障公众健康还必须采取强制手段。艾滋病发起者反对强制检测和刑事诉讼,这让当时的普遍观点转移到了健康和人权相互加强上。健康与人权领域由此诞生。为调和公共卫生与人权,学者们制定了"人权影响评估"。[3] 有学者评价道:"在过去三十年中,支持抗击艾滋病毒的人权论点已准备就绪。"[4]保障人权原则的视角同样可以用来解读强制医疗。对传染病病人及疑似病人的强制隔离治疗乃医学防止传染病扩散的有效方式,如何在传染病防治与公民人权克减之间达成合理比例,乔纳森·曼恩(Jonathan Mann)和同事提供了一个三部分框架,以描述健康和人权之间的关系,展示二者促进人类福利增长的途径。首要的就是当隔离检疫剥夺个体自由时,健康政策能够代替人权行使责任。[5]而在恩霍恩诉瑞典案(Enhorn V.Sweden)中,欧洲人权法院试图给出一个放之四海的准则——是否符合比例原则和不被任意拘留的相关标准。[6] 再如,基于人权保障,各国有义务使其影响性健康的法律和条例符合人权法律和标准。消除获取性健康信息和服务的障碍,制定旨在支持和促进性健康的法律和法规,这些行动也符合世界卫生大会

---

① Benjamin Mason Meier, Dabney P. Evans, Matthew M. Kavanagh, Jessica M. Keralis, Gabriel Armas-Cardona,"Human Rights in Public Health",*Health and Human Rights*,2018,Vol.20,No.2,pp.85-91.

② Anderson W.,"Indigenous Health in a Global Frame:from Community Development to Human Rights",*Health History*,2008,Vol.10,No.2,pp.94-108.

③ Lawrence O.Gostin,Jonathan Mann,"Towards the Development of a Human Rights Impact Assessment for the Formulation and Evalution of Health Policies",*Health and Human Rights*,1(1994):58-81;Lawrence O.Gostin,"Public Health,Ethics,and Human Rights:A Tribute to the Late Jonathan Mann",*Journal of Law,Medicine and Ethics*,29(2001):121-130.

④ Nicholson T.,Admay C.,Shakow A.,Keshavjee S.,"Double Standards in Global Health:Medicine,Human Rights Law and Multidrug-resistant TB Treatment Policy",*Health and Human Rights*,2016,Vol.18,No.1,pp.85-100.

⑤ Jonathan Mann et al.,"Health and Human Rights",*Health and Human Rights*,1,1994:6-23.

⑥ 雷娟:《传染病强制医疗的立法规制检视——以 Enhorn V.Sweden 为例》,《行政法学研究》2013 年第 3 期。

2004 年通过的世界卫生组织全球生殖健康战略。[1]

在医疗服务法和生命伦理领域,与人权相关的特定话题有:知情同意、专业疏忽和医疗事故、欺诈行为、医患关系、艾滋病毒和艾滋病、资源分配、商业伦理、人类健康和环境、科研伦理、生殖健康和遗传学问题等。[2] 此外,全球化时代的医疗服务框架[3]、医疗保健标准等,也与人权密切相关。例如,有学者提出,在过去三十年中,世卫组织以成本考虑为由,不建议发展中国家使用已成功用于遏制和战胜耐多药结核病的现有医疗标准,其促成的此种低收入和中等收入国家在全球实施结核病护理的双重标准,以及在 1993—2002 年期间在资源匮乏的环境中对耐多药结核病患者进行不合理的医疗治疗,引发了是否违反国际人权标准和其本身章程所规定的标准的严重问题。该文建议决策者应拒绝这种双重标准,而应迎接在全球范围内实施最高标准的卫生保健的挑战。[4] 最后,人权保障原则还要求将医疗服务作为一项普遍人权,实现其可及性、多样性、公平性。[5]

保障人权原则作为卫生法的一项基本原则,也贯彻于健康产品法和卫生法等卫生法的子部门。例如,为了公众健康目的,对取得专利权的药品,国务院专利行政部门可以制造并将其出口到符合中华人民共和国参加的有关国际条约规定的国家或者强制地区的强制许可(《专利法》第 50 条),该药品专利强制许可的根本目的在于保障健康权这一基本人权。此外,就"孤儿药"这类用于预防、治疗、诊断罕见病的药品而言,由于

---

① Chou, Doris, Cottler, Sara, Khosla, Rajat, Reed, Geoffrey M., Say, Lale, Sexual health, human rights, and the law, Reproductive Health Matters, 2015, Vol. 23, No. 46, pp. 193-195. 另外,关于以人权为视角,研究堕胎、安乐死/协助自杀(assisted suicide)、女运动员被要求降低她们的自然睾酮水平以参加某些田径项目,以及土著居民健康权保障的问题,可分别参见 Van de Venter, Riaan, "Bioethics, Human Rights and Health Law: Principles and Practice", South African Radiographer, 2017, Vol. 55, No. 2, p. 6; Mazel O., "Indigenous Health and Human Rights: A Reflection on Law and Culture", Int J Environ Res Public Health, 2018(4), Vol 15; Coates A.R., Del Pino Marchito S., Vitoy B., "Indigenous Child Health in Brazil: The Evaluation of Impacts as a Human Rights Issue", Health and Human Rights, 2016, Vol. 18, No. 1, pp. 221-234; Daniel Tarantola, "The Interface of Mental Health and Human Rights in Indigenous Peoples: Triple Jeopardy and Triple Opportunity", Australasian Psychiatry, 2007, Vol. 15, Suppl 1, S10-S17; Anderson W., "Indigenous Health in a Global Frame: from Community Development to Human Rights", Health History, 2008, Vol. 10, No. 2, pp. 94-108; Natalie Gray, "Ross Bailie, Can Human Rights Discourse Improve the Health of Indigenous Australians?", Australian and New Zealand Journal of Public Health, 2006, Vol. 30, No. 5, p. 44。

② Van de Venter, Riaan, "Bioethics, Human Rights and Health Law: Principles and Practice", South African Radiographer, 2017, Vol. 55, No. 2, p. 6.

③ David N. Weisstub and Guillermo Diaz Pintos, "Autonomy and Human Rights in Health Care", International Library of Ethics, Law, and the New Medicine, 2011, Vol. 36.

④ Nicholson T., Admay C., Shakow A., Keshavjee S., "Double Standards in Global Health: Medicine, Human Rights Law and Multidrug-resistant TB Treatment Policy", Health and Human Rights, 2016, Vol. 18, No. 1, pp. 85-100.

⑤ Ricardo F. Muñoz, Blanca S. Pineda, Jazmin A. Llamas, "Indigeneity, Diversity, and Equity in Internet Interventions: Could ISRII Contribute to Making Health Care a Universal Human Right?", Internet Interventions, 2019, p. 100.

罕见病患病人群少、市场需求少、研发成本高,很少有制药企业关注其治疗药物的研发,罕见病患者的治疗药物基本依赖国外进口,结果造成很多罕见病患者只能选择昂贵的进口药或者无药可用的情况。从保障人权的角度出发,有必要加大对罕见病及相关用药情况的关注,重视"孤儿药"法律、政策的制定和完善,鼓励相关药品研发,提高我国"孤儿药"可及性。这不仅关系到"孤儿药"顺利研发上市,同时是保护罕见病患者及其家庭基本人权的关键一环。①

总之,保障人权原则是卫生法一项重要的基本原则,其既面临机遇,也面临着种种挑战,②需要我们积极地贯彻、应对与回应。

三、健康正义原则

(一)健康正义原则的源流

正义是人类社会恒久存在的价值哲学问题,也是人类社会生活中最具争议的问题之一。可以说,一切有关人类社会行为的活动及对此的价值判断都直接或间接地与正义相关。在卫生法领域,健康权的核心地位决定了保障国民在健康权益的享有和实现上的正义当然地成为卫生法的目标和价值追求,健康正义也由此成为正义在卫生法领域的具体应用。然而,正义问题是一个颇具歧见的问题,正如博登海默所言,正义具有一张"普罗透斯似的脸",变化无常并且随时可呈现不同的样态。③ 对此,从柏拉图、亚里士多德到罗尔斯,无数思想家对正义的本源和实现方式提出了深刻的洞见。柏拉图认为,正义就是"各守其分",即每个公民在其所属的地位上履行自己的义务,从事和其本性最相符合的事情,而正义也就存在于社会有机体各部分间的和谐关系中。④ 亚里士多德的正义理论分为分配正义和矫正正义,其中"分配正义"是指按照比例平等原则

---

① 董慧慧、陶四海:《国际孤儿药政策及其启示》,《临床医药文献电子杂志》2019 年第 37 期。
② 保障人权原则在卫生法领域中机遇与挑战并存,例如,有学者提出当前的民粹主义时代对许多治理成功提出了质疑,并为未来的进步设置了障碍。(Benjamin Mason Meier, Dabney P. Evans, Matthew M. Kavanagh, Jessica M. Keralis, Gabriel Armas-Cardona, "Human Rights in Public Health", *Health and Human Rights*, 2018, Vol.20, No.2, pp.85—91.)又如,有学者批评世界卫生组织促进了低收入和中等收入国家在全球实施结核病护理的双重标准,并在 1993—2002 年期间在资源匮乏的环境中对耐多药结核病患者进行不合理的医疗治疗,有损于人权保障。(Nicholson T., Admay C., Shakow A., Keshavjee S., "Double Standards in Global Health: Medicine, Human Rights Law and Multidrug-resistant TB Treatment Policy", *Health and Human Rights*, 2016, Vol. 18, No.1, pp.85—100.)再如,有学者提出以澳大利亚原住民的健康权保障为例,尽管人权话语具有象征意义,但它通过国际法改善居民健康状况的能力有限。(Natalie Gray, Ross Bailie, "Can Human Rights Discourse Improve the Health of Indigenous Australians?", *Australian and New Zealand Journal of Public Health*, 2006, Vol.30, No.5, pp.448—452.)
③ [美]博登海默:《法理学:法律哲学与法律方法》,邓正来译,中国政法大学出版社 2004 年版,第 2 页。
④ [美]博登海默:《法理学:法律哲学与法律方法》,邓正来译,中国政法大学出版社 2004 年版,第 262 页。

将社会资源公平分配给社会成员,认为合乎比例即为正义,相同情况相同对待,不同情况不同对待。① 当分配正义向平均主义迈进时,就更接近马克思、恩格斯等人的正义观。斯宾塞、康德都将自由而非平等视为与正义最相关联的价值。罗尔斯提出了著名的公平正义理论,核心概念即为"作为公平的正义"(justice as fairness),他在《正义论》和《作为公平的正义——正义新论》中系统地阐述并完善了其正义原则和基本点,并深刻地影响了后世的正义观念。相应的,将对正义的探讨引入卫生领域后,许多学者也基于不同的正义理论,从不同的侧面对健康正义进行了多样化的诠释。

(二)域内外有关健康正义的研究现状

域外对健康正义的研究通常以现有的正义理论为基础,其中罗尔斯的正义理论被广为引用,成为研究正义在卫生领域的理论工具,并围绕"医疗卫生资源分配正义"以及"健康可行能力"进行了充分的探讨。美国哈佛大学生命伦理学教授诺曼·丹尼尔斯(Norman Daniels)在健康正义领域著作颇丰,他提出健康具有特殊的道德重要性的原因在于其与保护个人的机会平等有关,使得人们能够全方位地参与社会生活,认为罗尔斯的资源分配正义理论和公平原则抓住了健康的核心社会决定因素②,而遵守这一公平原则将尽可能地降低健康的社会梯度(social gradients)。③ 此外,他还对全球的健康与正义问题进行了研究。美国学者罗莎蒙德·罗兹(Rosamond Rhodes)梳理了亚里士多德、罗尔斯和诺曼·丹尼尔斯等学者的正义理论,指出用单一的正义理论无法指导卫生资源的合理配置,需要根据具体情况对多个正义原则(如差别原则、避免不必要的负担和反对搭便车行为等)进行筛选和排序,而因为缺乏统一的理想化通用指导规则,在卫生领域的政策制定很难实现正义。④ 此外,她参与编辑的《关于医疗保健分配的医学和社会正义的文集》(*Medicine and Social Justice Essays on the Distribution of Health Care*)开篇以诺曼·丹尼尔斯的系列文章构建了理论基础,检索了不同国家卫生保健的分配情况及各自的亮点和不公正之处,探讨了卫生保健分配政策所导致的不同社会人群的特殊需求和某些特定的正义相关问题。⑤

以上研究,均是从医疗卫生资源分配的角度来衡量健康正义,而另外一种思考进路是健康可行能力理论。2010 年,艾米丽·本弗(Emily Benfer)发起了由芝加哥洛约拉大学法学院与伊利家族健康中心(Erie Family Health Center)合作开展的"健康正义项目"⑥,该

---

① ［美］博登海默:《法理学:法律哲学与法律方法》,邓正来译,中国政法大学出版社 2004 年版,第 263 页。

② Daniels N.，*Just Health Care*，Cambridge University Press，1985.

③ Daniels N.，*Just Health：Meeting Health Needs Fairly*，Cambridge University Press，2008.

④ Rhodes R.，"Justice in Medicine and Public Health"，*Cambridge Quarterly of Healthcare Ethics*，2005，14(3).

⑤ Goruitz，Samllel，Medicine and Social Justice：Essays on the Distribution of Health Care，Public Health，Vol.118：17，p.605(2004).

⑥ Beazley School of Law Institute for Health Law and Policy，Health Justice Project，Loyola University Chicago，http://www.luc.edulaw/centers/healthlaw/ hjp/index.html.

项目提出了健康可行能力理论(Capability to be Healthy)。该理论认为,由于罗尔斯的正义理论基于社会契约论,因此无法解决生理、精神不健全的人的正义和跨国正义等正义问题。① 可行能力理论关注追求良善生活、支配资源的可行能力。② 珍妮弗·普拉赫·鲁格(Jennifer Prah Ruger)和斯里达尔·文卡塔普拉姆(Sridhar Venkatapuram)在此基础上进一步发展了健康可行能力理论。鲁格探讨了亚里士多德的政治思想和阿玛蒂亚·森(Amartya Sen)的可行能力理论,并尝试运用这些理论影响全球卫生机构的公共政策制定,并通过政治学、经济学、哲学等多角度审视美国医改及其卫生政策的正当性。③ 文卡塔普拉姆在多篇文章及著述中论证了健康正义,提出健康是社会正义的"首要任务"和"核心意义",而不应该仅仅被视为一种私人利益。社会正义的实现不能只满足于公平分配有限的医疗卫生资源,其认为"健康可行能力"(Capability to be Healthy)是实现作为人在现代社会中拥有以平等人格尊严生活的基本能力,是每个个体追求良善生活的基础。④

一个有意思的现象是,不同国家的医疗卫生体制也对本国学者在健康正义领域的研究成果产生潜在影响。有学者对这一问题提出了有价值的见解:全球绝大多数国家的医疗卫生制度主要分为两类,一类是以英国为代表的免费医疗制度,在英国称"国家卫生服务",在加拿大和澳大利亚称"全民健康保险",通过税收筹集资金,免费向居民提供医疗卫生服务;另一类是以德国和法国为代表的社会医疗保险制度,对社会成员的医疗费用进行互助共济,财政对雇主在雇员保费方面的开支予以免税支持,并资助无业人员参加社会保险。免费医疗制度下群众看病就医无需缴费,社会医疗保险制度的关注点在于保费共担机制和服务包设定等技术性因素,因而在这两类制度模式下,卫生正义问题并不突出。美国则有很大不同,政府主要承担约占人口总数三分之一的贫困人群、老龄人群和军人军属等特殊人群的医疗保障问题,其余人员看病就医,需通过市场机制购买私人医疗保险去负担高额的医疗费用,而私人保险的拒保率居高不下。⑤ 这导致美国学者相比他国的学者对于健康正义和医疗正义问题给予了更多的关注。

与域外学术界不同,在我国直接使用"健康正义"这一术语的卫生法学者较少,现有的讨论主要集中在社会正义对公众健康的实现方面,尤其是卫生资源分配中的正义。有学者从法哲学的角度,主张健康正义是社会正义的一个重要方面,是"正义的价值理

---

① [美]玛莎·C.纳斯鲍姆:《正义的前沿》,朱慧玲、谢慧媛、陈文娟译,中国人民大学出版社2016年版,第16页。

② Martha,N.and Sen,A.,*The Quality of Life*,Oxford:Clarendon Press,1993.

③ Ruger J.,"Health and Social Justice",*The Lancet*,2004,364;Ruger J.,*Health and Social Justice*,Oxford University Press,2010.

④ Sridhar Venkatapuram,*Health Justice:An Argument from the Capabilities Approach*,Cambridge:Polity Press,(2011).

⑤ 宋大平:《卫生正义论——以分配正义为视角》,武汉大学博士学位论文,2015年,第15—16页。

念在健康领域的现实观照"，其核心是健康权利的正义分配。① 罗尔斯的正义理论也颇受我国学者的青睐，许多学者探讨了罗尔斯正义理论对我国医改、医疗资源的分配和公众健康伦理的适用，对一些罕见病、不同地域间的医疗卫生资源分配应当考虑的价值取向、农村地区健康贫苦与分配正义等问题进行了研究。② 有学者提出了"医疗正义"（medical justice）的理念，认为卫生基本法的价值定位是医疗正义，而正义的实质内容包括自由、平等、秩序等价值目标。从不同的角度出发会得到不同的正义要求，如从自由角度来理解医疗正义，就是要承认和尊重公民的健康权；从平等角度来理解医疗正义，就是要合理地配置医疗资源，以确保每个公民的健康权底线内容能得以基本实现；从秩序的角度来理解医疗正义，就是要强化政府责任，以期完善医疗秩序。同时，认为我国卫生基本法的具体设计、制度构建应该迎合"合理地配置医疗资源以确保每个公民的健康权底线内容能得以基本实现"的医疗正义的价值目标，强调对政府责任的强化。③ 亦有学者提出，"社会正义是公共健康的核心价值"，社会正义在公共健康领域关系到公民权利的公正对待、医疗保健资源的合理分配和社会弱势群体健康问题的正确解决，而由于公共健康的维护本质上依赖于公共政策，政府必须从制度设计方面着手解决公共健康的社会正义问题，④以分配正义与医疗卫生二元互动而生成的卫生正义来优化医疗卫生基本法的价值理念。⑤

（三）健康正义原则的内涵与外延

总体上看，目前学界对健康正义的研究主要是运用传统的正义理论模型，从医疗资源分配正义的角度进行探讨，尚未将健康正义作为具有统率性的卫生法基本原则。我们认为，健康正义是卫生法的基本价值与追求，统率整个卫生法领域，是卫生法一项重要的基本原则。从健康正义的核心价值出发，其含义至少包括平等原则、反歧视原则和公平原则三个子原则。现分述如下：

第一，平等原则。法国思想家拉法格形象地描述了平等与正义之间的关系："正义的观念用毕达哥拉斯派的公式来表示就是，不要破坏天平盘上的平衡——天平秤自从被发明之时起便成了正义的形容词。"⑥正义原则首先表现为平等，如前所述，罗尔斯的正义观深刻地影响了有关公平分配理论，强调卫生资源、社会基本物品、福祉或者能力

---

① 朱海林：《论健康正义：道德哲学视角》，《河南师范大学学报（哲学社会科学版）》2014 年第 4 期。

② 蒋谨慎、修江帆：《罗尔斯正义观视角中的医疗公平问题探析》，《医学与社会》2008 年第 8 期；史军：《功利与正义：公共健康的伦理选择初探》，《学术论坛》2006 年第 7 期。

③ 李筱永：《卫生基本法的价值定位：医疗正义》，《中国医院管理》2011 年第 10 期。

④ 李伦、喻文德：《论公共健康的社会正义问题》，《湖南大学学报（社会科学版）》2010 年第 3 期。

⑤ 汪习根、宋大平：《基于分配正义的医疗卫生基本法立法构想》，《新疆师范大学学报（哲学社会科学版）》2017 年第 3 期。

⑥ ［法］拉法格：《思想起源论》，王子野译，生活·读书·新知三联书店 1965 年版，第 96 页。

等方面的平等的分配。① 作为健康正义原则的内容，《经济、社会和文化权利国际公约》第 12 条对健康权的规定是"人人有权享有能达到最高的体质和心理健康的标准"，医疗卫生领域对平等价值的追求在"人人"二字中彰显得淋漓尽致。在卫生法领域，平等不仅指人人有权获得有质量的卫生保护和卫生服务，协调个人利益与社会健康利益的关系也是其应有之义。卫生法中的平等可分为形式平等和实质平等。形式平等对应的问题是反对歧视，而实质平等则旨在保障每个人能享受到基本的医疗服务。② 实践中，平等原则与医疗资源、基本医疗服务的平等问题密切相关，具体表现为全体国民在享有卫生服务、获得有关知识和信息等方面的平等。然而，医疗资源的有限性使得在现实生活中很难做到完全意义的平等，因而平等原则主要体现为机会和过程的均等或同等，而非结果的平等。在我国，存在城乡分割的医疗卫生体制，规模大及医疗设备相对较好的医院基本都分布在经济发达的大城市，而经济欠发达地区的医疗资源则相对匮乏。③ 城乡之间和不同职业群体之间的医疗健康保障差距，也是当前我国社会不平等的主要表现之一。我国医疗保障之所以存在明显的不公平，与当前我国的健康保障制度有必然联系。根据我国《社会保险法》的规定，我国医疗保障分为城镇居民、城镇职工和新农合三类，这种板块式的分割必然导致不同群体之间的不平等。④

第二，反歧视原则。反歧视原则与平等密切相关，许多学者认为平等原则内在地包含了反歧视原则的含义，即平等承认人与人之间的广泛不同，但反对没有正当理由的不合理区分——歧视。⑤ 所谓歧视，指的是人际关系的一种状态，即"人对人的一种不应有的、不平等地低下看待或对待"⑥。歧视与特权一样都是对平等的否定，但是特权拥有者的权利超出了一般人的限度，而歧视承受者的权利低于一般人的水平。⑦ 巴里·R.弗瑞（Barry R.Furrow）等在《卫生法：案例、材料与问题》（*Health Law Cases*,*Materials and Problems*）中探讨了"健康不平等"（health inequality），这通常被视为歧视与社会性非正义的一种形式，此种差异是不公平、不公正且可以避免的。⑧ 但是，由于种种原因，健康不平等广泛存在。以因经济或社会原因而拒绝给予患者医疗保健或相应治疗措施为例，患者因为没有能力支付医疗费用、保险未满足要求，以及因种族、国籍、残疾或者性

---

① 峗怡：《论卫生资源公平分配的平等主义、优先主义和充足主义》，《西南政法大学学报》2016 年第 3 期。
② 解志勇主编：《卫生法学通论》，中国政法大学出版社 2019 年版，第 53 页。
③ 李筱永：《卫生基本法的价值定位：医疗正义》，《中国医院管理》2011 年第 10 期。
④ 饶浩：《论国际人权法上的健康权与〈基本医疗卫生法〉的起草》，《人权研究》2018 年第 1 期。
⑤ 解志勇主编：《卫生法学通论》，中国政法大学出版社 2019 年版，第 53 页。
⑥ 解志勇主编：《卫生法学通论》，中国政法大学出版社 2019 年版，第 50—54 页。
⑦ 卓泽渊主编：《法的价值论》，法律出版社 2006 年版，第 296—299 页。
⑧ Barry R.Furrow,Thomas L.Greaney,Sandra H.Johnson,Timothy Stoltzfus Jost,Robert L.Schwartz,Brietta R.Clark,Erin G.Fuse Brown,Robert Gatter,Jamie S.King & Elizabeth Pendo,*Health Law Cases*,*Materials and Problems*,Eighth Edition,p.8.

别等其他因素而受到歧视。除此之外,患者还可能因为同样的原因经历系统性、结构性的障碍,社会经济地位较低的人群、少数民族或个别的种族所居住的社区可能缺乏足够的医疗保健资源,公立医院的关闭和医疗服务提供者的"逃离"使得医生和私立医院把贫穷的、以少数族裔为主的社区中的医疗资源留给了富裕的、以白人为主的社区。同时,残疾人和跨性别者无法获取他们所需要的医疗服务的风险更高。[1] 即使是在工作场所中,医疗保健歧视也广泛存在。[2] 在实践中,经济、社会和文化权利委员会在判断政府是否违反健康权保障义务时,坚持非歧视性原则,尤其是要突出对少数民族、贫困人群、妇女等弱势群体的保护(give particular attention to all vulnerable or marginalized groups)。[3] 反歧视原则并非对各国政府的外在形式要求,而是构成履行健康权保障义务的前提性条件。如果政府在履行健康权保障义务过程中,没有遵循非歧视性和平等保护的原则,即使政府没有违反最低限度的健康权义务,那也应当认定构成对健康权实质义务的违反。[4]

第三,公平原则。关于公平性的含义,世界卫生组织和瑞典国际发展合作署(Swedish International Development Cooperation Agency, SIDA)在 1996 年《健康与卫生服务的公平性》(Equity in Health and Health Care:A WHO/SIDA Initiative)中提出,公平性(Equity)与平等(Equality)不同,它意味着生存机会的分配应以需要(Need)为导向,而不应取决于社会特权。[5] 按照世界卫生组织对健康的定义,[6]健康公平是指社会中的每一个成员均应有公平的机会达到其最佳的健康状态,只要可以避免,不应有人在获得健康方面受到区别对待。[7] 有学者指出,公平性应该是共享社会进步的成果,而不是分摊本可避免的不幸和健康权利的损失。健康公平要求努力降低社会人群在健康和卫生服务利用方面存在的不公正的和不应有的社会差距,力求使每个社会成员均能达到基本生存标准。需要注意,公平指不存在不合理的差别,不同国家和地区在不同的经济发展状况下,对不公平的状态有着不同的界定,[8]但是从公平的核心概念来讲,并非所有

① Barry R.Furrow, Thomas L.Greaney, Sandra H.Johnson, Timothy Stoltzfus Jost, Robert L.Schwartz, Brietta R.Clark, Erin G.Fuse Brown, Robert Gatter, Jamie S.King & Elizabeth Pendo, *Health Law Cases, Materials and Problems*, Eighth Edition, p.357.

② Barry R.Furrow, Thomas L.Greaney, Sandra H.Johnson, Timothy S.Jost, Robert L.Schwartz, *The Law of Health Care Organization and Finance*, Sixth Edition, p.549.

③ Bambra, Clare, Debbie Fox, and Alex Scott-Samuel, "Towards a Politics of Health", *Health Promotion International*, Vol.20, No.2(2005), pp.187-193.

④ 饶浩:《论国际人权法上的健康权与〈基本医疗卫生法〉的起草》,《人权研究》2018 年第 1 期。

⑤ World Health Organization, *Equity in Health and Health Care:A WHO/SIDA Initiative*, WHO, Geneva, 1996.

⑥ WHO, Constitution of World Health Organization, In: Basic documents, 38th edition(including amendments adopted up to 31 October 1990), Geneva.

⑦ 高建民、杨金娟:《健康公平性概述》,《卫生经济研究》2014 年第 10 期。

⑧ Whitehead M., "The Concepts and Principles of Equity and Health", *International Journal of Health Services*, 1992, 22, pp.429-445.

的差别都代表着不公平,只有那些可以避免的不应该存在的差别才可能被认定为不公平。亦有学者分别从"卫生保健公平性"[①]和"健康公平性"[②]、"权利公平"、"机会公平"和"规则公平"[③]等角度来剖析公平的概念。[④] 公平原则作为健康正义的应有之义,原因在于健康事务具有强烈的道德性、政治性和社会性,国民健康本身即为目的,但是不能作为实现某种目的(如经济发展目的)的工具,也不具有可置换性或可交易性,更不可被舍弃。[⑤] 保拉·布雷弗曼(Paula Braveman)在《什么是健康公平? 定义会造成什么不同?》(*What is Health Equity? And What Difference Does a Definition Make?*)中探讨了健康正义与健康公平之间的关系,认为健康正义的理念最终指向了健康公平的目标。我们认为,所谓健康公平,指的是每个人都有公平、公正的机会去尽可能地实现健康,而这就要求阻碍健康实现的障碍,如贫困、歧视及由其导致的教育公平、环境安全、医疗保障等因素被消除。[⑥] 为了更好地实现健康公平,1991 年 WHO 欧洲地区委员会的报告提出了 7 个提高卫生保健和健康公平性的行动原则,分别是:"公平性政策的制定应关注改善生活和工作条件""引导人们形成健康的生活方式""分散政策制定和决策权,鼓励人们参与政策制定的各个阶段""各部门互相协作,共同评价各个部门的行为对人群健康的影响""国际水平上的互相关心与控制""卫生保健公平性基于人人均可获得高质量的卫生服务""公平性政策应建立在充分研究、监测和评价的基础上"。实践中,公平原则还与卫生资源配置与分配密切相关。巴里·R.弗瑞(Barry R.Furrow)和托马斯·L.格雷尼(Thomas L.Greaney)等提出了卫生资源配置与分配公平的问题,即医疗保障体系建立很大程度上依赖于财富的分配机制,例如在美国,公共资助的医疗保健项目往往只能对特定人群提供医疗保障资金。[⑦] 但总的来看,随着社会的发展,公平的价值

---

① 健康公平在横向上要求对具有相同卫生保健需要的人群应当提供相同的卫生保健服务;在纵向上则要求区分每一个个体的具体情况,给予其不同的处理。健康公平性主要指每一个社会成员均应有公平的机会达到其最佳健康状态,只要能够避免,不应有人在获得健康方面受到不利的影响。参见陈家应、龚幼龙、严非:《卫生保健与健康公平性研究进展》,《国外医学(卫生经济分册)》2000 年第 4 期。

② 所谓卫生保健公平性,指从卫生服务的可及性、利用量和支出的费用上,同样的需要应该获得同等的利用(equality of use for equal need)。See Mooney G., *Key Issues in Health Economics*, Harvester Wheatsheaf, 1994, pp.65-86.

③ 赵丁海、乔学斌:《健康公平发展的伦理关切与实践向度》,《医学与哲学》2019 年第 10 期。

④ 权利公平与健康权作为基本人权的向度相联系,与健康公平性相类似,机会公平指共享机会与差别机会。前者需要保障"不同收入、种族、性别的人群具有同样或类似的健康水平,各健康指标如患病率、婴儿死亡率、孕产妇死亡率、期望寿命等的分布在不同人群中应无显著差别,健康的分布不应与个人或群体的社会经济属性有关"。参见侯剑平:《中国居民区域健康公平性影响因素实证研究》,《特区经济》2006 年第 10 期。

⑤ 董文勇:《论基础性卫生立法的定位:价值、体系及原则》,《河北法学》2015 年第 2 期。

⑥ Paula Braveman, *What is Health Equity? And What Difference Does a Definition Make?* Princeton, NJ: Robert Wood Johnson Foundation, 2017.

⑦ Barry R. Furrow, Thomas L. Greaney, Sandra H. Johnson, Timothy S. Jost, Robert L. Schwartz, *The Law of Health Care Organization and Finance*, Sixth Edition, p.71.

倾向会越来越清晰地反映在医疗立法当中,尤其是针对医疗保险和保障制度。①

四、自主原则

(一)自主原则的概念与地位

自主原则的理论渊源丰富,观点纷呈。康德的自主理论是其哲学基础之一。德沃金也主张以"尊重"来表达和承载"自主"。比彻姆更是直接把"自主原则"表述为"尊重自主原则"。上述两种个人自主理论受到来自社群主义、女性主义等的尖锐批评。②为了修正康德的观念,奥尼尔提出关系自主理论,认为自主不是个人自主,而是原则自主、理性自主,提倡将患者的自主性置于关系网中予以理解,主张对原则的执行和对义务的践履,以免过分强调个体独立性造成的医患信任困难。③密尔功利主义则立足个体最佳利益和独立意志不受干预的思想,克服了康德原则自主理论忽视行为效果的不足,迎合了保护患者或受试者最佳利益的需要。④

目前,域内学术界对于自主原则的研究成果不多,主要的提法是患者自主原则或患者权利自主原则是卫生法的基本原则。⑤另外,亦有文献从卫生法的核心价值⑥、医疗信息自主⑦、消费者自主选择权⑧等角度展开研究,但并未把自主上升到卫生法基本原则的高度。

我们认为,卫生法的基本原则应当具有统率性,即卫生法部门的所有法律规范都具有普遍指导意义,而患者自主原则或患者权利自主原则的提法,仅是患者对自己疾病的医疗问题的知情权或自我决定权,仅适用于医事法这个狭窄领域,适用层次较低且统率力不足,无法上升到卫生法基本原则层面。⑨因此,应当以"自主原则"的提法取代"患者自主原则"的提法,作为核心的基本原则,统率整个卫生法领域。具体而言,自主原

---

①　Barry R. Furrow, Thomas L. Greaney, Sandra H. Johnson, Timothy S. Jost, Robert L. Schwartz, *The Law of Health Care Organization and Finance*, Sixth Edition, p.71.

②　庄晓平:《西方生命伦理学自主原则"自主"之涵义辨析——从比彻姆、德沃金和奥尼尔的观点看》,《哲学研究》2014 年第 2 期。

③　Onora O' Neill, *Autonomy and Trust in Bioethics*, Cambridge University Press, 2001:23,36.

④　Mary Donnelly, *Healthcare Decision-Making and the Law*, Cambridge University Press, 2011, pp.121-221.

⑤　蒲川、陈大义主编:《卫生法学》,科学出版社 2017 年版,第 3 页;宋文质主编:《卫生法学》,北京大学医学出版社 2008 年版,第 6 页;张静、王萍主编:《卫生法学》,西南师范大学出版社 2008 年版,第 13 页。

⑥　此种观点认为自由是卫生法的核心价值,包含生命健康方面的自由(包括知情同意权、强制医疗问题、"安乐死"问题、堕胎问题等)与卫生行业从业者的职业自由。参见解志勇主编:《卫生法学通论》,中国政法大学出版社 2019 年版,第 45—50 页。

⑦　此种观点从医疗合同的附随义务出发,提出现代医事法要求促进信息自主,另论述了医疗机构有权自主展开医疗活动。参见陈云良主编:《卫生法学》,高等教育出版社 2019 年版,第 37—42 页。

⑧　即消费者有权根据自己的意愿自主地选择其购买的商品及接受服务。参见朱新力、王国平主编:《卫生法学》,人民出版社 2008 年版,第 57 页。

⑨　解志勇:《卫生法基本原则论要》,《比较法研究》2019 年第 3 期。

则指的是尊重一个有自主能力的个体所作出的自主的选择,承认该个体拥有基于个人价值信念而持有看法、作出选择并采取行动的权利。①

(二)自主原则的表现

自主原则是统率卫生法的基本原则,贯穿卫生法所有子部门。

在国民健康法领域,诸如医疗资源的分配、研究的自主和疾病的隔离等,虽然也都是"道德"问题,但其主要涉及的是个人选择和社会,②其关键性原则在于个人自主(personal autonomy)。③ 以传染病强制医疗为例,一方面,当隔离检疫剥夺个体自由时,健康政策能够代替人权行使责任。④ 另一方面,在恩霍恩诉瑞典案(Enhorn V.Sweden)中,欧洲人权法院试图给出一个放之四海而皆准的准则——是否符合比例原则和不被任意拘留的相关标准,⑤否则,不能对意思自治与个人自由加以戕害。

在医疗服务法领域,自主(autonomy)是当代医疗决定伦理的话语核心。⑥ 世界范围内,由《纽伦堡法典》(1946年)⑦和《赫尔辛基宣言》(1964年)⑧发端,经过不断发展,自主原则已经被许多国家承认并用法律加以保障。⑨ 在我国,自20世纪90年代中期以来,管理者和立法者意识到有必要保护病患的知情同意权,逐步制定了一系列相关的法律、法规和规章。⑩ 自主不仅意味着"不干涉",即一种拒绝专业人士做出的治疗选

① 黄丁全:《医疗法律与生命伦理》,法律出版社2007年版,第30页。

② Arthur B.LaFrance,*Bioethics:Health Care,Human Rights,and the Law*,Matthew Bender Press,2006,pp. 263-483.

③ Kozlowski,Lynn T.,Sweanor,David,"Withholding Differential Risk Information on Legal Consumer Nicotine/tobacco Products:The Public Health Ethics of Health Information Quarantines",*International Journal of Drug Policy*,2016,Vol.32,pp.17-23.该文提出的国民健康道德的三大关键性原则分别是:个人自主、个人权利和健康素养。

④ Jonathan Mann et al.,"Health and Human Rights",*Health and Human Rights*,1,1994:6-23.

⑤ 雷娟:《传染病强制医疗的立法规制检视——以Enhorn V.Sweden为例》,《行政法学研究》2013年第3期。

⑥ Mary Donnelly,*Healthcare Decision-Making and the Law*,Cambridge University Press,2011,pp.1-81.

⑦ 《纽伦堡法典》。该法典明确强调"受试者的自愿同意绝对必要",其终极理念就是尊重和承认受试者自主决定权的正当基础和合法地位。

⑧ 1964年世界医学大会在《赫尔辛基宣言》中进一步明确"参与医学研究的医生有责任保护研究受试者的生命、健康、尊严、公正、自我决定的权利、隐私和个人信息的保密",这正式确立了尊重自主的法律原则地位。

⑨ 美国经1957年的Salgo v.Leland Stanford Jr.University Board of Trustees案、1960年的Natanson v.Kline案和1972年的Canterbury v.Spence案,在判例法上确立了知情同意理论。1973年的美国《患者权利法案》以成文法的形式明确规定了患者的知情同意权。美国的《患者自我决定法》(PSDA)还赋予了患者对未来的医疗事务事先表达意愿的权利,即预先指示权。德国联邦宪法法院在1979年7月29日的一项判决中指出,必须取得患者对医师做出的全部诊断的、预防的以及治愈的措施的有效同意,这是法的要求。Salgo v.Leland Stanford Jr.University Board of Trustees,154 Cal/App.2d 560,317P.2d 170(1957);Natanson v.Kline,350 P.2d 1093(1960);Canterbury v.Spence,464 F.2d 772(1972).42 U.S.C.A. § 1395cc(f)(1992)。

⑩ 1994年《医疗机构管理条例》第23条就涉及了患者的知情同意权,同年《医疗机构管理条例》第61条则规定了医疗机构的说明义务和患者的知情权。1999年实施的《执业医师法》第26条正式在法律中规定了医疗机构的告知义务。2002年的《医疗美容服务管理办法》第20条则在特定行业管理中规定必须遵循知

择的消极性权利,同时也意味着赋予权利。① 从"知情同意权"到"自我决定权",医疗服务中的意志自主得以保护。② 知情同意权(informed consent)经由德国法与日本法的发展,③被中国学者阐发为"自我决定权",其以权利人"对具体人格要素的意志决定自由为内容",这里的人格要素,意指生命、身体、健康、姓名、名誉、肖像这些得到法律认可的典型人格要素。自我决定权的内容包括对生命的自我决定(例如可以舍生取义、安乐死)、对健康的自我决定权(例如可以健身、看病)等,论述最多的还是对身体的自我决定,例如可以选择发型、可以美容,尤其是对医疗活动的自主决定。④ 事实上,从医疗决定、预先指示(advanced directives)、医学试验的参与⑤到医疗数据的利用⑥等,医疗服务法的各领域无一不贯穿着自主原则。另外,有鉴于医疗服务以复杂的系统提供,医

情同意原则,同年《医疗事故处理条例》则将医疗机构及其医护人员履行详细说明义务扩大至整个医疗行业,《病历书写基本规范》第 10 条则对同意书的签署做了细致的规定。2006 年《人体器官移植技术临床应用管理暂行规定》第 24 条在正式文本中使用"知情同意"一词。2010 年 7 月 1 日正式实施的《侵权责任法》第 55 条明确规定了患者的知情同意权。此外,《基本医疗卫生与健康促进法》第 32 条也明确规定了公民在接受医疗卫生服务、参与试验性医学研究时的知情同意权。

① 有学者运用拉兹(Joseph Raz)和女权主义关系理论批判自主即"不干涉"的观点,并认为即使在自主就是不干涉的观点下,法律现实也与理论大不相同。例如,大多数患者都不允许做出与他们最大利益或他人利益或社会利益相悖的决定,相反,这些问题是通过意思决定能力要求来处理的。另外,如果要对自主的限制问题作进一步的研究,除了不干涉之外,还需要借助病人赋权的角度。参见 Mary Donnelly, *Healthcare Decision-Making and the Law*, Cambridge University Press, 2011, pp.1-81.

② 对于此种保护模式,亦有学者持反对意见,认为意志自主当以类型化方式保护,不能将诸如"自我决定权"这样以纯粹意志自主为内容的权利纳入权利体系。"侵害患者知情同意权责任纠纷"案应修正为"患者知情同意纠纷"。参见唐超:《说明义务的类型化与知情同意权否定论:兼及意志自主如何保护》,《河北法学》2018 年第 11 期。

③ 依德国法进路,医事法上的知情同意规则,出发点既然在于宪法上的自我决定权利,遂可认为其保护目标与其说是患者身体,不如说更在于患者人格,属一般人格权范畴,应借由《民法典》第 823 条第 1 款剩余性质的"其他权利"来保护。[英]马克·施陶赫:《英国与德国的医疗过失法比较研究》,唐超译,法律出版社 2012 年版,第 166—169、163、205 页。德国法的前述主张在日本法上落到实处,日本最高法院在耶和华派教徒输血案判决中称,"这种意思表示的决定权,作为人格权内容的一部分,必须受到尊重",日本学说上称此以意思决定为内容的权利为自我决定权。转引自[日]五十岚清:《人格权法》,[日]铃木贤、葛敏译,北京大学出版社 2009 年版,第 9 页。

④ 杨立新、刘召成:《论作为抽象人格权的自我决定权》,《学海》2010 年第 5 期。

⑤ Jean McHale and Marie Fox, *Health Care Law*, Thomson Sweet&Maxwell Press, 2007, pp.291-561.

⑥ 2018 年 8 月欧洲一般资料保护法规(GDPR)生效,"谁的信息谁做主"的理念在 GDPR 中得以确立,对于我国大数据相关医学研究伦理审查有着启示和借鉴意义。一是个人数据处理原则,GDPR 第 5 条规定的个人数据处理原则有:合法、公开透明;目的限制;最小必要;数据准确性;数据存储限制;数据完整性、保密性;数据控制者责任。从这些原则看,"谁的信息谁做主"理念基础在 GDPR 中是不可动摇的。二是 GDPR 明确赋予自然人个人数据权利,包括但不限于:知情权、数据访问权、更正权、删除权(被遗忘权)、限制处理权(冻结权)、对自动化决策(包括画像)的自主权、数据可携带权(复制权)、反对权、随时退出权、申诉权等。三是 GDPR 明确规定了数据控制者、处理者保障个人数据权利的义务及责任的转移,体现了"谁的信息谁做主"的保护理念。参见刘瑞爽:《GDPR 对我国医学研究伦理审查的启示》,《医学与哲学》2019 年第 3 期;刘建利:《医疗人工智能临床应用的法律挑战及应对》,《东方法学》2019 年第 5 期。

疗决定通常与个人的文化、宗教或道德背景相关联,医疗服务中的自主还需要包括专业人士、患者和家庭在内的多主体紧密合作。①

在健康产品法领域,同样贯穿着自主原则。例如,消费者有权根据自己的意愿自主地选择购买健康商品及接受服务。② 又如,有学者认为对健康产品差异风险信息的强制隔离需要正当化,否则不能推翻个人自治的原则。换言之,消费者有权完整得知健康产品有关健康的信息,以据此做出明智的个人选择。③

在生命伦理领域,自主原则占据核心地位。④ 许多学者甚至认为,自主原则不仅占据主导地位,而且是"优先的"和"排他的"。⑤ 几乎生命伦理法的每一个话题,从知情同意原则,到预先指示(advanced directives)和器官捐赠的法律,再到关于拒绝治疗、安乐死/协助自杀(assisted suicide)、产前干预(prenatal intervention)、母胎冲突(maternal-fetal conflict)和基因研究等的争论,虽然也都是"道德"问题,其主要涉及的是个人选择,都可以从自治原则——自主与尊重他人自主的角度进行分析。⑥

(三)自主原则的限制

作为卫生法的基本原则,自主原则同样受到种种限制。

首先,自主原则不是万能的。生命伦理学者丹尼尔·卡拉汉(Daniel Callahan)认为

---

① David N. Weisstub and Guillermo Diaz Pintos, "Autonomy and Human Rights in Health Care", *International Library of Ethics, Law, and the New Medicine*, 2011, Vol.36, pp.44-45.

② 朱新力、王国平主编:《卫生法学》,人民出版社 2008 年版,第 57 页。

③ Kozlowski, Lynn.T, Sweanor, David, "Withholding Differential Risk Information on Legal Consumer Nicotine/tobacco Products: The Public Health Ethics of Health Information Quarantines", *International Journal of Drug Policy*, 2016, Vol.32, pp.17-23.

④ Arthur B.LaFrance, *Bioethics: Health Care, Human Rights, and the Law*, Matthew Bender Press, 2006, pp.263-483.Marsha Garrison Carl E.Schneider, *The Law of Bioethics: Individual Autonomy and Social Regulation*, Garrison Schneider Press, 2015.首次明确规定自主自愿核心地位的是著名的《纽伦堡法典》。该法典明确强调"受试者的自愿同意绝对必要",其终极理念就是尊重和承认受试者自主决定权的正当基础和合法地位。1964年世界医学大会在《赫尔辛基宣言》中进一步明确"参与医学研究的医生有责任保护研究受试者的生命、健康、尊严、公正、自我决定的权利、隐私和个人信息的保密",这正式确立了尊重自主的法律原则地位,从此以后,自主原则被确立为多个涉及人类受试者国际准则的基础而迅速扩散和广泛应用。1978 年,美国国家委员会(National Commission)《贝尔蒙特报告:保护人类受试者的伦理原则与准则》(Belmont Report: Ethical Principles and Guidelines for the Protection of Human Subjects of Research, 1978)把尊重人(Respect for Persons)确立为生物医学研究伦理的三大原则之一。该报告所谓的尊重性原则就是对参与者的尊重。参与者有权利自己作出是否参与研究的决定。

⑤ Daniel Callahan, "Can the Moral Commons Survive Autonomy?", 26 HRC 41(Nov/Dec 1996); B.Steinbock, "Liberty, Responsibility, and the Common Good", 27 HRC 45-46(Nov/Dec 1996); Willard Gaylin, "Worshipping Autonomy", 26 HRC 44-45(Nov/Dec 1996); Renee C.Fox, "More than Bioethics", HRC 5, 6(Nov/Dec 1996).

⑥ Arthur B.LaFrance, *Bioethics: Health Care, Human Rights, and the Law*, Matthew Bender Press, 2006, pp.263-483; Marsha Garrison Carl E.Schneider, *The Law of Bioethics: Individual Autonomy and Social Regulation*, Garrison Schneider Press, 2015.

生命伦理学应首先讲求自由即是"完全可以理解"的,但同样"让人感到不安"。① 过分强调个人自由,会有以下弊端:一是累积的损害;②二是无形损害;③三是无法促进公共利益;④四是受环境的制约,人的行为不那么"自愿";⑤五是法律在以自主原则为中心对生命伦理等卫生法领域进行监管时,也可能会出现监管失败,例如,预先指示、生殖技术(特别是亲子关系的确定)等。⑥⑦

　　实际上,在卫生法的各个领域,自主作为一项基本原则有其边界、受到限制。

　　第一,在国民健康法和健康产品法领域,自主原则受到限制。例如,在传染病防治中,当隔离检疫剥夺个体自由时,健康政策能够代替人权行使责任。⑧ 又如,在确定健

　　①　Daniel Callahan,"Can the Moral Commons Survive Autonomy?",26 HRC 41(Nov/Dec 1996)。

　　②　首先,许多例子表明,单个行为可能没有造成损害或者造成的损害很少,但累积起来可能会产生显著的效果,例如践踏草坪,没有任何原则、理由可以说明为什么一个人应该被允许做其他人不允许做的事情。参见 B.Steinbock,"Liberty,Responsibility,and the Common Good",27 HRC 45-46(Nov/Dec 1996)。

　　③　有时一项活动被认为是错误的,不是因为它对个人造成了切实的危险,而是因为它违反了一项重要的价值或原则。例如,利用胚胎制造化妆品……如果这对胚胎无关紧要,为什么不用它们来赚钱和治疗癌症呢? 答案是,纯粹出于商业目的而使用胚胎,是对人的生命的不尊重,这是基于对价值和原则的考虑。参见 B.Steinbock,"Liberty,Responsibility,and the Common Good",27 HRC 45-46(Nov/Dec 1996)。

　　④　维持社会秩序既需要尊重自由,也需要权威。有时,对个人自由的限制促进了共同利益。当社会利益受到威胁时,自主"必须让步——至少在某些时候"。但需要注意,设定自主限度的问题在于,如何在不被社会后果淹没的情况下,打开社会关切的大门,应当明确区分笼统的社会后果(它不可能仅凭自身战胜自主)和其他问题,例如促进司法(它不仅能对抗自主原则,且在足够重要时,可以战胜它)。参见 B.Steinbock,"Liberty,Responsibility,and the Common Good",27 HRC 45-46(Nov/Dec 1996);Willard Gaylin,"Worshipping Autonomy",26 HRC 44-45(Nov/Dec 1996).Robert Veatch,"Which Grounds for Overriding Autonomy Are Legitimate?",27 HRC 42(Nov/Dec 1996)。

　　⑤　Willard Gaylin,"Worshipping Autonomy",26 HRC 44-45(Nov/Dec 1996)。

　　⑥　例如,病人很少做出预先指示,当患者有意思决定能力并即将做出医疗决定时,他们很难理解自己的治疗选择并做出理性的反应。我们怎么能指望他们在没有事实、没有背景甚至没有对将要做出的治疗选择的知识的情况下,就对可能在多年以后做出的选择起草有用的指导意见呢? 除了一些非常年老的人和非常循规蹈矩的人,有谁会想要这么做呢? 这明显是目标型的监管失败。又如,在生殖技术领域,特别是亲子关系的确定上,美国加州的法院在一些案件中采用了准合同(quasi-contractual)(intention-reliant)的作业,但合同法并不是最好的监管工具,因为它忽视了亲子法核心政策价值——孩子的利益;而准合同不能弥补这一缺陷,还产生了不确定性适用的附带问题。参见 Schneider,*The Law of Bioethics*:*Individual Autonomy and Social Regulation*,Garrison Schneider Press,2015。

　　⑦　对于监管失败的根本原因,有学者认为当生命伦理困境转化为原则和宪法层面上的冲突时,在利用经验数据制定政策和纠正错误方面,法官的能力可能还不如立法者。也有学者提出,虽然法律话语的专断性质很重要,帮助人们朝着一致的方向努力,但是,当法院试图在社会辩论成熟之前达成最终裁决时,就会误入歧途。最后,在处理诸安乐死/协助自杀和基因研究等引起争议的生命伦理问题时,由于监管机构经常行动,监管策略通常包括"最不坏"的选择,或者,更糟糕的是,在同样糟糕的选择中选择。参见 A.M.Capron,"Social Science,the Law,and Bioethics",128 Daedalus 295,318(1999);C.E.Schneider,"Moral Discourse,Bioethics,and the Law",27 HRC 37,38(Nov/Dec 1996);N.K.Komesar,"Law's Limits:The Rule of Law and the Supply and Demand of Rights",176,182(2001)。

　　⑧　Jonathan Mann et al.,"Health and Human Rights",*Health and Human Rights*,1,1994:6-23。

康产品信息会给整体人口健康造成损害时,可以对差异风险信息实施强制隔离。① 当然,上述限制不是任意的,而是需要符合相应的条件。②

第二,在医疗服务法领域,自主权与做出医疗决定的相应的意思决定能力密切相关,其限制主要涉及拒绝治疗③、管理式医疗(managed care)④等问题。另外,医疗数据的利用中,个人对自己医疗信息也并非完全自主,而受到公共利益、科学研究等方面的限制。以欧盟通用数据保护条例(GDPR)为例,GDPR 第 9(1)条禁止处理包括遗传信息在内的特殊信息,但 GDPR 第 9(2)(j)条允许在出于公共利益、科学或历史研究或统计目的的存档目的需要处理时,将遗传数据作为特殊数据类别的一部分进行处理。⑤ 我国学者同样由生命伦理从个体自治到社会合作的转向入手,力求在医疗数据利用与隐私保护(个人自主)间求得平衡。⑥

第三,在生命伦理领域,在安乐死/协助自杀、尊严死、亲子关系的确定等问题上,自主原则是有边界的。例如,我国通说至今不承认将自我决定作为允许积极安乐死的条件。⑦

① Kozlowski,Lynn T.,Sweanor,David,"Withholding Differential Risk Information on Legal Consumer Nicotine/tobacco Products:The Public Health Ethics of Health Information Quarantines",*International Journal of Drug Policy*,2016,Vol.32,pp.17-23.

② 关于传染病强制医疗,在 Enhorn V.Sweden 案中,欧洲人权法院试图给出一个放之四海的准则——是否符合比例原则和不被任意拘留的相关标准。参见雷娟:《传染病强制医疗的立法规制检视——以 Enhorn V.Sweden 为例》,《行政法学研究》2013 年第 3 期。

与疾病隔离一样,对差异风险信息的强制隔离需要正当化,不仅需要考虑对国民健康的负面影响,而且还需要通过令人信服的证据表明确实需要采取此类措施,证明国民健康总体处于危险之中,并且危险足以推翻个人自治的原则。参见 Kozlowski,Lynn T.,Sweanor,David,"Withholding Differential Risk Information on Legal Consumer Nicotine/tobacco Products:The Public Health Ethics of Health Information Quarantines",*International Journal of Drug Policy*,2016,Vol.32,pp.17-23。

③ Mary Donnelly,*Healthcare Decision-Making and the Law*,Cambridge University Press,2011,pp.1-81.

④ 有学者批评管理式医疗限制了患者和医生的选择,侵害了信托关系。该书讨论了在许多情况下存在着这一问题,例如否认 HMO/MCO 骨髓移植或干细胞治疗癌症,理由是这是"试验";或者从根本上否定对 MS 患者进行物理治疗,因为它不是"医学上必要"的。参见 Arthur B.LaFrance,*Bioethics:Health Care,Human Rights,and the Law*,Matthew Bender Press,2006,pp.263-483。

⑤ 科学研究中,GDPR 还进一步规定了知情同意的认可、去识别数据处理的知情同意豁免等规则,同样构成对自主的限制。参见 Morriss-Roberts C.,Oulton K.,Sell D.,Wray J.,Gibson F.,"How Should Health Service Researchers Respect Children's Personal Data under GDPR?",The Lancet.Child & Adolescent Health,2018。

⑥ 相关讨论,参见刘士国、熊静文:《健康医疗大数据中隐私利益的群体维度》,《法学论坛》2019 年第 5 期;刘瑞爽:《GDPR 对我国医学研究伦理审查的启示》,《医学与哲学》2019 年第 3 期;刘建利:《医疗人工智能临床应用的法律挑战及应对》,《东方法学》2019 年第 5 期;蒋言斌、麻欣张乐、李响:《论医疗大数据患者隐私权的请求权》,《医学与哲学》2018 年第 6A 期。

⑦ 参见刘建利:《晚期患者自我决定权的刑法边界——以安乐死、尊严死问题为中心》,《中国社会科学院研究生院学报》2018 年第 3 期。另外,关于患者自我决定权在安乐死、尊严死、拒绝治疗问题上自主的限制,亦可参见 Mary Donnelly,*Healthcare Decision-Making and the Law*,Cambridge University Press,2011,pp.1-81。

又如,在亲子关系的确定上,准合同理论受到批评。① 我国上海一中院在 2015 年宣判了全国首例由代孕引发的监护权纠纷案,在自然血亲关系父亲的确定上采"血缘说",而在自然血亲关系母亲的确定上,不采纳"契约说",也不采纳"子女最佳利益说"或"血缘说",而坚持"分娩说",认为"分娩者为母"。②

五、共治原则

(一)共治原则的概念

"共治"指的是社会治理主体共同治理社会活动。③ 卫生法的共治原则有两层含义,第一个层面的含义指的是"社会治理",第二个层面的含义指的是"共同决策"。

从第一个层面的含义出发,指的是政府及其他社会主体,为实现社会的良性运转,采取一系列管理理念、方法和手段进行共治,从而在社会稳定的基础上保障公民权利,实现公共利益的最大化。④ 从主体上讲,共治强调的是政府、市场、社会组织、公众的多元化特性;从客体上讲,共治既要协调人与人之间的关系,也要协调人与自然之间的关系;从手段上讲,社会治理采用"法、理、情"三种不同的社会控制手段,是基于调和参与,而非基于控制和命令;此外,从权力(利)的运行上讲,社会治理趋于网状结构,不再是自上而下的组织、指挥和控制,而是上下平等协商、协调互动、合作治理。⑤

从第二个层面的含义出发,共治强调医疗以复杂的系统提供,需要许多人(专业人士、患者和家庭)的合作。因此,医疗保健的背景要求人们(通常具有不同的道德观念)共同做出往往充满道德挑战的决策。⑥

(二)共治原则的必要性

共治原则作为卫生法的基本原则,有着一系列深层次的原因。

首先,风险社会是共治原则的时代背景。当今社会是一个风险社会,随着工业化、市场化和全球化的推动,社会公众更切身地感受到生活在因市场经济、先进科技和多头行政等现代性所带来的巨大风险之下⑦。其次,医疗风险是现代医疗活动的产物,是技

① A.M.Capron:Social Science,the Law,and Bioethics,128 Daedalus 295,318(1999).
② "陈某与罗某监护权纠纷上诉案",上海市第一中级人民法院(2015)沪一中少民终字第 56 号民事判决书。
③ 江国华、刘文君:《习近平"共建共治共享"治理理念的理论释读》,《求索》2018 年第 1 期。
④ 周晓丽、党秀云:《西方国家的社会治理:机制、理念及其启示》,《南京社会科学》2013 年第 10 期。
⑤ 申卫星、刘畅:《论我国药品安全社会治理的内涵、意义与机制》,《法学杂志》2017 年第 11 期;丁冬:《食品安全社会共治的主体和路径》,《中国社会科学报》2014 年 11 月 21 日。
⑥ David N. Weisstub and Guillermo Diaz Pintos, "Autonomy and Human Rights in Health Care", International Library of Ethics,Law,and the New Medicine,2011,Vol.36,pp.44-45.
⑦ Beck,U.,Risk Socity:Towards A New Modernity,London,Newbury Park:Sage Publications,1992.

术性与社会性的结合。① 正因医疗活动的固有风险和健康产品安全问题的复杂性,卫生事业的发展面临着风险社会提出的巨大的挑战:药物不良反应已经成为继癌症、高血压、心脏病之后,导致我国居民死亡的第四大原因。② 重大食品药品安全事件仍呈高发态势,③"毒奶粉""毒胶囊""假疫苗"等食品药品安全事故时有发生,健康产品安全形势较为严峻。

其次,医疗卫生事业的建设对共治原则提出了现实需求。风险社会中,人们逐渐发现,随着社会的发展,除了物质环境等影响健康的因素之外,社会因素对健康的影响也越来越大。要改变这些因素,由于监管理念偏离现实需求、监管机构职能定位不清、法律责任制度不健全等问题④,单靠政府的威权监管模式失灵⑤,而政府与其他主体之间的合作则对社会对于健康议题和政策的理解、支持和实施发挥着越来越大的作用。卫生事业的建设需要社会各个系统相互协作、各方主体共同努力,"其实施的有效性依赖于社会各界的合作与参与"。⑥

最后,个人自主不是万能的,一方面,过分强调个人自主,会产生种种弊端。另一方面,受环境的制约,人的行为其实并不那么"自愿",⑦盖林(Willard Gaylin)等人就认为自主原则一定能充分发挥作用不过是"法律的想象"和"空中楼阁"。因此,在个人自主之外,还需要社会共治加以补充。

(三)共治原则的核心机制

在卫生法领域贯彻共治原则,需要一系列核心机制加以落实。

在国民健康法领域,国民健康建设需要社会各个系统相互协作、各方主体共同努力,"其实施的有效性依赖于社会各界的合作与参与"⑧。国民健康法的核心要素之一就是在政府的法定权力与义务之外,需要非政府主体的协作努力。以疫苗接种为例,政府可以通过科普宣传引导民众理性接种疫苗以降低非理性恐慌,以及加强疫苗接种环

---

① 满洪杰:《风险社会视角下医疗损害责任立法之反思——兼评〈民法典侵权责任编(草案)〉的相关规定》,《山东大学学报(哲学社会科学版)》2019 年第 4 期。

② 新浪新闻:《药物不良反应成我国居民死亡第四大原因》,见 http://news.sina.com.cn/c/2018-04-15/doc-ifzfkmth4191387.shtml,2020 年 1 月 30 日。

③ 参见申卫星、刘畅:《论我国药品安全社会治理的内涵、意义与机制》,《法学杂志》2017 年第 11 期。

④ 参见申卫星、刘畅:《论我国药品安全社会治理的内涵、意义与机制》,《法学杂志》2017 年第 11 期。

⑤ 齐萌:《从威权管制到合作治理:我国食品安全监管模式之转型》,《河北法学》2013 年第 3 期。

⑥ [美]斯科特·伯里斯、申卫星主编:《中国卫生法前沿问题研究》,北京大学出版社 2005 年版,第 7 页。

⑦ Willard Gaylin:Worshipping Autonomy,26 HRC 44-45(Nov/Dec 1996).

⑧ [美]斯科特·伯里斯、申卫星主编:《中国卫生法前沿问题研究》,北京大学出版社 2005 年版,第 7 页。

节的社会监督。① 再如,职业健康中,劳动者公众环境的改善、健康的促进是需要企业经营者、股东和公益性团体参与的;艾滋病的干预更需要国际组织等的帮助。② 又国民健康治理的系统论的思想也得到了国际认可,如《世界卫生组织条例》(2005 年)第 14条就规定了世界组织与政府组织和国际机构的合作。

在医疗服务法领域,也贯穿着共治原则。人的行为往往是不那么"自愿",而受到环境的制约③,当患者有意思决定能力并即将作出医疗决定时,理解自己的治疗选择并作出理性的反应是很困难的,因为他们缺乏相应的对将要作出的治疗选择的知识的了解。④ 实际上,医疗决策是由包括专业人士、患者和家庭等在内的多主体共同作出的。⑤

在健康产品法领域,共治原则举足轻重,通过系列制度加以落实。食品安全方面,2018 年修订的《食品安全法》第 3 条明确规定,"食品安全工作实行预防为主、风险管理、全程控制、社会共治,建立科学、严格的监督管理制度"。《食品安全法》借鉴美国的《吹哨人法案》和日本的"公益告发制度",规定了食品安全有奖举报和保护举报人合法权益的内容,第 23 条还原则性地确立了我国的食品安全风险交流法律制度。药品安全方面,不少学者早就呼吁应当实现药品安全风险治理,并提出了创新多元主体参与制度、确立惩罚性赔偿制度、建立药品风险分担与激励惩戒机制等一系列核心机制。⑥ 2019 年 8 月 26 日,第十三届全国人大常委会第十二次会议第二次修订了《药品管理法》。此次修法明确了风险预防理念,"风险管理、全程管控、社会共治"的基本原则下建立了一系列的监管制度、监管机制、监管方式等,从强化药品研制管理、药品全程追溯制度、药物警戒制度、附条件审批制度、优先审批制度,完善了药品安全责任制度,严惩各种违法行为,充分体现"四个最严"等方面,治理药品安全风险。⑦

在生命伦理领域,共治同样是一项基本原则。维持社会秩序既需要尊重自由,也需

---

① 胡颖廉:《行政吸纳市场:我国药品安全与公共卫生的治理困境——以非法疫苗案件为例》,《广东社会科学》2017 年第 5 期。

② 李燕、金根林:《公共健康法原论》,中国政法大学出版社 2014 年版,第 55—54 页。

③ Willard Gaylin, "Worshipping Autonomy", 26 HRC 44–45(Nov/Dec 1996).

④ Marsha Garrison Carl E.Schneider, *The Law of Bioethics*:*Individual Autonomy and Social Regulation*, Garrison Schneider Press, 2015.

⑤ David N. Weisstub and Guillermo Diaz Pintos, "Autonomy and Human Rights in Health Care", *International Library of Ethics, Law, and the New Medicine*, 2011, Vol.36, pp.44–45.

⑥ 参见申卫星、刘畅:《论我国药品安全社会治理的内涵、意义与机制》,《法学杂志》2017 年第 11 期;刘鹏:《中国药品安全风险治理》,中国社会科学出版社 2017 年版;胡颖廉:《中国药品安全治理现代化》,中国医药科技出版社 2017 年版,第 249—253 页;胡颖廉:《监管和市场:我国药品安全的现状、挑战及对策》,《中国卫生政策研究》2013 年第 7 期。

⑦ 搜狐网:《国家药监局解读药品管理法,亮点详情一一细说》,见 http://www.sohu.com/a/339279913_377310,2019 年 10 月 19 日。

要权威,有时,对个人自由的限制促进了共同利益。① 甚至有学者认为,生命伦理是从个体自治转向到社会合作的。② 实际上,在生命伦理领域,许多时候体现的是社会整体的共同决策。例如,在安乐死/协助自杀等问题上,我国至今不允许积极安乐死③,此时个人的意志无足轻重,体现的是社会的整体价值判断。又如,利用胚胎制造化妆品,如果这对胚胎无关紧要,为什么不用它们来赚钱和治疗癌症呢? 答案是,纯粹出于商业目的而使用胚胎,是对人的生命的不尊重,这是社会整体基于对价值和原则的考虑。④

六、健康促进原则

健康教育与健康促进是公共卫生工作领域的核心内容,是我国疾病防控工作的重要手段和策略,在传染性疾病和慢性非传染性疾病的预防与控制、伤害预防、突发公共卫生事件应对、精神卫生、妇幼卫生、食品与环境卫生、计划免疫等公共卫生领域发挥着重要作用。健康教育与健康促进具有公认的普惠性和公平性,并且最为经济和有效,因而是加强全国卫生服务工作、提高全民健康水平的必然选择。⑤

(一)健康促进原则的概念与源流

关于健康促进原则(health promotion)的最早记载是亨利·E.西格里斯特(Henry E. Sigerist)于1945年在对医学进行定义时提出"健康促进""疾病预防""疾病治疗""康复"是医学的四种功能,并主张应该通过提供适宜的生活标准、良好的劳动条件、教育、物质文化以及休闲方式来促进健康;倡议政治家、劳工、企业、教育家和卫生人员一起共同协作来达到这一目的。⑥ 1948年,《世界卫生组织宪章》(Constitution of the World Health Organization)提出:"健康不仅是没有疾病和虚弱,而且包括在身体上、精神上及社会适应方面的完好状态",这是世界上人人健康运动的开始。1975年,世界卫生组织提出"2000年人人享有卫生保健"的目标,使全世界人民达到最高可能的健康水平。1978年《阿拉木图宣言》提出"初级卫生保健是实现2000年人人享有卫生保健的关键",并提出了初级卫生保健(Primary Health Care)的八项任务:(1)开展针对主要卫生

---

① B.Steinbock,"Liberty,Responsibility,and the Common Good",27 HRC 45-46(Nov/Dec 1996).Willard Gaylin,"Worshipping Autonomy",26 HRC 44-45(Nov/Dec 1996).Robert Veatch,"Which Grounds for Overriding Autonomy Are Legitimate?",27 HRC 42(Nov/Dec 1996).

② 刘士国、熊静文:《健康医疗大数据中隐私利益的群体维度》,《法学论坛》2019年第3期。

③ 参见刘建利:《晚期患者自我决定权的刑法边界——以安乐死、尊严死问题为中心》,《中国社会科学院研究生院学报》2018年第3期。另外,关于患者自我决定权在安乐死、尊严死、拒绝治疗问题上自主的限制,亦可参见 Mary Donnelly, Healthcare Decision-Making and the Law, Cambridge University Press, 2011, pp.1-81.

④ B.Steinbock,"Liberty,Responsibility,and the Common Good",27 HRC 45-46(Nov/Dec 1996).

⑤ 中国健康促进与教育协会编:《健康促进理论与实践》,上海交通大学出版社2009年版,第26页。

⑥ Terris M.,"Concepts of Health Promotion:Dualities in Public Health Theory",in Health Promotion:An Anthology,Washington PC,USA,1996,pp.34-40.

问题的预防控制方法的健康教育;(2)改善食品供应及合理营养;(3)提供安全饮用水和基本的环境卫生设施;(4)开展妇幼保健和计划生育工作;(5)地方病的预防和控制;(6)常见病和外伤的处理;(7)主要传染病的免疫接种;(8)提供基本药物。① 这对于理解健康促进的基本理念具有重要意义。1979 年,美国联邦办公署正式给健康促进下了定义,健康促进"包括健康教育及任何可能促使行为和环境转变为有利于健康的有关组织政治及经济干预的综合"。同年,美国卫生总署发表《健康人民》,这是美国历史上的第二次公共卫生革命,通过疾病预防和健康促进改善人民健康。

如果说以上有关健康促进的宣言、政策中只是对健康促进进行了初步的概括和探索的话,那么欧洲地区事务局健康教育处的伊洛娜(Illona Kickbusch)博士则针对"健康促进计划"用一系列文章提出了有关健康促进的核心构想。"健康促进计划"于 1981 年开始制定,计划草案提出后,经相关学科研究人员、消费团体及相关专家的研讨,1984 年 1 月,健康促进计划由世界卫生组织欧洲地区事务局开始实施。伊洛娜指出,"健康促进"是在研究"欧洲健康教育的概念"的过程中提出来的,她指出了欧洲健康教育的四个根本转变:第一,从维护健康到促进健康;第二,从个别行为到系统公共卫生;第三,从医疗机构的保健指导为主到承认普通人的自我保健能力;第四,从单一权威机构开展健康教育到社会协同。而欧洲地区事务局也以此设置了涵盖"健康促进""预防健康教育""互相协作的健康教育"三项内容的新健康教育计划。可以看出,健康促进的设想最初是针对健康教育作出的,健康教育也一直作为健康促进的重要内容。在分析了健康内涵和时代背景后,她认为只有从医学、社会生态学的观点出发,才能全面地理解健康的内涵,她提出了三个重要考量因素,即"社会环境""个人的价值观及生活方式"以及"健康的重要性",并对它们之间的关系进行了重新排序,突出强调了"健康的重要性"对"社会环境""个人价值观及生活方式"的重要影响。她明确提出:"越是认识'健康'价值的人,越是努力使'生活方式'和'社会环境'在促进健康方面起到积极作用。"在此基础上,其进一步提出面对世界上的公共卫生问题如健康不平等、国际医疗服务发展不均衡等,必须重新认识健康的内涵,将健康放在社会、政治的动态环境中进行考察。根据这一思路,她提出了健康促进的定义:"所谓健康促进,就是人们能够控制、改善自己的健康"。② 这一定义为 1986 年《渥太华宪章》(Ottawa Charter)奠定了理论基础。

1986 年 11 月,在世界卫生组织的领导和加拿大卫生及福利部与加拿大公共卫生学会的组织下,40 多个发达国家在加拿大渥太华召开了首届国际健康促进大会并发表了《渥太华宪章》,试图率先在发达国家实现"人人享有卫生保健"的战略目标,首次正

---

① 赖承圭主编:《健康促进》,浙江科学技术出版社 2004 年版,第 18 页。
② [日]岛内宪夫、张麓曾:《世界卫生组织关于"健康促进"的渥太华宪章》,《中国健康教育》1990 年第 5 期。

式提出了"健康促进"的理念,成为健康促进发展史上的一个里程碑。① 宪章开篇提出:"健康促进是促使人们提高控制和改善健康的全过程,以至达到身体的、精神的和社会的完美状态,确保个人或群体能确定和实现自己的愿望,满足自己的需求,改变或处理周围环境。因此,健康应看作为日常生活的一种资源,而不是生活的目标。健康是一个积极的概念,强调社会和个人的资源以及身体的功能。所以健康促进不仅是卫生部门的职责,它还涉及健康的生活方式和良好的健康状况。"这成为健康促进最广为认可的定义,定义表明促进健康的过程不仅包括个人对其自身健康水平的提高,还强调综合性社会因素对个人健康的影响。② 1991 年在瑞典宋斯瓦尔召开第三届国际健康促进大会,通过《宋斯瓦尔宣言》,首次提出了创造"有利于健康的环境",在健康与环境之间建立了紧密联系。③ 1997 年第四届国际健康促进大会通过《雅加达宣言》(Jakarta Declaration),会议坚持《渥太华宪章》确定的五项战略依然是健康促进运动的关键,同时采用综合性的方法对健康促进最为有益。健康场所(如健康城市、健康岛屿、健康促进学校、健康促进工作场所、健康社区)为综合性战略的实施提供了实践机会。会议提出了世界卫生组织确立健康促进在 21 世纪的优先地位政策要点:提高对健康的社会责任感;增加健康发展的投资;巩固与扩大健康领域中的伙伴关系;提高社区能力并使个人参与;保证健康促进所需的资源。大会要求成员国按照上述五个政策要点制定各国的健康促进政策,以指导健康促进的实践。2000 年 6 月,时任世界卫生组织总干事布伦特兰在第五届全球健康促进大会上对健康促进进一步作出了诠释:"健康促进就是使人们尽可能让他们的精神和身体保持在最优状态,宗旨是使人们知道如何保持健康,在健康的生活方式下生活,并有能力作出健康的选择。""健康促进所阐述的就是做决定,包括在家庭、社会、国家及至国际机构内作决定,而不论这些决定是否关系到发展、贸易、健康或是金融。""我们必须给人民增权,让他们为自己和家庭的健康作出选择"。④ 所以,健康促进的核心就是增权(empowerment)。所谓"增",是指使内在能动性发挥和增强;所谓"权",是指自主控制和决定的能力。所以,增权是指使人们得到更大控制其影响健康的决策和行动的能力的过程。鲁特曼(Rootman)等学者指出,除非把增权作为其策略的一部分,否则不能称之为健康促进。⑤ 除此以外,涉及健康促进问题的宣言还有 1996 年在卢布尔雅那召开的卫生改革会议,2004 年莫斯科卫生研究声明,以

① 中国健康促进与教育协会编:《健康促进理论与实践》,上海交通大学出版社 2009 年版,第 42 页。
② 傅华、李枫主编:《现代健康促进理论与实践》,复旦大学出版社 2003 年版,第 3 页。
③ 甘兴发:《在亚太地区建立有利于促进健康环境的曼谷宣言》,《中国健康教育》1994 年第 1 期。
④ 世界卫生组织总干事布伦特兰在第五届全球健康促进大会上的发言,参见卫生部基层卫生与妇幼保健司、中国疾病预防控制中心编译:《第五届全球健康促进大会技术报告集》,第 180—186 页。
⑤ Rootman I., Goodstadt M., Hyndman B., et al., eds., *Evaluation in Health Promotion: Principles and Perspective*, Copenhagen, Denmark: WHO, 2001.

及 2005 年更新的世界卫生组织欧洲区域所有卫生政策框架等的文件。

在我国,"健康促进"名词的出现较晚,但在实践中早已经开始了健康促进工作和活动。中华人民共和国成立之初,我国提出了四大卫生工作方针,并号召全民参与除害灭病的爱国卫生运动,开展了许多有关传染病的防护和免疫工作。1978 年以后,医疗卫生事业也发生了深刻改变,20 世纪 90 年代以后,有学者首次结合我国的工作实践对健康促进的概念进行了界定:"健康促进是指以教育、组织、法律(政策)和经济等手段干预那些对健康有害的生活方式、行为和环境,以促进健康。"[1]1991 年第七届全国人民代表大会第四次会议审议通过的《中华人民共和国国民经济和社会发展十年规划和第八个五年计划纲要》提出了新时期的卫生工作方针:"预防为主,依靠科技进步,动员全社会参与,中西医并重,为人民健康服务",这对今后的卫生工作产生了重大的影响。自此以后,1997 在《中共中央、国务院关于卫生改革与发展的决定》中,明确提出新时期的卫生工作方针是"以农村为重点,预防为主,中西医并重,依靠科技与教育,动员全社会参与,为人民健康服务,为社会主义现代化建设服务"[2]。随着医学模式的改变和社会的发展,实践卫生事业的目标再也不是卫生行政部门一家所能完成的了,而是需要全社会的参与。因此,人人参与成了卫生事业良好运行的关键。由此可见,健康促进远远超出了以通过信息传播和行为干预帮助个人和群体采纳有利于健康行为和生活方式的健康教育,它是要求调动社会、政治和经济的广泛力量,改变影响人们健康的社会和物质环境条件,从而促进人们维护和提高他们自身健康的过程。

(二)健康促进原则的表现

健康促进原则是卫生法的基本原则,统率着整个卫生法领域。《基本医疗卫生与健康促进法》一开篇就旗帜鲜明地宣告:"国家和社会尊重、保护公民的健康权。国家实施健康中国战略,普及健康生活,优化健康服务,完善健康保障,建设健康环境,发展健康产业,提升公民全生命周期健康水平。国家建立健康教育制度,保障公民获得健康教育的权利,提高公民的健康素养","各级人民政府应当把人民健康放在优先发展的战略地位,将健康理念融入各项政策,坚持预防为主,完善健康促进工作体系,组织实施健康促进的规划和行动,推进全民健身,建立健康影响评估制度,将公民主要健康指标改善情况纳入政府目标责任考核"。事实上,国民健康法、医疗服务法、健康产品法、生命伦理法等卫生法子部门均是围绕着健康促进原则展开的。

在国民健康法领域,法律以促进和实现公众健康权为己任。以控烟为例,在当今世界,烟草危害被视为危害最严重的社会问题之一,吸烟是造成肺癌、心血管病、脑中风、

---

① 中国健康促进与教育协会编:《健康促进理论与实践》,上海交通大学出版社 2009 年版,第 26 页。
② 傅华、李枫主编:《现代健康促进理论与实践》,复旦大学出版社 2003 年版,第 15 页。

冠心病和慢性肺组织疾病的主要危险因素,每年因吸烟导致疾病死亡者约 300 万人,①因此通过制定法律法规和公共政策控烟成为改善公众健康的重要举措。2003 年世界卫生大会批准通过的《烟草控制框架公约》(Framework Convention on Tobacco Control)呼吁所有国家开展尽可能广泛的国际合作,控制烟草的广泛流行。中国于 2003 年 11 月 10 日正式签署《烟草控制框架公约》。2011 年 5 月 1 日起施行的《公共场所卫生管理条例实施细则》明确规定:全国室内公共场所禁止吸烟。2014 年 11 月 24 日,原国家卫生计生委起草了《公共场所控制吸烟条例(送审稿)》并向社会公开征求意见。送审稿明确,所有室内公共场所一律禁止吸烟。此外,体育、健身场馆的室外观众座席、赛场区域,公共交通工具的室外等候区域等也全面禁止吸烟。《公共场所控制吸烟条例》主要内容包括明确界定禁止吸烟场所的范围、加强宣传教育和戒烟服务以及预防未成年人吸烟。在此基础上,各省相继出台控烟地方立法。如杭州市自 2010 年颁布《控烟条例》,修订后的《控烟条例》将禁烟范围由室内扩大到室外,控烟执法机构由原来卫计部门取证处罚扩大到现在教育、文化广电新闻出版、交通运输、旅游、体育、公安、城市管理、民航、铁路等控烟监管部门,处罚力度也相应地加大。《基本医疗卫生与健康促进法》也明确提及控烟措施,并禁止向未成年人出售烟酒:"国家采取措施,减少吸烟对公民健康的危害。公共场所控制吸烟,强化监督执法。烟草制品包装应当印制带有说明吸烟危害的警示。禁止向未成年人出售烟酒。"此外,《基本医疗卫生与健康促进法》还通过健康教育,国民健康状况调查和统计,疾病和健康危险因素监测、调查和风险评估制度,爱国卫生运动、全民健身运动和健康工作计划等积极促进公众健康。

在医疗服务法领域,同样贯彻着健康促进原则。医学的目的不仅是疾病治疗,更主要是疾病预防、健康维护。② 在医疗卫生领域中,健康促进与一定的"管制"(control)相关,国家可以限制个体从事"非健康的行为",如禁止孕期妇女从事可能伤害胎儿的行为。③ 酗酒者不应接受肝脏移植手术,超重者应当在接受手术前减重,抽烟者的治疗可能受到限制等。④ 当然,健康促进的手段应当主要表现为"劝说"(persuasion)而非"强迫"(coercion)。问题的根源在于"公民对健康实现是否也负担义务"。对此,主流的观点认为,政府应当向公民提供健康相关的信息和建议,并鼓励他们追求健康,但是最终应当由公民自主决定健康相关事项,政府无权要求他们保持健康。⑤ 医疗卫生人员在

---

① 《世界卫生组织报告:吸烟每年造成全球心血管死亡病例约 300 万》,见 http://www.sohu.com/a/233812056_118392,2020 年 2 月 10 日。

② 罗芳菲、李菁、宋盈莹、刘畅、俞益武:《外伤性肝破裂患者腹腔镜下修补术后发生焦虑抑郁的危险因素分析》,《现代生物医学进展》2019 年第 16 期。

③ Jean McHale & Marie Fox,*Health Care Law*,Sweet & Maxwell,24.

④ W. Glannon," Responsibility, Alcoholism and Liver Transplantation ",*Journal of Medical Philosophy* (1998).

⑤ Jean McHale & Marie Fox,*Health Care Law*,Sweet & Maxwell,12.

提供医疗卫生服务时,应当对患者开展健康教育(《基本医疗卫生与健康促进法》第 67 条),积极促进医疗服务中个体健康权的实现。

在健康产品法领域,也以健康促进原则为依归。健康产品法的各种制度,包括食品、药品、医疗器械、化妆品和保健品的市场准入制度,安全监管制度,风险监测、评估、警示制度,召回制度,根本目的均是为了保证健康产品安全质量有效和可控,对人体健康不造成危害,发挥其健康促进作用。

在生命伦理领域,健康促进同样也是一项基本原则。以人体试验为例,由于人体试验的未知性和不可预测性,参与试验者在生命健康方面面临遭受伤害的风险,因此需要受到严格的规制:为研制新药、医疗器械或者发展新的预防和治疗方法,需要进行临床试验的,应当依法经相关主管部门批准并经伦理委员会审查同意,向受试者或者受试者的监护人告知试验目的、用途和可能产生的风险等详细情况,并经其书面同意(《民法典》第 1008 条),上述要求正是为了将受试者面临的风险降到最低,维护其生命健康。

第四章　卫生法的历史演变与体系建构

第一节　卫生法的历史发展

一、卫生法的历史发展

我国古代的卫生法律规范最早可追溯至商周时期,如《韩非子》《周易》《春秋》《周礼》《左传》等中有关于古代对繁衍健康后代重视的记载。其中,《周礼》详细记载了医疗机构、医疗专业人员管理的相关制度。[1] 至秦代,有关医药卫生相关的规定已经明确记载于法典之中,如《秦律》中规定的禁止杀婴堕胎。[2] 唐宋时期的卫生立法有了更为细化的规定,《唐律》中针对医师行为、饮食卫生和管理等方面均有规定。北宋《市易法》涉及医疗活动,《安剂法》规定了医务人员人数及升降标准,是我国最早的医院管理条例。元代《元典章》中规定了医师管理制度,确立了行医资格及考试制度。《大明会典》对医生的资格进行了规定。《大清会典》中对太医院的职责和管理进行了规定,并对天花等传染病防治发布了法令。[3] 新中国成立后,我国制定了大量卫生法规来保障公民的身体健康、促进医药卫生事业的发展。1949 年 9 月《中国人民政治协商会议共同纲领》规定"提倡国民体育,推广卫生医药事业,并注意保护母亲、婴儿和儿童的健康"。为解决麻醉药品毒害问题,国家发布了《关于严禁鸦片烟毒的通令》及《管理麻醉药品暂行条例》;为控制传染病,发布了《防治霍乱流行的联合指示》《种痘暂行办法》《交通检疫暂行办法》《民用航空检疫暂行办法》《传染病管理办法》;在食品卫生方面,颁布了《清凉饮料食品管理暂行办法》;在加强对医疗机构及其人员的管理方面,制定了《医院诊所管理暂行条例》《医师暂行办法》《中医师暂行条例》等。

1954 年,卫生部颁布了《卫生防疫站暂行办法》和《卫生防疫站工作条例》。1955 年,卫生部颁布了《传染病管理办法》《工厂安全卫生规程》《工业企业卫生设计暂行卫生标准》《职业病范围和职业病患者处理办法》《职业病中毒和职业病报告试行办法》《食品卫生管理试行条例》《饮用水质标准》等条例和标准。1957 年 12 月,第一届全国

---

[1]　陈云良主编:《卫生法学》,高等教育出版社 2019 年版,第 12 页。
[2]　解志勇主编:《卫生法学通论》,中国政法大学出版社 2019 年版,第 5 页。
[3]　陈云良主编:《卫生法学》,高等教育出版社 2019 年版,第 12 页。

人大常委会第八十八次会议通过了《中华人民共和国国境卫生检疫条例》及其实施细则,20世纪60年代开始,我国开始实行食品卫生监督制度,先后制定了食品卫生标准和管理办法,包括《食品卫生管理试行条例》《关于加强药政管理的若干规定》,对药品的生产、供应、适用及进出口的监督管理进行规定。

在经历"文革"时期的停滞后,1978年改革开放后卫生立法工作重新开展,卫生立法也日益完善和精细化。1982年《宪法》规定:"国家发展医药卫生事业""保护人民健康",进一步为卫生法提供了宪法依据。改革开放至今,从立法数量上来看,全国人民代表大会及其常务委员会制定、颁布的卫生法律共计13部,包括《基本医疗卫生与健康促进法》(2019年发布);《药品管理法》(1984年发布,2001年、2013年、2015年、2019年分别修正);《国境卫生检疫法》(1986年发布,2007年、2009年、2018年分别修正);《传染病防治法》(1989年发布,2004年、2013年分别修正);《红十字会法》(1993年发布,2009年、2017年分别修正);《母婴保健法》(1994年发布,2009年、2017年分别修正);《献血法》(1997年发布);《执业医师法》(1998年发布,2009年修正);《职业病防治法》(2001年发布,2011年、2016年、2017年、2018年分别修正);《人口与计划生育法》(2001年发布,2015年修正);《食品安全法》(2009年发布,2015年、2018年、2021年分别修正);《精神卫生法》(2012年发布);《中医药法》(2016年发布)。上述法律初步构成了我国现有的卫生法律体系。除了卫生专门法,国务院、卫生行政部门批准颁布了大量的卫生行政法规、卫生规章和规范性文件,如《突发公共卫生事件应急条例》《疫苗流通和预防接种管理条例》《医疗器械监督管理条例》《艾滋病防治条例》等几十部行政法规,再加上卫生部、卫生计生委等部门规章,地方卫生立法也十分普遍,宽泛意义上的卫生领域的法律规则体系已经十分庞大。

详细言之,现有的立法体系主要涵盖了以下几个领域:

第一,在公共卫生法领域,包括:(1)传染病防治法:传染病的防治和管理自中华人民共和国成立以来一直都是被重点立法和管理的卫生领域。1955年《传染病管理办法》对传染病实行分类管理,1978年《急性传染病管理条例》等规章制度确立了疫情报告、计划免疫等传染病防治法律制度。1989年,全国人大通过《传染病防治法》,1991年卫生部发布《传染病防治实施办法》。此外,重大传染病事件如2003年SARS事件也促进了传染病防治领域的立法进程,如《突发公共卫生事件应急条例》《医疗废物管理条例》《传染病防治法》的修订。此外还有,《病原微生物实验室生物安全管理条例》《疫苗流通和预防接种管理条例》《卫生部关于疾病预防控制体系建设的若干规定》《艾滋病防治条例》《血吸虫病防治条例》。(2)突发公共卫生事件:《突发公共卫生事件应急条例》《国家突发公共事件医疗卫生救援应急预案》。(3)职业病防治:《中华人民共和国尘肺病防治条例》《中华人民共和国职业病防治法》《使用有毒物品作业场所劳动保护条例》等。(4)血液管理:20世纪70年代以前,我国采用的是有偿献血制度,1978

年国务院《关于加强输血工作的请示报告》提出公民义务献血制度。[①] 1996年国务院发布《血液制品管理条例》;1997年《中华人民共和国献血法》以法律形式确立我国临床用血实行无偿献血制度,对公民献血、用血、血站采血、出血以及临床用血等活动作出了规范。此后,《血站管理办法》等一系列血液管理规章、技术标准和规范丰富和细化了血液管理的制度。(5)卫生检疫:《中华人民共和国国境卫生检疫法》《国内交通卫生检疫条例》。(6)学校、公共场所卫生管理制度:《公共场所卫生管理条例》《公共场所卫生管理实施细则》。1990年颁布的《学校卫生工作条例》对学校卫生工作问题作出了明确规定。(7)生活饮用水:《生活饮用水卫生规程》《城市供水条例》《生活饮用水卫生监督管理办法》。

第二,在医疗服务法领域,包括:(1)关于医疗机构管理:《中华人民共和国红十字会法》《医疗机构管理条例》及实施细则、《医疗机构药事管理暂行规定》,有关医疗服务的规定,如《人体器官移植条例》;有关处方、病例管理,如《医疗机构病例管理规定》《处方管理办法》《病例书写基本规范》;有关医疗废物管理,如《医疗废物管理条例》。(2)关于医疗专业人员:1998年发布《中华人民共和国执业医师法》《中医师管理办法(试行)》《护士条例》《卫生技术人员职务试行条例》等。(3)关于执业资格管理:发布《医师执业注册暂行办法》《卫生部、国家中医药管理局关于医师执业注册中执业范围的暂行规定》《执业药师注册管理暂行办法》《护士执业注册管理办法》《出国医护专业人员资格认定管理办法》等。(4)关于医德医风:《医务人员医德规范及实施办法》《卫生部关于严禁向患者收取"红包"的通知》;特殊地区如乡村、港澳台地区的医师管理也有相关规定(《乡村医生从业管理条例》《中国台湾地区医师在大陆短期行医管理规定》《外国医师来华短期行医暂行管理办法》等)。(5)关于医疗侵权责任与医疗事故处理:《侵权责任法》中的相关条款、《医疗事故处理条例》《医疗事故技术鉴定暂行办法》《医疗事故分级标准(试行)》《最高人民法院关于确定民事侵权精神损害赔偿责任若干问题的解释》《最高人民法院关于参照〈医疗事故处理条例〉审理医疗纠纷民事案件的通知》《最高人民法院关于审理人身损害赔偿案件适用法律若干问题的解释》。

第三,在健康产品法领域,包括:(1)食品卫生法。1995年通过的《食品卫生法》是食品卫生法律领域首部法律,2009年颁布的《食品安全法》,此后又经历了2015年、2018年修改。食品卫生法规包括《农药管理条例》《农业转基因生物安全管理条例》等。此外,还有《食品卫生行政处罚办法》《食品卫生监督程序》《食品中毒事故处理办法》《出入境口岸食品卫生监督管理规定》《中华人民共和国食品安全法》及其实施条例等。(2)药品管理。1984年颁布的《药品管理法》经历了2001年、2013年、2015年和2019年多次修改,《药品管理实施办法》《麻醉品精神药品管理条例》《药品注册管理办

---

① 张静、王萍主编:《卫生法学》,西南师范大学出版社2008年版,第103页。

法》等法规条例和规章。（3）保健用品、化妆品、医疗器械的相关法律规定。

第四，在生命伦理领域，包括：《人体器官移植条例》；与计划生育相关的法律法规，如《中华人民共和国人口与计划生育法》《人类辅助生殖技术管理办法》《计划生育技术服务管理条例》；母婴保健：《中华人民共和国母婴保健法》《中华人民共和国母婴保健法实施办法》《孕前保健服务工作规范（试行）》等。

二、卫生法的发展阶段和立法进程

对于卫生法的发展阶段和立法进程，国内学者采取了多种方式进行归纳，认为中华人民共和国成立以后的卫生法发展可分为起步和初步发展时期、停滞时期、恢复确立与逐步完善时期①，尤其对改革开放后的卫生法发展进行重点介绍②。根据学者的归纳，我国卫生立法在40多年中经历了从恢复重建（1978年开始）到充实（20世纪90年代之后）再到完善（21世纪后）三个阶段：（1）第一阶段以恢复重建卫生法律框架为主，重点在于公共卫生和药品领域的卫生立法工作③，这一时期通过了《食品卫生法（试行）》《药品管理法》《国境卫生检疫法》《传染病防治法》。（2）第二阶段以充实医疗法律法规为主要任务，重点加强了医疗领域的卫生立法工作，强化医疗秩序的维护、主动对医疗行为的约束，重视对病人权利的保护以及调动医务人员的积极性④，这一时期的立法包括《红十字会法》《母婴保健法》《食品卫生法》《献血法》《执业医师法》等。（3）第三阶段卫生法律法规体系趋向于平衡发展，将实现预防为主、保障医疗安全视为统领卫生法律制度建设的基本取向，建立和完善医疗卫生机构的设置、职权划分和管理制度。⑤立法涉及了医药卫生领域的许多方面，如《人口与计划生育法》《传染病防治法》《食品安全法》等，注重保障医疗安全，对患者健康权利的实现和政府健康责任的明确，加强对医药卫生服务市场的监管以及卫生行政管理体制的改革。2017年10月，中国共产党第十九次全国代表大会的召开进一步强化了健康中国建设作为国家战略的重要地位，同年12月，全国人大常委会公布了《基本医疗卫生与健康促进法（草案）》，向社会公开征求意见。2019年12月28日，《基本医疗卫生与健康促进法》正式通过审议，自2020年6月1日起正式实施。这为形成完善的卫生法体系，从而为卫生领域的权利义务的实现提供法律依据创造了条件。⑥

①　张静、王萍主编：《卫生法学》，西南师范大学出版社2008年版，第24—27页；朱新力、王国平主编：《卫生法学》，人民出版社2000年版，第28—30页。
②　陈云良主编：《卫生法学》，高等教育出版社2019年版，第12—14页。
③　陈云良主编：《卫生法学》，高等教育出版社2019年版，第12—14页。
④　汪建荣：《30年卫生立法的发展过程》，《中国卫生法制》2009年第1期。
⑤　汪建荣：《30年卫生立法的发展过程》，《中国卫生法制》2009年第1期。
⑥　详细内容，请见卫生法学体系节。

第二节 卫生法学的体系

一、卫生法学科的独立性

由于卫生法的复杂性和综合性,许多学者对其能否成为一门独立的部门法怀有疑虑。① 反对者认为,卫生法并不是严谨的法律领域,它与各个主要部门法都有联系,包括民法、刑法、行政法等,但其并不是一个封闭的、完善的法律体系,而是带有一定开放性的、诸多法律共同交织的体系。甚至有卫生法的抵抗派西方学者认为:卫生法更多的是历史的造物,而不是成体系的、概念化的组织体②,借用弗兰克·伊斯特布鲁克(Frank H. Easterbrook)法官讥评网络法(Cyber Law)的一段妙语"其中一堆案例用来处理马匹的销售;另一堆涉及被马匹踢伤之人;还有一堆管着许可证及赛马活动,或者那些殷勤的兽医,要不就是马匹秀的大奖。把这些乱糟糟的线头拢入'马匹法'(the Law of Horse)这条绳索?任何此类企图注定都会船入浅滩,你总也找不到一条统一的原则",相应的,卫生法也无法成为独立的部门法。③ 然而,有学者反对这一"马匹法"的类比,艾尔豪格认为尽管卫生法还不是一个连贯性的有组织性的法律领域,其基本原则的确定仍然存在很多争议,但是这并不能够阻碍它成为独立的法律部门。换言之,对于那些有组织性(Organized)的法律领域而言,其基本原则也并非没有争议,而出于卫生法在实践中的重要性,其独立地位应当得到认可。④

国内支持卫生法作为独立法律部门的学者,更多是从划分部门法的标准入手进行研究,主张卫生法具有独特的调整对象、调整方式、功能、特征、独立的法律体系,因此是一个新的独立的法律部门。⑤ 也有学者主张从卫生法的发展及性质的角度揭示其部门法的形成过程,而卫生法是社会法领域又一独立的法律部门的原因在于其调整对象和调整方法具有社会法的综合属性、科学性、技术规范性和伦理道德性。⑥ 还有学者提出,不从"划定卫生法势力范围"的角度去思考卫生法的独立性,而是从卫生法的价值目标——即追求人的生命健康为最大利益的角度,出于实现这一法益的现实考量,必然

---

① 刘莘、覃慧:《卫生法理论体系建构的前提》,《行政法学研究》2015 年第 4 期。

② 李筱永:《卫生法学的概念及基本范畴辨析》,《医学与社会》2011 年第 8 期。

③ Frank H. Easterbrook, Cyberspace and the Law of the Horse, U. CHI. LEGAL F, 1996.

④ Einer R. Elhauge, "Can Health Law Become a Coherent Field of Law?", *Wake Forest Law Review*, 2006, Vol. 41, No. 2, 0043-003X.

⑤ 吴崇其、张静主编:《卫生法学》(第二版),法律出版社 2010 年版,第 35—36 页;石超明、何振主编:《卫生法学》,武汉大学出版社 2014 年版,第 15—16 页。

⑥ 钱矛锐:《论卫生法的部门法属性》,《医学与哲学(人文社会医学版)》2008 年第 2 期。

要求卫生立法形成体系,以实现其部门法的内容扩张和功能勃兴。①

卫生法学学科独立的必要性首先表现为对现实需求的回应。法学作为一门实践性学科,应当以解决社会问题为己任。面对医学中层出不穷的新问题,法律人应当有一种使命感,同时也有责任通过权利与义务的合理配置促进医学的发展,解决社会中已经出现的社会问题。重视并加强对我国卫生法学的研究有重要的社会意义:第一,有助于打破医学界和法学界各自的话语霸权,促进知识的融合。第二,在某种意义上可以说,健康比财产更为重要。随着社会的发展和人们生活水平的提高,过上一种健康而有质量的生活值得法律人予以足够的关注。第三,人的一生从生到死的整个过程,始终都存在许多重要的法律问题。例如,在出生时存在着母亲和胎儿权益冲突的法律问题,存在着生育权的争论、胎儿利益保护的问题,存在着人工生殖技术引发的法律问题,存在着代孕合同的效力以及代孕母亲的法律地位问题;人出生以后,不仅存在着我们已经深入研究的包括医疗过失在内的医患关系问题,还有在治疗疾病和药品开发过程中以人体进行药品实验以及通过器官移植挽救生命所引发的法律问题;在死的问题上,有传统的临床死亡与脑死亡之争、安乐死的合法化等一系列需要法律人必须作出回答的问题。套用德沃金的话,我们应该"认真对待医学中的法学问题"②。

就卫生法学学科独立性的实现路径而言,各种主张异彩纷呈,我们认为,以健康权为主线,完全能够建构出一个独立的卫生法学科体系。传统的卫生法教程将其划分为质量、成本、可及性和自主权等问题。但这些问题都是相互关联的,任何合理的社会政策都需要在它们之间进行权衡。单独讨论它们并不能促进分析。相反,这种单独的讨论只会加剧当前问题,而目光短浅地关注其中任何一个问题,往往会破坏其他问题的合理解决。③ 马克·霍尔(Mark Hall)提出的另一种方法是,着眼于使医学与众不同的基本特征,他将其定义为患者的脆弱性、护理人员的专业水平、患者与护理人员之间的信任关系、药物的高风险以及医学科学的不确定性复杂性。④ 但是,一个行业可能具有独特的基本特征这一事实,不足以使与此相关的法律成为法律领域,关键在于不同的功能是否引发了独特的法律问题,最好将这些问题作为一个针对该行业的类别进行分析,而不是以跨行业的更一般的方式进行分析。⑤ 艾尔豪格则提出该问题的回答必须重视法

---

① 李筱永:《卫生法学的概念及基本范畴辨析》,《医学与社会》2011 年第 8 期。

② [美]斯科特·伯里斯、申卫星主编:《中国卫生法前沿问题研究》,北京大学出版社 2005 年版,第 13 页。

③ Einer R.Elhauge,"Can Health Law Become a Coherent Field of Law?",*Wake Forest Law Review*,2006,Vol.41,No.2,0043-003X.

④ See Hall,supra note 14,at 357-62.

⑤ Einer R.Elhauge,"Can Health Law Become a Coherent Field of Law?",*Wake Forest Law Review*,2006,Vol.41,No.2,0043-003X.

律如何最好地制定决策程序的问题。首先应认识到每种可能的决策范式都有缺陷和局限性。① 接下来,让每种范式在最合适的领域发挥作用,并防止它干扰其他范式作用的发挥,以此来制定法律。这种比较范式方法学最有希望帮助我们以连贯和通用的方式系统地思考卫生法问题,以建立法律领域。② 我们认为,应当以健康权作为卫生法学理论的核心,以健康权为主线,各类卫生法律关系依次展开,形成完整的卫生法律体系。

二、卫生法的体系

关于卫生法的体系,学界和实务界还没有取得一致的观点。有学者形象地比喻道:"为卫生法下一个学术定义就好比从不同的角度观赏埃奇伍德(Edgewood)。"③埃奇伍德是笼罩在魔法之下的交错复杂、相互勾连的房间,越往里走就变得越大。④ 通常认为,卫生法的组成部分有医事法、药事法、公共卫生法、医疗保障法和伦理法等。有学者提出,卫生法体系的构建是事关卫生法制建设的核心问题,对于促进卫生法制的发展具有重大理论意义与实践价值。对卫生法律体系建构的研究一直是我国卫生法学界研究的重点理论问题。⑤ 由于卫生法的形式渊源表现为散落在各部门法中的医疗卫生法律规范以及众多单行法,故学说上遵循一定的逻辑将卫生法人为划分为不同领域,从而形成有关卫生法的体系。⑥ 目前国内的教材对卫生法的体系与构成部分做出了如下阐述:(1)以法的特征和功能作用、调整方式为标准,将卫生法分为卫生基本法、公共卫生服务法、医疗服务与保障法、健康促进法、公共卫生监督法、环境保护法、公共危机管理法和国际公共卫生法等内容。⑦ 或者以调整对象为主,辅以调整手段来建构卫生法律体系,包括医疗卫生资源管理法律制度、公共卫生法律制度、医疗产品法律制度、健康相关产品法律制度、医患关系法律制度、医疗保障法律制度、传统医学法律制度、医学科学新技术相关法律制度。⑧ (2)以卫生立法状况为标准,将卫生法分为生命健康权益与特

---

① 其分别分析了市场范式、专业范式、道德范式、政治范式的优缺点。首先,市场范式的缺点在于医学与市场相互不了解,同时出于反垄断与竞争最大化的考量,也决定了不能单纯由市场范式主导。其次,专业范式则有短于效率等缺点。再次,道德范式则容易面临道德困境,医生利益权衡和患者自主等问题决定了应当允许多样性选择。最后,政治范式则面临决策效率低下、系统性偏见、监管问题复杂等问题。

② Einer R.Elhauge,"Can Health Law Become a Coherent Field of Law?",*Wake Forest Law Review*,2006,Vol.41,No.2,0043-003X.

③ Paula Lobato De Faria, Wendy K. Mariner, George J. Annas. Defining Health Law or the Edgewood Syndrome[J].Direito da saude.2009,25:117-126.

④ 李筱永:《卫生法学的概念及基本范畴辨析》,《医学与社会》2011年第8期。

⑤ 刘莘、覃慧:《卫生法理论体系建构的前提》,《行政法学研究》2015年第4期。

⑥ 陈云良主编:《卫生法学》,高等教育出版社2019年版,第14页。

⑦ 石东风:《当代中国卫生法律体系的建构原则、方法、框架》,载石东风:《卫生法学理论与实践——相关基本问题辨析》,吉林大学出版社2011年版,第35—40页;黎东生主编:《卫生法学》,人民卫生出版社2014年版,第20—23页。

⑧ 杜仕林主编:《卫生法学》,中山大学出版社2012年版,第3—4页。

殊人权健康权益保护、公共卫生监督管理、疾病预防控制、生命健康产品监督、医疗服务监督管理、医药卫生科技发展与管理等内容。（3）以法的调整内容为标准,将卫生法分为卫生资源管理法律制度、公共卫生监督管理法律制度、疾病预防与控制法律制度、健康相关产品法律制度、血液与血液制品相关法律制度、人口与生殖健康法律制度、医政管理法律制度、传统医药管理法律制度、健康促进法律制度、医疗保障保险法律制度。①

　　本书认为,卫生法以健康权为主线,分为四个分部门:一是国民健康法,这是框定宏观制度架构和体现方向性的具有基础性地位的卫生法,关注的是公众健康权,体现的是国家保障国民健康权实现所负担的义务,以及为了公共健康对个人权利进行必要的限制;二是医疗服务法,即调整维护个体健康的医疗服务活动中所产生的平等主体之间各种社会关系的法律规范;三是健康产品法,围绕与恢复、维持和增进人体健康密切相关、需要政府进行严格监管的健康产品展开;四是生命伦理法,调整人从生到死健康权实现的生命伦理以及生命科技所引发伦理等相关社会关系。

第三节　卫生法在法律体系中的地位

一、卫生法与公法

　　卫生法呈现公私交融的法律结构,与宪法、行政法、刑法等公法有着密不可分的联系。

　　第一,卫生法与宪法的关系。宪法是我国的根本大法,是国家活动的总章程,具有最高的法律效力,是我国最重要的法律部门,它规定了国家的各项基本制度、原则、方针、政策,公民的基本权利和义务,国家各主要机关的地位、职权和职责等。卫生法与宪法的关系表现为:（1）宪法是卫生法的最重要的法律渊源之一。宪法作为国家的根本法,具有最高的法律效力,是卫生法的立法基础,卫生立法必须依据宪法制定,不得与宪法相抵触。（2）宪法只对国家医药卫生事业的总体地位、发展方针等进行了原则性的规定,其规定需要卫生法予以具体化。卫生法律法规的具体规定是宪法原则的具体体现,同时卫生法中体现的新问题,也丰富和促进了宪法原则和内容的发展。②

　　第二,卫生法与行政法的关系。行政法作为一个重要的法律部门,是主要调整国家行政管理关系的法律规则的总称。卫生法与行政法的关系表现在:（1）卫生法与行政法之间有着历史的渊源关系。有些关于国家医药卫生行政管理的卫生法律法规是卫生法的主要渊源之一,也是卫生法和行政法共同的研究对象。但二者研究的侧重点不同,

---

①　石超明、何振编:《卫生法学》,武汉大学出版社2014年版,第12页。

②　吴崇其、张静主编:《卫生法学》(第二版),法律出版社2010年版,第37页。

卫生法主要研究如何通过国家行政干预手段来规制医药卫生活动,达到保护公民生命健康权益的目的,侧重于卫生实体法;而行政法则主要研究国家如何对医药卫生活动进行有效的行政监督管理,侧重于行政程序和行政救济。(2)二者调整社会关系的范围和调整的方式有所不同。行政法主要调整国家行政管理关系,卫生法则主要调整保护人体生命健康权益并规范与人体生命健康相关活动和行为中形成的各种社会关系,二者之间有交叉,但又有很大不同。行政法律关系主体之间的法律地位是不平等的,卫生法律关系主体之间则既有不平等地位,也有平等地位,还有一些特殊的关系。从调整的方式而言,行政法的调整方式一般是行政强制性的,卫生法的调整方式既有行政强制性的,也有民事和刑事制裁性的,更有倡导性和鼓励性的。①

第三,卫生法与刑法的关系。刑法是规定犯罪、刑事责任与刑罚的法律规范的总和。卫生法与刑法的关系表现在:(1)卫生法律中一些关于卫生犯罪与刑罚的规定,遵循的是我国刑法关于犯罪与刑罚的基本原则和原理,刑法本身还有一部分关于医药卫生方面的犯罪与刑罚规定,因此,卫生法与刑法之间存在渊源和内容交叉关系,这些规定是卫生法和刑法共同的研究对象。(2)二者调整社会关系的范围和调整方式不同。刑法只调整侵害人体生命健康造成严重后果、构成犯罪的刑事法律关系,卫生法的调整对象还包括行政法律关系、民事法律关系等;从调整方式上看,卫生法的调整方式要比刑法的调整方式宽泛得多,刑法的调整方式主要是强制性和惩罚性的方式,而卫生法的调整方式还包括鼓励性和倡导性等非强制性的方式。②

二、卫生法与民商法

民商法是调整有关民商事关系的一系列规范的总称。③ 卫生法与民商法的关系表现在:(1)卫生法中某些立法是卫生法和民商法共同的研究对象,如关于医药产品的产品责任、人体生命健康受到损害后的民事损害赔偿、公民的身体和器官的支配权、公民就医的知情权和隐私权等方面的法律法规规定,一般适用民商法的相关规定。(2)二者调整社会关系的范围和调整方式有所不同。民商法主要调整平等主体之间的财产和人身关系,卫生法则主要调整保护人体生命健康权益并规范与人体生命健康相关活动和行为中形成的各种社会关系,二者之间有交叉,但又有不同。民商法调整的是主体之间法律地位平等的民商事法律关系,而卫生法并不仅限于这些民商事法律关系,还有许多主体之间地位不平等的卫生行政法律关系等,这是民商法所不调整的。就调整的方式而言,民商法的调整方式主要是民事行为民事诉讼、民事和解等,而卫生法的调整方式则是综合性的,除了上述方式,还有行政方式、刑事方式等。

---

① 吴崇其、张静主编:《卫生法学》(第二版),法律出版社 2010 年版,第 37—38 页。
② 吴崇其、张静主编:《卫生法学》(第二版),法律出版社 2010 年版,第 38 页。
③ 施天涛:《商法学》(第五版),法律出版社 2018 年版,第 4 页。

三、卫生法与国际法

国际法是指在国家之间交往中形成的，主要用以调整国家间关系，具有法律拘束力的原则、规则、规章和制度的总和。国际法是法律体系中的一个特殊法律部门，主要调整国家之间的关系。卫生法与国际法的关系表现为：（1）我国作为世界卫生组织的成员国，参加了一些国际卫生条约，成为国际卫生法律关系的主体。国际卫生法是卫生法的渊源之一和研究对象，国际卫生关系也是卫生法的调整对象之一。因此，国际卫生法是国际法和卫生法共同的渊源和研究对象。（2）卫生法是我国国内法律体系中的一个法律部门，与国际法在法律关系主体、法律规范的制定者、法律的实施方式以及争议的解决方式等方面都存在不同。卫生法主要采取国内法的调整方式，如民事、行政、刑事以及其他综合性方式；国际法则采取一些特有的解决争议和纠纷的方式。①

四、卫生法体系的内在逻辑

卫生法能否成为独立的法律部门，是卫生法学研究的热点问题。从卫生法产生至今，关于卫生法学科独立性的争论从来没有停止。② 如前所述，我们认为应当以健康权作为卫生法学理论的核心。实际上，健康权在医药卫生法律体系中具有核心地位，各类卫生法律关系正是以健康权为核心展开的。首先，健康权在医药卫生法律体系中具有核心地位。近年来，随着医疗卫生体制改革的日益深入，尤其是《"健康中国 2030"规划纲要》的出台，"健康中国"战略的提出，健康权的价值在国家战略层面受到前所未有的重视。③ 医药卫生法治应当以健康权为其最高宗旨。在利益多元化的当代社会，健康权是形成全社会共识的纽带，是医药卫生法律体系的核心概念，是建构医药卫生法治体系的坚实基础。④ 其次，卫生法学的各部分正是围绕健康权这一核心展开——国民健康法以保障公众健康权为意旨，医疗服务法旨在保护个体健康权，健康产品法则是健康权实现的物质基础，生命健康则展示了健康权的伦理向度——各部分围绕健康权这一核心有序展开，形成了卫生法的内在逻辑与体系框架。

① 吴崇其、张静主编：《卫生法学》（第二版），法律出版社 2010 年版，第 39 页。
② 持肯定说的学者及其论述可参见刘莘、覃慧：《卫生法理论体系建构的前提》，《行政法学研究》2015年第 4 期；石超明、何振主编：《卫生法学》，武汉大学出版社 2014 年版，第 15—16 页。持否定说的学者及其论述可参见李筱永：《卫生法学的概念及其基本范畴辨析》，《医学与社会》2011 年第 8 期；钱矛锐：《论卫生法的部分法属性》，《医学与哲学》2008 年第 2 期；陈绍辉：《卫生法地位研究》，《法律与医学杂志》2005 年第 2 期。
③ 王晨光、饶浩：《国际法中健康权的产生、内涵及实施机制》，《比较法研究》2019 年第 3 期；饶浩：《论国际人权法上的健康权与〈基本医疗卫生法〉的起草》，《人权研究》2018 年第 1 期。
④ 王晨光：《论以保障公民健康权为宗旨　打造医药卫生法治的坚实基础》，《医学与法学》2016 年第 1 期。

第四节　卫生法的全球化

一、全球治理与卫生法的使命

从广义上来说,全球化被认为是发生在经济、政治、技术、文化和环境等社会领域的一个相互联结的过程。① 全球化对全球人口健康有着深远影响,积极的方面表现为:第一,全球经济水平的提高为人口健康的普遍提高奠定了物质基础;第二,全球科技与医学技术的发展增强了人类抗击疾病的能力,大幅度延长人类平均寿命;第三,全球健康运动与全球环境保护运动的开展改变了人类的生活方式,为缓解人与自然的紧张对抗关系、提高人口健康水平创造了内部和外部环境。但是,全球化也给全球人口健康带来了消极影响:第一,经济全球化使得国家之间的贫富差距不断加大,全球两极分化更加严重,其中最贫穷的国家甚至根本没有能力为其国民提供基本卫生保健服务;第二,政治全球化的结果使得国际民主更加失衡,有的国家战乱频频、政权更迭频繁、人权状况恶化,也使得人类的公共健康面临严重威胁与挑战;②第三,全球气候变化、环境污染以及灾难事件,对人类的公共健康构成严重威胁与挑战。③

尽管对全球化的态度众说纷纭、褒贬不一,但是全球化已经成为当代社会发展无可争辩的事实,并在以惊人的速度打破世界各地的经济、政治、文化和社会障碍的同时,深刻地影响着医疗卫生。美国著名公共卫生专家劳伦斯·O.戈斯廷(Lawrence O.Gostin)指出,全球化正在引领一种崭新的健康与疾病模式,扩展了健康的决定因素。④ 全球化以社会各领域的变化为特征,在其发展过程中引起了人类社会的重组、健康和疾病新模式的传播和健康决定因素的重塑,使得国家卫生和国际卫生之间的传统界限变得模糊。⑤ 正如凯莉·李(Kelley Lee)所言,全球化对于公共卫生和全球公共卫生治理具有重要意义。⑥

全球化带来新的人类交往的平台和模式,推动世界新的格局和人类新的社会结构

---

① Paula Lobato De Faria, Wendy K.Mariner & George J.Annas, "Defining Health Law or the Edgewood Syndrome", *Portuguese Journal of Public Health*(2009), p.119.

② 吴崇其、张静主编:《卫生法学》(第二版),法律出版社2010年版,第21页。

③ 张彩霞:《全球卫生法:全球卫生治理的新趋势》,《中国卫生政策研究》2011年第10期。

④ Lawrence O. Gostin, "Global Health Law: A Definition and Grand Challenges", *Public Health Ethics* (2008), pp.53-63.

⑤ [美]劳伦斯·O.戈斯廷:《全球卫生法》,翟宏丽、张立新主译,中国政法大学出版社2016年版,第28页。

⑥ Kelley Lee, "Shaping the Future of Global Health Cooperation: Where Can We Go from Here?", *The Lancet*(1998), p.351.

的形成,并由此突破了传统"民族—国家"的治理模式,在此基础上提出了对"全球治理"的需要。最为典型的案例是 2003 年的 SARS 事件,疫情在中国暴发初期被视为纯粹的国内事务,因此拖延了有效的防治,形成了公共卫生的危机,当世界卫生组织宣布中国部分地区为疫区后,来华旅游人数锐减,对国民经济造成了巨大打击。后来,我国政府改变了对疫情的态度,向世界卫生组织和国际社会及时公开、汇报相关信息,实际上接受了超出国家主权范围内的全球治理。日本福岛的核电站爆炸,给周边国家甚至太平洋沿岸国家的公共健康带来威胁与恐慌……这些事件都说明,全球化使得国家之间的相互依赖加深,公共卫生领域更是如此。传染病的全球流行、非传染性疾病的大规模暴发以及各种灾难性事件带来的全球恐慌以及由此带来的全球合作,都在表明全球化对于公共卫生的影响。① 此外,随着国际贸易间来往密切,食品和产品质量监控领域也成为跨国性、国际性的治理问题。

二、国际卫生法的发展

生命健康权的保护是人类需要共同面对的问题,其不受国界、地域和种族人群的限制,也不因国家间的经济发展水平、社会制度的差异而有所不同。如何保障国民得到最高水平的公共医疗卫生服务、提高国民的生命健康质量、有效延长国民的生存寿命、维护生命健康权益,是世界各国共同关注的主题,也是各国卫生法的主旨和根本目的。② 卫生法因此具有了社会共同性。而正是基于这样的社会共同性,国际间的卫生合作不断加强,尤其是在防控重大传染性疾病的流行和治疗方面的合作、国际间有关卫生法学的研究与交流逐步扩大③,这些都深刻地影响了卫生法的发展。阿林·泰勒(Allyn L. Taylor)在《公共卫生全球化治理》(*Governing the Globalization of Public Health*)中指出,尽管"卫生在传统上被认为是有限的多边合作领域,但当代全球化已经导致健康状况的跨界决定因素扩散,并在削弱各国通过国内行动促进健康的能力。因此,全球化使得人们更加需要建立起新的国际卫生治理机构,以协调国际间的政府协作"。④ 全球最重要的卫生机构就是世界卫生组织,此外,其他组织和机构,诸如抗击艾滋病、结核病和疟疾的"全球基金"(The Global Fund to Fight AIDS, Tuberculosis and Malaria)、全球疫苗免疫联盟与比尔和梅琳达·盖茨基金(The Bill & Melinda Gates Foundation)等,也在积极守护全球健康。⑤

---

① 张彩霞:《全球卫生法:全球卫生治理的新趋势》,《中国卫生政策研究》2011 年第 10 期。
② 吴崇其、张静主编:《卫生法学》(第二版),法律出版社 2010 年版,第 21 页。
③ 吴崇其、张静主编:《卫生法学》(第二版),法律出版社 2010 年版,第 21 页。
④ Allyn L. Taylor, "Governing the Globalization of Public Health", *The Journal of Law, Medicine & Ethics* (2007).
⑤ [美]劳伦斯·O.戈斯廷:《全球卫生法》,翟宏丽、张立新主译,中国政法大学出版社 2016 年版,第 58 页。

与此同时,国际卫生法也在蓬勃发展。国际卫生法(International Health Law)是对用来调整国家之间、类似国家的政治实体之间以及国际组织之间在保护人体健康活动中所产生的权利义务关系的那些具有法律约束力的原则、规则和制度的总称。① 据此定义,国际卫生法的渊源主要包括国际条约、国际惯例和国际规则等内容,而国际卫生组织的决议、宣言、建议等软法则不属于国际卫生法的正式渊源。② 作为国际法的一个分支,"国际卫生法"一词最早见于1949年日内瓦公约,其初始目的在于促进对在武装冲突中牺牲者的法律保护。③ 1953年第六届世界卫生大会对有关国际医疗法和综合卫生立法进行了初步研究。关于国际医疗法与国际卫生法之称,米哈依洛夫(V.S. Mihajlov)提出国际卫生法相较国家医疗法更为贴切,能够更加准确地反映法律的基本内容和规则,实现安全指导人类健康的目的。

总的来看,国际卫生法经历了三个具有不同时代特征的发展阶段:

第一,诞生与初步发展时期(1851—1946年)。1851年7月23日,第一次国际卫生会议在巴黎召开,标志着国家间国际卫生合作的开始和国际卫生法的正式诞生,而以国际会议的形式开展国际合作也成为早期国际卫生法的主要形式。④ 该会议议题是签订欧洲国家的国际卫生公约,尽管最后未能成功,但为国际卫生合作和第一次国际卫生条约的签订奠定了基础。1892年至1946年间签署了大量的国际卫生条约。此阶段主权国家之间的国际卫生合作主要包括协调各国的检疫隔离立法与实践、创设国际性的传染病监控体制和建立常设国际卫生组织等内容。⑤ 此外,为了加强国际卫生合作,这一时期创建了三个国际卫生组织:1902年泛美卫生组织,即国际卫生署的前身;1907年国际卫生公共局及1923年国际联盟的常设卫生组织。概括而言,近代国际卫生法的特点有:第一,主体主要是国家,国际组织刚刚崭露头角,数量和职能范围有限;第二,主要形式为召开国际卫生会议和签署区域性的国际卫生协议;第三,地域性特征明显,主要参与主体局限于欧美等西方发达国家;第四,核心内容集中在协调各国检验检疫制度以减少国际贸易障碍。⑥

第二,快速发展时期(1946—2003年)。1946年《世界卫生组织宪章》的签署和1948年世界卫生组织的成立标志着国际卫生法进入了全新的发展阶段。根据《世界卫生组织宪章》,世界卫生组织承担着指导和协调国际卫生工作的任务,其宗旨是

---

① 张静、王萍主编:《卫生法学》,西南师范大学出版社2008年版,第29—30页。

② 张彩霞:《全球卫生法:全球卫生治理的新趋势》,《中国卫生政策研究》2011年第10期。

③ 米哈依洛夫、王向东、郑文:《国际卫生法——目前的地位和未来的发展》,《中国卫生事业管理》1989年第6期。

④ 张彩霞:《全球卫生法:全球卫生治理的新趋势》,《中国卫生政策研究》2011年第10期。

⑤ 王虎成、丁成耀、李春林:《论传染病的国际控制与国家的国际法义务》,《政治与法律》2003年第5期。

⑥ 张彩霞:《全球卫生法:全球卫生治理的新趋势》,《中国卫生政策研究》2011年第10期。

"使全世界人民获得最高水平的健康"。此外,宪章第 2 条还规定了世界卫生组织的具体职责,为实现其目标,世界卫生组织在其成立后提出了一系列国际公约和协定,而 1969 年《国际卫生条例》就是国际卫生法中最重要的内容。1948 年开始,《国际卫生立法汇编》推动了国际间卫生立法的交流,联合国及相关机构也制定了多项与保护人体健康相关的国际卫生条约。如 1949 年国际医疗协会的《国际医疗道德法典》,1951 年的《国际卫生条例》,1958 年的《消除就业和职业歧视公约》,1961 年的《麻醉品单一公约》。1969 年的《国际卫生条例》取代了 1951 年条例,后又经历了 1973 年、1981 年修正,是国际卫生法中最重要的内容。还有 1971 年的《精神药物公约》,1979 年的《清除对妇女一切形式歧视公约》,1989 年的《儿童权利公约》,1991 年的《保护精神病患者和改善精神保健的原则》等。其中,《国际卫生条例》是这一阶段最重要的国际卫生法律文件,它统一了传染病控制的国际规则,规定了防止特定传染病在国际间传播的措施。1969 年新的《国际卫生条例》成为此后很长一段时间国际卫生领域内唯一的国际法律规范,为世界卫生组织所有会员国防控传染病提供了统一的规则与指导。[①] 这一时期国际卫生法的特点包括:第一,政府间国际组织成为国际卫生法的重要主体,国家卫生法参加者大大增加;第二,国际卫生条约数量极大丰富,内容涵盖了传染病防治、食品、药品标准、特殊群体的健康等。[②]

第三,整合发展时期(2003 年至今)。21 世纪以来,新型传染病引发的全球卫生危机、非传染性慢性病等卫生挑战,使得世界卫生组织开始从全球卫生治理的现实需要出发,从保护全人类公众健康的高度对国际卫生法的有关制度进行了整合与超越,形成了一个多层次的全球公众健康治理框架。这一时期签署《世界卫生组织烟草控制框架公约》,这是世界卫生组织首次行使跨国立法权力制定的具有法律效力的国际卫生公约,代表着国际卫生法发展到了一个全新的阶段。[③] 2003 年 SARS 的暴发标志着全球卫生治理时代的到来,2005 年修改的《国际卫生条例》建立了公共卫生突发事件的全球检测体系,确立了新的国际卫生规则:一方面,对各成员国国家级、地方各级包括基层的突发公共卫生事件监测和应对能力,以及机场、港口和陆路口岸的相关能力的建设都提出明确要求,以确保条件的实施;另一方面,规定了可能构成国际关注的突发公共卫生事件的评估和通报程序,要求各成员国及时评估突发公共卫生事件,并按规定向世界卫生组织通报。世界卫生组织则按照《国际卫生条例(2005)》规定的程序确认是否发生可能构成国际关注的突发公共卫生事件,并提出采取公共卫生应对措施的临时建议和长期建议,并成立突发事件专家委员会和专家审查委员会,为

---

① 张彩霞:《全球卫生法:全球卫生治理的新趋势》,《中国卫生政策研究》2011 年第 10 期。
② 张彩霞:《全球卫生法:全球卫生治理的新趋势》,《中国卫生政策研究》2011 年第 10 期。
③ 张彩霞:《全球卫生法:全球卫生治理的新趋势》,《中国卫生政策研究》2011 年第 10 期。

世界卫生组织相关决策提供技术咨询和支持。目前,国际卫生法已经覆盖了医疗卫生领域的绝大部分领域,内容涉及公共卫生与疾病控制、临床医疗、职业卫生、人口和生殖健康、特殊人群健康保护、精神卫生、卫生资源、药物管理、食品卫生、传统医学等方面。①

---

① 张彩霞:《全球卫生法:全球卫生治理的新趋势》,《中国卫生政策研究》2011 年第 10 期。

第 二 编

以公众健康权为核心的国民健康法

第五章　问题与挑战:公众健康权的逻辑起点

第一节　作为基本人权的公众健康权

一、关于公众健康权属性的理论争议

公众健康权的本质是什么,学界一直有不同观点和认识。当前论证权利的主流理论主要有三种:古典自然权利理论、新自然权利理论和规范权利理论。古典自然权利理论认为权利来源于人在自然状态时即已经具有的、靠自身力量来保障的"自然权利",在自然状态转化为社会状态时,通过建立一套社会契约,改由国家保证这些权利。新自然权利理论认为权利来源于人的自始尊严,只要是人就应当享有权利。规范权利理论在法理上来源于法律实证主义,认为权利来自以联合国为代表的国际组织和各国通过法律文件对于人权的确认。① 学界对于健康权本质的论证,也大体遵从了这三种路径。古典自然权利论者认为,健康权"作为公法上的权利,对应的是国家的医疗保障义务,其起源于自然法理论中关于自然权利及国家的设立目的理论,即国家的目的就是保障公民自然权利,保障成员的生存与繁荣,保障公众福利"。② 持新自然权利理论的学者认为:"作为一个生理的和社会的人,生理和精神状态的完满是其能够适应和满足所处社会环境可持续发展的一般要求。"③法律实证主义者,则把对健康权的论证集中在《世界人权宣言》第 25 条第 1 款第一句、联合国《经济、社会和文化权利国际公约》(以下简称《经社文权利公约》)第 12 条、《儿童权利公约》第 24 条等国际人权法规范,以及本国宪法的依据上。④

关于健康权,《世界人权宣言》第 25 条第 1 款规定:"人人有权享受为维持他本人和家属的健康和福利所需的生活水准,包括食物、衣着、住房、医疗和必要的社会服务;在遭到失业、疾病、残废、守寡、衰老或在其他不能控制的情况下丧失谋生能力时,有权享受保障。"《世界卫生组织章程》"序言"规定,享有最高而能获致之健康标准,为人人

---

① 何志鹏:《权利发展与制度变革》,《吉林大学社会科学学报》2006 年第 5 期。
② 李燕:《公民医疗权利的法哲学基础》,《齐鲁学刊》2008 年第 5 期。
③ 路艳娥:《健康权:法伦理视野的解读》,《河北法学》2011 年第 3 期。
④ 焦洪昌:《论作为基本权利的健康权》,《中国政法大学学报》2010 年第 1 期。

基本权利之一。《经社文权利公约》第 12 条并未将健康权利局限于获得医疗保障的权利,而是采用了"有权享有能达到的最高的体质和心理健康的标准"。

二、公众健康权的消极权利观

然而,即使有了《经社文权利公约》的规定,对于公众健康权的认识也充满了争议。"最高健康标准"被很多人认为是一个乌托邦式的诉求。美国哲学家 Charles Fried 认为:"平等获得现有最高标准的医疗照顾的口号是危险的。这要么带来政府对于医疗活动令人无法忍受的控制,要么带来根本无法接受的成本。"[①]此种观点认为,把"最高健康标准"理解为所有人都有权利均等地、无差别地享有获得同样医疗标准,我们不得不或者将健康权标准设定为低于现有医学技术活动的水平,或者将其设定为现代医学技术所可能的最高水平。如果我们采用前者的标准,即意味着我们不能允许社会成员获得任何高出这一标准的医疗照顾,因而那些资源极端有限的治疗,如器官移植,以及尚无法以较低成本推广的治疗将都是不正当的,即使患者使用个人财富也不能获得允许。这显然是令人无法接受的。如果我们采用后者的标准,则意味着每个人都可以要求获得现有科技条件下最高标准的医疗,这不仅将榨干社会的全部资源,也将剥夺医学科技发展的可能性。[②]

此种对公众健康权的认识,来源于自由主义哲学的判断。从托马斯·霍布斯开始,自由主义就以权利作为支持其政治和伦理学说的基础。[③] 在哈特看来,权利是个人或者团体可以向其他个人或社会主张的合理主张,即有权处于决定的地位通过自己的选择要求他人应当做或者可以不做某事。[④] 罗纳德·德沃金认为,有一些权利是非常基础的,因而国家以某些一般的理由,如减少不便或者促进整体利益等,来干预这些权利都是不充分的。他认为,权利是个人在政治国家中对抗整体规划和背景正当性的"王牌"。[⑤] 对于德沃金而言,权利是高于国家功利主义目标的,特别是我们有义务不能通过政治上的讨价还价和对社会利益的功利主义式计算而牺牲个人的权利。但是,德沃金也认可,当公共需要确实非常重要时,个人的权利"王牌"可能也会受到限制。[⑥] 如果国家为了保护公众的权利(如防止灾难性疾病的传播),可以合法地超越个人的权利。德沃金所反对的,是完全无视权利的存在而仅仅根据社会公共利益做出决定的行为。

---

① Charles Fried,"Equality and Rights in Medical Care",*Hastings Centre Report*(1979),6,p.29.

② Ibid.

③ Tom L.Beauchamp,James F.Childress,*Principles of Biomedical Ethics*,*Fifth Edition*,Oxford:Oxford University Press,2001,p.357.

④ H.L.A.Hart,"Bentham on Legal Rights",in *Oxford Essays in Jurisprudence*,2nd Series,ed. A. W. B. Simpson,Oxford:Oxford University Press,1973,pp.171-198.

⑤ Ronald Dworkin,*Taking Rights Seriously*,Cambridge:Harvard University Press,1986,p.223.

⑥ Supra,p.92.

仅仅对于群体有利不足以超越权利。

基于对于个人权利的强调，自由主义强调尊重个人在满足其健康需求、寻求健康资源中的自主性，减少国家的干预。自由主义将权利区分为主动权利和被动权利。主动权利是接受特定的产品或服务的权利，被动权利是免受他人行为干扰的权利。在健康权问题上，要求社会或者国家为每个人提供健康产品和服务是一种主动的权利，拒绝他人对自己健康的干预是一种被动的权利。如美国哲学家 Onora O'Neill 将权利分为自由权（Liberty Rights）和福利权（Welfare Rights）。自由权是普遍的、对于每个人必不可少的权利，而福利权是由"自愿的行为或交易"（如国际公约的制定）产生的权利。[1] 自由主义者认为，健康权应该主要是一种被动的权利，而不应是可以要求获得健康的权利。Onora O'Neill 认为，对于福利权利的过分看重，将过度强化国家对个人的控制，而加重实际提供产品或资源的人（如医生）的负担。[2]

三、公众健康权的积极权利观

与此相对应的，是对于公共健康权作为积极权利的观点，例如罗尔斯正义论的应用。罗尔斯秉承洛克、卢梭、康德等人的契约论，提出了其"作为公平的正义"（Justice as Fairness）理论，其核心为两个根据"词典式序列"排列的公正原则：第一个正义原则是平等自由原则（Equal Liberty Principle），即每个人对与所有人所拥有的最广泛平等的基本自由体系相容的类似自由体系都有一种平等的权利。第二个正义原则是指，社会和经济的不平等应这样安排，使他们：（1）在与正义的储存原则一致的情况下，适合于最少受惠者的最大利益；且（2）依系于机会公平平等的条件职务和地位向所有人开放。因而该原则可以被进一步划分为差别原则和机会的公正平等原则。[3] 在这两个正义原则的适用顺序上，又有两个优先规则，即第一个优先规则（自由的优先性）：两个正义原则应以词典式次序排列，因此，自由只能为了自由的缘故而被限制。这有两种情况：（1）一种不够广泛的自由必须加强由所有人分享的完整自由体系；（2）一种不够平等的自由必须可以为那些拥有较少自由的公民所接受。第二个优先规则（正义对效率和福利的优先）：第二个正义原则以一种词典式次序优先于效率原则和最大限度追求利益总额的原则；公平的机会优先于差别原则。这有两种情况：（1）一种机会的不平等必须扩展那些机会较少者的机会；（2）一种过高的储存率必须最终减轻承受这一重负的人们的负担。5 种类型的社会基本善被包括在内：一系列的基本自由；基于多种机会的选

---

① Onora O'Neill, "The Dark Side of Human Rights", *International Affairs*, 81, p.430.

② Supra, p.437.

③ ［美］约翰·罗尔斯：《正义论》，何怀宏、何包钢、廖申白译，中国社会科学出版社 1988 年版，第292 页。

择自由;职务的权力和特权;收入和财富;以及自我尊重的社会基础。① 所有的社会基本善都应当被平等地分配,除非对一些或所有社会基本善的一种不平等分配有利于最不利者。②

然而,罗尔斯并没有将医疗照顾作为一种上述三项原则所确保的首要的善,也未能明确或默示地表明医疗服务与其他社会的善之间的优先性关系。③ 为此,美国哲学家Norman Denials 发展了罗尔斯正义论,在罗尔斯的机会平等原则之上,提出了以"机会公平平等"原则运用于健康权的路径。社会中每个人均享有一个"正常机会范围"(Normal Opportunity Range)。根据这个正常机会范围,一个理性的人,得以架构其人生规划。这个正常机会范围,根据每个人的技能和才智,是对每个人开放的。然而,疾病和残疾构成了对个人正常情况下根据其能力和才智能够获得的正常机会范围的功能性剥夺。这样一个机会公平平等的原则仅仅是为了保障每个人获得正常机会范围的正当份额。提供预防和治疗性的医疗照顾可以将疾病限制和剥夺该机会的可能性降到最低。④ 因此,公众健康权不应仅被看作是一种免于遭受他人侵害的消极权利,也同时包括每个人获得健康保障的积极权利。此种权利,是由所有人普遍享有的基本人权,其义务主体正是国家。

四、公众健康权的消极与积极权利属性

对于如何理解《经社文权利公约》第 12 条的规定,2000 年联合国经济、社会和文化权利委员会通过的《享有能达到的最高健康标准的第 14 号一般性意见》(以下简称《第14 号一般性意见》)指出,健康权不应被理解为"保持健康的权利"(The Right to be Healthy)。该意见第 9 段指出,"能达到的最高的健康标准"概念,既考虑了个人的生理和社会经济先决条件,也考虑了国家掌握的资源。有一些方面不可能完全在国家与个人之间的关系范围内解决,具体而言,国家不能保证健康,也不能对所有可能造成人类疾病的原因提供保护。因此,遗传因素、个人是否易患疾病,和是否追求不健康或危险的生活方式,都可能对个人的健康产生重要影响。因此,享有健康权必须理解为一项享有实现能够达到的最高健康标准所必须的各种设施、商品、服务和条件的权利。

作为人权的健康权,包含两个方面的内容,即消极的自由和积极的权利。消极的自

---

① Norman Denials,"Fair Equality of Opportunity and Decent Minimums:A Reply to Buchanan",*Philosophy & Pubic Affairs*,Vol.14,No.1(Winter,1985),p.179.

② [美]约翰·罗尔斯:《正义论》,何怀宏、何包钢、廖申白译,中国社会科学出版社 1988 年版,第302 页。

③ Allen Buchanan,"The Right to a Decent Minimum of Health Care",*Philosophy & Public Affairs*,12,p.61.

④ Norman Denials,"Fair Equality of Opportunity and Decent Minimums:A Reply to Buchanan",*Philosophy & Pubic Affairs*,Vol.14,No.1(Winter,1985),pp.107-108.

由包括对于每个人健康状况和身体的控制,包括性和生殖的自由、免于他人干预的自由,例如免于酷刑、未经同意的医学诊疗和人体试验的自由等。与此相对照的是,积极的权利体现为公民有权要求建立适当健康保护体系,以保障人人平等地享有获得最高标准健康水平的机会。[①]

由此,健康权被定义为一种内容广泛的权利,不仅包含及时和适当的医疗保障,而且包含各种健康的决定性因素,如安全的饮水、适当的公共卫生,安全的食品、营养和住宅的充分供应,健康的工作和环境条件,以及获得与健康包括性健康和生育健康相关的教育和信息等。此外,还应包含相关人群在社区、国家和国际范围内参与与医疗相关的决策的权利。

第二节　保障公众健康权的国家义务

对于保障公众健康权的国家义务,《经社文权利公约》第12.2条规定,各缔约国为实现健康权应采取的措施包括:减低死胎率和婴儿死亡率,和使儿童得到健康的发育;改善环境卫生和工业卫生的各个方面;预防、治疗和控制传染病、风土病、职业病以及其他的疾病;创造保证人人在患病时能得到医疗照顾的条件。《第14号一般性意见》进一步对健康权的国家义务进行了深入规定,其第33段指出,健康权与各项人权一样,要求缔约国承担三类或三个层次的义务,即尊重、保护和实现的义务。同时,对于公众健康国家还附有不可减损的核心义务,以及应当优先实现的优先义务。兹分述如下:

一、对公众健康权的尊重义务

(一)尊重义务的内容

尊重义务是一种消极义务,对应公众健康权的消极属性。主要表现为国家不得直接或间接地干预健康权,有义务尊重公众健康权的自我实现。尊重义务首先要求国家不能剥夺或限制所有人得到预防、治疗和减轻痛苦的卫生服务的平等机会。《第14号一般性意见》第18段指出,《公约》禁止在获得卫生保健和基本健康要素方面,以及在获得的手段和条件上,有任何种族、肤色、性别、语言、宗教、政治或其他见解、国籍或社会出身、财产、出生、身体或精神残疾、健康状况(包括艾滋病/病毒)、性倾向,以及公民、政治、社会和其他地位上的歧视,造成可能或实际上抵消或妨碍平等享有或行使健康权。不得作为一项国家政策采取歧视性做法。特别是不得对于妇女、老年人、未成年人、残疾人等的健康状况和需要推行歧视性做法。此外,尊重的义务还包括国家有义务

---

① General Comments, Para 4.

不得禁止或阻挠传统的预防护理、治疗办法和医药;不得销售不安全的药品和采用带有威胁性的治疗办法;不应限制得到避孕和其他保持性健康和生育卫生手段的途径;不应审查、扣押或故意提供错误的健康信息;不得阻止人民参与健康方面的事务;不得违法污染空气、水和土壤等。

（二）尊重义务的实现方法

《第14号一般性意见》提出,国家为实现尊重义务,可采取多种方法。如建立旨在消除健康方面歧视的计划和方案;通过、修订或废除相关法律;开展有关法律和政策宣传;通过采取费用相对较低的特别方案保护社会脆弱群体的成员等。

（三）违反尊重义务的行为

《第14号一般性意见》第50段指出,违反尊重义务的行为包括:由于法律上或事实上的歧视,拒绝某些个人或群体得到医疗设施、商品和服务;蓄意隐瞒或歪曲对保护健康或治疗极为重要的信息、中止法律或实行妨碍享有一切健康权的法律或政策;或国家在与其他国家、国际组织和其他实体,如跨国公司,签订双边或多边协议时,未能在其法律义务中考虑到健康权。

二、对公众健康权的保护义务

（一）保护义务的内容

保护的义务,要求缔约国采取措施,防止第三方干预《经社文权利公约》第12条规定的实现公众健康权的目标。《第14号一般性意见》指出保护的义务,主要包括各国有责任通过法律或采取其他措施,保障有平等的机会得到第三方提供的卫生保健和卫生方面的服务;保证卫生部门的私营化不会威胁到提供和得到卫生设施、商品和服务,以及这些设施、商品和服务的可接受程度和质量;控制第三方营销的医疗设备和药品;保证开业医生和其他卫生专业人员满足适当的教育、技能标准和职业道德准则;有害的社会或传统习俗不干预获得产前和产后护理和计划生育;阻止第三方胁迫妇女接受传统习俗;采取措施保护社会中的各种脆弱和边缘群体免受性暴力侵害;应保证第三方不得限制人民得到卫生方面的信息和服务。

（二）违反保护义务的行为

《第14号一般性意见》第51段指出,违反保护义务,是指国家未能采取一切必要措施,保护其管辖权内的人健康权不得受到第三方的侵犯。包括:未能对个人、群体或公司的活动作出规定,使之不得侵犯他人的健康权;未能保护消费者或工人的健康受到雇主、药品或食物的制造商行为的伤害;没有劝阻生产、销售和消费烟、毒品和其他有害药物;没有保护妇女免于暴力,或起诉施暴的人;没有劝阻继续遵守有害的传统医学或文化习俗;没有颁布或实施法律,防止水、空气和土壤受到开采和制造业的污染。

三、对公众健康权的实现(促进)义务

(一)实现义务的内容

实现义务,是针对积极健康权的义务,要求国家为全面实现健康权采取适当的法律、行政、预算、司法、促进和其他措施。实现义务又包括便利、提供和促进的义务。

实现义务对国家提出的要求不再是消极的保护,而应当是积极主动的采取措施,承认、推动和实现公众健康权。《第 14 号一般性意见》第 36 段对于实现义务提出了具体的要求,主要包括:

第一,通过法律和卫生政策承认和落实健康权。应在政治和法律制度中充分承认健康权,最好是通过法律的实施,并通过国家的卫生政策,制定实现健康权的详细计划。

第二,保障卫生服务的供给。国家应当对主要传染病实施免疫计划;保证所有人都能平等地获得安全食物和清洁饮水、基本的卫生条件和适当的住房和生活条件等基本健康要素;公共卫生基础设施应提供性和生育卫生服务;保证医生和其他医务人员经过适当培训,提供足够数量的医院、诊所和其他卫生设施,促进和支持建立提供咨询和精神卫生服务的机构,并充分注意到在全国的均衡分布。

第三,建立医疗保障制度。提供所有人都能支付得起的公共、私营或混合健康保险制度。

第四,促进医务研究和卫生教育及开展宣传运动。特别是在艾滋病/病毒、性和生育卫生、传统习俗、家庭暴力、酗酒和吸烟、使用毒品和其他有害药物等方面。

第五,防止环境和职业健康危险及流行病资料显示的任何其他威胁。制定和执行减少或消除空气、水和土壤污染的国家政策,并通过法律和政策尽量减少职业事故和疾病的危险,并在职业安全和卫生服务方面制定协调的国家政策。

第六,促进义务。促进义务,是实现义务的一种表现形式。《第 14 号一般性意见》第 37 段提出,促进义务要求各国采取积极措施,帮助个人和社区并使他们能够享有健康权,并在个人或群体由于其无法控制的原因而不能依靠自身的力量实现这项权利的情况下,依靠国家掌握的手段,实现公约所规定的具体权利。该方面的义务包括:(一)促进了解有利于健康的因素,如研究提供信息;(二)确保卫生服务在文化上是适当的,培训卫生保健工作人员,使他们了解和能够对脆弱群体或边缘群体的具体需要作出反应;(三)确保国家在有益健康的生活方式和营养、阻止有害的传统习俗和提供的服务方面,满足它在传播适当信息方面的义务;(四)支持人民在他们的健康上作出了解情况的选择。

(二)对实现义务的违反

《第 14 号一般性意见》第 52 段指出,国家未能采取一切必要措施保证实现健康权,即构成对实现义务违反。包括没有采取或执行旨在保护所有人健康权的国家卫生

政策;公共资源的开支不足或分配不当,造成个人或群体,特别是脆弱和边缘群体不能享有健康权;没有在国家一级监督健康权的实现,例如通过提出健康权的指标和基本标准;没有采取措施减少卫生设施、物资和服务分配不公平的现象;在卫生方面没有采取性别敏感的方针;没有降低婴儿和产妇死亡率。

四、国家核心义务和优先义务

在总结归纳上述三个层次义务的基础上,《第 14 号一般性意见》提出了国家对于公众健康权所负有的核心义务以及应当优先实现的义务。

(一)国家的核心义务

《第 14 号一般性意见》第 43 段指出,国家的根本义务在于保证公约提出的每一项权利至少要达到最低的基本水平,包括基本的初级卫生保健。此种核心义务内容包括:(1)在不歧视的基础上确保任何人,特别是脆弱和边缘群体,得到卫生设施、商品和服务;(2)确保所有人免于饥饿,能够得到最基本的、有充足营养和安全的食物;(3)确保基本住所、住房和卫生条件,以及充分供应的安全饮用水;(4)根据世界卫生组织随时修订的《必需药品行动纲领》,提供必需药品;(5)公平分配一切卫生设施、货物和服务;(6)根据流行病学的实际情况,采取和实施国家公共卫生战略和行动计划,解决整个人口的卫生关注。应当确保上述战略和行动计划的可参与性和透明度,定期审查,并随时监测取得的进展,其过程及其内容都应特别注意各种脆弱和边缘群体。

(二)核心义务的不可减损性

核心义务对于缔约国来说,是绝对不能减损的根本义务。《第 14 号一般性意见》第 47 段提出,当一个国家因为资源缺乏不足以完全履行对健康权的义务时,可以通过证明已尽了一切努力并利用一切可资利用的资源作为优先问题满足上述义务。此时该国家不应被视为违反其保护健康权的义务。但是,任何情况下国家没有任何理由和借口不履行上述核心义务,即使是资源不足的辩解。

(三)优先义务

对于上述三个类型的义务,《第 14 号一般性意见》第 44 段提出,其中有一些义务为应当优先得到考虑的义务:

(1)确保生育、产妇(产前和产后)和孩子的卫生保健;(2)对社区出现的主要传染病进行免疫接种;(3)采取措施预防、治疗和控制流行病和地方病;(4)提供有关社区主要健康问题的教育和信息,包括预防和控制的方法;(5)为卫生工作人员提供适当的培训,包括卫生和人权教育。对于这些优先义务,国家应当在制定法律、政策和分配健康资源时,予以优先考虑和安排。

第三节 落实健康权的措施和目标

《第 14 号一般性意见》第 53 段在对于国家落实健康权措施的要求中指出，各国之间差异巨大，应当根据自己的实际情况权衡选择最适宜且可行的措施。但是，各国均应当采取的措施包括：第一，制定和实施国家战略，在确定该项战略目标的人权原则基础上，确保所有人享有健康权，并制定政策和相应的健康权指标和基准。第二，通过建立公正健康权法律体系，实施健康权国家战略。第三，通过国家卫生战略，确定实现规定目标可以利用的资源，以及使用那些资源成本效益最高的办法。

一、我国公众健康权保障的国家战略

作为公众健康权保障国家战略，中共中央、国务院于 2016 年 10 月印发了《"健康中国 2030"规划纲要》。《"健康中国 2030"规划纲要》从总体战略、普及健康生活、优化健康服务、完善健康保障、建设健康环境、发展健康产业、健全支撑与保障、强化组织实施等八个方面对我国公众健康权保障作出了国家层面的战略安排。

（一）总体战略

1. 主要原则。第一，健康优先。把健康摆在优先发展的战略地位，将促进健康的理念融入公共政策制定实施的全过程，实现健康与经济社会良性协调发展。第二，改革创新。坚持政府主导，发挥市场机制作用，加快关键环节改革步伐，形成具有中国特色、促进全民健康的制度体系。第三，科学发展。把握健康领域发展规律，坚持预防为主、防治结合、中西医并重，构建整合型医疗卫生服务体系。第四，公平公正。以农村和基层为重点，推动健康领域基本公共服务均等化，维护基本医疗卫生服务的公益性，促进社会公平。

2. 战略主题。建设健康中国的战略主题是"共建共享、全民健康"，核心是以人民健康为中心，坚持以基层为重点，以改革创新为动力，预防为主、防治结合、中西医并重，把健康融入所有政策，人民共建共享的卫生与健康工作方针，针对生活行为方式、生产生活环境以及医疗卫生服务等健康影响因素，坚持政府主导与调动社会、个人的积极性相结合，推动人人参与、人人尽力、人人享有，落实预防为主，推行健康生活方式，减少疾病发生，强化早诊断、早治疗、早康复，实现全民健康。

3. 战略目标。《"健康中国 2030"规划纲要》提出，到 2020 年，建立覆盖城乡居民的中国特色基本医疗卫生制度，健康素养水平持续提高，健康服务体系完善高效，人人享有基本医疗卫生服务和基本体育健身服务，基本形成内涵丰富、结构合理的健康产业体系，主要健康指标居于中高收入国家前列。

到 2030 年，促进全民健康的制度体系更加完善，健康领域发展更加协调，健康生活

方式得到普及,健康服务质量和健康保障水平不断提高,健康产业繁荣发展,基本实现健康公平,主要健康指标进入高收入国家行列。到2050年,建成与社会主义现代化国家相适应的健康国家。《"健康中国2030"规划纲要》在人民预期寿命、健康危险因素控制、健康服务能力、健康产业规模、健康促进制度体系完善等方面提出了具体的战略目标。

（二）公众健康生活和健康环境建设

公众健康保障首先需要公众提高健康意识,建立健康的生活方式,同时在外部环境上应当建设有利于健康生活的外部环境。

1. 公众健康生活建设。《"健康中国2030"规划纲要》提出,应当通过推行全民健康生活方式、加大学校健康教育、引导合理膳食、开展控烟限酒、促进心理健康、减少不安全性行为和毒品危害、广泛开展全民健身运动并完善健身服务体系、加强体质检测等方面,提高公众健康生活的意识和能力。

2. 健康环境建设。通过治理环境污染、保障食品药品安全、完善公共安全体系、开展全民卫生运动等,形成有利于健康生活的环境。

（三）健康服务能力

《"健康中国2030"规划纲要》对于社会提供健康服务的能力,主要从优化健康服务、完善健康保障、保障药物供应体系、发展健康产业等方面进行了规划。

1. 强化健康服务能力。健康服务能力建设包括公共卫生服务能力、医疗卫生服务能力和重点人群健康服务能力等三个方面。要求完善医疗卫生服务体系,省域内人人享有均质化的危急重症、疑难病症诊疗和专科医疗服务。全面建立成熟完善的分级诊疗制度,形成基层首诊、双向转诊、上下联动、急慢分治的合理就医秩序。《"健康中国2030"规划纲要》还特别强调了应该发挥中医药的优势和作用。

2. 健全健康保障体制。《"健康中国2030"规划纲要》提出,要健全以基本医疗保险为主体,其他多种形式补充保险和商业健康保险为补充的多层次医疗保障体系,健全医保管理体系,积极发展商业健康保险。进一步健全重特大疾病医疗保障机制,加强基本医保、城乡居民大病保险、商业健康保险与医疗救助等的有效衔接。

3. 保障药物供应体系。通过深化药品、医疗器械流通体制改革,提高药品保障能力,完善国家药物制度,保障公众用药,特别是特殊人群基本药物保障。

4. 发展健康产业。要进一步优化办医格局,积极发展健康服务新业态和健康休闲产业,促进医药产业发展。

二、我国帮助公众健康权的法律体系

《第14号一般性意见》第56段要求各国应通过一套法律体系实施其健康权国家战略。该法律体系应建立监督执行国家健康战略和行动纲领的国家机制,包括:实现的目标和时间;实现健康权的手段;准备如何与市民社会,包括卫生专家、私营部门和国际组织等开展合作;对执行健康权国家战略和行动纲领的体制责任;可能的追索程序等。当前,我国主要通过加入和批准相关国际公约,以及进行国内立法的形式,基本建立了保障公众健康权的法律体系。

（一）国际人权规范

我国加入和批准的涉及公众健康权的国际条约、公约、协议等包括:

1.《经济、社会和文化权利国际公约》（1997年签署,2001年对我国生效）第12条规定的健康权利。

2.《消除一切形式种族歧视国际公约》（1981年加入,1982年对我国生效）,其第5条要求不分种族、肤色和民族或人种享受公共卫生、医疗照顾、社会保障及社会服务等权利。

3.《联合国儿童权利公约》（1990年签署,1992年对我国生效）,其第24条、第25条对缔约国对于保障儿童健康权利做了特别规定,强调了对于儿童发育和健康成长所应提供的医疗援助和服务。

4.《消除对妇女一切形式歧视公约》（1980年签署,同年对我国生效）要求保障在怀孕、分娩、产后和哺乳期的妇女的特殊健康需求。

5.此外,我国于2000年9月签署了《联合国千年宣言》,宣言将降低儿童死亡率、改善产妇保健、抗击艾滋病、疟疾和其他疾病作为千年发展目标。

（二）宪法规范

我国《宪法》第14条规定:"国家建立健全同经济发展水平相适应的社会保障制度。"第21条规定:"国家发展医疗卫生事业,发展现代医药和我国传统医药,鼓励和支持农村集体经济组织、国家企业事业组织和街道组织举办各种医疗卫生设施,开展群众性的卫生活动,保护人民健康。国家发展体育事业,开展群众性的体育活动,增强人民体质。"第45条规定:"中华人民共和国公民在年老、疾病或者丧失劳动能力的情况下,有从国家和社会获得物质帮助的权利。国家发展为公民享受这些权利所需要的社会保险、社会救济和医疗卫生事业。"这三条内容,分别是国家建立包括医疗保障在内的社会保障制度的义务、国家发展医疗卫生事业的义务和对于需要帮助的公民提供医疗救助的义务。

（三）法律规范

我国保障公众健康权的法律规范主要包括:

1.医疗基本法。2019年12月颁布的《中华人民共和国基本医疗卫生与健康促进法》进一步明确了公民健康权和国家的相应义务。该法第5条规定:"公民依法享有从国家和社会获得基本医疗卫生服务的权利。国家建立基本医疗卫生制度,建立健全医疗卫生服务体系,保护和实现公民获得基本医疗卫生服务的权利。"

2. 弱势群体权利保障法。例如《老年人权益保障法》第 29 条规定:"国家通过基本医疗保险制度,保障老年人的基本医疗需要。享受最低生活保障的老年人和符合条件的低收入家庭中的老年人参加新型农村合作医疗和城镇居民基本医疗保险所需个人缴费部分,由政府给予补贴。有关部门制定医疗保险办法,应当对老年人给予照顾。"第 30 条规定:"国家逐步开展长期护理保障工作,保障老年人的护理需求。对生活长期不能自理、经济困难的老年人,地方各级人民政府应当根据其失能程度等情况给予护理补贴。"第 31 条规定:"国家对经济困难的老年人给予基本生活、医疗、居住或者其他救助。"《残疾人保障法》第 15 条规定:"国家保障残疾人享有康复服务的权利。各级人民政府和有关部门应当采取措施,为残疾人康复创造条件,建立和完善残疾人康复服务体系,并分阶段实施重点康复项目,帮助残疾人恢复或者补偿功能,增强其参与社会生活的能力。"

3. 传染病防治、公共卫生和医疗法律体系。我国建立了以《传染病防治法》《药品管理法》《食品卫生法》《职业病防治法》《突发公共卫生事件应急条例》等为核心的传染病防治和公共卫生法律体系,以及以《医师法》《医疗机构管理条例》《护士条例》等为核心的医疗法律规范,涵盖了相关法律的大部分领域。

三、健康资源的公正高效分配

(一)国家投入和分配健康资源的义务

实现公众健康权要求国家对健康资源进行公正高效的分配。根据《第 14 号一般性意见》,国家对公众健康权的实现义务要求国家在健康上投入足够比例的可获得的预算,提供必要的健康服务。此种实现义务,要求国家为个人健康提供适当的资源,以保障个人健康权得以实现。

(二)健康资源的特性

作为实现健康权所需的健康资源,与其他社会资源相比较,具有以下特性:

第一,分配上的有限性。健康资源的有限性表现在两个方面:一方面是在社会整体资源中的有限性。健康资源是社会整体资源的一部分,人类社会在分配各种资源时,需要考虑到资源分配的效率性,并满足各种不同的需求。现代医学可以用极高的成本提供健康上的边际收益(Marginal Improvement),如在治愈无望的情况下大量使用药物和技术在较长时间内延续患者生命。如果我们认为每个人都有权获得此种边际收益,则其成本将远远超过社会的承受能力。另一方面是健康资源在社会成员之间的分配上也具有有限性。在社会整体资源中可以用于保障健康权需求的资源在整体上受限时,每个人可以获得的健康资源也是有限的和具有相互竞争关系的。

第二,功能和效果上的非齐律性(Nonhomogeneous)。不同于食物、饮水等其他资源,医疗资源所产生的功能和效果是多向的。对于不同患者的不同疾病,医疗所产生的效果有时是治愈伤病、恢复健康，有时是延续患者的生命，有时是减轻患者的痛苦，有时是以各种其他方式影响患者的生活质量，有时则可能不会产生效果。

第三，需求上的偏好性。基本人权需求原则上是排除各人特殊需求和爱好的，例如对于食物，每个人都会有不同的喜好，当社会所提供的食物能够满足其营养需求但无法从喜好上满足其愿望时，仍然意味着已经满足了其获得食物的权利。因此，对于此种权利，社会对每个人所负有的义务是大体相同的。对于衣物、居所的权利也是如此。但是，对于健康资源而言，有的需求是大体平等的，例如对于不受污染的环境的需求，获得终身免疫的需求等。对于此种平等的需求，国家负有平等保障的义务。但是，在其他情况下，人的健康需求则是因人而异的，具有极强的偏好性。有的患者为了延长生命不惜接受痛苦的治疗；有的患者则追求减轻痛苦，改善生存质量，如临终关怀治疗；有的患者则有特殊的心理和生理需求，例如美容等。

（三）健康资源分配的问题与挑战

健康资源的上述特性，决定了如何分配健康资源是国家履行健康权保障义务中的重大挑战，包括：第一，整体社会资源分配中的健康资源份额问题，即国家有义务在社会整体资源分配中为公众的医疗资源需求留出适当的份额。第二，对于不同健康需求的健康资源分配问题，即国家有义务为不同类型的医疗服务分配适当的资源，并考虑到不同健康需求的竞争性关系。第三，每个人可得健康资源的分配问题，即社会中的每个人均有权获得健康资源的适当份额，而这一适当份额包括了"谁应当为服务付账"的问题。①

（四）健康资源分配的目标

对于健康资源分配的目标，《第 14 号一般性意见》第 12 条指出，实现"健康权的各种形式和层次，包括以下互相关联的基本要素"：

第一，便利（Availability），即要求各国应有足够数量的、行之有效的公共卫生和卫生保健设施、商品和服务，以及卫生计划。

第二，获得条件（Accessibility），即要求卫生设施、商品和服务，必须面向所有人，不得歧视。其又包括了四个彼此之间相互重叠的方面，即：不歧视（Non-discrimination），不得以任何禁止的理由对任何人加以歧视；实际获得的条件（Physical Accessibility），健康设施、商品和服务可为公众安全、实际获得；经济上的获得条件（Economic Accessibility，即可支付性，Affordability），相关设施、商品和服务为所有人能够承担的；获得信息的条件（Information Accessibility），享有包括查找、接受和传播有关卫生问题的信息和意见的权利。

---

① Norman Denials，"Right to Health Care and Distributive Justice：Programmatic Worries"，*Journal of Medicine and Philosophy*，4，p.178.

第三,接受条件(Acceptability),即所有卫生设施、商品和服务符合医学伦理和文化上的适当性,尊重个人、少数群体、人民和社区的文化,对性别和生活周期的需要敏感,遵守保密的规定,改善有关个人和群体的健康状况。

第四,质量(Quality),在具有文化上可接受性的前提下,卫生设施、商品和服务必须在科学和医学上是适当和高质量的,包括熟练的医务人员、经批准且有效的药物、医院设备,安全和洁净的饮水,适当的卫生条件。

《第14号一般性意见》第12条要求各国应当根据本国实际情况,努力实现这些健康权实现的要素。

第六章 公共健康权与国民健康法

《基本医疗卫生与健康促进法》规定,公民依法享有从国家和社会获得基本医疗卫生服务的权利。国家建立基本医疗卫生制度,建立健全医疗卫生服务体系,保护和实现公民获得基本医疗卫生服务的权利。国民健康法不仅保护每个公民的个体健康权,更侧重保护公众健康权。

第一节 公共健康权的概述

一、公共健康权的概念

本章阐述的公共健康权(Right to public health)与"公众健康权"(详见第五章)侧重点不同。"公众健康权"对应的是"个体健康权",侧重于从社会整体角度看待健康权利。"公共健康权"强调决策,通过国家相关政策的颁布和行政部门职能实现提高公众的公共健康水平。

健康权是一项基本的人权。1948 年《世界人权宣言》第 25 条第 1 款规定:"人人有权享受为维持他本人和家属的健康和福利所需的生活水准,包括食物、衣着、住房、医疗和必要的社会服务。"1966 年《经济、社会和文化权利国际公约》第 12 条首次对健康权做出了完整的规定,即人人有权享有能达到的最高标准的身体和心理健康,并且规定了各缔约方应为充分实现这一权利而采取相应的目标和步骤,其基本精神与《世界人权宣言》一致。健康权中的预防、治疗和控制疾病的权利及使用基本药品的权利也因此成为人权的具体权利。世界卫生组织指出:健康权是指政府必须创造条件使人人能够尽可能健康。这些条件包括确保获得卫生服务,健康和安全的工作条件,适足的住房和有营养的食物。

公共健康是相对于"个体健康"或"个人健康"的一个概念,不同的学者对其有不同的定义,通常有下面一些常见的定义:"公共健康是指通过社会有组织的努力来实现的预防疾病、延长生命和保护健康的科学和技术";"公共健康是地方、国家、民族和国际资源的组织形式,旨在强调影响各个社会的主要的健康问题"。① 1920 年,美国公共健

---

① 肖巍:《公共健康伦理:概念、使命与目标》,《湘潭大学学报(哲学社会科学版)》2006 年第 3 期。

康专家温思路提出:"公共健康是通过有组织的社区努力来预防疾病、延长寿命、促进健康和效益的科学与艺术。这些有组织的社区努力包括改进环境卫生,控制传染病,教育每个人注意卫生,组织医护人员为疾病的早期诊断和预防性治疗提供服务,建立社会机制来确保社区中的每个人都能达到适于保持健康的生活标准。组织这些效益的目的是使每个公民都能实现其与生俱来的健康和长寿权利。"这一定义为世界卫生组织所接受,并沿用至今。公共健康是有组织的社区努力,涉及每个人的健康与长寿。公共健康也就是通过健康卫生的公共环境来保障和满足人民群众的健康需要。① 本书赞同直观的定义,即"公共健康就是指公众的健康。包括丰富的内涵,凡是与公众健康相关的问题都可以理解为公共健康问题,如社会医疗体系与制度、社会卫生体制与应急系统、医院与医生、卫生医疗和保健资源的分配、劳动保护、卫生状况、环境保护、流行病、健康教育、交通以及一些个人行为,如性行为和吸烟等"②。公共健康是一种共同的目标、物品或共同善的形式,具备整体性的特点。对公共健康的内涵长久以来一直存在不同的见解,我们可以把公共健康的内涵理解为,全社会成员共同促进的公众健康。

公共健康是民族、区域、国家甚至国际社会资源的重新配置,立足于强调各个领域的公共健康问题;公共健康权是一种科学决策,它通过国家相关政策的颁布和部门的领导来预防疾病、保护公共健康从而提高人类的生活质量。美国学者乔治·罗森在《公共健康史》一书中认为,公共健康还应当包括对于健康产生双面影响的社会运动和立法活动。应具有鲜明的三个特点:第一,国家是讨论公共健康权的主体,一切都应当从国家的高度出发。第二,公共健康权重视全体公众的健康,而非个别人、个别团体,因此范围是相当广泛的。第三,公共健康权是一种群体性行为,需要依赖于社会的整体力量。③

一个国家范围内的公共健康系统运作正常时,公共健康权的保护就常常被人们所忽略。而当出现问题,各种疾病带来恐惧时,人们才开始关注公共健康权问题。当投入大量的人力物力财力,将问题解决,系统继续运作正常后,又将其抛在脑后。但是,公共健康权的课题永远都没有从我们身边消失。

公共健康将人类的健康问题作为一个整体来研究,或者说是置于群体层面来研究,其目标是减少患病和提前死亡的人数。在流行性传染病发生的时期,公共健康所重视的是发病机制问题。如针对 2019 年末的新冠肺炎病毒的易传播性,采取必要的强制性隔离措施,就是减少发病的有力措施。身心健康是社会个体生存发展和进行正常民事行为的保证,同时也是社会个体作为民事主体的最基本权利。健康权不是单单对个体健康权利的保障,而是一项为社会个体保障其相关权利的概论性权利。以主体的不同对健康权进行划分,可以分为个体健康权、群体健康权和公共健康权。

① 龚群:《公共健康及其优先性》,《光明日报》2020 年 2 月 17 日。
② 肖巍:《从"非典"看公共健康的意义——访丹尼尔·维克勒教授》,《哲学动态》2003 年第 7 期。
③ 张蕾、郑平安:《对药品专利致药价虚高的法律抑制》,《知识产权》2015 年第 12 期。

当今世界全球一体化趋势越来越明显,这也为我们的公共健康权课题带来了巨大的挑战。过去由于传播的方式落后,传染病很容易控制在较小范围之内。许多特效药的出现也改变了许多治疗的手段和方法。然而随着社会发展的进程加快,人们的生活方式发生变革,各种病症的出现也变得更加难以预防,同时疾病的相对稳定性也因为大范围、长时间的传播而被打破,过于迅速的城市化、迅速恶化的环境,尤其是抗生素药物的滥用,不断破坏着微生物世界的平衡关系。

现在的社会环境也是很多传染病病菌传播的适合环境,因为现在社会人口迁移速度快且流动性大、生活当中人们的关系越来越紧密。特别是当前互联网高度发达,新闻媒体的形式迅猛发展消息的传播更加无障碍,这些传播媒介更加容易造成恐慌,许多不良媒体不经过科学的论证,就将消息报道出来,所带来的结果绝对是弊大于利的。所以,真正当一种传染度非常高的疾病产生,它所带来的影响绝不可能仅仅限于一个范围内。同时,抗生素的滥用也带来了很多不好的影响,其中一个就是使得病毒的耐药性越来越强,而且大多数品种的抗生素更新速度又远远达不到病毒变异传播的速度。

因此,公共健康代表着全人类的共同利益,它是全世界所有人民都应当关注的话题。但是,由于各个国家有着不同的经济文化发展水平,公共健康权也被许多西方国家的学者所忽视,甚至不愿意承认这是一个全人类议题的事实。认为"大家普遍关注的健康问题已经严重阻碍了自由贸易的全球化进程"。在发达国家,保护公共健康时,经济和许多其他社会因素发挥了比医疗更加重要的作用。但是,在发展中国家的民众看来,医疗似乎仍然是一个重要因素。

面对这两种不同的观点,首先要保护潜在的贸易机会,同时协调好与公共健康之间的关系。因此,协调好公共健康和经济发展之间的矛盾,寻找到一个平衡点,从而实现两者的共同发展。在国际贸易法律的框架下,公众对健康越来越多的关注,知识产权权利保护对公众健康和贸易的全球化的影响,也成为一个争论的主题。[①]

健康权与公共卫生的关系,实际上是公民个人健康权与公众健康权的关系问题。不同学者对公共健康权进行了不同的定义。张明希将公共健康权定义为国家或组织的全体个体保证其个体健康和维持相应生活水平的权利,在遭到疾病、失业、衰老或其他不可控情形时有权寻求帮助和保障。[②] 联合国颁布的《世界人权宣言》中是这样规定"健康权"的:对于维持自身和家属的健康生活以及社会福利所需要的基础建设,人人都是有权享有的,具体而言就是吃穿住行、医疗服务和社会保险;无论你遭遇什么不幸,失业、辞职、疾病、瘫痪、衰老甚至丧失劳动能力时,都是有权享有基本公共健康保障的。

---

① 冯静莹:《药品专利保护与公共健康权的冲突与协调》,湖南师范大学民商法学 2013 年硕士学位论文,第 6 页。

② 张明希:《TRIPS 协议框架下的药品专利问题研究——以协调与公共健康权的冲突为视角》,东北大学 2015 年硕士学位论文,第 9 页。

本书将公共健康权定义为：一国之内的全体公民均有权享有为维持健康及相应福利的基本生活所需，在遭到疾病、失业、衰老或其他不可控情形时有权享有求助和保障。其中，妇、孕、幼、残等弱势群体要享有特别的照顾以示公平。① 《"健康中国 2030"规划纲要》提出健康优先战略，把健康摆在优先发展的战略地位，立足国情，将促进健康的理念融入公共政策制定实施的全过程，加快形成有利于健康的生活方式、生态环境和经济社会发展模式，实现健康与经济社会良性协调发展。这里的健康，更泛指公众健康。

二、健康权向公共健康权的演变发展

健康权是社会权利的一种，它的历史发展受到了公共卫生历史发展和人权发展的双重影响。现代公共卫生产生于 19 世纪工业革命时期，那时大量人口涌入城市，给整个社会造成了严重的卫生问题，促使各国政府采取公共卫生措施。首先是在英国发生了一场重要的公共卫生运动。1831 年霍乱传入英国，引起极大的社会恐慌。埃德温·查德威克调查后发现，霍乱极有可能与糟糕的城市状况有关，积极倡导公共卫生改革。1848 年霍乱疫情再次暴发，英国政府认识到必须开展公共卫生运动才能改善城市卫生状况，在埃德温·查德威克的推动下，英国通过了《公共卫生法》，并成立国家卫生委员会。在英国的影响下，美国、德国、法国等国相继进行公共卫生改革，并取得一系列成果。

公共卫生的另一个重大发展是欧洲在 19 世纪下半叶组织了一系列国际卫生大会。大会的目的是在国际层面对传染病的预防进行协调，从而保护欧洲国家人民免患外来疾病。健康权发展也受到了人权发展的影响。第二次世界大战以后人权被纳入联合国框架内是国际人权发展的重要转折点，表明人权开始在战后国际新秩序中占有重要地位。

1941 年，美国总统富兰克林·罗斯福发表了关于四大自由的演说，提倡建立一个在四项基本人类自由——言论和表达自由、信仰自由、免于贫困和免于恐惧的自由基础上的世界。四大自由促进了对公民和政治权利之外的社会权利的承认，其中"免于贫困的自由"为国际条约中承认经济、社会和文化权利铺平了道路。现代公共卫生理念扩大了健康的决定因素的范围，认为决定健康的因素不仅仅是病毒、细菌等生物因素，贫穷、不平等、性别歧视等社会因素同样也影响着人类健康水平。②

这也意味着健康权的概念向公共健康权的概念进行演变，个体健康权依存于公共健康权的实现，同时也依赖于政府及相关政策的支撑和保障。这一转变在很多国家健

---

① 马冬菊：《药品专利保护与公共健康权的冲突与平衡——以 TRIPS 协议为视角》，大连海事大学 2011 年硕士学位论文，第 7 页。

② 陈颖健：《公共卫生全球合作的国际法律制度研究》，华东政法大学 2008 年博士学位论文，第 166 页。

康权立法中得以体现,如《日本国宪法》(1947 年)第 25 条第 3 项规定,全体国民都享有健康和文化的最低限度的生活的权利。国家必须在生活一切方面努力提高社会保障及公共卫生。《俄罗斯联邦宪法》(1993 年)第 41 条第 1 款规定,每个人都有保持健康和获得医疗帮助的权利。在俄罗斯联邦,为保持和加强居民健康的联邦纲领提供财政保障,采取发展国家、市政和私人卫生体系的措施,鼓励有助于加强人的健康、发展体育运动、生态和卫生防疫条件的活动。[①]

健康权是人生存发展必须的权利。而公共健康权则是一个国家良好发展的表现,涉及社会生活的方方面面。

公共健康权常常被许多联合国机构解释成为可利用的和可得到的卫生保健权利。1979 年,WHO 的"为所有人健康"计划明确表达了关于健康权的核心内容,包括对普通疾病和伤病进行适当治疗的规定以及基本医药的规定。WHO 的"为所有人健康"计划要求覆盖所有的人口,并且所有的服务从财政上和地理上都能顾及整个社会。

2000 年联合国经济、社会和文化权利委员会(CESCR)第 22 届会议通过的《第 14 号一般性意见》对《经社文权利公约》第 12 条规定的健康权作出了详细的解释。该意见指出,健康权是行使其他人权所必不可缺的基本人权,健康权包括享有为实现可达到的最高标准的健康权所需的各种设施、货物、服务环境以及决定健康权的根本因素,例如获得安全和适宜饮用的水源、充分的卫生设施、安全食品的充分供应、健康的职业和环境条件以及获得与健康有关的教育和信息。健康权包含为所有人,无论其经济状况如何,提供可利用和可得到,防止、治疗和控制疾病的条件的义务。[②]

三、公共健康权特征

(一)公共健康权的责任主体是国家

公共健康权的责任主要是归于国家,讨论公共健康权应该从一个国家的立场出发,许多国际法律文献中都有提到"The Right of Health",其实就是我们所阐述的公共健康权。国家在公共健康领域中所应履行的责任和义务经历了一个逐步发现的过程。健康的个体决定因素强调的是个体责任,健康的社会决定因素强调的是社会责任。健康的个体决定因素和社会决定因素的权重,很多时候受到来自政治方面的影响。政治如果强调个体自由、自我实现,健康就偏向个体责任、私人领域;政治如果强调社会公平正义,则健康又偏向社会责任、公共领域。

公共健康的国家权力体现在国家为了维护公共健康而对个体的自由空间进行适当限制。英国著名哲学家、心理学家和经济学家约翰·穆勒(John Stuart Mill)提出的"伤

---

①　鲍冠一:《各国立法如何界定健康权》,《健康报》2018 年 10 月 20 日。

②　马冬菊:《药品专利保护与公共健康权的冲突与平衡——以 TRIPS 协议为视角》,大连海事大学2011 年硕士学位论文,第 12 页。

害原则"是指个体行为只要不伤害他人,便应享有绝对的自由空间,不受权力的干涉。但是公共健康法律实践突破了这一原则,转向"家长主义"的权力统治逻辑,"公共场所禁烟""禁止吸毒""禁止代孕""禁止克隆人"等法律规定便是这一策略的完美展示。国家治理公共健康事务,行使公共权力也要受到必要的限制,非经法律规定履行正当程序不得侵犯个体的经济自由、人身自由、隐私自由等方面,但是公权力经法律许可为维护公共健康可以对个体的自由空间进行必要的限制。比如在传染病防治中对个体人身自由、行为选择进行必要限制,强制要求个体为一定行为(如强制隔离)或不为一定行为(如不吸毒);为了公共健康监测需要,要求个体提供相关的个人隐私信息等。

(二)公共健康权是共同善

根据西方学者考证,17 世纪 40 年代以前,公共利益是以"共同善"(Common Good)来指称的。所谓的"善治",就是使公共利益最大化的管理过程。共同善是伦理学的重要范畴,但共同善的内涵并没得到清晰的界定,且歧义甚多。或者把共同善视为独立于共同体成员个体的共同体的善;或者把共同善视为个人善的集合;或者把共同善看作是基本善,即每个人要实现各个不同的生活计划所需的相同的基本条件。其内涵包括三个方面:其一,目的性共同善。共同体多种多样,其目的也各个不同,但在杂多的具体共同体的背后有一个抽象的共同体,在各个不同的目的背后,隐含着一个内在目的,即维护和实现合作共生的连带关系。这就是所谓的目的性共同善。其二,条件性共同善。使集体行动成为可能的手段都可称为条件性的共同善,其内容包括支配性权力、激励性制度和社会资本。其三,成果性共同善。成果性共同善是为满足共同体成员的共同需要,通过集体行动提供的共有、共享的集体成果。[①] 公共健康作为由全社会来促进的公众的健康无疑是一种共同善。其满足共同善的三个内涵。

1. 从目的性共同善分析,公共健康权重视公众的健康,强调群体而不是个人的健康。每个个体健康需求都可以归结为共同的健康需求,即公众健康。

2. 从条件性共同善分析,公共健康权与社会关联密切,涵盖范围广。凡是与社会公众健康相关的问题都可以纳入公共健康加以理解,如医疗体制改革与制度、卫生体制与应急系统、医院与医生、卫生资源的分配、劳动卫生、环境保护状况、流行病、健康教育、食品安全及一些个人行为(如性行为和吸烟)等,这些都需要共同的社会支持,如政府行为、社会资本、制度约束等。

3. 从成果性共同善分析,公共健康是一种社会产品,公共健康具有不可分割性、非排他性和全社会参与性等三个特征。公共健康权同个体健康权具有质的不同,它是被全体公众共同享有、共同受益。

(1)公共健康权不能绝对地分割成个人的健康权之和,它是共享的,当公共健康提

---

① 曹刚:《论共同善》,《伦理学研究》2016 年第 5 期。

供给社群的某些成员时,其他人也同时享受了公共健康带来的福利权利。

(2)公共健康权的共同性。公共健康具有整体性,任何人不能独占享有,任何人也不能拒绝接受公共健康所提供的权利保障。

(3)公共健康权的实现需通过全社会的共同努力才能产生和维持。不同主体共同参与公共健康权保护。政府及相关行政部门通过制定法律、制度为健康权实现提供政策支撑;医药卫生组织、疾病预防控制机构等提供健康服务机构保障公共健康权的实现;每个社会组织、公民个人通过遵守卫生法律法规、规范个体行为保障公共健康权的实现。

基于以上特征,公共健康问题要放眼全球,它不仅仅体现在某一个国家,全世界都有可能会面临公共健康问题。世界卫生环境问题会给国家的政治经济带来影响,甚至会影响世界范围内的政治格局和经济发展。造成世界卫生环境不安全的因素是多种多样的,从个体家庭到整个国际都有可能存在着对整个世界卫生环境造成影响的关键因素,比如气候变化、贫穷问题、战争影响以及人为的灾难等。

纵观全球,每一个国家都可能面临公共健康问题,需要全世界共同面对。因为,公共健康会影响到全人类的利益。但是,西方学者站在发达国家的角度思考这一问题时,认为世界各国的经济水平和发展程度不同,对于发达国家来说,世界范围内对公共健康的过度关注,给全球自由贸易的发展带来了阻碍,而且,认为经济发展水平和社会进步程度给社会公共健康带来的影响更大。大多数发展中国家和最不发达国家则认为,发达国家为了促进经济发展维护自由贸易对知识产权过度保护,这是当今社会影响公共健康的重要因素。双方站在各自的角度持不同的观点,但是有一点是可以确认的,就是双方都承认贸易和公共健康存在着一定的联系。所以,问题的关键点在于如何寻找一个公共健康和经济发展的平衡点,使两者实现共赢。由此,我们也可以看到,公共健康与经济贸易的问题已经引起全世界的关注,在世界范围内公共健康问题逐渐得到重视。[1]

第二节　国民健康法的基本范畴

一、国民健康法概念界定

(一)国民概念

政治学中通常认为,"国民"(nation)多指拥有国籍的国家主权构成者,即法国政论家约瑟夫·塞亚斯(1748—1836年)主张的,所谓"nation"(国民),便是生活在同一宪

---

[1]　张明希:《TRIPS协议框架下的药品专利问题研究——以协调与公共健康权的冲突为视角》,东北大学2015年硕士学位论文,第10页。

法下作为立法代议机构主权代表的人民共同体;而"公民"(burgher)多指具有一个国家的国籍,根据该国的法律规范享有权利和承担义务的人。①

"国民"是相对于"国家"而言的,是群体概念、总括性的概念,不仅具有法律意义,还有政治意义、公共意义,强调国家所保障的是全体国民的概括性利益、共同利益和根本利益;国为其"国民"而立法。健康问题事关全体国民的健康素质、社会活力和国家竞争力,是国家层面的重大战略性问题。

公民和国民在范畴界定上,是有重合的,但是二者在本质上和含义上又是有很大区别的。"国民"概念在量的意义上,其内涵远高于无数个体利益简单相加之和;在质的意义上,"国民"概念无法被任何形式的"公民"概念所取代。在法律性质上,国民表示一个"整"体,不具有个体意义;在关系角度体现为无数个体公民的有机统一和全体公民的概括集成;在功能上能够体现出作为个体或整体的公民对于国家的意义,以及国家对其人民的政治义务;在法律权益的实现机制角度,国家所保障的整体权益不可以技术性地简单分割为个体权益,不通过个别化机制兑现。② 基本法层次的健康利益主体既非患者,亦不局限于公民个体,立法应以国民的健康利益为本位。

(二)国民健康的概念

健康是人类的永恒追求。"没有全民健康,就没有全面小康。"国民健康是指本国民众全方位全周期健康,是民族昌盛和国家富强的重要标志。党的十九大报告中提出要在"病有所医"上不断取得新进展,要"完善国民健康政策,为人民群众提供全方位全周期健康服务",并对"健康中国"战略的实施提出了一系列明确要求。

"国民健康"确定了卫生立法的本根宗旨,不仅能够把卫生、医疗、医药、医保四项基本业务联系起来、统合起来,而且还能够把医疗卫生不能直接触及的公共卫生领域(如食品、水、公共场所)、健康教育领域(如全民健康、控烟)和环保领域(如野生动植物保护、水源保护)等联系起来。

目前我国的政策已经上升到了从过去单纯谈医疗,到现在实施"健康中国"战略。过去"病有所医"是对个人的,但是单纯靠医院、靠看病去应对目前我国所面临的高血压、糖尿病以及各种癌症等慢性病,医生使出浑身解数也解决不了这个问题,而"健康中国"是经济、社会、文化、生态的综合层面,是国家战略的层面,"健康中国"是普及健康生活、优化健康服务、完善健康保障、建设健康环境、发展健康产业,是健康中国全方位的建设。

---

① 黄现璠、甘文杰、甘文豪:《试论西方"民族"术语的起源、演变和异同(二)》,《广西社会科学》2008年第2期。

② 董文勇:《国民健康治理顶层设计及健康基本法的战略定位——层次、视角和本位的立法选择》,《河北法学》2018年第11期。

（三）国民健康法

国民健康法，顾名思义，即框定宏观制度架构和体现方向性的具有基础性地位的卫生母法。卫生健康领域是一个范围广泛、全社会高度关注的重大领域，既涉及每一个公民健康，也涉及民族兴盛和小康社会建设。近十余年，我国已制定《食品安全法》《传染病防治法》《精神卫生法》《执业医师法》等十余部单行立法、40多部行政法规和众多行政规章，有力推动了我国卫生健康事业的发展。但该领域一直缺少一部基础性的基本法。2020年6月1日起实施的《基本医疗卫生与健康促进法》历经20多年的酝酿，将已有的分散和单行的立法整合成一个系统化的法律体系，推动卫生领域法律体系的建构。

《基本医疗卫生与健康促进法》是我国的国民健康法，这部法律作为法律位阶仅次于宪法的一部法律，是卫生健康领域的"母法"，填补了一直以来我国医疗卫生与健康法治建设方面统领性基本法的空白，使我国医疗卫生事业的发展有了长远的规划和保障。《基本医疗卫生与健康促进法》是实现全民健康管理的基础，它以法律形式明确公民、政府、医疗机构以及健康服务业在参与和管理全民健康中的义务和责任，使维护自身健康和促进公共健康在法治约束下，由被动强制行为逐步内化为自觉行动。[1]

（四）国民健康法的意义

国民健康法是现代法治社会的一个重要标志，是落实宪法和现代发展观的具体体现。国家保护和促进公众健康的四项基本任务包括：预防和控制疾病和伤残；改善与健康相关的自然和社会环境；提供基本医疗卫生服务；培养公众健康素养。[2] 这些任务的实现依赖于国民健康法律的保障。

"健康"是一切医药卫生活动的最根本的目的，"国民健康"是整个医药卫生事业的灵魂，必须确立以保障、保护、促进国民健康为宗旨的国民健康立法的母法的地位。我国卫生基本法的名称没有用"国民健康法"，但是在卫生政策和健康保障政策中经常使用"国民健康"这个概念，《基本医疗卫生与健康促进法》作为国家基本制度层次上的具有战略性的国民健康立法，在国家生活中具有全局性、基础性、战略性意义，关涉民族整体利益和全民的根本利益，从战略层次解决国民健康、影响公民健康权益的一系列深层次问题，提高全民族的健康水平。

《基本医疗卫生与健康促进法》作为首部国民健康法明确了医疗卫生事业应当坚持以人民为中心、为人民健康服务和公益性原则，彰显了健康权、健康教育权、公平获得基本医疗卫生服务权、获取健康信息权、获得紧急医疗救助权、参加医疗保险权、医疗服务知情同意权、特殊群体的健康保障权、健康损害赔偿权、参与健康决策权等权利，建立

---

[1]　郭渝成：《为实现全民健康管理我们做了"七件事"》，人民健康网—人民网，见 http://health.people.com.cn/n1/2019/0308/c14739-30965987.html。

[2]　黄健始、钟南山：《我国应尽早制定公众健康法》，《中华医学杂志》2011年第44期。

了基本医疗卫生制度、医疗机构分类管理制度、基层医疗服务网络体系、多层次的医疗保障体系、健康教育制度、健康影响评估制度、现代医院管理制度、药品供应保障制度、医疗救助制度、疾病和健康危险因素监测、调查和风险评估等制度。这些原则和制度对保障国民健康具有重要意义。

二、国民健康法的调整对象

国民健康法调整的对象必然是国与民之间有关健康的基本关系,解决如何动员国家政府机构、国家所有资源尽可能满足全体国民健康需求的问题,国民健康法需要关注全体公民"共同"的、"整体"的健康利益,立法本位也必然由具体法律的"以人为本"上升为基本法的"以民为本"。

国民健康法的调整对象包括以下三个方面:

(一)国民健康事务组织管理关系

政府为保障国民的健康实施的国民健康人力资源、物力财力资源配置中形成的法律关系,政府与公共健康服务体系的关系。政府及行政部门为保障国民健康权利的实现,根据国家法律规定,对卫生工作进行的计划、组织、指挥、调节和监督等活动,以期达到控制和消灭疾病、提高人民健康水平的目的。在国民健康事务组织管理关系中,国家卫生行政机关与其他国家机关、企事业单位、社会团体及公民形成的权利义务关系,为国民健康法所调整。国民健康管理关系是一种纵向的行政法律关系。

(二)国民健康服务关系

国民健康服务关系是指为实现国民健康,卫生行政机关、医疗卫生机构及组织、有关企事业单位、社会团体及其工作人员向社会公众提供的医疗预防保健服务、卫生咨询服务、卫生设施服务等活动。国民健康服务关系是一种横向的社会关系,它表现为提供健康服务和接受健康服务的平等主体之间的民事权利与义务关系。

(三)国民健康风险防控关系

国民健康风险防控关系包括疾病预防控制、管理和协调关系等。医疗卫生领域的风险防控工作和慢性病预防控制工作,都会关系到人民群众生命健康安全的大事,确保人民群众生命安全和身体健康,是党治国理政的一项重大任务。在建立完善国民健康风险防控机制过程中形成的各种关系,为国民健康法所调整。尤其是在传染病疫情等突发公共卫生事件时,更应完善、建立、落实重大疫情防控体制机制,健全国家公共卫生应急管理体系。

三、国民健康法律关系

国民健康法的法律关系不再局限于医方与患者,还包括公民与公立健康服务体系中的所有机构;国家不再是超然于医患双方之外的主体,而是健康法律关系的重要主体;国家在宪法层面上面对全体国民,在具体法律制度上由国家的健康相关行政机关面对公民、由政府委托或法律授权的公立健康服务机构面对患者。① 国民健康法律关系是由国民健康法所调整的具有健康权利义务内容的社会关系。国民健康法律关系的特征包括:第一,国民健康法律关系多表现为国家主体与公民、法人、机构、社会组织之间的法律关系;第二,国民健康法律关系是由国民健康法所调整的法律关系,具有特定的范围;第三,国民健康法律关系所体现的利益是公众的健康利益;第四,国家和政府是国民健康法律关系中最主要的主体。

国民健康法律关系由主体、客体、内容三要素组成。

国民健康法律关系的主体,是指参加国民健康法律关系、享有国民健康权利和承担健康义务的公民、法人和其他组织,即保障公共健康权过程中权利义务的承担者,包含多个主体:国家(政府)是保障国民健康权最重要的主体,医疗卫生机构,药品生产、流通机构,医务人员,公民个人都可以成为国民健康法律关系的主体。

国民健康法律关系的客体,是指国民健康法律关系主体权利义务指向的对象,国民健康法律关系的客体一般包括生命健康利益(生命健康权、隐私权、知情权等其他权利)、行为、物和智力成果等。

国民健康法律关系的内容,是指国家在保障公共健康权过程中形成的权利义务关系。具体内容包括:

(一)国家同公民之间形成的健康权利义务关系

在宪法层面上,国家是公民医疗保障权的首要的义务承担者。国家保障公民健康,首先要发展卫生事业,保障公民的医疗卫生需求。亚里士多德认为,建立国家的目的是为了完成某些善业。所谓"善业",就是为了使人们过上"优良的生活"②。人们之所以让渡自己的部分权利给国家,自愿受制于国家权力的统辖和控制,主要是因为完全自由的自然状态存在很多缺陷,无法为其提供安全、稳定的环境。人们放弃部分自然权利给国家,是为了依靠国家,更好地保护自身的权利。因此,国家存在的唯一目的,就是为了人民的和平、安全和公共福利。无论是为了使人们过上"优良的生活",还是为了人民的和平安全和公共福利,都表明建立国家的初衷就是为了更好地保障公民的权利。根据健康权作为基本权利的不同权利功能和义务层次理论来划分,可将国家对公民健康权的义务分为尊重的义务、保护的义务和给付的义务。国家对公民健康权承担的保护义务和给付义务都属于积极义务,要求国家有所"作为"。③

尊重义务与健康权的防御权功能相对应,主要是为了防止国家侵害公民的健康权,

---

① 董文勇:《国民健康治理顶层设计及健康基本法的战略定位——层次、视角和本位的立法选择》,《河北法学》2018 年第 11 期。
② [古希腊]亚里士多德:《政治学》,吴寿彭译,商务印书馆 1983 年版,第 7 页。
③ 邹艳晖:《论国家对公民健康权的义务》,《行政与法》2015 年第 7 期。

要求国家承担"不作为"的义务,国家尊重公民健康权应关注以下两个方面:一是尊重的义务要求国家尊重公民平等地享受健康服务,不得妨碍公民享受应有的健康服务。例如国家不得剥夺或限制公民为了预防、治疗疾病而获得卫生服务的机会;不得阻碍公民获取与健康有关的信息;不得阻挠医疗科学技术的研究和开发等。二是尊重的义务要求各个国家机关及其工作人员不得从事侵犯公民健康的行为。例如不得污染公众健康的环境。①

保护义务是国家对公众健康权承担的第二项义务。国家不仅应当承担尊重的义务,避免自身的行为侵害公民的健康权或者妨碍公民享有健康的服务,还要积极采取各种措施防止第三者侵害公民的健康权,这就是国家对公民健康权的保护义务。国家的立法机关、行政机关和司法机关应当针对公民健康权受到侵害的具体情况,采取不同的措施加以保护。立法机关通过立法行为,防止国家以外的第三者侵害公民的健康权。立法机关既不能消极地怠于立法,也不能积极地取消某些特定的保护公民健康权免受第三者侵犯的规范。②

给付义务是国家对公众健康权承担的第三项义务。与健康权的受益权功能、程序权功能和制度保障功能相对应,国家对公民的健康权应承担给付义务,给付义务是诸多义务中最重要、最复杂的义务。给付义务的内容,与国际人权法学者所指的实现义务比较接近,有学者观点采用"给付义务"的表述。③ 国家的给付义务,是指为保护公民的健康权,国家为公民提供便利和利益的义务。④ 国家的给付义务要求国家必须保证足够比例的预算投入到保护公民健康权的领域。

(二)国家同医疗机构及医务人员之间形成的权利义务关系

《中华人民共和国宪法》第 21 条规定:国家发展医疗卫生事业,发展现代医药和我国传统医药,鼓励和支持农村集体经济组织、国家企业事业组织和街道组织举办各种医疗卫生设施,开展群众性的卫生活动,保护人民健康。国家通过制定相关法律制度、设立医疗保健机构、提供医疗帮助和救助等方式履行自己的义务。在实现国民健康权过程中,形成了国家同医疗机构及医务人员之间的权利义务关系。

国家通过制定法律法规赋予医疗机构及医务人员对公众健康的预防、保健、治疗权利,同时也规范了医疗机构及医务人员在诊疗活动中为保障公众健康权应履行的义务,《基本医疗卫生与健康促进法》《医师法》等法律法规规定了医疗机构及医务人员享有

---

① 〔挪威〕A.艾德等主编:《经济、社会和文化权利教程》(修订第二版),中国人权研究会组织译,四川人民出版社 2004 年版,第 148—149 页。

② 李建良:《基本权利与国家保护义务》,《宪法理论与实践(二)》,新学林出版股份有限公司 2007 年版,第 349 页。

③ 邹艳晖:《论国家对公民健康权的义务》,《行政与法》2015 年第 7 期。

④ 杨建顺主编:《论给付行政的法原理及实现手段》,《比较行政法——给付行政的法原理及实证性研究》,中国人民大学出版社 2008 年版,第 6 页。

受尊重权、人格尊严权、生命健康权、自卫权、正常工作权、诊查权、处方权、紧急救治权、强制治疗权、医学证明权、有条件的隐瞒病情权、工资待遇权、名誉权、求偿权、回避权、获得医疗设备基本条件权、医学建议权、疾病调查权、处置权、医学研究及学术交流权、民主管理参与权、免责权等权利,同时也规定了医疗机构及医务人员必须履行依法执业、注册、按照规范书写和修改病历、规范实施医疗行为、保护患者隐私、不出具虚假医疗证明、病历保管、发生纠纷时封存病历和实物、及时转诊、关心爱护尊重患者、尽职尽责为患者服务、遵守技术操作规范、与患者进行有效沟通、对患者进行健康教育、发生医疗过错造成损害的赔偿、医疗纠纷诉讼中的举证、如实向患者及家属的告知、依法使用药品、发现传染病报告、服从政府调遣、接受患者监督、涉嫌伤害和非正常死亡报告、钻研业务、更新知识、拒绝不当利益、依法处理尸体、依法广告宣传、诊疗活动中的注意义务等义务。①

　　国家保障国民健康权的基础是保障每个公民享有基本医疗卫生服务。公立医院承担着提供最基本的医疗卫生服务,维护公民健康等社会责任,具有公益性、均等性特征。作为我国医疗服务的主体,公立医院肩负着社会基本医疗保障和公共卫生服务的任务,应该履行救死扶伤、防病治病的社会责任,承担公共卫生及突发公共卫生事件的紧急救援。对于大型公立医院,则要求注重疑难杂症的诊治、重大突发性公共卫生事件的紧急救援、教学科研及对基层医疗服务机构的技术指导和对口支援;此外还负有加强职业道德教育、保证医疗服务质量、改进医疗服务流程、控制医疗费用、减免贫困弱势群体医疗费用的责任。②

　　我国实行基本药物制度。1977 年,世界卫生组织(WHO)首次提出了基本药物的理念,把基本药物定义为最重要的、基本的、不可缺少的、满足人民所必需的药品。公平可及、安全有效、合理使用是基本药物的三个基本目标。目前全球已有 160 多个国家制定了本国的《基本药物目录》,其中 105 个国家制定和颁布了国家基本药物政策。我国从 1979 年开始引入"基本药物"的概念。国家发展改革委、卫生部等 9 部委 2009 年 8月 18 日发布了《关于建立国家基本药物制度的实施意见》,这标志着我国建立国家基本药物制度工作正式实施。③ 中国国家基本药物制度是对基本药物目录制定、生产供应、采购配送、合理使用、价格管理、支付报销、质量监管、监测评价等多个环节实施有效管理的制度。国家基本药物制度可以改善目前的药品供应保障体系,保障人民群众的安全用药。2009 年,新医改方案对基本药物的含义进一步作了明确和界定,基本药物是指适应基本医疗卫生需求、剂型适宜、价格合理、能够保障供应、公众可公平获得的药

---

①　王和平主编:《医师的权利和义务》,中国协和医科大学出版社 2012 年版,第 1 页。

②　苗卜军、陶红兵:《对公立医院公益性的内涵及外延的分析》,《医学与社会》2009 年第 4 期。

③　吴佳怡、雷蕾、胡明、宋民宪、蒋煜、陈晓源:《国家基本药物目录中化学药品种与上市情况分析》,《中国循证医学杂志》2010 年第 12 期。

品,国家基本药物制度的特征是安全、必需、有效、价廉。政府举办的基层医疗卫生机构全部配备和使用基本药物,其他各类医疗机构也都必须按规定使用基本药物。国家基本药物制度首先在政府举办的基层医疗卫生机构实施,主要内容包括国家基本药物目录的遴选调整、生产供应保障、集中招标采购和统一配送、零差率销售、全部配备使用、医保报销、财政补偿、质量安全监管以及绩效评估等相关政策办法。

(三)国家同药品企业之间形成的权利义务关系

健康权是一项被普遍确认的人权,获得药品是健康权不可或缺的部分,而获得基本药品则是满足优先需求的、最低程度的要求。与权利对应的是义务,国家是确保公民健康权的首要主体,负有保障药品获得的义务,此外,一些非国家行为体,尤其是药品企业在确保药品获得上具有补充责任。[①]

国家同药品企业之间因国民健康权保障形成的权利义务关系主要体现在国家对药品企业的监管和药品企业的经营权利义务。

国家对医药行业监管态度是"提高重点监管效能,让严重违法者付出高昂成本",言下之意就是要重典治乱,给人民以交代。对重点领域进行重点监管,特别是对疫苗、药品等涉及人民生命安全、社会关注度高的领域,要实行全主体、全品种、全链条严格监管。[②]

《中华人民共和国药品管理法》规定:国家对药品管理实行药品上市许可持有人制度。药品上市许可持有人依法对药品研制、生产、经营、使用全过程中药品的安全性、有效性和质量可控性负责。从事药品研制、生产、经营、使用活动,应当遵守法律、法规、规章、标准和规范,保证全过程信息真实、准确、完整和可追溯。上市许可持有人制度是新《药品管理法》确定的药品管理基本制度、核心制度。《药品管理法》第30条第2款规定,药品上市许可持有人应当依照本法规定,对药品的非临床研究、临床试验、生产经营、上市后研究、不良反应监测及报告与处理等承担责任。其他从事药品研制、生产、经营、储存、运输、使用等活动的单位和个人依法承担相应责任。据此,药品上市许可持有人有以下权利义务:依法从事药品研制、生产、经营,享受鼓励性支持性政策的权利;建立药品质量保证体系并定期审核;依法自行生产或委托生产药品;建立药品上市放行规程并严格执行;依法自行销售或委托销售药品;依法委托储存、运输药品;建立并实施药品追溯制度;建立年度报告制度;中药饮片生产企业履行药品上市许可持有人的相关义务;依法转让药品上市许可;标签或者说明书中注明上市许可持有人及其地址;直接接触药品的工作人员应当履行健康检查义务;从合法渠道购进药品;依法通过网络销售药品;依法办理进口药品备案;制定药品上市后风险管理计划并开展上市后研究;对附条

---

① 邓海娟:《获得药品的权利与国家义务——健康权的视角》,《学习与实践》2012年第3期。
② 国务院办公厅:《全国深化"放管服"改革优化营商环境电视电话会议重点任务分工方案》(国办发〔2019〕39号),2019年8月1日。

件批准的药品按规定完成相关研究;承担生产过程中变更管理和申请、备案或报告义务;依法主动承担药物警戒义务;经常考察本单位所生产的药品质量、疗效和不良反应;对存在质量问题或者其他安全隐患药品的控制与召回义务;对已上市药品的安全性、有效性和质量可控性定期开展上市后评价;按照公平、合理和诚实信用、质价相符的原则制定价格;不得在药品购销中给予、收受回扣或者其他不正当利益;停止生产短缺药品时依法履行报告义务;按照规定保障药品的生产和供应;制定药品安全事件处置方案并组织开展培训和应急演练;禁止生产、销售假药、劣药义务,禁止非法生产、进口药品;接受监督检查义务;接受监督抽验义务与出售抽验样品的权利;申请复验的权利;持续符合质量管理规范和法定要求义务等。

国家在保障国民健康权过程中,与药品企业之间,也同样存在着矛盾,如在 TRIPS 的框架下维护公共健康权和药品专利权人的知识产权之间的冲突关系。

四、国民健康法律体系

健康法律体系的基础是健康实现体系,国民健康法律体系也必然是多向度的、多层次的、围绕公众的健康需要而组织起来的法律系统。国民健康法律体系同健康法律体系既有联系又有区别,二者都是以专门医药卫生法律为主体、以其他相关法律中的卫生条款为补充的,以众多专项卫生法律为基础、以少量综合性卫生法律为统领的,以各专门领域基本法为支柱、以卫生母法为核心的,层次分明、功能整合、系统有机的卫生法律体系。不同的是国民健康法律体系侧重体现公众健康权保护的法律法规体系,并融入大量的卫生方针和政策。国民健康法律体系构成可以从以下角度分类:

(一)国民健康法律体系由国民健康法母法、医疗健康法、基本公共卫生法、公用产品健康法、国民健康程序与法律救济法、国民健康政策组成

《中华人民共和国宪法》确立了保护公民健康的基本原则,如第 21 条规定:国家发展医疗卫生事业,发展现代医药和我国传统医药,鼓励和支持农村集体经济组织、国家企业事业组织和街道组织举办各种医疗卫生设施,开展群众性的卫生活动,保护人民健康。国家发展体育事业,开展群众性的体育活动,增强人民体质。第 26 条规定:国家保护和改善生活环境和生态环境,防治污染和其他公害。第 45 条规定:中华人民共和国公民在年老、疾病或者丧失劳动能力的情况下,有从国家和社会获得物质帮助的权利。国家发展为公民享受这些权利所需的社会保险、社会救济和医疗卫生事业。国家和社会保障残废军人的生活,抚恤烈士家属,优待军人家属。国家和社会帮助安排盲、聋、哑和其他有残疾的公民的劳动、生活和教育。这些原则性规定为制定国民健康法律法规提供了基本的原则和依据。国民健康法律体系构成如下:

1. 国民健康法母法——《基本医疗卫生与健康促进法》

健康法母法所确立的原则应具有宏观性、方向性、概括性和一般性,涵盖卫生基本法体系。《基本医疗卫生与健康促进法》已于 2019 年 12 月 28 日，经十三届全国人大常委会第十五次会议表决通过，2020 年 6 月 1 日实施。《基本医疗卫生与健康促进法》体现了宪法关于国家发展医疗卫生事业、保护人民健康的原则；推动和保障"健康中国"战略的实施的立法目的，整个法律的着力点或亮点是保基本、强基层、促健康、促改革。《基本医疗卫生与健康促进法》明确"健康权是公民的基本权益、实施健康中国战略、建立基本医疗卫生制度、推进基本医疗服务实行分级诊疗"等基本制度，基本公共卫生服务由国家免费提供；政府举办非营利性医疗卫生机构，在基本医疗卫生事业中发挥主导作用，保障基本医疗卫生服务公平可及。《基本医疗卫生与健康促进法》的出台，标志着以"健康中国"战略为顶层设计，以《"健康中国 2030"规划纲要》为行动纲领，以"健康中国行动"为推进抓手的国民健康保护体系全面形成。

作为母法的健康基本法，应当具有如下几个特征：第一，承接《宪法》中有关卫生的条款并结合《宪法》中有关经济、社会、文化、教育以及法治的条款，并加以具体化。第二，是国民健康领域的基础性大法，兼为执行性根本法。第三，在整个健康法律体系中居于基础性地位、发挥整合性作用，指导中观层面的立法、协调国民健康体系内外的法律关系，建立和框定基础的和重要的健康法律制度。第四，明确健康法治的基本原则和健康基本法律关系的性质。①

2. 医疗健康法

医疗健康法，即医药卫生各个专门领域的法律体系，规定医疗服务、医疗保险、医药、保健等各领域的基本法律制度和基本法律关系，从不同侧面保护国民健康。包括《执业医师法》《人口与计划生育法》《母婴保健法》《中医药管理法》《精神卫生法》《红十字会法》《献血法》及其配套法规和地方立法。此外，还要在现有法规、规章层级基础上提升法律层级，制定《急救法》《医疗保险法》《医疗废物管理法》等。

3. 基本公共卫生法

基本公共卫生法，即基于疾病预防和控制，对国民健康进行保护的法律。包括《传染病防治法》《国境卫生检疫法》《职业病防治法》《突发公共卫生事件应急条例》及其配套法规和地方立法。此外，还要在现有法规、规章层级基础上提升法律层级，制定《突发公共卫生事件应对法》《饮用水法》《公共场所卫生法》等。

4. 公用产品健康法

公用产品健康法由保障公众健康的与人体健康相关的食品、药品、化妆品和医疗器械管理方面的健康产品的法律构成。包括《食品安全法》《药品管理法》《疫苗管理法》及其配套法规和地方立法。目前，这类法律规范中行政法规和部门规章数量较多，如

---

① 董文勇：《国民健康治理顶层设计及健康基本法的战略定位——层次、视角和本位的立法选择》，《河北法学》2018 年第 11 期。

《食盐加碘消除碘缺乏危害管理条例》《药品管理法实施条例》《药品行政保护条例》《血液制品管理条例》《放射性药品管理办法》《精神药品管理办法》《麻醉药品管理办法》《医疗用毒性药品管理办法》《化妆品卫生监督条例》《医疗器械监督管理条例》等，亟待在现有法规、规章层级基础上提升法律层级。此外，为加强国民健康教育和健康促进，应制定《健康教育法》及配套法规。

5. 国民健康程序与法律救济法

国民健康程序与法律救济法是指保障国民健康权实现，保障政府提供健康服务措施、解决争议的程序法律规范以及公民、法人或者其他组织认为自己的生命健康权因为卫生行政机关的行政行为或者其他单位和个人的行为而受到侵害，依照法律规定向有权受理的国家机关告诉并要求解决、予以补救，以及有关国家机关受理并作出具有法律效力的活动的总称。健康法律救济的方式主要有：卫生行政复议、卫生行政诉讼、卫生国家赔偿。国民健康程序法的构建对于完善国民健康法律体系具有重大的意义。程序公正理念是国民健康程序法构建的价值基础，国民健康程序法的最终目标是保障国民健康实现。国民健康程序法包括《卫生行政许可法》《卫生监督程序法》《卫生行政处罚程序法》《卫生行政复议法》《医疗健康程序法》等。

6. 国民健康政策

国民健康政策是由国家、政府或管理部门为保障国民健康和解决社会卫生问题而制定并实施的用以规范政府、公民和医疗机构等社会组织的一系列政策性文件。实现全民健康的目标除了要有国民健康法律法规支撑，还要有国民健康政策作为补充。国民健康政策主要包括《"健康中国2030"规划纲要》和《中共中央　国务院关于深化医药卫生体制改革的意见》等。

（二）从法律级别和效力分类

我国国民健康立法体系由宪法、国民健康基本法（《基本医疗卫生与健康促进法》）、国民健康单行法、国民健康行政法规、国民健康地方法规、国民健康行政规章、国民健康地方行政规章、其他国民健康规划性文件等层次组成。

（三）我国国民健康法律体系问题

我国已经初步建成国民健康法律体系，从实体法到程序法，从保障国民健康的母法到单行法、行政法规、部门规章、卫生标准以及地方层面的立法，而且有卫生政策作为补充。但是，纵观当前的国民健康法律体系，仍存在突出的问题。第一，国民健康法律体系表现缺乏精细化，当前的法律条文规定较为粗犷，配套法规（实施细则、条例）条文也过于笼统、抽象，缺乏可操作性，导致在法律适用时，暴露出很多缺陷。第二，现有的国民健康法律体系缺乏系统性，比较凌乱，不同法律各自规定，不成体系，同一级别的不同法律或不同级别的调整对象相同法律法规缺乏统一，甚至出现矛盾，导致各主体在适用法律时，出现偏差，甚至违法现象，如在传染病疫情暴发时，政府、行政部门以及企事业

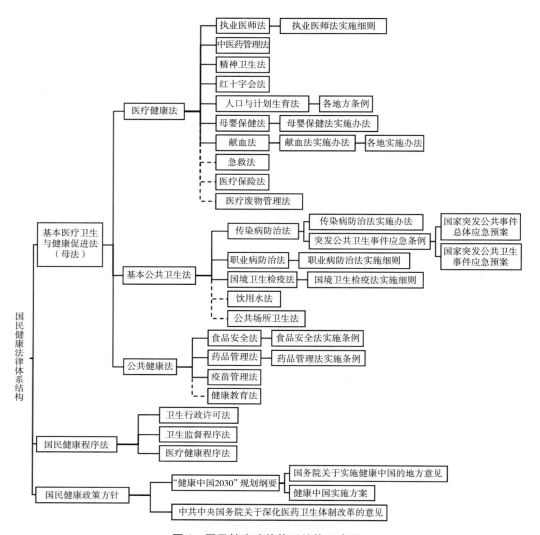

图 1 国民健康法律体系结构示意图

单位、社会组织在采取应对措施时,出现的失误和违法情形尤为突出。第三,大量法律法规因立法滞后或更新滞后,导致卫生实践中法律空白或无法可依现象时有发生,影响国民健康权的保护。

综上所述,国民健康法律体系亟待完善。

第三节 国民健康法的基本原则

一、国民健康的政府主导原则

由于公众健康是公众的共同利益,具体到每一个公民来说又是公民个人的健康权,保护公众健康是各国政府、社会和每一个公民的义务。因此,在 WTO 贸易规则中,也允许各国政府为了本国国民的健康利益,制定比其他国家和国际标准更为严格的技术法规,壁垒其他国家达不到本国卫生标准的产品进入本国市场。这说明了政府在公共卫生管理领域角色的重要性。

在公共健康领域,政府对公众负有两方面的义务,即保护和维护个人的健康权以及公共健康权。在公共健康权保护中,政府的主导作用尤为突出。目前,中国已经形成了基本完善的以政府为主导,包括国家、省、市、区县、乡镇各级各类医疗卫生机构为主体,财政、社保、农业、教育、体育、科技和食药监、媒体等多个部门配合,全社会参与的公共卫生服务体系,确定了政府在公共卫生中的角色,即决策者、出资者、组织动员者、服务提供者以及执法者,公共卫生服务的公益性,决定了政府在其中举足轻重的多重作用。[1]

(一)政府主导原则含义

关于公共健康保护中政府主导作用,国内外很多专家进行了阐述。Arrow K.J.(1963)提出医院提供的医疗服务有其特殊性,医疗服务关乎公民的生命和安全,在某些环节上市场是无法进行调节的,必须由国家进行调控。不然的话,仅仅在利益的驱动下,而不顾公民的生命安危,就会不断地出现弊端,如虚假药品、过高的医疗费用、滑坡的医德等现象。[2] 美国舍曼·富兰德(Sherman Folland,1996)提出医疗机构提供的服务彰显公共产品的外部性特征。只是依靠市场使医疗产品供给得到满意实现是不可能的。这就需要政府充分发挥其作用,加强干预。[3] 英国米希尔·克罗斯曼(Miehael Crossman,1982)提出所有的个人利益总和就是公共利益,是在一定范围内满足所有的生存、发展及享受。它不同于个人利益的特殊性,甚至在个人利益之上。[4] 澳大利亚霍维茨(Horwitz J.R.,2005)提出市场供给是没有公益性质的,只有政府供给的才具有公益性质。[5]

党的十八届三中全会提出的社会治理要"发挥政府主导作用",将之前的"政府负责"改为"政府主导",是对建立现代化政府、实现政府善治的更加明确要求。公共危机管理中,建设监测与预警机制,需遵循八项基本原则,其中之一就是政府主导原则。所谓公共健康的政府主导是指政府以较高的政府强度和较强的政府能力,保障公共健康

---

① 李立明:《新中国公共卫生 60 年的思考》,《中国公共卫生管理》2014 年第 3 期。

② Arrow K.J.,"Uncertainty and the Welfare Economics of Medical Care",*American Economic Review*,1963,53:41–73.

③ [美]舍曼·富兰德:《卫生经济学》,王健、孟庆跃译,中国人民大学出版社 2004 年版,第 509 页。

④ Miehael Crossman,*The Demand for Health:A Theoretical and Em Pirical Investigation*,New York:Columbia University Press For The National Bureau of Economic Research,1982,68:3–10.

⑤ Horwitz J.R.,"Making Profits and Providing Care:Comparing Nonprofit,For-profit,and Government Hospitals",Health Aff(Millwood),2005,24(3):790–801.

权实现所依赖的各项政策有效落实,以推动公共卫生事业的发展。政府在公共健康权的主导作用主要体现在公立医院改革、公共卫生保障、社区卫生服务与健康教育等方面。发挥政府主导作用,是市场发育不完善的需要,是进一步落实民生事业和产业发展战略的需要,是建立协调工作机制的需要,是完善配套政策的需要,是激发行业动力的需要。①

(二)政府主导原则在公共健康权保护中的体现

国家在保护公共健康权中具有重要作用,要求政府尽最大能力为公共健康权实现提供资金,并积极为达到健康水平而努力,国家责任包括:第一,在国家能力范围内提供充足的健康资源;第二,良好地管理全国的为健康提供支撑的经济和社会资源,良好地管理使国家能制定和实施好的政策,有效地管理资源并提供有效的服务;第三,平等和有效地分配紧缺资源。② 政府保障公共健康权具体体现在卫生政策、卫生法律法规的制定、公共健康权的设立和保障、公众健康权的救济等方面。

世界各国在政府保障公共健康权方面都侧重制度的确立,通过立法和准立法形式,确定公共健康权的范围、政府职能、权利保障措施、法律责任及救济等内容,我国目前已经形成国民健康法律体系(详见本章第二节)。

政府对公共健康权的保障体现在基本医疗保障和医疗救助方面,政府职责让每个公民都能实现平等的就医权和基本医疗卫生权利。政府主要通过完善医疗保险制度和医疗救助制度实现公共健康权的保障。公民承担支付保险费的义务,享有基本医疗保险的权利(职工基本医疗保险和城乡居民基本医疗保险)。我国通过建立基本医疗保险制度解决公民医疗费用问题,绝大部分公民可以通过参加基本医疗保险解决医疗问题,贫困人口及部分特困人群因无法缴纳基本医疗保险费,从而无法获得基本医疗保险,但是这部分人的健康保障关系到我国健康权保障的整体水平。为此,由国家保障其健康和医疗服务请求权利,即由国家实行兜底保障制度,医疗救助的资金保障则完全由政府承担,保障符合条件的困难群众获得基本医疗服务。

政府对公共健康权保护提供救济权。无救济则无权利。尽管健康社会权的核心权能在于请求政府积极作为,主动保障公民的合法权益,然而当义务主体不履行义务或者履行义务不符合法律规定时,权利人请求获得法律救济也是健康权的应有之义。当公民的公共卫生服务权、医疗服务权、健康促进服务权得不到保障时,公民可以提起行政给付诉讼,要求政府或者其卫生健康主管部门提供。当然,公共卫生普遍由政府委托医疗卫生机构提供,如果是医疗机构不履行责任,则公民只能起诉医疗机构。当公民不能享受基本医疗保险,其健康社会保障权受到侵害时,可以起诉医疗保障部门。当贫困人

---

① 李云峰:《发展健康养老产业需充分发挥政府主导作用》,《中国社会报》2019年10月28日。

② [美]劳伦斯·O.戈斯廷:《全球卫生法》,翟宏丽、张立新主译,中国政法大学出版社2016年版,第23—24页。

口不能得到医疗救助时,可以起诉民政部门通过为其补缴基本医疗保险费等方式支付医疗费用。[①]

(三)政府主导原则在公共健康权中的应用

公立医院的设置可以理解为政府以直接的形式向民众提供医疗卫生公共物品,公立医院是政府保障公众基本医疗卫生服务需求的公益性机构,是政府履行职能的重要体现。

《基本医疗卫生与健康促进法》规定县级以上人民政府通过举办专业公共卫生机构、基层医疗卫生机构和医院,或者从其他医疗卫生机构购买服务的方式提供基本公共卫生服务。政府在卫生方面的积极责任体现在生命权、享受适当生活水准权、健康权和社会保障权等权利的设置上。在这四项权利中,后三项都属第二代人权。这些权利的设置要求国家推行积极的健康政策,并将政府财政可支配资金的足够比例用于与公民健康相关的领域,且使公民能公平享有。[②]

1. 公立医院属性的政府主导

在公立医院运行中政府需要承担的职责就是公立医院改革中的政府责任。公立医院作为国家公共卫生医疗机构的主体,承担着社会基本医疗保障和公共卫生服务的责任,坚持公益性质是公立医院必须遵循的原则。近年来,公立医院的公益性却明显淡化,其经营行为走上了营利性道路。有人根据"使市场在资源配置中起决定性作用"来否定政府在公立医院改革中的主导作用和公立医院的主体地位,提出要在公立医院改革中发挥市场的"决定性"作用。其后果是公众出现不满,社会各界反映强烈的"看病难、看病贵"问题相当严重,医患关系日趋紧张,"公立医院回归公益性"成为目前我国深化医药卫生体制改革一个政策命题。

2009年3月,中共中央、国务院颁布的《关于深化医药卫生体制改革的意见》(中发〔2009〕6号),明确了公立医院改革的方向和原则,即明确提出"坚持公共医疗卫生的公益性质","坚持公平与效率统一,政府主导与发挥市场机制作用相结合",坚持"公立医疗机构为主导、非公立医疗机构共同发展的办医原则"。2015年4月1日,习近平总书记在中央全面深化改革领导小组会议上明确指出:要坚持公立医院的主体地位,进一步强化政府对公立医院的领导责任、保障责任、管理责任、监督责任。习近平总书记在2016年8月19日召开的全国卫生与健康工作大会上,再次明确了"公益性"方向。

在深化公立医院改革中,必须正确理解和准确把握政府与市场的关系,坚持政府主导原则和公立医院主体地位,为实现健康中国和"两个一百年"奋斗目标打下坚实健康基础。

---

① 陈云良:《我国颁布首部公民健康权利保障书的重要意义》,《法制日报·法学院》2020年1月8日。
② 李楯:《公共卫生与人权》,《中国卫生法制》2012年第3期。

2. 公共卫生保障中的政府主导

我国国家的属性就是以公共服务为主,这就决定了政府在基本公共服务开展过程中的责任和角色。政府不仅要完善基本公共卫生服务均等化的规范和制度,而且要担负起基本公共卫生服务中的主要财政支出,并把应尽的职责纳入法制化轨道。① 只有这样才能使我国基本公共卫生服务均等化的工作得到有效开展,我国的医疗卫生水平以及质量才能得到真正的有效的提高。

1986 年召开的健康促进大会标志着世界范围内新公共运动的开始,大会发表的《渥太华宣言》提出"在政府领导下,在社会的水平上,保护人民远离疾病和促进人民健康的所有活动",其核心内容是强调政府在卫生事业中的核心地位,同时更为重视社会科学对促进健康的作用。政府在公共卫生领域未来的发展过程中要承担更为积极和主动的角色。

健康权属于社会权,政府应当对其尽积极义务,立法应当明确规定政府在保障公民普遍享有基本医疗卫生服务权利的体制机制中承担起主体责任。为了维护基本医疗卫生服务的公益性,促进健康公平,政府在基本医疗卫生的制度制定、规划安排、经费筹措、服务提供、综合监管中都应承担主要义务。《基本医疗卫生与健康促进法》关于"国家和社会尊重、保护公民的健康权。国家实施健康中国战略,普及健康生活,优化健康服务,完善健康保障,建设健康环境,发展健康产业,提升公民全生命周期健康水平"的规定彰显了政府在保护公共健康权上的主导作用。第 15 条规定:"基本公共卫生服务由国家免费提供。"第 29 条规定:"基本医疗服务主要由政府举办的医疗卫生机构提供。"第 39 条第 2 款规定:"政府举办非营利性医疗卫生机构,在基本医疗卫生事业中发挥主导作用,保障基本医疗卫生服务公平可及。"多处明确规定政府主导责任,整部法律围绕政府的医疗卫生服务主导责任展开。第 5 条第 2 款规定:"国家建立基本医疗卫生制度,建立健全医疗卫生服务体系,保护和实现公民获得基本医疗卫生服务的权利。"该法的其他章节系统规定了政府提供基本医疗卫生服务、举办医疗卫生机构、教育培训医疗卫生人员、保障药物供给、保障医疗卫生费用的义务。

公共健康权的实现以公共卫生的发展为基础,公共卫生发展需要党政多部门的各负其责,各尽其职,公共卫生是公共政策的组成部分,政府的主导作用表现在通过制定相关法律、法规和政策,促进公共卫生事业发展;对社会、民众和医疗卫生机构执行公共卫生法律法规实施监督检查,维护公共卫生秩序;组织社会各界和广大民众共同应对突发公共卫生事件和传染病流行;教育民众养成良好卫生习惯和健康文明的生活方式;培养高素质的公共卫生管理和技术人才,为促进公众健康服务。

① 王锐、孙巍、郎晓宇:《基本公共卫生服务均等化的难点及应对思考》,《中国卫生产业》2015 年第 6 期。

政府主导作用最突出的表现是在保障公民基本公共卫生权利方面。基本公共卫生服务以居民健康需求为导向、以维护居民健康为出发点,内容主要涵盖:疾病与健康检测、重大传染病预防与控制、突发公共卫生事件处理、健康教育、预防免疫、妇幼保健以及计划生育等。这些服务具有明显的公共产品属性,其社会效益远大于为服务提供者带来的效益。公民的公共卫生服务具体包括接受传染病防控服务、接种免疫规划疫苗、慢性非传染性疾病防控与管理服务、职业健康保护、妇幼保健服务、老年人保健服务、残疾预防和残疾康复服务、院前急救、精神卫生服务等。《基本医疗卫生与健康促进法》第18条规定,政府通过举办医疗卫生机构向公民直接提供,或者通过购买服务的方式间接提供。因此,政府必须主导基本公共卫生服务的供给。尤其是在老龄化背景下,在世界卫生组织"人人享有卫生保健"战略目标下,政府更应积极主导基本公共卫生服务供给,全面提高居民健康水平,促进经济的可持续发展与社会的和谐稳定。

3.社区卫生服务及健康教育中的政府主导

社区居民健康教育是居民接受有组织的、有计划的、系统的卫生教育活动,而获得有关疾病预防、健康保健、紧急救治等医疗卫生知识。由于健康教育的效益属于弱感知型,人们往往容易忽略其重要性,而不会选择通过付费购买获得此项服务。然而,健康教育是国民素质教育的重要内容,开展健康教育服务可有效提升国民健康素养,因而,政府责无旁贷,必须承担起该服务项目的筹资责任,保证健康教育服务在城市社区中广泛、顺利地开展。疾病预防、突发公共卫生事件处置一旦未能得到有效供给,其危害将波及整个社会,后果不堪设想,强化政府在此类卫生服务中的筹资责任,不仅仅是因为它无法由市场机制进行有效供给,更是因为这是政府维护社会安全与稳定的必然职责。[1]《基本医疗卫生与健康促进法》专章规定了保护公共健康权,政府在健康促进和健康教育的制度与措施。如第67条规定公民有权从政府获得健康信息;第68条规定公民接受健康教育的权利;第70条和第71条规定国家组织健康状况调查和统计,建立疾病和健康危险因素监测、调查和风险评估制度;第72条规定开展爱国卫生运动,保障公众健康;第73条和第74条规定建立食品、饮用水安全监督管理制度,建立营养状况监测制度;第75条和第76条规定发展全民健身事业,制定特殊人群健康工作计划;第77条和第78条规定完善公共场所卫生管理制度,控制吸烟饮酒,促进公民健康。

建设政府主导下的适合中国国情的社区卫生服务市场化管理模式,促进社区卫生服务的健康长效发展,对于实现人人享有初级卫生保健,解决"看病难、看病贵"问题,建设和谐社会具有重大意义。

---

[1]　蒋雯婷:《我国城市社区卫生服务机构筹资结构优化研究》,电子科技大学2017年硕士学位论文,第48页。

4. 重大传染病防治中的政府主导作用

传染病防治不仅关系到人民群众的身体健康和生命安全,也关系到经济社会发展和国家安全稳定。作为卫生工作的战略重点,各级政府对传染病防治承担着重要责任。我国自 1985 年首次报告发现艾滋病感染者和病人以来,制定实施了《艾滋病防治条例》等一系列法律法规,建立了"政府组织领导、部门各负其责、全社会共同参与"的防治机制,取得显著成效。从 2003 年的 SARS 到 2013 年的 H7N9,再到 2019 年的新型冠状病毒疫情,我国暴发了诸多的传染病,这些传染病严重地影响了我国人民的生命财产安全。同时,这些传染病的防控过程,也提示我们应积累大量的经验和教训,以期更好地应对未来的传染病等突发公共卫生事件。尤其是 2019 年底暴发的新型冠状病毒疫情,是新中国成立以来在我国发生的传播速度最快、感染范围最广、防控难度最大的一次重大突发公共卫生事件。我们深刻认识到突发公共卫生事件的预防、阻断、治疗、危机管理中,只有政府发挥主导作用,才能提供科学、有效的应对措施和应对方案。

在中国,地方政府是构建和运行公共卫生突发事件治理机制的关键主体,它们需要在应对疫情时综合协调包含行政体系、医疗机构、供应商、志愿者和社区居民等在内的多元主体关系。在涉及多元主体的公共卫生突发事件治理机制中,政府需要承担多元治理角色,核心责任是为多元主体的有效互动提供规则、建立秩序、促成集体行动。近些年,国家不断完善传染病医疗保障政策,制定了基本医疗保险和医疗救助政策,对重大传染病患者实行医疗费用减免政策,将耐多药肺结核、艾滋病机会性感染纳入新型农村合作医疗大病保障和医疗救助范围,将符合条件的传染病患者纳入城乡低保和农村五保供养范围。对艾滋病患者实施"四免一关怀"政策,对血吸虫病、包虫病、疟疾等患者免费提供治疗药物和住院治疗补助。对于新型冠状病毒疫情,政府实现了在基本医保、大病保险、医疗救助的基础上,对医药费个人负担部分由中央和地方财政给予补助,有些地方还对异地就医患者实行先收治、费用财政兜底等政策,保证了患者不因费用问题而延误救治。

传染病防控中的政府职能,体现在四个方面:第一,在机制设计方面,建立一套能够因地制宜符合中国国情及区域特点的应急管理决策体系,强化应急响应和管理的执行力度,提高疫情应对能力和反应速度;第二,在技术和经费支持方面,充分发挥科教资源优势,深度开展跨国研发合作并在疾病防控领域进行稳定的经费投入;第三,在舆论引导方面,要积极消除和化解疫情防控中的各项负面讯息,引领和创造全社会应对疫情的公共价值;第四,在政策监管方面,应尽快展开调研和实地考察,尽早确立体系完备、科学规范、指导性强的疫情防控法律体系,同时提高公众法律意识。[1]

---

① 郑烨:《在新冠病毒肺炎疫情防控中强化政府四项职能》,《陕西科技报》2020 年 12 月 23 日。

二、国民健康预防为主原则

预防为主是我国卫生工作的根本方针,它是卫生立法及司法必须遵循的一条重要原则,预防和治疗是医疗卫生保健工作的两大基本组成部分,是有机联系、缺一不可的两个方面,在这两个方面中,预防显得尤为重要,因此,卫生工作要坚持"预防为主、防治结合"的方针,正确处理防病和治病的关系、把疫病预防控制工作放在首位,做到防治结合,预防工作是一项综合性的系统工程,必须增强个体公民预防保健意识,明确医疗疫病预防控制工作是全社会及全体公民的共同责任。

(一)预防为主原则的发展

在中国医学发展史上,很早就十分重视预防疾病的理论和实践,并提出了不少预防疾病的方法。如《黄帝内经》中就指出:"圣人不治已病治未病";在秦汉时期,已应用狂犬脑敷于被狂犬咬伤的伤口,预防狂犬病。早在 16 世纪就有应用人痘接种技术以预防天花的记载。"预防为主"在中华人民共和国成立前的革命根据地已经提出和实施,当时在条件极其困难的情况下,因地制宜地开展了各种公共卫生活动,降低了发病率,提高了部队的战斗力,保护了根据地广大军民的健康。[①] 新中国成立之初提出的"预防为主"方针成为我国卫生工作的四大方针之一,并且一直作为我国卫生工作的指导方针之一,具有强大生命力。习近平总书记在全国卫生与健康大会上再次指出"要坚定不移贯彻预防为主方针"。新时代背景下,随着生活方式的多样化,人类活动的深度、广度增加,影响人群健康的风险因素也随之增加,以心脑血管病、癌症、糖尿病和慢性呼吸系统疾病等为代表的慢性病已经成为威胁我国公众健康的主要公共卫生问题,人们健康观念的转变,公众对精神卫生问题日益关注,以及"安宁疗护"的需求,使"治疗为主"的医疗卫生理念已经不能适应新时代人民的健康需求和社会发展需求,"预防为主、防治结合"的指导方针有了更深刻、更丰富的现实意义。党的十九大报告提出"预防为主、防治结合",是基于对健康领域发展规律的认识深化而提出来的健康指导方针。

(二)预防为主原则的含义

"预防为主"理念指导下的健康维护着眼于预防和减少疾病的发生,对于降低健康中国建设成本和提高人民幸福感都有积极作用,兼具健康效应与经济效应,是健康中国建设应该始终坚持的基本理念,必须贯彻到健康中国建设的方方面面。在普及健康生活方面,要更加重视体育健身的预防保健功效,加强健康教育,提高全体国民的健康素养;在优化健康服务方面,要重视疾病预防工作,加紧实施慢性病综合防控和健康管理,推进基本公共卫生服务均等化;在完善健康保障方面,要推动医疗保障体系从"保疾病"转向"保健康",在完善全民医保制度的基础上大力发展商业保险,鼓励开发与健康

---

① 戴志澄:《中国实施"预防为主"卫生工作方针的历史经验》,《中国艾滋病性病》2003 年第 5 期。

管理服务相关的健康保险产品;在建设健康环境方面,要重视生态环境对人群健康的影响,实现经济社会的可持续发展、绿色发展;在发展健康产业方面,要引导社会资本更多地关注健康体检、健康管理与健康促进相关产业。[①]

预防为主是我国的基本卫生工作方针。多年来,我国的传染病预防策略可概括为:以预防为主,群策群力,因地制宜,发展三级保健网,采取综合性防治措施。传染病的预防就是要在疫情尚未出现前,针对可能暴露于病原体并发生传染病的易感人群采取措施。

（三）预防为主原则在卫生立法中的体现

我国政府在医疗卫生管理及立法中一直坚持"预防为主"的原则。先后制定并发布了许多有关预防接种、妇幼保健,传染病防治、国境卫生检疫、环境污染防治(包括大气、噪声、水、海洋等)以及食品安全、药品管理、医疗纠纷处理等法律法规,并建立了相应的机构和制度。近年来又发布了有关艾滋病防治、传染性非典型肺炎防治等新出现的传染病的管理、预防的法规;刑法中也对危害公共卫生的行为进行了规范,如规定了非法采集供应血液罪、传播性病罪等,这些法律、法规及规章都体现出"预防为主"的基本原则。《基本医疗卫生与健康促进法》及其他卫生法律明确规定了各项预防制度。

1. 突发公共卫生事件预防

《基本医疗卫生与健康促进法》第 19 条规定,国家建立健全突发事件卫生应急体系,制定和完善应急预案,组织开展突发事件的医疗救治、卫生学调查处置和心理援助等卫生应急工作,有效控制和消除危害。我国颁布了《突发公共卫生事件应急条例》《传染病防治法》《食品安全法》《职业病防治法》《动物防疫法》《国境卫生检疫法》《国家突发公共卫生事件应急预案》《突发事件应对法》等法律法规,确立了预警与报告、预案、物资储备、医疗救治、应急组织体系及职责、监测、应急反应和终止、善后处理、保障、预案管理与更新、信息报告与发布等制度,初步建立了突发公共卫生事件应急体系。[②]

2. 传染病预防

传染病立法是传染病预防的重要措施。关于传染病防控制度的建设,我国经历了漫长的历史。新中国成立后,我国通过立法和监管消灭了天花等传染病传播和流行。20 世纪 80 年代末,我国颁布了《传染病防治法》,确立了针对不同类型的传染病采取不同的预防、控制措施,在科学分类的基础上实行分类监测、分类监督管理、联防联控、群防群控、源头防控、综合治理的预防措施和原则,在传染病防控实践中取得了很多成绩。《基本医疗卫生与健康促进法》第 20 条进一步规定国家建立传染病防控制度,制定传染病防治规划并组织实施,加强传染病监测预警,坚持预防为主、防治结合,联防联控、

---

① 申曙光、曾望峰:《健康中国建设的理念、框架与路径》,《中山大学学报(社会科学版)》2020 年第1 期。

② 《中国初步建立突发公共事件卫生应急体系》,《医学信息学杂志》2012 年第 12 期。

群防群控、源头防控、综合治理,阻断传播途径,保护易感人群,降低传染病的危害。任何组织和个人应当接受、配合医疗卫生机构为预防、控制、消除传染病危害依法采取的调查、检验、采集样本、隔离治疗、医学观察等措施。

此外,预防接种制度也是传染病预防的一个重要措施。国家实行预防接种制度,加强免疫规划工作。《基本医疗卫生与健康促进法》第 21 条规定,居民有依法接种免疫规划疫苗的权利和义务。政府向居民免费提供免疫规划疫苗。本条规定了公民享有国家提供传染病预防的权利,这是作为公法权利层面的健康权内容的体现,即公共卫生健康权。公共卫生健康权是指公民具有获得预防疾病与传染病、治疗传染病和获知传染病疫情以及在传染病暴发流行时能够获得救济和治疗的权利。虽然我们不能要求国家保证每个公民都不患传染病,但是,在传染病流行时期,国家应当充分告知公民疫情并采取紧急有效措施消灭传染病;在传染病流行及消灭传染病后,国家应当向公民提供必要的物质救济,并尽可能采取有效的传染病预防措施。这个层面的公民健康权主要体现了国家对公民健康权利的保护,即健康保障权,该层面的健康权主要包括公共卫生事件应急保障和传染病防控,主要强调政府采取系列措施对公共安全进行保障的义务,进而保护公民的健康权。[①]

3. 慢性非传染性疾病防控预防

慢性非传染性疾病(简称"慢性病")已成为 21 世纪威胁人类健康的首要疾病类型,主要以心脑血管疾病、糖尿病、癌症和慢性阻塞性肺疾病为主,已构成 60% 以上全球死亡人数的死亡原因,估计到 2030 年将上升为 75%,我国慢性病导致的居民死亡人数超过总死亡人数的 86.6%,已成为重要的公共卫生问题和经济发展的负担。

《基本医疗卫生与健康促进法》第 22 条规定,国家建立慢性非传染性疾病防控与管理制度,对慢性非传染性疾病及其致病危险因素开展监测、调查和综合防控干预,及时发现高危人群,为患者和高危人群提供诊疗、早期干预、随访管理和健康教育等服务。

国家对慢性非传染性疾病的防控与管理制度,主要包括健康检测、健康调查、健康咨询、健康指导、健康教育等综合防控手段。在基本医疗卫生法中规定对非传染性慢性病防控的管理内容,给我国慢性病防控工作带来新的契机。它以预防为主为理念,以关口前移为重点,以健康管理为手段。所谓健康管理,是指对个体或群体的健康进行全面检测、分析、评估,提供健康咨询和指导,以及对健康危险因素进行干预的全过程。具体方法是通过健康监测获取基础数据,发现致病危险因素,然后根据检测结果把人群分为三类:低、中、高风险人群,分别有针对性地进行一级、二级、三级预防管理。即对低风险人群实施健康教育,对中风险人群进行健康咨询、健康指导等措施,对高风险人群进行

---

① 申卫星:《〈中华人民共和国基本医疗卫生与健康促进法〉理解与适用》,中国政法大学出版社 2020 年版,第 73—75 页。

早发现、早治疗、早干预,提供随访管理服务等综合干预措施,以达到预防为主,调动个体和群体的积极性,利用有限资源达到最大的健康效果,提高健康水平的目的。①

4. 职业健康预防

《基本医疗卫生与健康促进法》第 23 条规定,国家加强职业健康保护。县级以上人民政府应当制定职业病防治规划,建立健全职业健康工作机制,加强职业健康监督管理,提高职业病综合防治能力和水平。用人单位应当控制职业病危害因素,采取工程技术、个体防护和健康管理等综合治理措施,改善工作环境和劳动条件。职业病防治工作坚持预防为主、防治结合的方针,建立用人单位负责、行政机关监管、行业自律、职工参与和社会监督的机制,实行分类管理、综合治理。职业健康的核心在于职业病防治。为保护职工健康,应构建劳动者职业卫生权、企业责任、政府监管的良性责任分配制度,确立劳动者健康权的优先地位。在劳动者权利中,职业卫生权、报酬权、职业安全权应受到同等重视。职业卫生防护权的加强有助于减少职业病发生,实现政府(工伤保险基金)、企业和劳动者之间的良性平衡。对劳动者职业卫生权的保护可增加劳动者可获得感,促进人力资源可持续发展。劳动者健康和劳动力市场持续稳定对于步入老年化的当代中国具有重要意义。②

5. 食品安全预防

食品、饮用水是人类赖以生存和发展的物质基础,其安全关系国计民生,其中若含有危害人体的物质,就会对人的健康甚至生命构成严重威胁。重视食品和饮用水安全,已经成为衡量人民生活质量、社会管理水平和国家法制建设的一个重要方面。健康中国的国家战略明确提出了"以人民健康为中心,全方位、全人群、全过程、全生命周期保障和促进人民健康的要求"。因此,加强食品、饮用水的安全监督管理也是健康中国行动中的一个重要组成部分。

《基本医疗卫生与健康促进法》第 73 条规定,食品安全工作实行预防为主、风险管理、全程控制、社会共治,建立科学、严格的监督管理制度,以基本法形式确立了食品安全预防的理念和原则。

6. 精神卫生预防

《精神卫生法》第 3 条规定,精神卫生工作实行预防为主的方针,坚持预防、治疗和康复相结合的原则。我国目前对精神疾病采取三级预防:一级预防旨在消除和减少病因或致病因素,以防止或减少精神障碍的发生。二级预防的目标是早发现、早诊断、早治疗,争取完全缓解与良好的愈后,防止复发。三级预防的目标是做好精神残疾者的康

---

① 申卫星:《〈中华人民共和国基本医疗卫生与健康促进法〉理解与适用》,中国政法大学出版社 2020 年版,第 75—76 页。

② 申卫星:《〈中华人民共和国基本医疗卫生与健康促进法〉理解与适用》,中国政法大学出版社 2020 年版,第 78 页。

复安排,最大限度促进病人社会功能恢复,尽可能减少精神残疾的发生,把精神残疾的预防和康复作为重要内容,纳入到初级卫生保健系统中去。

7.放射卫生预防

放射性污染防治和放射性废物安全管理,关系到国家安全稳定、群众生命健康。随着核能和核技术应用的蓬勃发展,在核技术应用中,我国每年要进口和生产数以千计的放射源,辐射加工技术得到广泛应用,X 光机和 CT 技术普遍应用于医疗诊断,我国防治放射性污染的任务十分艰巨。《中华人民共和国放射性污染防治法》第 3 条确立了国家对放射性污染的防治,实行预防为主、防治结合、严格管理、安全第一的方针。在实践中,放射性污染预防应以放射性污染监测、环境影响评价、"三同时"、许可管理、安全管理制度等执行情况、放射性废物处理贮存处置情况、应急管理体系建设等方面为重点,保障国民健康。

8.艾滋病预防

《艾滋病防治条例》第 2 条确立了艾滋病防治工作坚持预防为主、防治结合的方针,建立政府组织领导、部门各负其责、全社会共同参与的机制,加强宣传教育,采取行为干预和关怀救助等措施,实行综合防治。预防,是指在艾滋病发生前采取有效的措施以减少或者避免艾滋病的发生与流行。《艾滋病防治条例》在艾滋病防治的宣传、监测、救助、控制等各个环节法律制度的设定上,始终贯穿"预防为主"这条主线。例如,设专章规定了艾滋病的宣传制度;将现行有效的一些干预措施法律制度化;强化医疗卫生机构、采供血机构在防止艾滋病医院内感染、医源性感染等方面的责任。

(四)预防为主原则的意义

健康改善不但依赖于医学科技进步,更有赖于对社会、环境因素的控制。由于导致疾病的主要决定因素是社会因素和个人行为生活方式,且大部分疾病能够通过社会干预和调整个人行为生活方式起到预防效果,从而使人们不得病、少得病、晚得病,因此,预防为主应该成为公众健康策略和立法原则。公众健康预防为主原则体现在防控重大疾病,关注人群疾病谱变化,重视心脑血管疾病、癌症、慢性呼吸系统疾病、糖尿病等重大慢性病和肝炎、结核病、艾滋病等重大传染病,关注严重精神障碍、地方病、职业病等方面,同时对于关系公众健康的新兴领域,如互联网医疗、人工智能健康服务、环境健康权、全球健康权等,同样要秉承预防为主。

公共健康服务应由生理服务扩大到心理服务;由院内服务扩大到院外服务;由医疗服务扩大到预防服务;由技术服务扩大到社会服务。原有的"预防医学"是以疾病为中心,应当转变到以健康教育、健康促进为中心的健康医学上来,同时为保障公共健康权的实现,把预防体现到卫生立法、执法、法制宣传、法制监督等一系列活动中,所有政府部门、企事业单位和公民个人应积极配合。

公共卫生传染病突发事件的预防要改革完善疾病预防控制体系,坚决贯彻预防为主的卫生与健康工作方针,坚持常备不懈,将预防关口前移,避免小病酿成大疫。要健全公共卫生服务体系,优化医疗卫生资源投入结构,加强农村、社区等基层防控能力建设,织密织牢第一道防线。要加强公共卫生队伍建设,健全执业人员培养、准入、使用、待遇保障、考核评价和激励机制。要持续加强全科医生培养、分级诊疗等制度建设,推动公共卫生服务与医疗服务高效协同、无缝衔接,健全防治结合、联防联控、群防群治工作机制。要强化风险意识,完善公共卫生重大风险研判、评估、决策、防控协同机制。①

三、国民健康利益优先原则

国民健康权或公共健康权是国际社会承认的基本人权,该权利是公众生存的最基本前提,没有健康何来生存。相对于知识产权这一财产权利而言,国民健康权作为基本人权权利是具有明显优越性的,具有优先性的法律价值。②

(一)国民健康权优先原则含义

1970 年美国《清洁空气法》的制定,国民健康优先理念得以法制化,辅之以司法判例的全面加固,最终成为美国空气污染治理的基本原则。该项原则首先要求政府承担保障公众健康的首要责任,其中包括应制定以健康为基础的环境空气质量标准,在防治空气污染过程中使公众健康压倒技术可行性和经济成本考虑。《清洁空气法案》(CAA)中通过国家环境空气质量标准条款;经济和技术上可行性不必考虑;关于新能源审查的规定,这三个方面充分体现 CAA 所要保护的公众健康优先的价值理念。③ 公众健康利益关系分别指向私人利益与公共利益。健康权包括个人健康权、群体健康权和公共健康权,公共健康权作为社会的共同利益具有人权上的天然合理性及优先性,国家对此负有尊重、保护和实现的义务。

国民健康权优先是指国民健康权基于公共健康利益,具有优先于任何个人的个体健康权的属性,即在一定条件下,限制个体自由权、自主权、隐私权等权利。这种优先权尤其体现在传染病防治过程中预防免疫、强制隔离、知情同意以及信息公开等方面。

(二)国民健康权优先原则表现形式

国民健康规制措施是在公共利益和私人权益之间寻求某种权衡,其规制目标和规制手段均具有公共性,国民健康规制措施往往要通过民主议会的制定方式形成有效法律,方能得到充分有效的实施。

---

① 《完善重大疫情防控体制机制　健全国家公共卫生应急管理体系》,《人民日报》2020 年 2 月 15 日。
② 黄亚倩:《药品专利保护与公共健康权的冲突与平衡》,重庆工商大学 2016 年硕士学位论文,第 27 页。
③ 李春林:《美国空气污染治理中的公众健康优先原则——兼论其对我国空气污染治理的启示》,《2014 年〈环境保护法〉的实施问题研究——2015 年全国环境资源法学研讨会(年会)论文集》,2015 年 7 月 17 日,第 170 页。

1. 国民健康权优先于个人健康权

国民健康权从公共健康角度的主要实现目标有以下六个方面：①预防流行病并防止疾病的传播；②保护人们免受来自环境的危害；③防止伤害；④促进与鼓励健康的行为；⑤应对灾难并协助社会的恢复；⑥保证健康服务的获得与较高质量。① 社会利益是一切公共政策的出发点和最终目的，公共健康是为公共社会的全体成员谋求健康福利，并尽可能地实现公共健康福利的最大化或最优化，即完成"整体健康利益"②。因此，公共健康整体利益原则要求将有限的医疗资源优先用于整体健康人群的疾病预防，而不是优先用于个体患者的治疗，"预防"的成本在绝大多数情况下都低于治疗，用于整体预防通常可以产生更大的社会健康收益。

国民健康权，作为公共健康权优先于个人健康权，但是原则上不应该侵犯个人健康权，二者应该是统一的。实践中，公共健康权与个人健康权冲突时，应坚持对个人健康权最小侵害的原则。如在传染病暴发流行时，政府采取的停产停业、停工停市以及限制公民人身自由等行为，这些行为既是强制性、必要性的行为，又要有适度性。这种适度性的最小的侵害前提必须是公共健康，是在保证公共健康效果前提下的最小侵害，并不要求选择无效的公共健康政策、措施。

2. 国民健康权优先于经济成本

确定发展规划和建设项目时，以保障公众健康作为最重要的考虑，优先于经济成本考量，我国宪法规定：保护和改善生活环境和生态环境，保障人体健康；促进经济和社会的可持续发展。人体健康只是公众健康的一部分，应当确立的是公众健康的优先地位，我国现在还是发展中国家，发展是生存权的要求，保护环境更是我们生存的基本条件，发展经济决不能成为污染环境的理由和借口，更不能以牺牲公众的健康为代价。党的十八大以来，习近平总书记一如既往地强调要抓好生态环境保护。绿水青山不仅是金山银山，也是人民群众健康的重要保障。良好生态环境是最公平的公共产品，是最普惠的民生福祉。

3. 国民健康利益优先于其他民事权利

2019 年底新冠肺炎疫情暴发后，全国各地先后启动重大突发公共卫生事件一级响应。采取了一系列措施：对疫情重灾区采取了封城的措施，对重点人群隔离、停止集会、停产、停课、停业等。这些措施有效地抑制了疫情的传播，但是也和一些公民个人权利产生冲突，如个人的人身自由权、公民受教育权、民事主体履行合同权利，甚至包括患者传染病以外非危急疾病的医疗救治权等。此时，公共健康权优先于其他权利。

国民健康以个人健康为前提和基础，指向的是全体社会成员的健康问题，而个人健

---

① Institute of Medicine, *The Future of Public Health*, Washington, D.G.: National Academy Press, 1988, p.9.

② 史军、王巍：《公共健康保障中的政府责任》，《河北学刊》2010 年第 1 期。

康指的是每个社会成员的健康问题。个人健康是个人自主的领域,从公共健康的角度,个人健康不仅是个人责任,同时也是社会责任。公共健康不仅在于保护个人不受他人不卫生或传染性疾病的影响,更在于提升和改善社会成员的居住卫生环境,维护和提升全体社会成员的健康素质。影响公共健康的因素,往往就是影响个人健康的因素,同时也可以反过来看,影响个人健康的因素,往往会成为影响公共健康的因素。①

公民享有自己的健康权利,不得损害社会公共利益。《欧洲人权公约》中的健康权因素表现为公共健康例外条款。这类条款也对健康权构成一体化的保护。虽然健康权属于个体权利,但其实质要求国家采取合理措施保护全体公民的健康。健康既包括个人健康也包括公共健康,在健康权的实现过程中如何协调两者之间的关系是一个关键命题。通常认为,公共利益优先于个人利益,以谋求社会全体成员共同福祉为目的的公共健康在健康权保护过程中也应优先得到实现。也就是说,公民个人即使是为了维护自己的健康权,也不得损害公共健康权益。如在新冠肺炎疫情防控中,个人健康权的维护不得有损于公共健康利益,个人的自由权、自主权、隐私权等权利受到限制;公共健康利益优先就体现在传染病防治过程中强制治疗、强制隔离、信息公开等方面。因此,突发公共卫生事件暴发时,公共健康权优先于其他权利。

四、国民健康权公平效率平衡原则

(一)国民健康权公平原则

1. 国民健康权公平的含义

公平,是一种基本的法律价值,它主要指公正,它的理想化状态是指平等,即给予同样的人同等对待的平等状态。

健康公平的产生与发展源于对人的保护,人类社会在漫长的进化演变中,出于生存的需要,不断增强了自我保护的意识,而这种保护正是人类社会繁衍生存、进步发展的根由。在我国生存权与健康权是宪法赋予公民的基本权利,也是人权的核心内容。公民健康状况的改善与提高是一个国家、社会发展进步的直接体现,医疗卫生问题是人类社会生存发展必须要解决好的最基本问题之一。因此,解决好健康公平问题关系到经济社会的协调发展,关系到广大居民群众的生活水平和生活质量,关系到国家乃至民族的未来。健康公平取决于医疗卫生资源的合理分配和基本公共卫生服务的均等化,如何合理分配有限的医疗卫生资源和提供可及性的基本公共卫生服务,就成为实现健康公平的内核。健康公平涉及四个方面:一是健康公平可以理解为一种结果公平,即公平最终应表现为人群健康状况的基本相似。二是卫生服务可及性公平,即保障所有人都能得到最基本的医疗服务。三是实际服务利用公平,即公平表现为具有相同医疗服务

---

① 龚群:《公共健康及其优先性》,《光明日报》2020年2月17日。

需求的人可以得到相同的医疗服务。四是筹资公平,指按照支付能力的大小支付医疗费用。[1]

国民健康权公平性指不同地域之间、城乡之间、不同人群之间、不同个体之间具有平等机会享有国家的基本公共卫生服务和基本医疗服务。这种公平性包括:卫生服务利用公平、健康保障筹资公平、健康状况公平、卫生信息对称公平。一些国内外学者对公共健康权公平性有不同的阐释,如国外学者 Gruskin 和 Braverman[2] 认为公平是一种基于分配正义原则的道德观念,健康公平就是减少实现健康不平等的机会;Bunker[3] 认为健康公平是国家和社会发展的归宿和重要目标之一;国内学者孟庆跃、严非认为健康公平是一种理想状态,即每个社会成员都有一个公平的机会发挥出足够的潜能;《阿拉木图宣言》认为健康权已成为人的最基本的权利。健康公平本质上是一种资源分配方式的理念和原则,健康公平具有的法律本质,要求法律上保障每个社会成员都能享有公平的健康权利。

影响健康公平的因素主要包括四个方面:第一,经济物质因素。英国健康公平研究小组(1997)发现,物质生活条件、收入、住房、工作等是造成健康不公平的主要原因,贫穷是造成社会阶层早死和预期寿命较低的主要原因。第二,社会资本因素。收入的不平等会导致贫困人口社会资本投资的下降,从而引起死亡率的增加;而社会资本状况差,反过来又严重限制了贫困人口的能力发展和贫困摆脱。贫困人口处在"贫困—低社会资本—更贫困"的恶性循环之中。[4] 第三,卫生服务利用过程因素。卫生服务利用的过程也影响健康公平,收入较低的人群比富裕人群花费较长时间到达医疗机构,候诊时间也长,很少能做到电话预约,而且医生对低收入人群咨询时间短、检查少。[5] 第四,卫生资源分配因素。福利主义认为,资源的分配应该根据人的需求和意愿来进行;在资源有限的条件下,能够满足大部分人的健康需求是合乎伦理的。[6]

党的十九大强调了公平的重要意义,会议指出中国特色社会主义进入了新时代,"让改革发展成果更多更公平惠及全体人民——社会主要矛盾已经转化为人民日益增长的美好生活需要和不平衡不充分的发展之间的矛盾",即公平是人民美好生活需要的一个重要内容。尽管政府在不断地制定政策,减少公共健康权保障中的不公平,但是

①　江启成:《兼顾公平与效益,构建农村健康保障制度》,《中国农村卫生事业管理》2009 年第 7 期。

②　Gruskin S.,Braverman P.,"Poverty,Equity,Human rights and Health",*Bulletin World Health Organ* 81,2003,p.539.

③　Bunker J.P.,et al.,"Improving Health:Measuring Effects of Medical Care",*The Milbank Quarterly* 72,1994,p.225.

④　Kawachi I.,Kennedy B.P.,Lochner K.,et al.,*Social Capital,Income Inequality,and Mortality*,1997,87(9):1491-8.

⑤　星一、郭岩:《健康公平的研究进展》,《国外医学(医院管理分册)》1999 年第 4 期。

⑥　朱伟:《卫生资源公平分配:权利的视角》,《伦理学研究》2009 年第 1 期。

在公共健康权保障中,不同地区之间的健康指标(如平均期望寿命、孕产妇死亡率、婴儿死亡率、慢性疾病患病率等)由于经济发展水平的差异,呈现不同的等级;不同人群的健康状况因贫富、享有医疗资源的多少等因素有所不同;城乡之间、不同城市人口之间的医疗保障也存在差异,这些都不同程度地体现出公共健康权的不公平。

2. 国民健康权公平的表现形式

(1)国民健康权公平体现为公民健康权的公平保障健康状况的公平性,即不同收入、种族、性别的人群应当具有同样或类似的健康水平。即公共健康的公平,是一种结果公平,即人群健康状况的基本相似。

当前我国卫生服务公平观的首要原则是平等原则。平等原则也称特定范围内的主体无歧视原则。罗尔斯在《正义论》中对平等原则的经典阐述是:"每个人对与其他人所拥有的最广泛的基本自由体系相容的类似自由体系,都应有一种平等的权利。"[①]即在特定范围内,只要个体之间平等地拥有某项权利,他们就在规则面前享有平等。由于规则公平本身是通过竞争性和排他性的市场价格机制在运作,起点差异会在规则公平的结果上得到反映。[②] 在卫生服务公平范围内,平等原则使得社会成员的种属尊严得到维护、生命健康的基本权利得到保证。WHO 的章程也指出:"健康是每个人的基本权利之一,每一个公民都应该享有卫生保健权利。"[③]

(2)国民健康权公平体现为每个公民的横向公平和纵向公平。横向公平是指具有同等支付能力的人应对卫生服务提供同等的支付,纵向公平是指支付应当与支付能力成正相关,即支付能力高的人应当多支付。

我国卫生服务公平还体现为对贫困群体的医疗救助。这种医疗救助制度进一步完善了对社会成员健康权和生命权的保障,保障了人权平等的重要内容,也是卫生服务公平性的关键措施之一。以医疗救助形式进行的补偿原则,其核心理念是维护社会公平,它可以改善社会流动或分层过程中弱势群体长远的健康预期,实现真正的健康权利平等和卫生服务机会均等。

(3)国民健康权可及性公平。即保障所有人都享有能够得到最基本的公共卫生服务和基本的医疗服务的权利。[④]

普及性原则是我国卫生服务公平观的重要原则。普及性原则代表的是国家依据个人和社会需要为所有公民提供社会福利的社会公民权利。普及性原则也是衡量制度安排社会公平程度的主要指标。普及性原则要求政府提供全民性、非商业化和平等性服

---

① [美]罗尔斯:《正义论》,谢延光译,上海译文出版社 1991 年版,第 6 页。
② 顾自安、王伟宜:《制度主义的公平观:一种"统合公平"》,《广东工业大学学报(社会科学版)》2006年第 2 期。
③ 白丽萍:《论卫生经济政策的伦理价值基础》,《中国医学伦理学》2005 年第 1 期。
④ 杜仕林:《健康公平的法律本质解读》,《河北法学》2009 年第 8 期。

务,从而实现社会公平的目标。社会平等、公平、需要和社会福利等公民权思想的主要内容是普及性原则的价值基础。普及性原则体现了机会均等的公平内容。基本医疗卫生服务是社会福利制度不可或缺的重要组成部分,也是具有普及性性质的全民福利服务,基本医疗卫生服务政策是社会政策框架体系的重要组成部分。① 因此,普及性原则就成为我国卫生服务公平观在社会功能上促进社会公平的一个基本原则。②

（二）国民健康权效率原则

效率,也称"效益",是评价法律作用积极与否的标准之一。其不仅指执法过程中的办事效率,而且指法律应该有助于生产力发展、社会财富积累和社会进步。效率原则要求紧急状态下的措施动作迅速、反应灵敏、处理得当。

效率的含义一般是在经济学意义上被使用的,它通常有两层含义:一是指生产效率,具体指单位时间内投入与产出的比值;二是指经济效率,也称"配置效率",具体指现有生产资源与它们所提供的人类满足之间的对比程度。公共健康权效率是指城乡居民对医疗服务的利用率。

美国医疗照顾拨款咨询委员认为,健康保障制度的效率就是指用较少的投入获得较高的产出,不仅是获得更多的医疗服务,而且是更多的恰当的医疗服务。而美国医学研究所将健康保障制度的效率定义为,根据给定的资源水平获得最高水平的医疗服务质量。以上个体机构对于健康保障制度效率的表述虽然略有差异,但是我们还是可以将其概括为在医疗资源确定的情况下使优质医疗服务产出最大化,或者在产出确定之条件下使成本最小化。这就是我们常说的生产效率。

（三）国民健康权公平、效率的平衡关系

"公平"和"效率"是我国国民健康事业最核心的一对对立统一的价值,这对价值影响国民健康事业的各个方面。如何在法律上正确体现公平与效率,一直是我国医药卫生体制建设和改革的根本任务之一。国民健康事业之所以奉行公平原则,是因为健康事务具有强烈的道德性、政治性和社会性,国民健康本身即为目的。

公平与效率一直是困扰政府行为的两难选择。要实现可持续发展,公共政策就必须体现公平与效率的结合,谋求公平与效率的平衡。"公平优先,兼顾效率"对可持续发展而言是不容忽视的。③

《"健康中国2030"规划纲要》提出公平公正。以农村和基层为重点,推动健康领域基本公共服务均等化,维护基本医疗卫生服务的公益性,逐步缩小城乡、地区、人群间

---

① 贺买宏:《我国卫生服务公平性研究》,第三军医大学2019年博士学位论文,第39页。
② 何国忠、罗五金、肖嵩:《综合卫生公平理论在卫生政策评价中的应用分析》,《医学与社会》2006年第12期。
③ 曾莉:《"公平优先,兼顾效率":构建我国公共政策的基本原则》,《辽宁行政学院学报》2006年第5期。

基本健康服务和健康水平的差异,实现全民健康覆盖,促进社会公平。该纲要同时指出:全民健康是建设健康中国的根本目的。立足全人群和全生命周期两个着力点,提供公平可及、系统连续的健康服务,实现更高水平的全民健康。要惠及全人群,不断完善制度、扩展服务、提高质量,使全体人民享有所需要的、有质量的、可负担的预防、治疗、康复、健康促进等健康服务,突出解决好妇女儿童、老年人、残疾人、低收入人群等重点人群的健康问题。要覆盖全生命周期,针对生命不同阶段的主要健康问题及主要影响因素,确定若干优先领域,强化干预,实现从胎儿到生命终点的全程健康服务和健康保障,全面维护人民健康。

卫生服务的公平与效率在本质上是对立统一的关系。非基本医疗卫生服务分配以效率原则为主导。卫生服务公平的发展依赖于卫生服务效率。效率的提高有利于社会用更多的资源来支持基本医疗卫生服务公平分配,同时也有利于个人健康权利的拥有和利用。没有效率或低效率,卫生服务公平就失去发展的物质基础,此时建立的卫生服务公平只是一种低水平的公平。同样,卫生效率也依赖于卫生服务公平。提高效率要以公平为目标,只有体现卫生服务公平,才能增加发展机会,创造良好的效率。[1] 效率与卫生服务公平发展不仅不应是矛盾的,而且应该能促进更高层次上的公平。

---

[1] 赵峰:《论卫生服务的公平与效率问题》,《中国医学伦理学》2003 年第 4 期。

第七章　便利性：医疗资源的供给

第一节　健康资源分配的便利性要求

一、作为公共健康权实现要素的便利性要求

便利性（Availability）是公众健康权实现的基本要素，也是医疗资源分配的出发点。《第14号一般性意见》第12段指出，"缔约国境内必须有足够数量的、行之有效的公共卫生和卫生保健设施、商品和服务，以及卫生计划。这些设施、商品和服务的具体性质，会因各种因素而有所不同，包括缔约国的发展水平。但它们应包括一些基本的卫生要素，如安全和清洁的饮水、适当的卫生设施、医院、诊所和其他卫生方面的建筑、经过培训工资收入在国内具有竞争力的医务和专业人员，和世界卫生组织必需药品行动纲领规定的必需药品"。因此，便利性要素要求国家应当向公众提供数量足够且行之有效的健康服务，以满足公众健康权需求。第17段指出，"创造保证人人在患病时能得到医疗照顾的条件"，包括身体和精神两个方面，一个重要的方面，要求平等和及时地提供基本预防、治疗、康复的卫生保健服务，以及卫生教育；定期检查计划；对流行病、一般疾病、外伤和残疾给予适当治疗，最好是在社区一级；提供必需药品和适当的精神保健治疗和护理。另一个重要的方面，是改善和进一步加强民众参与，提供预防和治疗保健服务。如卫生部门的组织、保险系统等，特别是参与社区和国家一级的有关健康权的政治决定。第36段明确要求，"各国必须保证医生和其他医务人员经过适当培训，提供足够数量的医院、诊所和其他卫生设施，促进和支持建立提供咨询和精神卫生服务的机构，并充分注意到在全国的均衡分布"。

《基本医疗卫生与健康促进法》第5条第2款规定："国家建立基本医疗卫生制度，建立健全医疗卫生服务体系，保护和实现公民获得基本医疗卫生服务的权利。"第15条规定："基本医疗卫生服务，是指维护人体健康所必需、与经济社会发展水平相适应、公民可公平获得的，采用适宜药物、适宜技术、适宜设备提供的疾病预防、诊断、治疗、护理和康复等服务。基本医疗卫生服务包括基本公共卫生服务和基本医疗服务。基本公共卫生服务由国家免费提供。"第29条规定："基本医疗服务主要由政府举办的医疗卫生机构提供。鼓励社会力量举办的医疗卫生机构提供基本医疗服务。"

二、我国新一轮医改对国家健康资源提供义务的强化

便利性是实现公共健康权的物质基础。公众健康权要求国家应当为公众提供足够数量、行之有效的健康资源特别是医疗资源,承担起健康服务供应的主要义务。

国家为什么有义务向公众提供健康资源,而不仅仅是尊重个体获得健康资源的自由?对此,公众健康权的消极权利观和积极权利观有不同的认识。公众健康权的消极权利观,要求在社会整体资源分配中对于个人健康资源必须予以尊重。它强调了每个人均享有的保障自身健康不受他人干预权利,防止国家运用各种理由不当剥夺个人的权利,或干预个人对于健康资源的选择。每个人基于其自由权利,可以在市场机制框架内寻求自己所需的医疗资源,更有利于社会资源分配的效率性、公正性。

积极权利观,如罗尔斯的正义理论,要求所有的社会基本善——自由和机会、收入和财富及自尊的基础——都应当被平等地分配,除非对一些或所有社会基本善的一种不平等分配有利于最不利者。[①] Norman Denials 对正义论的发展,以"机会公平平等"将健康引入为一种社会基本善。因此,健康资源应当被平等地分配,除非对其不平等分配有利于最不利者。因此,国家应当尽可能在社会整体资源分配中为公众提供健康资源并公平进行分配。

此种理念,正是支撑我国 1985 年以来医疗体制改革的基本指导思想,是对改革开放之前我国医疗保障体制反思的结果。中华人民共和国成立以来,与计划经济体制相结合,我国实行了高度集中的医疗卫生体制,在城市实行职工公费医疗,由政府和作为政府在经济领域内触角的"单位"为职工提供免费的医疗服务,在农村则推行由政府发动的合作医疗。不容否认的是,这种由政府包揽一切、漠视个人权利和需求的体制,在医疗资源分配上并没有取得成功,造成医疗资源来源单一,政府和企业不堪重负;医疗资源投入绝对量过低,医疗卫生服务水平较低,"看病难"问题严重;缺乏对资源分配的监督机制,医疗资源浪费严重;医院资源分配不均衡,地域差别、城乡差别、身份差别明显。

正是由于计划经济下的健康资源无法满足人民需要,我国才以 1985 年国务院批转卫生部《关于卫生工作改革若干政策问题的报告》为肇端,拉开了医疗体制改革的序幕。而这一报告的核心,就是如何调动医院的积极性,解决看病难、手术难、住院难这"三难",鼓励医院除了国家的投入,还要在市场化的进程中,以贷款等方式自筹资金发展医院,盖病房、扩大病床、买设备,解决医疗资源短缺的问题,其实质是通过强化公民个人在医疗资源分配中的能动作用,弱化国家在其中的角色,更多地运用市场手段解决健康资源分配问题。近 30 年的改革,也确实在很大程度上解决了原有的问题。

---

① [美]约翰·罗尔斯:《正义论》,何怀宏、何包钢、廖申白译,中国社会科学出版社 1988 年版,第302 页。

然而,这种以消极健康权伦理为基础、以彻底的市场化为表现的医疗体制改革,造成的结果是国家作为健康资源提供者的地位在不断弱化,个人医疗费用支出所占比重不断上升。例如1978年,政府支出占医疗费用支出的32.2%,社会支出占47.4%,个人支出占20.4%。随着医疗体制改革特别是医疗机构市场化的展开,虽然政府对医疗费用支出的绝对数字在增加,但在整个医疗费用支出中的比例却急剧下降。至2000年,政府支出仅占医疗费用支出的15.5%,社会支出占25.6%,个人支出占59.9%。① 与此同时,我国的医疗费用却不断增长,1990—2005年全国公立综合医院的平均门诊费用上涨了约12倍,平均住院费用上涨了约10倍,而同期城乡居民的平均收入仅仅上涨了约7倍和5倍。② 1990年城镇居民人均医疗保健支出仅占其消费性支出的2%,此后即一路攀升,到2005年这一比例达到7.6%,此后虽略有下降,但仍维持在7%以上。同期,农村居民医疗保健支出占消费性支出的比例也一直保持在6%以上。③ 国家从医疗资源分配中彻底抽身,造成了人民医疗负担过重,公民的健康权保障水平并没有伴随着我国经济的突飞猛进而获得同步提高。医疗资源分配的社会公正性也受到冲击。更为严重的是,这种资源分配的不公正,主要表现为对社会弱势者健康权利的忽视和剥夺。由于放任由市场对健康资源进行分配,市场的逐利性决定了医疗资源会向那些在社会、经济地位中处于优势的群体倾斜。

新一轮医改特别强调了国家和政府对于医疗资源的保障义务,强调“坚持把基本医疗卫生制度作为公共产品向全民提供的核心理念”④,从而实现医疗资源对于社会各阶层公众的平等分配,其核心是医疗保障体系走向全民覆盖,强化政府在医疗资源提供上的地位和作用,实现从“国家退出”(Withdraw of the State)到“国家的再介入”(Re-engagement of the State)。⑤

当然,在为我国新一轮医改提高了医疗资源分配的公正性而欢呼的同时,也不能将我们的医疗体制引回政府包办一切的老路上去。政府对于医疗资源的投入,来源于社会的一般税收,最终会转嫁到民众身上。而如何提高政府资源分配的效率和公正性,如何强化对医疗供需双方的约束,仍然需要加以进一步探索。

---

① 《2011年中国卫生统计提要》《2009中国卫生统计年鉴》,卫生部网站,见 http://www.moh.gov.cn/publicfiles/business/htmlfiles/mohwsbwstjxxzx/s2906/index.htm,2012年5月20日访问。

② 顾听:《全民免费医疗还是全民医疗保险——基于健康权保障的制度安排》,《学习与探索》2011年第2期。

③ 《2009中国卫生统计年鉴》,卫生部网站,见 http://www.moh.gov.cn/publicfiles/business/htmlfiles/zwgkzt/ptjnj/200908/42635.htm,2011年11月2日访问。

④ 国务院:《“十二五”期间深化医药卫生体制改革规划暨实施方案》,中华人民共和国中央人民政府网,见 http://www.gov.cn/zwgk/2012-03/21/content_2096671.htm,2012年5月1日访问。

⑤ World Health Organisation, The World Health Report 2008: Primary Health Care Now More Than Ever, Geneva: World Health Organisaiton, 2008.

三、健康资源应如何在个体之间进行分配

国家在对健康资源进行分配时需要面对的一个重要问题是如何在不同的个体之间进行分配的问题。功利主义认为,如果一个社会的主要制度能被安排得能够达到总计所有属于它的个人的满足的最大净余额,这个社会就是被正确组织的,因而也是正义的。① 对于如何分配健康资源而言,功利主义者认为,唯一的哲学基础就是以功利主义为基础的成本/收益(Cost/Benefit)分析机制。② 根据该机制,任何健康资源的分配政策均需对受影响的各方所可能付出的成本和可能获得的收益进行整体的评估和比较,只有在整体的收益大于成本时,这一政策才具有伦理上的正当性。这个问题,在南非宪法法院判决的"苏布拉莫尼诉卫生部部长案"中,得到了很好的体现。

本案中,原告患有永久性肾衰竭。他向一家国立医院寻求透析治疗,但遭到院方拒绝,理由是医院仅能给那些能够治愈的病人或者那些等待肾移植的病人做透析,而原告的病情无法治愈,不符合透析和肾移植的条件。原告根据南非宪法第27条第3款关于任何人不得被拒绝进行紧急医疗的规定,以及第11条每个人都享有生命权的规定,向宪法法院提起诉讼。法院认为,原告所患疾病为不治之症,对其进行透析,将不能挽回其生命,而透析作为一种资源,如由原告使用,将剥夺其他有望继续生存者的生存机会,从社会整体利益看,对原告提供医疗不利于实现社会利益的最大化。法院认为,公民平等地获得卫生保健的权利必须受到政府资源优先配置的制约,医院有权拒绝原告的请求。③

功利主义伦理受到作为义务论伦理(Deontological Ethics)的批判。康德认为,所有人基于其人道的美德,具有天生的尊严,因而作为理想的造物,应当受到不仅是别人,而且是自己的尊重。因而,绝对命令要求我们,应当将每一个人都作为我们行为的目的,而不仅仅是手段。

总结上述争论,我们认为在社会成员和不同的医疗需求之间分配健康资源应当遵循如下原则:

第一,在分配健康资源时应当避免过度向某些特定阶层、特定地域倾斜,而应当考虑到最大多数(功利主义)或者每一个社会成员(康德主义)的需求。这一点,对于我国健康资源的分配具有重要的意义。我国城乡、地域发展的巨大差异,健康资源分配的不均衡仍是当前健康权实现的巨大障碍。首先,城乡、地域健康资源分配不均衡现象严

---

① [美]约翰·罗尔斯:《正义论》,何怀宏、何包钢、廖申白译,中国社会科学出版社1988年版,第22页。

② Tom L.Beauchamp,Ruth R.Faden,"The Right to Health and the Right to Health Care",*The Journal of Medicine and Philosophy*,4(1979),p.127.

③ 郑智航:《论南非健康权的救济》,《西亚非洲》2009年第2期。

重。有限的健康资源向东部地区、发达地区、城市特别是大城市集中和倾斜。中西部地区、经济欠发达地区、农村医疗卫生条件依然比较薄弱。城乡之间在医疗服务水平、公共卫生服务能力、医疗保障覆盖的广度和深度等多方面还有很大差异。其次，医疗资源过度向大型医疗机构集中，中小医疗机构、基层医疗机构资源缺乏。大型医疗机构集中了资源、人才、设备优势，导致患者向大型医疗机构集中，无论何种疾病均直接到大型医疗机构治疗。新一轮医疗体制改革已经认识到此问题的重要性，并将通过公共卫生服务的城乡均质化保障城乡居民平等享有健康权利，和通过均衡分配医疗卫生资源保障各社会阶层的健康权利作为改革的重要目标。

第二，在社会成员之间进行医疗资源的分配时，我们应当关注资源分配的效率性，同时也要保障每个人享有资源的平等性，关注每一个个体的健康需求。如前文所述，健康资源是具有有限性的资源，在分配上应注意资源分配的效率性。功利主义将这种资源效率性的判断建立在多数人的利益之上，避免了为了少数人的利益而损害多数人利益的情形发生，但其本身也存在着难以克服的缺陷。功利主义使某些为了"作为实现所有人利益最大化的唯一可行方法"的不道德行为具有了合理性，同时也会引发分配的不正义。功利主义无法为一种每个人均享有的适当最低标准的医疗健康权利提供可靠的基础。例如，对于患有唐氏综合征的新生儿，他们智力发育迟缓，并常伴有各种并发症，终生需要大量的医疗资源。与此相反的是，他们对于社会可以衡量的贡献却是十分有限的。那么，根据功利主义的要求，为了保证所有人利益的最大化，可以牺牲这些人群的利益，以换取作为一个整体的所有人的利益最大化，即使这种医疗资源对于这些人群来说本身可以带来最大利益。① 而这种分配方式，恰恰是作为义务论的康德主义伦理所坚决反对的。康德主义认为，每个人均应当被看作是目的，而不仅仅是手段。如果仅因为某一类人的特殊健康需求需要较大的资源付出而否定其获得资源的合理性，就是仅仅把他人当作手段，因而是不正义的。康德主义要求我们，应当尊重每个人的健康需求，即使对于某些无法治愈的疾病，仍然应当给予资源上的安排。当然，满足每个人的健康需求并不意味着要穷尽一切资源，即不应将"最高标准的健康权利"理解为按需分配，否则将造成社会财富的透支乃至枯竭，最终损害的是所有人的健康权利。

第三，在健康资源的分配中，应当特别关注特殊群体的需求。根据 Norman Daniels 的"正常机会范围理论"，保持健康是任何人都应当平等享有的正常机会。然而，有多种原因会剥夺社会主体应当享有的正常机会。这种剥夺的形式包括两种基本类型，即自然剥夺和社会剥夺。自然剥夺，是由自然力引起的健康剥夺，如一些人生来患有严重的先天性或遗传性疾病，或患上致命性病症或受到伤害致残等。给这些健康机会遭受

---

① Allen E.Buchanan，"The Right to a Decent Minimum of Health Care"，*Philosophy and Public Affairs*，13（1）：55-78（1984）．

自然剥夺的人以照顾,是康德主义"像自己希望别人对待自己的方式一样对待别人"伦理的要求。社会剥夺,是某些人因社会原因,例如个人经济能力不足、认知能力有限,而影响其获得和保持正常机会的能力。如上文所述,在健康资源的整体分配中,个人和国家均需发挥作用。个人通过市场机制,以支付个人医疗费用的方式获得健康资源。国家,既负有尊重个人获得健康资源的义务即消极义务,也负有在整体上对于医疗资源进行再次分配的义务,即积极义务。当某些社会成员因为受到社会剥夺无法依靠个人获得适当的健康资源时,国家就应当发挥其调节作用,为这些人提供适当的健康资源。因而,无论是对于遭受自然剥夺的人还是遭受社会剥夺的人,国家均负有予以特别保护的义务。新的一轮医疗体制改革,突出了对社会弱势者在资源分配上的倾斜和保障。如不断扩大医疗救助对象范围,并通过政府出资、社会捐赠等多渠道筹资建立基金,解决无费用负担能力和危重病人发生的应急医疗救治费用,提高流动人口以及农村留守儿童和老人公共卫生服务可及性等。这些都是对遭受社会剥夺者所给予的特别照顾。制定和实施重特大疾病保障办法,利用基本医保基金购买商业大病保险或建立补充保险等方式,有效提高重特大疾病保障水平等措施,则是对遭受自然剥夺者的特别保护。

第二节　基本公共卫生服务

一、基本公共卫生服务的概念和意义

基本公共卫生服务,是指由疾病预防控制机构、城市社区卫生服务中心、乡镇卫生院等城乡基本医疗卫生机构向全体居民提供的公共卫生干预措施,主要目的是疾病预防控制。基本公共卫生服务范围包括:计划免疫、妇幼保健、院前急救、采供血以及传染病、慢性病、地方病的预防控制。基本公共卫生服务要打破城乡差别、地区差别、收入差别等差别,提高基本公共卫生服务的可及性和有效性,使公民无论其性别、年龄、种族、居住地、职业、收入水平,都能平等地获得优质的基本公共卫生服务,提高人民群众的健康水平。

获得基本公共卫生服务,是作为基本人权的健康权的要求。在1978年阿拉木图全球初级卫生保健会议上,世界卫生组织就提出了人人享有卫生保健的宏伟目标,即著名的阿拉木图宣言。2008年世界卫生组织发布了《初级卫生保健:过去重要,现在更重要》的年度卫生报告,再次重申了人人享有卫生保健的目标,并提出建立初级卫生保健体系过程中所应遵循的四大政策原则,即全民保健、以人为本的服务、有益的公共政策和领导力。[1]

---

[1] 《初级卫生保健:过去重要,现在更重要》,世界卫生组织网站,见 http://www.who.int/whr/2008/zh/,2014年11月25日访问。

二、我国基本公共卫生服务体系的建立和健全

中华人民共和国成立以来,我国的基本公共卫生服务从无到有,在很短的时间内,建立起了符合我国实际的城乡基本公共卫生服务体系,极大地提高了人民健康水平,多项人民健康和发展指标已经达到和超过中等发达国家水平。但是,基本公共卫生服务仍然存在城乡和地区差异较大,整体服务水平不高,政府投入不足,覆盖范围较窄等问题。特别是在1985年开始的医疗卫生市场化改革中,公共医疗服务受到过度市场化的冲击,导致了基本公共卫生服务无法充分满足人民群众的健康需求。提高基本公共卫生服务水平,为广大人民群众提供均等化的服务,成为医药卫生体制改革的重要内容。

2006年10月,党的十六届六中全会通过的《中共中央关于构建社会主义和谐社会若干重大问题的决定》,第一次明确提出了"建设覆盖城乡居民的基本卫生保健制度"的目标。2009年3月17日,中共中央、国务院发布了《关于深化医药卫生体制改革的意见》,拉开了新一轮医改的序幕。根据《意见》的要求,完善医药卫生四大体系是新一轮医改的首要任务,而公共卫生服务体系则是该四大体系之首。《意见》提出,要建立健全疾病预防控制、健康教育、妇幼保健、精神卫生、应急救治、采供血、卫生监督和计划生育等专业公共卫生服务网络,完善以基层医疗卫生服务网络为基础的医疗服务体系的公共卫生服务功能,建立分工明确、信息互通、资源共享、协调互动的公共卫生服务体系,提高公共卫生服务和突发公共卫生事件应急处置能力,促进城乡居民逐步享有均等化的基本公共卫生服务。要明确国家基本公共卫生服务项目,逐步增加服务内容。

同期由国务院发布的《医药卫生体制改革近期重点实施方案(2009—2011年)》,也将促进基本公共卫生服务覆盖城乡居民和均等化作为该阶段改革的重点目标之一。2013年11月,党的十八届三中全会通过了《中共中央关于全面深化改革若干重大问题的决定》,将"深化基层医疗卫生机构综合改革,健全网络化城乡基层医疗卫生服务运行机制"作为全面深化改革的内容。《"健康中国2030"规划纲要》中,"强化覆盖全民的公共卫生服务"成为优化健康服务的重要目标和要求。2019年12月颁布的《基本医疗卫生与健康促进法》第16条规定:"国家采取措施,保障公民享有安全有效的基本公共卫生服务,控制影响健康的危险因素,提高疾病的预防控制水平。"该法明确规定了公民享有基本公共卫生服务的权利,在基本公共卫生的立法史上具有里程碑式的意义。

三、基本公共卫生服务制度的内容

(一)基本公共卫生服务经费保障

基本公共卫生服务必须建立在公共卫生服务经费的有力保障之上。我国现阶段的

基本公共卫生服务主要由国家确定若干服务项目,免费向城乡居民提供。① 国务院《医药卫生体制改革近期重点实施方案(2009—2011 年)》首次规定,2009 年人均基本公共卫生服务经费标准不低于 15 元,2011 年不低于 20 元。中央财政通过转移支付对困难地区给予补助。2013 年,该项标准提高到 30 元。② 2014 年 5 月,国务院《深化医药卫生体制改革 2014 年重点工作任务的通知》,将人均基本公共卫生服务经费标准提高到 35 元。国家卫计委《关于做好 2019 年基本公共卫生服务项目工作的通知》规定,2019 年人均基本公共卫生服务经费补助标准为 69 元,新增 5 元经费全部用于村和社区。各地方在确保国家基础标准落实到位的前提下,可合理增加保障内容或提高保障标准,增支部分由地方承担。

(二)优化公共卫生服务内容

在服务内容方面,随着公共卫生服务能力的提高,应当逐步优化公共卫生服务内容。根据《国家基本公共卫生服务规范(第三版)》,当前我国的基本公共卫生服务内容主要包括:建立居民健康档案、健康教育、预防接种、儿童健康管理、孕产妇健康管理、老年人健康管理、高血压和 2 型糖尿病等慢性病患者健康管理、严重精神障碍患者管理、肺结核患者健康管理、中医药健康管理、传染病和突发公共卫生事件报告和处理、卫生监督协管等 12 类项目。同时,根据《关于做好 2019 年基本公共卫生服务项目工作的通知》,2019 年起将原重大公共卫生服务和计划生育项目中的妇幼卫生、老年健康服务、医养结合、卫生应急、孕前检查等内容纳入基本公共卫生服务。

(三)保障特殊群体享受基本公共卫生服务

高水平的基本公共卫生服务,对保护妇女、儿童、老年人等特殊群体的身心健康能够起到突出作用。以妇幼保健服务为例,中国政府实施了多项妇幼重大公共卫生服务项目,不断推进妇幼健康服务,提高妇女儿童健康水平,项目主要覆盖农村、集中连片特殊困难地区和中西部地区,重点在保障母婴安全、妇女儿童重大疾病防治、出生缺陷防治等方面加大力度。例如农村孕产妇住院分娩补助项目,自 2009 年以来国家累计投入资金 140 亿元,用于"农村孕产妇住院分娩补助项目",补助 4728 万名农村孕产妇,中国农村住院分娩率,已从 1985 年的 36.4%,提高到 2013 年的 99.2%,基本实现了与城市住院分娩率相当。再如农村妇女两癌检查项目。2009 年以来,国家对试点地区农村适龄妇女进行宫颈癌和乳腺癌检查,累计投入资金 10.9 亿元,为 3715 万名农村妇女进行了检查,累计查出患病妇女 4.6 万人。预防艾滋病、梅毒和乙肝母婴阻断项目。2003 年以来累计投入资金 37 亿元,检查 4698 万名孕产妇。增补叶酸预防神经管缺陷项目。

---

① 《什么是基本公共卫生服务均等化》,中华人民共和国国家卫生和计划生育委员会网站,见 http://www.nhfpc.gov.cn/tigs/s9664/200904/e9101fea898f4f10afb7215a0cca43b5.shtml,2014 年 11 月 20 日访问。

② 《2013 年人均基本公共卫生服务经费标准提高到 30 元》,中国网,见 http://news.china.com.cn/2013lianghui/2013-03/05/content_28132456.htm,2014 年 11 月 26 日访问。

2009 年实施以来,累计投入资金 6.32 亿元,为 4577 万名农村妇女补服了叶酸。我国神经管缺陷的发生率已经从围产儿出生缺陷发生顺位的第 3 位(2000 年,发生率 11.95/万),降到了第 9 位(2013 年,发生率 3.37/万)。这些公共卫生服务的提供,极大地提高了我国妇女儿童的健康水平。《中国妇幼健康事业发展报告(2019)》指出,我国孕产妇死亡率从 1990 年的 88.8/10 万,下降至 2018 年的 18.3/10 万,较 1990 年下降了 79.4%。2018 年农村和城市孕产妇死亡率分别为 19.9/10 万和 15.5/10 万,城市与农村孕产妇死亡率之比从 1990 年的 1∶2.2 降至 2018 年的 1∶1.3。新生儿死亡率、婴儿死亡率和 5 岁以下儿童死亡率分别从 1991 年的 33.1‰、50.2‰和 61.0‰,下降至 2018 年的 3.9‰、6.1‰和 8.4‰,分别下降了 88.2%、87.8%和 86.2%。[①]

（四）关注流动人口获得基本公共卫生服务的权利

伴随着我国经济社会发展和城镇化的进程,流动人口的数量不断增加。这些流动人口,特别是从农村流动到城市居住的农村人口所获得的基本公共卫生服务,与城镇户籍人口相比还有明显的差距。如何保障流动人口充分、平等享受基本公共卫生服务成为保障公民健康权利的重大问题。党的十八大和十八届三中全会提出,要探索建立流动人口卫生和计划生育基本公共服务制度。根据这一决定,2013 年 12 月国家卫生计生委在全国的 40 个城市启动了流动人口卫生计生基本公共服务试点工作,取得了较好的成效,体现在:第一,健全和完善了服务项目,提高了保障水平。在服务内容方面,除了将建立健康档案、开展健康教育、预防接种、传染病防控、妇幼保健以及计划生育服务列为试点工作的基本项目,一些城市还在流动人口中拓展慢病、老年保健、中医药等服务项目。第二,初步形成信息的引导支撑机制。各地加强对流动人口各项服务情况的摸底调查,改进和完善流动人口服务信息统计制度,努力实现有关业务信息共享和应用,为推进流动人口基本公共卫生服务提供数据支撑。第三,建立经费保障体系。大部分试点城市明确参照户籍人口标准,将常住流动人口基本公共卫生计生服务经费纳入当地财政预算,探索建立符合本地经济社会发展状况的均等化服务经费保障机制。

四、我国基本公共卫生服务中存在的不足和发展方向

中国政府积极推动基本公共卫生服务的均等化,不断提高人民群众获得卫生服务的可及性、便利性和平等性,在保障人民健康权利上取得了非凡的成就。当然,我们也看到,由于中国幅员辽阔,人口众多,城乡差别、地域差别巨大,基本公共卫生服务保障水平与发达国家相比仍有差距。

---

① 《中国妇幼健康事业发展报告(2019)》,国家卫生健康委员会网站,见 http://www.nhc.gov.cn/fys/s7901/201905/bbd8e2134a7e47958c5c9ef032e1dfa2.shtml,2020 年 2 月 9 日访问。

（一）基本公共卫生服务的地区差异

我国各地区之间在经济社会等各方面发展不平衡，这种不平衡也体现在各地政府向本地居民和流动人口提供基本公共卫生服务的能力和内容上。整体而言，我国经济发展较快的地区，公共服务能力较强，反之亦然。在基本公共卫生服务上，集中体现在资金、医疗卫生机构的数量和能力以及卫生技术人员的数量方面的差异。当前，我国的医疗资源主要分布在经济比较发达的东部地区。这种医疗资源分布上的差距，势必影响医疗机构为人民群众提供基本公共卫生服务的能力。

医疗资源和公共卫生服务能力上的地区差别，一方面是基于长期以来我国在医疗资源地域配置上的不合理，另一方面是因为各地区经济发展水平上的差异。经济发达地区，由于资金、技术等多方面的优势，必然可以吸引更多、更好的医疗资源，从而引发资源分配上的市场失灵。对此，应当坚持中央政府对于医疗资源特别是公共卫生资源的统一配置，明确中央和地方政府在提供公共卫生服务中的职责与事权划分，通过中央政府和地方政府的一般性转移支付和专项转移支付，从根本上克服资源分配上的不均衡。同时，应当规范转移支付体制，推动转移支付的法制化，防止转移支付中的随意化和权力寻租。

（二）城乡基本公共卫生服务差距

城乡差别是我国面临的重大发展问题。由于农村在公共卫生服务上的投入欠缺和基础薄弱，仍有很多农民难以享受到应有的公共卫生服务，增大了农民的健康风险，造成了农村传染病、流行病、地方病的发病率明显高于城市，因不良生活习惯和缺乏健康教育和疾病预防而致病的情况也多于城市。今后，要继续加大对于农村地区公共卫生服务的投入，以城镇化建设为契机，大力推动城乡一体化，特别是公共服务的城乡一体化，在基本公共卫生服务的保障和供给中，不再走城乡二元化的路子。要充分保护流动人口，特别是从农村向城市流动人口充分、平等地享受基本公共卫生服务的机会和能力，实现公共服务的属地化，不以城乡身份作为分配公共卫生资源的依据，真正实现公共卫生资源公平、公正的分配。

（三）基本公共卫生服务法制化不足

我国对于基本公共服务均等化的推动，主要是依靠政策、文件的形式展开。《基本医疗卫生与健康促进法》的颁布，对保护和实现公民获得基本公共卫生服务的权利具有重要意义。为实现公共卫生服务的法治化，也出台了《传染病防治法》《母婴保健法》《食品安全法》《精神卫生法》等专门法，仍需要制定全面涵盖基本公共卫生服务的立法，明确规定基本公共卫生服务的内容、范围、权利主体，并将基本公共卫生服务中的资源分配和服务供给纳入法制化轨道。例如，应当以立法形式明确规定政府基本公共卫生服务的费用标准。该标准应当符合我国现阶段经济发展水平，并随着社会发展而及时进行调整。

"有权利必有救济"，缺乏救济途径的权利，不是真正的权利。应当赋予公民基本公共卫生服务权利的司法救济途径，通过行政诉讼对政府公共卫生服务课以司法审查，督促各级政府更好地履行其服务提供职能。[①]

（四）公共卫生服务内容有待进一步增加

基本公共卫生服务涉及范围广泛，包含了母婴保健、传染病防治、精神卫生管理、慢性病管理、健康素养提升、食品饮用水安全等多个方面。近年来，我国不断扩大国家基本公共卫生服务项目和重大公共卫生项目的范围，各地也根据自身实际，进一步增加公共卫生服务的内容。但仍有一些公共卫生服务内容没有全面纳入到服务范围中。今后，应该根据我国人口健康需求的发展，不断丰富公共卫生服务内容，以充分保护人民的健康权利。

第三节　医疗卫生服务体系与公立医院改革

一、建立健全医疗服务体系的意义

（一）医疗服务和基本医疗服务的概念和特征

医疗服务是指为了维护健康，治疗伤病所需要的诊断、治疗、护理、康复等服务。《基本医疗卫生与健康促进法》第 15 条规定："基本医疗卫生服务，是指维护人体健康所必需、与经济社会发展水平相适应、公民可公平获得的，采用适宜药物、适宜技术、适宜设备提供的疾病预防、诊断、治疗、护理和康复等服务。基本医疗卫生服务包括基本公共卫生服务和基本医疗服务。基本公共卫生服务由国家免费提供。"

从该条规定看，该法将医疗服务分为基本医疗服务和其他医疗服务。基本医疗服务的特点在于其必需性、有限性和公益性。

必需性，是指基本医疗服务的服务目的是解决公众必需的健康需求，超过该范围的其他健康需求不属于基本医疗服务的范围。这是由医疗资源功能和效果上的非齐律性、需求上的偏好性所决定的。

有限性，是指基本医疗服务仅包括与经济社会发展水平相适应的医疗服务，超出此范围的医疗需求不属于基本医疗服务的范围。这是由医疗资源分配上的有限性所决定的。

公益性，是指提供基本医疗服务是国家保障公民健康权的义务之一，应当由国家承担供应义务。国家主要通过开办公立医疗机构和鼓励其他医疗服务提供者提供基本医疗服务的形式满足公众需求。《基本医疗卫生与健康促进法》第 29 条规定："基本医疗

---

① 陈云良：《基本医疗服务法制化研究》，《法律科学（西北政法大学学报）》2014 年第 2 期。

服务主要由政府举办的医疗卫生机构提供。鼓励社会力量举办的医疗卫生机构提供基本医疗服务。"即体现了基本医疗服务的公益性质,以及国家和政府提供基本医疗服务的义务。

(二)建立健全医疗服务体系是保障公众健康权的重要内容

医疗服务需要通过医疗服务体系满足供给。一个体系完整、分工明确、功能互补、密切协作、运行高效的医疗卫生服务体系是保障公民健康权利获得实现的核心物质保障。国家负有建立健全此种医疗卫生服务体系的义务。《基本医疗卫生与健康促进法》第5条规定:"公民依法享有从国家和社会获得基本医疗卫生服务的权利。国家建立基本医疗卫生制度,建立健全医疗卫生服务体系,保护和实现公民获得基本医疗卫生服务的权利。"第34条规定:"国家建立健全由基层医疗卫生机构、医院、专业公共卫生机构等组成的城乡全覆盖、功能互补、连续协同的医疗卫生服务体系。"上述规定将建立健全医疗卫生服务体系作为保护和实现公民健康权的重要内容,同样突出了国家在构建医疗服务体系中应当发挥的核心作用。

二、我国医疗服务体系建设中的成就和不足

(一)医疗服务体系建设的成就

新中国成立以来,我国医疗服务体系建设取得了巨大的成就。新中国成立前,中国的医疗卫生体系十分薄弱,全国仅有医疗卫生机构3670个,卫生人员54.1万人,卫生机构床位数8.5万张,人均预期寿命仅有35岁。为尽快改变这种状况,国家大力发展医药卫生事业,逐步建立起较为完善的医疗服务体系,不断满足人民群众日益增长的健康需求。特别是2009年国家启动实施新一轮医药卫生体制改革以来,确立把基本医疗卫生制度作为公共产品向全民提供的核心理念,进一步明确公共医疗卫生的公益性质,提出建立公共卫生、医疗服务、医疗保障、药品供应"四大体系"和医药卫生管理、运行、投入、价格、监管、科技和人才、信息、法制"八项支撑",加快基本医疗卫生制度建设,推动了医疗服务体系的加快发展,特别是突出了基层医疗卫生服务体系建设。

经过70年的发展,我国医疗卫生服务体系资源要素持续增加。到2018年末,全国医疗卫生机构总数达997434个,比上年增加10785个。全国医疗卫生机构床位840.4万张,其中,医院652.0万张(占77.6%),基层医疗卫生机构158.4万张(占18.8%)。医院中,公立医院床位占73.7%,民营医院床位占26.3%。每千人口医疗卫生机构床位数由2017年的5.72张增加到2018年的6.03张。全国卫生人员总数达1230.0万人,比上年增加55.1万人(增长4.7%)。每千人口执业(助理)医师2.59人,每千人口注册护士2.94人;每万人口全科医生2.22人,每万人口专业公共卫生机构人员6.34人。在医疗服务量上全国医疗卫生机构总诊疗人次达83.1亿人次,居民到医疗卫生机

构平均就诊 6.0 次。① 在医药卫生人才队伍建设方面,我国已构建起全世界规模最大的医学教育体系。截至 2016 年底,全国共有 922 所高等医学院校、1564 所中等学校开办医学教育,硕士授予单位 238 个、博士授予单位 92 个,在校学生总数达 395 万人,其中临床类专业在校生达到 114 万人、护理类专业在校生达到 180 万人。

(二)医疗服务体系建设的不足

1. 医疗服务资源分配不均衡仍较严重。城乡、地域医疗服务资源分配不均衡现象严重。有限的医疗资源向东部地区、发达地区、城市特别是大城市集中和倾斜。中西部地区、经济欠发达地区、农村医疗卫生条件依然比较薄弱,设备老化,经费不足,缺乏高素质专业医务人员,人才流失严重。

2. 基层医疗服务资源不足。由于三级医疗体系建设尚未完善,医疗资源过度向大型医疗机构集中,中小医疗机构、基层医疗机构资源缺乏。由于大型医疗机构集中了资源、人才、设备优势,导致患者向大型医疗机构集中,无论何种疾病均直接到大型医疗机构治疗,造成"大医院吃不了,小医院吃不饱"的现象。

3. 医疗服务能力还有欠缺。我国在人均医务人员数量、人均床位数等衡量医疗服务资源水平的重要指标上,与发达国家还有较大差距。

4. 医患矛盾较为突出影响医疗服务能力。医疗体制改革以来,由于医疗机构运作的过度市场化倾向等原因,医疗机构、医务人员与患者之间产生了复杂的利益冲突。一方面,部分医疗机构和医务人员不再将治疗患者疾病作为诊疗活动的根本目的和基本原则,反而将自身的经济利益放在首要位置。另一方面,由于医药费用的不断高涨,患者对于医疗费用的不满引起了对医疗机构和医务人员的不满。传统的医患信任关系的瓦解,医患关系日趋紧张,严重影响了正常的医疗秩序,也影响了患者享受健康权利的机会。新医改方案提出以来,基于对于医疗卫生事业公益性的认识和国家对医疗卫生事业投入的加大,"看病贵"问题有所缓解,医疗环境得到净化,医疗行为回到以患者为中心的轨道上来,医患关系有所缓解。但是,整体而言,医患关系仍然较为紧张,医患冲突甚至伤医事件仍时有发生,影响医疗服务体系特别是医务人员队伍的稳定。

三、公立医院改革医疗服务供应

(一)公立医院在我国医疗服务体系中的地位和作用

顾名思义,公立医院是由各级政府设立的医院,是我国医疗服务体系的主体和核心力量。截至 2018 年,在全国 3.3 万个医院中,公立医院共有 12032 个,民营医院 20977 个,公立医院床位占 73.7%,民营医院床位占 26.3%。2018 年公立医院诊疗

---

① 《2018 年我国卫生健康事业发展统计公报》,国家卫生健康委员会网站,见 http://www.nhc.gov.cn/guihuaxxs/s10748/201905/9b8d52727cf346049de8acce25ffcbd0.shtml,2020 年 2 月 5 日访问。

人次 30.5 亿人次(占医院诊疗人次总数的 85.2%),民营医院 5.3 亿人次(占医院诊疗人次总数的 14.8%)。① 公立医院在服务能力和服务数量上的压倒性优势,决定了其在我国医疗卫生体系中的基础地位。

(二)当前公立医院存在的不足

然而,长期以来形成的公立医院在管理模式、资源配置、服务方式等方面的问题和不足,成为我国医疗卫生体制中的一大难题,远远不能满足人民群众日益增长的健康需求,"看病难、看病贵"成为医疗服务中的主要矛盾。

1. "看病难"制约了公民公平获得医疗救助权的实现。"看病难",表现在看专家难,候诊时间长,住院病床不足等,其实质是优质医疗资源的便利性差,影响到公民公平地获得医疗救助。"看病难"产生的根本原因,在于公立医院的布局不合理,医疗资源分配过于集中。长期以来,我国的公立医院医疗资源在布局上过度向大城市、发达地区、大型医院倾斜,导致医疗资源的分配极度不均衡,表现为:布局方面,公立医院总体布局不合理,条块分割、交叉重叠,城乡、区域发展严重不平衡;层次方面,分工协作体系不健全,基层服务能力薄弱;结构方面,部分服务领域如老年护理、康复、精神卫生等比较薄弱。

2. "看病贵"限制了公民获得药物救助的权利。"看病贵",表现在医药服务,特别是药品价格过高,超出了一般社会公众的承受能力,造成贫困人口和医疗保障覆盖水平较低的人口,因医疗费用问题限制了其获得医疗服务的可能性,乃至出现了"因病致贫"的现象。究其原因,是在之前的医疗改革中,未能确立和全面贯彻公立医院的"公益性"属性。公立医院,由各级政府以财政税收建立和运营,理应服务于社会大众,体现国家税收取之于民、用之于民的公益性质。然而,由于我国在市场经济改革初期资源短缺,医疗保障体制改革走了一条畸形市场化、医疗机构营利化的道路。这导致了在我国作为医疗服务主力军的公立医院,一方面接受政府资金的支持,另一方面将医疗服务作为营利项目来经营,形成了以药养医、高收费等现象,使公立医院的公益性无从得到体现,加剧了人民群众"看病难、看病贵"的情况。

3. 公民的医疗选择权受到制约。公民现有的医疗选择权,是以各种医疗服务机构的充分发展和市场化竞争为前提的。然而,我国当前的医疗服务市场,公立医院一家独大,利用紧靠政府的"公立"地位及其市场中的营利性与支配性,在政府与市场的双重体制中左右逢源,确立和不断强化其在医疗服务市场中的垄断地位,严重压缩了其他医疗服务机构生存和发展的空间。而公立医院本身管理模式落后,在体制上职责不清、权责不明,多重的管理体制造成管理成本高企。医院缺乏自主权,医疗服务成本被人为低

---

① 《2018 年我国卫生健康事业发展统计公报》,国家卫生健康委员会网站,见 http://www.nhc.gov.cn/guihuaxxs/s10748/201905/9b8d52727cf346049de8acce25ffcbd0.shtml,2020 年 2 月 5 日访问。

估,医疗服务不能体现其应有价值,使现有的医疗价格体系无法反映医疗服务成本和供需变化,并迫使医院和医务人员通过"以药养医"解决医疗成本问题。医院内部管理模式落后,医疗人事制度与医疗服务活动的特征不相符,上下级医疗机构之间医务人员缺乏流动,导致医疗人力资源配置失衡。

（三）我国公立医院改革的措施和步骤

我国强调公立医院回归公益性起源于公立医院改革,最深层次的原因是针对公立医院过分追求经济利益提出来的。改革应采取以下措施：

1. 全面推开公立医院综合改革,公立医院全部取消药品加成。我国从 2010 年开始在 16 个城市开展公立医院综合改革。破除以药补医,取消药品加成,降低医用耗材和大型医用设备检查检验价格,提高诊疗、手术、护理等体现医务人员技术劳务价值的项目价格；控制公立医院医疗费用不合理增长。公立医院综合改革的重点是破除"以药补医"机制,取消实行了 60 多年的药品加成政策,患者就医负担持续下降,个人卫生支出占卫生总费用比重从医改前的 40.4% 降至 2016 年的 30% 以下,截至 2017 年 9 月底,全国所有公立医院已全部开展综合改革,逐步建立起维护公益性、调动积极性的公立医院运行新机制,缓解群众"看病贵、看病难"。

2. 建立以质量为核心、公益性为导向的医院考评机制。大型公立医院绩效考核指标体系,将包括公益性和社会评价、医疗服务、财务管理与绩效、学科建设与人才培养等六方面的内容。

3. 建立现代医院管理制度,不断完善公立医院治理机制和内部科学管理体制,进一步加强党的领导。公立医院的根本目标是为全体社会成员提供公平、可及的基本医疗服务,重在保障公益性。因此,逐步建立维护公益性、调动积极性、保障可持续的运行新机制,公立医院公益性明显强化,是新时期公立医院改革的方向。公立医院在回归公益性的过程中,可以缓解当前社会医患双方日益紧张的关系。

（四）公立医院改革的目标与方向

1. 进一步明确政府发展公立医院保障公民医疗权利的义务。公立医院改革,一方面强化了各级政府举办和发展公立医院的义务,另一方面又强调"管办分离",避免公立医院成为政府的附属部门。这就对如何明确各级政府在公立医院管理上的职能定位在制度和法律上设置了难题。对此,要借鉴国外先进经验,充分调动社会力量,依靠现代法人治理结构管理公立医院。公立医院的管理层应当不再是政府下设机构,而应当是具有专业性和独立性的管理团体,其中应当包括作为出资人的政府的代表,医院医务工作者的代表,以及医院所服务的社区和人群的代表。

同时,随着我国医疗保障体制改革的完善,城镇职工医疗保险、城镇居民医疗保险、新农合这三种全民医疗保障已经成为医疗服务的最大购买者。地方各级政府,既是作为主要医疗服务提供者的公立医院的开办者,也是其所提供服务的主要购买者,这种服务提供者与服务购买者合一的情况,可能会引发利益上的冲突,例如医疗服务提供者为了自身的利益提高服务价格,或者向患者提供不必要的高价服务,从而在整体上损害对医疗保障经费的控制。为此,应当注意此种身份的分离,将医疗机构开办者和医疗保障经费管理者的职责由不同层级的政府承担。

2. 与医疗保障体制改革紧密结合,实现保障公民健康权利整体目标。公立医院改革,是医疗卫生改革的重要组成部分,与医疗卫生改革的其他内容,特别是医疗保障体制改革必须相互协调、相互保障,方能实现保障公民医疗权利的共同目标。公立医院改革,可以确保医疗机构所提供的医疗服务具有有效性、便利性、公正性;而医疗保障体制改革,则可以保障医疗服务对于人民群众健康需求的可及性。没有公立医院改革做保障,就会造成医疗资源的过度使用乃至浪费,最终会使医疗保障体制难以为继。同时,通过合理地设计医疗保障体制,可以从医疗费用支出的环节严格控制医药费用,避免社会整体医疗成本的过高。在公立医院价格改革中,应当同时尽快推动城镇职工医疗保险、城镇居民医疗保险等医疗保险尽快实施付费方式的改革,在费用总量控制的基础上,推行人头付费(Capitation Payment)和按病种付费制度等付费机制,以激励医院节约医疗经费资源,并从根本上断绝公立医院通过医药营利的可能性。在这个问题上,其他国家的经验,如泰国在其全民健康保险中采用的按人头付费为基础的总额支付(Global Budget)加诊断相关组(Diagnoses Related Groups, DRG)权重住院费用调整的模式值得我们借鉴。①

3. 通过保障患者投诉建议权强化对公立医院考核与监督。从各地试点情况看,加大公立医院投入,必须同时加强对公立医院的监管,才能提高政府投入的效益,提高医疗资源利用效率。在对公立医院的考核中,应当彻底摒弃市场化的倾向,不再将赢利情况作为衡量医院、医务人员工作业绩的指标,而应当将医院和医务人员所提供医疗服务的数量和质量作为考核的主要指标,将保障和实现患者医疗权利的情况作为考核公立医院业绩指标。为此,应当加强患者的监督,特别是保障患者投诉建议权的实现,建立患者投诉和建议机制,及时收取和分析患者意见,使患者的满意度成为决定公立医院工作情况的主要依据。

4. 推动非公立医疗机构发展,实现医疗资源的多元化。积极推动公立医院改革,并不是否定非公立医疗机构在医疗服务中的地位和作用。当前,我国非公立医疗机构发展迅速。非公立医疗机构,正日益成为我国医疗服务体系重要的组成部分。在公立医院改革中,要遵循对于公立医院和非公立医院平等对待的原则,促进非公立医院的快速发展,最终形成以公立医院为骨干,公立医院和非公立医院协调发展的医疗服务体系。

----

① Thailand's Universal Coverage Scheme, Achievements and Challenges: An Independent Assessment of the First 10 Years(2001-2011), Nonthaburi, Thailand: Health Insurance System Research Office, 2012, p.39.

对此,《"健康中国 2030"规划纲要》提出,应优先支持社会力量举办非营利性医疗机构,推进非营利性民营医院与公立医院同等待遇。

5.关注医务工作者的利益,实现公民医疗权利。公民的医疗权利,最终有赖于医务工作者的专业服务才能得以实现。公立医院改革,就是要改变原有的不符合公立医院属性和不能为社会公众提供充分、普遍医疗服务的旧有体制。在这种体制下,医务工作者的专业性劳动并未得到充分尊重,不能实现其应有价值,从而迫使医院、医务工作者走了以药养医的道路。要改变这种情况,必须在进行医药分离改革的同时,赋予医院和医务工作者以充分的自主权,建立合理的医疗服务价格体系、补偿体系、分配体系,尊重专业技术能力所应具有的价值。只有这样,才能保障医疗事业的长期稳定和可持续发展,激励医院和医务人员回归其公益服务的本质,从根本上解决公立医院存在的过度市场化的问题。

6.公立医院改革应实现以保障公民医疗权利为基础的法制化。公立医院改革是保障公民医疗权利的重要步骤,涉及政府职能转变、财政体系改革、医疗保障制度改革、人事制度改革等方方面面,既有一个地区横向层面的问题,也有各个政府部门纵向管理体制的问题。特别是改革进入深水区后,必将触动各个不同的利益群体的利益。这些问题,往往是某一城市、某一县域自己所无法解决的。这也是当前试点中对某些比较容易入手的问题改革得多,比较困难的问题解决得少的重要原因。对此,除了在总结试点经验教训的基础上尽快启动全面公立医院改革外,尽快将公立医院改革纳入法制化轨道,在法律层面上推动改革是当务之急。纵观世界各国医疗体制的重大改革,无一不是从保障公众健康权的理念出发,以人权带动立法的发展,进而推动改革的全面展开。只有这样,才能使改革可以突破旧有体制和既得利益的束缚,实现所设定的目标,并保障改革措施的规范化与合法化。当然,对于公立医院体制改革的立法,应当考虑到我国各地经济社会发展水平差异极大的现实,在具体的改革措施上具有弹性,通过改革以最终实现全国医疗服务均质化的目标。

第八章　可负担性：医疗保障体制

第一节　国家建立医疗保障体制的义务

一、健康权的可负担性要求

可负担性（Affordability），或者说经济上的可及性（Economic Accessibility）是指卫生设施、商品和服务必须是所有人能够承担的（《第 14 号一般性意见》第 12 段）。该段要求，卫生保健服务以及与基本健康要素有关的服务，收费必须建立在平等原则的基础上，保证这些服务不论是私人还是国家提供的，应是所有人都能承担得起的，包括社会处境不利的群体。公平要求较贫困的家庭与较富裕的家庭相比，不应在卫生开支上负担过重。据此，《第 14 号一般性意见》第 36 段将"提供所有人都能支付得起的公共、私营或混合健康保险制度"作为国家对健康权实现义务的内容之一。

二、国外的医疗保障制度及其类型

为满足国民的健康需求，保障健康资源的可负担性，很多发达国家和部分发展中国家逐步建立了自己的医疗保障制度。当前，世界各国医疗保障模式主要包括国家（政府）医保模式、社会保险模式、商业保险模式和混合保险模式。

（一）国家（政府）医保模式

国家（政府）医保模式是由政府以公共税收作为为全民提供医疗保障的主要经费来源，"医保以福利方式向全民提供，通过高税收方式筹资"[1]。在这种模式下，民众就医免费程度最高，且除了纳税之外，无须为医疗再缴纳任何保险费用或者自行付费。这应当是覆盖程度和深度最高的医疗保障，典型国家包括英国、北欧各国以及加拿大各省。多数实行国家（政府）医保模式的国家，也允许和鼓励社会公众个人通过购买商业性补充保险，以满足自身多元化的医疗需求。

（二）社会保险模式

社会保险模式是由政府、雇主、雇员共同缴纳费用建立社会保险基金，承担民众医

---

[1]　李红梅等：《免费医疗国家原来只是少数》，《人民日报（海外版）》2012 年 3 月 26 日。

疗费用的模式,典型国家为德国、日本等。在社会保险模式下,存在各种不同的社会保险系统,公众个人及其雇主应参与不同的方案,国家提供适当的补助。

（三）商业保险模式

商业保险模式主要是由民众个人参加商业保险作为提供医保费用的主要手段,典型代表是美国。商业保险模式造成有相当比例的民众没有任何医疗保障。2010 年 3 月在时任美国总统贝拉克·奥巴马的推动下,美国国会通过了《患者保护与平价医疗法案》(Patient Protection and Affordable Care Act,PPACA、ACA),其主要内容是所有美国公民都必须购买医疗保险,否则将需要缴纳一笔罚款,除非因宗教信仰或经济困难的原因而被豁免。但该法案通过后在司法和立法上受到反复挑战。

（四）混合保险模式

混合保险模式是上述两种或者多种医疗保障模式的结合。例如,泰国为了改变超过三分之一人口缺乏医疗保障的情况,于 2002 年 11 月通过《全国健康保障法》(National Health Security Act)建立了全民健保计划(Universal Coverage Scheme,UCS),实现了对全体国民医疗需求的全面覆盖。但是,由于泰国之前已经存在面向国家公务人员的"公务人员医疗保障方案"(Civil Servant Medical Benefit Scheme,CSMBS)和覆盖范围为私营企业雇员的"社会保障方案"(Social Security Scheme,SSS),最终形成了以UCS 为主,3 种医疗保障共同覆盖全民的医疗保障体制。

（五）上述模式的比较

几种模式相比较,在保障人民的健康权利的角度,国家（政府）医保模式具有较大的优越性,在保障医疗服务的可获得性方面更是如此。2010 年,OECD(经合组织)对发达国家因无力支付医疗费用导致的不能满足医疗需要情况进行的调查发现,实行国家（政府）医保模式的英国,因费用问题无法满足医疗需求的比例最低,仅为 4%,其他比例较低的国家如荷兰、瑞士、瑞典等也采用国家（政府）医保模式。采用社会保险模式的德国,其比例则为 17%/27%(高于平均收入者/低于平均收入者),而采用完全商业保险模式的美国在所有发达国家中表现是最差的,因费用问题而不能满足医疗需求的比例,在高于平均收入的人口中占 20%,在低于平均收入的人口中占 39%。[1] 在通过多种医疗保障体制实现全民健康保障的泰国,因费用问题无法满足医疗需求的比例高于英国、瑞士、荷兰、瑞典,与新西兰、法国、加拿大、挪威相当,明显低于奥地利、德国和美国。而这些 OECD 国家的人均 GDP 均达到泰国的数倍,医疗费用所占 GDP 的比重也高于泰国。据世界银行统计,2007—2011 年,泰国每年人均健康支出为 179 美元,而同

---

[1]　OECD 网站:http://www.oecd-ilibrary.org/sites/health_glance-2011-en/06/01/index.html;jsessionid=524i2dklkhnpf.delta? contentType = &itemId =/content/chapter/health_glance - 2011 - 52 - en&containerItemId =/content/serial/19991312&accessItemIds =/content/book/health_glance-2011-en&mimeType=text/html,2019 年 8 月 10 日访问。

期美国的人均健康支出则为 8362 美元。[①] 2009 年美国医疗支出占国民生产总值比例更高达 17.4%。[②]

三、我国医疗保障体制的发展与成就

中华人民共和国成立以来,与计划经济体制相结合,我国实行了高度集中的医疗卫生体制,在城市实行职工公费医疗,由政府和作为政府在经济领域内触角的"单位"为职工提供免费的医疗服务,在农村则推行由政府发动的合作医疗。这种由政府包揽一切、漠视个人权利和需求的体制,造成了医疗资源来源单一,政府和企业不堪重负,医疗资源投入绝对量过低,医疗卫生服务水平较低,"看病难"问题严重;缺乏对资源分配的监督机制,医疗资源浪费严重;医疗保障水平不均衡,地域差别、城乡差别、身份差别明显。随着计划经济体制的终结,多数企业成了市场主体,其社会职能日益丧失,原有的公费医疗体制也使企业负担过重,影响了企业的发展和竞争力。

1998 年 12 月,国务院发布了《关于建立城镇职工基本医疗保险制度的决定》,逐步建立起城镇职工基本医疗保险制度。将企业职工纳入医疗保险的范围。2002 年,中共中央和国务院作出了《关于进一步加强农村卫生工作的决定》,要求到 2010 年在全国农村基本建立起适应社会主义市场经济体制要求和农村经济社会发展水平的农村卫生服务体系和新型农村合作医疗制度,到 2010 年新农合要基本覆盖农村居民。从 2007 年起对于没有医疗保障制度安排的城镇非从业居民开展城镇居民基本医疗保险试点。经过十多年的发展,以职工基本医疗保险、城镇居民基本医疗保险和新型农村合作医疗为主体的全民医保初步实现。2016 年,国家正式启动城镇居民基本医疗保险和新型农村合作医疗两项制度整合,统一覆盖范围、统一筹资政策、统一保障待遇、统一医保目录、统一定点管理、统一基金管理,逐步在全国范围内建立统一的城乡居民基本医疗保险制度,实现城乡居民公平享有基本医疗保险权益。至 2018 年,基本医疗保险已覆盖 13 亿多人,基本实现了全民医保。大病保险覆盖了全部城乡居民参保人员,保障水平稳步提高,保障范围也明显扩大。"基本保险+大病保险"的政策报销水平已经超过 80%。[③] 形成了以基本医疗保障为主体,其他多种形式补充保险和商业健康保险为补充的多层次、宽领域、全民覆盖的医疗保障体系,初步实现了人人享有基本医疗保障。

[①] 世界银行网站:http://data.worldbank.org/indicator/SH.XPD.PCAP,2012 年 8 月 10 日访问。

[②] [美]蒂莫西·S.尤斯特:《法律视野下的"美国医改"》,王欣濛译,《清华法律评论》2011 年第 1 期。

[③] 《覆盖 13 亿人我国基本实现全民医保》,新华网,http://www.xinhuanet.com/local/2018-02/27/c_129817668.htm,2020 年 2 月 10 日访问。

第二节 医疗保障体制原则与具体内容

一、医疗保障体制的原则与目标

为保障公众健康权的可负担性,医疗保障体制的设计应当符合以下原则。

（一）提高医疗服务的可获得性

医疗保障体制应当促进人民享有必要医疗服务的程度,提高医疗服务的公平性。通过医疗保障体制为公众提供医疗费用,增加民众对于医疗机构的使用,减少和杜绝因无力支付医疗费用无法获得医疗服务的情况。同时,通过医疗保障体制与三级医疗体制相集合,可以实现就近分配医疗机构,使覆盖人群可以更方便地获得医疗服务,降低医疗服务集中程度,促进和满足患者就近接受医疗。同时,就近治疗也保障了偏远和不发达地区的医疗机构可以获得足够的患者数量和经费,保障和提高其医疗水平,从而实现良性循环。

（二）促进公众健康权保障的平等性

当前,医疗保障体制呈现出制度差别和地域差别的特点。制度差别体现在不同职业的人群的医疗保障体制相去甚远。城镇居民的医疗保障又被区分为城镇职工医疗保险和城镇居民医疗保险,城镇居民根据是否与用人单位之间有正式的劳动合同为标准进行了区别对待。城镇职工医疗保险主要由用人单位和职工缴纳保费,而城镇居民医疗保险则以家庭缴费为主,国家补助为辅。由于筹资水平相对较低,城镇居民医疗保险的保障水平也低于城镇职工医疗保险。而现实中,城镇居民医疗保险的参加者主要是"非正式经济"从业者,如个体经营者、家庭经营者、自我雇佣者,以及无业、失业人员,在经济上往往缺乏固定收入,在年龄段上则主要是未成年人、老年人等医疗资源需求较大的人群。这种差别性的待遇,使这些弱势群体的健康权利非但没有获得特别的保障,反而可能处于更为不利的地位。地域差别,是指我国的医疗保障体制改革在地区之间存在极大的差异性。由于我国医疗保障体制改革是从部分地方试点后逐渐推开的,虽然在改革方向上具有同一性,但在具体制度设计和运行上却因地而异,千差万别。当前,城镇职工、城镇居民医疗保险主要是以省（自治区、直辖市）为运行单位,各地之间制度在筹资方式、保障水平等方面具有较大差异,且相互之间缺乏互通性。而新农合更是以县级区域为单位,各个系统之间的差异性更大。这些各地不同的医保体系加大了医疗保障水平差别,有悖于公民健康医疗平等性的要求。应当通过不分差别地向全体国民提供医疗保障的形式,使全体国民平等获得健康权利保障,让因经济上的贫困而无法享受医疗服务的人群,获得均质化享受预防、诊断和治疗的机会。医疗资源在不同阶层之间应获得较为公平的分配,避免向特定阶层、特定人群的过度倾斜。通过发展初级治疗、按人头付费严格控制医药费用、对边远和落后地区医疗机构的重点扶持,引导医疗资源在全国城乡、地域之间更加合理和平等的进行分配。

(三)应关注弱势群体的需求

医疗保障的目的是为国民提供普遍的医疗保障而不论其经济社会地位的不同。然而,在经济社会地位上处于优势的人群,无论有无全民医保,都有机会以各种方式满足自己的医疗需求。真正无法满足需求的,是那些在经济社会上处于不利地位的弱势群体。弱势群体由于经济上的不利条件,医疗需求最易无法获得满足,个人医疗费用在家庭支出的比例最高,因医疗费用支出而造成贫困的情况也最为严重。因此,要实现全民医保,必须以保障弱势群体的基本健康需求为出发点。在制度设计上,应充分考虑到贫困人口的经济状况和需求。全民医保必须是一项利贫(Pro Poor)的体制,而不能相反。

对此,我们在医改中所采取的对策是对特别困难的群体提供额外的救助。如资助低保家庭成员、五保户、重度残疾人以及城乡低收入家庭参加城镇居民医保或新农合、无负担能力的病人发生急救医疗费用通过医疗救助基金、政府补助等渠道解决。[1] 然而,专以贫困人口为保障目标的医保制度,在实际中可能无法起到应有的作用。因为在制度执行中,会出现各种与设计目标不一致的风险,如确定谁为贫困人口中的道德风险。在缺乏确定性制度保障的情况下,贫困人口对于自身医疗支出可否获得保障缺乏信心,不敢接受医疗服务,造成有病不治,严重影响其医疗资源的可获得性。因此,一个利贫的医保体系不能仅从保障贫困人口出发,而应当立足于无差别地为全民提供保障。只有这样,才能使经济社会不利地位的弱势群体,真正获得健康保障。

另一方面,当前我国的医疗保障,往往立足于对于大病的保障。相反,对于一般性疾病的治疗,以及疾病预防和卫生保健却没有给予足够的保障。这会影响到民众,特别是经济社会地位不利者接受预防和卫生保健服务,以及对于一般疾病接受治疗的意愿。这造成了当前"重治疗,轻预防"的情况。一般民众特别是较为贫困的民众,缺乏预防服务和健康教育,无法做到"防患于未然";对于一般疾病由于保障水平较低,民众可能基于节省费用的考虑而未能及时就医,往往小病拖成大病。这种做法,不仅不利于公众健康,更增加了社会整体的健康成本。因此,医疗保障不应当仅立足于治疗特别是大病治疗,而应普遍地涵盖预防和一般疾病治疗。

(四)以公众健康权促进其他人权保障

健康是无价的,但获得健康是有价的。良好的医疗保障体制不仅可以促进人民的健康,维护公众健康权,更可以通过降低单个家庭或者个人的医疗费用支出而保障其免于贫困的权利。通过设计和执行医疗保障体制,提高政府支出在医疗费用中的比例,降

---

① 《国务院关于印发"十二五"期间深化医药卫生体制改革规划暨实施方案的通知》(国发〔2012〕11号),2012年3月14日,中央人民政府网站,见 http://www.gov.cn/zwgk/2012-03/21/content_2096671.htm,2019年8月10日访问。

低国民个人支付比例,可以极大地降低贫困人口数量和因病返贫的概率。特别是通过医疗保障减少灾难性医疗支出(Catastrophic Health Expenditure),防止贫困人口因医疗支出返贫,从而保障公众享有的生存权、发展权等基本人权。

二、医疗保障的经费来源

(一)医疗保障经费来源类型

医疗保障体制的首要问题是经费来源问题。从各国医疗保障体制的经费来源看,主要有公共税收型、社会保险型及混合型等不同的解决方式。

(二)公共税收型优缺点

公共税收型以英国、加拿大、北欧国家及泰国的全民健保模式为例。有观点认为,国家(政府)医保只能在高收入、高税收的福利国家实现,因为以完全公共税收支撑医疗保障体系会极大地增加国家的开支,最终导致"居民的税负很高"[1]。

但是泰国 UCS 的经验表明,在良好的制度设计和运行下,中低收入国家在不额外增加民众税收负担的情况下,以公共税收作为主要资金来源的、政府主导的全民医保是可以实现的,且是可以实现其持续性的。以总体的税收作为资金来源是 UCS 的基本出发点。UCS 的设计者认为,根据泰国社会经济和人口发展的特点,泰国多数人口,特别是 UCS 覆盖的人群,是"非正式经济"的劳动者,如农民、以家庭为单位从事小型商业或者手工业者、自我雇佣者等,其收入是不固定和难以统计的。如果采用向覆盖人群征收保费的形式取得资金来源,不仅操作难度大,而且会引发选择性加入的问题,即有迫切医疗需要的年龄组和人群愿意参与保险,而没有迫切医疗需要者则不愿意缴纳费用而参与保险。长此以往,保险制度将难以为继。由于人民有普遍纳税的义务和行为,以一般税收为资金来源更能体现税收"取之于民,用之于民"的目的。由于富裕阶层纳税更多,用一般税收为全体人民提供医疗保障还可以起到社会财富再次分配的效果。

自 UCS 实施以来,泰国的政府医疗支出缓慢增长,从 2002 年的 1163 亿泰铢增长到 2008 年的 2477 亿泰铢,占 GDP 的比例从 2.1%左右增长至 2.7%。然而由于 UCS 带来的居民个人医疗支出的显著减少(从 2002 年占 GDP 的 1%下降到 2008 年占 GDP 的 0.7%),加之泰国经济的稳定发展,医疗卫生总支出占 GDP 的比例一直维持在 3%—4%之间。[2]

(三)社会保险模式的优缺点

德国式的社会保险模式,固然有其可以减少政府负担、制度灵活的优点,但由于需要由雇主、雇员和政府三方分担保险费用,其前提是人口的城市化、工业化。类似于泰

① 李红梅等:《免费医疗可以实现吗》,《人民日报》2012 年 3 月 27 日。
② *Thailand's Universal Coverage Scheme:Achievements and Challenges:An Independent Assessment of the First 10 Years(2001-2010)*,Nonthaburi,Thailand:Health Insurance System Research Office,2012,p.39.

国和中国这样城市化水平仍不高,仍然存在大量"非正规经济"从业者的国家,全面普遍地推行社会保险难度较高。同时,国家(政府)医保模式也有利于降低保费征集成本。在经费筹集上,任何需要个人缴纳的保费,或者存在费用分担问题(起付线、共付),都必然会有一部分低收入者因无力负担进而引发不公平问题。①

(四)我国现行经费来源模式的不足和发展方向

当前,我国的城镇职工医疗保险采用的是社会保险模式,城镇居民医疗保险和农村新农合采用的是政府补贴下的自我保险模式,另外还存在以一般税收作为经费来源的其他医疗保障模式。这不仅造成了管理上的难度,更引起了医疗资源分配的不公。今后,随着我国政府加大对全民医保的投入,应当逐渐过渡到以政府为主导、以公共税收为主要经费来源的医保模式下。需要注意的是,国家(政府)医保模式并不意味着个人医药费为零。在国家(政府)医保模式下,对于超出医保范围的医疗需求,仍然需要个人支付费用。全民医保也不会剥夺民众以自己的财富享受更高水平医疗服务的机会。然而,全民医保可以无差别地满足全体民众绝大多数需求,国家的医疗卫生支出占全部医疗卫生支出的绝大多数(如泰国占75%,英国占83.9%)②,即可以认为其实现了全民免费医疗。我国医改的政策制定者多次强调了"坚持把基本医疗卫生制度作为公共产品向全民提供的核心理念"③,要求"强化医疗服务的公益性",强调了国家在保障公众健康权、满足人民医疗卫生需求上不可推卸的义务。这一点,为我国将来建立以公共税收为基础的全民医保体系打下了良好的理论基础。

三、医疗保障的支付方式和费用控制

(一)医疗保障支付方式的概念和类型

建立健全医疗保障的一个重大挑战在于如何合理地控制支出和分配费用,以保证医疗保障体系的可持续性和医疗保障的有效性、公平性。医疗保障支付方式,是指医疗保障提供者如何向医疗服务提供者或者患者支付医疗费用的问题。目前各国采用的支付方式主要有两个基本类型,即费用报销和直接支付。

费用报销是指由患者在接受医疗服务时向医疗服务提供者垫付医疗费用,之后再从医疗保障机构报销。报销又可以分为全额报销和部分报销,在部分报销中即存在医疗保障机构与患者共同支付(共付)的问题。同时,在费用报销中还会规定起付线,即

---

① 顾海、王维:《江苏省城镇居民医疗保险的筹资公平性研究——基于1500份调查问卷的实证分析》,《江苏行政学院学报》2009年第6期。

② 世界银行网站:http://data.worldbank.org/indicator/SH.XPD.PCAP,2012年8月10日访问。

③ 《国务院关于印发"十二五"期间深化医药卫生体制改革规划暨实施方案的通知》(国发〔2012〕11号),2012年3月14日,中央人民政府网站,见http://www.gov.cn/zwgk/2012-03/21/content_2096671.htm,2019年8月10日访问。

费用超过一定金额标准的方可享受报销。

直接支付是由医疗保障机构直接向医疗服务提供者支付医疗费用的方式。直接支付根据其支付依据不同，可以分为按人头付费（Capitation Payment）、病种付费以及诊断相关组（Diagnoses Related Groups，DRGs）等。人头付费是医疗保障机构核算被保障的患者每年人均医疗费用，根据医疗机构注册患者人数向医疗机构提供固定数额费用的方式。该固定费用涵盖了患者全年预防、门诊（包括从初级治疗到三级治疗）、住院等费用。无论患者在该年度是否接受医疗服务，以及接受医疗服务的次数、成本，该费用将保持不变。诊断相关组付费是指根据病人的年龄、性别、住院天数、临床诊断、病症、手术、疾病严重程度，合并症与并发症及转归等因素把病人分入500—600个诊断相关组，然后决定医疗保障机构向医院支付费用的数量。

（二）我国当前医疗保障支付方式及其不足

目前，我国城镇职工基本医疗保险和城镇居民基本医疗保险主要采用费用保险的形式，并定了共付率和起付线。此种支付方式存在以下不足：

第一，共付率过高影响贫困人口对医疗服务的利用率。学者通过实证研究也发现，当前我国医保体系存在着共付率过高的问题，而"共付率过高使得居民医保制度对低收入人群筹资保护的作用极为有限，即使他们被城镇居民医疗保障制度所覆盖，仍然由于缺乏自付部分医疗费用的能力，而未能真正从医保中受益。通常，富人的支付能力高于穷人，共付率过高，会造成高收入人群对医疗服务的利用率高于低收入人群，以至于医保基金流向相对收入较高参保居民，即'穷人补贴了富人'，而真正需要帮助的贫困人口反而得不到支持，极大地影响了医保受益的公平性，也使得筹资补偿作用显得微不足道"[1]。

第二，垫付费用影响贫困人口获得适当医疗。费用报销方式要求患者自行垫付医疗费用，而贫困患者可能因为无能力自行预支大额的医疗费用而放弃接受医疗。

第三，报销不利于控制费用。如果缺乏适当的费用控制机制，为获得更高的收益或者超出必要范围的治疗，医疗服务提供者和患者均有动机滥用医疗保障，医疗服务提供者愿意为患者提供更高价的医疗服务和药物，甚至出现"一人参保，全家吃药"的现象。

（三）我国医疗保障支付费用等改革

我国在医疗体制改革中，也注意到现有支付方式的弊端，逐步开始推进其他支付方式的改革。2017年9月，国务院新闻办发布的《中国健康事业的发展与人权进步》白皮书指出，全国已有70%以上地区积极探索按病种付费、按人头付费、诊断相关分组付费

---

[1]　顾海、王维：《江苏省城镇居民医疗保险的筹资公平性研究——基于1500份调查问卷的实证分析》，《江苏行政学院学报》2009年第6期。

等支付方式。① 这些方法，一方面消除了起付线、共付率等对贫困人口医疗需求的抑制，另一方面也可以更好地控制医疗费用。按人头付费，不考虑医疗机构实际提供服务的人次和服务的内容，也不考虑药费、检查、治疗费用的多寡。以病种和 DRGs 等方法确定住院费用的分配，虽然考虑不同病情所需费用的差异，但受到医疗机构整体费用总额上限的制约。这就使医疗机构丧失了提高治疗费用，或者诱使患者进行不必要的高价检查和治疗以获得额外利益的动机和可能性，避免了医疗机构的道德风险。相反，医疗机构产生了主动控制和降低医疗费用的动机，有助于全面控制医疗费用。同时，普遍的、均质化的全民医疗保障的全面展开，也将使患者滥用医保变得没有必要。但是，需要警惕的是，医疗机构为了控制费用的需要而降低为患者提供医疗服务的质量，以及不同等级医疗机构在资源分配上的不均衡。因此，此种付费方式改革必须与公立医院改革、三级分级医疗以及医疗服务质量监督机制相结合，才能发挥其应有作用。

四、医疗保障覆盖范围的确定与调整

（一）我国医疗保障服务范围的扩大

随着我国医疗保障水平的不断提高，我国基本医疗保障的覆盖范围也在不断增加。如到 2017 年《国家基本医疗保险、工伤保险和生育保险药品目录（2017 年版）》西药、中成药部分共收载药品 2535 个，比旧版目录增加 339 个，增幅约 15%，基本涵盖了《国家基本药物目录（2012 年版）》中的治疗性药品。对部分具有重大临床价值且价格高昂的专利独家药品，政府组织医保药品谈判，准入 36 个药品，治疗领域覆盖多种恶性肿瘤、部分罕见病及慢性病。新增部分医疗康复项目纳入基本医疗保险支付范围。②

（二）医疗保障覆盖范围的确定机制

由于医学技术的迅速发展，不断出现新的治疗手段和药物，对已有治疗手段和药物的成本控制也不断更新。为了能够准确及时地将适当的治疗手段、药物纳入医疗保障的覆盖范围之中，应设立专门机构决定哪些医疗方法、器械、药物可以被纳入医疗保障的覆盖范围之中。政府代表、医务人员代表、生物医学研究人员代表、医药和医疗器械企业代表、非政府团体代表和患者利益代表等各方通过公开讨论，及时作出决策。

（三）医疗保障覆盖范围确定中的伦理问题

在确定医疗保障覆盖范围的过程中，相应的伦理和社会问题也是考虑的重要因素。因为医疗经费、医疗资源的分配问题，本质上就具有伦理争论性。哪些治疗方法可以被覆盖在医疗保障范围内，会对相关患者的权利、生活质量乃至生命造成重大影响，更会

---

① 《中国健康事业的发展与人权进步》白皮书，国务院新闻办公室网站，见 http://www.scio.gov.cn/ztk/dtzt/36048/37159/37161/Document/1565175/1565175.htm，2020 年 2 月 10 日访问。

② 《中国健康事业的发展与人权进步》白皮书，国务院新闻办公室网站，见 http://www.scio.gov.cn/ztk/dtzt/36048/37159/37161/Document/1565175/1565175.htm，2020 年 2 月 10 日访问。

引起极大的伦理争议。然而由于社会资源的有限性,医疗保障不可能满足所有患者的需求,特别是无法满足那些具有一定特殊性和边际性的需求。此时,对于医疗保障范围的确定,应当符合公众健康权和健康资源分配的相关伦理原则。例如,泰国医疗保障机构在确定是否应当将末期肾病患者的透析治疗纳入医疗保障覆盖范围时认为,此种治疗虽然可以在一定程度上延续患者生命,但由于无法避免疾病的发展和死亡,且每人每年的使用费用是泰国人均国民总收入的 4 倍,如果被纳入医疗保障中,将给医疗保障带来无法承受的负担。在权衡利弊之后,医疗保障机构为了更多的普遍健康需求,将其排除在外。①

五、基本医疗保障之外的补充机制

(一)基本医疗保障的有限性

城镇职工基本医疗保险、城镇居民基本医疗保险等基本医疗保障的目的是保障公众获得基本医疗服务,对于基本医疗服务之外其他医疗需求,患者往往需用自费承担,而这种费用往往会对患者获得相关医疗服务构成限制或者抑制,也造成低收入患者可能因病致贫。特别是我国目前对基本医疗保障还采用费用报销方式并有共付率和起付线的规定,影响了医疗服务对于低收入患者的可负担性。因此,有必要建立多种医疗费用分担机制,与基本医疗保障共同构成有效的保障机制。《"健康中国 2030"规划纲要》提出,要进一步健全重特大疾病医疗保障机制,加强基本医保、城乡居民大病保险、商业健康保险与医疗救助等的有效衔接,以形成成熟定型的全民医保体系。

(二)城乡居民大病保险

城乡居民大病保险,是在基本医疗保障的基础上,对大病患者发生的高额医疗费用给予进一步保障的制度性安排,其依据是 2012 年 8 月国家发展改革委、卫生部等六部门联合发布的《关于开展城乡居民大病保险工作的指导意见》。大病保险的资金来源于从城镇居民医保基金、新农合基金中划出一定比例或额度建立的大病保险资金,采取向商业保险机构购买大病保险的方式为参保人群提供保险。地方政府卫生、人力资源社会保障、财政、发展改革部门制定大病保险的筹资、报销范围、最低补偿比例,以及就医、结算管理等基本政策要求,并通过政府招标选定承办大病保险的商业保险机构。截至 2015 年底,城乡居民大病保险已覆盖所有城乡居民基本医疗保险参保人。2016 年,大病保险覆盖城乡居民超过 10 亿人,推动各省大病保险政策规定的支付比例达到50%以上,受益人员的实际报销比例提高 10—15 个百分点。②

---

① *Thailand's Universal Coverage Scheme:Achievements and Challenges:An Independent Assessment of the First 10 Years(2001-2010)*,Nonthaburi,Thailand:Health Insurance System Research Office,2012,p.43.

② 《中国健康事业的发展与人权进步》白皮书,国务院新闻办公室网站,见 http://www.scio.gov.cn/ztk/dtzt/36048/37159/37161/Document/1565175/1565175.htm,2020 年 2 月 10 日访问。

（三）医疗救助制度

医疗救助制度的依据是民政部、财政部等部门 2015 年 4 月发布的《关于进一步完善医疗救助制度全面开展重特大疾病医疗救助工作的意见》，整合原有的城市医疗救助制度和农村医疗救助制度而形成的。根据该意见，最低生活保障家庭成员和特困供养人员是医疗救助的重点救助对象，并要逐步降低收入家庭的老年人、未成年人、重度残疾人和重病患者等困难群众（以下统称"低收入救助对象"），以及县级以上人民政府规定的其他特殊困难人员纳入救助范围。对于低收入救助对象，医疗救助制度将资助参加基本医疗保障，并对门诊费用、住院费用在基本医疗保障、大病保险、商业保险报销后个人负担部分进行进一步报销。2016 年，国家共安排 155 亿元医疗救助补助资金（不含疾病应急救助补助资金），其中 92% 的资金投向中西部地区和贫困地区，累计实施医疗救助 8256.5 万人次，资助困难群众参加基本医疗保险 5560.4 万人。被救助对象在年度救助限额内住院救助的比例普遍达 70% 以上。①

（四）商业健康保险

商业健康保险是在基本医疗保障之外，由个人或者其雇主自愿参加的，以医疗费用为保险标的的商业性保险，是基本医疗保障的重要补充，可以为公众提供更为丰富和多元化的医疗费用保障。商业健康保险在我国已经有了一定发展，但相较于其他国家还有很大发展空间。《"健康中国 2030"规划纲要》提出，要进一步落实税收等优惠政策，鼓励企业、个人参加商业健康保险及多种形式的补充保险。丰富健康保险产品，鼓励开发与健康管理服务相关的健康保险产品。促进商业保险公司与医疗、体检、护理等机构合作，发展健康管理组织等新型组织形式。到 2030 年，现代商业健康保险服务业进一步发展，商业健康保险赔付支出占卫生总费用比重显著提高。

---

① 《中国健康事业的发展与人权进步》白皮书，国务院新闻办公室网站，见 http://www.scio.gov.cn/ztk/dtzt/36048/37159/37161/Document/1565175/1565175.htm，2020 年 2 月 10 日访问。

第九章　均等性:基本公共卫生体系

《"健康中国 2030"规划纲要》在推进基本公共卫生服务均等化一节中强调:继续实施完善国家基本公共卫生服务项目和重大公共卫生服务项目,加强疾病经济负担研究,适时调整项目经费标准,不断丰富和拓展服务内容,提高服务质量,使城乡居民享有均等化的基本公共卫生服务,做好流动人口基本公共卫生计生服务均等化工作。意味着在公共卫生体系中,均等化是实现公共健康权的基础。实现公共健康权,要从基本公共卫生政策的视角,探讨增进人们健康、促进和保障健康权的实现途径。本教材论述公共健康权实现的基本公共卫生政策包括:公立医院改革制度、分级诊疗制度和家庭医生签约制度。

第一节　基本公共卫生体系概述

一、基本公共卫生体系相关概念

(一)公共卫生

公共卫生是关系到一国或一个地区人民大众健康的公共事业。公共卫生具体包括对重大疾病尤其是传染病(如结核、艾滋病、SARS 等)的预防、监控和治疗;对食品、药品、公共环境卫生的监督管制,以及相关的卫生宣传、健康教育、免疫接种等。例如对 SARS 的控制预防治疗属于典型的公共卫生职能范畴。

公共卫生与普通意义上的医疗服务是有一定区别的。为了能够公平、高效、合理地配置公共卫生资源,必须明确什么是公共卫生。目前,对"公共卫生"尚无统一认识和明确定义。尽管在中央文件中多次出现"公共卫生"的字眼,但是对其内涵的认知并不明确,亟待权威机构对其进行定义和解读。世界卫生组织在 1952 年采纳了温斯洛(Winslow)在 1920 年对"公共卫生"进行的定义:公共卫生是通过评价、政策发展和保障措施来预防疾病、延长人的寿命和促进人的身心健康的一门科学和艺术。[①] 公共卫生当前的目标:为健康服务、为公众服务。

---

① C.E.A.Winslow,"The Untilled Fields of Public Health",*Science*,New Series 51,1920,p.23.

（二）公共卫生服务

公共卫生服务是一种成本低、效果好的服务，是一种社会效益回报周期相对较长的、效益非即时显现且评价复杂的、政府主导的服务。[①] 各国政府在公共卫生服务中起着举足轻重的作用，并且政府的干预作用在公共卫生工作中是不可替代的。许多国家对各级政府在公共卫生中的责任都有明确的规定和限制，以利于更好地发挥各级政府的作用，并有利于监督和评估。

（三）公共卫生体系

体系是指若干有关事物或某些意识互相联系而构成的一个整体，泛指一定范围内或同类的事物按照一定的秩序和内部联系组合而成的整体。[②] 因此，公共卫生体系就可以解释为在一定的权限范围内为公众健康提供必要的公共卫生服务的各种组织的总体。公共卫生有非常广泛的内涵和外延，所以一个完整的公共卫生体系包括公共卫生服务体系、医疗保障体系和卫生执法监督体系等。为了应对各种重大突发公共卫生事件，一些发达国家将公共卫生体系建设纳入国防安全、经济安全等现代大安全范围之中。

我国公共卫生体系建设的总目标是：建立健全我国突发公共卫生事件应急机制、疾病预防控制体系和卫生执法监督体系；完善农村初级卫生保健体系、城市基本医疗服务体系、环境卫生体系和财政经费保障体系，满足城乡居民的基本卫生服务需求，不断提高广大人民群众的健康水平。

（四）基本公共卫生服务

1. 基本公共卫生服务的定义

基本医疗卫生服务，是指维护人体健康所必需、与经济社会发展水平相适应、公民可公平获得的，采用适宜药物、适宜技术、适宜设备提供的疾病预防、诊断、治疗、护理和康复等服务。基本医疗卫生服务包括基本公共卫生服务和基本医疗服务。

基本公共卫生服务是我国基本公共服务之一，也是基本医疗卫生服务的组成部分。法律明确提出国家要采取措施，保障公民享有安全有效的基本公共卫生服务；要控制影响健康的危险因素，提高疾病的预防控制水平；显示了国家对国民健康和基本公共卫生服务提供方面的责任。

基本公共卫生服务有三方面含义：一是城乡居民，无论年龄、性别、职业、地域、收入等，都享有同等权利；二是服务内容将根据国力改善、财政支出增加而不断扩大；三是以预防为主的服务原则与核心理念。

基本公共卫生服务由疾病预防控制机构、城市社区卫生服务中心、乡镇卫生院等城乡基本医疗卫生机构基于疾病预防控制作用向全体居民提供的公益性的公共卫生干预

---

① 娄二朋：《中国基本公共卫生服务建设中的政府职责——以均等化为分析视角》，河南大学 2010 年硕士学位论文，第 30 页。

② 周援军：《经济适用房建设项目评价指标体系研究》，《商场现代化》2010 年第 36 期。

措施。

2. 基本公共卫生服务由国家免费提供

基本公共卫生服务的一个具体表现形式为基本公共卫生服务项目，将由疾病预防控制机构、社区卫生服务中心、乡镇卫生院、村卫生室等城乡基本医疗卫生机构向全体居民免费提供。[①] 2009年7月，卫生部、财政部、国家人口计生委出台《关于促进基本公共卫生服务逐步均等化的意见》（卫妇社发〔2009〕70号），明确了政府责任。为保证公共卫生服务项目的资金，国务院财政部门制定《基本公共卫生服务项目补助资金管理办法的通知》（财社〔2010〕311号）、《公共卫生服务补助资金管理暂行办法》（财社〔2015〕255号）等系列政策，建立了逐年增长的动态筹资机制，形成中央、省（市）、市（县）按比例分摊、共同投入的筹资模式，中央补助向西部、中部倾斜，保证筹资标准均等化。[②] 公共卫生服务的确定既是卫生问题也是经济问题，故《基本医疗卫生与健康促进法》第16条明确规定：国家基本公共卫生服务项目由国务院卫生健康主管部门会同国务院财政部门、中医药主管部门等共同确定。

随着国家经济发展和对公共卫生服务的重视，国家基本公共卫生服务项目也在逐步增加。根据《关于做好2019年基本公共卫生服务项目工作的通知》（国卫基层发〔2019〕52号），2019年的国家基本公共卫生服务项目在《国家基本公共卫生服务规范（第三版）》的基础上又有新增，并通过纳入中央转移地方专项转移支付2019年人均基本公共卫生服务经费补助标准为69元，新增5元经费全部用于农村和社区，务必让基层群众受益。

中国幅员辽阔，各省在经济发展、气候条件、健康问题等方面存在一定差异，对公共卫生服务需求也就具有多样性。《基本医疗卫生与健康促进法》规定省、自治区、直辖市人民政府可以在国家基本公共卫生服务项目基础上，补充确定本行政区域的基本公共卫生服务项目，并报国务院卫生健康主管部门备案。授权和鼓励地方政府根据本地情况进行补充，能够更好地保障公共卫生服务。赋予省级人民政府自主权，更有利于发挥地方政府的积极性，也更适应不同地区的不同需求。公共卫生服务的均等化并不等于平均化，保障的是公民均等享有公共卫生法的权益。各地基本公共卫生服务的具体内容，可根据当地健康需要和经济社会状况来具体确定。如2016年青海省结合区域内居民健康状况，在国家基本公共卫生服务项目基础上，新增三项省级基本公共卫生服务项目。[③]

[①] 郭海健、徐金水、沈雅等：《不同视角下我国基本公共卫生服务现状与发展》，《中国健康教育》2018年第4期。

[②] 胡同宇：《国家基本公共卫生服务项目回顾及对"十三五"期间政策完善的思考》，《中国卫生政策研究》2015年第7期。

[③] 申卫星主编：《〈中华人民共和国基本医疗卫生与健康促进法〉理解与适用》，中国政法大学出版社2020版，第63—64页。

3. 基本公共卫生服务提供中的政府职责

公共卫生以保障和促进公众健康为宗旨,关注群体卫生和健康。公共卫生具有卫生服务一般经济性质的同时还具有很强的社会公益性,仅靠市场调节作用难以保证充足的供应。近代公共卫生学的发展,使得人们开始关注诸如流行病之类所引发的社会性问题。[1]《基本医疗卫生与健康促进法》确定基本公共卫生服务制度。健康权不仅属于个人自由权,同时具有社会权的属性。社会权和传统自由权不同,是一种积极权利,即公民根据健康权可以向国家和社会进行合理的主张,国家和社会应当承担起相应的义务。[2]《基本医疗卫生与健康促进法》和卫生相关政策中多处明确政府承担公共卫生服务主导责任。如国家采取措施,保障公民享有安全有效的基本公共卫生服务,控制影响健康的危险因素,提高疾病的预防控制水平。国务院卫生健康主管部门会同国务院财政部门、中医药主管部门等共同确定国家基本公共卫生服务项目。省、自治区、直辖市人民政府可以在国家基本公共卫生服务项目基础上,补充确定本行政区域的基本公共卫生服务项目,并报国务院卫生健康主管部门备案。国务院和省、自治区、直辖市人民政府可以将针对重点地区、重点疾病和特定人群的服务内容纳入基本公共卫生服务项目并组织实施。县级以上地方人民政府针对本行政区域重大疾病和主要健康危险因素,开展专项防控工作。

(五)基本公共卫生体系

基本公共卫生体系是由政府主导并保障,集疾病监测、预防、控制和治疗、康复于一体的,承担基本医疗与基本公共卫生服务的卫生工作系统。[3]

基本公共卫生体系由以下机构组成:①各级各类卫生监督机构及疾病预防控制机构;②各级各类卫生保健提供者,如医疗机构、社区卫生服务机构、公共安全机构、医疗急救机构、妇幼保健机构等;③环境保护机构;④劳动保护机构;⑤食品安全机构;⑥教育、体育促进机构;⑦民政部门、各类慈善机构、社区;⑧康复机构;⑨与健康相关的其他机构。随着政府基本公共卫生范围的扩大,还将包括各种安宁疗护机构等。

二、基本公共卫生体系发展

我国基本公共卫生体系发展经历了三个阶段。

第一阶段,新中国成立至 20 世纪 70 年代末,我国初步建立了覆盖县乡村三级医疗预防保健网的公共卫生服务体系,坚持预防为主,开展爱国卫生运动,取得了显著成效。

第二阶段,20 世纪 80 年代后期,由于经济体制改革和财政体制的推进以及其他经

---

[1] 谭浩、邱本:《健康权的立法构造以〈中华人民共和国基本医疗卫生与健康促进法(草案)〉为对象》,《南京社会科学》2019 年第 3 期。

[2] 陈云良:《我国颁布首部公民健康权利保障书的重要意义》,《法制日报》2020 年 1 月 8 日。

[3] 宋思曼:《健康城市建设与城市规划策略研究》,重庆大学 2009 年硕士学位论文,第 14 页。

济社会条件的变化,公共卫生服务体系遭受了较大冲击,特别是农村的疾病预防体系功能逐渐削弱。

第三阶段,2003 年 SARS 之后,政府加大了对公共卫生的投入,加快了基本公共卫生体系的建设,我国公共卫生服务体系建设得到了显著加强。2006 年 3 月,国家疾病预防控制局、卫生监督局成立,中央、省、市、县四级的疾病预防控制体系和卫生监督体系基本建立。2009 年,中共中央、国务院《关于深化医药卫生体制改革的意见》提出全面加强公共卫生服务体系建设,国家对公共卫生体系的构成、功能定位以及发展方向提出了具体要求。①

三、基本公共卫生体系的主体和服务对象

(一)基本公共卫生体系的主体

基本公共卫生体系的主体,是指疾病预防控制系统中基本公共卫生服务的提供者,这个系统由政府、相关职能部门、卫生机构、专业人员、卫生保障机构协调组成。其中政府及其相关部门作为基本公共卫生服务的提供者及作为基本公共卫生服务的提供实施者的各级卫生机构是主要的主体。《基本医疗卫生与健康促进法》第 18 条规定,县级以上人民政府通过举办专业公共卫生机构、基层医疗卫生机构和医院,或者从其他医疗卫生机构购买服务的方式提供基本公共卫生服务。我国基本公共卫生服务有两种提供方式。一是政府通过举办专业公共卫生机构、基层医疗卫生机构和医院,直接向公民提供基本公共卫生服务。其中,专业公共卫生机构包括疾病预防控制中心、专科疾病防治机构、健康教育机构、急救中心(站)和血站;基层医疗卫生机构包括乡镇卫生院、社区卫生服务中心(站)、村卫生室、医务室、门诊部和诊所。根据《关于促进基本公共卫生服务逐步均等化的意见》的相关规定,专业公共卫生机构要研究制定公共卫生防治策略,指导其他医疗卫生机构开展基本公共卫生服务。二是政府从其他医疗卫生机构购买服务,间接向公民提供基本公共卫生服务。

基本公共卫生体系的主体的具体任务是做好公共场所、学校、劳动、放射、食品等五大卫生监督监测管理;做好预防接种、消杀、从业人员体检、卫生宣教、传染病预防控制和救治;应对突发公共卫生事件;建立并监控辖区人群健康信息,指导并治疗患者,监测并报告相关信息;研究和预测辖区人群健康态势,制定修订并实施防治规划,调整防治方案等。

(二)基本公共卫生体系的服务对象

基本公共卫生服务主要由乡镇卫生院、村卫生室、社区卫生服务中心(站)负责具

---

① 《中共中央 国务院关于深化医药卫生体制改革的意见》,《中国中医药现代远程教育》2009 年第 4 期。

体实施。村卫生室、社区卫生服务中心(站)分别接受乡镇卫生院和社区卫生服务中心(站)的业务管理,合理承担基本公共卫生服务任务。其他基层医疗卫生机构也可以按照政府部门的部署来提供相应的服务。凡是中华人民共和国的公民,无论是城市或农村、户籍或非户籍的常住人口,都能享受国家基本公共卫生服务。不同的服务项目有不同的服务对象,可分为:

1. 面向所有人群的公共卫生服务,如统一建立居民健康档案、健康教育服务、传染病及突发公共卫生事件报告和处理,以及卫生监督协管服务。

2. 面向特定年龄、性别、人群的公共卫生服务,如预防接种、孕产妇与儿童健康管理、老年人管理等。未成年人、妇女、老年人、残障者属于特殊人群,他们的健康需要社会特别关注。以老年人管理为例,我国老年人口逐渐增长,据国家统计局公布数据显示,截至2018年底,我国65周岁及以上人口达16658万人,占总人口的11.9%,60周岁及以上人口达24949万人,占总人口的17.9%。老年人口健康状况处于下降趋势,经济状态不佳会加剧健康状态恶化。促进老年人保健事业应关注老年人医疗保险制度的全面覆盖,应加强老年人慢性病、常见病的常规性治疗,加强社区医院对老年人的可获得性,推广家庭医生对老年人的持续性支持,同时推广长期护理保险制度,以加强孤寡老人、子女不在身边失能老人的疾病护理支持,并对护理老年人的子女予以税收等优惠措施。加强老年人医养结合模式探索。对老年人的健康保健需要政府、个人、医疗机构、社区的合力支持,在设置合理医疗保险、护理保险的基础上,除了个人的责任,政府还需要适当增加资金投入,尤其对陷于经济困难的老年人,应当给予及时的医疗救助。

3. 面向疾病患者的公共卫生服务,如高血压、2型糖尿病、严重精神障碍患者健康管理等。以严重精神障碍患者为例,精神障碍患者因为精神疾病丧失接受教育和获得工作的机会,从而失去经济收入和来源,而高昂的治疗费用又会使其生存困难。对因疾病导致的贫困风险、无法生存的患者,国家有义务对其提供医疗帮助,即施以医疗救助。

第二节　基本公共卫生服务均等化

长期以来,我国城乡二元结构导致了不同区域之间、不同人群之间卫生服务利用不均等的状态,公共卫生服务的利用同样存在区域间、人群间不均等的情况。"公共服务均等化"这一新的改革命题由中国共产党在十六届五中全会上提出。党的十六届六中全会通过的《中共中央关于构建社会主义和谐社会若干重大问题的决定》更进一步明确提出了通过完善公共财政制度,逐步实现基本公共卫生服务均等化的目标。

一、基本公共卫生服务均等化涵义

公共卫生服务均等化是指每个中华人民共和国公民,无论其性别、年龄、种族、居住地、职业、收入水平,都能够平等地获得基本公共卫生服务。① 这表明,城乡居民享有基本公共卫生服务的权利相同;同时,基本公共卫生服务的具体内容要依据公众的健康需要和政府的财政能力来确定。

人人享有服务的权利是相同的,居民在需要获取相关的基本公共卫生服务时,机会是均等的。但是均等化并不是平均化,基本公共卫生服务均等化内涵不是每个人都必须得到完全相同、没有任何差异的基本公共卫生服务。目前国家提供的基本公共卫生服务中很多内容是针对重点人群的,如老年人、孕产妇、0—6 岁儿童、高血压等慢性病患者的健康管理等。

(一)我国基本公共卫生服务不均等化现状

基层卫生人力资源的匮乏,提供基本公共卫生服务能力受限,导致基本公共卫生服务的供给不均等。基层医疗机构卫生人员结构亟待进一步合理化,目前,存在以下问题:卫生人员年龄老化,尤其是村医后继无人;基层卫生人员学历、职称较低;根据国家农村订单定向医学生培养政策分配到基层医疗机构的订单定向毕业生违约;基层医疗机构人员招聘政策缺乏灵活性;等等。这些现象严重影响基层医疗机构人力资源配置,使其无法承担基本医疗卫生任务。

(二)基本公共卫生服务均等化的目标

基本公共卫生服务均等化的目标是保障城乡居民获得最基本和最有效的公共卫生服务,从而缩小城乡居民基本公共卫生服务的差距,让所有公民都能享受到公共卫生服务,最终使公众的健康得到保障,不得病、少得病、晚得病、不得大病。

实现均等化目标要求基本公共卫生服务体系的功能体现均等化,即建立健全疾病预防控制、健康教育、妇幼保健、精神卫生、应急救治、采供血、卫生监督和计划生育等专业公共卫生服务网络,并完善以基层医疗卫生服务网络为基础的医疗服务体系的公共卫生服务功能,建立分工明确、信息互通、资源共享、协调互动的公共卫生服务体系,提高公共卫生服务能力和突发公共卫生事件应急处置能力,促进城乡居民逐步享有均等化的基本公共卫生服务。

二、基本公共卫生体系均等化表现

(一)基本公共卫生服务均等化的目标重点项目和人群

为适应人民群众不断增长的健康需求和经济社会发展对卫生事业发展的新要求,根据《中华人民共和国国民经济和社会发展第十二个五年规划纲要》、《中共中央 国务院关于深化医药卫生体制改革的意见》(中发〔2009〕6 号)和《国务院关于印发"十二五"期间深化医药卫生体制改革规划暨实施方案的通知》(国发〔2012〕11 号),编制《卫

---

① 《发改委、卫生部负责人就医改意见和实施方案发布答记者问》,《社区医学杂志》2009 年第 8 期。

生事业发展"十二五"规划》。在该规划中,确立了基本公共卫生服务的目标重点项目和人群。

目前,国家基本公共卫生服务项目有 14 项内容:城乡居民健康档案管理、健康教育、预防接种、0—6 岁儿童健康管理、孕产妇健康管理、老年人健康管理、慢性病患者健康管理(高血压、糖尿病)、重性精神疾病患者管理、结核病患者健康管理、传染病及突发公共卫生事件报告和处理服务、中医药健康管理、卫生计生监督协管服务、免费提供避孕药具、健康素养促进。

2019 年 9 月,国家卫健委于官网发布《关于做好 2019 年基本公共卫生服务项目工作的通知》(以下简称《通知》),从原基本公共卫生服务内容与新划入基本公共卫生服务内容两方面明确了工作任务目标。明确依据《国家基本公共卫生服务规范(第三版)》继续实施建立居民健康档案管理、健康教育、预防接种、0—6 岁儿童健康管理、孕产妇健康管理等 12 类项目,以及 19 项新划入的相关工作规范。

公共卫生服务项目是我国政府针对当前城乡居民存在的主要健康问题,以儿童、孕产妇、老年人、慢性疾病、重性精神疾病患者为重点人群。《通知》中新划入的基本公共卫生服务相关工作共 19 项,包括地方病防治,职业病防治,重大疾病与健康危害因素监测,人禽流感、SARS 防控项目,鼠疫防治,国家卫生应急队伍运维保障管理,农村妇女"两癌"检查项目,基本避孕服务项目,贫困地区儿童营养改善项目,贫困地区新生儿疾病筛查项目,增补叶酸预防神经管缺陷项目,国家免费孕前优生健康检查项目,地中海贫血防控项目,食品安全标准跟踪评价项目,健康素养促进项目等。

(二)基本公共卫生服务的免费性

国家基本公共卫生服务项目面向全体居民免费提供的最基本的公共卫生服务,目的在于加强疾病预防控制,努力使居民少得病。主要由乡镇卫生院、村卫生室、社区卫生服务中心(站)负责为辖区内常住居民提供服务。项目所规定的服务内容由国家为城乡居民免费提供,居民接受服务项目内的服务不需要再缴纳费用。

国家对服务项目实行补助经费制度,补助费随着经济水平的变化,每年进行调整。2011 年,各级政府基本公共卫生服务经费补助标准为人均 25 元,全国经费补助总额达到 325 亿元。人均补助标准比 2009 年的 15 元提高了 10 元,主要用于扩大服务覆盖人群以及增加服务项目和内容。国家基本公共卫生服务项目的经费补助及其项目内容随着经济社会发展、公共卫生服务需要和财政承受能力等适时进行调整。地方政府可结合当地实际,在国家基本公共卫生服务项目的基础上,增加基本公共卫生服务内容和经费补助标准,每年新增经费应全部用于农村和社区,让基层群众受益。2014—2020 年国家基本公共卫生补助费标准见表 1。

表 1　2014—2020 年国家基本公共卫生补助费标准

年度	标准（元/人）
2014	由 30 元/人提高至 35 元/人
2015	不低于 40 元/人
2016	45 元/人
2017	不低于 50 元/人
2018	提高至 55 元/人
2019	69 元/人
2020	74 元/人

（三）政府提升基本公共卫生服务供给水平的动态性

提升基本公共卫生服务供给水平，做到优先供给、有效供给和可持续供给。

依据居民的健康需要和政府财政经济承受能力，确定基本公共卫生服务供给的品目以及数量与质量标准。由于健康需求以及财政能力是动态变化的，因此这些标准不是一成不变的。随着经济社会发展、财政能力增强，政府应加大财政投入，实现优先供给，重点关注经济欠发达地区及农村，实现可持续供给，同时鼓励和引导社会资本参与基本公共卫生服务供给。

（四）基本公共卫生服务均等化顶层设计

基本公共卫生服务均等化是指保障全体城乡居民能够免费或者少量付费获得安全有效方便的基本卫生服务，作为政府，既要投入供方，又要投入需方，强调基础、强调基本、强调基层。《"健康中国 2030"规划纲要》通篇贯穿了"保基本、强基层、建机制"的基本思路。

"保基本"体现在从基本国情出发，尽力而为、量力而行，紧紧围绕和体现了人民群众最关心、最直接、最现实的基本利益要求，首次明确提出了基本公共服务范围和国家基本标准。

"强基层"体现在强调基层基本公共服务体系网络和能力建设，把更多的财力、物力投向基层，把更多的人才、技术引向基层，提高基本公共服务的可及性。

"建机制"主要体现在较为全面系统地提出了国家基本公共服务的各项制度性安排，着力形成基本公共服务可持续运行的长效机制，从制度上保障人人享有基本公共服务。[①]

第三节　强基层　分级诊疗制度

2012 年 11 月 8 日，党的十八大进一步提出合理配置医疗资源，构建分级诊疗服务

---

① 胡祖才：《国家基本公共服务体系"十二五"规划》答记者问，2012 年 7 月 19 日。

体系的要求,为医疗卫生服务体系和基本医疗保障制度改革指明了方向。这是新时期深化医改的一项重要内容,着力于实现人人享有基本医疗卫生服务。党的十八大提出分级诊疗制度的建立旨在扭转当前不合理的医疗资源配置格局,解决资源配置不均衡问题,围绕城乡协同医疗卫生服务网络建设,依托广大医院和基层医疗卫生机构,探索合理配置资源、有效盘活存量、提高资源配置使用效率的医疗卫生服务体制架构,推动党和政府为保障人民群众健康所做出承诺的实现。

2015年,《国务院办公厅关于推进分级诊疗制度建设的指导意见》(国办发〔2015〕70号)进一步提出建立分级诊疗制度,是合理配置医疗资源、促进基本医疗卫生服务均等化的重要举措,是深化医药卫生体制改革、建立中国特色基本医疗卫生制度的重要内容,对于促进医药卫生事业长远健康发展、提高人民健康水平、保障和改善民生具有重要意义。《基本医疗卫生与健康促进法》规定国家推进基本医疗服务实行分级诊疗制度,引导非急诊患者首先到基层医疗卫生机构就诊,实行首诊负责制和转诊审核责任制,逐步建立基层首诊、双向转诊、急慢分治、上下联动的机制,并与基本医疗保险制度相衔接。

一、分级诊疗制度的涵义及其意义

(一)分级诊疗的定义

当前,分级诊疗尚未建立完整、统一的理论定义,根据国家相关政策规定,分级诊疗是指,根据病情的轻重程度和治疗的难易程度,进行不同层次、不同类别的区分,各等级医疗机构根据自身职责划分,分工协作,构建"基层首诊、双向转诊、急慢分治、上下联动"的有序就医格局。

分级诊疗制度主要包括医院医疗和社区医疗。我们通常说的去医院看病现在已经可以分化成两个部分,大病去医院,小病去社区门诊。分级诊疗是作为优化就医流程、改善就医秩序提出来的。分级诊疗作为一项制度,包含了基层社区首诊、分级就诊、双向转诊等就医流程的制度性要求,是有关就医秩序、就医流程、求医和医治行为的规范性要求。

大中型医院承担的一般门诊、康复和护理等分流到基层医疗机构,形成"健康进家庭、小病在基层、大病到医院、康复回基层"的新格局。大医院由此可"减负",将主要精力放在疑难危重疾病方面。基层医疗机构可获得大量常见病、多发病人,大量的病例也有利于基层医疗机构水平的提高,步入良性循环。

(二)分级诊疗制度的目标

分级诊疗16字方针为基层首诊、双向转诊、急慢分治、上下联动。归纳总结为,分级诊疗实施目标在于提高效率,控制费用;具体内容有层级优化卫生服务,优化供给,各机构分工合理,并对疾病分级;政府为主导对象。分级诊疗是在政府的主导下,为有效节约成本，提高效率，按照各机构技术实力及功能定位，根据疾病的急缓程度、轻重程度、治疗难易程度等予以分级，并由类型不同的机构承担其不同阶段疾病或不同类型病症治疗，围绕基层首诊及双向转诊这一核心，达到有序就医目的。实现分级诊疗的具体做法有四个方面：

首先，引导非急诊患者首先到基层医疗卫生机构就诊。

其次，实行首诊负责制和转诊审核责任制。首诊负责制是医疗质量和医疗安全的核心制度之一，指由首先进行接诊的医院和医生对患者检查、诊断、治疗和抢救，对超出定位和能力的疾病，由基层医疗卫生机构提供向上转诊服务。转诊审核责任制指在基层医疗机构首诊的患者，经医生确认无法诊治的疾病，由首诊医疗卫生机构出具审批表，并逐级审核，转往二级或三级医疗机构。该种制度的实行，有利于对病人进行分流，合理配置医疗资源，减轻上级医院的负担。但在具体实践中，应确保转诊流程的顺利和简化，避免因流程复杂而造成患者延误治疗等情况的发生。

再次，逐步建立基层首诊、双向转诊、急慢分治、上下联动机制。基层首诊就是坚持群众自愿的原则，通过政策引导，鼓励常见病、多发病患者首先到基层医疗卫生机构就诊。双向转诊通过完善转诊程序，重点畅通慢性期、恢复期患者向下转诊，逐步实现不同级别和类别医疗机构之间的有序转诊。急慢分治是通过完善亚急性、慢性病服务体系，将度过急性期患者从三级医院转出，落实各级各类医疗机构急慢病诊疗服务功能。上下联动是在医疗机构之间建立分工协作机制，促进优质医疗资源纵向流动。

最后，分级诊疗与基本医疗保险制度相衔接。基本医疗保险制度在分级诊疗中起到重要作用，青海省的分级诊疗模式就是在与基本医疗保险制度相衔接的基础上实行的。主要通过充分发挥医疗保险的调控作用，规定不同等级医疗机构不同报销比例和服务价格，引导患者分级诊疗。因此，面对目前分级诊疗制度实施难、病人更愿意扎堆到三级以上医疗机构集中就诊的情况，可以采取医疗保险政策引导式分级诊疗模式。通过在医保制度上对病人加以引导，使病人愿意直接到基本医疗机构就诊，例如加大各层级医疗服务机构之间的医疗保险报销比例差距等措施。[1]

（三）分级诊疗制度的意义

现阶段，全民医保不断完善，基础医疗服务优化及供给改革全面深化为主要问题。统筹建立完善分级诊疗，不仅能够实现农村"小病不出村""大病不出县""常见病不出乡"，还能解决城市中公立医院的改革难题。分级诊疗可推进基础、基层、基本（以下简称"三基"）配置，加快提升城乡基层医疗机构的基本服务能力及基础建设，围绕专科医生制度及全科医生制度的建立和完善，逐步形成服务基层，承担常见病、慢性病首诊的

---

[1] 申卫星主编：《〈中华人民共和国基本医疗卫生与健康促进法〉理解与适用》，中国政法大学出版社2020年版，第92—93页。

基层医务人员队伍,切实缓解"看病贵"和"看病难"。

二、国内外分级诊疗制度

(一)我国分级诊疗制度的发展进程

1. "指定就诊式"分级诊疗

新中国成立后,我国卫生事业的发展开始从建立健全医疗服务体系入手。

1949—1978 年,三级医疗服务体系和医保制度构建了分级诊疗格局的雏形,在城市,经过统一布局与规划,市、区两级医院和街道卫生所得以建立,初步形成了城市三级医疗服务体系。在农村逐步建立了三级医疗服务网。我国政府从总体上为居民满足了基本医疗服务需求,保障了居民健康。无论是在农村还是在城市将医疗服务体系和医疗保障结合,从而出现了分级诊疗的雏形。有学者称该时期分级诊疗为"指定就诊式"分级诊疗。

2. 分级诊疗制度松动

1978 年以后,随着以经济建设为中心发展方向的确立,医疗卫生政策市场化倾向日益明显,大量公立医疗机构被推向市场化。1979—1997 年分级诊疗制度出现松动,尽管在不断强化分级诊疗的概念,但是由于市场化使得费用上涨过快,无论是对供方还是需方均约束乏力。

3. 分级诊疗制度重建

1998—2008 年期间,我国先后建立了城镇职工基本医疗保险制度(1998 年)、新型农村合作医疗制度(2003 年)和城镇居民基本医疗保险制度(2007 年)。城镇职工医保实行个人账户和大病统筹相结合的财务模式,个人账户由个人支配,缺乏再分配和约束机制。但由于报销差距较小,对居民就诊行为的影响也不显著。医保制度守门人机制的缺乏加速了城市分级诊疗制度的瓦解。2006 年 2 月,《国务院关于发展城市社区卫生服务的指导意见》第一次在国家文件中提出要建立"分级诊疗和双向转诊制度,探索社区首诊制度试点"。

4. 新医改后分级诊疗制度实践

2009 年,新一轮深化医改标志着"导向式"分级诊疗模式的开始。主要通过建立健全基层医疗卫生首诊网络、提高基层医疗服务能力引导居民就诊行为,通过推进基层医疗卫生服务机构与家庭签约的服务模式,来建立固定的医患关系,通过倡导医疗机构分工协作实现对供方行为的引导,从明确供方功能定位的方面来促进各级医疗机构各司其职,通过制定报销差别引导居民就诊行为。[1]

---

[1] 谢宇、于亚敏、佘瑞芳、黄薇、赵晓娟:《我国分级诊疗发展历程及政策演变研究》,《中国医院管理》2017 年第 3 期。

(二)我国不同时期分级诊疗制度相关政策

我国在不同的历史时期曾经分别提出分级诊疗制度。[①]

2009 年

《关于深化医药卫生体制改革的意见》(中发〔2009〕6 号)健全基层医疗卫生服务体系,加快农村三级医疗卫生服务网络和城市社区卫生服务机构建设,着力提高基层医疗卫生机构服务水平和质量,逐步建立分级诊疗和双向转诊制度。医疗保障制度实行差别共付、推行公共卫生服务项目等为强基层、分级诊疗保驾护航。

2010 年

《关于印发公立医院改革试点指导意见的通知》(卫医管发〔2010〕20 号)建立公立医院与基层医疗卫生机构分工协作机制,实行分级医疗、双向转诊,在明确二级以上公立医院的功能定位、着力提高基层医疗卫生机构的服务能力和水平的同时,发挥价格、基本医疗保障支付政策等的引导和调控作用,引导一般诊疗下沉到基层。有条件的地区,医院可以通过合作、托管、重组等方式,促进医疗资源合理配置。发展老年护理、康复等延续服务,逐步实现急、慢性病分治。

2011 年

《国务院关于建立全科医生制度的指导意见》(国发〔2011〕23 号)积极探索建立分级医疗和双向转诊机制。逐步建立基层首诊和分级医疗管理制度,明确各级医院出入院标准和双向转诊机制。在有条件的地区先行开展全科医生首诊试点并逐步推行。建立全科医生制度是促进医疗卫生服务模式转变的重要举措。建立分级诊疗模式,实行全科医生签约服务,将医疗卫生服务责任落实到医生个人,是我国医疗卫生服务的发展方向。

2012 年

《国务院关于印发"十二五"期间深化医药卫生体制改革规划暨实施方案的通知》(国发〔2012〕11 号)提高基层医疗卫生机构服务能力,以建立健全分级诊疗、双向转诊制度,积极推进基层首诊负责制试点。明显提高基层医疗卫生机构门急诊量占门急诊总量的比例。医保支付政策进一步向基层倾斜,鼓励使用中医药服务,引导群众小病到基层就诊,促进分级诊疗制度形成。

《关于县级公立医院综合改革试点的意见》(国办发〔2012〕33 号)在发挥医疗保险补偿和控费作用中提出医保支付政策进一步向基层倾斜,鼓励使用中医药服务,引导群众合理就医,促进分级诊疗制度形成。在加强上下联动中强调通过开展纵向技术合作、人才流动、管理支持等多种形式,提高农村医疗卫生服务体系整体效率,形成优质医疗资源流动的长效机制,使一般常见病、慢性病、康复等患者下沉到基层医疗卫生机构,逐

---

① 刘利娜:《基于全民医保背景下分级诊疗路径的实现分析》,《中国卫生产业》2016 年第 4 期;方少华:《全民医保背景下实现分级诊疗的路径研究》,《卫生经济研究》2014 年第 1 期。

步形成基层首诊、分级医疗、双向转诊的医疗服务模式。

《关于深化城乡医院对口支援工作 进一步提高县级医院医疗服务能力的通知》（卫医管发〔2012〕60号）积极开展分级医疗和双向转诊。县级医院开展常见病、多发病诊疗和危急重症病人的救治，疑难疾病接治转诊。支援医院和受援医院要建立分工协作机制，逐步形成基层首诊、分级医疗、双向转诊、急慢分治的就医格局。要按照病种分级诊疗和转诊标准，一般大病原则上尽可能在县级医院诊治，复杂疑难病例转诊到三级医院。

2013年

党的十八届三中全会《关于全面深化改革若干重大问题的决定》完善合理分级诊疗模式，建立社区医生和居民契约服务关系。

2014年

《关于印发推进县级公立医院综合改革意见的通知》（国卫体改发〔2014〕12号）完善合理分级诊疗模式，提出制订分级诊疗的标准和办法，综合运用医疗、医保、价格等手段，逐步建立基层首诊、分级医疗、双向转诊的就医制度。建立县级公立医院与基层医疗卫生机构之间的便捷转诊通道，县级公立医院要为基层转诊患者提供优先就诊、优先检查、优先住院等便利。充分发挥医保的杠杆作用，支付政策进一步向基层倾斜，拉开不同级别定点医疗机构间的报销比例差别。完善县外转诊和备案制度，力争2015年底实现县域内就诊率达到90%左右的目标。

2015年

《国务院办公厅关于印发全国医疗卫生服务体系规划纲要（2015—2020年）的通知》（国办发〔2015〕14号）建立并完善分级诊疗模式，建立不同级别医院之间，医院与基层医疗卫生机构、接续性医疗机构之间的分工协作机制，健全网络化城乡基层医疗卫生服务运行机制。

《国务院办公厅关于全面推开县级公立医院综合改革的实施意见》（国办发〔2015〕33号）按照国家建立分级诊疗制度的政策要求，构建基层首诊、双向转诊、急慢分治、上下联动的分级诊疗模式。

《国务院办公厅关于城市公立医院综合改革试点的指导意见》（国办发〔2015〕38号）构建分级诊疗服务模式。到2015年底，预约转诊占公立医院门诊就诊量的比例要提高到20%以上。完善与分级诊疗相适应的医保政策。2015年底前，试点城市要结合分级诊疗工作推进情况，明确促进分级诊疗的医保支付政策。

《国务院办公厅关于推进分级诊疗制度建设的指导意见》（国办发〔2015〕70号）指出建立分级诊疗制度是深化医药卫生体制改革、建立中国特色基本医疗卫生制度的重要内容，明确了到2020年的目标是：分级诊疗服务能力全面提升，保障机制逐渐健全，形成基层首诊、双向转诊、急慢分治、上下联动的模式，基本建立符合我国国情的分级诊疗制度。以上充分表明,分级诊疗制度已经迈入了全面推进的新时期。

2016 年

《关于做好 2016 年新型农村合作医疗工作的通知》(国卫基层发〔2016〕16 号)指出居民与基层医疗机构家庭医生团队开展签约服务,推进分级诊疗制度建设,稳步推进城乡居民基本医疗保险制度整合工作,各地要深入学习贯彻,规范岗位设置和职责分工,建立健全内部控制制度、稽查制度和违规责任追究制度。

《国家卫生计生委办公厅关于印发 2016 年深入落实进一步改善医疗服务行动计划重点工作方案的通知》(国卫办医函〔2016〕362 号)指出以医联体为切入点,衔接分级诊疗制度。在医联体内部形成三级医院与二级医院、基层医疗卫生机构分工协作机制,建立术后患者随访制度,指导下级医疗机构做好患者术后康复,并为基层医疗卫生机构开通日间手术绿色通道,逐步形成"手术在医院,康复在社区"的"急慢分治、上下联动"分级诊疗模式。

《关于推进分级诊疗试点工作的通知》(国卫医发〔2016〕45 号)要求各省级和试点地市卫生计生行政部门要加强与发展改革(价格)、财政、人力资源社会保障等相关部门的沟通与协作,创新体制机制,完善配套政策,统筹协调推进,为推进分级诊疗制度建设创造条件。进一步完善医药价格政策,落实分级定价措施。完善医保支付政策,推进医保支付方式改革,完善绩效工资分配机制。落实财政补助政策。通过分级诊疗试点,形成更多可复制、可推广的有益经验。

2017 年

《国务院办公厅关于推进医疗联合体建设和发展的指导意见》(国办发〔2017〕32 号)指出,2017 年,基本搭建医联体制度框架,全面启动多种形式的医联体建设试点,三级公立医院要全部参与并发挥引领作用,综合医改试点省份每个地市以及分级诊疗试点城市至少建成一个有明显成效的医联体。探索对纵向合作的医联体等分工协作模式实行医保总额付费等多种方式,引导医联体内部初步形成较为科学的分工协作机制和较为顺畅的转诊机制。

《关于确定公立医院综合改革首批国家级示范城市和第二批国家级示范县的通知》(国医改办函〔2017〕116 号)指出加快推进分级诊疗制度建设。以资源共享和人才下沉为导向,根据本地分级诊疗制度建设实际情况,因地制宜,分区域、分层次组建多种形式的医联体。探索对纵向合作的医联体等分工协作模式实行医保总额付费等多种付费方式,并制定相应的考核办法,引导医联体内部形成顺畅的转诊机制,促使优质医疗资源下沉,推动医联体由以治病为中心转变为以人民健康为中心。做实做好家庭医生签约服务,确保签约服务质量和效果。组建以家庭医生为核心、专科医师提供技术支持的签约服务团队,向居民提供长期连续的基本医疗、公共卫生和健康管理服务。

2018 年

《国家卫生健康委员会国家中医药管理局关于进一步做好分级诊疗制度建设有关重点工作的通知》(国卫医发〔2018〕28 号)指出以区域医疗中心建设为重点推进分级诊疗区域分开;以县医院能力建设为重点推进分级诊疗城乡分开;以重大疾病单病种管理为重点推进分级诊疗上下分开;以三级医院日间服务为重点推进分级诊疗急慢分开。

《关于印发全面提升县级医院综合能力工作方案(2018—2020 年)的通知》(国卫医发〔2018〕37 号)指出进一步加强县级医院人才、技术、重点专科等核心竞争力建设,提升县级医院法制化、科学化、规范化、精细化、信息化管理水平。落实县级医院功能定位,提升综合服务能力,有效承担县域居民常见病、多发病诊疗,危急重症抢救与疑难病转诊任务,力争实现县域内就诊率达到 90% 左右,推动构建分级诊疗制度。

2019 年

国家发展改革委下发《区域医疗中心建设试点工作方案》,提出在医疗资源薄弱地区打造高水平临床诊疗中心,以推动分级诊疗制度建设。

2020 年

2020 年 2 月 14 日,习近平总书记在中央全面深化改革委员会第十二次会议上指出,要持续加强全科医生培养、分级诊疗制度建设,科学精准打赢疫情防控阻击战。基层首诊是分级诊疗制度的重要基础。[1]

《基本医疗卫生与健康促进法》第 30 条和第 31 条,从立法层面对分级诊疗制度建设、医疗联合体联动机制建设以及家庭医生签约等提出统领性和概括性要求,并于2020 年 6 月 1 日正式实施。

当前随医疗改革深化,全民医保不断得到完善,基础医疗服务优化及供给侧继续改革全面深化成为重点要解决的问题。完善的分级诊疗制度对于农村实现"小病不出村""大病不出县""常见病不出乡"的目标非常重要,同时对于解决城市公立医院改革,缓解"看病贵"和"看病难"也具有重要意义。

(三)国外分级诊疗制度概况

1. 英国三级卫生服务体系。居民首先要在初级医疗机构登记,接受一名指定的全科医生,之后由全科医生向居民提供基础医疗卫生服务;中级医疗机构是由地区综合性医院组成,向居民提供有针对性的住院服务,不过居民入院治疗需要由全科医生开具转诊单或者患者急诊入院;高级医疗机构则专注于解决疑难杂症和紧急事故处理,同时负责医院的科研和教学工作。[2] 全科医生首诊制和严格的转诊制度,是英国分级诊疗运

---

[1] 陈智敏、吴芷涵、李跃军、梅斌、李志强:《新型冠状病毒肺炎防治工作中分级诊疗的应用与展望》,《中国医院管理》2020 年第 6 期。

[2] Scott C., *Public and Private Roles in Health Care Systems: Experiences from Seven OECD Countries*, Milton Keynes: Open University Press, 2001, pp.73-74.

行成功的保障。

2. 德国门诊和住院双轨制。德国的门诊与住院相分离，门诊服务主要由全科医生提供，大型医院则只提供各种形式的住院服务。[1] 患者就医时只能首先由全科医生进行初步诊治，如果全科医生认为其有必要手术治疗，就会为患者办理转诊手续，患者凭此可转至大医院进行住院手术。当治疗结束后，患者又会被转移至医疗康复机构或者护理机构。门诊住院双轨制明确了德国各医疗机构的业务范围，可满足不同患者的医疗服务需求。

3. 日本三次医疗圈。主要根据人口、地理、交通等因素，设定了三次医疗圈，其中一次医疗圈以市町村为单位，为居民提供门诊服务；二次医疗圈依据人口、经济等设立，以住院服务为主；三次医疗圈是以都道府县为单位的区域中心医院，专门提供高精尖医疗服务，除转诊外基本没有门诊服务。同时还按照功能对医院进行了分类，包括特定机能医院、地域医疗支援医院、疗养型医院、精神病医院等。[2] 通过对医疗机构的区域规划和功能分工，日本构建了协同发展的三级医疗圈，有助于协调医疗资源的空间分布。

4. 美国医疗商业保险。美国是一个没有实行全民医保覆盖的国家，政府只对少数特殊群体提供医疗保险扶持，其他大部分公民需要自己购买医疗商业保险，因而在美国看病主要由患者所购买的保险种类决定。[3] 但不管参加何种保险，保险人一般都需要签约家庭医生，并在保险覆盖的医疗网络内就诊，否则将会承担高额自费费用。基层社区卫生服务机构关注本社区的全体居民，对其进行健康管理，同时开展常见病的首诊以及为住院患者提供出院后的康复医疗。实践表明，尽管美国的医院并未划分等级，但医疗商保和定点就医却在客观上促成了分级诊疗在美国的实现。

三、分级诊疗制度实施的困境及其解决路径

在新医改和全民医保下，各地开始积极探索分级诊疗，形成了很多有特色的分级诊疗试点，例如甘肃新农合试点，上海家庭医生建设，福建三明通过医保杠杆针对参保对象构建了分级诊疗及转诊程序。分级诊疗在一些地区取得一定成绩，同时显露一些问题及困难。包括：对"三基"医疗服务的能力提高有所制约；高水平的全科医生不愿意或不适合从事此项工作；缺乏完善的准入制度及培养计划；医保政策及付费机制与分级诊疗的模式不协调；现有基层医疗机构人员老化，职称、学历偏低，招聘困难，人才流失现象严重，订单定向生违约严重等问题，都制约了基层医疗机构的服务能力，同时成为

---

[1] Voker Amelnug, Helmut Hildebrandt, Sascha Wolf, "Integrated Care in Germany-a Stony but Necessary Road", *International Journal of Integrated Care*, 2012, 12(27), pp.1-5.

[2] 顾亚明：《日本分级诊疗制度及其对我国的启示》，《卫生经济研究》2015 年第 3 期。

[3] S.Jonas, MI.Roemer, *An Introduction to the U.S.Health Care System*, 5th ed., New York：Springer Pub Co., 2003, pp.102-104.

分级诊疗制度推行的障碍;分级诊疗形式及措施较为丰富,包括成立医联体、发展对口支援、建立医疗集团、开展经营管理委托或资源重组等,但形式改变局限较大,大多为松散联合,较少涉及管理运行机制、约束激励机制、内部资源调整配置机制及经济补偿等。[①]

解决目前分级诊疗制度的困境可以主要采用以下几种方式:第一,从改变社区医生服务模式入手,以患者能够接受的形式,促使基层医生和患者进行长期有效的合作,取得使患者健康得益和经济负担减轻的效果;第二,建立与社区医生服务新模式相配套的医保支付制度;第三,建立新型的、和谐的社区医疗病患关系,增加居民对分级诊疗政策的信任和接受;第四,加强基层服务能力,这种服务能力体现在医疗服务设施设备的硬件方面和基层卫生人员服务能力与服务水平两个方面;第五,规范、完善转诊标准,通过物价政策、医保政策及财政等引导居民选择社区首诊。逐步完善起机构间分级转诊体系,以此完善构建双向转诊、分级诊疗及社区首诊模式。[②]

诚然,实现分级诊疗亦只是在卫生法治观念下合理分配医疗资源,构筑社会医疗保障体系,完善卫生法治万里征途的重要一步。但正如党的十九届四中全会公报所指出,"坚持和完善中国特色社会主义法治体系,提高党依法治国、依法执政能力","强化提高人民健康水平的制度保障。坚持关注生命全周期、健康全过程,完善国民健康政策,让广大人民群众享有公平可及、系统连续的健康服务。深化医药卫生体制改革,健全基本医疗卫生制度,提高公共卫生服务、医疗服务、医疗保障、药品供应保障水平"。卫生法治的建设作为依法治国和健康中国两大时代主题的交汇,必将沿着一切为民的步伐奔流到海,也是完善社会治理体系、参与全球治理的必经之途。

第四节　保基本　家庭医生签约制度

《基本医疗卫生与健康促进法》规定,国家推进基层医疗卫生机构实行家庭医生签约服务,建立家庭医生服务团队,与居民签订协议,根据居民健康状况和医疗需求提供基本医疗卫生服务。2019年5月19日是第9个"世界家庭医生日",主题是"携手家庭医生,共筑健康生活"。针对目前我国"看病贵、看病难"的问题,有许多行业人士提出设立家庭医生制度,进行分诊和转诊,合理分配医疗资源解决问题。新医改的方向是每个家庭都有一名签约医生,当家人身体感到不适时,首先咨询家庭医生,家庭医生作为家庭健康守门人,负责分析判断解决大多数问题;对于较为严重的疾病,家庭医生进行分诊和转诊,调动更高级别的医疗资源解决问题。那么,什么是家庭医生签约制度? 家庭医生签约制度在我国的可行性如何?

---

① 方少华:《全民医保背景下实现分级诊疗的路径研究》,《卫生经济研究》2014年第1期。
② 刘利娜:《基于全民医保背景下分级诊疗路径的实现分析》,《中国卫生产业》2016年第4期。

一、家庭医生签约服务的涵义

世界卫生组织指出，社区卫生服务（Community Health Services）是社区服务中最基本、普遍的服务，是以家庭医生为主要人力的组织或机构所从事的一种社区的定向卫生服务。它的载体是基层卫生机构，以全科医生为骨干，通过使用适宜卫生技术、以人的健康为中心，以老年人、儿童、妇女、残疾人、慢性病人、低收入居民为重点，以解决社区主要卫生问题，满足基本医疗卫生服务为目的，融预防、医疗、保健、康复、健康教育和计划生育技术服务等为一体的，有效、经济、方便、综合、连续的基层卫生服务。①

家庭医生服务是指全科医生在社区责任医生团队服务的工作平台上，借助各级医疗卫生纵向协作服务体系的技术支撑，在街道（乡镇）、社区（村）等各方力量的支持下，通过签约式服务，因地制宜地为签约对象提供连续、综合、有效、个性化的全面健康管理服务，逐步引导建立社区首诊、双向转诊、分级诊疗的服务格局。② 理论上，家庭医生也叫全科医生（Family Doctor 或 General Practitioner），是接受过全科医学专业训练并且工作在基层社区的新型医生，是执行全科医疗的卫生服务提供者，是为个人、家庭和社区提供优质、方便、经济有效、一体化的医疗保健服务，进行生命、健康与疾病全方位负责式管理的医生。③

以家庭医生（全科医生）为主要提供者的社区卫生服务，是对个人、家庭和社区健康的整体负责和全程控制的最基本和普遍的服务模式，是以人为中心、以健康为中心，而不是以病人为中心，更不是以疾病为中心。社区卫生服务符合疾病谱和医学模式转变的要求，也是顺应时代发展的亟须。践行"健康为中心，预防为主、防治结合"理念，必须立足于基层社区，这也符合党的十八大报告中提出的"保基本、强基层、建机制"的要求。

随着我国医疗体制改革的深入，"看病难、看病贵"问题得到了一定程度的解决，但对一些特殊的群体，仍存在一些就医难题。通过开展社区家庭医生服务制度，充分整合医疗资源，通过提供持续性、综合性、个体性的生理、心理、社会支持式护理照顾，提高社区健康服务中心的医疗服务质量，不断满足社区居民日渐增长的健康需求，符合我国对发展社区卫生服务要求的新举措。

家庭医生也被世界卫生组织称为"最经济、最适宜"的医疗卫生保健服务模式。也

---

① 梁万年主编：《卫生事业管理学》，人民卫生出版社 2007 年版，第 294 页。

② 林伟良等：《白鹤社区开展家庭医生服务的问题和对策》，《中国农村卫生事业管理》2013 年第 8 期。

③ 李春宇、李曼春、董朝晖：《澳大利亚的全科医疗》，《国外医学·医院管理分册》2000 年第 4 期；梁万年：《全科医学、全科医疗和全科医生》，《中国学校卫生》2004 年第 2 期。

正是因为家庭医生的独特优势,它很早就受到了英国、加拿大、美国、澳大利亚等西方很多国家的重视,并且在英、美等国家已经发展得非常成熟。在这些国家中,家庭医生都扮演着非常重要的角色,尤以英国的家庭医生制度最具代表性。在英国,超过99%的居民都拥有家庭医生,家庭医生占全英医生总数的50%左右。①

家庭医生式服务是借鉴国外家庭医生制度、结合国内医疗实际而开展的一项新型的社区健康服务模式,通过家庭医生服务团队与社区居民签订相关协议,从而为社区居民提供经济、便捷、连续、个性化的健康服务,承担着分级诊疗"首诊人"的重要职责,可有效改善社区居民的健康状况,是实现健康中国战略的重要一环。

二、家庭医生签约制度国内外发展现状

(一)国外家庭医生签约制度的发展

国外社区卫生服务比较发达的国家或地区,如英国、澳大利亚、加拿大、古巴等国,都已开展了家庭医生服务模式,普遍建立了家庭医生与社区居民固定式、契约式的医患关系,家庭医生通过一系列规范严谨的培训,依托家庭医生诊所开展基本医疗服务,普遍采用预约形式,由家庭医生审核后开展转诊服务,家庭医生对签约居民的医疗费用进行控制,国家给予人头经费支持。居民对家庭医生充分信任,医患关系融洽。

1. 英国

作为现代社区卫生服务的发源地,英国在著名的贝弗里奇报告(1942)的基础上,依照《国家卫生服务法》于1948年建立了英国国家卫生服务体系(NHS)。NHS与全科诊所签订全科医疗服务合同(General Medical Services Contract),为当地人口购买全科医生的服务,NHS向地方临床服务委托组织(CCGs)进行费用分配的主要方式是基于经过权重的人口需求(Weighted Capitation Formula)。总体而言,对全科服务以按人头预付(Capitated Budgets)为主。全科医生服务的人数越多,提供的医疗服务越少,收入越多。所以,它能够鼓励医生以较低的医疗费用为更多的人提供服务,使医生主动控费意识增强,把工作重点引导到预防保健上来。NHS制度在覆盖范围、公平性和成本投入等方面显现了独到的优势,为改善英国国民健康水平发挥了至关重要的作用,一度被标榜为"西方最完善的医疗服务体系"②。

2. 美国

美国是发达国家中唯一没有提供"全民医保"的国家,商业健康保险在医疗保障体

---

① 杨月娇:《全民医保制度下的"家庭医生"计划研究——以厦门为分析个案》,厦门大学社会保障2009年硕士学位论文。

② 孙君雷、杜学礼、于兴、田中、鲍勇:《中英社区卫生服务发展模式的对比研究》,《中国卫生产业》2010年第12期;谢春艳、何江江、胡善联:《英国初级卫生保健质量与结果框架解析》,《中国医院管理》2015年第7期。

系中发挥主体作用。美国政府提供的医疗保障——医疗照顾计划(Medicare)和医疗援助计划(Medicaid),前者主要针对老年人,后者针对贫困人口,覆盖的人口不足全美30%。发展至今,美国已形成了以商业健康保险为主的多元化医疗保障体系,主要包括政府提供的医疗保障计划和私营的商业健康保险。①

美国分级诊疗秩序较弱,社区首诊主要依靠患者对家庭医生或诊所的信任,家庭医生只在某些保险项目中扮演"守门人"和资金掌管者的角色。

3. 日本

《2000年世界卫生报告》以人群健康水平、健康水平分布、不同人群健康水平的公平性、满足不同人群健康需求的反应性差异、卫生筹资的公平性五项指标,对世界各国卫生系统的绩效水平进行评价,日本卫生系统的各项指标评价均名列前茅。目前,日本卫生系统绩效水平高,国民享受高水平的健康保健服务。全民健康保险是日本进行各项卫生事业的基本前提;日本政府强有力的行政力量被积极发挥;日本公立、私立医疗机构职能明确划分;日本保健所独具特色。②

4. 澳大利亚

根据世界卫生组织医疗保健系统在2009年的总排名,澳大利亚名列全球第12位;在2006年至2010年的世界各国人口预期寿命排名中,澳大利亚以人均预期寿命81.2岁,排名世界第五。在澳大利亚,门诊服务主要由全科医生和专科医生提供,实行社区私人诊所首诊制,提高医疗保险制度的运行效率。全国2.5万名全科医生在各个社区开设私人诊所,扮演着"守门人"的角色。只有经过全科医生的推荐,病人才能够到专科医生处就医。专科医生或者自己开设门诊,或者在医院门诊部工作,在医院门诊部工作的专科医生,可以选择领取工资或者凭借工作量来获取报酬。澳大利亚实行严格的医药分离政策,医院和诊所不能向病人卖药,不得经营任何药品。医院一般分科设立急诊和住院部,医院里面设有药房,药品的经营不是医院,而是医药公司。私人诊所也不得经营任何药品,只有各大医药公司提供的样品药,医生可免费给病人使用少量样品药,病人所需的主要药物都要凭医生的处方到药店购买。③

(二)家庭医生签约制度在我国的发展

2016年,国务院印发的《关于印发推进家庭医生签约服务指导意见的通知》中明确签约服务体系的建立和探索。家庭医生主要由社区全科医生、乡村医生、护士以及公共卫生人员组成,为居民提供基本医疗、公共卫生和健康管理等服务,被称为居民健康的

---

① 孙晓凡:《社区卫生服务居民认知分析及政策建议》,上海交通大学公共卫生与预防医学2015年硕士学位论文,第3页。

② 吴文捷、吴小南、叶玲:《浅析日本转诊有效运作的背景条件》,《福建医科大学学报(社会科学版)》2011年第3期。

③ 赵永生:《澳大利亚医疗保险支付制度》,《中国医疗保险》2011年第11期。

"守门人"。从当前积极探索的情况来看,各地都结合自身实际情况初步形成了一定特色的家庭医生模式。但是,我国的"家庭医生"制度应该说还处于初级阶段,还在探索中前进。我国从2017年开始推行家庭医生签约服务,形成了可借鉴的"北京模式""上海模式"以及"成都模式""江苏省镇江模式"等。还有学者探讨在"互联网+"时代,创建"互联网+家庭医生签约服务"模式。

1. 家庭医生制服务之"北京模式"

北京的家庭医生制服务模式特点是具有强有力的政策保障体系做背景,基本形成以主动和责任两种服务理念为基础的四级管理模式,同时增加五项个性化服务的工作特色。家庭医生服务团队与签约居民建立起稳定的服务关系,主动为签约居民提供有针对性的服务,同时担负着维护居民健康的责任,为签约居民提供连续的、及时的健康服务。家庭医生团队首先对签约居民进行个体健康状况的评估,然后根据评估结果对其实施四级健康管理模式。

北京模式针对不同的人群采用不同的健康服务。对于健康普通人群,以维护健康为目标,在健康状况评估的基础上为其制定个性化的健康管理方案;对于0—6岁儿童、孕产妇、老年人、慢性病高危人群等重点人群,以预防疾病、促进健康为目标,根据其不同的健康状况和需求,提供有针对性的健康服务;对于慢性病患者,以提高慢性病的控制率为目标,制定详细的操作性强的慢性病管理方案,预防和延缓并发症的发生;对于高龄老年人、残疾人、长期卧床患者等人群,以提供便捷及时的保健服务为目标,提供心理慰藉、家庭护理、康复训练指导等服务。

2. 上海市的家庭医生制服务模式

家庭医生制度是建立在签约基础上的,2017年4月13日在上海召开的全国家庭医生签约服务现场推进会上,国家卫计委充分肯定了上海市开展家庭医生签约服务工作的经验,倡导全国各地在贯彻落实《关于推进家庭医生签约服务的指导意见》的同时,借鉴并推广上海等地区的经验,进一步做实家庭医生签约服务工作。上海市推行家庭医生制服务的宗旨是希望通过签约家庭医生对居民健康的全程管理、对疾病初诊的精确甄别、对卫生资源的合理调配,使居民可以更加便捷地获得其最需要、最适宜的医疗卫生服务。在制度设计中,始终围绕两个关键词,一个是"自愿",一个是"引导"。签约的关键词不是"限制",而是"便捷";推行签约的方式不是"强制",而是"自愿";吸引居民的不是"空口号",而是"获得感"。2015年,上海市在家庭医生签约服务的基础上,启动了"1+1+1"医疗机构组合签约试点工作,即居民可自主选择一名社区卫生服务中心的家庭医生签约,同时可在全市范围内选择一家区级医院和一家市级医院进行签约,希望通过进一步密切签约服务关系,提升家庭医生初级诊疗能力与健康管理能力,逐步建立起分级诊疗制度,全面实现家庭医生"守门人"的职能。截至2017年6月19日,全市所有社区卫生服务中心均已启动"1+1+1"医疗机构组合签约试点,实现 100% 社区覆盖。①

3. 成都市家庭医生签约模式

成都市武侯区自 2014 年开始试点以人为中心的主动健康管理服务(PCAC)模式下的家庭医生签约服务,通过签约服务为居民提供以人为中心的、可及的、连续的、全面的、协同的医疗和预防保健服务,促进社区卫生服务中心从"疾病为中心"向"健康为中心"转变,逐步实现改善居民健康、基层首诊、双向转诊的目的。PCAC 模式从 2013 年部分中心试点,到 2017 年 6 月底覆盖全区 13 个社区卫生服务中心,现已取得阶段性成效。②

4. 江苏省镇江市家庭医生签约服务模式

以"3+X"家庭健康责任团队签约服务为基础创新基层服务模式。2011 年,镇江市政府在城市全面推行"3+X"家庭健康责任团队服务,以团队的形式为居民提供签约服务。其中,"3"作为恒量,由全科医生、社区护士和预防保健人员为基本构成;"X"作为变量和补充,由大医院专科医生、护士等人员组成。这种服务方式明确了家庭医生制度的工作目标、服务模式、服务内容、进度安排和保障措施。③

5. "互联网+家庭医生签约服务"模式

"互联网+家庭医生签约服务"是将互联网技术应用于家庭医生签约服务,使社区居民的健康体检、健康监测、随访评估、健康教育与干预等健康管理服务从社区卫生服务机构高效地延伸至家庭,建立"社区—家庭"双向互动的家庭医生服务模式。④ 该模式可有效提升家庭医生服务能力和管理效率,完善连续性照顾的过程,促进基层首诊、分级诊疗,建立协调性、联动性的医疗服务模式;同时,借助互联网手段,可以使家庭医生和居民更加便捷地互动与联络,提升社区居民对健康管理的获得感。

随着我国医疗体制改革的深入,"看病难、看病贵"问题得到了一定程度的解决,但对一些特殊的群体,仍存在一些就医难题。《"健康中国 2030"规划纲要》提出完善医疗卫生服务体系,辖区内人人享有均质化的危急重症、疑难病症诊疗和专科医疗服务。全面建立成熟完善的分级诊疗制度,形成基层首诊、双向转诊、急慢分治、上下联动的合理就医秩序。

《国家卫生健康委办公厅关于做好 2019 年家庭医生签约服务工作的通知》指出,

---

① 张明明、蔡传:《北京和上海家庭医生制服务模式的现状及中医思考》,《中国农村卫生》2018 年第 20 期。

② 罗晓露、黄艳丽:《成都市武侯区家庭医生签约服务开展现状研究》,《中国全科医学》2019 年第 13 期。

③ 苏枫、徐庆、钱茜:《镇江市家庭医生签约服务实践探索及发展思路》,《中国医疗管理科学》2017 年第 1 期。

④ 《"互联网+社区卫生健康管理服务"标准化建设指南》制定组:《"互联网+社区卫生健康管理服务"标准化建设指南》,《中华全科医师杂志》2017 年第 4 期。

要在保证服务质量基础上扩大签约服务覆盖面,并根据基层服务能力和签约服务的保障政策落实工作;同时完善签约服务的考核评价机制,将签约服务纳入基层医疗卫生机构综合考核;重点提升基层医疗服务能力和基层护理人员的上门服务能力,围绕慢性病管理、康复护理、专项护理等上门服务项目开展相关培训。目前优先签约的是老年人、孕产妇、儿童、残疾人等重点人群,以及高血压、糖尿病等慢性病患者。[1]

三、家庭医生签约制度瓶颈和实现的必要性

现实中我国现有家庭医生签约制度还存在很多瓶颈,如现有社区卫生服务机构承担家庭医生多是临床大夫出身,没有接受过系统的全科医学教育,缺乏预防医学等方面的知识和技能,服务中仍然以病人为中心,偏重疾病治疗。[2] 在以往长期"生物医学"模式医学实践中,由于医疗服务的过度市场化,医疗机构和医务人员价值取向错位,医生注重医疗有偿服务,忽视收益较少或无收益的预防服务,重医轻防,防治结合脱离。而在诊疗服务中,偏重多开药、多做检查等多收益服务,医疗行为呈现严重的浪费性。总体上,家庭医生呈现出"以病人为中心,重医轻防",缺乏开展预防工作的积极性,防治脱节现象严重。[3] 家庭医生及其所立足的社区卫生服务中必应承担的公共卫生服务功能不能很好的落实,居民无法获得真正的社区"六位一体"的健康管理服务。理论与现实存在巨大的差距。

未来家庭医生签约制度的实现,关键还要仰赖于制度相关的控制和保障机制,通过开展社区家庭医生服务制度,充分整合医疗资源;通过提供持续性、综合性、个体性的生理、心理、社会支持式护理照顾,提高社区健康服务中心的医疗服务质量,不断满足社区居民日渐增长的健康需求,是符合我国对发展社区卫生服务要求的新举措。通过家庭医生服务团队与社区居民签订相关协议,从而为社区居民提供经济、便捷、连续、个性化的健康服务,可有效改善社区居民的健康状况。让患者接受优质服务、医生充分发挥自身价值,引导全民共同参与,切实保证家庭医生签约服务的成功落地,使得家庭医生签约服务健康有序地发展,共创全民大健康的新时代。

---

[1] 央视网:《家庭医生重点人群签约率达 60%》,见 http://jiankang.cctv.com/2019/05/20/ARTIGOiv1ycRXvOjn4BtKDxe190520.shtml。

[2] 戴玉华、乌正赉:《全科医学和社区卫生服务在我国发展的历史、现状和展望》,《中国医学科学院学报》2000 年第 22 期。

[3] 顾旻轶:《家庭医生取经欧美》,《中国医院院长》2011 年第 13 期。

第十章　社会共治：健康促进与健康教育

第一节　公共健康权社会共治概述

公共健康权社会共治是一个新原则、新理念，所谓社会共治就是公共健康保障不能仅依靠政府，也不能仅依靠监管部门，应当调动社会方方面面的积极性，大家有序参与，形成工作合力，达到实现公共健康权的良好效果。在许多卫生法教材中，"社会共治原则"又称为"全社会参与原则"或"公众参与原则"，本书采用"公众参与"表述，本节主要论述"公众"及"公众参与原则"。

一、公众参与原则的涵义

（一）公众

科恩在其著作《论民主》中提到，"作为专制社会的否定形态的民主社会，承认、尊重并维护人的自主性。社会成员大体上能直接或间接地参与或可以参与影响全体成员的事务"[1]。当"每一个人的事务"成为公共事务的一部分，个人在公共领域的自主性便自然而然地显现出来了。由此，从政治学的角度可以将公众定义为："参与公共事务从而在国家政治中具有自主性的个人，即个人在社会政治生活中的自决和自主。"[2]

（二）公众参与

公众参与这一概念最初是由西方政治学者在第二次世界大战前后提出来的，后来逐渐成为现代政治学和公共行政学研究的一个重要范畴。公众参与理论的先驱——美国学者雪莉·阿恩斯坦（Sherry.R.Arnstein）认为，公众参与是公众权力的体现，是一种权力的再分配，能够敦促政府在制定计划的时候考虑民众的意见和建议。[3] 还有学者认为：公众参与是公众试图影响公共生活的一切行为、活动。[4]

公众参与原则目前普遍用于环境保护法律制度中，环境保护需要全社会的共同参

---

① Cohen, Carl(1971), "Democracy", *Philosophical Review*, 82(2), pp.249-252.

② 顾训宝：《十年来我国公民参与现状研究综述》，《北京行政学院学报》2009年第4期。

③ 黄海艳：《发展项目的公众参与研究》，河海大学项目管理2004年博士学位论文，第25页。

④ 马琼丽：《当代中国行政中的公众参与研究》，云南大学公共管理学院2013年博士学位论文，第1页。

与,需要法律来建立公众有序参与的机制,《中华人民共和国环境保护法》第9条对环境保护宣传教育以及新闻媒体的舆论监督作出了规定。增设第五章"信息公开和公众参与",明确规定公民、法人和其他组织依法享有获取环境信息、参与和监督环境保护的权利;各级政府及其有关部门应当依法公开环境信息、完善公众参与程序,为公民、法人和其他组织参与和监督环境保护提供便利。同样,公众健康权的实现也需要公众参与。

二、公众参与基本公共卫生服务的意义

基本公共卫生服务作为面向公众的卫生措施,其核心目标是为公众创造利益,也是现阶段我国实现社会公平的重要手段之一。美国政治学家 Robert Alandahl 提出:公共活动中的互动性是维持与获取公共利益的必要条件。通过促进公众参与,可提高居民对基本公共卫生服务项目的知晓率、利用率,让公众明晰所享有的福利并能够更广泛地实现自身的健康需求,能强化基本公共卫生服务供给与需求之间沟通的渠道,在现有条件下更大限度地满足公众的健康需要。[①]

(一)公众参与是基本公共卫生服务的本质属性

公众参与是基本公共卫生服务公共性的内在要求,基本公共卫生服务是面向公众的,以公共福利为导向的公共健康干预,其核心目标是创造公共利益。基本公共卫生服务的公共性体现在,基本公共卫生服务不仅是为健康人群做预防工作,同时还尽可能改善非健康人群的健康状况。通过兼顾健康和非健康人群,实现全社会的共同利益。因此,只有社会公众的广泛参与,才能实现基本公共卫生服务的公共性以及均等化。

(二)基本公共卫生服务的特点决定了公众必须参与其中

1. 基本公共卫生服务是面向公众的,其根本目标是提升整个社会的健康水平。因此,每一个人都有义务和责任参与其中。基本公共卫生服务,似乎是一个遥远而宏观的话题,但其实它就在我们身边,而且跟每个人的健康与生活息息相关。

2. 基本公共卫生服务很多具有长期性、持续性的特点,这就需要公众的反复参与。如果没有公众的积极、主动参与,很多服务的提供将无法完成,或者实施的成本巨大,造成整个社会整体利益的减少。因此,只有公众参与基本公共卫生服务,才能使得所有人都受益,才能惠及整个社会。

(三)公众参与能够弥补政府保障能力的不足

无论是公共部门或者是私人部门,都不能拥有足够的能力解决复杂的问题。政府卫生部门对于基本公共卫生服务的保障能力亦是如此。政府及相关行政部门获取信息的时间、金钱成本以及主动获取信息的动力与途径、公共健康权实现的方式等都是有限

[①] 陈丽、姚岚:《落实基本公共卫生服务均等化策略分析》,《医学与社会》2012 年第 6 期。

的，公众参与基本公共卫生服务，能够减少政府的行政成本。此外，社区或非政府组织，能够在某些领域扮演卫生行政部门的角色，向公众提供一些基本公共卫生服务，减少卫生部门的行政成本。

三、公众参与基本公共卫生服务的内涵界定

根据我国国情和卫生事业的发展现状，公众参与基本公共卫生服务的内涵应该包含以下三个方面。

（一）各级政府部门重视基本公共卫生服务项目的实施，协同合作，公众积极接受服务

国家针对不同基本公共卫生服务项目，通过文件、政策落实各项制度，保障公众基本公共卫生服务权利的实现。针对原基本公共卫生服务内容，按照2019年度中央转移地方专项转移支付基本公共卫生服务项目整体绩效目标和区域绩效目标，依据《国家基本公共卫生服务规范（第三版）》，继续实施建立居民健康档案、健康教育、预防接种、儿童健康管理、孕产妇健康管理、老年人健康管理、高血压和2型糖尿病等慢性病患者健康管理、严重精神障碍患者管理、肺结核患者健康管理、中医药健康管理、传染病和突发公共卫生事件报告和处理、卫生监督协管等12类项目。在开展儿童健康管理过程中，落实《国家卫生健康委办公厅关于做好0—6岁儿童眼保健和视力检查有关工作的通知》（国卫办妇幼发〔2019〕9号），规范开展0—6岁儿童眼保健和视力检查有关工作；加强儿童肥胖筛查和健康指导，积极开展儿童肥胖防控。面向贫困人口做好基本公共卫生服务项目，促进基本公共卫生服务均等化。

（二）非政府组织积极参与提供一些可能的卫生服务项目，例如健康教育等

我国当前的医疗服务体系是坚持非营利性医疗机构为主体、营利性医疗机构为补充，公立医疗机构为主导、非公立医疗机构共同发展的办医原则，建设结构合理、覆盖城乡的医疗服务体系。《基本医疗卫生与健康促进法》第12条规定，国家鼓励和支持公民、法人和其他组织通过依法举办机构和捐赠、资助等方式，参与医疗卫生与健康事业，满足公民多样化、差异化、个性化健康需求。这是关于国家鼓励公民、法人和其他组织依法参与医疗卫生与健康事业的规定。

（三）公众不仅积极接受基本公共卫生服务，还能发挥主观能动性，积极地参与到其中，例如主动与他人交流健康知识、积极地参与项目效果的评估等[①]

公民应加强健康管理。健康管理是指对个体或者是人群或群体的健康进行全面的分析、评估及监测，提供相应的健康指导和健康咨询，进而对影响健康的危险因素进一

---

① 危莉：《基本公共卫生服务均等化公众参与策略研究》，华中科技大学社会医学与卫生事业管理2012年硕士学位论文，第16页。

步地干预和预防的一个过程。① 这里主要指的是个人对健康进行管理。只有人人树立健康观念,人人参与防病治病,建立科学文明的生活方式,国民的健康素质才能提高,社会才能实现和谐可持续发展。

公民的健康责任还在于发挥公民的健康能动性,通过公民个人健康生活的选择与互动来引导家庭这个社会最小的组成细胞,形成符合自身和家庭特点的健康生活方式。家庭的健康生活方式影响深远,许多慢性病都有家庭生活的群居影响,家庭健康生活方式的选择,不仅有助于现有的家庭成员本人健康水平的提升,也会通过家庭教育的代际影响方式,影响后代子女,从而提升整个民族的健康素养。

第二节　健康促进与健康教育概述

重视大众健康教育,树立全民健康观念。健康是人全面发展的基础,是社会的第一资源,是社会文明最重要的标志之一。一个国家的经济发展水平和能力,在很大程度上取决于一国人口的数量、质量以及人力资本利用程度。因此,关注健康、以国民健康促进经济增长,既符合以人为本、改善民生、全面建成小康社会的发展目标,又可以扩大内需、提升人力资本质量、促进经济转型升级。要加强普及公共卫生与健康知识教育,引导城乡居民改变不科学的健康观念,树立良好的健康意识,培养健康生活习惯。只有人人树立健康观念,人人参与防病治病,建立科学文明的生活方式,国民的健康素质才能提高,社会才能实现和谐可持续发展。国家建立慢性非传染性疾病防控与管理制度,对慢性非传染性疾病及其致病危险因素开展监测、调查和综合防控干预,及时发现高危人群,为患者和高危人群提供诊疗、早期干预、随访管理和健康教育等服务。

一、健康促进与健康教育的涵义

(一)健康教育的定义

很早以前,人类为了生存和抵御各种疾病与伤害,相互传授着有关健康、医药、养生健体等知识,从而产生了健康教育。但健康教育作为社会发展的一项事业,起步于20世纪70年代。几十年来,健康教育发展十分迅速,它已经被越来越多的国家列为促进本国社会发展与进步的基本策略。当前,健康教育已经成为公民个人健康权、公共健康权和健康中国的重要组成部分。

对于健康教育和健康促进的定义,国内外学者有着不同的定义。Rebecca A.Brey 等②

---

① 刘春梅:《健康管理中心提高体检者满意度的做法与探讨》,《中国医药指南》2019 年第 16 期。

② Rebecca A.Brey et al., "This Is Your Future: A Case Study Approach to Foster Health Literacy", *The Journal of School Health*, 78, 2008, p.351.

认为，健康教育是以健康为中心的全民性教育，旨在通过保健知识和技术的传播，影响人们的认识态度和价值观念，鼓励建立正确的健康意识，养成积极的社会心理态度，提高自我保健能力，培养健康的生活方式，终止不健康的行为，消除危险因素，预防疾病，促进健康。肖瓅等学者认为，健康教育是指通过有计划、有组织、有系统的社会教育活动，使人们自觉地采纳有益于健康的行为和生活方式。① 王栋等学者认为，可以将健康教育理解为通过有目的性的干预，这个干预重点指人的思想、理念、意识方面，使对方自觉消除或减轻影响健康的危险因素，预防疾病，促进健康，提高生活质量。② 世界卫生组织认为，健康促进是"促进人们提高和控制自己健康的过程"，是"协调人类与他们的环境之间的战略"。它规定了个人与社会各自对健康所负的责任。

无论何种定义，健康教育的核心问题是促使个体或群体改变不健康的行为和生活方式，尤其是组织行为的改变，其实质是一种干预措施。与健康教育相比，健康促进更强调客观的支持与主观的参与，即强调政策和环境的支持，增加个人与社会的参与意识和参与水平。健康教育的核心是教育人们树立健康意识、促使人们改变不健康的行为生活方式，养成良好的行为生活方式，以减少或消除影响健康的危险因素。通过健康教育，能帮助人们了解哪些行为是影响健康的，并能自觉地选择有益于健康的行为生活方式。

健康教育应该从小学开起，不同学段开设不同深度的健康教育课，让学生成为身体健康、人格健全、心理健康的完整社会人，即成为全面发展的劳动者。《贫困地区健康促进三年攻坚行动方案》指出，到 2020 年我国将实现贫困地区居民健康教育全覆盖。

（二）健康促进的定义

早在 1920 年，温斯洛（Winslow）便首次提出了"健康促进"的概念，将健康促进理解为开展健康教育和制定健康政策，主张通过开展个人卫生教育和健全社会机构职责，应对各种危险因素，以维持和增进健康的生活水准。③ 1945 年，亨利·西格里斯（Henry E.Sigerist）将健康促进阐释为医疗环节中的重要步骤，即分为"健康促进""疾病预防""疾病恢复""身体康健"四步，强调其在疾病治疗中的前期准备作用。④ 直到 20 世纪 70 年代，研究发现，高达 50% 的疾病或死亡因素与"行为及不健康的生活方式"有关，人们开始将健康促进从疾病预防中分开，并置于同等地位，强调针对健康的人群采取积极有益的健康行为，通过改善教育、政策、环境等来获得更健康的生活方式。随着美国教

---

① 肖瓅、马昱、李英华等：《中国城乡居民健康素养状况及影响因素研究》，《中国健康教育》2009 年第 5 期。

② 王栋、张婷、顾晓玲、黄立坤：《健康素养水平的影响因素分析及对策研究》，《中国药物与临床》2016 年第 3 期。

③ C.E.A.Winslow，"The Untilled Fields of Public Health"，*Science*，New Series 51，1920，p.30.

④ 金秋艳：《我国青少年体育健康促进研究进展》，《当代体育科技》2017 年第 18 期。

育与福利部提出"正向积极的健康"（Positive Health）概念,大家一致认为,应把健康教育和政治、经济干预结合起来,共同促使行为和环境发生改变,以改善和保护人们的健康。[①] 1986 年,WHO 在加拿大渥太华召开第一届全球健康促进大会,发表了著名的《渥太华宪章》,界定了健康促进的概念,提出了建立促进健康的政策、创造健康支持环境和有利于维护健康的环境、开展以社区为基础的健康促进活动、发展个人技能、调整卫生服务方向等健康促进的 5 项工作。提出了倡导、赋权、协调健康促进的三大策略,成为健康促进发展的基本理论。1986 年,发表在《美国健康促进》杂志上的文章,将"健康促进"的概念正式从学术界引入公众的视野。奥唐纳（O'Donnell）将健康促进阐释为"帮助人们改变其生活习惯以达到理想健康状态的一门科学与艺术,理想的健康状态应是实现身体、情感、社会适应、精神和智力的平衡"[②]。著名健康教育学家格林认为,健康促进指一切能促使行为和生活条件向有益于健康改变的教育和环境支持的综合体,即健康教育环境支持。健康教育是通过有计划、有组织、有系统教育活动,促进人们自觉地采纳有益健康的行为和生活方式,达到预防控制疾病、促进健康的目的。[③] 进入21 世纪之后,有关健康促进的研究又进一步强调了其概念的动态变化,并进行了较为系统和全面的总结。作为一种新的策略和工作方法,健康促进被定义为应对青少年身心健康问题所追求的一个理想目标。[④] WHO 认为健康促进是促使人们维护和提高他们自身健康的过程,是协调人类与环境的战略,它规定个人与社会对健康各自所负的责任。[⑤] 本书赞同健康促进是一种融合了自然科学、健康科学和行为科学知识,通过改善包括身体活动、饮食习惯和心理状态等在内的生活方式,寻求与整个环境的和谐统一,以提升生命质量的整体策略。[⑥]

健康促进不仅是针对某些疾病或者某些疾病的危险因素,而且涉及整个人群的健康和人们生活的各个方面。健康不仅由个人负责,还应该发挥个人、家庭、社会的积极地参与。健康是卫生部门的任务,健康促进指导下的疾病控制已非单纯的医疗卫生服务,是属于全社会关心的系统工程,应建立部门多学科多专业的广泛合作机制。[⑦]

（三）健康促进与健康教育的关系

"健康教育"和"健康促进"是两个既有联系又有区别的概念,不能混为一谈。从健

---

① 汪晓赞、郭强、金燕、李有强、吴红权、季浏:《中国青少年体育健康促进的理论溯源与框架构建》,《体育科学》2014 年第 3 期。

② O'Donnell,"Definition of Health Promotion",*American Journal of Health Promotion*1,1986,p.4.

③ 参见陈婉珍、竺欣:《格林模式在医院健康教育中的应用》,《预防医学》2001 年第 8 期。

④ 刘书元:《健康促进与青少年体质三层次说》,《体育与科学》2007 年第 2 期。

⑤ 参见马骁主编:《健康教育学》,人民卫生出版社 2014 年版,第 70—73 页。

⑥ 汪晓赞等:《中国青少年体育健康促进的理论溯源与框架构建》,《体育科学》2014 年第 3 期。

⑦ 陈仁友:《基于健康促进控制慢病危险因素的行为干预研究》,山东大学卫生管理与政策研究中心2012 年博士学位论文,第 48 页。

康促进的最终目标不难看出,为达到这一目标,其中有一个重要的方面,即改变人们的生活方式和行为,增强人们自我保健能力,则必须通过我们强调的健康教育手段去获得。因此,健康教育是达到健康促进这一目标的手段之一。健康促进的概念不应替代健康教育的内容。健康促进是指一种目标,健康教育则是一种方法和手段。[1]

健康促进不仅包括健康教育行为干预的内容,更侧重于一切能促使行为改变和保持的组织、政策、经济等环境的支持和相关政策的制定。[2]

健康教育是健康促进的主导,健康促进既有利于个体行为的改变,也有利于刺激政府领导加强对健康教育的关注,制定有利于健康的政策,从而更好在政府层面上开展相应的健康教育工作,形成健康氛围。健康促进是在健康教育的基础上发展起来的,两者既有区别,又关系密切。

(四)我国健康教育与健康促进的历史及现状

我国健康促进和健康教育的起步比较晚,但很早就有相关实践。20 世纪 50 年代,受传统卫生宣传工作模式的影响,我国健康教育科学研究开展较少。20 世纪 80 年代起,随着我国健康教育事业的发展和国际交流的逐步深入,各级健康教育机构和相关组织学习借鉴国际健康教育理论和方法,开展理论探讨和适宜技术的试点研究,运用科学的方法对健康教育效果进行评价。1988 年卫生部发出了《加强营养工作的通知》,1991 年国务院颁发了《学校卫生工作案例》,它从行政法规的角度对健康教育提出了明确的具体要求。2007 年由多部门联合发起了《全民健康生活方式行动倡议书》,使健康知识与技能不断普及,健康活动与实践不断推广。2008 年,卫生部发布《中国公民健康素养基本知识与技能》,普及"健康 66 条"。近十年来,慢性非传染性疾病和重大传染病防控、健康生活方式以及心理健康教育和心理危机干预、突发公共卫生事件应对健康教育以及健康素养监测、医院健康教育等主题成为健康教育研究的重点。[3] 2016 年国家颁布"十三五"卫生与健康规划,指出普及健康教育,实施健康行动计划;同年颁布的健康中国战略指出:"医疗卫生机构及机关、学校、社区、企业等要大力开展健康教育,充分利用各种媒体,加强健康、医药卫生知识的传播,倡导健康文明的生活方式,促进公众合理营养,提高群众的健康意识和自我保健能力。"2018 年,国务院颁布的《医疗纠纷预防与处理条例》规定,应当加强健康促进与教育工作,普及健康科学知识,提高公众对疾病治疗等医学科学知识的认知水平。2019 年健康中国行动中明确提出要加强健康教育,提高人民的健康水平。这些规范性文件为我国健康促进和健康教育提供了有力的政策支持。

---

① 于文平、钱跃升:《健康教育 健康促进与健康城市》,《中国健康教育》1998 年第 7 期。
② 王东旭、常春:《我国健康教育与健康促进现状分析》,《医学与社会》2009 年第 3 期。
③ 吕书红:《国内健康教育健康促进科学研究进展综述》,《中国健康教育》2016 年第 12 期。

二、健康教育的主体对象和内容

实践中,随着我国人口老龄化进程的加快,疾病谱系和死亡谱系向慢性非传染性疾病的方向转变,死因占比高达88%①,其主要影响因素是不良生活方式。而与之形成鲜明对比的是,公众对健康知识和健康知晓率偏低,生活方式严重欠科学、合理,吸烟、过量饮酒、缺乏锻炼或不科学锻炼、不合理膳食等问题比较普遍。所以通过健康教育普及卫生知识,唤起民众改变不良行为方式,建立良好的生活方式和习惯,有效预防和控制疾病已经迫在眉睫,这也是维护和促进健康,贯彻预防为主观念最经济、最有效的措施,是从疾病治疗到健康预防观念转变的直接体现。那么,实施健康教育的主体有哪些呢?

(一)健康教育的主体及职责

法律赋予不同主体不同的健康教育职责。

1. 各级人民政府健康教育职责

各级人民政府应当加强健康教育工作及其专业人才培养,建立健康知识和技能核心信息发布制度,普及健康科学知识,向公众提供科学、准确的健康信息。目前,健康教育的责任主要在社区工作人员和基层医务人员,但由于重医疗轻预防的观念,健康教育的人才还有很大的缺口,迫切需要加强培养专业人才。同时,各级政府要建立健康知识和技能核心信息发布制度,普及健康科学知识,向公众提供科学、准确的健康信息。如在这次新冠肺炎疫情的防控中,各级政府及时公布了新冠肺炎的防控指南,对公众进行基础医学知识、防护知识的健康教育,使公众做好自我隔离、预防措施、避免感染,这对控制疫情起到了重要的作用。

2. 医疗卫生、教育、体育、宣传等机构、基层群众性自治组织和社会组织健康教育职责

医疗卫生、教育、体育、宣传等机构、基层群众性自治组织和社会组织应当开展健康知识的宣传和普及。医疗卫生人员在提供医疗卫生服务时,应当对患者开展健康教育。新闻媒体应当开展健康知识的公益宣传。健康知识的宣传应当科学、准确。医疗卫生机构是进行健康教育的义务主体。虽然以往相关法规和规章中也要求医疗机构卫生人员应当对患者开展健康教育,但实践中医务人员的看病任务非常重,往往只能进行诊断和治疗,对患者的健康教育往往心有余而力不足。《基本医疗卫生与健康促进法》从法律层面规定了健康教育的义务,要求医疗机构采取相应的措施或设置专门的健康教育部门,对所有患者开展健康知识的宣传和普及教育。学校是承担健康教育职责的重要主体,国家将健康教育纳入国民教育体系。教育、体育、宣传等机构、基层群众性自治组织和社会组织和新闻媒体也被要求积极实施健康教育,应当开展健康知识的公益宣传,同时保证所宣传的健康知识应当科学、准确。学校健康教育的实施人员是学校的校医,

---

① 《国务院关于实施健康中国行动的意见》,《人民日报》2019年7月16日。

实施场所为卫生室、保健室。学校应当利用多种形式实施健康教育,普及健康知识、科学健身知识、急救知识和技能,提高学生主动防病的意识,培养学生良好的卫生习惯和健康的行为习惯,减少、改善学生近视、肥胖等不良健康状况。学校应当按照规定开设体育与健康课程,组织学生开展广播体操、眼保健操、体能锻炼等活动。

3. 用人单位健康教育职责

用人单位应当为职工创造有益于健康的环境和条件,严格执行劳动安全卫生等相关规定,积极组织职工开展健身活动,保护职工健康。国家鼓励用人单位开展职工健康指导工作。国家提倡用人单位为职工定期开展健康检查。法律、法规对健康检查有规定的,依照其规定。国家鼓励用人单位开展职工健康指导工作,明确指出在保护劳动者健康的同时,应当加强对劳动者的健康教育并定期开展健康检查,多方向一同努力,才能最大限度对劳动者进行保护。《职业病防治法》第31条中提出,"用人单位应当对劳动者进行上岗前的职业卫生培训和在岗期间的定期职业卫生培训,普及职业卫生知识"。《"健康中国2030"规划纲要》第16章第1节中指出,"强化职业病报告制度,开展用人单位职业健康促进工作,预防和控制工伤事故及职业病发生"。2014年10月,国务院下发了《关于加快发展体育产业促进体育消费的若干意见》(国发〔2014〕46号),文件中明确要求:"政府机关、企事业单位、社会团体、学校等都应实行工间、课间健身制度等,倡导每天健身一小时。鼓励单位为职工健身创造条件。组织实施《国家体育锻炼标准》。完善国民体质监测制度,为群众提供体质测试服务,定期发布国民体质监测报告。"这在法律法规层面上规定企事业单位人力资源管理工作必须注重职工的工间健身活动,必须为职工健身创造条件,必须全力做好工间健身工作。[1]《中华人民共和国安全生产法》中也指出:"生产经营单位应当对从业人员进行安全生产教育和培训,保证从业人员具备必要的安全生产知识,熟悉有关的安全生产规章制度和安全操作规程,掌握本岗位的安全操作技能。未经安全生产教育和培训合格的从业人员,不得上岗作业","从业人员应当接受安全生产教育和培训,掌握本职工作所需的安全生产知识,提高安全生产技能,增强事故预防和应急处理能力"。国家提倡用人单位为职工定期开展健康检查。健康体检对企业和员工都有很大价值:对于员工来说,定期的体检能够帮助员工发现潜伏的疾病,可以及时就医;对于企业来说,这不仅是员工看重的一项福利,还能帮助企业发现员工健康隐患,针对性管控健康风险。

广大职工是推动我国社会主义现代化建设的中坚力量,大力发展职工体育,不断提高广大职工的体育意识和健康水平,对建立一支体魄强健、充满活力的高素质职工队

---

① 郝永泽:《浅谈企事业单位人力资源管理中工间健身原则》,《中国国际财经(中英文)》2017年第3期。

伍,促进我国经济社会可持续发展具有重要的现实意义和深远的意义。[①]

4.公民个人健康教育职责

公民是自己健康的第一责任人,树立和践行对自己健康负责的健康管理理念,主动学习健康知识,提高健康素养,加强健康管理。倡导家庭成员相互关爱,形成符合自身和家庭特点的健康生活方式。公民应当尊重他人的健康权利和利益,不得损害他人健康和社会公共利益。

公民应树立和践行对自己健康负责的健康理念,主动学习健康知识,提高健康素养,加强健康管理。应当积极参加各种公共卫生与健康知识教育,改变不科学的健康观念,树立良好的健康意识,培养健康生活习惯,不断增强自己的健康素养。

(二)健康教育的对象

健康教育的对象主要包括以下四类人群。

1.健康人群

健康人群一般在人群中占的比例最大,他们由各个年龄段的人群组成。这类人群中有些人可能最缺乏对健康教育需求,也许会认为疾病距离他们太遥远,对健康教育持排斥态度。对于这类人群,健康教育主要侧重于卫生保健知识。其目的是帮助他们维持良好的生活方式并保持健康,远离疾病。同时也提醒他们对一些常见疾病的警惕,不要忽略疾病的预防及早期诊断。

2.具有某些致病危险因素的高危人群

具有某些致病危险因素的高危人群,主要是指那些目前尚健康,但本身存在某些致病的生物因素或不良行为及生活习惯的人群。致病的生物因素包括个体遗传因素(例如高血压病、糖尿病、乳腺癌等疾病有家族史)、不良的行为及生活习惯(包括高盐、高糖及高脂饮食、吸烟、酗酒等)。国家制定并实施未成年人、妇女、老年人、残疾人等的健康工作计划,加强重点人群健康服务。国家建立营养状况监测制度,实施经济欠发达地区、重点人群营养干预计划,开展未成年人和老年人营养改善行动,倡导健康饮食习惯,减少不健康饮食引起的疾病风险。

3.患病人群

患病人群包括各种急、慢性疾病的患者。这类人群可根据其疾病的分期分为四种患者,即临床期患者、恢复期患者、残障期患者及临终患者。

4.患者家属及照顾者

患者家属及照顾者与患者接触时间最长,他们中部分人往往因长期护理而产生心理和躯体上的疲惫,甚至厌倦。因此,对他们进行健康教育是十分必要的。

---

① 吴大成、彭慧、王锋:《浅谈构建"俱乐部"模式企业职工健身体系的意义》,《科教文汇(下旬刊)》2019年第3期。

（三）我国健康教育与健康促进内容

1. 健康行为与生活方式

不随地吐痰，不乱丢果皮纸屑等垃圾；咳嗽、打喷嚏时遮掩口鼻；勤洗澡、勤换衣、勤洗头、勤剪指甲；不共用毛巾和牙刷等洗漱用品；不随地大小便，饭前便后要洗手；正确的洗手方法；正确的身体坐、立、行姿势，预防脊柱弯曲异常；正确的读写姿势；正确做眼保健操；每天早晚刷牙，饭后漱口；正确的刷牙方法以及选择适宜的牙刷和牙膏；预防龋齿；适量饮水有益健康，每日适宜饮水量，提倡喝白开水；吃好早餐，一日三餐有规律；偏食、挑食对健康的影响；经常喝牛奶、食用豆类及豆制品有益生长发育和健康；经常开窗通气有利健康；文明如厕、自觉维护厕所卫生；知道蚊子、苍蝇、老鼠、蟑螂等会传播疾病。

2. 疾病预防

国家建立疾病和健康危险因素监测、调查和风险评估制度。县级以上人民政府及其有关部门针对影响健康的主要问题，组织开展健康危险因素研究，制定综合防治措施。国家加强影响健康的环境问题预防和治理，组织开展环境质量对健康影响的研究，采取措施预防和控制与环境问题有关的疾病。

3. 心理健康

心理健康教育是根据学生生理心理发展的规律，运用心理学的教育方法，培养学生良好的心理素质，促进学生整体素质全面提高的教育。心理健康教育是素质教育的重要组成部分：是实施"面向 21 世纪教育振兴行动计划"、落实"跨世纪素质教育工程"、培养跨世纪高质量人才的重要环节。同时，切实有效地对学生进行心理健康教育也是现代教育的必然要求和广大学校教育工作者所面临的一项共同的紧迫任务。

4. 生长发育与青春期保健

青春期指以生殖器官发育成熟、第二性征发育为标志的初次有繁殖能力的时期；是指由儿童逐渐发育成为成年人的过渡时期。青春期是人体迅速生长发育的关键时期，也是继婴儿期后，人生第二个生长发育的高峰期。青春期保健是指青年到成年的过渡期间的护理健康知识。青春期保健有以下意义：第一，能够及时发现影响健康的认知上的不足，引导青少年形成正确认知，理解自身的体格生长发育状况、社会心理发育状况和性心理发育状况，形成健康的信念和生活方式。第二，能够通过各种检查发现身体、情感和行为上的问题，及时进行干预，杜绝危害健康的危险行为。第三，强化并鼓励健康的饮食起居和保健意识。第四，对免疫接种与传染性疾病的预防以及性传播性疾病的预防有清楚的认识，积极参与健康决策，为维护自己的身心健康主动寻求保健服务。第五，保证青春期健康过渡到成年期，为未来的家庭与事业打下良好基础，对国家、社会多作贡献。

（四）健康教育与健康促进方式

1. 常规教育和重点教育相结合

全体人群健康教育，采取的方式是常规的健康教育与宣传；以社区人群为基础的健康教育是针对有卫生问题的重点人群开展一系列健康教育活动；在社区卫生服务中"六位一体"都离不开健康教育，它们是社区工作的灵魂，覆盖于社区卫生服务的整个过程。①

2. 主要教育方式

目前健康教育主要通过语言教育、书面教育、形象化教育等形式，随着互联网的发展，数字技术和网络化教育不断发展和完善，并与传统方式相结合，更好地实现健康教育的目标。

针对健康教育对象的教育方式，主要由政府及卫生行政部门完成，但是由于政府及相关部门保障能力限制，社区或非政府组织，在向公众提供一些基本公共卫生服务，减少卫生部门的行政成本的同时，也可以担负起相应的健康教育的职能，当前主要方式是社区健康教育及健康促进医院的建设。

第三节　公民健康素养

健康是人全面发展的基础，是经济社会发展的必要保障和重要目标，也是人民群众生活质量改善的重要标志。近年来，我国在全面建成小康社会和构建社会主义和谐社会的进程中，在培养公民健康素养方面取得了积极成效。国家重视提高全民健康素质，坚持以人为本和为人民健康服务的根本宗旨，大力开展健康教育与健康促进工作，在传播健康知识的同时，更加关注人民群众维护健康的内在动力和基本能力，注重发挥人民群众促进健康的潜能，引进健康素养的概念，围绕当前主要健康问题，积极研究探索健康素养对健康相关知识、态度和生活方式的影响，努力提高人民群众应对健康问题的能力，并开始以健康素养监测和评价个体、群体的健康状况。

一、健康素养的涵义

健康素养是指个人获取和理解基本健康信息和服务，并运用这些信息和服务做出正确判断，以维护和促进自身健康的能力。居民健康素养评价指标纳入国家卫生事业发展规划之中，作为综合反映国家卫生事业发展的评价指标。公民健康素养包括了三方面内容：基本知识和理念、健康生活方式和行为、基本技能。② 2008 年 1 月，卫生部第

---

① 詹文青、林皞、薛东恩：《社区健康教育工作存在的困难及需求比较分析》，《社区医学杂志》2014 年第 9 期。

② 《中国公民健康素养——基本知识与技能（2015 年版）》，《中国健康教育》2016 年第 1 期。

3 号公告发布了《中国公民健康素养——基本知识与技能(2015 年版)》(简称《健康素养 66 条》),这是全世界第一份界定公民健康素养的政府文件。《健康中国行动(2019—2030 年)》明确提出将提升健康素养作为增进全民健康的前提,根据不同人群特点有针对性地加强健康教育与促进。[1]

二、健康素养发展

国外对于健康素养方面的相关研究开始于 20 世纪 70 年代,美国学者在这方面的研究一直处于世界领先地位,在 1974 年就率先提出健康素养的概念,并将其作为一种政府政策从国家层面予以重视,美国医学会在 1999 年提出的健康素养基本概念是,"健康素养是在医疗环境中的个体所需的基本阅读和计算能力的技能,包括阅读并理解药物说明、诊断书内容以及其他健康相关材料"[2]。随着时代的进步以及医学模式的发展,美国医学研究所将健康素养的概念进一步进行了更新,重新将其定义为"个体获得、理解和处理基本健康信息或服务,并做出正确的决策的能力"。

世界卫生组织(WHO)认为"健康素养代表着认知和社会技能,这种技能决定了个体具有动机和能力去获取、理解和利用信息,并通过这些途径去促进健康"[3]。健康素养是健康的重要决定因素,是经济社会发展水平的综合反映,受政治、经济、文化、教育等因素的影响和制约。世界卫生组织的研究表明:健康素养不仅可以预测人群的健康情况,还与人均期望寿命、生命质量关系密切。提高公民的健康素养水平,是保护群众健康的一项最具社会效益且能够有效预防疾病发生的措施。

在美国,健康管理人人参与,覆盖面广,突出了健康预防和健康维护的重要性,提倡早期发现和早期治疗,有效控制医疗费用,同时也提高了服务质量和效率。[4] 美国政府将倡导健康生活方式作为改善居民健康状况、改变卫生服务模式的一项重要举措。美国卫生福利部通过 Healthy People 向公众宣传六种健康生活方式,包括不吸烟、少饮酒、平衡膳食、适量运动、定期健康检查和遵守交通规则。"健康公民 2010"计划将体育运动、烟草使用、精神健康等作为主要健康指标,提倡优质生活、健康发展,被 WHO 称赞为健康计划的样本。[5]

日本颁布《健康增进法》,作为"健康日本 21"运动的法律依据,在膳食营养、体力活动、休息与精神健康等领域开展活动。2015 年,日本政府颁布"健康日本 2035",旨

---

① 《国务院关于实施健康中国行动的意见》(国发〔2019〕13 号),2019 年 7 月 15 日。

② Gazmararian,J.A.,et al.,"Health Literacy Among Medicare Enrollees in a Managed Care Organization", *JAMA*,281,1999,p.545.

③ 转引自杨金侠:《提高全民健康素养要抓住三条主线》,《中国卫生》2017 年第 7 期。

④ 符美玲、冯泽永、陈少春:《发达国家健康管理经验对我们的启示》,《中国卫生事业管理》2011 年第 3 期。

⑤ 代涛、吴富起、朱坤:《美国健康战略及启示》,《医学与哲学(人文社会医学版)》2008 年第 11 期。

在推动每个社会个体发挥自身潜能。①

英国实施减盐干预项目,积极向公众宣传盐摄入推荐量,并依据国民的饮食习惯估算食盐来源和比例预定需要减少的量;要求食品业以红、绿、黄三种颜色来标注食品含盐量。新加坡政府通过立法禁止在公共场所吸烟的行为,是世界上第一个通过立法禁烟的国家。随后,挪威、以色列、法国等国家和地区相继出台了无烟立法。②

三、中国公民健康素养现状

近年来,我国在全面建成小康社会和构建社会主义和谐社会的进程中,在培养公民健康素养方面取得了积极成效。国家重视提高全民健康素质,坚持以人为本和为人民健康服务的根本宗旨,大力开展健康教育与健康促进工作,在传播健康知识的同时,更加关注人民群众维护健康的内在动力和基本能力,注重发挥人民群众促进健康的潜能,引进健康素养的概念。围绕当前主要健康问题,积极研究探索健康素养对健康相关知识、态度和生活方式的影响,努力提高人民群众应对健康问题的能力,并开始以健康素养监测和评价个体、群体的健康状况。健康生活方式养成对于个人自身甚至他人健康具有维护和促进的义务。法律鼓励个人采用良好的健康生活方式,包括健康管理理念、健康知识、健康素养和持之以恒管理个人健康的实践。③ 我国政府于 2008 年在全球范围内公布了第一份国家层面上的健康素养政府公告《中国公民健康素养——基本知识与技能》。④

2009 年 12 月公布的首次中国居民健康素养调查结果,结果显示我国居民健康素养的总体水平为 6.48%;2016 年我国居民健康素养水平为 11.58%,较 2008 年的 6.48%提高了 5.1%,较 2015 年的 10.25%提高了 1.33%,继续保持稳定上升态势;但同时,我国居民健康素养水平总体仍然较低,城乡、地区、人群间发展不均衡,人民群众对各类健康问题的认识水平不均衡,健康生活方式与行为素养提升较慢。

虽然近年中国居民健康素养水平有所增长,但总体水平仍然较低,与健康中国战略目标预期 2020 年要达到 20%还有很大差距。从受众角度来讲,健康素养水平低下,特别是健康生活方式与行为素养水平较低,不仅表明公众对健康信息的真伪判别能力差,还影响了公众维护自身健康的能力,这为各种传染病及慢性病的发生和

---

① 王继伟、徐望红、付朝伟等:《日本生活方式疾病防治策略及启示》,《中国健康教育》2012 年第 9 期;郑全美、刘毅:《"健康日本 21"的基本战略方针、目标设定和评价》,《中国公共卫生》2002 年第 5 期;刘扬、潘国伟、刘毅等:《"健康日本 21"产生的背景及其意义》,《中国公共卫生》2002 年第 4 期。

② F.J.He, G.A.Macgregor, "A Comprehensive Review on Salt and Health and Current Experience of Worldwide Salt Reduction Programmes", *Journal of Human Hypertension* (6), pp.363-384.

③ 王晨光、张怡:《〈基本医疗卫生与健康促进法〉的功能与主要内容》,《中国卫生法制》2020 年第 2 期。

④ 《中国公民健康素养——基本知识与技能(试行)》,《中国健康教育》2008 年第 1 期。

流行埋下隐患。①《健康素养66条》第26条:健康生活方式主要包括合理膳食、适量运动、戒烟限酒、心理平衡四个方面,其中控烟一直是我国健康教育重点。

四、控烟

烟草对人体的危害是多方面的。香烟进入人体,经过口腔、呼吸道、消化道,身体各器官都可能受到烟草的损害。吸烟是造成肺癌、心血管病、脑中风、冠心病和慢性肺组织疾病的主要危险因素。吸烟对人体最大的危害是肺癌,尤其是中心型肺癌。被动吸烟,危害更严重。被动吸烟(包括被污染的空气)已经被证实是不吸烟者患肺癌的一个原因。烟草危害被视为世界上危害最严重的社会问题之一,当前全世界烟民已达12亿人,每年因吸烟导致疾病死亡者约300万。我国有3.5亿吸烟者,其中未成年人吸烟比例呈逐年上升趋势。据卫生部门近年来所做的抽样调查发现,在大学、高中和初中男生中,吸烟的比例分别高达46%、45%和34%,形势是异常严峻的。

正如我们从艾滋病运动所学到的经验那样,严峻的公共卫生挑战不是单纯靠科学进步就可以克服的。需要通过社会动员促使从下而上的转变:传播信息、支持受威胁的群体和给政府压力使其采取行动。在公共卫生危机中,烟草政策带来的挑战是独一无二的。不像根除小儿麻痹症或天花,控烟运动对抗的是跨国的行业,这个行业的雄厚财力和既得利益使这一危机持久存在。而且,普遍存在一种误解,认为吸烟的危害是针对自己的,因此不是公众关注的问题。为此,美国通过漫长的烟草诉讼,使人们认识到,控烟是公共卫生问题。2003年,世界卫生大会一致同意采纳《烟草控制框架公约》,到2013年,共有177个国家加入公约,覆盖了全球人口的88%。《烟草控制框架公约》成为联合国历史上最广泛、最迅速被接受的条约之一,该条约在控烟方面取得了三大进步。第一,公约推动了合作行动,解决了传统的如跨境广告和非法烟草贸易的集体行动问题。第二,通过谈判和不间断的成员会议(Conference of the Parties)(COP)公约形成了一个"社会中心",民间团体和政府可以在这里为了获得支持、交换信息和倡议而召开会议。第三,公约围绕社会规范(烟草是不被社会所接受的)、科学事实(对吸烟者和暴露在吸烟环境中的人造成的不可辩驳的伤害)和公共卫生的迫切需要(把烟草控制放在全球政治议程的重要位置)取得了共识。②

控烟是我国健康教育的重要举措。中国于2003年11月10日正式签署《烟草控制框架公约》。中国在签署公约时承诺:五年之内做到,在室内公共场所和工作场所,采取积极有效的控烟政策,防止公民接触烟草烟雾。但是我国目前的控烟形势不容乐观,

---

① 李晋芬、任学锋:《中国健康教育与健康促进的挑战机遇与展望》,《中国预防医学杂志》2018年第2期。

② [美]劳伦斯·O.戈斯廷:《全球卫生法》,翟宏丽、张立新主译,中国政法大学出版社2016年版,第188—189页。

控烟效果如大家所见,收效甚微。

我国"十二五"规划纲要明确提出:全面推进公共场所禁烟。"十三五"规划纲要指出:大力推进公共场所禁烟。《"健康中国 2030"规划纲要》明确指出:全面推进控烟履约,加大控烟力度,运用价格、税收、法律等手段提高控烟成效。深入开展控烟宣传教育。积极推进无烟环境建设,强化公共场所控烟监督执法;推进公共场所禁烟工作,逐步实现室内公共场所全面禁烟;领导干部要带头在公共场所禁烟,把党政机关建成无烟机关;到 2030 年,15 岁以上人群吸烟率降低到 20%。① 因此,控烟是健康中国的重要组成部分,中央和地方政府高度重视控烟履约工作,不断推进控烟立法工作,用实际行动推动健康中国目标的实现。

《基本医疗卫生与健康促进法》第 78 条规定,国家采取措施,减少吸烟对公民健康的危害。公共场所控制吸烟,强化监督执法。烟草制品包装应当印制带有说明吸烟危害的警示。禁止向未成年人出售烟酒这条是关于最为广泛影响的不健康生活行为的法律控制的规定。对吸烟行为进行控制,体现了作为健康基本法的态度与决心,也有效提升了我国有关控烟的法律规定的层级与效力。

第一,明确了对吸烟行为进行控制的态度。要求国家采取措施减少吸烟对公民健康的危害,明确公共场所采取控烟措施。

第二,本条明确烟草制品包装应当印制带有说明吸烟危害的警示,给现有关于控烟的法规以更强的法律依据。2011 年 5 月 1 日起施行的《公共场所卫生管理条例实施细则》明确规定:全国室内公共场所禁止吸烟。2014 年 11 月 24 日,国家卫生计生委起草了《公共场所控制吸烟条例(送审稿)》向社会公开征求意见。其主要内容有以下几个方面:一是明确界定禁止吸烟场所的范围。规定室内公共场所全面禁止吸烟,并明确了室外全面禁止吸烟的公共场所。二是宣传教育和戒烟服务。其中,特别提出,国家机关的工作人员、教师和医务人员,要带头控烟;最大亮点在于香烟的警示图形标注在香烟的外包装上,卷烟包装上的图形警示是向公众宣传烟草危害最直接、最经济、最有效的手段之一。三是预防未成年人吸烟。《基本医疗卫生与健康促进法》明确了"烟草制品包装应当印制带有说明吸烟危害的警示"。同时,各省相继出台控烟地方立法。如杭州市于 2010 年就颁布了《控烟条例》。为了进一步减少吸烟造成的危害,保障公民健康,维护公共场所环境卫生,杭州市对《控烟条例》进行了修订,新版《控烟条例》中禁烟范围由室内扩大到室外,控烟执法机构由卫生行政部门取证处罚扩大到教育、文化广电新闻出版、交通运输、旅游、体育、公安、城市管理、民航、铁路等控烟监管部门都可以处罚,并且处罚力度加大。

第三,从健康促进角度规定了禁止向未成年人出售烟酒,拓展了以往法律规定的立

---

① 王陇德:《室内公共场所应全面禁烟》,《人民政协报》2019 年 3 月 7 日。

法角度,不仅仅局限于未成年人保护,而是涉及所有公民健康行为的选择,有助于达成社会更广泛的共识,辅以罚则,更有利于强化禁止向未成年人出售烟酒规定的落地。我国早有明文规定,禁止向未成年人出售烟酒。1991 年《烟草专卖法》就提出,禁止中小学生吸烟。1999 年颁布的《预防未成年人犯罪法》第 15 条规定,任何经营场所不得向未成年人出售烟酒。《中华人民共和国未成年人保护法》(2012 年 10 月 26 日公布,2013 年 1 月 1 日起施行)第 37 条规定,禁止向未成年人出售烟酒,经营者应当在显著位置设置不向未成年人出售烟酒的标志;对难以判明是否已成年的,应当要求其出示身份证件。《公共场所控制吸烟条例(送审稿)》规定了禁止向未成年人销售烟草制品,学校有义务对学生进行烟草危害的宣传,预防未成年人吸烟。近年来,全国近 20 个城市出台地方性控烟法规,对向未成年人售烟作出更具体的限制,并明确了处罚细则。

我国在控烟方面,还采取了其他的宣传、干预措施,如通过健康教育,提高对吸烟危害健康的知晓率、控烟参与率;进行团体干预,充分利用团体成员间的互动机制及团体成员对团体的认同感、荣誉感;学会劝阻或拒绝吸烟的方法;增加改变个人行为动力;综合性控烟策略中的重要内容是指导吸烟者戒烟。

第四节　社区健康教育与健康促进机构

一、社区健康教育

社区是政府传递、落实政策和了解民情的最基层,健康教育的最基本形式就是社区健康教育,因此,健康教育也可以定义为以社区承载体,运用教与学的理论,通过有计划、有组织、有系统的社区活动和教育活动,促使人们自觉地采纳有益于健康的行为和生活方式,消除或减轻影响健康的危险因素,预防疾病,促进健康和提高生活质量。其目的是发动和引导社区人民树立健康意识,关心自身、家庭和社区的健康问题,积极参与社区健康教育与健康促进规划的制订和实施,养成良好的卫生行为和生活方式,以提高自我保健能力和群体健康水平。

社区健康教育是以社区为基本单位,以社区人群为教育对象,以促进居民健康为目标,有计划、有组织、有评价的健康教育活动。社区健康教育的目的是挖掘个人、家庭、社区以及社会的保健潜力,从而增进健康,减少残障。

(一)社区健康教育的对象

国家大力开展爱国卫生运动,鼓励和支持开展爱国卫生月等群众性卫生与健康活动,依靠和动员群众控制和消除健康危险因素,改善环境卫生状况,建设健康城市、健康村镇、健康社区。

社区健康教育的农村社区单位是县、镇、管区、村;城市社区单位是市、区、街道、居民委员会。根据我国的国情和各地的经验,农村以行政村、城市以街道居委会为社区健康教育基本干预单位。社区健康教育的对象是辖区内常住居民和社区所辖企事业单位、学校、商业及其他服务行业的职业人群。社区健康教育的重点人群是妇女、儿童青少年、老年人、残疾人和服务行业从业人员。

(二)社区健康教育的特点

1.社区范围大。社区的工作人数根据管辖居民多少而异,大的社区可能管辖5000户,小的社区则有不到1500户。人口众多,利于健康教育和健康促进的推广,同时也要求健康教育形式多样化,使健康教育普及到每个人。

2.社区对象广,有各种人群。社区由一定区域内的每个公民个体、家庭、企事业单位、其他组织、个体工商户等组成,人口覆盖了不同性别、不同年龄、不同职业、不同医疗保障形式、不同家庭经济条件、不同健康状况的人群,这种人群覆盖既使健康教育能得到最广泛传播,同时也要求健康教育形式、内容有不同的针对性。

3.可利用资源多,包括人力、物力、财力、场所以及行政支持,并具有社区凝聚作用。社区居民都生活在一个相对固定的区域,每一社区有一定数量的人口,都有共同的活动场所和活动中心,有特有的自然条件或生态环境,有共同语言、风俗和文化,居民具有共同的区域身份、某些共同的看法、相关的利益和比较密切的交往,由此产生共同的结合感和归属感,这些特点,也就使社区健康教育既有复杂性和相当的难度,亦为健康教育工作者提供了发挥的空间。

相对于其他途径,社区健康教育在社区开展传染病防治教育、家庭医生签约宣传、分级诊疗制度宣传、社区养老方式宣传、健康生活方式教育、健康心理辅导等,会获得更好的教育效果。

近些年来,我国社区健康教育的发展速度开始不断加快,人们对于社区健康教育的认知程度也有所提升,社会各界开始重视社区健康教育的发展。但是,目前我国各个地区社区健康教育的发展水平存在着一定的差异性,其发展水平参差不齐,无论是人力投入、教育普及程度方面,都存在弊病,对此,需要从多个层面上了解社区健康教育的发展需求,并对其发展提出更为科学、有效且合理的意见,推动我国社区健康教育的发展。

二、健康促进医院

(一)健康促进医院的涵义

目前国际上通用的健康促进医院定义是以布达佩斯宣言为基础整理而成,即一个医院的职能不仅是提供高品质人性化的医疗与护理服务,还应形成与健康服务目标紧密结合的企业共识,既能营造健康促进所需的组织机构与社会主动合作,将其本身发展成为一个提升健康素养的综合环境与交流平台。①

健康促进医院是"医院健康教育和能促使病人群体行为或生活方式发生改变的政策、法规及组织的综合"。健康促进医院服务的对象是病人及其家属、医院员工和所在社区的居民。② 推动健康促进医院的目标是支持医院更加重视健康促进与疾病预防,而不单是提供诊断与治疗服务。既要保障日渐增多的慢性病患者与老年人在身、心、社会功能等多方面的需求都能得到满足,又要照顾到长期暴露于身心压力的医护群体,还要满足大众健康与环境维护的需要。③

2016 年 10 月,国务院印发的《"健康中国 2030"规划纲要》指明了健康促进工作的重大意义。2017 年,党的十九大报告也将实施健康中国战略纳入国家发展上的基本方针,把人民健康置于国家富强的重要地位。因此,新时期卫生与健康工作方针,与以往卫生工作方针相比,最大的亮点是写入了"把健康融入所有政策"策略,体现出中央保障人民群众健康的政治决心和机制创新,政策上也强调了中医中药的支持和参与以及中西医结合养生的重要性。④ "十三五"健康促进与教育工作规划中,也提出必须"把健康融入所有政策"方针有效实施,健康促进县(区)、医院、学校、机关、企业和健康社区、健康家庭建设须取得明显成效,全国居民健康素养水平达到 20%,影响健康的社会、环境等因素得到进一步改善。⑤

在我国,健康促进医院是现代医疗机构为适应医学模式的转变及医学社会化而提出的,并由过去单一的医疗型向促进健康、提高生命质量的医疗预防保健型转化的现代医疗服务模式。它通过出台实施促进和保护医务人员和患者健康的政策或措施,开展针对不同人群需求的健康教育,改善就医环境,与社区建立互动式的密切联系,为医护人员、患者及家属、社区居民提供综合性的健康保健服务措施。健康促进医院并不是要医院改变其原本的治疗疾病的功能,而是希望将健康促进融入组织的文化和日常工作中,从而影响员工、病人及其家属和小区居民健康。

(二)健康促进医院建设

截至 2016 年 12 月底,健康促进医院国际组织在全球五大洲 40 多个国家和地区建立了 25 个区域性网点,其会员单位累计超过 1000 家医院或卫生服务机构。

我国医院健康促进及健康教育的研究,与国外相比总体较为滞后。我国的医院健康教育始于 20 世纪 80 年代末至 90 年代初,在借鉴国外相关模式与经验的基础上,全

① 熊明洁、刘翔、贾晓瑜、连利:《健康促进医院:回顾、评述与展望》,《现代预防医学》2017 年第 18 期。
② 吴丽钧、顾华芳:《健康促进医院创建的实践与思考》,《健康教育与健康促进》2019 年第 6 期。
③ 熊明洁、刘翔、贾晓瑜、连利:《健康促进医院:回顾、评述与展望》,《现代预防医学》2017 年第 18 期。
④ 刘晓坤、陈明雁、郭晶等:《健康中国战略背景下公立医院健康促进工作实践与创新——以北京协和医院为例》,《中国卫生产业》2019 年第 15 期。
⑤ 王张晖、刘欣:《健康促进医院的创建工作 SWOT 分析》,《健康教育与健康促进》2020 年第 6 期。

国各地医院开始探索适合本地医院健康教育的新模式。1992年医院健康教育被正式纳入国家卫生城市的考核标准,1997年中国健康教育协会医院健康教育学术委员会在海口成立,标志着全国的医院健康教育网络初步建立。[1]

1999年,北京市东城区和平里等6家医院率先开始健康促进医院的创建。2002年,北京市在全市范围内的44家公立医院开展健康促进医院试点工作。浙江省于2009年在全省11个市开展健康促进医院试点工作,并对17家各级医院进行验收;2010年在全省各县市开展健康促进医院推广。2013年9月7日,由国家卫生和计划生育委员会支持、中国健康教育中心(卫生部新闻宣传中心)主办的"中国健康促进医院(健康促进医院)战略研讨会"在北京召开,计划在3年时间里在全国每个省选择2—4个点(地级市、州),每一个点至少创建6家健康促进医院(包括各级医院),全国达到110个项目点,创建660家健康促进医院。有力地推动了我国医院健康促进工作。截至2017年,全国共有3014家医院已经开展了健康促进医院试点建设工作。其中,一级医院808家,二级医院1008家,三级医院716家,其他医院482家。[2]

(三)我国健康促进医院发展存在的问题

1. 国家层面尚无针对健康促进医院建设的专门政策法规

国家层面尚无针对健康促进医院建设专项工作的权威性指导意见,导致健康促进医院建设呈现区域化、地方化、运动化的特点,也使我国整体健康促进医院工作难以规范、有序、科学、长效的进行;如果没有政府层面的合理引导和正确约束,健康服务产业的兴起以及市场化竞争手段的多样性,将严重制约我国健康促进医院的规范化建设。

2. 健康促进医院的理论研究不足

国内的健康促进医院理论研究、模式构建和实践应用等方面的学术建设有待提高,尚未形成较为完备的健康促进医院建设体系以及广泛适用的健康促进医院建设模式。

3. 健康促进医院建设人力资源保障不足

健康促进医院建设中的教育与培训缺少经验丰富的专家团队和师资力量,健康教育与健康促进的课程针对性、系统性和有效性亟待提高。

4. 健康教育的民众接受度有待提高

国内的医患关系正处于较为敏感的时期,患者的医疗期望值过高,加之部分媒体不负责任的片面报道,严重影响了民众对健康促进医院建设的接受度和配合度,降低了健

① 吕姿之主编:《健康教育与健康促进》,北京医科大学出版社2002年版,第170—184页。
② 孙梦:《健康促进医院建设找准"诊疗方案"》,《中国卫生》2018年第9期。

康促进服务的有效性与可行性,对健康促进医院的发展形成阻碍。[1]

5.市场不规范竞争

随着丰富多样的健康服务产业迅速崛起,私立健康服务机构以及健康保健产品在市场上层出不穷,市场的不规范竞争也是健康促进创建工作的威胁之一,它们会混淆干扰消费者的选择,并制约影响着正规医疗场所的健康促进工作。

三、健康促进学校

世界卫生组织西太区在它的名为"健康的新起点"的文件里提出了其行动的三个主题,即生命准备、生命保护和将来的生活质量,在"生命准备"主题里提出了健康促进学校(Health Promoting School)的概念。健康促进学校是指在学校社区内,所有成员为保护和促进学生的健康而共同努力,为学生提供完整的、有益的经验和知识体系。包括设置正式或非正式的健康教育课,创造安全、健康的学校环境,提供适当的卫生服务,动员家庭和更广泛的社区参与,以促进学生的健康。健康教育的主要任务之一就是要提高学生的健康素养水平,而创建健康促进学校是提高学生健康素养水平的一个有效载体和手段。[2]《"健康中国2030"规划纲要》中"加大学校健康教育力度"一节明确提出:将健康教育纳入国民教育体系,把健康教育作为所有教育阶段素质教育的重要内容。以中小学为重点,建立学校健康教育推进机制。构建相关学科教学与教育活动相结合、课堂教育与课外实践相结合、经常性宣传教育与集中式宣传教育相结合的健康教育模式。培养健康教育师资,将健康教育纳入体育教师职前教育和职后培训内容。

健康促进学校的特点:(1)健康含义的整体性。它采用的是整体的健康模式。健康不仅仅是指没有疾病或不虚弱,而是指整个身体、精神和社会生活的完好状态。这其中包括健康的躯体、心理、社会方面和环境方面之间的相互联系。

(2)参与人员的多层次性。参与健康促进学校的工作人员不仅仅是指学生,还包括学校全体教职工及学校所在社区的家长和社区机构的全体成员。

(3)干预措施的全方位性。它促使家庭介入,注意到物质环境对促进儿童健康的重要性,认识到学校的社会风气对支持一个积极的学习环境的重要性,它把社区的健康服务与学校联系起来,进而全方位地促进和保护学生与社区成员的健康。

健康促进学校具有国际性。WHO为健康促进学校规定了6项主要内容,包括:学校健康政策、学校物质环境、学校社会环境、社区环境、个人健康技能和卫生服务。

---

[1] 熊明洁、刘翔、贾晓瑜、连利:《健康促进医院:回顾、评述与展望》,《现代预防医学》2017年第18期。

[2] 夏爱、杨建文、王洪志:《健康促进学校对中小学生健康素养作用的效果评估》,《健康教育与健康促进》2014年第5期。

2016 年卫生和计划生育委员会发布了《健康促进学校规范》（标准号：WS/T495-2016,2017 年 2 月正式实施）规定了健康促进学校的建设原则和基本框架内容，以及政策支持、组织保障、环境营造、社区联合、健康技能培养、卫生服务等内容要求和健康促进学校评价要求。

我国健康促进学校活动取得了很大的成绩，截止到 2017 年，国家级试点县区已建设健康促进学校 2844 所。一些地方已将健康促进学校建设纳入政府和教育部门、卫生计生部门的考核指标。中国健康教育中心还开发了学校健康教育教材和读本，编制健康促进学校的指南和优秀案例汇编。这表明健康促进活动在我国有着良好的基础和发展潜力，是当前卫生工作发展的一种新模式。[1]

《基本医疗卫生与健康促进法》规定了学校的健康教育义务，将健康教育纳入国民教育体系的内容。

早在 2016 年，"将健康教育纳入国民教育体系"便出现在《"健康中国 2030"规划纲要》之中[2]，《基本医疗卫生与健康促进法》是将该内容以立法的方式确立下来，确保其得到有效落实。《"健康中国 2030"规划纲要》强调以中小学为重点，建立学校健康教育推进机制。不区分学校阶段，将健康教育贯穿始终。着重强调了幼儿园应当注重培养幼儿良好的卫生习惯，同时将幼儿园独立在学校之外，强调学校和幼儿园应当按照有关规定配备校医或者保健教师。学校健康教育的目的在于提高学生主动防病的意识，培养学生良好的卫生习惯和健康的行为习惯，减少、改善学生近视、肥胖等不良健康状况。该目的体现了健康中国建设以预防为主的重要方针，养成良好的卫生习惯和健康的行为习惯将使个人终身受益。而提出减少、改善学生近视率、肥胖率，是基于近年来我国儿童青少年近视率、肥胖率居高不下、不断攀升的现状。2018 年 8 月 30 日，教育部、国家卫生健康委员会等 8 部门联合印发《综合防控儿童青少年近视实施方案》，提出到 2023 年，实现全国儿童青少年总体近视率在 2018 年的基础上每年降低 0.5 个百分点以上，近视高发省份每年降低 1 个百分点以上；到 2030 年，6 岁儿童近视率控制在 3% 左右，小学生近视率下降到 38% 以下，初中生近视率下降到 60% 以下，高中阶段学生近视率下降到 70% 以下的目标。2018 年 11 月，教育部基础教育质量检测中心发布了《2018 年国家义务教育质量监测——体育与健康监测结果报告》，结果四年级、八年级学生的肥胖率为 8.8% 和 9.7%，比 2015 年分别上升了 1.9% 和 2.2%。

---

① 陈润:《健康促进学校活动的现状及展望》,《中国学校卫生》2004 年第 1 期。

② 《"健康中国 2030"规划纲要》第 2 篇第 4 章第 2 节规定:"将健康教育纳入国民教育体系,把健康教育作为所有教育阶段素质教育的重要内容。以中小学为重点,建立学校健康教育推进机制。构建相关学科教学与教育活动相结合、课堂教育与课外实践相结合、经常性宣传教育与集中式宣传教育相结合的健康教育模式。培养健康教育师资,将健康教育纳入体育教师职前教育和职后培训内容。"

第十一章　公共健康应急管理与公共卫生法

　　在人们通常的理解中,大多数人将应急管理看成是在应对突发事件过程中,为了降低突发事件的危害,达到优化决策的目的,基于对突发事件的原因、过程和后果的分析,有效集成社会各方面的相关资源,对突发事件进行有效预警、控制和处理的过程。本编以公共健康权为核心角度进行公共卫生制度的梳理与分析,因此,本章主要介绍基于公共健康应急管理理论的公共法律制度及法律规定。

第一节　公共健康应急管理的涵义、原则与基本制度

一、公共健康应急管理的涵义

(一)应急管理的涵义

　　什么是应急管理? 从目前国内外学者的观点看,对应急管理的界定一般包含两层含义:一是说明应急管理的目的;二是说明应急管理应该采取什么样的管理行为。基于以上考虑,王郅强等认为,应急管理就是通过一系列有效管理行为来预防和处理突发公共事件,以使公共组织及其成员摆脱危机状态的行为过程。[①]

　　应急管理一词译自英文词汇"Emergency Management"。这个定义是在国家应对一系列自然或人为危机问题的背景下出现的。由于对危机的界定存在差异,不同领域或组织的学者及研究者对应急管理的内涵界定都有所差异,所以至今还没有一个被普遍接受的意见。[②] 国外关于应急管理研究起步较早,最初开始于第二次世界大战后,主要是为更好地应对频频发生的灾难和事故。以美国为例,随着战后经济的恢复和发展,各种事故出现的频率也逐步提高,原有的一事一议的处理方式凸显出事故救灾的不连续和效率低下等问题。因此,美国国会于 1950 年制定了联邦救灾计划(federal disaster

---

[①]　王郅强、麻宝斌:《突发公共事件的应急管理探讨》,《长白学刊》2004 年第 2 期。
[②]　吴胜:《我国重大动物疫情应急管理研究》,中国人民解放军军事医学科学院后方专业勤务 2014 年硕士学位论文,第 12 页。

relief program），从而使应急救灾工作能够连贯并有秩序地开展。① 我国对"应急管理"的重视开始于 21 世纪初期，是伴随"非典"防控开始的。2003 年 7 月，在中央召开的防治"非典"工作会议上，胡锦涛总书记明确提出，要加快建立健全各种突发事件应急机制，提高政府应对公共危机的能力。② "应急管理"一词自此开始逐渐受到我国政府、企事业单位、城市社区的重视，也逐渐成为社会管理体系的重要组成部分。

随着各国对应急管理的理性思考和探索逐渐深入，学者们对"应急管理"的定义众说纷纭，其中比较有代表性的表述有以下几种。美国联邦应急管理局（FEMA）指出，应急管理是指对突发事件的一个准备、缓解、反应和恢复的过程，这是一个动态的过程。Robert Heath 认为，危机管理即应急管理就是通过寻找危机根源、本质及其表现形式，分析它们所造成的冲击，运用缓冲管理更好地进行转移或缩减危机的来源、范围和影响，提高危机初始管理的地位，改进危机冲击的反应管理，完善修复管理，从而迅速有效地减轻危机造成的损害。③ 严晓等认为，应急管理应有广义和狭义之分，广义的应急管理是指为了应对突发公共事件，国家和政府在突发事件的减缓、准备、响应及恢复四个时序阶段中，针对每一阶段的特征，实施其所需的各种物资、资金、人力、信息和制度等资源，战时统、平时分、统分结合，并针对性地实行全主体、全威胁要素和全过程的全方位动态管理活动。而狭义的应急管理仅指在突发公共事件的应急响应阶段，对所需的物资、资金、人力、信息和制度等资源，实施以追求效率、效果、效益、公平（"4E"）为目标的动态管理活动。④ 赵菊认为，应急管理是指中央及地方各级政府和有关组织机构为避免或者减轻突发事件（有时甚至是危机）所带来的严重威胁、重大冲击和巨大损害，有组织、有计划地制定实施管理措施与应对策略的过程。⑤

从其定义来看，"应急管理"的诞生主要是为解决突发公共事件，与"公共事件"本身就有着天然联系。因此，提到"应急管理"，人们必然会联想到"公共应急管理"或"政府应急管理"。

（二）公共健康应急管理

很多学者对"公共应急管理"进行了定义。吴进认为，公共应急管理是指政府在面对突发事件如自然灾害、重特大事故、环境公害及人为破坏的应急管理、指挥、救援计划等方面进行的公共系统管理。⑥ 巫广永认为，政府应急管理是指政府在应对突发危机

---

① 谢迎军、马晓明、刁倩：《国内外应急管理发展综述》，《电信科学》2010 年第 53 期。

② 刘霞、严晓：《我国应急管理"一案三制"建设：挑战与重构》，《政治学研究》2011 年第 1 期。

③ Robert, H., "Looking for Answers: Suggestions for Improving How We Evaluate Crisis Management", *Safety Science*, 1998, 30(1-2): 151–163.

④ 刘霞、严晓：《我国应急管理"一案三制"建设：挑战与重构》，《政治学研究》2011 年第 1 期。

⑤ 赵菊：《英国政府应急管理体制及其启示》，《军事经济研究》2006 年第 10 期。

⑥ 吴进：《公共应急管理中的能力建设》，《陕西广播电视大学学报》2009 年第 4 期。

事件过程中,为了有效地预防和处置各种突发危机,最大限度消除社会影响,而进行的有计划有组织的管理;基层政府应急管理,是指县(区)以下的镇(乡)级基层政府,所组织进行的应对突发危机事件的管理过程。① 无论如何定义,应急管理都和公共卫生、公共安全、公共健康密切相关,因此本书主要探讨公共健康应急管理。在对"应急管理"及"公共应急管理"的相关概念进行归纳后,笔者认为公共健康应急管理是指为降低突发事件的危害、维护公众健康,基于可能对公共健康造成损害的突发事件的原因、过程和后果的分析,有效集成社会各方面的相关资源,对相关事件进行有效预警、控制和处理的动态过程。

二、公共健康应急管理的原则

(一)全社会动员原则

国外的应急管理研究开展时间较早,在制度建设和操作规程上都有值得研究、借鉴的地方。以开展应急管理研究最早的美国和日本为例,其应急管理机制均需要全员参与,全社会动员原则贯穿始终。美国应急管理运行机制的基本特点是:统一管理,属地为主,分级响应,标准运行,体现出一种"综合性应急管理"理念,即全风险管理与全过程管理。美国应急管理机构上下协同,综合响应,效率较高,形成了以国土安全部为中心,下分联邦、州、县、市、社区五个层次的应急和响应机构。美国应急管理机构是全员参与的,即能调动政府、市场、第三部门的各种力量,实现全社会的共同参与。形成了"联邦—州—地方政府"的综合性、整合性、全覆盖式的安全应急管理模式。美国的应急运行中心,是一个集情报收集、智能分析、执法、私人机构汇报和紧急应对于一体的常设全天候跨部门组织。②

日本的突发公共卫生事件应急组织体系是在国家危机管理体系的基础上建立的,它以应急法律体系为指导,依托相关的卫生应急组织机构,通过资源保障体系、信息管理体系以及健康教育体系共同形成的多系统、多层次和多部门的协作机制。③ 国家和地方层面的应急系统通过纵向行业系统管理和分地区管理的衔接,形成全国的突发公共卫生事件应急管理网络。④ 当突发公共卫生事件的危险来临时,日本政府会向国民及有关机构发出紧急通报,同时召开各种类型的会议以研讨对策措施;中央主管机构收

---

① 巫广永:《基层政府应急管理存在的问题及对策研究》,《理论观察》2011 年第 6 期。
② 陈新平:《公共应急管理文献综述》,《中国管理信息化》2016 年第 7 期。
③ 施建华、林海江、孙梅、苏忠鑫等:《国外突发公共卫生事件应急处置体系及对我国的启示》,《中国卫生政策研究》2014 年第 7 期。
④ 清华大学公共管理学院危机管理课题组:《国外公共卫生突发事件应对体系》,《医院管理论坛》2003 年第 8 期。

集信息并制定和实施应急对策,协调各级系统应对危机。① 由此可见,日本对突发公共卫生事件的应急管理,已形成以国家危机管理体系为依托,内阁首相为最高指挥官,厚生劳动省负责机构协调,地方保健所负责方案实施,消防厅、警察厅、卫生厅等专业部门同步协作,纵向和横向全覆盖、多维度的公共卫生应急管理组织架构。②

我国公共健康应急管理体系包含公共健康应急管理组织机构体系、应急管理运作机制和管理支持系统三大部分,主要由各级卫生行政部门负责组建,医疗机构、疾病预防控制机构、卫生监督机构和出入境检验检疫机构等均是突发公共卫生事件应急处置的专业技术机构。③ 从参与主体角度,公共健康应急管理的全社会参与原则表现为以下几方面:

1. 政府在公共健康应急管理中的权利义务

我国对于"公共健康应急管理"乃至"应急管理"的研究主要是从"非典"防控开始。SARS 之后,我国在传统民防基础之上迅速建立起突发事件应急管理组织体系,逐步实现了从单一民防到应急与民防并存且以现代应急体系为主的跨越,这一转变过程主要是政府体系内部的,是以公共部门为决策主导和行动主体的应对方式。国家于2004 年正式成立卫生应急办公室,专门对突发性的公共卫生事件进行处理。在中央政府的号召下,各个省、自治区、直辖市等都相应开设了危机事件处理办公室,对整个管理区域范围内的危机事件进行统一预防与管理。从目前发展状况来看,我国所有的省级地区都已经开设了危机事件应急管理指挥服务机构。2018 年 3 月,根据第十三届全国人民代表大会第一次会议批准的国务院机构改革方案,中华人民共和国应急管理部设立。④ 政府的权利义务体现为以下职责:

(1)公共健康应急管理法律法规的立法职责

妥善处理突发事件是提供政府服务质量的关键性因素,尤其对突发公共卫生事件的处理,会直接影响政府在百姓心中的良好形象。⑤ 因此,面对各类突发事件,力求做到反应及时、保障有力已成为各级政府部门的共识和现实中的工作抓手。在"一案三制"方面还进行了制度设计和行动安排:我国已初步形成以《传染病防治法》《突发事件

① 白玫:《突发公共卫生事件的应急机制研究》,华东师范大学公共管理 2008 年硕士学位论文,第50 页。

② 宋晓波:《日本突发公共卫生事件应急管理体系借鉴及对我国新冠肺炎疫情应对的启示》,《中国应急救援》2020 年第 3 期。

③ 《突发公共卫生事件应急条例》,中国政府门户网站,http://www.gov.cn/zwgk/2005-05/20/content_145.htm.

④ 《十三届全国人大一次会议批准国务院机构改革方案》,新华网 2018 年 3 月 17 日;《关于国务院机构改革方案的说明》,新华网 2018 年 3 月 17 日。

⑤ 杜红:《我国突发公共卫生事件中政府应急管理研究》,长安大学行政管理 2014 年硕士学位论文,第16 页。

应对法》为基础,《防震减灾法》《传染病防治法》《水法》《安全生产法》《消防法》《食品安全法》《国家安全法》《破坏性地震应急条例》等四五十部单行法与之并存的全方位、多层级、宽领域的应急法律体系。制定出台了以《国家突发公共事件总体应急预案》为总纲,25 件国务院专项预案、80 件国务院部门预案、31 个省区市总体预案以及企事业单位应急预案和重大活动应急预案等六个部分组成的应急预案体系。明确国家建立统一领导、综合协调、分类管理、分级负责、属地管理为主的应急管理体制,指出国务院是全国应急管理工作的最高行政领导机关,国务院各有关部门依据有关法律、行政法规和各自职责,负责相关类别突发公共事件的应急管理工作,地方各级人民政府是本行政区域应急管理工作的行政领导机关,负责本行政区域各类突发公共事件的应对工作。①

上述法律、法规和预案为预防、控制和消除突发公共卫生事件的危害,保障公众身体健康与生命安全,维护正常的社会秩序提供了具体科学的操作规范。突如其来的新冠肺炎疫情,对我国突发事件相关法律提出了相应的挑战。此次疫情暴露出的一些问题,值得进一步探讨。国家法定立法机关和授权立法机关需要尽快协调与弥补《突发公共卫生事件应急条例》《突发事件应对法》等法律的冲突和空白。

（2）公共健康应急管理中的应急处理职责

所谓突发公共卫生事件,指未预料到的、对公众健康造成损害的重大传染病疫情、群体性不明原因疾病以及其他可能影响公众身心健康的紧急事件,也指会威胁社会和谐与人民健康,需要政府采用应急方案进行处理的危险事件。② 通常公共卫生突发事件都是突然发生的,而且还具有公共性,所以想要彻底解决这一问题就必须依靠政府公共权力来发挥作用,通过对资源的优化配置以及协调处理才能真正做好应对措施。

政府的应急处理责任体现在应急事件爆发事前、事中、事后全过程。在事件爆发前,政府应进行公共卫生危机管理的知识系统和管理计划的系统建设,完善预防机制,以预防突发公共卫生事件突然爆发所导致的巨大冲击力;在事件发生时要充分发挥现有资源的积极作用,使事件所形成的消极影响减少到最小,保证人民群众的健康利益和其他权益,促进社会的和谐稳定;事件结束后,积极做好善后处理工作,总结经验,恢复因突发事件造成的健康损失和其他损失。应急处理的全过程应以公众健康权保护为根本宗旨。

（3）公共健康应急管理信息发布职责

政府信息公开在行政程序制度中具有重要的地位,它不只是保障公民知情权的重要手段,也是妥善应对和解决突发事件的重要方式。《中华人民共和国政府信息公开条例》规定:"行政机关应当将主动公开的政府信息,通过政府公报、政府网站或其他

---

① 刘霞、严晓:《我国应急管理"一案三制"建设:挑战与重构》,《政治学研究》2011 年第 1 期。
② 万明国、王成昌编著:《突发公共卫生事件应急管理》,中国经济出版社 2009 年版,第 3—4 页。

互联网政务媒体、新闻发布会以及报刊、广播、电视等途经予以公开。"政府部门在处理公共卫生突发事件时,要保证事件信息的公开化、透明化。政府部门必须坚持"第一时间"原则,畅通信息发布渠道,快速反应。将事件整个发展情况通过法定的途径向社会大众及时公布,让公众能实时了解当前事件的进展和发展趋势,有助于公众做好防护措施,保持心理、情绪的稳定,同时发挥全社会的共同力量来解决当前遇到的困境。

在政府信息公开中,新闻媒体作为重要的信息载体,以"公开、透明"为原则。政府、媒介、公众构成政府信息公开三个基本要素,在应急事件处置过程中,政府是信息发布主体,媒介是信息发布手段,公众是信息发布客体。作为信息公开的平台,媒体在突发公共事件处置中起到工具和桥梁作用,担负的是传播、引导、监督等责任。

(4)公共健康应急管理物资保障职责

物资保障是公共健康应急管理中重要的基础和支撑。政府及相关行政部门在公共健康应急事件的不同阶段,都承担着物资保障的责任和义务。统一的应急物资保障体系是国家应急管理体系建设的重要内容,是精准布局推进国家应急管理体系和能力现代化的重要支撑,是应对和处置突发公共事件的物资基础保障,是决定突发事件应急处置成败的关键因素。健全统一的应急物资保障体系,需要坚持六大原则,即坚持"集中管理"原则,确保统一的应急物资保障体系规范化;坚持"统一调拨"原则,确保统一的应急物资保障体系有序化;坚持"平时服务"原则,确保统一的应急物资保障体系常态化;坚持"灾时应急"原则,确保统一的应急物资保障体系专业化;坚持"采储结合"原则,确保统一的应急物资保障体系科学化;坚持"节约高效"原则,确保统一的应急物资保障体系优质化。从产能保障、调度机制、储备体系各个环节不断完善相关工作机制和应急预案,确保高效率统筹协调、高标准运行保障、高质量督促检查。[1]

应急物资在事故即将发生前用于控制事故发生,或事故发生后用于疏散、抢救、抢险等,包括应急救援的工具、物品、设备、器材、装备等一切相关物资。应急物资保障体系包括应急物资的采购、储备、调拨等流程环节和处理程序。要求应急物资专人专账管理,定期检查、更新和清理,在突发事件发生时迅速调配,协助处理突发事件。[2] 预防解决公共卫生突发事件造成的困境时,同时也要负责所有防护措施所产生的费用,其中有:医疗器械、检查、防护设施等,也包括疾病原因研究的费用、人力及物力等;奖励对突发公共卫生事件处置中作出贡献的研究专家、杰出医务工作者等;而且也要负责对所有受到突发公共卫生事件影响而产生巨大损失的人们给予一定的补偿。[3]

① 刘新智、史晓宇:《健全统一的应急物资保障体系》,《学习时报》2020年5月18日。
② 赵晓伟:《谈医院应急物资保障体系建设》,《中国医院建筑与装备》2014年第8期。
③ 杜红:《我国突发公共卫生事件中政府应急管理研究》,长安大学行政管理2014年硕士学位论文,第12页。

2. 相关部门在公共健康应急管理中的权利义务

公共健康应急管理相关部门主要包括疾控机构、医疗机构及其他卫生机构。《突发公共卫生事件应急条例》对相关部门在预防与应急准备、报告及信息发布、应急处理方面的权利义务均作出了明确规定。①

公共健康应急管理相关部门的权利义务具体表现为：①树立常备不懈、有备无患的思想，在人员组织和物资设备等方面做好准备，制定突发公共卫生事件应急预案和不同类型卫生应急事件处理程序。②第一时间承担辖区内突发公共卫生事件的现场应急处置工作。对外公布疫情报告电话，严格执行突发公共卫生事件应急报告制度，落实24小时值班和应急值守工作。③对专业技术人员进行培训和演练以提高疾病预防控制工作质量和社会综合服务能力、突发事件应急处置能力。④有序展开应急宣传教育工作，对公众进行应对突发公共卫生事件的宣传。⑤微生物和理化检验中心负责应急事件检测工作中重要物资(如试剂、培养基、标准菌株、标准物质等)的申购、验收、保管、使用及报废管理。疾控所负责传染病疫情应急处理箱的准备及物品更新，确保在有效期内使用；食环所负责食物中毒、生活饮用水污染事故应急处理所需的防护用品、快速检测箱、应急处理箱等的准备与更新，确保在有效期内使用；职防所负责职业中毒及放射污染事故应急处理，所需的防护用品、快速检测箱、应急处理箱等的准备与更新，确保在有效期内使用；消毒所负责消毒药械满足处理疫情需要。②

3. 公民的权利义务

社会的广泛参与是建设好国家公共卫生应急管理体系的重要支撑，而提升全民卫生素养是实现社会广泛参与的基础。卫生应急素养一般是指公众在突发公共卫生事件中获取、理解、接受、运用卫生应急知识，掌握避险、救援技能并参与简单应急救援活动的素养与能力，集中体现为公众在突发公共卫生事件中的自救与互救。它是全民健康素养的组成部分，是政府建立公共卫生群防群控机制的社会基础。信息时代的突发性公共卫生安全事件往往与"信息疫情"叠加传播，人民群众对于突发性公共卫生事件所产生的情绪反应与相关知识技能的储备情况可以在很大程度上影响疫情传播的速度与范围，是影响医疗系统相关应对措施的重要因素。具有一定卫生应急知识技能与应对突发公共卫生事件的良好心理素质的公民群体，能够在医疗系统找到合理应对措施的过程中节省宝贵的时间，降低全社会在公共卫生事件防控与应对中的成本，减少牺牲。③

---

① 《突发公共卫生事件应急条例》，《中华人民共和国国务院公报》2003年第17期。
② 茹士学、刘晶磊：《基层疾控中心突发公共卫生事件应急管理实践》，《中国健康教育》2015年第7期。
③ 蒋继贫、王心强：《制度化提升全民卫生应急素养，补齐公共卫生应急管理短板》，《湖北经济学院学报(人文社会科学版)》2020年第11期。

我国已将突发性传染病防治与紧急救援工作纳入"十三五"规划,从战略层面给予重视。2016 年,国家卫生计生委印发《关于加强卫生应急工作规范化建设的指导意见》,正式提出要以广泛普及基本的卫生应急知识和技能的方式,提升我国公民的卫生应急素养,增强我国公民在突发公共卫生事件中的自救与互救能力。2018 年,国家卫生健康委发布了《公民卫生应急素养条目》,以简单生动的图解形式,将居民面对突发公共卫生事件时有所行动的十二条注意事项进行了扼要的科普性传播。这是我国首次就开发公民的卫生应急素养基本知识与技能作出的,结合了中国实际、体现了中国特色的创造性尝试。除此之外,2011 年修订的《突发公共卫生事件应急条例》也对公民在突发公共卫生事件中的义务作了明确规定。

《突发公共卫生事件应急条例》第 21 条规定:任何单位和个人对突发事件,不得隐瞒、缓报、谎报或者授意他人隐瞒、缓报、谎报。第 24 条规定:国家建立突发事件举报制度,公布统一的突发事件报告、举报电话。任何单位和个人有权向人民政府及其有关部门报告突发事件隐患,有权向上级人民政府及其有关部门举报地方人民政府及其有关部门不履行突发事件应急处理职责,或者不按照规定履行职责的情况。接到报告、举报的有关人民政府及其有关部门,应当立即组织对突发事件隐患、不履行或者不按照规定履行突发事件应急处理职责的情况进行调查处理。对举报突发事件有功的单位和个人,县级以上各级人民政府及其有关部门应当予以奖励。第 40 条规定:传染病暴发、流行时,街道、乡镇以及居民委员会、村民委员会应当组织力量,团结协作,群防群治,协助卫生行政主管部门和其他有关部门、医疗卫生机构做好疫情信息的收集和报告、人员的分散隔离、公共卫生措施的落实工作,向居民、村民宣传传染病防治的相关知识。第 44 条规定,在突发事件中需要接受隔离治疗、医学观察措施的病人、疑似病人和传染病病人密切接触者在卫生行政主管部门或者有关机构采取医学措施时应当予以配合;拒绝配合的,由公安机关依法协助强制执行。在新冠肺炎疫情的防控过程中,世界各国公民对疫情和应急状况的认知显现出不同的态度,直接影响疫情防控结果。

(二)公共健康应急管理中强制与自由平衡原则

1. 法律依据

(1)宪法对公民的自由权利和对自由权利的限制的规定为应急管理提供了法律依据。我国在 2004 年将国家"尊重与保障人权"写入了《宪法》,这充分反映了政府应急管理中人权保障和人权建设的重要性。除了"人权条款"外,我国现行《宪法》第 38 条规定了"公民的人格尊严不受侵犯",第 13 条规定了对公民合法的私有财产权的保护,第 21 条规定了对公民健康权的保护,第 37 条规定了对公民人身自由的保护。这些条款为公共卫生应急管理中公民权利的保障提供了根本指引,在特殊时期为公民权利的保护留下了较大的释宪空间。同时,《宪法》第 51 条规定的"公益条款",即公民在行使自由和权利时不得损害国家的、社会的、集体的利益和其他公民的合法的自由和权利,则体现了对公民权利的一定限制,为政府在公共卫生应急管理中行使行政紧急权力提供了一条最有力的宪法依据。这也说明了行政紧急权力具有公益性和以实现危机应对与处理为最终目标的特点。《宪法》对公民权利的保护除了上述的直接规定,还在"国家机构"一章中对国家机构公共卫生管理职权进行规定,这使得《宪法》在突发公共卫生事件面前不仅解决了公民有何权的问题,还解决了公民权利的机构保障问题。《宪法》第89条赋予了国务院具有领导和管理卫生事业的权力,第107条赋予了县级以上地方各级人民政府具有根据法律规定的权限管理本行政区域卫生工作的权力,第111条还规定了基层行政组织的权力,即设立公共卫生委员会,办理本居住地区的公共事务和公益事业。以上规定体现了在应对突发公共卫生事件时,从中央到地方分级、分类的有序管理精神,这也是各项法律法规、规范性文件中政府职责和权力的根本来源和宪法依据。

(2)《突发事件应对法》是我国突发公共危机应急管理法律规范体系中的基本法律,具有龙头性作用。对于预防和减少突发事件的发生,控制、减轻和消除突发事件引起的严重社会危害,规范突发事件应对活动,保护公民的生命权、健康权、财产权等基本权利,维持社会秩序和国家利益具有重要意义。它是我国行政法领域应急管制的立法创新,是政府依法行政的标志性一步。

(3)在《传染病防治法》《突发公共卫生事件应急条例》《食品卫生法》《动物防疫法》《突发公共卫生事件交通应急规定》及配套法规中,均有关于公共健康应急管理中关于强制和自由的规定。

2. 应急管理中的强制含义

应急管理中强制性体现在以下四个方面:第一,在影响公共卫生健康的事件中具有传染性的疾病进行强行接种,从源头进行管理,医疗机构、疾控机构与儿童的监护人应当相互配合,保证儿童及时接受预防接种。儿童、学生入托、入学时,托幼机构和学校应当查验预防接种证,发现未按照规定接种的,应当督促其监护人及时补种。第二,相关人员和机构强制性配合有关部门的工作,发现危害公共健康的事件强制性上报,不能进行隐瞒,任何单位和个人对突发事件,不得隐瞒、缓报、谎报或者授意他人隐瞒、缓报、谎报。国务院卫生行政主管部门应当根据发生突发事件的情况,及时向国务院有关部门和各省、自治区、直辖市人民政府卫生行政主管部门以及军队有关部门通报。突发事件发生地的省、自治区、直辖市人民政府卫生行政主管部门,应当及时向毗邻省、自治区、直辖市人民政府卫生行政主管部门通报。接到通报的省、自治区、直辖市人民政府卫生行政主管部门,必要时应当及时通知本行政区域内的医疗卫生机构。第三,在存在相关隐患时接受强制性的治疗,在公共健康事件后,有关个人和单位必须接受检查、隔离等强制措施。《传染病防治法》规定,在中华人民共和国领域内的一切单位和个人,必须接受疾病预防控制机构、医疗机构有关传染病的调查、检验、采集样本、隔离治疗等预防、控制措施,如实提供有关情况。疾病预防控制机构、医疗机构不得泄露涉及个人隐私的有关信息、资料。第四,对有扩大公共卫生事件风险的可能的个人人身自由和财产可以强制隔离、强制征用、强制扣押。《突发事件应对法》规定,有关人民政府及其部门为应对突发事件,可以征用单位和个人的财产。被征用的财产在使用完毕或者突发事件应急处置工作结束后,应当及时返还。财产被征用或者征用后毁损、灭失的,应当给予补偿。《传染病防治法》规定,对医疗机构内的病人、病原携带者、疑似病人的密切接触者,在指定场所进行医学观察和采取其他必要的预防措施。拒绝隔离治疗或者隔离期未满擅自脱离隔离治疗的,可以由公安机关协助医疗机构采取强制隔离治疗措施。

3. 应急管理中的自由含义

《宪法》对公民人身自由权利作出了规定,同时,2000 年颁布、2015 年修正的《立法法》第 8 条明确:限制人身自由的强制措施和处罚属于只能制定法律,不能以行政法规设定的立法事项代之。因此,对公民进行人身自由限制的时候要具有法律上的依据,只有具有了法律上的依据才能够限制公民的人身自由。传染病等公共卫生事件爆发时,应急管理即是法律上的特殊情况,这时公民的自由是有限制的。但是,这种限制除了应具备法定条件外,还需要最大限度地体现"利民、益民"原则,减少对公民权利限制造成的损失和不利影响。

应急管理中自由的含义是指各部门因地制宜自由选择应急管理的方案:各级人民政府及其部门、社区居民委员会、村民委员会、机关、企事业单位、社会组织、有关行业组织、卫生健康部门等根据相关政策因地制宜地选择紧急处置的方案。

其含义如下:

(1)各级人民政府及其部门采取应对公共卫生事件的措施,应当与公共卫生事件可能造成的社会危害的性质、程度和范围相适应;有多种措施可供选择的,应当选择有利于最大程度地保护公民、法人和其他组织权益的措施。

(2)基层行政机构应当发挥自治作用,协助政府及其部门、派出机关做好社区公共卫生宣传教育和健康提示,落实相关预防与控制措施。

(3)机关、企事业单位、社会组织应当建立健全本单位公共卫生管理制度,完善环境卫生管理长效机制,维护好各类卫生设施,并做好公共卫生健康宣传、教育、培训、应急演练等工作,对本单位落实公共卫生事件控制处置等措施承担主体责任。

(4)有关行业组织应当根据实际需要,结合行业特点,制定发布公共卫生事件预防与处置行业指引,及时向会员单位传达相关政策信息,推动落实各项预防与处置措施。

4. 应急管理中的强制和自由的辩证关系

《突发事件应对法》中对权利保护和有限限制的统一,体现了应急管理中强制和自由的辩证关系。《突发事件应对法》对公民权利的保护主要体现在两个方面:第一,此法坚持了比例性原则,即政府在应急管理中,为了维护社会和国家的整体秩序和利益,需要对公民的某些权利进行限制或者增加公民的义务,但限制应当维持一个"度",既要合宪,又要符合法律保留的立法者初衷。① 比如《突发事件应对法》第 11 条规定"有关人民政府及其部门采取的应对突发事件的措施,应当与突发事件可能造成的社会危害的性质、程度和范围相适应;有多种措施可供选择的,应当选择有利于最大程度地保护公民、法人和其他组织权益的措施",第 12 条规定了公民有对被征用的财产在应急管理结束后要求返还或获得补偿和救济的权利。第二,对公民权利的保护贯穿于此法规定的各项制度和整个应急处置过程之中。

应急管理中相关强制性措施保证应急管理在一个秩序中进行,及时有效地完成相关应急处置。没有强制性规定,公共健康事件发生时就不能做到自上而下的有效防控,以至于危害事件爆发。强制性是对于接种、配合、上报、治疗等进行强制性规定。但是实践落实并不是给予强制性规定,而是给予各机关、各部门灵活的政策,因地制宜地进行应急措施的管理。只有强制和自由的规定相辅相成,才能更好地解决公共健康安全事件。

三、应急管理监管

习近平总书记强调"各种风险往往不是孤立出现的,很可能是相互交织并形成一个风险综合体"②。预防即防微杜渐,旨在最大限度地将可能出现的危机控制在一定范围之内。危机潜伏性及渐进性决定重大事故的出现是量变积累的结果,危机积累达到质变之前通常是有征兆的,所以,危机总体上是可预测和防范的。许多危机是由于人为的因素而导致发生和蔓延的。对此,要加强对应急管理的监管:

第一,政府要加强监管并完善相关法律法规。政府要在加强自身监督的同时扩大监管范围,减少权力"寻租空间"和腐败滋生蔓延以切实增强监管实效。从"立法—执法—守法—司法"各个环节出发,及时填补应急管理领域的法律漏洞并保证应急管理工作常态化运行。

第二,增强企业自我监督。企业根据有关法律、法规、规章,结合自身情况,建立应急管理工作制度。如为解决消杀物资紧缺的突出问题,公共卫生应急物资生产企业应尽快恢复生产,并开展安全服务,加强企业内部安全管理,为疫情防控大局创造优良的环境。

第三,鼓励公众和社会组织监督。充分释放社会组织的凝聚力和号召力,鼓励公众

---

① 莫纪宏编著:《"非典"时期的非常法治——中国灾害法与紧急状态法一瞥》,法律出版社 2003 年版,第 65 页。

② 中共中央文献研究室编:《习近平关于社会主义建设论述摘编》,中央文献出版社 2017 年版,第 179 页。

积极参与应急管理监督。①

加强应急管理的监管,具有以下意义:

1. 加强应急管理的监督,有助于规范应急管理,提供更好的应急保障并提高预防和处置突发事件的能力。

2. 加强应急管理的监督,有助于全面履行政府职能,进一步提高行政能力。

3. 通过加强应急管理的监督,建立健全社会预警机制、突发事件应急机制和社会动员机制,可以最大程度地促进应急管理工作的展开,预防和减少突发事件及其造成的损害,保障公众的生命财产安全,维护国家安全和社会稳定,促进经济社会全面、协调、可持续发展。

第二节　公共健康应急管理的疾病预防制度

公共健康应急管理是基于公共健康的保护进行的,其目的和宗旨是疾病预防,本节主要探讨在疾病预防中的各项制度。

一、应急管理的监测预警制度

(一)应急管理监测预警制度的涵义

预警一词,据考证,最早源于军事,也最常用于军事,原指通过预警提前发现、分析和判断敌人的进攻信号,并把这种进攻信号的威胁报告给指挥部门,以提前采取应对措施。后来这个词逐渐被应用到政治、经济、社会、自然等多个领域。② 可见,预警,即在事情发生前进行预先警告,即突发公共事件职能部门对将来可能发生的危险进行事先预报以提请相关当事人的注意。③ 预警系统地吸收了危机管理思想理论,作为一种新的管理思想和管理方法,是对现有管理系统的完善和发展。在制定和研究突发事件预警机制的时候,必须将预警机制看作一个系统来研究,在整个预警机制中始终贯彻系统性。

监测与预警是控制、降低及减少突发事件危害的关键所在④,从根本上来说,监测预警是根据历史数据和现实资料预测未来,为管理部门及时、准确地把握现状和未来,做到心中有数,早作安排。其中,监测为预警服务,是预警的基础和前提。监测更注重

---

① 侯守杰:《风险社会的应急管理升级:演变、反思与重构——学习〈习近平关于防范风险挑战、应对突发事件论述摘编〉的思考》,《理论建设》2020 年第 5 期。

② 杨柳:《突发公共事件的政府预警机制研究》,四川大学行政管理 2007 年硕士学位论文,第 17 页。

③ 张维平:《关于突发公共事件和预警机制》,《兰州学刊》2006 年第 3 期。

④ 刘志、郝晓宁、薄涛、吴敬等:《突发公共卫生事件监测预警制度框架体系核心要素研究》,《中国卫生政策研究》2013 年第 12 期。

长期地、连续地收集原始数据的过程,是一种常态行为。预警是在监测的基础上提前进行警告,即对未来可能发生的危险进行事先的预报,通过各种预警渠道,提请相关当事人注意。① 对可能导致公共安全受到威胁的有关公共事件指标的评估,监测突发公共事件的现状,将未来可能爆发的危机遏止于发生的初始阶段,对突发公共事件的监测是十分重要且必要的。

(二)应急管理监测预警制度的国内外发展及相关规定

1. 国外应急管理监测预警制度的发展

对于突发公共事件的研究起源,世界上各个国家的起步都比较晚。对危机预警的研究始于自然灾害方面。最早进行危机预警研究的是欧美国家的学者和专家,其国家的民权运动等公共突发事件的涌现,推动他们开始对危机预警进行研究。第二次世界大战后,西方学者对危机预警的研究慢慢扩张到政治危机、经济危机以及社会危机等其他方面。20 世纪 80 年代,Foster 站在生态学的视角认为"监测主体范围的约束""财力投入不足""应急事件短缺"以及"果断下令"是社会危机环境的四个主要特征;美国杰出的学者 Devi Osborn 和 Ted Gaebler 一致认为"政府应当重视对危机的预防防治而不是待危机出现后再进行救助"的政府执政原则。他们提出构建懂得"未雨绸缪"的政府,既能打造出高水平的执政主体,并且能够将为人民服务的思想渗入国家政府。英国迈克尔·里杰斯特基于多年的实践经验,提出了"事前预防才是解决突发公共卫生事件的最佳途径"。② 此观点与美国学者 Devi Osborn 和 Ted Gaebler 的思想不谋而合。20 世纪末,联合国颁布了《有效预警的指导原则》的文件。此文件认为,突发公共卫生事件预警的终极目的是要通过政府采取的一系列措施来保障社会人员的安全,同时尽可能减少或者消灭突发公共卫生事件发生的可能性。③ "怎样才能通过预警最大程度地降低突发公共卫生事件可能带来的危害。"④伊兰·开尔曼提出对危机的预警程序应当包含以下几点:病例上报、研究、统计、评估分析、危机确认、发出警报信息。⑤ John Twigg 提出预警管理应当涉及三方参与主体:监测组织机构、政府预警评估部门以及积极配合的社会公民。⑥ 国外研究突发公共卫生事件预警制度的开端,始于 20 世纪初在美国发生的"9·11"恐怖袭击事件,该事件给美国人民留下了深刻的心理阴影。对突发公共卫生事件的深入研究是经历了炭疽事件以及 SARS 的世界性蔓延。在应急预警方面,美国政府把它看作控制突发公共事件事态扩大的有效手段。以防范突发公共卫

---

① 钟开斌:《日本灾害监测预警的做法与启示》,《行政管理改革》2011 年第 5 期。

② [英]迈克尔·里杰斯特:《危机公关》,陈向阳等译,复旦大学出版社 1995 年版,第 75 页。

③ Hall Philip, *Early Warning Systems：Reframing the Discussion*, 2007, 22(2)：32-36.

④ David E. Alexander, *Principles of Emergency Planning and Management*, 2002.

⑤ Ilan Kelman, Warning for the 26 December 2004 tsunamis, 2006, 15(1)：178-189.

⑥ John Twigg, The Human Factor in Early Warning：Risk Perception and Approriate Communications, 2003.

生事件为例,美国组建了国家应急行动中心、电子网络疾病监测报告系统、大都市症状监测系统以及临床公共卫生沟通系统等四个层次的防范系统,其中电子网络疾病监测报告系统按疾病设立不同的报告系统,可以对普通传染病、艾滋病、结核病以及曾经流行的 SARS 等进行全面的监控。①

加拿大应急管理预警体系的特点是强调公众的参与,重视应急教育。为了让公众了解、支持和积极参与,加拿大政府每年五月份举行一次由政府、非政府组织、志愿者以及教师等共同参与宣传的"紧急事件准备宣传周",向公众传播应急知识和信息。同时加拿大的应急准备学院每年开设 100 多门课程,接收 3000 多名来自政府和私营企业的代表进行应急教育。

日本应急管理预警体系的特点是特别重视灾害防范的研究工作和重视应急通信系统的建设和运用。日本在 1947 年就出台了《灾害救助法》,在此基础上于 1961 年又出台了可称为日本防灾应急体系根本大法的《灾害基本对策法》。该法自实施以来,经过多次大的调整以后,在提高政府应急管理能力方面发挥着重要的作用。日本政府特别重视灾害防范的研究工作,每年投入约 400 亿日元的专项科技研究经费,大力度促进应急科学技术的研究。日本政府还十分重视应急通信系统的建设和运用。除了已有的比较完善的气象防灾信息、流域信息系统、道路灾害信息系统以及覆盖全国的"中央灾害管理无线广播通讯系统"等以外,政府与政府(G2G)、政府与公民(G2C)、政府与企业(G2B)的应急电子政务系统也已开始应用,在应急管理中发挥出不可替代的作用。②

2. 国内预警制度发展

我国是自然灾害和其他事故灾难多发的国家,正处于工业化、城镇化快速发展时期,进入了各类突发事件发生频率高、影响力强的阶段,由于传统的和非传统的、自然的和社会的、国内的和国际的风险矛盾交织并存,今后一个时期可能是我国各方面突发事件风险不断积累甚至集中显露的时期。③ 2003 年,"非典"的爆发给中国公共卫生体系造成了强烈震撼,成为中国应急管理改革的转折。2003 年 11 月,国务院办公厅成立了应急预案工作小组。2004 年,国务院办公厅印发《国务院有关部门和单位制定和修订突发公共事件应急预案框架指南》及《省(区、市)人民政府突发公共事件总体应急预案框架指南》,为中央有关部门和各级地方政府制定应急预案提供指导。2005 年,国务院制定了《国家突发公共事件总体应急预案》,将突发公共事件分为自然灾害、事故灾难、公共卫生事件和社会安全事件四大类,国务院陆续组织制定了应对这四类突发公共事

① 姚国章:《典型国家突发公共事件应急管理体系及其借鉴》,《南京审计学院学报》2006 年第 2 期;黄建始:《从美国没有 SARS 大流行看美国的突发公共卫生事件应对体系》,《中华医学杂志》2003 年第 19 期。

② 姚国章:《完善基础设施建设 应对公共突发事件——日本应急管理信息系统建设模式及借鉴》,《信息化建设》2006 年第 3 期。

③ 刘铁民:《构建新时代国家应急管理体系》,《中国党政干部论坛》2019 年第 7 期。

件的 25 件专项应急预案和 80 件部门预案,各省也同时推开了省级总体应急预案的编制工作,一些市、区(县)也制定了相应的应急预案。2006 年正式颁布实施《国家突发公共卫生事件应急预案》①。全国人大常委会于 2007 年通过了《突发事件应对法》。这些法律法规的出台和机构设置,标志着中国应急管理进入了"一案三制"时代,自然灾害、事故灾难、公共卫生事件和社会安全事件被明确为应急管理工作的主要对象。同时,这一时期建立和完善了针对防汛抗旱、森林防火、抗震救灾等特定灾害的议事协调机构和联席会议制度,改进了应急管理综合协调的体制机制,成为中国应急管理改革史上的里程碑。②

应急管理体系涉及错综复杂、相互交织的多个方面,但其核心要素"一案三制"主要包括应急预案和应急管理体制、机制、法制四个要素。③ 习近平总书记站在新的历史方位,提出一系列新理念、新思想、新战略:强调坚持底线思维,着力防范化解重大风险;坚持以防为主、防抗救相结合;坚持常态减灾和非常态救灾相统一,努力实现从注重灾后救助向注重灾前预防转变,从应对单一灾种向综合减灾转变,从减少灾害损失向减轻灾害风险转变;确立了灾害风险管理理念、综合减灾理念和自然灾害防治理念;坚持以人为本、安全第一,牢固树立发展决不能以牺牲人的生命为代价的安全发展理念;坚持党政同责,落实地方党委和政府在灾害应对中的主体作用和主体责任,建立健全安全生产责任体系。④

对于任何突发性公共卫生事件来说,有效应对的基础都是"早发现"与"早报告"。虽然我国已经开展网络直报体系建设,但在疫情的传播过程中,最先发现线索、作出响应的还是公民。"关口前移"要求的真正落实,要求网络报告系统不断提高其侦测与报告的灵敏性,更加有赖于公民在发现异常事件时向卫生系统提供及时、准确的报告。只有提升公民参与卫生应急事件防控的水平,才能够真正做到社会协同、公众参与,实现群策群力、群防群治。

二、应急管理风险评估制度

(一)相关概念梳理

1. 风险的概念

风险概念起源于意大利,最初仅指自然风险⑤,意指因自然力的不规则变化产生的

---

① 田华:《我国应急管理体系的建设历程与完善思路》,《云南行政学院学报》2017 年第 5 期。
② 朱正威:《中国应急管理 70 年:从防灾减灾到韧性治理》,《国家治理周刊》2019 年第 36 期。
③ 钟开斌:《"一案三制":中国应急管理体系建设的基本框架》,《南京社会科学》2009 年第 11 期。
④ 薛澜:《学习四中全会〈决定〉精神,推进国家应急管理体系和能力现代化》,《公共管理评论》2019 年第 3 期。
⑤ 薛晓源、周战超主编:《全球化与风险社会》,社会科学文献出版社 2005 年版,第 7 页。

现象所导致危害经济活动、物质生产或生命安全的风险,如地震、水灾等。时至今日,长期的发展已赋予了风险社会文化和经济属性。在某种意义上,风险在当前时代应该具有普世重要性,在特定层面,引发风险的情形广泛存在。① 风险理论界对风险的定义并不统一,但共同认为风险具有三个基本要素,即有害结果、发生的概率和现实状态。② 因为风险具有有害结果、发生的概率和现实状态三个要素,由此决定了风险具有三个性质,即损失性、不确定性和客观性。风险要素和风险三性共同构成了风险的内涵,是风险理论的研究范式中内容或问题的主要构成部分。

2. 风险评估涵义

风险评估是基于科学知识和科学方法风险分析,属于自然科学的研究范围③,是多因素、多灾种、多环节和全过程的研究。多因素指风险评估应该考虑多种因素,包括致灾因子的属性因素,如致灾物质、信息的临界量和触发因素特点规律等;事件作用因素,如作用类型、强度和时空特性等;承灾载体属性因素,如易损性、脆弱性和鲁棒性等;应急管理因素,如救援能力、医疗能力和自救能力等。多灾种指风险评估应该考虑可能面临的多种突发事件的综合影响。多环节指不仅需要研究突发事件及其应对的诸多环节的风险评估,也应该研究常规情况下的风险评估。全过程指风险评估应该贯穿事件孕育、发生发展、突变成灾、造成灾害作用及灾后恢复的全过程。④

《突发事件公共卫生风险评估管理办法》所称风险评估是指通过风险识别、风险分析和风险评价,对突发公共卫生事件风险或其他突发事件的公共卫生风险进行评估,并提出风险管理建议的过程。

(二)应急风险评估的国内外发展

风险评价兴起于 20 世纪 70 年代几个工业发达国家,尤以美国在这方面的研究独领风骚。在短短几十年中,就环境风险评价技术而言,大体上经历了三个时期:20 世纪 70 年代至 80 年代初,风险评价处于萌芽阶段,风险评价内涵不甚明确,仅仅采取毒性鉴定的方法;80 年代中,风险评价得到很大的发展,为风险评价体系建立的技术准备阶段。美国国家科学院提出风险评价由四个部分组成,称为风险评价"四步法",即危害鉴别、剂量—效应关系评价、暴露评价和风险表征,并对各部分都作了明确的定义。从而,形成了风险评价的基本框架。⑤ 在美国,国家科学院/国家研究理事会(National Research Council of the National Academy of Sciences)于 1983 年出版的《联邦政府的风险

---

① [英]珍妮·斯蒂尔:《风险与法律理论》,韩永强译,中国政法大学出版社 2012 年版,第 5 页。
② 谢尔顿·克里姆斯基、多米尼克·戈丁尔编著:《风险的社会理论学说》,徐元玲等译,北京出版社 2005 年版,第 64 页。
③ 任建超、韩青:《欧盟食品安全应急管理体系及其借鉴》,《管理现代化》2016 年第 1 期。
④ 范维澄、刘奕:《城市公共安全与应急管理的思考》,《城市管理与科技》2008 年第 5 期。
⑤ 林玉锁:《国外环境风险评价的现状与趋势》,《环境科学动态》1993 年第 1 期。

评估:对过程的管理》(*Risk Assessment in the Federal Government*:*Managing the Process*)一书指出,风险评估是"对人体暴露于环境有害物质所导致的潜在不利健康影响的描述"①。

我国于20世纪80年代开始环境风险评价研究。1990年国家环保局下发57号文,要求对重大环境污染事故隐患进行风险评价。但是我国目前开展的环境风险评价多是预测事故的概率风险,而对事故后果评价的研究却很少,对实时风险评估的研究则更少。

风险评估通过测评某一事件或事物带来的影响或损失的可能程度,提出相应风险管理的建议,在防灾减灾方面有重要意义,并且可以为其他应急工作的开展提供指导。② 加强风险评估是当前国内外加强应急管理的发展趋势,开展风险评估和应急资源调查既能为编制应急预案提供依据,又能确保应急响应时对资源的有效有序调度。越是到基层和具体单位,这两项工作越重要。风险评估就是制定应急预案的基础和依据。③

(三)应急风险评估的法律规定

1. 突发事件公共卫生风险评估原则

突发事件公共卫生风险评估应当遵循属地管理、分级负责、多方参与、科学循证的原则,确保评估工作科学、规范、及时开展。

2. 突发事件公共卫生风险评估主体职责

各级卫生行政部门负责建立健全突发事件公共卫生风险评估工作制度和工作机制,负责风险评估工作的组织管理、督导检查以及评估结果信息的通报和发布;各级疾病预防控制机构负责职责范围内的突发事件公共卫生风险相关信息的监测、分析和风险评估,并指定专人负责做好相关技术保障;其他相关医疗卫生机构依据职责开展相关突发事件公共卫生风险评估;各级卫生行政部门可根据风险评估工作的实际需要,指定或委托其他专门机构开展相关的突发事件公共卫生风险评估。

3. 突发事件公共卫生风险评估分类

突发事件公共卫生风险评估分为日常风险评估和专题风险评估。日常风险评估主要是根据常规监测收集的信息、部门通报的信息、国际组织及有关国家(地区)通报的信息等,对突发事件公共卫生风险或其他突发事件的公共卫生风险开展初步、快速的评估。专题风险评估主要针对国内外重要突发公共卫生事件、大型活动、自然灾害和事故灾难等,开展全面、深入的专项公共卫生风险评估。具体情形包括:日常风险评估

---

① 沈岿:《风险评估的行政法治问题——以食品安全监管领域为例》,《浙江学刊》2011年第3期。

② 崔新明、孙宏、吴群红、郝艳华等:《卫生行政机构应急管理能力水平及技术需求分析》,《中国医院管理》2013年第5期。

③ 尹洧、周小凡、李文洁:《风险评估与应急预案的关系》,《安全》2016年第5期。

中发现的可能导致重大突发公共卫生事件的风险；国内发生的可能对本辖区造成危害的突发公共卫生事件；国外发生的可能对我国造成公共卫生风险和危害的突发事件；可能引发公共卫生危害的其他突发事件；大型活动等其他需要进行专题评估的情形。

三、应急管理的报告制度

（一）报告制度涵义

根据应急管理的范围，应急管理报告制度特指发生突发公共卫生事件时的报告制度。主要涉及传染病疫情报告、安全生产应急报告、食品安全事故应急报告、突发事件意外事故应急报告等。其中，传染病疫情报告制度最为典型。传染病疫情报告制度是指各级医疗、防疫机构按照专业分工，承担责任范围内突发传染病疫情监测、信息报告与管理工作。为疾病预防控制提供及时、准确的监测信息，是为各级政府提供传染病发生、发展信息的重要渠道。《传染病防治法》《突发公共卫生事件应急条例》《突发公共卫生事件与传染病疫情监测信息报告管理办法》《传染病信息报告管理规范》《传染病监测信息网络直报工作与技术指南》规定了我国传染病疫情报告制度。

（二）国际社会报告制度相关规定

《国际卫生条例》在第二章中对传染病监测和通报进行了规定。即通报义务是世界卫生组织制定应对全球疫情策略的重要环节。首先，该条例规定了在传染病暴发时各国必须及时、迅速、充分地向世卫组织通报。其次，在传染病流行期间各国必须定期向世界卫生组织通报疫情。最后，该条例十分重视港口、机场等卫生机构对传染病防治工作的作用。如遇有可能引发国际关注的公共卫生事件时，也应当按照条例进行报告，新条例使得世界卫生组织的权力得到进一步的扩展，也使得成员国义务得到强化。世界贸易组织相关法律和国际人权法也从动植物卫生检疫和传染病人权利保护等方面对报告制度作了相应的规定。

在众多发达国家中，美国和日本具备较为完善的传染病疫情报告、通报和公布制度。其中，美国在疫情报告方面设置了非常全面的报告主体，并且充分明确各主体的职责范围，日本在疫情监测方面能力卓著，疫情报告卡项目完整、内容全面。这些方面都值得我们学习和借鉴。[①]

（三）我国应急管理报告制度的报告时限

《传染病防治法》规定：责任报告单位和责任疫情报告人发现甲类传染病和乙类传染病中的肺炭疽、传染性非典型肺炎等按照甲类管理的传染病人或疑似病人时，或发现

---

① 杨芸：《论我国传染病疫情报告、通报和公布制度的完善》，南京师范大学法律 2014 年硕士学位论文，第 11 页。

其他传染病和不明原因疾病暴发时,应于 2 小时内将传染病报告卡通过网络报告。对其他乙、丙类传染病病人、疑似病人和规定报告的传染病病原携带者在诊断后,应于 24 小时内进行网络报告。

《突发公共卫生事件应急条例》规定:国家建立突发事件应急报告制度。国务院卫生行政主管部门制定突发事件应急报告规范,建立重大、紧急疫情信息报告系统。发生或者可能发生传染病暴发、流行或发生或者发现不明原因的群体性疾病或发生传染病菌种、毒种丢失或发生或者可能发生重大食物和职业中毒事件的,省、自治区、直辖市人民政府应当在接到报告 1 小时内,向国务院卫生行政主管部门报告;国务院卫生行政主管部门对可能造成重大社会影响的突发事件,应当立即向国务院报告。同时还规定了医疗机构和医务人员的应急报告义务和报告时限。

(四)我国应急管理报告制度的报告主体及职责

地方各级人民政府卫生行政部门依照职责和卫生部发布的《群体性不明原因疾病应急处置方案》(试行)的规定,在本级人民政府统一领导下,负责组织、协调本行政区域内群体性不明原因疾病事件的应急处置工作,并根据实际需要,向本级人民政府提出成立地方群体性不明原因疾病事件应急指挥部的建议。各级人民政府根据本级人民政府卫生行政部门的建议和实际工作需要,决定是否成立地方应急指挥部。地方各级人民政府及有关部门和单位要按照属地管理的原则,切实做好本行政区域内群体性不明原因疾病事件的应急处置工作。

责任单位和责任报告人。县级以上各级人民政府卫生行政部门指定的突发公共卫生事件监测机构、各级各类医疗卫生机构为群体性不明原因疾病事件的责任报告单位;执行职务的各级各类医疗卫生机构的医疗卫生人员、个体开业医生为责任报告人。此外,任何单位和个人均可向国务院卫生行政部门和地方各级人民政府及其有关部门报告或举报群体性不明原因疾病事件。

四、疾病的强制检测与隔离制度

(一)疾病的强制检测

1. 强制性法律规定

疾病的强制性检测主要是对传染性疾病的强制性检测。《传染病防治法》第 12 条表明:在中华人民共和国领域内的一切单位和个人,必须接受疾病预防控制机构、医疗机构有关传染病的调查、检验、采集样本、隔离治疗等预防、控制措施,如实提供有关情况。

2. 检测实施主体及法律职责

《传染病防治法》第 18 条第 1 款第(四)项规定,各级疾病预防控制机构在传染病预防控制中履行开展传染病实验室检测、诊断、病原学鉴定的职责。第 18 条第 2、3 款对不同级别主体和职责作出说明：（1）国家、省级疾病预防控制机构负责对传染病发生、流行以及分布进行监测，对重大传染病流行趋势进行预测，提出预防控制对策，参与并指导对暴发的疫情进行调查处理，开展传染病病原学鉴定，建立检测质量控制体系，开展应用性研究和卫生评价。（2）设区的市和县级疾病预防控制机构负责传染病预防控制规划、方案的落实，组织实施免疫、消毒、控制病媒生物的危害，普及传染病防治知识，负责本地区疫情和突发公共卫生事件监测、报告，开展流行病学调查和常见病原微生物检测。

（二）疾病的隔离制度

1. 强制性隔离定义

隔离是一种限制人身自由的行政强制措施①，是行政机关或被授权的特定机构依法实施的一种行政措施。无论被隔离人是否自愿，被隔离者必须无条件予以服从，否则就要受到相应的行政处罚，甚至被追究刑事责任。②

2. 强制性法律规定

对于疾病的强制性检测主要是对传染性疾病以及突发事件中需要隔离治疗的病人进行的强制性检测。《传染病防治法》第39条对不执行隔离措施的相关处罚作出有关规定：拒绝隔离治疗或者隔离期未满擅自脱离隔离治疗的，可以由公安机关协助医疗机构采取强制隔离治疗措施。《突发公共卫生事件应急条例》第44条表明：在突发事件中需要接受隔离治疗、医学观察措施的病人、疑似病人和传染病病人密切接触者在卫生行政主管部门或者有关机构采取医学措施时应当予以配合；拒绝配合的，由公安机关依法协助强制执行。

3. 隔离实施主体及法律职责

县级以上人民政府。《传染病防治法》第41条规定：对已经发生甲类传染病病例的场所或者该场所内的特定区域的人员，所在地的县级以上地方人民政府可以实施隔离措施，并同时向上一级人民政府报告；接到报告的上级人民政府应当即时作出是否批准的决定。上级人民政府作出不予批准决定的，实施隔离措施的人民政府应当立即解除隔离措施。在隔离期间，实施隔离措施的人民政府应当对被隔离人员提供生活保障。

医疗机构。《传染病防治法》第39条规定：医疗机构发现甲类传染病时，应当及时采取下列措施：（一）对病人、病原携带者，予以隔离治疗，隔离期限根据医学检查结果确定；（二）对疑似病人，确诊前在指定场所单独隔离治疗；（三）对医疗机构内的病人、病原携带者、疑似病人的密切接触者，在指定场所进行医学观察和采取其他必要的预防措施。

---

① 仇永贵：《传染性非典型肺炎病人的权利、义务和法律责任》，《中国医院管理》2003 年第 8 期。
② 党振兴：《重大疫情防控中强制隔离制度优化研究》，《贵州省党校学报》2020 年第 6 期。

4.新冠肺炎疫情期间强制隔离措施

最高人民法院、最高人民检察院、公安部、司法部联合下发的《关于依法惩治妨害新型冠状病毒感染肺炎疫情防控违法犯罪的意见》,强调了新冠肺炎确诊病人或疑似病人,不遵守强制隔离规定,擅自脱逃,且进入公共场所或公共交通工具的恶劣行为,按"以危险方法危害公共安全罪"加重处罚。同时,《上海市人大常委会关于全力做好当前新型冠状病毒感染肺炎疫情防控工作的决定》规定,受强制隔离治疗的新冠肺炎患者如逃离医院,不仅应依法严格追究法律责任,而且以信用黑名单的方式,其失信信息录入公共信用信息平台,加大对拒不接受隔离违法行为的处罚力度。新冠肺炎患者因不接受隔离治疗,引起病毒传播并造成严重后果的,按过失以危险方法危害公共安全罪处以刑罚。新冠肺炎患者在隔离治疗时,以暴力、威胁等方法抗拒隔离措施的,以"妨害公务罪"罪名定罪。

5.强制隔离的意义

加强隔离防护措施,对于一些病情复杂、传染性强、病情严重的患者单独给予安排,避免疾病的大范围传染造成严重的损伤,同时还有利于对患者的抢救以及隔离。[①] 疫情期间,根据《传染病防治法》的要求,已经确诊的新冠肺炎患者应主动接受隔离治疗是阻断传染源、降低突发疫情所造成的严重危害,保障人民群众的身体健康和社会公共安全的有效措施。使患者肺炎(也包括基础疾病)得到初步的诊疗,大大缓解了患者得不到救治的恐慌,同时也有效地阻断了病毒对家人的传播,缓解社区的恐慌。[②]

五、疾病应急救助制度

随着基本医保覆盖面的扩大和保障水平的提升,人民群众看病就医得到了基本保障,但仍有极少数需要急救的患者因身份不明、无能力支付医疗费用等原因,得不到及时有效的治疗,"等钱救命"的现象还时有发生,造成了不良的社会后果。建立疾病应急救助制度就是解决这部分患者的急救保障问题,疾病应急救助制度的建立,是健全多层次医疗保障体系的重要内容,是解决人民群众实际困难的客观要求,是坚持以人为本、构建和谐社会的具体体现,疾病应急救助制度是对中国多层次医疗保障体系的完善和补充。

(一)疾病应急救助制度涵义

疾病应急救助制度是指由政府或相关部门以疾病应急救助基金补助的方式对在中国境内发生急重危伤病、需要急救但身份不明确或无力支付相应费用的患者进行的

① 俞亚菊、张文洁:《医院急诊科传染性疾病消毒隔离管理状况分析》,《中国公共卫生管理》2015 年第 1 期。

② 郑艳玲、尹德卢、周何军、陈田木:《新型冠状病毒肺炎患者隔离点建设与运行:武汉市基层实践》,《中国全科医学》2021 年第 10 期。

救助。

特殊群体的急救欠费由政府买单,而不是让医院自身承担费用和风险,既能促进医疗机构的健康运转,也有利于营造和谐的医患关系。

(二)我国疾病应急救助制度的发展

2013年2月,国务院办公厅印发了《关于建立疾病应急救助制度的指导意见》,欲在我国建立疾病应急救助制度。2014年7月8日,国家卫生计生委发文要求全国做好疾病应急救助相关工作,要求各省加快实施疾病应急救助制度,并在2014年9月底前设立疾病应急救助基金。各省医疗机构对于符合疾病应急救助基金支付范围的医疗费用,应在2014年10月底前提交基金支付申请。2015年1月5日,国家卫生计生委公布了疾病应急救助工作的阶段性成效。截至2014年12月26日,全国各医疗机构共救助32.9万人,申请资金约16.0亿元。[1]

(三)我国疾病应急救助制度具体措施

1. 疾病应急救助资金筹措。国务院办公厅发布的《关于建立疾病应急救助制度的指导意见》明确规定:各省(区、市)、市(地)政府组织设立本级疾病应急救助基金。省级基金主要承担募集资金、向市(地)级基金拨付应急救助资金的功能。市(地)级基金主要承担募集资金、向医疗机构支付疾病应急救治医疗费用的功能。省(区、市)、市(地)政府要将疾病应急救助基金补助资金纳入财政预算安排,中央财政对财力困难地区给予补助,并纳入财政预算安排。疾病应急救助基金来源,包括财政投入和社会捐助等多渠道。

2. 疾病应急救助资金管理和使用。基本医保管理部门要保障参保患者按规定享受基本医疗保险待遇。民政部门要协助基金管理机构共同做好对患者有无负担能力的鉴别工作;公安机关要积极协助医疗机构和基金管理机构核查患者的身份。基金管理机构的职责有:①负责社会资金募集、救助资金核查与拨付,以及其他基金管理日常工作等;②主动开展各类募捐活动,积极向社会募集资金;③充分利用筹集资金,定期足额向医疗机构支付疾病应急救治医疗费用,对经常承担急救工作的定点医疗机构,可采取先部分预拨后结算的办法减轻医疗机构的垫资负担。

3. 疾病应急救助对象。救助对象是在中国境内发生急重危伤病、需要急救但是身份不明确或无力支付相应费用的患者。急救基金是其他医疗保障的一个补充,应急救助资金的救助范围是救助对象实际发生的急救医疗费用。对于急救医疗费用,此项制度承担兜底保障责任,即患者发生的急救医疗费用,根据情况先由责任人、工伤保险和基本医疗保险等各类保险、公共卫生经费,以及医疗救助基金、道路交通事故社会救助基金等渠道支付。无上述渠道或上述渠道费用支付有缺口,由疾病应急救助基金给予

---

[1] 郝兰兰:《我国基本建立疾病应急救助制度》,《健康界》2015年1月6日。

补助。

4.疾病应急救治。各级各类医疗机构及其工作人员必须及时、有效地对急重危伤患者施救,不得以任何理由拒绝、推诿或拖延救治。

5.疾病应急救助基金的监管。疾病应急救助基金管理遵循公开、透明、专业化、规范化的原则,疾病应急救助基金使用、救助的具体事例、费用以及审计报告等向社会公示,接受社会监督。

第三节 公共卫生法律

公共卫生与疾病预防控制法律是国民健康法律体系的重要组成部分,是保障公共健康权的重要基础和支撑,公共卫生法的基本理论与法律框架在第九章第一节已经论述,本节主要介绍我国公共卫生法律中几个重要的法律制度。

一、一般传染病防治法律制度

(一)一般传染病界定范围

由各种具有传染性的病原体包括细菌、病毒、立克次体、衣原体、支原体、寄生虫等引起的,能在人与人、动物与动物或人与动物之间相互传播的一类疾病。这种疾病具有一定的传染性,可能广泛流行并且会使人体健康受到某种损害甚至危及生命。根据《传染病防治法》规定,我国目前法定报告传染病有甲、乙、丙三类,共 39 种。一般传染性疾病主要是乙肝、丙肝、艾滋病、梅毒等。[1]

(二)一般传染病界定特征

传染病与其他疾病的主要区别在于其具有四个基本特征,即:①有特异的病原体,确诊传染病一定要有病原学依据。②有传染性,传染性是传染病与其他感染性疾病的根本区别。③有流行病学特征,主要指传染病的流行性、季节性和地方性等。④有感染后免疫反应,传染病患者病后能产生不同程度的特异性保护免疫,所以在诊断传染病时应综合考虑。

临床特点:①病程发展有阶段性:通常分为潜伏期、前驱期、症状明显期、恢复期等4 个阶段;②有常见的症状与体征:发热与热型、发疹、毒血症等中毒症状、单核—吞噬细胞系统反应等。[2]

(三)一般传染病防治要求

《传染病防治法》第 2 条规定:国家对传染病防治实行预防为主的方针,防治结合、

---

① 丁朝刚主编:《卫生法学》,北京大学出版社 2015 年版,第 43 页;田侃、冯秀云主编:《卫生法学》,中国中医药出版社 2017 年版,第 14 页。

② 黄象安主编:《传染病学》,中国中医药出版社 2017 年版,第 9—11 页。

分类管理、依靠科学、依靠群众。因此预防是传染病防治工作中的一项重要任务,采取切实可行的预防措施做好预防工作,切断传播途径,保护易感人群,控制传染源,对防止传染病的发生和流行具有重要的意义。

1. 开展群众性卫生活动,进行传染病预防健康教育

各级人民政府组织开展群众性卫生活动,进行预防传染病的健康教育,倡导文明健康的生活方式,提高公众对传染病的防治意识和应对能力,加强环境卫生建设,消除鼠害和蚊、蝇等病媒生物的危害。各级人民政府农业、水利、林业行政部门按照职责分工负责指导和组织消除农田、湖区、河流、牧场、林区的鼠害与血吸虫危害,以及其他传播传染病的动物和病媒生物的危害。铁路、交通、民用航空行政部门负责组织消除交通工具以及相关场所的鼠害和蚊、蝇等病媒生物的危害。

地方各级人民政府应当有计划地建设和改造公共卫生设施,改善饮用水卫生条件,对污水、污物、粪便进行无害化处置。切实做好管理传染源、切断传播途径的重要预防工作。

2. 国家实行有计划的预防接种制度

预防接种是控制和消除某些传染病的有效手段之一,是国家贯彻预防为主方针、保护易感人群的重要措施。实行有计划的预防接种制度是预防和控制传染病传播的有效途径。国务院卫生行政部门和省、自治区、直辖市人民政府卫生行政部门,根据传染病预防、控制的需要,制定传染病预防接种规划并组织实施。用于预防接种的疫苗必须符合国家质量标准。

国家对儿童实行预防接种证制度。国家免疫规划项目的预防接种实行免费制度。医疗机构、疾病预防控制机构与儿童的监护人应当相互配合,保证儿童及时接受预防接种。具体办法由国务院制定。

3. 国家建立传染病监测制度

传染病监测是指持续地、系统地收集、分析、解释同传染病预防控制有关的资料,并将解释结果分送给负责疾病预防控制工作的部门、机构或人员。国务院卫生行政部门制定国家传染病监测规划和方案。省、自治区、直辖市人民政府卫生行政部门根据国家传染病监测规划和方案,制定本行政区域的传染病监测计划和工作方案。各级疾病预防控制机构对传染病的发生、流行以及影响其发生、流行的因素,进行监测;对国外发生、国内尚未发生的传染病或者国内新发生的传染病,进行监测。

4. 国家建立传染病预警制度

传染病预警制度的关键是要保证预警信息的准确性、科学性、及时性。国务院卫生行政部门和省、自治区、直辖市人民政府根据传染病发生、流行趋势的预测,及时发出传染病预警,根据情况予以公布。地方人民政府和疾病预防控制机构接到国务院卫生行政部门或者省、自治区、直辖市人民政府发出的传染病预警后,应当按照传染病预防、控

制预案,采取相应的预防、控制措施。

传染病预防、控制预案应当包括以下主要内容:

(1)传染病预防控制指挥部的组成和相关部门的职责;

(2)传染病的监测、信息收集、分析、报告、通报制度;

(3)疾病预防控制机构、医疗机构在发生传染病疫情时的任务与职责;

(4)传染病暴发、流行情况的分级以及相应的应急工作方案;

(5)传染病预防、疫点疫区现场控制,应急设施、设备、救治药品和医疗器械以及其他物资和技术的储备与调用。

5.制定传染病预防、控制预案制度

县级以上地方人民政府应当制定传染病预防、控制预案,报上一级人民政府备案。

6.国家建立传染病菌种、毒种库

对传染病菌种、毒种和传染病检测样本的采集、保藏、携带、运输和使用实行分类管理,建立健全严格的管理制度。对可能导致甲类传染病传播的以及国务院卫生行政部门规定的菌种、毒种和传染病检测样本,确需采集、保藏、携带、运输和使用的,须经省级以上人民政府卫生行政部门批准。具体办法由国务院制定。

7.防止传染病病原体的实验室感染和病原微生物的扩散

疾病预防控制机构、医疗机构的实验室和从事病原微生物实验的单位,应当符合国家规定的条件和技术标准,建立严格的监督管理制度,对传染病病原体样本按照规定的措施实行严格监督管理,严防传染病病原体的实验室感染和病原微生物的扩散。

8.保证血液、血液制品的质量,防止血液传播疾病的发生

采供血机构、生物制品生产单位必须严格执行国家有关规定,保证血液、血液制品的质量。禁止非法采集血液或者组织他人出卖血液。疾病预防控制机构、医疗机构使用血液和血液制品,必须遵守国家有关规定,防止因输入血液、使用血液制品引起经血液传播疾病的发生。

9.采取各种预防控制措施

(1)控制传染源。传染病病人、病原携带者和疑似传染病病人,在治愈前或者在排除传染病嫌疑前,不得从事法律、行政法规和国务院卫生行政部门规定禁止从事的易使该传染病扩散的工作。与人畜共患传染病有关的野生动物、家畜家禽,经检疫合格后,方可出售、运输。采供血机构、生物制品生产单位、疾病预防控制机构、医疗机构必须严格遵守国家有关规定,保证血液、血液制品的质量,防止因输入血液、使用血液制品引起经血液传播疾病的发生。禁止非法采集血液或者组织他人出卖血液。

(2)消毒管理。对被传染病病原体污染的污水、污物、场所和物品,有关单位和个人必须在疾病预防控制机构的指导下或者按照其提出的卫生要求,进行严格消毒处理;拒绝消毒处理的,由当地卫生行政部门或者疾病预防控制机构进行强制消毒处理。用

于传染病防治的消毒产品、饮用水供水单位供应的饮用水和涉及饮用水卫生安全的产品,应当符合国家卫生标准和卫生规范。饮用水供水单位从事生产或者供应活动,应当依法取得卫生许可证。生产用于传染病防治的消毒产品的单位和生产用于传染病防治的消毒产品,应当经省级以上人民政府卫生行政部门审批。具体办法由国务院制定。

(3)疾病预防控制机构的控制措施。各级疾病预防控制机构在传染病预防控制中履行下列职责:实施传染病预防控制规划、计划和方案;收集、分析和报告传染病监测信息,预测传染病的发生、流行趋势;开展对传染病疫情和突发公共卫生事件的流行病学调查、现场处理及其效果评价;开展传染病实验室检测、诊断、病原学鉴定;实施免疫规划,负责预防性生物制品的使用管理;开展健康教育、咨询,普及传染病防治知识;指导、培训下级疾病预防控制机构及其工作人员开展传染病监测工作;开展传染病防治应用性研究和卫生评价,提供技术咨询。

(4)医疗机构的预防控制措施。医疗机构必须严格执行国务院卫生行政部门规定的管理制度、操作规范,防止传染病的医源性感染和医院感染。医疗机构应当确定专门的部门或者人员,承担传染病疫情报告、本单位的传染病预防、控制以及责任区域内的传染病预防工作;承担医疗活动中与医院感染有关的危险因素监测、安全防护、消毒、隔离和医疗废物处置工作。疾病预防控制机构应当指定专门人员负责对医疗机构内传染病预防工作进行指导、考核,开展流行病学调查。

10.建设项目的预防性监督

在国家确认的自然疫源地计划兴建水利、交通、旅游、能源等大型建设项目的,应当事先由省级以上疾病预防控制机构对施工环境进行卫生调查。建设单位应当根据疾病预防控制机构的意见,采取必要的传染病预防、控制措施。施工期间,建设单位应当设专人负责工地上的卫生防疫工作。工程竣工后,疾病预防控制机构应当对可能发生的传染病进行监测。[1]

二、职业病防治法律制度

(一)职业病的定义

根据 2018 年 12 月 29 日修正的《职业病防治法》第 2 条,职业病的法定定义是,企业、事业单位和个体经济组织等用人单位的劳动者在职业活动中,因接触粉尘、放射性物质和其他有毒、有害因素而引起的疾病。

(二)职业病的特征

从诱发职业病的主要条件来看,职业病具有下列五个特点:

---

① 丁朝刚主编:《卫生法学》,北京大学出版社 2015 年版,第 49—58 页;杨淑娟主编:《卫生法学概论》,人民卫生出版社 2018 年版,第 99—101 页。

1.病因有特异性:只有在接触职业性有害因素后才可能患职业病。在诊断职业病时必须有职业史、职业性有害因素接触的调查,还要现场调查的证据均可明确具体接触的职业性有害因素。控制这些因素接触可以降低职业病的发生和发展。

2.病因大多可以检测:通过对职业性有害因素的接触评估,由于职业因素明确,可通过检测评价工人的接触水平,而发生的健康损害一般与接触水平有关,并且在一定范围内能判定剂量—反应关系。

3.不同接触人群的发病特征不同:在不同职业性有害因素的接触人群中,常有不同的发病集丛(cluster);由于接触情况和个体差异的不同,不同接触人群的发病特征不同。

4.早期诊断,合理处理,预后较好:仅指治疗病人,无助于保护仍在接触人群的健康。

5.大多数职业病,目前尚缺乏特效治疗,应加强保护人群健康的预防措施:如矽肺病人的肺组织纤维化现在仍是不可逆转的。因此,只有采用有效的防尘措施、依法实施卫生监督管理、加强个人防护,才能减少、消除职业病的发生发展。①

(三)职业病防治要求

1.职业病前期预防

在工业生产实践中,由于建设单位缺乏职业卫生防护意识,在项目的设计和施工阶段没有配备应有的职业病危害防护设施,从而导致严重的职业病危害后果。《职业病防治法》第3条规定:职业病防治工作坚持预防为主、防治结合的方针,建立用人单位负责、行政机关监管、行业自律、职工参与和社会监督的机制,实行分类管理、综合治理。

2.工作场所职业卫生要求

用人单位应当依照法律、法规要求,严格遵守国家职业卫生标准,落实职业病预防措施,从源头上控制和消除职业病危害。产生职业病危害的用人单位的设立,除应当符合法律、行政法规规定的设立条件外,其工作场所还应当符合下列职业卫生要求:①职业病危害因素的强度或者浓度符合国家职业卫生标准;②有与职业病危害防护相适应的设施;③生产布局合理,符合有害与无害作业分开的原则;④有配套的更衣间、洗浴间、孕妇休息间等卫生设施;⑤设备、工具、用具等设施符合保护劳动者生理、心理健康的要求;⑥法律、行政法规和国务院卫生行政部门关于保护劳动者健康的其他要求。

3.职业病危害项目申报与职业病危害预评价

职业病危害是指对从事职业活动的劳动者可能导致职业病的各种危害。职业病危害因素包括:职业活动中存在的各种有害的化学、物理、生物因素以及在作业过程中产

---

① 邬堂春主编:《职业卫生与职业医学》,人民卫生出版社2017年版,第8—9页。

生的其他职业有害因素。职业病危害项目,是指可能产生国家颁布的职业病目录所列职业病的项目。国家建立职业病危害项目申报制度。用人单位工作场所存在职业病目录所列职业病的危害因素的,应当及时、如实向所在地安全生产监督管理部门申报危害项目,接受监督。职业病危害因素分类目录由国务院卫生行政部门会同国务院安全生产监督管理部门制定、调整并公布。职业病危害项目申报的具体办法由国务院安全生产监督管理部门制定。

职业病危害预评价报告应当对建设项目可能产生的职业病危害因素及其对工作场所和劳动者健康的影响作出评价,确定危害类别和职业病防护措施。建设项目职业病危害分类管理办法由国务院卫生行政部门制定。

4. 工程项目建设的职业卫生防护

(1)"三同时"制度

建设项目的职业病防护设施应当与主体工程同时设计、同时施工、同时投入生产和使用。

(2)防护设施的设计和验收

建设项目的职业病防护设施设计应当符合国家职业卫生标准和卫生要求;其中,医疗机构放射性职业病危害严重的建设项目的防护设施设计,应当经卫生行政部门审查同意后,方可施工。建设项目在竣工验收前,建设单位应当进行职业病危害控制效果评价。医疗机构可能产生放射性职业病危害的建设项目竣工验收时,其放射性职业病防护设施经卫生行政部门验收合格后,方可投入使用;其他建设项目的职业病防护设施应当由建设单位负责依法组织验收,验收合格后,方可投入生产和使用。卫生行政部门应当加强对建设单位组织的验收活动和验收结果的监督核查。

(四)职业病在劳动过程中的防护

1. 职业病防治管理措施

用人单位应当采取下列职业病防治管理措施:①设置或者指定职业卫生管理机构或者组织,配备专职或者兼职的职业卫生管理人员,负责本单位的职业病防治工作;②制定职业病防治计划和实施方案;③建立、健全职业卫生管理制度和操作规程;④建立、健全职业卫生档案和劳动者健康监护档案;⑤建立、健全工作场所职业病危害因素监测及评价制度;⑥建立、健全职业病危害事故应急救援预案。

2. 用人单位职业病危害告知

用人单位对劳动者从事职业活动的工作环境和工作场所相关危害因素可采取的提醒措施有:①产生职业病危害的用人单位,应当在醒目位置设置公告栏,公布有关职业病防治的规章制度、操作规程、职业病危害事故应急救援措施和工作场所职业病危害因素检测结果。②对产生严重职业病危害的作业岗位,应当在其醒目位置,设置警示标识和中文警示说明。警示说明应当载明产生职业病危害的种类、后果、预防以及应急救治措施等内容。③对可能发生急性职业损伤的有毒、有害工作场所,用人单位应当设置报警装置,配置现场急救用品、冲洗设备、应急撤离通道和必要的泄险区。④对放射工作场所和放射性同位素的运输、贮存,用人单位必须配置防护设备和报警装置,保证接触放射线的工作人员佩戴个人剂量计。⑤用人单位应当实施由专人负责的职业病危害因素日常监测,并确保监测系统处于正常运行状态。用人单位应当按照国务院卫生行政部门的规定,定期对工作场所进行职业病危害因素检测、评价。检测、评价结果存入用人单位职业卫生档案,定期向所在地卫生行政部门报告并向劳动者公布。

3.其他材料提供方对用人单位的职业病危害告知说明书

向用人单位提供可能产生职业病危害的设备的,应当提供中文说明书,并在设备的醒目位置设置警示标识和中文警示说明。警示说明应当载明设备性能、可能产生的职业病危害、安全操作和维护注意事项、职业病防护以及应急救治措施等内容。向用人单位提供可能产生职业病危害的化学品、放射性同位素和含有放射性物质的材料的,应当提供中文说明书。说明书应当载明产品特性、主要成分、存在的有害因素、可能产生的危害后果、安全使用注意事项、职业病防护以及应急救治措施等内容。

(五)保障劳动者的权益

1.劳动合同的履行

用人单位与劳动者订立劳动合同(含聘用合同,下同)时,应当将工作过程中可能产生的职业病危害及其后果、职业病防护措施和待遇等如实告知劳动者,并在劳动合同中写明,不得隐瞒或者欺骗。劳动者在已订立劳动合同期间因工作岗位或者工作内容变更,从事与所订立劳动合同中未告知的存在职业病危害的作业时,用人单位应当依照前款规定,向劳动者履行如实告知的义务,并协商变更原劳动合同相关条款。用人单位违反前两款规定的,劳动者有权拒绝从事存在职业病危害的作业,用人单位不得因此解除与劳动者所订立的劳动合同。

2.劳动者的职业卫生保护权利

对从事接触职业病危害的作业的劳动者,用人单位应当按照国务院卫生行政部门的规定组织上岗前、在岗期间和离岗时的职业健康检查,并将检查结果书面告知劳动者。职业健康检查费用由用人单位承担。用人单位不得安排未经上岗前职业健康检查的劳动者从事接触职业病危害的作业;不得安排有职业禁忌的劳动者从事其所禁忌的作业;对在职业健康检查中发现有与所从事的职业相关的健康损害的劳动者,应当将其调离原工作岗位,并妥善安置;对未进行离岗前职业健康检查的劳动者不得解除或者终止与其订立的劳动合同。职业健康检查应当由取得《医疗机构执业许可证》的医疗卫生机构承担。卫生行政部门应当加强对职业健康检查工作的规范管理,具体管理办法由国务院卫生行政部门制定。

（六）职业卫生培训工作

用人单位应当对劳动者进行上岗前的职业卫生培训和在岗期间的定期职业卫生培训,普及职业卫生知识,督促劳动者遵守职业病防治法律、法规、规章和操作规程,指导劳动者正确使用职业病防护设备和个人使用的职业病防护用品。劳动者应当学习和掌握相关的职业卫生知识,增强职业病防范意识,遵守职业病防治法律、法规、规章和操作规程,正确使用、维护职业病防护设备和个人使用的职业病防护用品,发现职业病危害事故隐患应当及时报告。劳动者不履行前款规定义务的,用人单位应当对其进行教育。劳动者离开用人单位时,有权索取本人职业健康监护档案复印件,用人单位应当如实、无偿提供,并在所提供的复印件上签章。[①]

三、地方病防治法律制度

（一）地方病的定义

地方性疾病（endemic disease）是指局限于某些特定地区内相对稳定并经常发生的疾病,也称地方病。从广义上看,由各种原因所致的具有地区性发病特点的疾病均属地方病,这类疾病表现为经常存在于某一地区或人群,并有相对稳定的发病率。一般意义上讲是一类由于自然地理环境中人体正常代谢所需的某些微量元素过多或者缺乏所致的疾病。如地方性氟中毒、地方性砷中毒、碘缺乏病、大骨节病等。地方病主要分为化学性地方病和生物性地方病两大类。[②]

《"十三五"全国地方病防治规划》规定,地方病是由生物地球化学因素、生产生活方式等原因导致的呈地方性发生的疾病,多发生在老少边穷地区,是病区群众因病致贫、因病返贫的重要原因。

（二）地方病的特征

判断一种疾病是否属于地方忭疾病的依据是:①该地区的居民发病率高。②其他地区居住的人发病率低,甚至不发病。③迁入该地区一段时间后,其发病率和当地居民一致。④迁出该地区后,发病率下降,患病症状减轻或自愈。⑤当地的易感动物也可发生同样的疾病。[③]

（三）地方病的防治要求

《"十三五"全国地方病防治规划》指出,地方病防治原则包括:政府领导,部门协作;预防为主,防管并重;因地制宜,稳步推进。要坚持综合防控措施,消除碘缺乏危害,防控水源性高碘危害,防范地方性氟（砷）中毒,防治大骨节病,防治克山病等地方性疾

---

① 丁朝刚主编:《卫生法学》,北京大学出版社 2015 年版,第 106—108 页;李立明主编:《流行病学》,人民卫生出版社 2018 年版,第 31 页。

② 邬堂春主编:《职业卫生与职业医学》,人民卫生出版社 2017 年版,第 31 页。

③ 李立明主编:《流行病学》,人民卫生出版社 2018 年版,第 31 页。

病。加强监测评估。强化监测与防治干预措施的有效结合,加强监测管理和质量控制,促进部门间及时沟通和反馈监测信息,为完善防治策略提供科学依据。同时也要加强宣传教育,普及地方病防治知识和技能,增强群众防病意识和能力。

对于化学元素性地方病,某些地区要及时补充环境和机体缺乏的元素,如补硒可预防大骨节病、克山病。同时也要注意限制环境中过多的元素进入机体,如防止氟、碘的过度摄入。

对于生物源性地方病,杀灭宿主使宿主长期大面积下降是消灭自然疫源地的根本控制措施。防治生物源性地方病的重要措施之一是杀灭媒介昆虫。此外,还应加强个人防护及注意环境卫生。做好消毒防范工作。

第四节　精神卫生防治法律制度

精神卫生也称心理卫生,有狭义与广义之分,狭义的精神卫生是指开展精神障碍的预防、治疗和康复,促进公民心理健康的各项活动,即对精神障碍患者早期发现,及时治疗,有效康复,最终使其回归社会。广义的精神卫生,除了上述内容外,还包括促进全体公民心理健康的内容,通过政府及有关部门、用人单位、学校、新闻媒体等的工作,促进公民了解精神卫生知识,提高社会公众的心理健康水平。[1] 精神卫生问题既是全球性的重大公共卫生问题,也是极为重要的社会问题。随着科技技术的快速发展,经济增长加快,生活节奏加快,随之生活、工作竞争压力增大,现代文明发展所带来的精神问题也越来越多,精神疾病患者人数也是一个极为庞大的数字,同时精神疾病属于慢性疾病,治疗时间长,康复任务重,易于复发。按照国际上衡量健康状况的伤残调整生命年指标评价各类疾病的总负担,精神疾患在我国疾病总负担的排名中居首位,已超过了心脑血管、呼吸系统及恶性肿瘤等疾患。在将来相当长一段时间内,我国精神卫生问题,会越来越严重,引发的社会问题将会日益突出。[2] 因此,制定精神卫生法,依法促进精神卫生事业的发展,对于做好精神障碍的预防、治疗和康复,加强精神障碍服务体系建设,增进人民群众的身心健康,保障我国经济社会全面、协调和可持续发展具有重要意义。

一、精神卫生防治制度中的患者利益最大化原则

患者利益最大化原则本质上是由于个体行为意志有缺陷,所以由政府意志代替个体意志作出选择,行为的选择后果归于该个体。个体精神障碍患者在思维、意志力和理解力

---

[1]　汪建荣主编:《卫生法》,人民卫生出版社 2013 年版,第 291 页。
[2]　董丽君:《我国精神病人行政强制治疗法律制度研究》,湘潭大学诉讼法 2014 年博士学位论文,第 1 页。

等方面存在缺陷,则由政府作为代理人的方式对重症精神障碍患者进行管理和救济。[1]

(一)患者利益最大化在强制收治治疗中的体现

强制收治治疗。联合国大会 1991 年 12 月 17 日第 46/119 号决议通过了《联合国保护精神疾病患者基本原则》(The United Nations Principles for the Protection of Persons with Mental Illness,以下简称"MI"),其中规定了非自愿住院的适用标准和程序。针对依据国际医学标准确诊的严重精神障碍患者,MI 提供了强制收治的两个基础:一是危险性标准,由于精神疾病而极大可能对某人(本人或他人)产生迫切的危害;二是最大利益原则,释放某人可能致其状况严重恶化或妨碍正常的治疗。国际上在制定强制收治的标准时,通行的做法是兼顾公共安全利益和个人利益,在没有可治疗性时不会以存在危险为名进行强制治疗。依据患者最大利益原则,我国立法应予以改进,在危险标准的基础上应当兼顾患者利益最大化,只有在患者有可治疗性时才允许采用强制收治,对仅符合危险标准的患者不应一关了之。[2]

(二)患者利益最大化在替代性决策中的体现

替代性决策是基于对患者本人意愿的最佳了解,来替代患者做出符合本人意愿、尊重本人选择的决策方式。此决策仅适用于完全丧失行为能力而无法完全表达意思或自始至终无行为能力的(如精神发育迟滞者)精神障碍患者。

在许多国家,为防止替代人权力的滥用,由法院作为最终的替代决策者已成为通行的惯例,以司法正义防止权力的滥用,保障患者的合法权益确实是行之有效的。以国家监护权限制个人自由必须为了避免本人的利益损失,是国家在精神病人无力做出治疗决定时做出的替代性决定,因而所采取的非自愿治疗措施必须符合本人的最大利益。[3]

根据我国现有的司法运行机制和精神卫生领域人口的复杂程度,由法院作为最终的替代性决策主体会使法院不堪重负,由此造成的司法效率低下不能满足精神疾病治疗急迫性的需求。因此,在精神障碍患者生活和其他家庭成员组合的家庭网络中,监护人(保护人)最有可能维护患者的最大利益,其应该成为决策主体。通过法律的途径将此权力交给监护人(保护人),同时对其权力的行使进行监督,赋予精神障碍患者异议救济的权利,将司法作为最后的救济手段,亦可起到异曲同工之效。[4]《精神卫生法》第31 条规定:精神障碍患者有本法第 30 条第 2 款第(一)项情形的,经其监护人同意,医疗机构应当对患者实施住院治疗;监护人不同意的,医疗机构不得对患者实施住院治

① 令狐情:《精神障碍患者权利的法治保障研究》,中共中央党校法理学 2018 年博士学位论文,第29 页。

② 刘瑞爽:《精神障碍患者非自愿收治程序设计的若干法律问题研究(上)》,《中国卫生法制》2014 年第 2 期。

③ 陈绍辉:《论精神病人人身自由权的限制》,西南政法大学法学 2015 年博士学位论文,第 93 页。

④ 郭蒙:《论精神障碍患者医疗自主权的实现》,东南大学民商法学 2015 年硕士学位论文,第 29 页。

疗。监护人应当对在家居住的患者做好看护管理。具体包括：患者发病及时送诊、有异议时要求再次诊断和鉴定、发生伤害送治、签署书面同意、办理出院、对未住院治疗患者的看护，按照医嘱督促患者按时服药、接受随访或者治疗等。[1]

二、精神卫生防治特殊保护制度

精神障碍患者首先是人类社会的一员，其次才是患者。作为人，其具有人固有的人权，不受任何非法限制与剥夺。同其他公民一样，享受人身权、财产权，以及受教育、劳动、医疗、从国家和社会获得物质帮助等方面的合法权益。同时，精神障碍者属于社会弱势群体，是自身需要关怀的群体，社会上对他们还存在或多或少的歧视，使他们在就学、就业等方面存在困难，他们更可能成为犯罪行为的受害者，所以依法维护他们的合法权益，提供特殊保护就显得极为重要和迫切。[2]

（一）尊重、理解、关爱精神障碍患者

歧视，是人对人不应该有的一种低下的看待。被歧视者得不到社会其他人的理解与尊重，甚至连最基本的人为之人的权利都得不到认可，这种歧视不但可能来自于私人，也有可能来自于国家公权力。[3]

全社会应当尊重、理解、关爱精神障碍患者。任何组织或者个人不得歧视、侮辱、虐待精神障碍患者，不得非法限制精神障碍患者的人身自由。新闻报道和文学艺术作品等不得含有歧视、侮辱精神障碍患者的内容。

（二）保障精神障碍患者受教育、就业权利

县级以上地方人民政府及其有关部门应当采取有效措施，保证患有精神障碍的适龄儿童、少年接受义务教育，扶持有劳动能力的精神障碍患者从事力所能及的劳动，并为已经康复的人员提供就业服务。国家对安排精神障碍患者就业的用人单位依法给予税收优惠，并在生产、经营、技术、资金、物资、场地等方面给予扶持。对特殊障碍患者（视力、听觉等）支持性就业或庇护性就业。

（三）保护精神障碍患者隐私

所谓隐私，是自然人不愿意向外人披露的私人生活信息，包括个人身份、工作、家庭、财产、健康、婚育史、患病史等各方面的信息，是与他人无关的私生活范围。隐私作为隐私权的客体，因民族文化、生活习惯差异，常常难以对其进行界定。我国《侵权责任法》第2条将隐私权以列举的方式规定在其中，从此时开始，民事法律中真正出现了

---

[1]　陈旻：《我国精神障碍患者监护公共干预机制研究——以上海为例》，上海交通大学公共管理 2015 年硕士学位论文，第 15 页。

[2]　汪建荣主编：《卫生法》，人民卫生出版社 2013 年版，第 292 页。

[3]　胡晓：《精神障碍患者自愿诊疗权利的伦理研究》，重庆医科大学思想政治教育 2015 年硕士学位论文，第 29 页。

隐私权的概念。联合国《残疾人权利公约》《马德里宣言》和我国《精神卫生法》存有精神障碍患者隐私权保护的国际法律规范依据。精神障碍患者若达到了精神残疾的标准,亦属于残疾人。按照《残疾人权利公约》第22条的规定,精神残疾人的隐私同样应该受到尊重。隐私不得受到任意或非法的干预,且在与其他人平等的基础上,患者的健康和康复资料理应受到同样的保护。该公约对作为残障人士的精神障碍患者权利隐私权保护进行了规定,旨在强调精神障碍患者达到精神残疾标准后,同他人一样享有作为普通人所应该享有的隐私权。《马德里宣言》第6条明确了精神科医生有保护治疗过程的秘密隐私的职责,隐私信息只能用于改善患者的病情,同时禁止医生将患者隐私用作个人私人使用,或者获得商业和学术利益。这是对精神科医生保护患者隐私的禁止性规定。依据我国《精神卫生法》第4条第3款规定,有关单位和个人应当对精神障碍患者的姓名、肖像、住址、工作单位、病历资料以及其他可能推断出其身份的信息予以保密;但是,依法履行职责需要公开的除外。①

（四）禁止对精神障碍患者实施家庭暴力和遗弃

孙秀娟等人的研究表明,遭受家庭暴力的精神分裂症患者具有冲动行为高、精神质和不稳定个性,面对压力情景时多采用消极的应对方式,其社会支持缺乏,应采取合理措施加以预防。② 可见家庭暴力对精神障碍患者和社会所造成的危害之大。故《精神卫生法》规定:精神障碍患者的监护人应当履行监护职责,维护精神障碍患者的合法权益。我国精神障碍患者监护制度对监护人的职责有如下规定:管理精神障碍患者的财产,对精神障碍患者给他人造成的损害承担民事责任,代理精神障碍患者进行民事活动,照顾精神障碍患者,代理精神障碍患者进行诉讼,保护精神障碍患者的人身、财产等合法权益。禁止对精神障碍患者实施家庭暴力和遗弃。

（五）禁止对精神障碍患者实施与治疗其精神障碍无关的实验性临床医疗

医疗机构对精神障碍患者实施下列治疗措施,应当向患者或者其监护人告知医疗风险、替代医疗方案等情况,并取得患者的书面同意;无法取得患者意见的,应当取得其监护人的书面同意,并经该医疗机构伦理委员会批准:

1. 导致人体器官丧失功能的外科手术;

2. 与精神障碍治疗有关的实验性临床医疗。

实施前款第一项治疗措施,因情况紧急查找不到监护人的,应当取得该医疗机构负责人和伦理委员会批准。禁止对精神障碍患者实施与治疗其精神障碍无关的实验性临床医疗。

---

① 令狐情:《精神障碍患者权利的法治保障研究》,中共中央党校法理学2018年博士学位论文,第59页。

② 孙秀娟、曾昭祥、刘宜东:《家庭暴力对精神分裂症患者冲动行为的影响》,《护理学杂志》2008年第15期。

（六）禁止利用约束、隔离等保护性医疗措施惩罚精神障碍患者

精神障碍患者在医疗机构内发生或者将要发生伤害自身、危害他人安全、扰乱医疗秩序的行为，医疗机构及其医务人员在没有其他可替代措施的情况下，可以实施约束、隔离等保护性医疗措施。实施保护性医疗措施应当遵循诊断标准和治疗规范，并在实施后告知患者的监护人。禁止利用约束、隔离等保护性医疗措施惩罚精神障碍患者。

（七）禁止推诿或拒绝为精神障碍患者治疗其他疾病、保障医疗

医疗机构不得因就诊者是精神障碍患者，推诿或者拒绝为其治疗属于本医疗机构诊疗范围的其他疾病。

县级以上人民政府卫生行政部门应当组织医疗机构为严重精神障碍患者免费提供基本公共卫生服务。精神障碍患者的医疗费用按照国家有关社会保险的规定由基本医疗保险基金支付。医疗保险经办机构应当按照国家有关规定将精神障碍患者纳入城镇职工基本医疗保险、城镇居民基本医疗保险或者新型农村合作医疗的保障范围。县级人民政府应当按照国家有关规定对家庭经济困难的严重精神障碍患者参加基本医疗保险给予资助。医疗保障、财政等部门应当加强协调，简化程序，实现属于基本医疗保险基金支付的医疗费用由医疗机构与医疗保险经办机构直接结算。精神障碍患者通过基本医疗保险支付医疗费用后仍有困难，或者不能通过基本医疗保险支付医疗费用的，医疗保障部门应当优先给予医疗救助。

三、精神卫生防治鉴定制度

精神障碍医学鉴定，是指经司法行政部门审核、登记，取得精神障碍鉴定执业资质的司法鉴定机构，运用科学技术或者专门知识对精神障碍进行鉴别和判断并提供鉴定意见的活动。[1] "精神障碍医学鉴定"出现在《精神卫生法》第 32 条："对再次诊断结论有异议的，可以自主委托依法取得执业资质的鉴定机构进行精神障碍医学鉴定"，对应精神障碍患者非自愿住院治疗情形。立法中曾有设计两次诊断、两次司法鉴定的过程，但为避免严重精神障碍患者因拒绝治疗病情进一步恶化，避免在理解上产生该鉴定等同于司法鉴定的歧义而出现新的社会问题，最终将精神障碍医学鉴定作为一个词组固定下来。[2]

（一）鉴定本质是医学鉴定

精神障碍医学鉴定是精神障碍患者或者其监护人对再次诊断仍有异议时的救济手段，涉及的是对"已经发生危害他人安全的行为，或者有危害他人安全的危险的"严重精神障碍患者非自愿医院治疗的规范收治问题，是一种技术鉴定，并不属于法医精神病

---

① 汪建荣主编：《卫生法》，人民卫生出版社 2013 年版，第 298 页。

② 李禹、梁权赠：《精神障碍医学鉴定制度设计及相关问题探究》，《中国司法鉴定》2013 年第 3 期。

鉴定的范畴。该制度的设计在一定程度上有助于遏制广受关注的"被精神病"现象的发生。①

（二）鉴定内容

评估被鉴定人是否患有严重精神障碍，是否达到需要住院治疗程度。②

（三）鉴定实施主体

目前认为，《精神卫生法》第32条中"依法取得执业资质的鉴定机构"就是指经司法行政部门审核、登记，取得法医精神鉴定执业资质的司法鉴定机构。司法鉴定机构可以在诉讼过程外接受公民、组织的委托鉴定，只不过这种鉴定在性质上不属于司法鉴定。值得注意的是，司法鉴定机构不是执法、司法主体，也不是社会管理和纠纷解决主体，精神障碍医学鉴定只是一项为患者或其监护人或者医政管理和行政执法部门提供服务的活动，不是相关部门采取强制收治措施的替代程序，更不能理解为由鉴定机构决定是否采取强制收治措施。

（四）鉴定要求

1. 对再次诊断结论有异议的，可以自主委托依法取得执业资质的鉴定机构进行精神障碍医学鉴定；医疗机构应当公示经公告的鉴定机构名单和联系方式。接受委托的鉴定机构应当指定本机构具有该鉴定事项执业资格的二名以上鉴定人共同进行鉴定，并及时出具鉴定报告。

2. 鉴定人应当到收治精神障碍患者的医疗机构面见、询问患者，医疗机构应当予以配合。鉴定人本人或者其近亲属与鉴定事项有利害关系，可能影响其独立、客观、公正进行鉴定的，应当回避。

3. 鉴定机构、鉴定人应当遵守有关法律、法规、规章的规定，尊重科学，恪守职业道德，按照精神障碍鉴定的实施程序、技术方法和操作规范，依法独立进行鉴定，出具客观、公正的鉴定报告。鉴定人应当对鉴定过程进行实时记录并签名。记录的内容应当真实、客观、准确、完整，记录的文本或者声像载体应当妥善保存。

4. 再次诊断结论或者鉴定报告表明，不能确定就诊者为严重精神障碍患者，或者患者不需要住院治疗的，医疗机构不得对其实施住院治疗。再次诊断结论或者鉴定报告表明，精神障碍患者有《精神卫生法》第30条第2款第（二）项情形的，其监护人应当同意对患者实施住院治疗。监护人阻碍实施住院治疗或者患者擅自脱离住院治疗的，可以由公安机关协助医疗机构采取措施对患者实施住院治疗。在相关机构出具再次诊断结论、鉴定报告前，收治精神障碍患者的医疗机构应当按照诊疗规范的要求对患者实施住院治疗。

---

① 李禹、梁权赠：《精神障碍医学鉴定制度设计及相关问题探究》，《中国司法鉴定》2013年第3期。
② 沈臻懿、杜志淳：《强制医疗司法鉴定管理制度的改革与完善》，《中国司法鉴定》2015年第4期。

（五）鉴定委托主体

《精神卫生法》赋予精神障碍患者或者其监护人精神障碍医学鉴定的启动权,重在保护精神障碍患者或者其监护人对医学鉴定的救济权,这与法医精神病鉴定的委托主体存在较大区别。

四、精神障碍患者的保护性管束措施

（一）精神障碍患者的保护性管束涵义

保护性管束是将被管束人从一种危险的状态转移至安全状态,其目的:一是避免发生或者中止已经发生的损害被管束人身体乃至生命的危险;二是避免被管束人实施违法犯罪行为,或者避免加剧违法犯罪的严重程度。《精神卫生法》第 28 条第 2 款规定:"疑似精神障碍患者发生伤害自身、危害他人安全的行为,或者有伤害自身、危害他人安全的危险的,其近亲属、所在单位、当地公安机关应当立即采取措施予以制止,并将其送往医疗机构进行精神障碍诊断。"

（二）精神障碍诊治过程中的保护性医疗措施

精神科保护性医疗措施是指在医疗过程中,医护人员对精神障碍患者或疑似患者紧急实施的一种强制性限制其自由活动的措施。在《精神卫生法》中有两处相关规定,一是第 29 条第 2 款规定:"医疗机构接到依照本法第二十八条第二款规定送诊的疑似精神障碍患者,应当将其留院,立即指派精神科执业医师进行诊断,并及时出具诊断结论。"该规定中的"留院"包括限制人身自由的行政强制措施等多种方式。二是第 40 条第 1 款规定:"精神障碍患者在医疗机构内发生或者将要发生伤害自身、危害他人安全、扰乱医疗秩序的行为,医疗机构及其医务人员在没有其他可替代措施的情况下,可以实施约束、隔离等保护性医疗措施。"[1]

（三）医疗机构及其医务人员应当以诊断和治疗为目的采取安全有效的措施

禁止在有替代措施的选择下,约束、隔离精神障碍患者;禁止对有伤人、伤己行为或危险的精神障碍患者实施以治疗精神障碍为目的的外科手术。[2]

五、精神卫生防治责任制度

（一）国家的法律责任

1. 卫生行政部门和其他有关部门的法律责任

县级以上人民政府卫生行政部门和其他有关部门未依照《精神卫生法》规定履行精神卫生工作职责,或者滥用职权、玩忽职守、徇私舞弊的,由本级人民政府或者上一级

---

①　陈吉利:《论我国精神卫生立法中的行政强制》,《行政与法》2015 年第 3 期。

②　李文昕:《精神卫生法强制医疗制度研究》,江西师范大学法律(法学)2019 年硕士学位论文,第6 页。

人民政府有关部门责令改正,通报批评,对直接负责的主管人员和其他直接责任人员依法给予警告、记过或者记大过的处分;造成严重后果的,给予降级、撤职或者开除的处分。

2. 公安部门的法律责任

对正在实施违法犯罪行为、对本人及他人的安全有威胁的肇事肇祸精神障碍患者,在保证其安全的情况下,对其采取保护性约束措施;对有肇事肇祸行为或危险的疑似严重精神障碍患者,须依法立即处置,并将其送至精神卫生医疗机构进行诊断;协助采取措施实施住院治疗。①

(二)社会组织的法律责任

1. 医疗机构及其工作人员的法律责任

医疗机构及其工作人员有下列行为之一的,由县级以上人民政府卫生行政部门责令改正,给予警告;情节严重的,对直接负责的主管人员和其他直接责任人员依法给予或者责令给予降低岗位等级或者撤职、开除的处分,并可以责令有关医务人员暂停一个月以上六个月以下执业活动:①拒绝对送诊的疑似精神障碍患者作出诊断的;②对依照《精神卫生法》第30条第2款规定实施住院治疗的患者未及时进行检查评估或者未根据评估结果作出处理的。

医疗机构及其工作人员有下列行为之一的,由县级以上人民政府卫生行政部门责令改正,对直接负责的主管人员和其他直接责任人员依法给予或者责令给予降低岗位等级或者撤职的处分;对有关医务人员,暂停六个月以上一年以下执业活动;情节严重的,给予或者责令给予开除的处分,并吊销有关医务人员的执业证书:①违反《精神卫生法》规定实施约束、隔离等保护性医疗措施的;②违反《精神卫生法》规定,强迫精神障碍患者劳动的;③违反《精神卫生法》规定,对精神障碍患者实施外科手术或者实验性临床医疗的;④违反《精神卫生法》规定,侵害精神障碍患者的通信和会见探访者等权利的;⑤违反精神障碍诊断标准,将非精神障碍患者诊断为精神障碍患者的。

2. 心理咨询、心理治疗人员的法律责任

有下列情形之一的,由县级以上人民政府卫生行政部门、市场监督管理部门依据各自职责责令改正,给予警告,并处五千元以上一万元以下罚款,有违法所得的,没收违法所得;造成严重后果的,责令暂停六个月以上一年以下执业活动,直至吊销执业证书或者营业执照:①心理咨询人员从事心理治疗或者精神障碍的诊断、治疗的;②从事心理治疗的人员在医疗机构以外开展心理治疗活动的;③专门从事心理治疗的人员从事精神障碍的诊断的;④专门从事心理治疗的人员为精神障碍患者开具处方或者提供外科治疗的。

心理咨询人员、专门从事心理治疗的人员在心理咨询、心理治疗活动中造成他人人身、财产或者其他损害的,依法承担民事责任。

---

① 赵晶、王越东:《不得对精神障碍患者家暴》,《潇湘晨报》2016年11月24日。

3. 擅自从事精神障碍诊断、治疗的法律责任

不符合《精神卫生法》规定条件的医疗机构擅自从事精神障碍诊断、治疗的,由县级以上人民政府卫生行政部门责令停止相关诊疗活动,给予警告,并处五千元以上一万元以下罚款,有违法所得的,没收违法所得;对直接负责的主管人员和其他直接责任人员依法给予或者责令给予降低岗位等级或者撤职、开除的处分;对有关医务人员,吊销其执业证书。

4. 用人单位和个人的法律责任

有关单位和个人违反《精神卫生法》第 4 条第 3 款规定,给精神障碍患者造成损害的,依法承担赔偿责任;对单位直接负责的主管人员和其他直接责任人员,还应当依法给予处分。

违反《精神卫生法》规定,有下列情形之一,给精神障碍患者或者其他公民造成人身、财产或者其他损害的,依法承担赔偿责任:①故意将非精神障碍患者作为精神障碍患者送入医疗机构治疗的;②精神障碍患者的监护人遗弃患者,或者有不履行监护职责的其他情形的;③歧视、侮辱、虐待精神障碍患者,侵害患者的人格尊严、人身安全的;④非法限制精神障碍患者人身自由的;⑤其他侵害精神障碍患者合法权益的情形。

(三)家庭责任

1. 精神障碍患者的法律责任

《精神卫生法》规定,精神障碍患者违反治安管理处罚法或者触犯刑法的,依照有关法律的规定处理。

《治安管理处罚法》第 13 条规定,精神病人在不能辨认或者不能控制自己行为的时候违反治安管理的,不予处罚。但是应当责令其监护人严加看管和治疗。间歇性的精神病人在精神正常的时候违反治安管理的,应当给予处罚。

《刑法》第 18 条第 1 款规定,精神病人在不能辨认或者不能控制自己行为的时候造成危害结果,经法定程序鉴定确认的,不负刑事责任,但是应当责令其家属或者监护人严加看管和医疗;在必要的时候,由政府强制医疗。间歇性的精神病人在精神正常的时候犯罪,应当负刑事责任。尚未完全丧失辨认或者控制自己行为能力的精神病人犯罪的,应当负刑事责任,但是可以从轻或者减轻处罚。①

2. 监护人的法律责任

医疗机构出具的诊断结论表明精神障碍患者应当住院治疗而其监护人拒绝,致使患者造成他人人身、财产损害的,或者患者有其他造成他人人身、财产损害情形的,其监护人依法承担民事责任。

---

① 汪建荣主编:《卫生法》,人民卫生出版社 2013 年版,第 300 页。

第 三 编

以个体健康权实现为目标的
医疗服务法

第十二章　医疗服务法的基本范畴

第一节　医疗服务法概述

一、医疗服务法的概念

关于医疗服务法的概念目前并没有统一的概括,医疗服务法主要规制医事领域的法律关系,这里借用对医事领域法律规范的考察,来总结医疗服务法的概念。医事,关系到人的生死,乃人之大事,因而需要法律加以规范。关于医事法或医事法规也有许多界定,医事法规乃规定医疗业务之法律规章及行政命令,亦即规范医事人员之资格、业务范围及其他业务活动关系之法律及命令的总称。① 广义的医事法规,是指规范医事人员从事医事活动的行为准则,亦即约束医事活动关系,使之臻于秩序化与合理化的专业法规,除了包括医疗法规、医师法规、药事法规、护理法规、助产法规、医事检验法规、医用放射线技术管理法规、复建技术管理法规等八大类法规外,尚包括福利保健、计划生育以及医事诉讼等相关之法规。② 狭义的医事法规,是专指规范医疗人员及医疗辅助人员执行业务的专业法规。③ 医事法,是指在卫生法中主要调整医疗服务法律关系之法律法规的总称。④

综上,医疗服务法,又称为医事法,是指调整维护个体健康的医疗服务活动中所产生的各种社会关系的法律规范的总称。医疗服务法是卫生法的重要组成部分,主要涉及卫生法中有关医疗服务的平等主体间的法律关系。这一概念包括以下含义:

在表现形式上,医疗服务法是调整各种医疗服务法律关系的规范总称。它是一种规定医疗服务法律关系当事人权利和义务的规则,这些规则由国家制定并旨在调整医疗服务法律关系,具有普遍的适用性。在我国,医疗服务法律规范散见于宪法、法律、行政法规、自治条例、单行条例、行政规章及我国参加或签订的国际条约之中。

在调整对象上,医疗服务法是以医疗服务法律关系为调整对象的法律。一般而言,医疗服务法律关系是一种特殊民事法律关系,主要发生在平等民事主体之间。

---

① 黄丁全:《医事法》,中国政法大学出版社 2003 年版,第 10 页。
② 黄丁全:《医事法》,中国政法大学出版社 2003 年版,第 10 页。
③ 黄丁全:《医事法》,中国政法大学出版社 2003 年版,第 10 页。
④ 王岳主编:《医事法》,人民卫生出版社 2013 年版,第 2 页。

在制定上,医疗服务法是由国家专门机关制定、认可和解释的行为规范。能够制定医疗服务法的机关主要有全国人民代表大会及其常务委员会、国务院、卫生健康行政部门、地方各级人大等。

在内容上,医疗服务法以与医疗服务相关的权利和义务为内容。医疗服务法的核心使命在于保障公民健康权。2019 年 12 月 28 日第十三届全国人民代表大会常务委员会第十五次会议通过《中华人民共和国基本医疗卫生与健康促进法》,第 4 条第 1 款明确规定:国家和社会尊重、保护公民的健康权。健康权作为公民的一项基本权利,对政府的立法有双重规制作用。第一,它要求政府通过立法保障公民健康权免受私人侵犯,即明晰私主体之间的权利义务,如医方和患方之间;第二,它要求政府承担相应的职责,通过立法保障公民基本医疗服务的可及性。因此,医患双方的基本权利义务有两个层面的含义,其中第一层面的含义是指医患双方的权利义务是针对对方而言的,第二层面的含义是指医患双方的权利义务是针对政府而言的。从第一层面的含义出发,基本权利方面规定的内容应当包括患者获得合理医疗服务的权利、知情同意的权利等,医方获得医疗报酬的权利,医师人身安全和名誉不被侵犯的权利等。对应的义务包括患者的交纳费用义务、尊重医师人格尊严的义务、不得侵害医师人身安全的义务、不得侵害公共医疗秩序的义务等,医方的告知义务、医疗救治义务等。从第二层面的含义出发,基本权利义务方面规定的内容应当包括患者要求政府保障医疗服务可及性的权利、要求政府提供基本医疗保险的权利,医方有拒绝过度行政干预和自主定价的权利,医师有获得合理医疗报酬的权利。[①]

在调整范围上,医疗服务法涵盖下述卫生服务,包括:病患的经验——疾病、脆弱性、痛苦和照料之必需;医疗服务提供者的职业主义——严格要求伦理准入标准,遵从社会契约,从事学术实践;患者与医疗服务者之间的治疗关系,包含高度信任,依赖权威与关心;医药卫生服务存在的利益——死亡,残疾和人类生命的本质;医疗的性质,特别是不确定性、复杂性和技术性;卫生的高成本和需求的广泛可变性,使得公共和私人保险成为必需并从根本上改变了卫生经济形态。[②]

所以,个体健康权的实现不再是个人自发的行为,而是社会有组织有保障的行为,医疗服务法促进与保障个体健康权实现的使命跃然而出。

二、医疗服务法的特征

(一)医疗服务法采取了多种调节手段

医疗服务法与医学、公共卫生学、法学、伦理学、公众健康政策学等学科都有交叉,

---

① 申卫星:《医患关系的重塑与我国〈医疗法〉的制定》,《法学》2015 年第 12 期。

② Mark A. Hall, "The history and futuer of health care law: an essentialist view", *Wake Forest Law Review*, 41 (2006), p.358.

它调整的范围较广,是一个综合性的法律体系,有保护人民健康的宪法性规范,有调整国家对卫生事业管理的行政法律规范,有通过损害赔偿制度调整的侵权责任法律规范,有对危害自然人生命健康权行为打击的刑事法律规范,可以说医疗服务法包含了宪法、行政法、刑法、民法、卫生法及程序法等法律规范,也是实体法与程序法的综合。

(二)医疗服务法中包含有大量的技术规范

技术规范是人们在同客观事物打交道时所必须遵循的行为规则。漫长的历史发展中,人类在预防、治疗疾病过程中,逐渐总结出来的防病治病的办法和操作规程,就是技术规范。医疗服务法包含了国家通过一定程序法律化了的大量技术规范。

(三)医疗服务法中吸收大量道德规范

在维护人体生命健康的医药卫生保健活动中,有许多道德性要求,譬如救死扶伤、尊重患者权利等,医疗服务法中吸收了许多卫生工作人员的职业道德规范。

(四)医疗服务法是具有一定国际性的国内法

医疗服务法的许多规范反映了保障国民健康权益的社会共同需求。疾病的流行没有地域、国界和人群的限制,是人类的共同敌人。防病治病的措施、方法和手段有普遍适用性。健康问题已成为全世界都在共同探求解决的问题。世界各国的医疗服务法都反映了一些具有共性的规律。同时,各国的医疗服务法立法工作都注意加强国际间的合作和交流,以便更好地相互借鉴。

三、个体健康权实现面临的挑战

当下,随着整个社会在政治、经济、文化等诸方面的不断发展,以及社会基本矛盾的变化,"人民日益增长的美好生活需要和不平衡不充分的发展之间的矛盾"成为社会主要矛盾,反映在医疗健康领域,表现为个人健康需求不断增长,对医疗服务、健康产品等提出更高期望,个人健康权利意识不断增强,对医疗服务提出更高要求。而医患关系的变化、为满足国民健康需求而进行的不断深入的医疗体制改革,都表明个体健康权的实现面临着一系列的问题与挑战。

第一,医疗需求的变化,医疗期望值不断提高,使个体健康权的实现程度难以确定。

伴随着人类社会的发展进步与我国经济的快速发展,人们的生活水平不断提高,人口老龄化的现实,使对医疗和医疗保障的期待不断加大,"健康"问题已经成为公众最关心的问题,人们对医疗服务的需求和期望也呈现出更高的要求。现代医疗服务需求已从"生理的需求(解除疾病痛苦)"层次跨入"自尊与受人尊重的需求"层次。患者进入医院不仅希望能解除病痛,而且渴望受到尊重,表现出对医疗服务的可及性、可获得性、可负担性等都提出更高的要求,对医疗服务过程中医务人员的技术水平、服务水平以及相应保障要求更高,对医疗结果的期望也较高。一方面,我国通过不断深入的医疗体制改革来解决满足人民日益增长的健康需求中面临的许多问题,但健康需求具有无限性的特点,我国医药卫生体制改革已进入深水区,正面临着各式各样的困难,完美地解决健康权实现中所涉及的相关利益冲突,十分困难。另一方面,健康需求无止境,但医疗技术却是有限性的,医疗服务再完美,也无法救治所有的疾病,挽救所有的生命。个体健康权该如何实现? 现阶段能达到何种程度的个体健康权? 如何协调患者与医生的关系? 这一系列问题都成为解决个体健康权实现问题的难题。

第二,自主意识增强,医患走向平等合作,使得个体健康权中的医疗服务法律关系随之变化。

现代医学模式是 20 世纪 70 年代以后建立起来的一种全新的医学模式,这种医学模式从生物、心理、社会全面综合的水平上认识人的健康和疾病,医疗模式的转变,要求医疗活动由以"疾病为中心"转向以"病人为中心"的人文医学模式。而同时,随着社会政治经济的发展,患者权利意识不断增强,由医疗客体逐渐变为主体,医患关系模式已由"父权主义型"向"指导—合作型"转变,并正在向"共同参与型"模式发展。这种新型医患关系模式的发展,必然要求相应的医患法律关系随之调整,对医患之间的权利义务进行重新界定,而医疗活动相关的法律问题也必然成为社会公众和医学界人士共同关注的热点和焦点,需要法律作出回应。

第三,医患关系的异化,医疗纠纷的高涨,使得个体健康权的实现羁绊丛生。

其一,随着医疗科学技术的不断发展,患者对于疾病治愈的期望值有了较大提升。但医学是一门有限性学科,疾病也在不断变异和升级,患者由于缺乏对医学和疾病的科学认知,以至于对医疗结果产生过高的期待。其二,随着社会的不断发展,患者权利意识不断高涨,人们对医疗技术水平和服务质量提出了越来越高的要求。其三,由于医疗卫生体制改革中的偏差,医疗行业逐利性的存在,异化着医患之间彼此信任的基础。其四,医疗资源发展不均衡,导致医患沟通不顺畅。我国医疗资源过分集中在城市等发达地区,分级诊疗难以形成,导致大医院人满为患,医生就诊压力过大,就诊时间有限,难以准确诊断,而且医患沟通严重不足,进而导致医疗纠纷发生。医患双方只关注治疗,一旦治疗效果不佳,双方之间本就脆弱的关系迅速跌入谷底,没有一丝信任与理解可言。

因此,医疗机构只要出现一些不尽如人意的医疗后果,小则导致医患双方的争吵,大则酿成医疗纠纷。医疗纠纷已经成为我国较为普遍的现象,已经影响了医患关系的发展,导致了医患关系的异化,医患关系由过去的相互信赖变成现在患者因为经济利益而对医生的信任消减,传统医患关系之信任、温情与敬意日渐消亡,现代医患关系中的彼此怀疑与对抗日渐显现。而治疗疾病的医疗活动本质上是要求医患之间彼此信赖与协力合作,激化的医疗纠纷与恶化的医患关系,只能给医疗活动蒙上阴影,给个体健康权的实现增加羁绊,严重影响民众健康权的实现,也阻碍了医疗卫生事业的发展。

患者染疾,医生治病,其中的社会关系原本并不复杂。在理想状态下,医患之间应当彼此信任和尊重,并通过双方的多种努力,形成一个合作性共同体。在以往传统的熟人社会中,医患之间的信任是一种人格上的相互信任,即使发生纠纷也容易在熟人社会的机制下予以解决。但是,现代社会是一个陌生人社会,医生和患者之间彼此不了解对方的信息。此时,医患之间的利益平衡和信任关系需要借助法律制度去修复与重建。

第四,科技发展带来个体生命的延续,引发生命质量的讨论,给个体健康权实现的标准带来争议。

新出现的各种医疗卫生技术应用于医疗卫生领域,与传统观念和现有医疗卫生技术发生冲突,引发伦理原则与价值观念的冲突,使得卫生领域面临各种悬而未决的问题。生命科技的发展,改变了既有的生命的诞生、发展与终结,改变了传统的疾病治疗方法及生命延续方式。什么样的治疗是实现个体健康权必需的治疗? 医疗、健康、生命之间到底是什么样的关系? 穷尽以往的手段是不是就实现了个体健康权的目标? 这一系列的问题亟待法律制度的回应。

综上,要维护个体健康权,必须构建良好的医患关系,形成患者安全文化,从而促进个体健康权的实现。为达维护个体健康权、促进健康实现之目标,应该让社会认识医疗关系中医患目标的一致性,医患间彼此信赖关系是构建医患应对疾病利益共同体的基石;应该让医生了解以人为本、以患者权利为中心,了解医疗执业注意义务的要求;应该促进全社会构建良好医患关系;应该立足于患者安全去设置医疗活动的步骤与环节。在个体健康权这个终极目标实现的过程中,医疗服务法覆盖了以个体健康权维护为核心的多重利益关系。

第二节　医疗服务法基本原则

医疗服务法的基本原则是指医疗服务法律的基础性真理、原理或为其他法的要素提供基础或本源的综合性原理或出发点。它既服从于卫生法的基本原则,又是对医疗服务领域法律特殊本质及价值追求的高度概括,它统率医疗服务法律体系,其效力贯穿于整个医疗服务法律体系,集中体现医疗服务法的价值、目标和理念,对医疗服务法律制度及活动具有普遍的指导作用。

一、知情同意原则

(一)知情同意原则是调整医患医疗行为的最基本原则

随着社会的发展,医疗上的知情同意原则已经成为一项重要的法律原则,日益受到世界各国立法的重视。作为现代医患关系的一项基本原则,知情同意理论即英文的 informed consent 理论。

知情同意原则是自主原则的一种体现。即作为生命权的个体,有权决定对自己的身体做什么或者不做什么。知情同意理论直接源于 1946 年第二次世界大战后的纽伦堡审判,针对纳粹医生强迫受试者接受不人道的野蛮实验的情况,审判后通过的《纽伦堡法典》规定:"人类受试者的自愿同意是绝对必要的"、"应该使他对所涉及的问题有充分的认识和理解,以便能够作出明智的决定"。[1] 这个规定标志着知情同意作为一项医疗法律规则在医学实验领域被确定下来。"知情同意"成为医学界共识的标志是 1964 年的《赫尔辛基宣言》,该宣言再次承认了受试者参加人体试验享有知情同意权。1957 年,美国加利福尼亚州上诉法院在萨尔戈(Salgo)[2]一案的判决中将"知情同意"引入医疗诉讼领域,首次导入"informed consent"这一词汇,首次以判例法的形式确立了患者的"知情同意"规则。随后又发生两起知情同意的案子,即 1960 年的纳坦森诉克莱恩(Natanson v.Kline)[3]案和 1972 年的坎特伯雷诉斯宾塞(Canterbury v.Spence)[4]案,关注判断医师的告知是否充分的标准,并分别建立了依归于医师和患者意志的不同判定标准,即医师标准和患者标准。由此,知情同意理论在判例法上得到了确立。在立法方面,1973 年美国的《患者权利法案》以成文的形式明确规定了患者的知情同意权。美国的《患者自我决定法》(The Patient Self Determination Act,PSDA)[5]还赋予了患者对未来的医疗事务事先表达意愿的权利,即预先指示权。德国联邦宪法法院在 1979 年 7 月 29 日的一项判决中指出,必须取得患者对医师做出的全部诊断的、预防的以及治愈的措施的有效同意,这是法的要求。[6] 目前,此权利已被许多国家承认并写进本国法律。我国法律中关于知情同意的最早规定见于 1982 年的《医院工作制度》,目前法律法规中关于患者知情同意权的相关规定散见于基本法律、法律、行政法规、规章等,已有近 40 条。《中华人民共和国基本医疗卫生与健康促进法》再次明确了患者的知情同意权,该法第 32 条第 1 款规定:"公民接受医疗卫生服务,对病情、诊疗方案、医疗风险、医疗费用等事项依法享有知情同意的权利。"《民法典》又集中规定了患者知情同意权的内容,第 1219 条规定:"医务人员在诊疗活动中应当向患者说明病情和医疗措施。需要实施手术、特殊检查、特殊治疗的,医务人员应当及时向患者具体说明医疗风险、替代医疗方案等情况,并取得其明确同意;不能或者不宜向患者说明的,应当向患者的近亲属说明,并取得其明确同意。医务人员未尽到前款义务,造成患者损害的,医疗机构应当承担赔偿责任。"

医疗知情同意理论是随着人权运动、医患关系的发展和医学模式的转变而产生和

---

① 邱仁宗、卓小勤、冯建妹:《病人的权利》,北京医科大学、中国协和医科大学联合出版社 1996 年版,第 56 页。

② Salgo v.Leland Stanford Jr.University Board of Trustees,154 Cal/App.2d 560,317P.2d 170(1957).

③ Natanson v.Kline,350 P.2d 1093(1960).

④ Canterbury v.Spence,464 F.2d 772(1972).

⑤ 42 U.S.C.A. § 1395cc(f)(1992).

⑥ 赵西巨:《医事法研究》,法律出版社 2008 年版,第 59 页。

发展起来,其从最初的医疗行为习惯,成为一项医疗伦理原则,再到国家宣言的认同,随后深入各国司法判例实践,最终成为一项国际公认的关于医疗活动的法律规定,也意味着知情同意成为医疗服务法中一项公认的指导原则。

(二)知情同意原则的名称及内容

关于知情同意的名称翻译及内涵界定问题,不同国家和地区有着不同的看法。日本法学界曾翻译为"说明、理解和同意""医务人员的充分说明和患者在理解基础上的同意"等,后最终表达为"informed consent"的原文或日文的音译,将此项权利多解释为:"医生的告知义务与患者同意的权利"。我国台湾地区许多学者将其称为"告知后同意",对其内涵,学者王泽鉴指出:"知情同意是指医方应依必要使患者就某种医疗行为做出同意的决定。"1990 年美国《布莱克法律词典》将患者的知情同意定义为:医师对患者实施医疗行为时,应当就医疗处理方案、医疗风险以及其他可以考虑采取的措施向患者作出详细的说明,并在此基础上得到患者的同意。①

我们认为,患者知情同意权是指患者在知晓并理解医生提供其医疗决定所必需的足够信息的基础上自愿做出的医疗同意的权利。② 知情同意原则所保护的客体是带有人格权色彩的病人自主权和自我决定权。③

知情同意原则包括知情和同意两个层面。知情权主要来自于身体和医疗的完整权以及自我决定权,是指患者对自己的病情、治疗方案、治疗风险、治疗预期所产生的后果等有知悉的权利。知情权是同意的前提,没有知情的同意,不能理解医师所提供的信息的同意不是真正的同意。同意权是指患者在取得医师提供的其作出医疗决定所必需之足够信息基础上,所作出医疗同意的权利。由于患者的同意,使得医患之间建立起以医疗行为为主要客体的法律关系,并使得医疗行为获得了合法性依据。④

(三)知情同意原则的例外

知情同意原则主要是为了保护患者的自主权,但是一味绝对地适用可能会对患者的生命健康或社会公共利益造成重大不利影响。所以,对患者知情同意权进行适当的排除和限制,是完全必要的。我国《医疗机构管理条例》第 33 条、《医师法》第 27 条、《民法典》第 1220 条等都明确规定了知情同意原则的例外。具体的例外情形包括:

医疗的紧急情势,指患者的生命、身体健康面临危急迫切的重大危险,无法取得有同意能力人的有效同意,而需立即予以救急医疗,否则必有生命危险,此时即不必取得患者等人的同意。⑤ 但医师在医疗行为中仍应遵循通常的医疗规范,或者去寻求患者

①　Black's Law Dictionary,West Publishing Co,1989,p.701.
②　古津贤、强美英主编:《医事法学》,北京大学出版社 2011 年版,第 189 页。
③　赵西巨:《医事法研究》,法律出版社 2008 年版,第 61 页。
④　王岳主编:《医事法》,人民卫生出版社 2013 年版,第 75 页。
⑤　艾尔肯:《论医疗知情同意理论》,《河北法学》2008 年第 8 期。

近亲属的同意,或者依患者可推知的同意为之。

保护性医疗,是指在医疗治疗过程中,为避免和减少外界环境等各种因素对患者可能造成的不利影响而采取的保护性措施,①如对患者实行必要的病情保密等。在我国,保护性医疗由来已久并被普遍认可。保护性医疗措施是基于东方国度特有的文化和伦理背景产生,也得到了我国相关法律法规的认可。我国《医疗事故处理条例》第 11 条、《医师法》第 25 条等都明确规定,医生向患者告知病情时,应当注意避免对患者产生不利后果。

医疗特殊干预权,是指在特殊情况下,医师为了不损害患者或者社会他人利益,对患者自主权进行干预和限制,并由医生作出医疗决定的权利。②《民法典》第 1220 条明确规定:"因抢救生命垂危的患者等紧急情况,不能取得患者或者其近亲属意见的,经医疗机构负责人或者授权的负责人批准,可以立即实施相应的医疗措施。"

权利放弃或转让,是指患者放弃或转让获得信息的权利,或者在医方对患者进行了有效的告知说明以后,患者不能决定是否接受医师所提出的医疗建议,作出放弃自己作出同意的决定或转让给医师为其作出决定。这种患者知情同意权利的放弃,在国外的许多立法和司法上获得认可。

强制性医疗行为,依法律强制规定,如对感染法定传染病的患者进行强制隔离或强制治疗,可以无须获得患者的同意。

普通常识的例外,如果某些医疗行为是常识,患者根据常识能够知情并作出选择,则没有必要再由医生告知一次。普通常识的例外,实际上对患者的知情同意权并没有实质性的影响。

二、诚实信用原则

(一)诚信原则是体现医患伦理关系本质的基本原则

诚实信用原则是指处于法律上特殊联系的民事主体应忠诚、守信,做到谨慎维护对方的利益、满足对方的正当期待、给对方提供必要的信息等。③ 民法上的诚实信用原则是最低限度的道德要求在法律上的体现,是道德观念的法律化、准则化。《民法典》第 7 条规定:"民事主体从事民事活动,应当遵循诚信原则,秉持诚实,恪守承诺。"诚实信用原则为一切民事主体的行为树立了一个诚信的标准,是当代民法的重要原则,其系一切社会接触关系中指导权利行使和义务履行的根本指针。④

诚实信用原则作为"帝王"条款,要求民事主体从事民事活动应当诚实守信,恪守

---

① 王岳主编:《医事法》,人民卫生出版社 2013 年版,第 81 页。
② 王岳主编:《医事法》,人民卫生出版社 2013 年版,第 82 页。
③ 王利明:《民法》,中国人民大学出版社 2015 年版,第 31 页。
④ [日]四宫和夫:《民法总则》,弘文堂 2010 年版,第 16 页。

承诺,言行一致;尊重他人、尊重社会公益,"己所不欲,勿施于人";要求当事人本着"爱人如己之心"善尽义务;以善意的方式行使权利,不滥用权利,不曲解法律。这与医疗行业要求的"大医精诚、医乃仁术"一脉相通。从我国古代开始,诚实信用便是人们行医的一条基本守则,强调医学是"仁心仁术""无恒德者不可以作医"。唐代名医孙思邈在其《千金要方·论大医精诚》中,比较系统地提出了医德规范的具体要求,指出医者:在情感上,应对患者有极高的同情心和责任感;在态度上应摒弃个人私心杂念,一视同仁、尽全力救治病人;在品德行为上应清廉正派;在医术上应诚信诊疗,精益求精。[①] 而教育部 1991 年颁布的中国《医学生誓言》强调:"健康所系,性命相托。……我决心竭尽全力除人类之病痛,助健康之完美,维护医术的圣洁和荣誉,救死扶伤,不辞艰辛,执着追求,为祖国医药卫生事业的发展和人类身心健康奋斗终生。"[②]在西方,著名的"希波克拉底誓言"至今演绎成各种版本,成为各国医疗从业者的誓言。该誓言强调医者应对知识传授者心存感激、尽其所能为患者治病、一视同仁不使患者遭受祸害,绝不利用职业便利做缺德乃至违法的事情、严格保守秘密。世界医学会《日内瓦宣言》(2017年版)同样坚持了这种要求,指出医疗工作者首先考虑病人的健康和幸福;平等对待病人;用良知和尊严,按照良好的医疗规范来践行职业;不用医学知识去违反人权和公民自由,即便受到威胁。美国版医学生誓言也明确:"……我会凭我的良知和尊严行医救人,病人的健康将会是我首要的顾念。……我不容许让年龄、疾病或残疾、宗教、民族、性别、人种、政见、国籍、性取向、社会地位或任何其他因素的偏见介于我的职责和病人之间。……我将给予人类生命最大的尊重。我即使在威胁之下,也不会利用我的医学知识去危害人权和公义。"由上可见,古今中外的医学道德规范中都蕴含着丰富的诚实信用原则的精神,诚实信用原则也应该成为当今医疗活动中应该遵循的基本原则。

医疗活动中适用诚实信用原则具有独特的伦理与法律价值,反映了医疗活动的内在伦理要求,也是促进国民健康权保障的需要,由于医患信息能力不对称,患者健康权的实现更有赖于医者仁心。患者只有在感受到自身被充分尊重时,才会以积极的态度支持和配合医师的诊疗行为;医师只有在得到充分信任和尊重时,才有可能将医疗质量提升到最高。医患诚信直接影响医患关系及其行为方式,是公民健康权利良好实现的保障,是医疗正义的重要内容;医患之间诚信的缺失会极大危害医疗正义的实现。[③]

（二）医患诚信的概念及特征

医患诚信是指在医疗活动中,基于抗拒疾病、解除痛苦的共同目的,医患双方应当忠诚、守信,谨慎维护对方的利益,善意地行使权利和履行义务。

诚信的主体是医患双方,医方和患者的共同诚信是实现医患诚信的基础。从医患

---

① 李文鹏主编:《医学伦理学》,山东大学出版社 2004 年版,第 24 页。

② 参见国家教委高教司〔1991〕106 号,附件四。

③ 赵敏、李少娟:《构建医患诚信　促进医疗正义》,《中国医学伦理学》2008 年第 6 期。

关系建立过程的角度说,医者重诚、患者重信,且诚者不假、信者不疑方可。[1] 医患诚信是社会诚信的组成部分,但是其不同于社会一般诚信,医患诚信包含着对生命本身的崇敬,对医患诚信的维护就是尊重生命健康,是对生命价值的充分肯定。

医患诚信包含两方面的内容:医者的职业诚信与就医者的就医诚信,其中,医者的职业诚信是医患诚信的主体成分,占据主导地位。医者职业诚信的本质是"诚实、守信、真实、无妄",它要求医者要真实无欺、言行一致、表里如一。医疗诚信的本质还是一种实事求是的精神。由于医疗服务提供者与患者的医疗卫生知识储备是不对称的,医患诚信内在地要求维护生命健康延展的医疗资源的公平分配,是境遇正义在医患信息不对称态势中的表达。[2] 基于医患关系的特殊性,医患间的诚实信用原则有以下特点:

首先,基于医患间信息的不对称,医患诚实信用责任不对等,医方诚实信用居于主导地位。医患关系的基础来源于患者对医者的信任,而医者的行为是患者信任的先决条件,即医方首先应该对患者负责,对患者讲诚信,这恰与医学的救死扶伤使命相吻合,即意味着做一个符合患者最佳利益的医务人员是医者的精髓所在。[3] 另外,由于患者缺乏对疾病、医疗信息的掌握与了解,其应对疾病的本能反应是寻求医生的帮助来取代自身抗拒疾病,这种自然的生存态势是不可谴责的。譬如,某人患了发烧,医生要他自己量体温,而患者因不会测量致数据出错,导致医生下药过轻或过重,则不能因为医生相信患者,而患者作为不力从而谴责患者,患者不必负担诚信责任。

其次,诚信缺失的补偿不平等,医方对患者的诚信缺失补偿要远远大于患者对医方的诚信缺失补偿。[4] 医方既要补偿自身诚信缺失所造成的损失,也要补偿患方诚信缺失所造成的损失。譬如,医方用假药治疗患者,对患者的身体造成了损害,医方必须承担因诚信缺失造成的损害,而不能以患者可以拒绝接受假药为理由来拒绝对患者的补偿。

(三)医患诚信的要求

医疗活动的有限性、风险性及个体化差异性等特点,使得医疗活动不同于一般的买卖与消费活动,在接受医疗活动前,医患双方都不可能作出生死预测或承诺保证治愈,这样诚实信用原则在规范医患双方行为上就会发挥更重要的作用。在医患诚信中,诚信既包括医者对患者的诚信,还包括患者在医疗活动中对医者的诚信,医患双方要相互信任、相互理解、相互尊重。正是医患之间的这种相互信任形成的信任共同体,成为医患关系和谐发展的道德基础。

---

① 尹秀云:《医患诚信问题解析》,《医学与哲学(人文社会医学版)》2009年第2期。
② 谢裕安:《我国医患诚信危机及其对策研究》,中南大学生命伦理学2008年博士学位论文,第25页。
③ 刘欣怡、刘俊荣:《医患诚信危机的伦理思考》,《医学与社会》2012年第12期。
④ 谢裕安:《我国医患诚信危机及其对策研究》,中南大学生命伦理学2008年博士学位论文,第24页。

概括来说,医者对患者的诚信包括:尊重患者、平等待患,一视同仁;以诚相待,尊重患者知情同意权;廉洁行医,不谋私利;审慎守诺,保守患者医疗秘密;耐心解释说明,增强医疗信息透明度;积极治疗,关心负责,竭诚对待患者的生命权和健康权。

患者对医者的诚信包括:充分理解信任医生,把生命托付给医生,与医生相互配合共同抗拒疾病;毫无隐瞒地描述病情和症状,不隐瞒自己的病情,不提供虚假信息;尊重医生,尊重医生对于疾病治疗的努力;客观地对待医疗的无能为力,理性处理医疗纠纷;诚实求医,主动履约承担义务。此种义务包括两个方面:一是协力义务,即患者在医疗活动中尽到其诚信义务,以最大诚信向医方提供与诊疗相关的信息,如病情、病史、已知的过敏反应与特异体质等,配合诊疗活动。二是遵守医嘱的义务,即患者应当积极接受治疗,严格遵循医嘱,与医疗机构及其医务人员共同完成诊疗事项。当患者无法独立履行上述义务时,其近亲属应有协助义务。《民法典》第 1224 条第 1 款规定:"患者在诊疗活动中受到损害,有下列情形之一的,医疗机构不承担赔偿责任:(一)患者或者其近亲属不配合医疗机构进行符合诊疗规范的诊疗";此款此项规定了患者违反协力和遵嘱义务的后果。

由于医患关系的特殊性,医患诚信通常大多强调医方主体应具有的内在品德和行为规范,其首要内涵是保证医疗质量和服务质量。因此,医者对患者的诚信成了医患诚信的主要考察方面。按照诚信原则去调整医疗活动,调整医患关系,有如下具体要求:

第一,医生对待患者应以"爱人如己之心"善尽义务,符合医者父母心的医学伦理要求。在医疗活动中遵循诚实、守信、真实、无妄的要求,秉持着"以人为本""以病人为中心"的理念竭诚对待患者的生命和健康。

第二,医疗活动是一个高度专业性的领域,医方占据主导地位,诚信原则要求医者要运用自己的知识与技能,对患者善尽医疗照护之义务。"医患诚信既是利己的,也是利他的;既包含对各自主体生命价值的强化,也包含对对方生命价值的充分肯定"。[①]在医疗活动中,医者应当以患者的利益为依归诚信诊疗,施以患者最合适的检查、治疗和药品,而不是最贵或最多的检查、治疗和药品;为了患者的健康竭尽全力。

第三,积极履行附随义务。附随义务,是指在契约履行过程中,基于诚实信用原则而使当事人应当负担的以保护他人之人身和财产利益为目的的通知、保密、保护等义务。[②] 在医疗服务关系中,医方的附随义务是医方为促进实现诊疗义务,使患者之合法权益获得最大满足和保护而应履行的职责。概括起来有三个义务,即:保护义务、疗养指导之说明义务、保护患者隐私的义务。[③]

第四,医疗权利不得滥用。所谓禁止权利滥用原则,是指民事主体对自己的民事权

---

①　林德宏:《人与机器》,江苏教育出版社 1999 年版,第 236 页。
②　侯国跃:《契约附随义务研究》,西南政法大学民商法学 2006 年博士学位论文,第 36 页。
③　赵敏、邓虹:《医疗事故争议与法律处理》,武汉大学出版社 2007 年版,第 89 页。

利的行使,不得超越法律所确定的正当界限,如果行使权利超过其正当限制,损害他人利益和社会利益,则构成了权利的滥用。① 由于信息不对称在医疗服务市场中的客观存在,医疗服务合同关系呈现出一种供方主导的状态,克服强势地位主导下的医疗权利的滥用,就要依赖诚信原则发挥作用。在医疗活动中,可能存在的医疗权利的滥用主要表现为防御性医疗、过度医疗和滥收费等情形。防御性医疗,是指医务人员为了规避医疗风险,保护自我而实施的偏离规范化医疗服务准则的医疗行为。如惧怕漏诊进行拉网式化验或检查;回避有风险的手术或片面夸大手术风险;没有必要的会诊或转诊;推诿重症病人等。过度医疗,是指医方基于个人利益,对患者提供超出疾病诊疗和医疗保健实际需要的医疗行为。过度医疗产生的原因既包括医方的趋利性,也包括患者或其家属对患者疾病治愈的渴求。如滥用检查、"小病大治"、可以用"小处方"却用"大处方"等。滥收费,是指医疗收费上诚信缺失、治疗费用偏高及巧立名目乱收费等情形。如在医疗服务中,分解项目收费、巧立名目收费、反复收费的情形。

第五,医疗活动应该遵循有利无伤的要求,把有利于患者健康放在第一位并切实为患者谋利益。有利无伤,是指一个行为动机与结果均对病人有利,而且应避免对病人的伤害,即医务人员要为病人尽义务,既使病人获利,又不造成伤害。有利无伤包括两个方面,即有利和无伤,有利比不伤害更广泛,它要求所采取的行动能够预防伤害、消除伤害和确有帮助。有利,要求医生积极采取行动去促进善即患者利益。无伤,是指不使患者身心受到伤害,当然"不伤害"并不是绝对性的,因为在临床中许多治疗措施是有侵袭性的,存在不同程度的风险,完全不伤害是不可能的,所以不伤害可以解读为医师对患者的一种"不加重患者病情"的义务。② 强调维护患者的生命安全,提供符合水平的服务;执行的医疗措施是必要的;应以"权衡利害原则"为基础,衡量利弊得失,选取风险少、优点多的方案。

三、平等原则

(一)平等原则是体现医疗服务法律关系主体之间特殊关系的基本原则

平等原则是民法作为调整平等主体之间关系法律规范属性的必然要求,也为卫生健康所涉及的各种人身关系、财产关系确立了基础。《民法典》第4条规定:"民事主体在民事活动中的法律地位一律平等。"本条规定了民法的首要基本原则——平等原则。

平等原则也称为法律地位平等原则。我国民法明文规定这一原则,强调民事主体在民事活动中的法律地位一律平等,任何一方不得把自己的意志强加给对方,意在以我国特殊的历史条件为背景,突出强调民法应反映社会主义市场经济和民主政治的本质

---

① 申卫星:《民法学》,北京大学出版社2017年版,第44页。
② 王岳:《医事法》,人民卫生出版社2013年版,第5页。

要求。①

平等原则是一项民事立法和民事司法的准则,即立法者和裁判者对于民事主体应平等对待。民法是通过对民事主体间冲突的利益关系以及民事主体利益与公共利益之间的冲突关系进行调整,来实现组织社会秩序的功能。"而在分配利益和负担的语境中,可以有两种意义上的平等对待,一种是强式意义上的平等对待,它要求尽可能地避免对人群加以分类,从而使每一个人都被视为同样的人,使每一个参与分配的人都能够在利益或负担方面分得平等的份额。另一种是弱式意义上的平等对待,它要求按照一定的标准对人群进行分类,被归入同一类别或范畴的人才应当得到平等份额,因此,弱式意义上的平等对待既意味着平等对待,也意味着差别对待——同样的情况同样对待,不同的情况不同对待。"②

近代民法相对比较重视强式意义上的平等对待。即平等原则主要体现在民事主体民事权利能力的平等。民法上的自然人、法人和非法人组织等,自然人无论国籍、年龄、性别、职业,一切经济组织无论是大企业还是小企业,都是民法上的人,都具有平等的权利能力。当然近代民法的平等原则也有限地包括弱式意义上的平等对待,主要体现在根据自然人的年龄智力和精神健康区分自然人的行为能力状况,并分别设置相应的法律规则。

现代民法的平等原则不仅强调强式意义上的平等对待,也更加重视兼顾弱式意义上的平等对待。面对用人单位与劳动者、生产者与消费者之间的分化和对立,单纯强调抽象的民法上人格的平等,只追求形式上的平等,忽视实质上的平等,已经无法维持社会的和平。③ 弱式意义上的平等对待日渐受到重视,具体表现为:在生活消费领域内,将民事主体区分为经营者和消费者;在生产经营领域内,将民事主体区分为用人单位和劳动者,并分别设置相应的法律规则,侧重对消费者和劳动者利益的特殊保护。

我国现行民事立法中规定的平等原则就属于现代民法上的平等原则:既强调民事主体抽象的人格平等,《民法典》第 14 条确认,自然人的民事权利能力一律平等;又注重弱式意义上的平等对待,《民法典》第 128 条规定:"法律对未成年人、老年人、残疾人、妇女、消费者等的民事权利保护有特别规定的,依照其规定。"平等原则通过兼顾弱式意义上的平等对待,在一定程度上推动实质平等的实现。所以,《民法典》确定的平等原则,是形式平等与实质平等的有机结合,是以具体的人而不是抽象的人为主体的民法,不仅应当以形式意义上的平等为出发点,同时也注重保护社会生活中处于不利地位的群体和个人,通过对具体人格的保护实现实质意义上的平等。

---

① 王利民:《民法》,中国人民大学出版社 2020 年版,第 40 页。
② 郑成良:《法律之内的正义》,法律出版社 2002 年版,第 40 页。
③ 王利民:《民法》,中国人民大学出版社 2020 年版,第 41 页。

《民法典》确定的平等原则还体现为民事主体行使民事活动的行为原则及要求,民事主体之间应平等相待,这是民法上平等原则的核心和灵魂。它强调在民事法律关系中,民事主体互不隶属,各自能独立地表达自己的意志。

(二)平等原则在医疗服务领域的适用

医疗卫生健康领域既涉及平等主体之间,如医患之间、试验者与受试者之间、医疗产品的生产者与使用者之间的关系,也涉及非平等主体之间的关系,与卫生健康主管部门与医疗服务提供者之间的关系等。在医疗服务领域,多体现为平等主体之间的民事关系,不同于维护公众健康权的国民健康法领域多体现为管理与被管理的非平等主体之间的关系,因此,在医疗服务领域的平等主体之间应当遵循平等原则,各种主体的法律地位平等,不因自然人的出身、身份、职业、性别、年龄、民族、种族,或者法人及非法人组织的性质、功能、组织形式等差异而受到差别对待;各种民事主体的民法权利受到平等保护,在法律适用上一律平等。基于这种强式意义上的平等要求,对医患主体之间的关系认识如下:

医患主体双方在法律地位上是平等的。双方是平等的民事主体之间提供医疗服务和接受服务的关系,允许双方的平等协商。虽然医患之间在医疗服务过程中存在管理与被管理的关系,但这不是行政上的隶属关系,因为医疗行业属于特殊技术服务行业,需要患者的积极配合,且患者在达到恢复健康目的的治疗过程中,明显存在着对医务人员的依赖,使得双方的权利和义务并不完全对应,但不能因此否定医患关系主体在法律上的平等地位,因为法律关系主体地位的平等,并不是指具体权利和义务的均等,而是人格和法律地位的平等。

但是也要客观认识到,医患之间存在着弱式意义上的平等对待。医患双方在医学知识的掌握、医疗技术的了解等医疗信息上存在不对称,这种不对称可能会造成实质意义的不平等,因此,为了保障医疗服务关系中医患之间法律上的平等对待,许多医疗服务法律强调了对患者知情同意等有助于患者获得实质性平等的权利的保护,用来缓和医疗服务关系中的当事人在知识和技术上的不对等性。而这也反过来证成了医疗服务关系中医患关系法律上的平等性,正是《民法典》确定的平等原则应用于实践。《民法典》第128条在平等原则的基础上,对未成年人、老年人、残疾人、妇女、消费者等弱势群体的权利保护作出了特殊规定,在医疗卫生领域,应当遵循此规定的要求,对于特殊群体进行特别的保护。事实上,医疗卫生领域有许多法律规定也正是此种平等理念的延伸,如《母婴保健法》是为了保障母亲和婴儿健康而制定的,其中有许多为了保护母婴健康而设置的相应的法律规则;患者知情同意权的规定,正是为了平衡医患之间存在的信息、技术的不对称可能造成的实质性不平等的状况而设置的法律规则,现在已经成为医疗服务领域的公认原则。

四、患者最佳利益原则

医疗救治活动往往面临紧急情况或特殊情况,在一般情况下,基于患者知情同意权原则由患者作出医疗选择,在紧急或特殊情况下无法获得患者或者其近亲属的意见,必须设置一个规则来帮助患者作出最佳的决定以挽救其生命或健康,这当属患者最佳利益原则。

(一)患者最佳利益原则是对医疗紧急情况救济的基本原则

患者最佳利益原则(Principle of Best Interests)指代理人全面权衡决策为被代理人带来的利益与风险,从而选择最有利的医疗决策。作为一项法律原则肇始于家庭法中的"子女最佳利益原则"[1],是"儿童最佳利益原则"在医疗领域中的拓展。"最佳利益原则"在英国等国家医疗决策中居于很高地位,因为在代表社会中最弱势群体做决定时,该原则被认为是最合理、最客观、最公平的准则。[2] 在英国等国家,患者最佳利益原则作为医学的核心价值目标居于医患关系的核心部分,在为无相应行为能力作出自己医疗决定的患者治疗时,其被确立为应遵守的法律标准。[3]

患者最佳利益原则是对患者自主原则的补充,两种原则都是基于保护患者的权益而确立的,一般情况下,两种原则之间存在着一致性,因为大多数情况下患者(此时的患者具有表意能力)的选择都是符合自己的最佳利益的,并且法律假定每个人都是自己最佳利益的管理者。特殊情况下,当某个个体患者决定不理智时、不能决定时、涉及第三人利益时,患者最佳利益原则成为个人利益与公共利益冲突时的平衡原则。患者最佳利益原则的确立对于缓解医患矛盾、构建和谐医患关系具有重要意义,患者最佳利益原则应当在我国相关医事法律、法规中得到确认。[4]

患者最佳利益原则考虑了患者的价值偏好,又以患者当下利益为中心,超越了传统模式的狭隘性,为代理决策提供重要的指导意义。在最佳利益模式的判断中,个体的价值偏好对于界定无行为能力状态下的最佳利益具有较强的相关性;当患者的价值偏好不明确时,患者最佳利益取决于大多数临床决策人的认同。[5]

(二)患者最佳利益原则的实施

根据最佳利益原则,判断每一项选择是否是最佳的,就看这种选择能否给患者带来纯粹的福祉。一项可能有益于患者的医疗决策,并不一定符合患者的最佳利益,因为这

---

① 王洪:《论子女最佳利益原则》,《现代法学》2003 年第 6 期。

② Shazi a Choudhry:Best Interests in the MCA 2005—What can Healthcare Law Learn from Family Law?,Health Care Anal,2008:16.

③ Tony Hope,Julian Savul escu,Judith Hendrick:Medical Ethics and Law,2nd ed.,Churchill Living stone,2008.

④ 祝彬:《论患者最佳利益原则》,《医学与哲学(人文社会医学版)》2009 年第 5 期。

⑤ 陈化、徐喜荣:《论临床代理决策中的"患者最佳利益原则"》,《医学与哲学》2013 年第 6B 期。

种选择的代价如痛苦与残疾可能超越其受益。① 要实施患者最佳利益原则,需要注意区分以下情况:

第一,患者具有相应行为能力时。基于自主原则以及法律认同个人是每个人自己的最佳利益的判断者的观点,应当尊重患者自己做出的选择,但是,医生应当尽到充分的告知说明义务,以使患者能够真实地表达自己的意思,这体现了医生对患者最佳利益的尊重和关心。

第二,患者不具有相应行为能力时。其无法根据医生提供的信息做出选择,那么谁应当为其选择,什么样的选择才符合其最佳利益? 这时,患者最佳利益原则的价值就凸显出来,事实上,患者最佳利益原则在英美等国家主要就是为了保护无行为能力患者合法权益而设计的。对上述问题进行回答的关键在于患者最佳利益的判断标准。关于此判断标准有两种观点:

其一,"医学意义上的最佳利益标准"(Medical Best Interests Standard)。这种标准强调患者最佳利益主要包括:①抢救患者的生命;②避免患者的身体、精神健康或福利遭受损害;③改善患者身体、健康与福利。而生命质量是判断患者最佳利益的重要维度。一项维持生命的治疗是否契合患者最佳利益,取决于这种情况下存在的生命对患者的价值。"生命质量在决定什么对个体最好时应该作为一个因素。"②在治疗一些无相应行为能力,又无预先指示(Advance Directive)的患者时,如果情况紧急,无法查清患者的真实意思并且代理人也无充分证据证明患者的真实意思时,医生可以依据医学上的标准做出其认为符合患者最佳利益的医疗选择。

其二,"延伸意义上的最佳利益标准"(Expanded Best Interests Standard)。③ 这种标准强调最佳利益不仅包括主观元素如患者的愿景、信仰、价值偏好等,还应当包含患者未来的利益,如保持身体完整性以及免受侵犯的利益。这时需要考虑的因素就比较复杂,除了医学因素外还应当考虑和尊重患者的信仰、情感、价值观念、个人喜好等各种因素,此为延伸意义上的最佳利益标准。如果时间允许,并且可以探寻患者真实意思时,应当努力去探寻患者的真实意思。表面上看,此标准所指的最佳利益内容更丰富周全,但是在临床实施中存在不足:如对象范围小,局限于曾经具有行为能力且已经提供明确的愿望与偏好的患者;不同决策者对患者最佳利益的认识可能存在冲突,家庭成员内部的判断出现分歧④,以及家庭判断与医生判断出现冲突;等等。

绝对地适用哪一种标准都很难单独满足医疗临床实践中处理问题的需要,往往需

---

① 陈化、徐喜荣:《论临床代理决策中的"患者最佳利益原则"》,《医学与哲学》2013 年第 6B 期。

② 恩格尔哈特:《生命伦理学基础》,范瑞平译,北京大学出版社 2006 年版,第 267 页。

③ Edwin C Hui:The best interests of mentally incapacit ated patients without a living will,Hong Kong Med J:1.

④ Buchanan AE:Deciding forothers:The Ethics of Surrogate Deci—sion Making,Cambridge University Press,1998 年版,第 138 页。

要根据实际情况综合运用上述判断标准,才有助于探求无相应行为能力患者的最佳利益,从而做出医疗决策。

第三,代理人代理无行为能力患者做出医疗决策时。对于无相应行为能力的患者,其代理人能否代理其做出医疗选择;代理人的选择是否必然代表患者最佳利益。英国法院通过英国的 Re R(1993)判例昭示了其对患者最佳利益的价值判断。R 是一名患有白血病的 10 个月大的女婴,根据病情,需要对其进行输血治疗。其父母是耶和华证人,拒绝对其输血治疗。法院认为,输血与否应主要考虑女婴的福祉,女婴无法表达自己的愿望,如果不治疗将会使其遭受伤害。法院基于女婴的最佳利益考虑,最终否决了女婴父母的请求,支持对女婴予以输血治疗。① 因此,作为患者代理人,在为患者做出医疗决策时如果和医生的观点不一致,必须对其进行审查,以考证该选择是否真正符合患者最佳利益。"如果是一般事项,诸如常规检查、用药等普通事项,代理人(家属、关系人)可完全代理患者行使知情同意权。如果是涉及患者生命和重大健康权益的医疗事项,如手术、特殊检查等事项,则要综合家属、关系人和医生的意见考虑。"②

第四,关于患者的预先指示。预先指示或称预先声明(Advance Statement),是指指示人预先做出指令,详细指定当自己由于疾病或丧失行为能力等原因不能做决定时,应当对自己采取什么样的治疗方案。③ 患者在具备相应的行为能力时对自己将来如果失去行为能力(如昏迷、植物人状态)时的医疗方案、器官捐献等事项所做出的预先安排,是在其具有相应行为能力时做出的,反映了其真实的意思表示,应当予以尊重。关于特定情形下患者的反言。如患者手术前做出过决定,后因恐惧暂时失去相应行为能力而改变原来决定的情形下,应从患者的最佳利益出发,评判其后来的决定是否无效,从而尊重患者真实的意思表示,保护患者的权益。

第五,尊崇医学专业精神(medical professionalism),也为患者最佳利益的实施提供了基础。医学的专业精神要求医师将患者的最佳利益置于首位,且不得因市场、社会压力、机构利益等原因妥协,同时尊重患者的自主性和公正。④ 由此可知,在面对那些无相应行为能力,又无预先指示的患者时,假使情况紧急,且无法明确患者及其代理人的真实意思时,医生可以基于医学专业精神,结合医学标准及患者意愿等因素,采取其认为符合患者最佳利益的医疗选择。

---

① Brendan Greene.:Essential Medical Law,武汉大学出版社(影印版)2004 年版,第 67 页。

② 祝彬、姜柏生:《患者知情同意权代理行使的规制》,《南京医科大学学报(社会科学版)》2007 年第 4 期。

③ Anon:Advance Directive [EB/OL],http://en.wikipedi a.org/wiki/Advance_directive.

④ Medical Professionalism in the New Millennium:A Physician Charter[J].Ann Intern Med,2002(3):243-246.WMA.WMA Declaration of Lisbon on the Rights of the Patient,Oslo:The Word Medical Association,2017.

（三）域外法对患者最佳利益的判断

2005 年通过并于 2007 年 10 月实施的英国《心智能力法案》，将患者最佳利益原则作为一项基本原则，从法律上对如何判断患者最佳利益做出了规定。根据该法案，在判断患者最佳利益时，必须要遵循以下基本原则：①除非有相反证据，患者（16 周岁以上）应当被视为具有行为能力；②应当给予患者充分、合理的支持以帮助其做出决定；③如果患者具有行为能力，任何人都不得以其决定不正确为由阻止其做出决定；④如果患者没有相应行为能力做出医疗决定，医生应当根据患者最佳利益为患者做出医疗决定；⑤在代表无行为能力患者做决定时，应当尽可能采取措施保证患者的自由和权利受到最少的限制。《心智能力法案》第 4（6）条规定，决策者（如医生）在依据患者最佳利益做决定时应当考虑以下因素：①患者过去和现在的愿望与情感（包括任何书面声明）；②可能影响患者决策的信仰和价值观；③患者可能考虑的其他因素（如利他动机）。

第三节　医疗服务法的体系和法律关系

一、医疗服务法律体系

法律体系是指法律规范的体系。[①] 也称为"法的体系"或"法体系"，是指由一国现行的全部法律法规按照不同的法律部门分类组合而形成的一个呈体系化的有机联系的统一整体。[②]

关于医疗服务法即医事法体系的讨论，一直存在，美国学者马克·霍尔和卡尔·施耐德认为，医事法是在过分杂多的不同场景下来处理医疗活动，因而必须从诸多法律领域搬取救兵。[③] 其坚信医事法能够采纳一个更为有用的分析视角，从而有利于将其与其他法律领域区分开来，即将医事法看作关系网络法（law of relational webs），而不是交易法（law of transactions）。关系网络视角将医疗接触更多看成历史性的，是由当事人之间的相互作用所构成的更大背景的组成部分，而不是交易视角下认为每一次医疗接触（medical encounter）都是一起离散事件（discrete event）。当患者在医疗活动这样的背景下思考时，核心是医疗保健是无关交易的一种关系，医师与患者的关系，这种关系本质上不是法律关系，最好也不要理解为法律关系。相反，当我们以交易的方式来思考这种

---

① ［英］约瑟夫·拉兹：《法律体系的概念》，吴玉章译，中国法制出版社 2003 年版，第 54 页。
② 张文显：《法理学》，高等教育出版社 2018 年版，第 100 页。
③ ［美］马克·霍尔、卡尔·施奈德：《驻足何处？——卫生法学的体系化难题》，［美］马克斯韦尔·梅尔曼等：《以往与来者——美国卫生法学五十年》，唐超等译，中国政法大学出版社 2012 年版，第 75—78 页。

关系时,这种关系也就在某种程度上受到了破坏。① 就医事法来说,要寻找一般理论,就好比是寻找喀迈拉(Chimera)。但医事法学家仍然能够在一个共享的分析框架下联合起来,即医疗活动在根本上不同于其他社会、商业领域,这样,就能有一套概念化的实证工具,可以用来确定医疗活动的特殊性质,这种特殊性质是否以及何时对法律具有意义,何时不应该有。总之,我们就能找到医事法的"驻足之处",不在宏大的原则中,而是在更为明智的方法中。

上述讨论给我们启发,在探讨医疗服务法的法律体系时,不应拘泥于没有统一系统的医疗服务法以及现有的医疗服务法律规范已经归于行政法、民法、商法、刑法等不同部门的观点,而是要围绕医疗活动根本上不同于其他社会、商业领域的本质,去审视所有关于医疗活动的相关法律法规,明确医疗服务中要强调的"生命和健康至上""以患者为中心"和"知情同意"等基本原则。② 从这个意义上讲,我国医疗服务法的外部体系应该包括四个方面的内容:

一是有关保障国民健康权的规定。主要见于《宪法》的相关规定,如第 33 条规定了国家尊重和保障人权;第 21 条规定了国家发展医疗卫生事业,发展现代医药和我国传统医药,保护人民健康;第 45 条规定了公民在年老、疾病或者丧失劳动能力的情况下,有从国家和社会获得物质帮助的权利。以及医疗卫生及健康领域的基本法《基本医疗卫生与健康促进法》的规定。

二是规制医患间权利义务的法律规范,主要见于《医疗机构管理条例》《医师法》等关于医疗机构管理和医务人员管理的法律法规,其中通过规定医疗机构和医师执业规则等方式明确了医疗服务中医方的注意义务,也通过规定医疗机构和医师义务的方式从侧面规定了患者权利。

三是关于医疗活动中的医疗技术的管理规定,主要包括个别重点医疗技术临床应用管理法律法规、医疗技术临床应用准入管理法律法规及医疗技术临床应用事中事后监管制度。这些法律规范明确了医疗活动中医疗技术实施的注意义务。

四是对医疗损害责任进行救济的法律法规。主要包括《医疗纠纷预防和处理条例》《民法典》等法律法规中,关于医疗损害民事责任确定及责任分配的法律规范。

二、医疗服务法律关系

(一)医疗服务法律关系的概念

法律关系是以法律规范为基础形成的,以法律权利与法律义务为内容的社会关系。③

---

① 　Mark A.Hall:Law,Medicine and Trust,55 STAN.L.REV.463-477(2002).

② 　王晨光:《论以保障公民健康权为宗旨　打造医药卫生法治的坚实基础》,《医学与法学》2016 年第1 期。

③ 　张文显:《法理学》,高等教育出版社 2018 年版,第 151 页。

民事法律关系,是指基于民事法律事实,由民事法律规范调整而在平等民事主体之间形成的民事权利和民事义务关系。[①]

医疗服务法律关系也称医疗法律关系,主要是指基于双方约定或法律直接规定而在医患之间发生的,就患者疾病的诊断、治疗、护理等医疗活动所形成的法律上的权利义务关系。[②] 医疗法律关系是一种特殊的民事法律关系。

对于医疗法律关系的性质,学术史上存在着诸多争议,归纳起来有以下一些观点:认为医患法律关系是民事法律关系,即"横向说"[③];认为医患之间行政法律关系,即"纵向说"[④];认为医患之间既不是民事法律关系,也不是行政法律关系,而是一种独立的法律关系,是社会法律关系即"斜向说"[⑤];认为医患关系完全符合消费关系的特性,

---

[①] 申卫星:《民法学》,北京大学出版社 2017 年版,第 46 页。

[②] 赵敏主编:《医疗法律风险预防与处理》,北京大学出版社 2019 年版,第 54 页。

[③] 梁慧星:《给法官们的建议》,《公民导刊》1999 年第 2 期。
医疗法律关系横向说,经历了三个发展阶段。第一个阶段即医患法律关系是民事法律关系的初步确立。主要代表学者有民法学家梁慧星,他指出医患关系就是民事法律关系,是横向平等主体之间的民事关系,应该由民法来调整。随后曹永福也从驳斥医患关系行政法律关系说的角度力证医患关系属于民事法律关系。第二个阶段着力于医患法律关系是特殊民事法律关系的研究。指出医患法律关系虽从我国现有的法律体系来看确属于民事法律关系,但基于其主体、客体、内容以及国家医疗卫生事业等方面的因素,医患法律关系又不同于普通的民事法律关系,具有其特殊性。第三个阶段认为基于现有法律医患法律关系具有契约性质与侵权性质,存在侵权责任和违约责任竞合的情况,正常状态下的医患关系是一种契约关系,在发生损害的情况下,存在违约责任和侵权责任的竞合,此时请求权人只能选择其一而行使之,即"混合责任说"。

[④] 胡晓翔、邵祥枫:《论国家主体医疗卫生事业中医患关系的法律属性》,《中国医院管理》1996 年第 4 期;胡晓翔:《二论国家主体医疗卫生事业中的医患关系的法律属性——驳"医患关系是合同契约关系"的观点》,《中国卫生事业管理》1996 年第 11 期;胡晓翔:《三论国家主体医疗卫生事业中医患关系的法律属性——析医患关系为行政合同关系》,《中国卫生事业管理》1997 年第 2 期。主要代表学者有胡晓翔。胡晓翔指出国家主体医疗卫生事业中的医患法律关系是行政法律关系,认为国家主体医疗卫生事业的本质、医疗单位的性质及医疗服务的特征同行政法律关系的特征完全符合。国家医疗卫生事业是公益性福利事业,属于纵向调整范畴,并驳斥医患关系是合同契约关系的观点。

[⑤] 王镭主编:《中国卫生法学》,中国人民大学出版社 1988 年版,第 9 页;刘平、刘培友主编:《医学法学》,广西人民出版社 1992 年版,第 3 页;张赞宁:《论医患关系的法律属性》,《医学与哲学》2001 年第 4 期。"斜向说"即社会法律关系说是随着将我国法律体系从公法、私法二分法发展为公法、私法、社会法三分法而逐渐在医患法律关系属性之争中显现,且呼声越来越高。这里所指的社会法律关系包含医事法律关系,盖因医事法律关系本质上是社会法律关系在医疗领域的具体体现。主要代表学者有王镭、张赞宁、潘荣华等。早在 1988 年王镭等及 1992 年刘平、刘培友等人就提出了卫生法是一个独立的法律体系之观点,并认为卫生法是社会法下面的一个二级法律体系。张赞宁认为医患关系既不具备民事法律关系三大特征即主体平等、意思自治以及等价有偿中任一特征,医方和患方也不是行政主体与行政相对人的关系,首次提出医事法律关系是并列于民法、行政法的,是独立的斜向法律关系。潘荣华提出片面地认为医患关系属于民事法律关系极可能损害卫生事业的公益性,错误地认为是行政管理关系,强调医方特权,就有可能侵犯患者的基本人权,因而必须充分考虑医患关系的独立性。

因而医患法律关系属于消费关系①。这些学说都从一定程度上揭示了医疗法律关系某一方面的特征，但也都存在一定的局限性。

随着 2002 年修订的《医疗事故处理条例》将医疗纠纷案件的诉讼模式，由 1987 年《医疗事故处理办法》所确立的行政诉讼模式修改为民事诉讼模式，特别是《侵权责任法》的颁布与实施，从部门法的角度来看，医疗法律关系就成为一种特殊的民事法律关系，这种特殊性体现在医方的缔约自由受到限制，一般不能拒绝患者的就诊要求，对于急危患者，医师应当采取紧急措施进行诊治，这就使得医疗法律关系在特定的情况下具有了强制法的色彩，兼具私法和公法的性质。

（二）医疗服务法律关系的类型

根据医疗服务法律关系的发生原因、当事人权利义务及相应的法律责任的不同，可将医疗服务法律关系分为医疗服务合同关系、医疗事务无因管理关系以及强制医疗关系三类。其中医疗服务合同关系是基本的医疗服务法律关系，而医疗事务无因管理关系以及强制医疗关系则是医疗服务法律关系的特殊情形。

而《民法典》侵权责任编规定的医疗侵权损害赔偿关系，是从侵权法的角度，将医疗侵权损害赔偿关系从医疗违约与医疗侵权的竞合中独立出来。但应当明确，在医疗服务法律关系中，医疗服务合同关系是基础，其确定了医患双方的基本权利义务，认定和处理医疗侵权损害赔偿关系也以这些权利义务关系为基础。

1. 医疗服务合同关系

医疗服务合同关系是指医方与患方之间就患者疾病的诊断、治疗、护理等医疗活动形成的真实意思表示的民事法律关系。医疗服务合同是一种以医方提供适当医疗行为为内容的合同。医疗服务合同关系是医患双方最基础的法律关系。

医疗服务合同与其他合同相比具有一定的特殊性：

第一，医疗服务合同当事人的意思自治受到公法上及道德上的某些限制。由于医疗行为的道德性，医疗服务合同不能单纯基于当事人的意思自治行为而成立，医方所负的强制诊疗义务使其在缔结医疗服务合同时，其意思自治受到公法的约束，缔约自由受到限制。

第二，医疗服务合同的内容具有高度的专业性和双方当事人能力的不对等性。医疗行为是医疗服务合同的基本内容，该行为具有高度的专业性，所以，在医疗服务合同

---

① 《中消协新闻发言人指出患者就医是消费行为》，《法制日报》2000 年 3 月 16 日；黄军辉：《医患关系的法律规制》，《法律与医学杂志》2002 年第 1 期；徐鹏：《"消法"有用武之地——在医患法律关系中的适用》，《甘肃农业》2006 年第 11 期。"消费关系说"的提出是基于更大程度地保护患者的权益。认为在医患关系中存在严重的地位失衡和信息偏在的现象，而纠正地位失衡、消除信息偏在、保障实质正义是《消费者权益保护法》的立法宗旨，从现行立法规定看患者是消费者，医方（主要指医院）是经营者，医院属于广义上的经营者，其收费行为应当认定为经营行为，在当时现实情况下，适用《消费者权益保护法》是可取之径。

中,医方与患者之间存在着医学认知及掌控上的差异。

第三,医疗服务合同具有供方主导性。由于医疗服务合同内容的高度专业性,医疗供应的量与质,一般由医方因人而异地实施治疗,供方占据主导地位。

第四,医疗服务合同中医方应该尊重患者的决定权。由于医疗行为具有高度专业性的特点,医方在合同履行中具有高度的裁量权,但是,患者才是健康权的主体,因此,在诊疗过程中,最大限度地尊重患者的决定权,逐渐成为医疗服务合同的一项内容。当然对患者决定权的尊重并非绝对,它以保护患者的权益为目标。

第五,医疗服务合同当事人双方对合同得以履行相互负有协力的义务。因为诊疗是对作为合同当事人的患者自身进行的,如果患方在诊疗过程中不予协力,医方即使有再高的医术也无法实现合同的目的,所以合同的履行需要双方的协力配合。

第六,医疗服务合同是"手段债务",而非一般民事合同中的"结果债务"。它只是要求医方提供合乎当时医疗水平的、尽到注意义务的医疗服务,而不能按照患者的期望约定良好的结果;更不能以治疗结果的成败来判断医方是否存在违约行为。

关于医疗合同的成立,同样须经要约和承诺达成合意而成立,即患者提出医疗的要约,医务人员接受要约即承诺,医疗服务合同成立。

2. 医疗事务无因管理关系

无因管理,是指没有法定或约定的义务,为避免他人利益受损失,自愿管理他人事务或为他人提供服务的行为。医疗事务的无因管理,是指医方在没有约定义务和法定义务情况下,为避免患者的生命健康利益受到损害,自愿为患者提供医疗服务的行为。这种管理他人医疗事务的行为使得医疗机构或医务人员与患者之间产生了一种特殊的医疗法律关系。

《民法典》总则编规定,没有法定的或者约定的义务,为避免他人利益受损失而进行管理的人,有权请求受益人偿还由此支出的必要费用。医疗事务无因管理关系中,管理人有权向受益患者要求支付管理费用。

医疗事务无因管理的构成要件包括:管理他人的医疗事务,医方没有约定或法定义务,医方应有以其医疗行为所生利益归属于患者的意思。由于医疗行为具有高度技术性,患者本人或者普通社会成员对急需医疗救护的患者所需要的管理方式和手段缺乏必要的认识,所以在医疗事务无因管理中,作为管理人的医方主观性更强。

在临床实践中,常见的无因管理关系主要有以下三种情形:①医务人员在医疗机构外,发现患者而加以治疗;②对自杀未遂而不愿就医者,予以救治;③无监护人在场的情况下,医疗机构直接针对无行为能力的"非急危"患者进行的诊疗行为。① 这其中,医疗场所外的无因管理,其对医方注意义务的要求低于医疗场所内的医疗行为,医方一般不

---

① 李圣隆:《医护法规概论》,台湾华杏出版公司1976年版,第33—36页。

承担民事责任。医疗场所内的无因管理,医方仍应尽善良管理人的注意义务。

3.强制医疗关系

医疗法律关系中最特殊的就是强制医疗关系。强制医疗关系是指国家基于医疗的特殊性和对国民生命和身体健康的维护,在法律上赋予医疗机构或医务人员的强制诊疗和患者的强制治疗义务为主要内容的特殊医疗法律关系。与前两种医疗关系不同的是,强制医疗关系一般涉及三方当事人:卫生健康主管机关(国家)、患者和医疗机构。是在特定的情况下,卫生行政主体(卫生健康主管机关和医疗机构)基于法律授权或行政机关委托,代表国家对特定患者实施强制性医疗活动的一种行政行为,应受行政法调整。

在我国,强制医疗主要是针对某些传染病、吸毒、卫生免疫接种等实施的强制诊疗的一种措施。我国的《传染病防治法》《突发公共卫生事件应急条例》《强制戒毒办法》《艾滋病防治条例》以及《国境卫生检疫法》等都规定了适用强制医疗的法定情形。强制医疗关系的表现形式包括强制留置、强制隔离、强制观察及强制治疗等。实施强制医疗措施时,一定要严格按照法律规定适度地进行。

强制医疗属于行政性行为,强制医疗关系也应属于行政法律关系,因此强制医疗所支出的费用应当由国家承担。在理论上,大陆法系国家把这种行政法律关系称为特别权力关系,它是指基于特别的法律原因,为实现公法上的特定目的,行政主体在必要范围内对相对人具有概括(或不确定)的支配权力,而相对人负有服从义务的行政法律关系。[①]

世界上多数国家医疗卫生立法都规定了强制医疗的损害赔偿问题。其中,国家基于防卫传染病的目的而行使的预防接种行为,发生损害的情况较多。德国、日本的立法都规定,对因预防接种而受害的人,由国家给予赔偿。

我国《传染病防治法》较全面地规范了强制治疗的各种情形,但是,没有规定因对患者进行强制治疗而造成的损害赔偿问题。《疫苗管理法》规定了因接种免疫规划疫苗引起预防接种异常反应需要对受种者予以补偿的,补偿费用由政府承担。这体现了强制接种是国家公权力行使,适用国家赔偿的强制医疗法律关系的要求。

(三)医疗法律关系的构成

医疗法律关系的构成是指医疗法律关系应由哪些要素组成。同其他法律关系一样,医疗法律关系在静态上也是由主体、内容、客体三方面的要素构成的,但其具体内涵有所不同。

1.医疗法律关系的主体

法律关系的主体是指法律关系的参加者,即在法律关系中享有权利、承担义务的人。医疗法律关系的主体是指在医疗法律关系中享有权利、承担义务的人。一般情况

---

① 杨临宏:《特别权力关系理论研究》,《法学论坛》2001年第4期。

下是指医方和患方,但在强制医疗关系中还包括医疗卫生行政部门。

医疗法律关系中医方主体一般可分为医疗机构和个体开业医师(个体诊所)两种,主要包括医院和个体医师。

医疗机构一般都具有独立的法人资格或从属于某些法人单位,有资格向社会提供医疗服务的医疗机构主要是医院,因此医院是医疗服务合同最主要的主体类型。在我国,医院和医务人员之间是劳动雇佣关系,与其他国家医师独立执业、医师可以和多家医疗机构建立合作关系是不同的。即使在多点执业的情况下,从人事管理上看医务人员与医院之间也是雇员和雇主的关系。因此,医务人员在医疗服务合同中并不是独立的一方主体,而是履行辅助人,医院承担合同主体的权利和义务。

个体开业医师是以个人开业并承担责任的形式对外提供医疗服务。其对患者进行诊疗时,医疗法律关系就在患者和个体医师之间发生,个体医师是独立享受权利、承担义务的一方法律关系主体。

医疗法律关系中的患方主体主要是指患者及其近亲属,患者本人作为自然人主体是该关系中的患方主体,不论其是否具有民事行为能力;患者死亡的,其近亲属为损害赔偿的请求权人。

2. 医疗法律关系的客体

法律关系的客体,是指法律关系主体的权利和义务所共同指向的对象。它是联系法律关系主体间的权利和义务的中介,包括物、行为、智力成果等。医疗法律关系作为民事法律关系的一种,是患者因其恢复健康、提高生活质量的需要向医方寻求医疗诊治,由此而形成的医患双方在法律上的权利义务关系。其客体就是诊疗护理管理服务行为,即医疗行为。

(1)医疗行为的概念

医疗行为即诊疗护理管理服务行为,是指以诊疗疾病为目的的诊断治疗护理行为和医方在诊疗过程中的管理行为。[①]

目前,我国法律没有明确规定医疗行为的概念。一般认为医疗行为是指以疾病的预防、患者身体状况的把握和疾病原因的发现以及因疾病引起的痛苦减轻、患者身体及精神状况的改善等为目的对身心所做的诊断治疗行为。简单地说,就是以治疗疾病为目的的诊断治疗行为。但由于医疗科学技术的不断发展,许多医疗领域的发展范围,已远远超过了传统的以诊疗疾病为目的的诊断治疗行为的观念。为了适应变化了的新情况,吴建梁先生提出"广义的医疗行为"的概念,认为医疗行为包括临床性医疗行为、实验性医疗行为、诊疗目的性医疗行为、非诊疗目的性医疗行为四种类型。我们认为,作为医疗法律关系客体的医疗行为除包括以上四种类型的诊疗行为外,还应包括医方的

---

① 赵敏主编:《医疗法律风险预防与处理》,北京大学出版社 2019 年版,第 50 页。

管理服务行为。

（2）医疗行为的特点①

医学科学是一门高深、复杂、未知领域最多、涉及知识领域最广的专门性和综合性相统一的学科。由此,医疗行为是一种具有"高科技""高风险"特点的行为,它表现出独有的特点:

第一,医疗行为具有高度的专业性。医疗行为是运用医学科学理论和技术对疾病做出诊断治疗,恢复人体健康,提高生活质量的高技术职业行为,其要求从业者必须经过专门的专业教育,通过资格考试取得从业资格,并获得执业许可才能执业。

第二,医疗行为具有局限性和高风险性。医疗行为究其实质是受到仪器设备、药物、治疗手段和手术方法、对疾病本质认识等高度局限的一门探索性科学行为,充满风险性,医疗行为的结果从该行为开始,就同时存在"获益"和"致害"的双向可能性,这种风险性意味着医务人员承担职业风险,就医者承担医疗风险。

第三,医疗行为的侵袭性应该在"可允许的范围内"。医疗行为虽然是以拯救患者生命健康为目的的,但采用的诊疗方法,都对人体具有侵入性和损害性。在医学上,对这种具有伤害特点的侵袭行为,具有严格的限制,只有在公认的医学标准范围内才属于法律允许的行为,并受到法律的保护,即要遵循法学上认同的"可允许的范围内"原则。一般认为,"可允许的范围内"判断标准为:主观上实施侵袭性医疗行为的主体有无履行注意义务;客观上实施侵袭性医疗行为的主体在实施前有无认真全面地检查患者身体状况,确定具体的实施方案和防范危险结果出现的措施;实施侵袭性医疗行为的方法和手段是否成熟、稳定,是否得到医学界的认可;在紧急医疗状态下实施侵袭性医疗行为,具有相当的风险性和结果未知性,其目的是为了保护患者的生命权。

3. 医疗法律关系的内容

医疗法律关系的内容是指在医疗法律关系中医患双方基于医疗服务合同的约定或法律的规定而确定的权利和应承担的义务,它是医疗法律关系最核心的因素,具体包括患者权利、患者义务、医方权利和医方义务四个方面,其内容详见第十三章、第十四章。

---

① 赵敏主编:《医疗法律风险预防与处理》,北京大学出版社 2019 年版,第 63—64 页。

第十三章 医疗服务接受者:患者

第一节 患者的法律地位

正如著名医史学家亨利·西格里斯所言:"每一种医学行动中始终涉及两类当事人,即医师和患者。"①作为医疗服务法律关系的一方主体,患者既是医疗服务的接受方,也是医疗服务法律关系中享有权利、承担义务的人。患者的法律地位是研究患者的权利与义务的前提性问题,法律需要对患者的法律地位加以准确定位,平衡医患双方的权利义务,进而推动中国医疗卫生领域的法治化进程。

一、患者是医疗服务的接受方

患者是医疗服务的接受方,随着现代医学模式的转变,患者的地位也在逐渐改变,医患间平等越来越要求从抽象平等向实质平等发展②,患者的自决权不断加强,以适应当前医患关系的现实需要。

在传统的医患关系中,患者缺乏相应的对将要做出的治疗选择的知识的了解③,加上医生崇高使命与医学知识的占有优势,决定了医生的主导和支配地位④,医患关系总体上表现为医生主导,患者被动接受的父权主义医疗时代⑤。

---

① 王志鑫:《我国医患关系紧张的法律成因及其对策》,《卫生经济研究》2017 年第 3 期。

② 关于抽象平等与实质平等的内涵与外延,参见林剑、张旭:《唯物史观视域下的形式平等与实质平等》,《江汉论坛》2019 年第 11 期。

③ Marsha Garrison Carl E.Schneider, The Law of Bioethics: Individual Autonomy and Social Regulation, Garrison Schneider Press, 2015.

④ 参见解志勇主编:《卫生法学通论》,中国政法大学出版社 2019 年版,第 140—141 页。

⑤ 美国社会学家 Szasz 和 Holender 从医学心理学角度,将医患关系划分为三种基本模式,即主动—被动型、指导—合作型和共同参与型:(1)主动—被动模式是一种古老的医学模式,此模式下医生是主动的,患者是被动的。(2)指导—合作模式中,医生是主动的,患者也有一定的主动能力,但要以医生的意志为前提,医生起着决定性作用。(3)共同参与模式则强调平等的医患关系,医患双方有着同等权力,相互依存、相互配合,共同参与医疗方案的制定和实施,是一种较为理想的医患关系模式。Szasz T.S.,Holender M H., A Contribution to the Philosophy of Medicine: the Basic Models of the Doctor-patient Relationship[J], Arch Intern Med, 1956,97(5):585-592。除上述划分模式之外,亦有纯技术模式、权威模式和契约模式的划分方式,参见吴会娟:《交往性医患关系的缺失及其建构——基于哈贝马斯普遍语用学的分析》,《医学与哲学》2018 年第 2 期。

　　父权主义的医学模式过分强调医师权威,相对忽视了患者的自决权,无法适应医患关系的现实需求,随着社会政治经济和现代医学的发展,患者权利意识勃兴,包括患者权利运动在内的人权运动逐渐在世界范围内兴起,医患关系的理想调整模式已从过去的"主动—被动型"转向"指导—合作型",并逐步过渡到现代社会所倡导的"相互参与型,以患者为中心"的医疗服务理念,并逐渐得到了绝大多数国家的认可。① 总之,医疗服务法是医患关系的平衡法,需要以平等和平衡为理念,强调患者的自决权尤其是知情同意权,这也是现代医疗立法的核心所在。②

二、患者是医疗服务法律关系的主体

　　作为医疗服务的接受方,患者是医疗服务法律关系的主体,既享有权利,也承担相应的义务。通过从宏观和总体层面合理配置和平衡医患双方的权利和义务,重塑医患关系,是医疗服务法的使命所在。

　　首先,患者是医疗服务法律关系中权利的主体。自 20 世纪 60 年代起,全世界就开始了轰轰烈烈的患者权利运动,各国和地区开始纷纷制定相应的患者权利法案③,而我国医疗领域的相关现行法律、法规总体上仍停留于父权主义的医疗时代,未能从宏观和总体层面把握医患双方的权利和义务,以至于片面强调了医师的自由裁量权,而忽略了患方的权利,导致医患之间的权利义务失衡,造成医患地位不对等。④ 这就需要医疗服务法回应现实的需求,强调患者的权利,尤其是自决权和知情同意权,平衡好医患双方之间的权利与义务,通过权利义务的合理配置,塑造良好的医患关系,也促进医疗卫生事业的整体发展。

　　其次,患者是医疗服务法律关系中义务的承担者。一方面,世界上没有无权利的义务,也没有无义务的权利,⑤患者在医疗服务法律关系中除享有权利以外,同样也承担着义务。另一方面,医方的权利如果没有患者的义务与之对应,那么,就会成为空中楼阁,事实上,医方的权利应当是患者权利的边界。一直以来,我国的法律偏向于通过规定医疗机构及其医务人员的义务,约束其行为,来保障患者的权利与义务。在法律上,我国对患者的权利与义务的规定很长一段时间处于不明晰的状态。但是,立足于目前我国医疗卫生事业的发展,现有的法律已不能适应当前医患关系的现状,医患双方权

---

　　① 解志勇主编:《卫生法学通论》,中国政法大学出版社 2019 年版,第 140—141 页。
　　② 申卫星:《医患关系的重塑与我国〈医疗法〉的制定》,《法学》2015 年第 12 期。
　　③ 比如《世界医学会关于患者权利的里斯本宣言》(1981 年)、《促进欧洲患者权利宣言》(1994 年)、《欧洲患者权利约章》(2004 年)、《美国患者自主决定法》(1990 年)、《芬兰患者地位与权利法》(1992 年)、《以色列患者权利法》(1996 年)、《冰岛患者权利法》(1997 年)、《挪威患者权利法》(1999 年)、《伊朗患者权利规章》(2002 年)等。
　　④ 申卫星:《医患关系的重塑与我国〈医疗法〉的制定》,《法学》2015 年第 12 期。
　　⑤ 《马克思恩格斯选集》第 2 卷,人民出版社 2012 年版,第 137 页。

利、义务失衡是现今存在的突出问题之一。① 在医疗实践中,由于法律没有对患者权利、义务作出明确的规定,患者通常不清楚自己享有的权利和应履行的义务,而医师的一些权利,由于没有患者的义务与之对应,往往得不到法律保障。② 总之,在患者权利之外,法律也应当对患者的义务进行明确,进而通过医患权利义务的合理配置,促进我国医疗卫生事业的发展。

第二节　患者的权利

随着经济社会的进步和医学技术水平的提高,"患者"与"患者权利"的内涵也在发生着变迁。传统意义上的患者指的是"生病的人"或"接受治疗的人",相应的,患者权利则被界定为"患者在患病期间应有的权利"③,"公民在生理和心理上发生不正常状况时,要求他人相应作出或不作出一定行为的许可和保障"④。随着社会的发展与医学的进步,"患者"不单单指身患疾病的人,接受医疗保健服务的人同样可被纳入患者的范围,进而,患者权利被定义为患者在医疗行为中所依法享有的利益⑤。我们认为,后一种观点对患者权利的界定比较妥帖,即所谓患者权利,指的是法律所赋予患者在接受医疗服务中所享有的某种作为或不作为的许可,大致包括生命权、身体权、健康权、妥善医疗权、医疗自主权、知情同意权、隐私权在内的广泛的权利。

一、生命权

生命权指的是自然人享有的以生命安全、生命维持为内容的人格权,其特征在于:第一,生命权的客体是生命及其安全利益;第二,生命权只有在生命安全受到威胁,或者处于危急状况时,才能行使;第三,生命权一旦受到侵害,任何法律救济对于权利主体都是毫无意义的,法律救济的唯一功能在于使权利主体的近亲属得到财产补偿和精神安慰。⑥

生命权是自然人的最高人格利益,是其他人格权和人格利益的基础。中世纪神学家托马斯·阿奎那(Thomas Aquinas)认为人内在的首要倾向就是追求符合本性的善,而首要的善则是保全生命,并论述了人对自己生命所拥有的自然权利。16世纪,古典

---

① 焦玲艳、郑雪倩:《关于患者权利与义务体系构建的探讨》,《中国医院管理》2017年第12期。

② 张翔:《基本权利的体系思维》,《清华法学》2012年第4期。譬如,患者符合出院指征而拒绝出院的现象时有发生,这种情况实质上侵犯了医生的诊疗权,此种情形下患者继续住院即强迫医生对其给予诊疗,使医师的诊疗权成为一种不得不作为的义务,这与权利的支配性是不相符的。参见朱婧睿、郑梦圆、王明艳、赵敏:《1996—2018年患者权利研究综述》,《医学与法学》2018年第4期。

③ 李万钧:《患者权利探讨》,《中国医药指南》2008年第6期。

④ 曹艳林:《患者权利之辨析》,《健康报》2008年第3期。

⑤ 田土城、宋皓:《从法律关系视角论患者权利体系化》,《河北法学》2017年第12期。

⑥ 王利明主编:《民法》,中国人民大学出版社2015年版,第512页。

自然法学派对人的自然权利作了进一步的系统阐述，他们从人性出发，主张人有保护自己生命的权利。而真正把生命权从自然权利转化为宪法权利的则是英国学者约翰·洛克（John Locke），他在其著作《政府论》中对自然法和自然权利进行了论证，"人们既然都是平等和独立的，任何人就不得侵害他人的生命、健康、自由和财产"。1776 年美国弗吉尼亚州通过了《弗吉尼亚宣言》，第一次以政治宣言的形式昭示了生命权。同年，托马斯·杰斐逊（Thomas Jefferson）在著名的《独立宣言》中宣告生命权是不可转让的权利。1791 年美国宪法修正案第五条规定："非经正当法律手续不得剥夺任何人的生命、自由和财产"，自此，生命权从自然权利变成了法定权利，生命权由此进入法律规范时代。① 《世界人权宣言》明确指出："人人有权享有生命、自由与人身安全"②。我国《民法典》第 110 条、第 990 条、第 1002 条规定了生命权，为保护生命权提供了法律基础。根据《民法典》第 1005 条，自然人的生命权、身体权、健康权受到侵害或者处于其他危难情形的，享有接受救助的权利。

　　医疗活动以保护患者的生命权为己任③，这其中又往往关涉到患者生命权与知情同意权、隐私权等的冲突与博弈。例如，在"安乐死""尊严死"等终止患者生命的行为中，患者的生命权与知情同意权产生冲突，此外，在患者将医生提供的治疗方法当作获利手段而忽视了方法本身的价值，患者为保持身体无痕而不愿进行手术治疗，患者基于自身经济、工作等方面的考量而选择不进行治疗等情境下，也会产生此种冲突。④ 再如，患者隐私权与患者生命权的冲突。由于医疗活动的特殊性，医生在诊断治疗中常常会涉及患者很多不愿为他人所知的与疾病有关的私密信息，若不当泄露或未经患者同意公开相关信息，则可能严重损害患者的身心健康和人格尊严，因此，医生必须严格保护患者疾病隐私，不得随意向他人透露。然而，若患者因罹患严重疾病而万念俱灰，欲自杀以摆脱疾病痛苦，并强烈要求医生不能将此情告知其家人，此时医生应该如何做，是继续维护患者隐私还是将情况告知其家人？ 若为患者保密则可能引发患者自杀身亡的后果；若将情况告知其家人，则又泄露了患者不愿他人知道的隐私⑤，此时冲突就产生了。⑥ 面对上

---

① 杨咪、杨小丽：《生命权视野下患者隐私权保护中的道德冲突》，《中国卫生事业管理》2016 年第 8 期。

② 《世界人权宣言》第 3 条，载 https://www.un.org/zh/universal-declaration-human-rights/index.html，2020 年 2 月 1 日访问。

③ 刘国华：《医疗行为的最终目的是保护患者的生命权》，《中国医院》2007 年第 7 期。

④ 王丽军、廖海霞、马珺：《榆林产妇坠亡事件中患者自主权的探讨》，《医学与哲学》2019 年第 3 期。

⑤ 杨咪、杨小丽：《生命权视野下患者隐私权保护中的道德冲突》，《中国卫生事业管理》2016 年第 8 期。

⑥ 譬如，一高龄产妇因婚前曾有过 4 次人工流产史，分娩时必须行剖宫术，否则产妇及胎儿将有生命危险，产妇请求医生不能将行剖宫术的缘由告知其家人，由于其丈夫不知原委，拒绝签字手术，坚持自然分娩，使医生陷入维护患者隐私权与患者生命权的冲突之中，左右为难。参见王云霞、贾晓婕、叶红琴：《妇产科医师保护患者隐私权的困惑分析》，《中国医院》2012 年第 3 期。

述冲突,首先,生命权具有最高的价值①,医务人员不得实施我国法律尚未明文规定的"安乐死""尊严死"等终止患者生命的行为。② 同样的,当患者的生命权受到威胁时,隐私权也应让渡给生命权。③ 其次,应当坚持权利克减的有限性原则。这一方面要求权利的克减是发生在患者的生命权受到直接的威胁而不得不为之,另一方面要求对克减的程度进行严格限定,例如,在患者的生命权与隐私权冲突时,对患者隐私披露的范围应严格限制在特定的主管部门和医务人员的范围内。④

二、身体权

身体权指的是自然人维持其身体的完整性和完满性,并支配其肢体、器官和其他人体组织的人格权,其内容包括:(1)身体完整性保持权;(2)身体组成部分的支配权。⑤ 关于身体权是否是自然人一项独立的民事权利,曾经的通说持否定态度。⑥《民法通则》第98条只规定了生命健康权,未规定身体权,但于第119条为身体遭受侵害的受害人提供民事救济,而后《最高人民法院关于确定民事侵权精神损害赔偿责任若干问题的解释》第1条第1款第1项将生命权、健康权和身体权并列,由此确认了三者相互独立的法律地位,《民法典》第110条、第990条、第1003条明确确立了身体权是自然人独立的一项人格权。

身体权的客体即身体,是躯体和身体附属物的总称。医疗活动中,关于身体权的客体,有以下问题值得讨论。首先,镶嵌、配置的人工制作的残缺身体部分的替代物,例如假肢、假牙、义眼、隆胸而注射的凝胶、人工心脏瓣膜、人工关节、助听器等,能否构成身体的组成部分。这关键是看上述器具和人体结合的紧密程度,若不能自由拆卸,则属于身体权的客体;而若可以不依赖于专业人员的技术而自由拆卸,则不应将其视为身体的组成部分,而应视为民法上的"物"。其次,器官捐献与移植中,移植后的器官和其他人体组织与受移植人成为一体的,即成功的移植,应为受移植人身体的组成部分,他人不能再主张这些器官、组织的身体权。最后,对于遗体是否构成身体权的客体,存在"身体权保护说"⑦

---

① 韩大元:《论安乐死立法的宪法界限》,《清华法学》2011年第5期。

② 解志勇主编:《卫生法学通论》,中国政法大学出版社2019年版,第141页。

③ 参见阿依加马丽·苏皮,阿克白·加米力:《论患者的知情同意权》,《医学与哲学》2015年第6期;杨咪、杨小丽:《生命权视野下患者隐私权保护中的道德冲突》,《中国卫生事业管理》2016年第8期。

④ 参见杨咪、杨小丽:《生命权视野下患者隐私权保护中的道德冲突》,《中国卫生事业管理》2016年第8期。

⑤ 王利明主编:《民法》,中国人民大学出版社2015年版,第511—512页。

⑥ 解志勇主编:《卫生法学通论》,中国政法大学出版社2019年版,第145页。

⑦ 该说认为,"非法损害、利用尸体,仍然是侵害身体权的行为"。参见杨立新:《论公民身体权及其民法保护》,《法律科学(西北政法学院学报)》1994年第6期。

"身体权延伸保护说"①"物说"②"物与非物结合说"③"所有权客体反对说"④等不同的学说主张。我们认为，遗体应当被评价为民法中的"物"，进而应成为所有权的客体，包含管理、祭祀、埋葬和捐献等权能。同时，因为遗体所蕴含的伦理道德等因素使遗体之上的权益呈现出所有权与人格利益的双重构造，遗体所有权在内容上受到"死者生前意愿"和"公序良俗"的限制。⑤

侵害身体权的行为包括两大类：一是破坏身体的完整性，二是破坏身体的完满性。⑥ 在医学领域，侵害身体权的典型大致有：第一，对身体组织的非法保留、占有。例如，对胎盘与脐带血的利用。⑦ 再如，在医院中，有的医生同时有科研任务，所以经常需要活体材料做实验，往往会利用工作之便，亲自或委托他人通过多取检材的方法，留足材料。⑧ 第二，对身体组织之不疼痛的侵害。一般认为，对身体组织的破坏，只要不造

① 该说认为，"身体作为身体权的客体，在主体死亡之后，身体变为尸体，为延续身体法益的客体，对此以身体权的延伸保护予以解释，更为恰当，且符合一般社会观念"。参见杨立新、王海英、孙博：《人身权的延伸法律保护》，《法学研究》1995 年第 2 期。其他类似观点，参见孟奇勋、杨成亮：《论尸体侵害与尸体的法律保护》，《中南民族大学学报(人文社会科学版)》2003 年第 S1 期。

② 该说认为，"尸体符合法律上物的特征，是一种权利客体"，但"尸体又是一种特殊的物"，"亲属对尸体具有所有权"，但"必须履行对尸体妥为保管和安葬的义务，不得遗弃和作有伤风气、有违法律的处理"。参见杨立新、王海英、孙博：《人身权的延伸法律保护》，《法学研究》1995 年第 2 期。其他类似观点，参见孟奇勋、杨成亮：《论尸体侵害与尸体的法律保护》，《中南民族大学学报(人文社会科学版)》2003 年第 S1 期。

参见张良：《浅谈对尸体的法律保护》，《中外法学》1994 年第 3 期。其他类似观点，参见李安刚：《也论尸体的民法保护——与杨立新先生商榷》，《当代法学》2001 年第 8 期；丁东兴：《论尸体的民法属性及保护》，《当代法学》2002 年第 2 期；葛云松：《死者生前人格利益的民法保护》，《比较法研究》2002 年第 4 期；余能斌、涂文：《论人体器官移植的现代民法理论基础》，《中国法学》2003 年第 6 期；李富成：《遗体安葬权的法律分析》，《法学杂志》2005 年第 6 期；税兵：《身后损害的法律拟制——穿越生死线的民法机理》，《中国社会科学》2011 年第 6 期；等等。

③ 该说认为，"任何事物的定性都不应当只具有是与不是两种极端选择，而没有第三条路径"，遗体的法律属性应是"物与非物的结合"，"尸体的所有权由死者的亲属享有是最为合适的"。参见杨立新、曹艳春：《论尸体的法律属性及其处置规则》，《法学家》2005 年第 4 期。

④ 该说认为，"遗体也不同于单纯的物，不能简单地将其视为权利客体"，"因为遗体寄托了近亲属的个人感情、对死者的怀念、死者和生者的尊严，也体现了一定的善良风俗"，故"死者的近亲属对遗体也不能享有所有权"。参见王利明：《人格权法研究》，中国人民大学出版社 2012 年版，第 319 页。应当指出，"身体权保护说""身体权延伸保护说"亦反对将遗体评价为物从而得于其上成立所有权，但此二说的核心在于将遗体作为"身体权"或者"延伸的身体法益"予以保护，而最后一种学说在反对将遗体作为权利客体予以保护的同时，亦反对遗体之上能够存在"身体权"或者"延伸的身体法益"。笔者为区分不同学说，仅以"所有权客体反对说"专指最后一种学说，特此说明。

⑤ 申卫星：《论遗体在民法教义学体系中的地位——兼谈民法总则相关条文的立法建议》，《法学家》2016 年第 6 期。

⑥ 王利明主编：《民法》，中国人民大学出版社 2015 年版，第 511—512 页。

⑦ 2005 年 3 月 31 日卫生部在给山东省卫生厅的相关批复中明确禁止了买卖胎盘："产妇分娩后胎盘应当归产妇所有。产妇放弃或者捐献胎盘的，可以由医疗机构进行处置，任何单位和个人不得买卖胎盘。如果胎盘可能造成传染病传播的，医疗机构应当及时告知产妇，按照《传染病防治法》《医疗废物管理条例》的有关规定进行消毒处理，并按照医疗废物进行处置。"到目前为止，买卖胎盘在行政规章层次是被禁止的。

⑧ 解志勇主编：《卫生法学通论》，中国政法大学出版社 2019 年版，第 146 页。

成严重的疼痛,不认为是对健康权的侵害,而是构成对身体权的侵害。[①] 第三,如果医生因不合于手术之方法或治疗目的实施过度的治疗,致侵害患者的身体,将构成对患者身体权的侵害,例如,实施过度的外科手术等。[②]

三、健康权

健康权呈现出复杂的规范构造,依公法、私法和社会法之研究视角的不同,而有所区别,此处的健康权指的是私法层面的健康权,即自然人以其身体生理机能、心理机能的健全正常运作和功能正常发挥,进而维持人体生命活动为内容的人格权。[③] 我国《民法典》第 110 条、第 990 条、第 1002 条规定了健康权,为健康权提供了规范基础。

医疗行为本身具有风险和侵袭性。正如英国法官普罗克勋爵的判词所说:"所有的医疗行为,管他是内科还是外科,都包含着病情不但没有好转,反而恶化的某种程度的风险,这本身是无可避免的。……可能的病情恶化也是程度不一,从微不足道的偶然身体不适,到可以毫不夸张地以灾难作喻的残疾,什么情况都有。"[④]一方面,药品的毒副作用、手术和介入性治疗等现代医学手段都会对人体健康造成伤害;另一方面,疾病本身的发展也会令人的健康受损。对此,如果没有误诊或漏诊,在医疗水平尚不能达到诊疗疾病的需要时,患者遭受的损害不能划归医疗损害。[⑤] 此外,医疗行为本身往往具有一定的人身创伤性(违法性),法律通过知情同意排除此违法性。[⑥]《民法典》第 1219 条明确规定:"医务人员在诊疗活动中应当向患者说明病情和医疗措施。需要实施手术、特殊检查、特殊治疗的,医务人员应当及时向患者具体说明医疗风险、替代医疗方案等情况,并取得其明确同意;不能或者不宜向患者说明的,应当向患者的近亲属说明,并取得其明确同意。医务人员未尽到前款义务,造成患者损害的,医疗机构应当承担赔偿责任。"

四、妥善医疗权

医务人员作为法律意义上的"专家",在医疗活动中负有注意义务,且该注意义务具有高度客观化的特点。[⑦]《民法典》第 1221 条规定:"医务人员在诊疗活动中未尽到与当时的医疗水平相应的诊疗义务,造成患者损害的,医疗机构应当承担赔偿责任。"

---

① 解志勇主编:《卫生法学通论》,中国政法大学出版社 2019 年版,第 147 页。
② 解志勇主编:《卫生法学通论》,中国政法大学出版社 2019 年版,第 147 页。
③ 王利明主编:《民法》,中国人民大学出版社 2015 年版,第 511—513 页。
④ Sidway v.Governors of the Bethlem Royal Hospital(1985) AC 971(HL).[英]马克·施陶赫:《英国与德国的医疗过失法比较研究》,唐超译,法律出版社 2012 年版,第 46 页。
⑤ 乔乐天:《论医疗侵权责任的要件构成》,法律出版社 2018 年版,第 116 页。
⑥ 解志勇主编:《卫生法学通论》,中国政法大学出版社 2019 年版,第 149 页。
⑦ 梁慧星:《论〈侵权责任法〉中的医疗损害责任》,《法商研究》2010 年第 6 期。

与此相对,患者享有妥善医疗权。所谓妥善医疗权,指的是在医疗活动中的每一个环节,患者的生命健康应当得到最大程度的尊重与照顾的权利。[1]　大致包含以下内容:

第一,患者享有在紧急状况下获得及时诊断治疗的权利。《医师法》第 27 条、《医疗机构管理条例》第 31 条规定了医疗机构及其医务人员对危重病人进行急救的义务。公民享有的紧急医疗救治权是以法律对医疗机构和医疗从业人员设定相应的义务来体现的。公民在患病急危时,即使预先没有缔结医疗合同,也享有受到紧急救助的法定权利。医务人员在抢救生命垂危的患者等紧急情况下已经尽到合理诊疗义务,即使患者受到损害,法律也将此种情形规定为免责事由(《民法典》第 1224 条)。

第二,患者有获得正确诊断的权利。患者就医时,有获得医方对自己的病症及其有关事项进行全面询问的权利;有获得医方全面、及时检查的权利;初诊后,患者有权要求医方根据患者病情的发展、症状表现来及时修正初步诊断,并根据确诊结果实施对症治疗的权利。[2]

第三,患者有获得适当治疗的权利。这包含以下几个方面的内容:(1)诊断结果出来后,患者有获得及时治疗的权利。(2)患者有权要求医方严格按照患者病情、药典或药物使用说明规定的条件为患者开具药品。(3)患者对医方提供给自己的药物的毒副作用有获得详细说明告知的权利。(4)患者在用药之前,有权获得医方对用药方法进行的详细指导。(5)在用药或注射期间,患者有权要求医方对其用药或注射情况进行必要观察,并对异常情形及时进行处理或解决。(6)患者有权要求医方严格按照手术操作规程进行手术操作。(7)患者有权要求医方严格按照注射操作规程进行注射操作。(8)患者有权要求医方严格按照输液、输血操作规程进行操作。[3]

第四,患者有获得持续治疗的权利。一方面,患者有权要求医方按照治疗目的持续治疗,不得任意终止治疗行为;另一方面,患者有权主动要求终止治疗,但医方必须对终止治疗可能产生的后果予以说明。[4]

第五,患者在治疗过程中有获得合格医护人员、医疗设备及药品治疗的权利。首先,患者有权获得合格的医护人员的治疗与护理。《中华人民共和国医师法》规定了担任医师的资格和程序,同时,《刑法》还规定了非法行医的罪名,用以对未取得医生执业资格的人非法行医进行制裁。其次,患者有权要求医方为自己开具、提供的药品、消毒产品、血液、注射液质量合格,无污染,具备合乎医疗目的的效用。在诊疗护理过程中,患者为治疗需要向医院购买药品、消毒产品、医疗器械、血液时,医患之间成立了买卖合同关系。若药品、消毒产品、医疗器械、血液存在缺陷,则作为卖方的医疗机构也必须承

---

[1]　侯雪梅:《患者的权利——理论探微与实务指南》,知识产权出版社 2005 年版,第 89 页。
[2]　侯雪梅:《患者的权利——理论探微与实务指南》,知识产权出版社 2005 年版,第 95—97 页。
[3]　侯雪梅:《患者的权利——理论探微与实务指南》,知识产权出版社 2005 年版,第 97—99 页。
[4]　侯雪梅:《患者的权利——理论探微与实务指南》,知识产权出版社 2005 年版,第 99—110 页。

担相应的违约责任。从侵权责任的角度，《民法典》第 1223 条也规定了医疗产品责任："因药品、消毒产品、医疗器械的缺陷，或者输入不合格的血液造成患者损害的，患者可以向药品上市许可持有人、生产者、血液提供机构请求赔偿，也可以向医疗机构请求赔偿。患者向医疗机构请求赔偿的，医疗机构赔偿后，有权向负有责任的药品上市许可持有人、生产者、血液提供机构追偿。"再次，患者有权获得医师处方所开具的药品、消毒产品、血液、医疗器械。复次，患者有权要求医方保证医疗器械、设备处于合乎医疗使用的良好质量与状态。最后，患者有权要求医方在医疗器械、设备的使用中遵守操作规程或合乎医疗目的。

第六，患者有拒绝医方过度医疗行为的权利。"过度医疗"指的是由于多种原因引起的超过疾病实际需要的诊断和治疗的医疗行为或医疗过程。过度医疗纠纷成为社会关注的热点问题由来已久，媒体经常报道医院发生过度医疗纠纷，从"绵阳走廊医生事件"①到"哈尔滨天价医疗费案"②，再到"广州儿童的 217 项检查案"③和"'碎石'致左肾被切除案"④，这些因过度医疗引发的纠纷，无一不成为社会公众事件。湖南《湘问》电台汇总了 2017 年的后台数据发现，在受理的 4042 条涉医投诉案件中，反映医疗机构过度医疗的投诉 1658 条，占投诉总量的 41%。⑤ 又如，心脏支架放置的数量，美国患者平均放 2 个，我国患者平均放 3.5 个，美国不必要支架放置的比例是 50%，我国没有明确的统计数字，但普遍认为过度放置非常严重。⑥ 对此，《民法典》第 1227 条规定："医疗机构及其医务人员不得违反诊疗规范实施不必要的检查"，为规制过度医疗提供了法律依据。

第七，患者有转诊或转院的权利。患者转诊或转院的情形大致有患者主动要求转院或医方劝导患者转诊或转院。患者在转诊或转院中，大致有以下权利：(1)有权及时从医方获得应当转诊或转院治疗的如实告知；(2)医方为患者推荐可转入的诊室或医院；(3)由医院主动转诊或转院时，医方必须与转入诊室或医院进行联系，取得同意后，方可转入；(4)医方将病历资料转交转诊医院；(5)患者有对是否转诊或转院的最终决定权。⑦

① "绵阳走廊医生事件"，载 https://cd.qq.com/zt2014/zlys/，访问时间：2019 年 8 月 29 日。
② "550 万天价医药费"，载 https://news.sina.com.cn/z/550wtjylf/，访问时间：2019 年 8 月 29 日。
③ "一枚弯针引发 217 项检查"，载 http://newpaper.dahe.cn/hnrbncb/html/2010-06/21/content_332864.htm，访问时间：2019 年 8 月 29 日。
④ "长沙政协委员揭'体外碎石'滥用之痛：患者 5 次碎石致肾脏被摘除"，载 http://hunan.sina.com.cn/news/2016-12-08/detail-ifxypipu7292348.shtml，访问时间：2019 年 8 月 29 日。
⑤ "2017 年湖南医疗圈那些不得不说的事"，载 http://m.sohu.com/a/225233201_119717，访问时间：2019 年 8 月 29 日。
⑥ "美国人被过度医疗"，载 http://www.360doc.com/content/12/0110/17/4758024_178557286.shtml，访问时间：2019 年 8 月 29 日。"心脏支架已成为我国过度医疗的重灾区"，载 http://blog.sina.com.cn/s/blog_549330dd0102xosp.html，访问时间：2019 年 8 月 29 日。
⑦ 侯雪梅：《患者的权利——理论探微与实务指南》，知识产权出版社 2005 年版，第 120 页。

第八,诊疗过程中患者获得正确指导的权利。《民法典》第 1219 条规定:"医务人员在诊疗活动中应当向患者说明病情和医疗措施。"《基本医疗卫生与健康促进法》第 67 条规定:"医疗卫生人员在提供医疗卫生服务时,应当对患者开展健康教育。"《医师法》第 23 条也将对患者进行健康教育规定为医师在执业活动中应履行的义务之一。与此相对应,患者诊疗过程中有获得医方正确指导的权利。

五、知情同意权

知情同意权是指患者在知晓并理解医生提供其医疗决定所必需的足够信息的基础上自愿做出的医疗同意的权利。[①] 国际上关于知情同意的内容构成,有三元素说和五要素说。三元素说认为,知情同意由三个基本元素组成:信息披露、患者的表意能力、同意中的自愿。[②] 五要素说认为,知情同意可以分为两个阶段,即"信息"处理阶段和"同意"决定阶段。五要素即详细建构了两个阶段的五个环节:信息披露、表意能力、充分理解、自愿、同意决定。[③] 其中,"表意能力"和"自愿"为知情同意的"先决条件","信息披露"和"充分理解"为知情同意的"信息要件",而"同意决定"为知情同意的"同意要件"。[④] 此学说更为精致和条理,宜采此说。

(一)信息披露

披露或公开,又称告知或揭示,是在患者做出决定前对患者所作的信息提供。此环节在我国法律上一般称为告知,学界一般称为医疗说明义务,即医师告知患者相关的信息。病患同意权之前提,在于医师履行具体之说明义务。[⑤] 一般来说,医师所应告知的信息包括事实和风险,主要包括以下几个方面:①疾病的诊疗信息;②所建议和实施的治疗方案的理由、性质、特性、目的、预期效果,包括可预见的风险;③有无其他可选择、可替代的治疗方案,及其他可选治疗方案的预期效果,包括可预见的风险;④作为实验性临床治疗及医学科学实验对象的特别告知。

1.实质性信息

关于何种风险或信息应予以告知,即什么水平的风险应启动医方的告知义务,一般应遵循信息的"实质性"标准,若某信息或风险会对患者的判断和决定产生"实质性"影

---

① 古津贤、强美英:《医事法学》,北京大学出版社 2011 年版,第 189 页。

② See Appelbaum P S,Lidz,C W,Meisel A.,Informed Consent:Legal Theory and Clinical Practice,Oxford University.Press,1987;Grisso,T.,Evaluating Competencies:Forensic Assessments and Instruments,Plenum Press,1986;Kaimowitz v.Michigan Dep't.of Mental Health,42 U.S.L.W.2063(Civil Action No.73－19434－Aw,Circuit Court,Wayne Co.Mich.,July10,1973).转引自赵西巨:《医事法研究》,法律出版社 2008 年版,第 66 页。

③ See Applebaum PS,Lidz CW,Meisel A.,Informed Consent:Legal Theory and Clinical Practice,Oxford University Press,1987.转引自赵西巨:《医事法研究》,法律出版社 2008 年版,第 67 页。

④ 赵西巨:《医事法研究》,法律出版社 2008 年版,第 67 页。

⑤ 黄丁全:《医事法》,中国政法大学出版社 2003 年版,第 262 页。

响(如有可能拒绝医疗或选择不同的治疗方案),即说明此信息有告知的必要。在判定何种风险为"实质性"时,普通法倾向于在影响程度上采"重要性"(significance)标准,即认为医师的合理注意义务要求医师告知患者意欲赋予重要性的特定信息和实质性风险,且在告知相对性人的选择上倾向于采普通法上惯用的客观性较强的"合理之人"标准为参照。① 正如罗杰斯诉惠特克(Rogers v.Whitaker)案的判决所言:"如果,在一个特定的情境下,站在患者立场的一个合理之人,在被告知一风险后,有可能赋予其重要性;或者如果医务人员意识到或应当合理地意识到某一特定患者在被告知一风险后有可能赋予其重要性,那么此种风险即是实质性的。"②

2. 信息披露的标准

信息披露的标准,又称说明义务的标准、告知义务的标准,是判定医师是否善尽合理说明义务的基准,是判断医师在说明义务履行上是否存在过失的依据。关于医师的说明义务应尽到什么程度才算充分、适当,基于不同的视角,有两种判断原则及基于两种判断原则的三个标准:基于医师原则的"理性医师标准"(reasonable physician standard)、基于患者原则的"理性患者标准"(reasonable person standard)和"具体患者标准"。

医师原则,或称专业原则、专家原则。"理性医师标准"认为医师告知患者的是"一个通情达理的、有基本能力的医师按照常规惯例应告知患者的信息",这是一种职业标准。

患者原则,强调告知义务应依据患者作出同意之需要加以考量。患者原则有客观标准和主观标准之分,客观标准是指"理性患者标准",认为医师的告知义务应以一个理性患者为做出一个明智选择所应被告知的风险和选择方案为准,即所有与一个通常的患者的决定有实质性关系的风险均应告知。告知范围被客观化了。而主观标准是指"具体患者标准",认为医师的信息告知范围应以个别患者为准,即在医师可能预见的范围内,就其治疗的具体、个别患者本人所重视的事项,就应告知,其告知范围之标准取决于作出同意的患者本人。此标准着重每个特定患者的受教育程度、职业、年龄、特别情形等个性化的因素,告知范围有主观化色彩。

说明义务之标准,在美国、英国、德国也众说纷纭,往昔以"理性医师标准"较为盛行,如英国法对医师的告知义务持较保守态度,多采用医师标准,在西达威(Sidaway)案③中,医师注意义务要求其根据一个尽责的医疗人员或医疗职业认可的合适标准向

① 赵西巨:《医事法研究》,法律出版社 2008 年版,第 68 页。
② Rogers v.Whitaker(1992)175 CLR 479;109 ALR 625,631 per Mason CJ,Brennan,Dawson,Toohey & McHugh JJ,citing F v.R(1983)33 SASR 189,194 per King CJ.
③ Sidaway v.Board of the Bethlehem Royal Hospital(1985)1 ALL ER 643,(1985)AC 871.英国上议院认为,不向患者披露手术可能对脊髓的损害风险(1%)是神经外科界认可的做法,不构成过失。

患者告知治疗所涉及的风险。奥地利最高法院在 1986 年的一项判决中,使用了"一个合理、尽责的一般医生之标准",认为在履行告知义务时也须遵循一个合理谨慎医生之标准。德国联邦最高法院的判决,"即使是进修中的妇产科实习医生",如果在"本人负责的情况下承担了分娩手术任务",其是否有过失,也应以"一个主治医师的手术为准";"新手对病人也负有后者得以从胜任者那里得以期待的谨慎"。① 美国纳坦森诉克莱恩(Natanson v. Kline)案②中,判决指出,"医师的披露义务限于一位合理医师在相同或相似情境下意欲披露的程度",而合理医师的此种披露应基于"患者最佳治疗利益"。

20 世纪 70 年代后,说明义务之标准则有逐渐朝向"理性患者标准"甚至"具体患者标准"之趋势。在美国,在纳坦森案建立"理性医师标准"12 年后,美国司法通过坎特伯雷诉斯宾塞(Canterbury v. Spence)案③开始认可理性患者标准,判决指出,"医生向患者披露信息的范围就由患者的需要来决定","告知范围的标准不是主观的,而应是客观的"。澳大利亚普通法则倾向于具体患者标准,更多地观照具体情境中的患者或者具有特定性的患者。在著名的罗杰斯诉惠特克(Rogers v. Whitaker)案中,澳大利亚高级法院认为,在决定医师是否向患者提供充分信息问题上,其标准不应该是医疗业的规范,而是法定的合理注意标准;此注意标准要求医师告知患者意欲赋予重要性的特定信息和实质性风险。④

患者标准赋予患者更大的自主权,是尊重患者自我决定权的体现,较为可采,在司法实践中也逐渐替代了"理性医师标准"。"理性患者标准"具有统一、简明、理性和便捷的好处,具有稳定性和确定性,也不会过分加重医疗从业者的职业负担;但是,在我国这样一个患者素质参差不齐的国度来说,"具体患者标准"更易促进良好医患关系的建构,更能加强个性化和情感化的服务,更能体现以患者为本位的思想。在立法和司法实践中,不妨兼顾"理性患者标准"和"具体患者标准",以"理性患者标准"为主,辅之以"具体患者标准"的合理观照,以取得平衡医方利益和患方利益的效果。⑤

(二)表意能力

表意能力也称为同意能力、判断能力、意思决定能力,是指患者对健康照护做出决定的能力。具体来说,表意能力即同意能力,是指有关的人能够理解检查、治疗或研究的程序,能够权衡它的利弊得失,能够对面前的选择做出评价,能够理解所采取的行动

---

① [美]巴尔:《欧洲比较侵权行为法》(下卷),焦美华译,法律出版社 2001 年版,第 373 页注释 737。
② Natanson v. Kline,350 P.2d 1093(1960).
③ Canterbury v. Spence,8 Cal.3d 229,243-44,502 P.2d 1,10,104 Cal.Rptr.505,514(1972).
④ 赵西巨:《医事法研究》,法律出版社 2008 年版,第 77 页。
⑤ 赵西巨:《医事法研究》,法律出版社 2008 年版,第 78 页。

的后果,有能够根据这种知识做出决定的能力。①

医疗行为合法化的前提有二,即医疗目的的正当性和患者的同意,二者缺一不可。医疗行为的目的是维护患者的生命健康。这一目的的正当性决定了医疗行为所带来的危险是一种容许性的危险,具有社会正当性。但这一正当性是抽象层面的,除特殊情况外,在个案中还必须有患者的同意,只有患者同意的医疗行为才能获得合法的根据。同意应该是有效同意。有效同意的前提,必须是患者对医师的说明有充分的理解和对自己的行动后果有明智的判断,这将受到患者的智力水平、精神状况、教育水平、社会阅历等因素的影响,这些综合的因素决定了患者同意能力的有无和高低。②

1. 表意能力的判断标准

在判定表意能力即判断同意能力的标准上有三种学说。

一为民事行为能力说。我国现有立法及司法中多认同此说。我国现有的医事立法或者没有就患者的决定能力做出规定③,或者简单地借用民法中的概念,将限制民事行为能力人和无民事行为能力人视为在医学判断上欠缺充分决定能力或同意能力之人,医疗决定由其监护人代而为之。民事行为能力的界定是基于行为人的年龄和智力状况,具有统一性、便捷性和确定性,但也缺乏具体性,带有机械性。

二为刑法责任能力说。此说不当之处在于,患者同意属于民法范畴,以刑法责任能力为准缺乏法理依据。

三为表意能力说。④ 英美法系一般采此观点,后来大陆法系一些国家也认同此说。该说认为表意能力应依个案认定,表意能力是指患者:①做出选择;②理解相关信息;③认定其处境和后果;④合理处理信息的能力。若无相反证明,成年人应被推定为具有表意能力之人。表意能力说较为合理。患者表意能力的判定关涉其重大生命健康权益,必须根据患者的多种能力个案认定。而根据英国立法,16 岁以上的未成年人所做的同意是有效的,无须父母同意。⑤ 对于那些 16 岁以下的未成年人,不能仅因为其年龄,就断定其缺乏同意能力;当他具备了"充分的理解能力和智力"时,父母的干预权应让位于子女的自我决定权。英国法中,对未成年人的能力认定是"身份"标准和"理解能力"标准的结合。澳大利亚高级法院也认为,"当一个未成年人取得了充分的理解能力和智力以便能充分理解医生的建议时,他是能做出知情同意的。"⑥《欧洲人权与生物医学公约》第 5 条认为,在对医疗干预同意这一问题上,未成年人的意见应予以考虑。这一

---

① 龚赛红:《医疗损害赔偿立法研究》,法律出版社 2001 年版,第 232 页。
② 王岳主编:《医事法》,人民卫生出版社 2013 年版,第 78 页。
③ 例如,我国《医师法》第 26 条、《医疗机构管理条例》第 33 条、《侵权责任法》第 55 条的规定。
④ 黄丁全:《医事法》,中国政法大学出版社 2003 年版,第 270 页。
⑤ Family Law Reform Act 1969 s.8(1).
⑥ 赵西巨:《医事法研究》,法律出版社 2008 年版,第 83 页。

因素的决定程度应与未成年人的年龄和成熟程度相适应。第二次世界大战后,德国司法认为未成年人对医疗行为的承诺能力不同于民事行为能力,须对患者从精神的、品德的成熟度出发,对其接受承诺的意义、范围做出评价。[①] 患者的决定能力与其成熟程度相关。在判断患者的表意能力时,可以考虑患者为未成年人或有精神障碍对其认知能力的影响,但这一状态本身并不表明患者即丧失决定和表意能力。

表意能力说认为,对一个患者表意能力的判断应该包括:①患者是否能够对医疗方案的内容和程序具有充分的理解和评价能力,能够表达和交流对某种医疗措施的喜好和选择;②患者对医疗方案的选择是否具有准确的逻辑思考和判断能力,其决定是否合乎情理,是否受精神不适的影响;③患者对医疗方案的实施后果是否具有相应的推理和承受能力。同时符合这三个标准的,患者即具备了同意能力。

同意能力和行为能力的范围并非完全一致,而是属于交叉关系。一般来说,具有完全同意能力的人也同时具有完全的民事行为能力。但一些在法律上有完全民事行为能力的人,不一定具有完全的同意能力,例如,有的患者心理承受能力较差,有些在患病时情绪极度不稳定。从而无法完全理解告知的内容,做出正确的判断。此时,应当认定这位患者不具有完全的同意能力。同时基于医疗行为和患者自身利益的密切关系,年龄较大的人和未成年人,可视作具有部分同意能力,从而成为知情同意权的主体。[②] 总之,有无同意能力应就具体情况,对同意内容能否理解与判断而为决定,不能以患者为未成年人或精神患者一概认定其没有同意能力。

2. 表意的代理

对于不具备表意能力的患者来说,代理决策(surrogate decision-making)是保证其自主权和决定权的一个替代机制,是为维护和实现患者的权利而产生的。决策代理人是当患者不具备或丧失表意能力时担负起决定责任之人。[③]

决策代理人同意权的行使,并非自己决定权的行使,它只是通过代理机制来实现患者的意愿。为了维护被代理人权益的充分实现,决策代理人的代理行为应遵循以下标准:①替代判断标准(the substituted judgment standard)。基于对患者自主权的尊重,决策代理人应假设自己是患者而做决定。对于曾经具有表意能力的患者,若有足够的证据可以推测本人的意思,应大体与本人意思相符合。[④] ②最佳利益标准(the best interests standard)。该标准要求代理人做决定时必须要以患者的最佳利益为依归。代理人必须权衡各种选择的利益与内在风险或成本,最大化患者可得到的利益。

如果决策代理人由于认识上的局限性,或者并非出于患者利益的考虑,而作出不符

① 赵西巨:《医事法研究》,法律出版社 2008 年版,第 82 页。
② 王岳主编:《医事法》,人民卫生出版社 2009 年版,第 73 页。
③ 赵西巨:《医事法研究》,法律出版社 2008 年版,第 85 页。
④ 黄丁全:《医事法》,中国政法大学出版社 2003 年版,第 272 页。

合患者利益的决定,他的决定是否应该被否定,如果应该被否定,由谁来认定他的决定不符合患者的最佳利益,由谁来否定他的决定,我国法律及司法并没有对此作出明确规定,在实践中该如何操作,也存在许多争议。对于法定代理人(如父母)滥用同意权的情形,德国法会以"病患之最大利益"为考量之大前提请求法院停止其亲权,另行任命监护人行使监护权。①

(三)充分理解

充分理解,要求患者能理解医师提供的信息,理解与其处境的相关性。理解失败是否意味着知情同意无效,我国司法尚无明确的答案。

充分理解并不要求病人彻底了解所有的事实或信息,对核心或实质性的事实或信息的理解就已足够。因此,医务人员在履行告知义务时,应注意坚持通俗原则,应尽量以一种通俗易懂的方式进行,以一种患者可理解的语言向患者尽说明义务。

(四)自愿

自愿,是指不受他人的控制,意味着免于外在影响。这种外在影响一般来自三个方面:①以外在的威胁和强制力控制他人;②透过理性的言说控制他人;③以其他方式试图控制他人,包括不真实和不完全的信息告知。

知情同意中的"自愿"不排斥医师对某种医疗行为或医疗方案的建议。医师和患者对于医疗方法的讨论,应该是公开真诚的和交互的。

(五)同意决定

医师履行告知义务的目的是帮助患者做出合乎其生活形态和价值观的医疗决定。被害人同意(承诺),属于常态行为的阻却违法的正当事由,但医师仍负有相当注意义务,若实施医疗行为时欠缺避免医疗危险应为的注意,致伤亡结果的,仍应负过失责任。

1. 同意的事项

同意的事项是指医疗过程中具体的医疗行为,主要是指对患者的身体具有侵袭性,即可能带来危及生命、损害身体机能及对身体外观发生重大改变等后果的医疗行为。它与医生应尽的告知义务的内容相呼应。根据我国的相关法律规定,在实施手术、特殊检查、特殊治疗、实验性临床医疗时,必须征得患者的同意。

医生的行为不能超越患者同意的事项。患者的同意针对的仅是所要实施的医疗行为,同意事项以外的医疗措施是不能实施的,即使该措施符合患者的最佳利益。② 当然在紧急情况下,为了挽救患者的生命或健康,医师可以不经患者同意而扩大医疗行为。此类"必需"抗辩只适用于患者的额外病情具有危及生命的性质或者额外的医疗干预措施不能合理地延迟的情形下。因此,在此领域,司法区分了"必需的"手术和仅属"方

① 赵西巨:《医事法研究》,法律出版社2008年版,第85页。
② Devi v.West Midlands RHA(1981)CA。在此案中,患者同意的仅是对子宫的修复,但医师同时给她实施了绝育手术,认为符合她的最佳利益。

便"之举的手术。①

2. 同意的主体

谁来同意? 对于医疗行为,可为同意之人包括患者本人、配偶、其他近亲属和关系人。知情同意原则保护的是患者的自主权,所以知情同意的主体当然是患者本人,患者的同意具有优先性和排他性,这体现了对患者人格自主权的尊重。只有当患者本人不能为同意时,才例外地由他人代为同意。国外立法,多对患者以外可为同意之人划定了范围和顺序,一般而言除患者以外可为同意的第二顺位人是配偶,第三顺位人是其他亲属或关系人。我国的法律没有对患者以外的近亲属代为同意时进行排序,《侵权责任法》明确规定了以患者的同意为第一顺位,规定只有当不宜向患者说明时才应当向其近亲属进行说明并取得同意,充分尊重患者的自主决定。明确了患者的同意优先于其近亲属同意的原则,同时也将有权代理患者同意的代理人的范围,由原来的"患者家属"缩小到了"患者的近亲属"。

3. 同意的形式

同意的形式有明示和默示两种,明示的同意又包括书面和口头两种方式。通常情况下,书面的、口头的、默示的同意被视为具有相同的法律效力。《侵权责任法》将医方的告知方式分为口头和书面两种,书面方式即医疗知情同意书。书面的同意是证明患者确实做出了同意的最清楚的证据,在法律没有规定必须书面同意的情形下,口头的、默示的同意同样有效。

根据法律规定,医疗知情同意书一般适用于手术、特殊检查、特殊情况紧急抢救输血治疗知情同意书、麻醉同意书、病危(重)通知书等创伤性较大或后果较严重的治疗或措施。医疗知情同意书是医方履行告知义务,患方行使知情同意权和承担医疗风险的证明文件。但医疗知情同意书的一些免责条款,并不能阻却侵权责任的承担。

口头形式虽然存在证据固定较为困难的弱点,但口头形式由于效率高、成本低、方便、随时可以进行的特点,在医疗活动中被广泛采用。只需要告知患者而不需要其同意的事项一般采用口头方式,操作简单、风险较小的治疗方法也可以口头告知。如病情的告知、常用药物的副作用、插胃管等。口头告知的内容如果患者明确表示不同意,医师需要进一步告知拒绝的后果,并作书面记载。

默示的同意,主要适用于对医疗过程中一些已经成为常识的医疗活动,医师被免除了告知义务,患者的同意方式可以为默示。默示同意,是指即便不存在事实上的或明示的同意,在某些特殊场合下(例如紧急救治),可以推定患者同意接受某些(在其他场合是侵权行为)行为。②

---

① Murry v.McMurchy(1949)2 DLR 442.

② 王岳主编:《医事法》,人民卫生出版社 2009 年版,第 78 页。

4. 同意的撤销

理论上,知情同意权是患者的基本权利,患者有接受的权利,也有不接受的自由,撤销权是知情同意原则的应有之义,但因此给医方造成损害的,应该由患者承担相应责任。无论治疗行为是否开始实施,或正实施之中,同意权人均可撤销同意。但应该符合以下条件:①撤销为权利人真实的意思表示;②撤销在医学上被认为是适当的,停止医疗行为不会产生不利于患者健康和生命的影响;③不违背公序良俗。参加药品临床试验的受试者在试验的任何阶段均有权随时撤出而不受歧视和报复。

5. 同意权滥用的限制

患者的知情同意权,虽然是患者的根本权利,但它的发端,是为了促进患者在医疗事务中的合理参与,达到医患之间的协力配合,从而有利于医疗中患者最佳利益的实现。那么,患者同意权的滥用,有可能损害到患者的最佳利益。我国现有的立法和司法并没有对患者同意权滥用的情形作出回应,虽然实践中屡屡出现一些患者同意权滥用的个例。英美法系的司法裁判中已有许多这样的判例,对患者同意权滥用的情形进行了规制。

对于患者对同意权的滥用(因宗教原因拒绝输血)①或曾预先指示拒绝医疗干预但对自身和他人造成危险的精神障碍患者②,医师应当依照医学专业标准行事,而不是一味迁就当事人的主观意愿。在此种场合,法院往往会权衡患者的自主权、患者的最佳利益和国家的最佳利益。

(六)同意权的例外

从知情同意原则诞生之初,人们就认识到了这一点。在美国 1914 年的施洛恩多夫(Schloendorff)案中,卡多佐(Cardozo)法官一方面肯定了患者的"自主决定权",认为"每一个成年的且心智健全的人均具有决定如何处置其自身身体的权利";另一方面也在"存在患者意识不清和同意获取前有必要进行手术的紧急情形"时设立了告知义务的例外。我国《医疗机构管理条例》第 33 条、《医师法》第 27 条、《民法典》第 1220 条等都明确规定了知情同意原则的例外。具体的例外情形如下:

1. 医疗的紧急情势

在此情形下,探求患者的意思已不切合实际,患者的知情同意不再适用,或者被认

---

① 美国 the Matter of Rena,46 Mass.App.335(1999)案中,一位 17 岁患者(一位耶和华证人)拒绝输血的预先指示并没有得到遵循。上诉法院认为,在判断该指示的有效性问题时,应将患者意志和父母意愿与患者本人的最佳利益和国家利益平衡起来。参见赵西巨:《医事法研究》,法律出版社 2008 年版,第 90 页。

② 美国佛蒙特州修改后的强制治疗法允许法院一定条件下超越患者的预先指示。《欧洲人权与生物医学公约》第 7 条规定,如果患者的健康有可能遭受严重损害,即使没有其同意,患有严重精神疾病的患者也会得到治疗。欧洲人权法院认为,如果存在医疗干预的必要性,对不能自主做决定的精神患者的强制治疗并不构成《欧洲禁止非人道待遇公约》第 3 条所指的非人道待遇。参见赵西巨:《医事法研究》,法律出版社 2008 年版,第 90 页。

为是"默示的"同意。但医师在医疗行为中仍应遵循通常的医疗规范,或者去寻求患者家属的同意,或者依患者可推知的同意为之。《欧洲人权与生物医学公约》第8条规定:"当由于一紧急情形不能获得相应的同意时,为了当事人的健康益处,任何医疗上必需的干预均可立即实施。"

2. 保护性医疗

在医患关系的利益信赖模式中,医师对患者负有如实说明义务,使得患者利益实现最大化。但并非所有的医疗信息的说明都会对患者的医疗决定和治疗行为本身产生良好的效果,如一些重症或绝症患者对所患的疾病知情后,其求生的意志可能会被挫伤,其身心健康会受损。在我国,保护性医疗由来已久并被普遍认可。保护性医疗措施是基于东方国度特有的文化和伦理背景产生的,也得到了我国相关法律法规的认可。我国《医疗事故处理条例》第11条、《医师法》第25条等都明确规定,医生向患者告知病情时,应当注意避免对患者产生不利后果。

3. 医疗特殊干预权

通常而言,医方的一般权利应当服从于患者权利的要求,即在一般情况下,对患者的诊疗措施必须取得患者的同意,但是在特定的情况下,需要通过对患者权利的限制以达到实现医方对患者应尽的义务,这种限制患者权利的权利被称为医疗特殊干预权。医疗特殊干预权,又称特殊干涉权或医疗特权,是指在特殊情况下,医师为了不损害患者或者社会他人利益,对患者自主权进行干预和限制,并由医生做出医疗决定的权利。① 《民法典》第1220条明确规定:"因抢救生命垂危的患者等紧急情况,不能取得患者或者其近亲属意见的,经医疗机构负责人或者授权的负责人批准,可以立即实施相应的医疗措施。"

4. 权利放弃或转让

患者对其知情同意权放弃或转让,是指患者放弃或转让获得信息的权利,或者在医方对患者进行有效的告知说明以后,患者不能决定是否接受医师所提出的医疗建议,做出放弃自己作出同意的决定或转让给医师为其作出决定。这种患者知情同意权利的放弃,在国外的许多立法和司法上获得了认可。美国联邦最高法院将"waiver"定义为"对已知权利自愿和故意的放弃"。② 荷兰民法典也有放弃知悉权的规定:"倘若病人明示不愿接受信息,则就不应当提供信息,除非不提供信息对病人或其他人的不利后果超过了病人放弃信息的利益。"

权利放弃这一例外的设置基于以下需求和事实:①有些患者缺乏分析风险系数的自信;②有些患者倾向于听从医生的职业判断;③有些患者不愿获得负面信息,而倾向

---

① 王岳主编:《医事法》,人民卫生出版社2013年版,第82页。

② Miranda v.Arizona,384 U.S.436,475-76(1966);Johnson v.Zerbst,304 U.S.458,464(1938).参见赵西巨:《医事法研究》,法律出版社2008年版,第81页。

于其家庭成员做出判断。"权利放弃"实际上是设置了一个机制,来包容不同价值观下的不同选择。① 权利放弃仍然体现了对患者自我决定权的尊重。当病人自愿放弃做决定的权利时,他等于是做了一个不做决定的决定。

5. 强制性医疗行为

依法律强制规定,如对感染法定传染病的患者进行强制隔离或强制治疗,可以无须获得患者的同意。

6. 普通常识的例外

如某些医疗行为是常识,患者根据常识能够知情并作出选择,则没有必要再由医生告知一次。普通常识的例外,实际上对患者的知情同意权并没有实质性的影响。

六、隐私权

隐私是自然人的私人生活安宁和不愿为他人知晓的私密空间、私密活动、私密信息。自然人享有隐私权。早在 2000 多年前,《希波克拉底誓言》就明确强调:"在治病过程中,凡我所见所闻,不论与行医业务有无直接关系,凡我认为应予保密的事项坚决不予泄露。"患者作为自然人,当然享有隐私权,《民法典》第 1226 条明确规定:"医疗机构及其医务人员应当对患者的隐私和个人信息保密。泄露患者的隐私和个人信息,或者未经患者同意公开其病历资料的,应当承担侵权责任。"《医师法》第 56 条规定,医师在执业活动中违反《医师法》的规定,泄露患者隐私或者个人信息,由县级以上人民政府卫生健康主管部门责令改正,给予警告,没收违法所得,并处一万元以上三万元以下罚款;情节严重的,责令暂停六个月以上一年以下执业活动直至吊销医师执业证书。《护士条例》第 18 条也规定了护士应当尊重、关心、爱护患者,保护患者的隐私。

在医疗关系中,患者的隐私权保护主要指的是患者的隐私信息保护、患者的隐私空间保护和患者的隐私行为保护。首先,患者的隐私信息,是指在不妨碍他人与社会公共利益的前提下,患者个人内心与身体上存在的不愿让别人知晓的秘密信息。这些秘密信息包括:(1)患者身体存在的生理特点、生殖系统、生理缺陷或影响其社会形象、地位、从业的特殊疾病;(2)患者既往的疾病史、生活史、婚姻史;(3)患者的家族疾病史、生活史、情感史;(4)患者的人际关系状况、财产及其他经济能力状况;等等。② 上述信息作为患者隐私,应当受到保护。其次,患者的隐私空间,是指在医院就诊过程中,暂时为患者占有、使用,而其不愿意被他人侵入的场所。医院应当充分保护患者的隐私空间,一是,要尽量为患者营造隐秘空间;二是,未经患者同意,不应擅自、草率

---

① 赵西巨:《医事法研究》,法律出版社 2008 年版,第 81 页。
② 解志勇主编:《卫生法通论》,中国政法大学出版社 2019 年版,第 149 页。

侵入这些私密空间。最后，患者的隐私行为，是指在医院就诊过程中，除法律法规特别规定外，患者具有行动自由的权利，医院不得限制患者的行为。[①] 该隐私行为同样受到法律保护。

对患者隐私权的侵害责任适用过错责任原则，必须具备主观过错、违法行为、损害事实、因果关系四个基本要件，侵害患者隐私权的表现大致有：第一，未经患者同意，擅自向患者之外的第三人披露患者不愿让他人知道的病情。第二，因诊疗需要了解或暴露患者的身体隐私部位时对患者隐私权的侵害。这通常又包括以下两种情形：一是未经患者同意，擅自向患者之外的第三人暴露患者的隐私部位，例如有教学任务的医院，为完成教学、实习任务，不经患者知情同意，擅自让实习生进入诊疗现场观摩，并将患者身体作为标本进行讲解；又如医院出于医学研究交流的目的，未经患者同意，擅自通过视听媒体录制展示患者身体的资料在一定范围的人员中直播或转播；二是未采取合理措施，保护患者身体的隐私部分。[②] 第三，未对患者的私人活动空间进行保护。第四，擅自对外宣扬患者的个人病例资料。第五，医方出卖患者的其他信息资料，例如患者的身体状况、家庭地址、联系电话、工作单位等详细资料。[③]

七、患者个人信息保护

个人信息是以电子或者其他方式记录的能够单独或者与其他信息结合识别特定自然人的各种信息，包括自然人的姓名、出生日期、身份证件号码、生物识别信息、住址、电话号码、电子邮箱、健康信息、行踪信息等。

在医疗过程中，患者个人主动告知的个人基本资料、个人健康生理信息，对于信息的处理者和控制者而言并不属于私密信息，故而无法受到隐私权的保护。个人信息可以被通过各种形式收集，并被用于商业服务和社会管理的各个领域。为了保护我们的个人信息安全，《民法典》第111条规定：自然人的个人信息受法律保护。任何组织或者个人需要获取他人个人信息的，应当依法取得并确保信息安全，不得非法收集、使用、加工、传输他人个人信息，不得非法买卖、提供或者公开他人个人信息。《民法典》还专章规定了"隐私权和个人信息保护"，进一步表明我们在隐私权之外需要更多的信息安全，这也影响到了患者个人信息的保护。

知情同意是控制患者个人信息流出的关键措施。根据《民法典》第1035条的规定，处理患者个人信息的，一般都必须征得该患者或者其监护人同意，否则不得收集、存储、使用、加工、传输、提供、公开患者的个人信息。即便是获得了患者的同意，在处理患

---

① 解志勇主编：《卫生法通论》，中国政法大学出版社2019年版，第150页。
② 侯雪梅：《患者的权利——理论探微与实务指南》，知识产权出版社2005年版，第170—190页。
③ 侯雪梅：《患者的权利——理论探微与实务指南》，知识产权出版社2005年版，第170—190页。

者个人信息过程中还需要明示处理信息的目的、方式和范围,不违反法律、行政法规的规定和双方的约定,并按照合理的方式公开处理信息。

查询、复制并行使删除权是确保患者对自己个人信息控制权的具体措施。根据《民法典》第1037条的规定,患者可以依法向信息处理者查阅或者复制其个人信息;发现信息有错误的,有权提出异议并请求及时采取更正等必要措施。与此同时,患者发现信息处理者违反法律、行政法规的规定或者双方的约定处理其个人信息的,有权请求信息处理者及时删除。通过这些具体措施的赋权,患者可以掌控其个人信息的使用状态,并且对相关的状态进行调整,乃至提出删除的要求,患者个人信息的处理者都需要满足上述权利主张。

对信息处理者施加必要的安全保障责任是维护患者个人信息控制权的必要措施。根据《民法典》第1038条的规定,信息处理者不得泄露或者篡改其收集、存储的患者个人信息;未经患者同意,不得向他人非法提供其个人信息。信息处理者应当采取技术措施和其他必要措施,确保其收集、存储的患者个人信息安全,防止信息泄露、篡改、丢失;发生或者可能发生患者个人信息泄露、篡改、丢失的,应当及时采取补救措施,按照规定告知患者并向有关主管部门报告。

第三节　患者的义务

一直以来,在医疗服务中,患者被视为更为弱势的一方,法律法规强调了医方在医疗活动中应当履行的义务,而对于患者的义务,则往往缺乏明确而直接的规定。事实上,我国医患矛盾尖锐,伤医乃至杀医令人心痛,为了平衡医患双方之间的权利义务,体现法律的平等与公正,保障医疗活动的正常有序开展,对患者义务的构建与梳理必不可少。我们认为,患者在医疗活动中有交纳费用的义务、如实陈述病情的义务(即协力义务)、遵守医嘱的义务、遵守医疗秩序的义务等。

一、交纳费用的义务

在医疗活动中,医疗机构作为特殊的服务机构,对病人的生理健康(有时包括部分心理健康)提供医疗服务,按照合同债法关系上义务群理论的分类,医疗合同中作为医疗服务接受方的患者所负有的义务同样可以类型化为:主给付义务、从给付义务和附随义务和不真正义务。其中,交纳费用的义务就是患者在医疗服务合同中所负担的主给付义务。

所谓患者的交纳费用的义务,是指患者在接受医疗服务后,不论治疗效果是否满意,均应按照规定支付费用的义务。国家建立社会基本医疗保险,按一定比例为患者支付部分医疗费用,剩余部分由患者自行支付。政府保障的就医权是基础性的,而患者也应履行维护自身健康的义务。国家对医院有一定的投资,但是医院仍需收取必要费用来维持其正常运转。因此,患者应履行支付医疗费用的义务,杜绝以对治疗不满意为由拒绝支付医疗费用的现象。倘若患者认为自己的权利受到侵犯,可以通过正确的法律途径,按照《民法典》等法律法规来维护自己的权利。[①]

二、协力义务

安全有效的诊疗行为,不仅有赖于医疗服务提供者履行其义务,也需要患者的积极合作。对此,《德国民法典》第630c条明确规定,医疗者与患者应就医疗之实施共同协力。[②]《荷兰民法典》第452条规定:"患者应当为医疗服务提供者履行其医疗合同的义务尽其所知向其告知信息并提供合作。"[③]因此,患者在医疗活动中不应仅仅是"配合治疗",更应当尽到其诚信义务,以最大诚信向医方提供与诊疗相关的信息,并与医方合作与协作,共同决定医疗的过程,选择符合其意愿的治疗方案。

三、遵守医嘱的义务

在医疗活动中,患者应当遵守医嘱,和前述如实陈述病情的义务一样,患者遵守医嘱的义务也属于不真正义务,但两者并不相同。如实陈述病情的义务是在医生执行诊疗方案之前与之中对医生的配合,而执行医嘱是医生诊疗方案实施完毕后的遵守,换言之,二者是衔接关系。[④] 患者的健康维护不仅需要医疗机构,从某种程度上来说,患者本人承担更多、更大的责任。患者应履行遵守医嘱的义务,为医师诊疗权的实现提供保障,维护其他患者的合法权益。当患者因不遵从医嘱而导致健康权受损时,应自行承担相应的责任。

四、遵守医疗秩序的义务

在医疗活动中,医患双方的权利义务是针对对方而言的,医师享有人身安全、人格尊严不被侵犯的权利等。与此相对应,患者负有尊重医师人格尊严、不得侵害医师人身安全、不得妨害公共医疗秩序的义务。《民法典》第1228条规定:"医疗机构及其医务人员的合法权益受法律保护。干扰医疗秩序,妨碍医务人员工作、生活,侵害医务人员合法权益的,应当依法承担法律责任。"最高人民法院、最高人民检察院、公安部等五部门在《关于依法惩处涉医违法犯罪维护正常医疗秩序的意见》中也提出六类涉医违法

---

① 焦玲艳、郑雪倩:《关于患者权利与义务体系构建的探讨》,《中国医院管理》2017年第12期。

② 《德国民法典》,北京大学出版社2016年版,第588页。

③ Hans Warendorf, Richard Thomas and Ian Curry-Sumner(trans.), The Civil Code of the Netherlands, Alphen aan den Rijn: Wolters Kluwer, p.854.

④ 焦玲艳、郑雪倩:《关于患者权利与义务体系构建的探讨》,《中国医院管理》2017年第12期。

犯罪行为,必须准确适用法律,依法惩处。此外,《医疗事故处理条例》第 59 条、《护士条例》第 33 条也分别为医务人员合法权益和医疗秩序的保障提供了法律依据,患者也相对应地承担遵守医疗秩序的义务,应当尊重医师人格尊严、不得侵害医师人身安全、不得妨害公共医疗秩序。

第十四章 医疗服务提供者

第一节 医疗服务提供者的法律地位

医疗服务提供者,是为社会提供医疗服务的机构和人员,包括医疗机构及其医务人员、个体行医的执业医师等。兹分述如下:

一、医疗机构

(一)医疗机构的定义及其特征

医疗机构是指依法设立为社会公众提供医疗服务的组织机构。《医疗机构管理条例实施细则》第 2 条规定,医疗机构是指依据条例和本细则的规定,经登记取得《医疗机构执业许可证》的机构。医疗机构有以下几个特征:

第一,医疗机构是依法特许设立的机构。根据《医疗机构管理条例》及其实施细则的规定,医疗机构必须依法进行登记并取得执业许可证。由于医疗机构是为社会提供医疗服务的基本力量,对于社会公共利益具有重要意义,对其资质、能力、人员构成等均有严格的法定要求。因此,医疗机构必须符合法定设立条件。《医疗机构管理条例》第16 条规定:"申请医疗机构执业登记,应当具备下列条件:(一)有设置医疗机构批准书;(二)符合医疗机构的基本标准;(三)有适合的名称、组织机构和场所;(四)有与其开展的业务相适应的经费、设施、设备和专业卫生技术人员;(五)有相应的规章制度;(六)能够独立承担民事责任。"符合上述条件的医疗机构,应根据法定程序向卫生性质管理部门提出登记申请,经审核批准后取得《医疗机构执业许可证》的,方能进行医疗活动。医疗机构改变名称、场所、主要负责人、诊疗科目、床位,必须向原登记机关办理变更登记(《医疗机构管理条例》第 20 条),登记机关还应对《医疗机构执业许可证》进行定期校验(《医疗机构管理条例》第 22 条)。

第二,医疗机构的职能是从事医疗服务,即开展疾病的诊断治疗。医疗机构的医疗服务功能,与以提供基本公共卫生服务和疾病预防为主要职能的公共卫生和疾病控制机构不同,与养老、社会福利、健身机构等提供其他社会福利服务的机构也不同。

第三,医疗机构的设置具有规划性。医疗机构是重要的医疗资源,必须根据各地的《医疗机构设置规划》合理配置和合理利用(《医疗机构管理条例实施细则》第 8 条),而医疗机构不分类别、所有制形式、隶属关系、服务对象,其设置必须符合当地《医疗机构设置规划》(《医疗机构管理条例实施细则》第10条)。

（二）医疗机构的分类

1. 根据功能分类。《医疗机构管理条例实施细则》第3条将医疗机构区分为以下类别:（一）综合医院、中医医院、中西医结合医院、民族医医院、专科医院、康复医院;（二）妇幼保健院、妇幼保健计划生育服务中心;（三）社区卫生服务中心、社区卫生服务站;（四）中心卫生院、乡(镇)卫生院、街道卫生院;（五）疗养院;（六）综合门诊部、专科门诊部、中医门诊部、中西医结合门诊部、民族医门诊部;（七）诊所、中医诊所、民族医诊所、卫生所、医务室、卫生保健所、卫生站;（八）村卫生室(所);（九）急救中心、急救站;（十）临床检验中心;（十一）专科疾病防治院、专科疾病防治所、专科疾病防治站;（十二）护理院、护理站;（十三）医学检验实验室、病理诊断中心、医学影像诊断中心、血液透析中心、安宁疗护中心;（十四）其他诊疗机构。这些分类,主要是从医疗机构所担负的功能、业务范围、规模、服务内容等标准进行的区分,大体可以分为医院、基层医疗机构和专门公共卫生机构三个类型。截至2018年末,我国全国医疗卫生机构总数达997434个,其中医院33009个,基层医疗卫生机构943639个,专业公共卫生机构18034个。[①] 医院和基层医疗机构承担了我国绝大多数的医疗服务任务。

2. 根据医疗机构的性质分类。根据医疗机构的社会服务性质,可以分为公立医院和非公立医院两类。

公立医院是由各级政府设立的医院,是我国医疗服务体系的主体和核心力量。截至2018年,在全国33009个医院中,公立医院共有12032个,民营医院20977个,但公立医院床位占73.7%,民营医院床位占26.3%。而在提供医疗服务方面,公立医院更是绝对主力。2018年公立医院诊疗人次30.5亿人次(占医院诊疗总数的85.2%),民营医院5.3亿人次(占医院诊疗总数的14.8%)。[②] 公立医院在服务能力和服务数量上的压倒性优势,决定了其在我国医疗卫生体系中的基础地位。公立医院为社会公众提供基本医疗服务,是保障公众健康权的便利性、可及性实现的基本力量,必须强调其公益性,避免公立医院的商业化。

非公立医院又被称为民营医院或者社会力量办医。随着几十年的发展,我国非公立医院数量也呈现不断增长态势,在数量上已经远超公立医院,已经成为我国医疗服务的重要组成部分。当前,我国优先支持社会力量举办非营利性医疗机构,推进非营利性民营医院与公立医院同等待遇,同时通过推动医师多点执业等方式,鼓励和支持非公立医院的发展。

---

① 参见《2018年我国卫生健康事业发展统计公报》,国家卫生健康委员会网站:http://www.nhc.gov.cn/guihuaxxs/s10748/201905/9b8d52727cf346049de8acce25ffcbd0.shtml,2020年2月5日访问。

② 参见《2018年我国卫生健康事业发展统计公报》,国家卫生健康委员会网站:http://www.nhc.gov.cn/guihuaxxs/s10748/201905/9b8d52727cf346049de8acce25ffcbd0.shtml,2020年2月5日访问。

3. 根据分级诊疗要求分类。分级诊疗指按照疾病的轻重缓急及治疗的难易程度进行分级,不同级别的医疗机构承担不同疾病的治疗,逐步实现从全科到专业化的医疗过程。分级诊疗的基本要求是基层首诊,即鼓励并逐步规范常见病、多发病患者首先到基层医疗卫生机构就诊;双向转诊,实现不同级别、不同类别医疗机构之间的有序转诊;急慢分治,为患者提供科学、适宜、连续性的诊疗服务;上下联动,推动医疗资源合理配置和纵向流动。[①]

根据分级诊疗的要求,卫生部 1989 年颁布的《医院分级管理办法(试行草案)》(已于 1998 年 4 月废止)曾规定,医院按功能、任务不同划分为一、二、三级。其中一级医院是直接向一定人口的社区提供预防、医疗、保健、康复服务的基层医院、卫生院;二级医院是向多个社区提供综合医疗卫生服务和承担一定教学、科研任务的地区性医院;三级医院是向几个地区提供高水平专科性医疗卫生服务和执行高等教学、科研任务的区域性以上的医院。当前,承担一级诊疗任务的基层医疗卫生机构还包括社区卫生服务中心(站)、乡镇卫生院、诊所和医务室、村卫生室等。

在分级诊疗模式下,患者就医次序为:患者首诊到基层医疗机构由全科医生(家庭医生)完成必要的诊疗,如果患者病情超出其诊疗能力,则由全科医生将患者转诊到上级医院,接受上级专科医生进一步诊疗;患者疾病进入稳定期后,再由上级专科医生将患者转回基层医疗机构,接受康复治疗;患者如果需要急诊服务,可以直接前往大医院寻求诊疗服务。

在分级诊疗中,各级医疗机构均为医疗系统中的有机组成部分。特别是我国还提出“构建医疗卫生机构分工协作机制”,“鼓励上级医院出具药物治疗方案,在下级医院或者基层医疗卫生机构实施治疗”,“基层医疗卫生机构可以与二级以上医院、慢性病医疗机构等协同,为慢性病、老年病等患者提供老年护理、家庭护理、社区护理、互助护理、家庭病床、医疗康复等服务”。在这个分级诊疗体系中,不同级别的医疗机构担负着不同的职责。

二、医务人员

(一)医务人员及其执业状况

医疗机构提供医疗服务必须借助执业医师和其他医务人员。《医师法》规定,医师包括执业医师和执业助理医师,是依法取得执业医师资格,经注册在医疗卫生机构中执业的专业医务人员(第 2 条)。该法第 20 条也规定,经注册后在医疗机构执业满 5 年的,可以经申请审批个体行医。从执业医师和其他医务人员分布看,2018 年末执业机构

[①] 《国务院办公厅关于推进分级诊疗制度建设的指导意见》(国办发〔2015〕70 号),中央人民政府网站:http://www.gov.cn/zhengce/content/2015-09/11/content_10158.htm,2020 年 1 月 30 日访问。

为医院的有 737.5 万人(占 60.0%),基层医疗卫生机构有 396.5 万人(占 32.2%),专业公共卫生机构有 88.3 万人(占 7.2%),故在医疗机构中执业的医务人员占到绝大多数。

(二)医务人员的资格与注册

由于医疗服务的高度专业性,国家对医务人员采用严格的考试和注册制度。《医师法》第 8 条规定,国家实行医师资格考试制度。对于参加执业医师资格考试的教育和训练要求,该法规定为 3 种情形,即第 9 条规定:"具有下列条件之一的,可以参加执业医师资格考试:(一)具有高等学校相关医学专业本科以上学历,在执业医师指导下,在医疗卫生机构中参加医学专业工作实践满一年;(二)具有高等学校相关医学专业专科学历,取得执业助理医师执业证书后,在医疗卫生机构中执业满二年。"第 10 条:"具有高等学校相关医学专业专科以上学历,在执业医师指导下,在医疗卫生机构中参加医学专业工作实践满一年的,可以参加执业助理医师资格考试。"以及第 11 条:"以师承方式学习中医满三年,或者经多年实践医术确有专长的,经县级以上人民政府卫生健康主管部门委托的中医药专业组织或者医疗卫生机构考核合格并推荐,可以参加中医医师资格考试。以师承方式学习中医或者经多年实践,医术确有专长 ,由至少二名中医医师推荐,经省级人民政府中医药主管部门组织实践技能和效果考核合格后,即可取得中医医师资格及相应的资格证书。本条规定的相关考试、考核办法,由国务院中医药主管部门拟订,报国务院卫生健康主管部门审核、发布。"

医师资格考试成绩合格,取得执业医师资格或者执业助理医师资格,发给医师资格证书。国家实行医师执业注册制度。取得医师资格的,可以向所在地县级以上地方人民政府卫生健康主管部门申请注册。医疗卫生机构可以为本机构中的申请人集体办理注册手续。医师经注册后,可以在医疗卫生机构中按照注册的执业地点、执业类别、执业范围执业,从事相应的医疗卫生服务。中医、中西医结合医师可以在医疗机构中的中医科、中西医结合科或者其他临床科室按照注册的执业类别、执业范围执业。

《护士条例》等法律法规,对于护士等其他医务人员,也有相应的资格要求和注册管理规定。

(三)医疗机构与医务人员的关系

现代医学体系发展之前,医疗服务的主要形态是医师独立执业并承担个人责任。随着现代医学的发展,医疗逐渐演变为以医疗机构为载体的系统性医疗服务,从一种"纯粹的专业活动"向"提供专业服务的企业活动"的转变。现代医疗已基本上不再是单个医生的诊疗行为,而更多地表现为医疗体系的系统性活动,是一种"组织医疗",即"复数医疗人员的运作群体,各自依自己专业分担医疗行为之一部分,完成病患治疗的组织态样"①。医疗风险也主要表现为组织性风险。1999 年,美国医学研究院出版的研

---

① 黄丁全:《医事法新论》,法律出版社 2013 年版,第 450 页。

究报告《孰能无过:构建更安全的医疗体系》即指出,现代医疗体系中90%以上的医疗过失并非基于个人原因,而是复杂的医疗系统中某一环节出错的结果,表现为系统失灵。[1]因此,现代医疗是以医疗机构为核心、围绕患者安全建立起来的医疗系统,医疗机构作为这个系统的组织者、管理者和责任者,负有两方面的职责。一方面,医疗系统不应限制医务人员个人能力,而是使其个体的作用更安全和有效地发挥出来,尊重其判断力和独创性。[2] 另一方面,医疗机构更加谨慎地审视其医疗系统,及时总结和纠正医疗系统中暴露出的风险,在医务人员培训制度、任务分配制度、协调制度、信息流通制度、药品管理制度、警示监督制度等多方面完善制度的设计和执行,不断提高患者安全保障水平和医疗服务质量。

(四)医师的多点执业、院外会诊和远程医疗

1. 医师多点执业

为充分发挥医务人员的医疗服务能力,我国积极推进医师多点执业。2015 年,国家卫计委发布的《关于推进和规范医师多点执业的若干意见》允许和鼓励医师于有效注册期内在两个或两个以上医疗机构定期从事执业活动。根据该意见,医师与第一执业地点医疗机构签订聘用(劳动)合同,明确人事(劳动)关系和权利义务,与拟多点执业的其他医疗机构分别签订劳务协议。因此,医师与第一执业地点医疗机构为人事(劳动)关系,与其他医疗机构为劳务关系。在具体的医疗活动中,应当根据医师所从属的医疗机构确定其医疗主体。

2. 院外会诊

院外会诊,或者卫生部颁布的《医师外出会诊管理暂行规定》第 2 条所称的"医师外出会诊",是指"医师经所在医疗机构批准,为其他医疗机构特定的患者开展执业范围内的诊疗活动"。由于医疗活动的高度专业性,接诊医疗机构邀请其他医疗机构医务人员会诊是惯常做法,会诊也为医疗资源缺乏地区的患者获得高品质的医疗服务提供了可能性。在院外会诊中需要注意的是,医疗服务关系的主体是邀请会诊的医疗机构还是派出会诊的医疗机构。一般而言,如果会诊是邀请会诊的医疗机构的医疗体系的一部分,无论会诊医师提出的意见是参考性的还是决策性的,医疗服务主体仍然是邀请会诊的医疗机构。当由邀请机构和被邀机构的诊疗行为共同形成医疗体系时,则双方形成共同医疗关系。

3. 远程医疗

随着科学技术的发展,远程医疗已成为提高医疗服务可及性和质量的重要手段。世界卫生组织将"远程医疗"界定为:当距离为重要因素时,由各类健康保障专业人士通过

---

[1]　See Linda T.Kohn et al.eds.,*To Err Is Human:Building a Safer Health System*,Washington,D.C.:National Academy Press,1999,pp.3-4.

[2]　See Suzette Woodward,*Rethinking Patient Safety*,Boca Raton:CRC Press,2017,p.37.

使用信息和通信技术以交换关于诊断、治疗以及预防疾病与损伤的有效信息、进行研究和评估,以及通过健康服务提供者的持续性教育的医疗服务,以提高个人及其社群的健康。[①]在这个过程中,远程医疗服务提供者通过信息和通信手段参与诊断、治疗和预防等活动,其中也形成了类似会诊的关系。对于远程医疗中医疗主体的判断,有以下几种情况:

第一,远程医师之诊疗行为不形成医疗决策性意见。如通过远程系统对疾病的诊断和治疗提出咨询性意见的,其医疗决策权仍在实地医师,其医疗行为仍为实地医疗机构组织体系中一部分。第二,远程医师独立实施某一环节的医疗行为。如实地医疗机构通过远程系统委托远程机构进行病理分析或影像判读时,该行为构成独立的医疗环节。但是,由于远程医师无法完成亲自诊视,诊视和信息收集、传递中的过失应由实地机构负责人承担。第三,远程医师为主导实施医疗行为,实地医疗机构配合。随着科学技术的发展,远程医疗不仅能够提供咨询,甚至可以通过远程手术机器人等技术手段进行手术等治疗,而由实地医师提供现场辅助工作。此时,诊疗行为是远程机构医疗组织体系的一部分。同时,由于"远端医师能够信赖实地医师在其能力范围内会恰当履行所承担的注意义务,对于实地医师违反注意义务所造成的危险没有预见可能性,不必为实地医师过失造成的损害结果承担责任"[②],实地医疗机构应对其医疗辅助行为负责。

第二节 医疗服务提供者的权利

一、医疗服务提供者的权力和权利

关于医疗服务提供者在医疗法律关系中享有的是权利(right)还是权力(power),一向有不同的观点。权利说认为,医疗法律关系是平等主体之间的法律关系,医疗服务提供者与患者之间是权利义务关系,医疗人员无须也不可能享有权力,只能享有与其义务相对应的权利。[③] 权力说认为,"医者作为特殊职业身份,在某些特殊情况下确实被赋予了某些只有公权力机关才有的权利",而医者的权利与普通私人的权利没有质的区别。[④]

---

① Telemedicine: Opportunities and Development in Member State: Report on the Second Global Survey on eHealth, World Health Organization, 2009, p.9.

② 于佳佳:《论远程医疗安全底线的法律保障》,《上海交通大学学报(哲学社会科学版)》2017 年第3 期。

③ 参见赵万一主编:《医事法概论》,华中科技大学出版社 2019 年版,第 29 页。

④ 张越等:《医事法原理》,人民出版社 2010 年版,第 71 页。

我们认为,两者观点均有其依据,但均有所偏颇。"医者,仁术也"。近代社会以前,无论是东方社会还是西方社会,均信奉医事父权主义,认为医疗行为是一种专门的技艺,医生作为技艺的所有者,应当像父母一样对待患者,而患者则完全处于无权的客体地位。反映在法律领域内,则表现为任何医生基于患者利益所实施的医疗行为均为合法。如在德国,以刑法学家 Binding 为代表的"医事业务权"理论认为,医生为受国家许可而执行医疗业务之人,医疗行为正当化的理由,并不是来自患者的同意,而来自其业务上的权力。医疗行为只要其从医学知识上足以达成医疗目的,且法律没有明文禁止使用者,就是合理的。①

然而,随着包括病人权利运动在内的人权运动的不断高涨,这种医事权力的医疗行为的正当性不断受到怀疑和冲击,出现了以"患者的承诺"作为医疗行为正当性的核心基础。如1894年在德国出现了莱茵判决。一名7岁的女孩身患结核性骨髓癌,医生告知其父必须进行截肢手术才能保住性命,但其父明确反对截肢手术。该医生不顾反对,对女孩进行了截肢,手术完全成功,女孩恢复良好,保住了性命。但该医生仍被以伤害罪起诉。莱茵法院认为,医生的行为虽然是出于救治病人的目的并获得了成功,但这不表明其行为为法律所许可,因为医生"能够正当的、且不受处罚的侵害病人身体完整权,其首要的前提条件,就是必须得到病人同意"②。此判决形成了德国有关医疗行为合法性的"病人承诺说"。在美国,在 Schloendroff v. Society of the New York Hospital③一案中,卡多佐法官说出了经常为人所引述的名言:"每一个心智健康的成年人均有权决定自己的身体应当受到何种处置。未经患者允许进行手术的医生将构成侵权并需承担相应的责任。"在该案之后,任何接触病人身体的治疗必须征得病人同意,否则医生即可能承担故意伤害的责任。④ 在 Salgo v. Leland Stanford Jr. University Board of Trustees⑤一案中,法庭又提出了医生的告知义务是患者同意的前提,从而形成了完整的知情同意(Informed Consent)理论⑥,为美国联邦和各州法院所认同,并自20世纪70年代起传入其他国家,成为医患关系中的基本原则。

在知情同意原则之下的医患关系,医疗行为的正当性来源于患者的同意,即在于患者的自主意志。此种以自主意志为基础的法律关系,当然是一种平等主体之间的关系,

---

① 王皇玉:《论医疗行为与业务上之正当行为》,《台大法学论丛》第36卷第2期。

② 同上,王皇玉文。

③ Schloendroff v. Society of New York Hospital,211 N.Y.125(1914).

④ Derek Kroft,Informed Consent:A Comparative Analysis,Journal of International Law and Pratice,1997(winter).

⑤ Salgo v. Leland Stanford Jr. University Board of Trustees,317 P.2d 170(1957).

⑥ 对"Informed Consent"我国台湾地区法学界一般翻译为"告知后同意"。笔者认为,与"知情同意"相较,"告知后同意"更强调医生与患者互动的过程,也更准确地反映出医生与患者的权利义务,其用语为佳。由于"知情同意"更为我们习惯和熟悉,本书仍沿用。

是以权利、义务为内容的民事法律关系。医疗服务提供者作为此种法律关系的主体,享有一系列的权利,其中有的权利与一般私法主体享有的权利没有区别,如对于医疗费用享有债权,但是有一些权利是医疗关系中特有或者具有特殊性的,仍有特别说明的必要。

同时,基于其执业需要,享有《医师法》等法律法规所规定的执业权利,并承担相应的执业义务。这些权利和义务属于公法上的权利义务。

在某些特殊的医患关系中,医患双方并非平等主体之间的关系。如在强制医疗中,医疗行为的实施和接受系基于公法规定,医方的诊疗行为是权力行使行为。

质言之,在一般的医患关系中,医疗服务提供者享有与其义务相对应的权利,而在强制医疗等特殊关系中,医疗服务提供者可以享有公权力。本章将主要研究医方的权利,对于强制医疗中的医方权利,本书将在相关部分做出论述。

二、医方权利

(一)执业医师的执业权利

对于执业医师享有的执业权利,《医师法》第 22 条规定:"医师在执业活动中享有下列权利:(一)在注册的执业范围内,按照有关规范进行医学诊查、疾病调查、医学处置、出具相应的医学证明文件,选择合理的医疗、预防、保健方案;(二)获取劳动报酬,享受国家规定的福利待遇,按照规定参加社会保险并享受相应待遇;(三)获得符合国家规定标准的执业基本条件和职业防护装备;(四)从事医学教育、研究、学术交流;(五)参加专业培训,接受继续医学教育;(六)对所在医疗卫生机构和卫生健康主管部门的工作提出意见和建议,依法参与所在机构的民主管理;(七)法律、法规规定的其他权利。"兹详述如下:

1. 医疗执业权。执业医师在其注册的执业范围内,有权利从事包括医学诊查、疾病调查、医学处置、出具相应的医学证明文件,选择合理的医疗、预防、保健方案等在内的医疗活动。

医疗执业权是执业医师的基本权利,也是医患关系中医师各种权利的基础。医师执业权有以下特点:

第一,医师执业权与患者权利密切联系。如上所述,"医事业务权"等医疗专断理论已经为以知情同意原则为核心的平等医患关系所取代。在平等的医患关系中,医师执业权的行使必须与患者权利相协调,例如医师进行医学诊查和治疗,必须尊重和保护患者首位知情权,应当及时向患者做出说明。在医疗方案的制定和选择上,也不再是医务人员的垄断领域,也不仅要关注科学理性上的决策,而是医患双方在充分沟通基础上共同决定的过程,以尊重和保护多元化的价值理念。

第二,医师执业权具有专属性。医疗活动与社会公众利益密切相关,是严格资格管理的行业,医疗执业权是经注册的执业医师专项的权利。未取得医师资格而行医须根据《医师法》第 59 条取缔,并承担行政处罚。情节严重的,还应根据《刑法》第 336 条之规定,构成非法行医罪而受刑事处罚。同时,医师执业权也被限定在其执业注册范围之内,超过执业资格进行执业也构成无证行医。

第三,医师执业权必须依法行使。医师行使执业权必须严格遵守法律法规和诊疗规范。例如根据《医师法》,医师在进行诊疗时须亲自诊查、调查,并按照规定及时填写医学文书(第 24 条);对需要紧急救治的患者,应当采取紧急措施进行诊治(第 27 条);应当使用经依法批准或备案的药品、消毒药剂和医疗器械(第 28 条)。

2. 条件保障权。执业医师有权获得为从事医疗活动所需的设备等物质保障。

3. 学术研究权。医学是不断发展的科学,执业医师有权利也有义务通过参与医学学术研究,促进医学发展。

4. 继续教育权。执业医师有权获得继续教育以提高执业能力。

5. 人身权利。执业医师与其他自然人平等地享有生命权、健康权、身体权,以及人格尊严、名誉权、隐私权、个人信息等人身权益,同时由于医师执业特点和执业风险,医师的人格权益较之一般人而言更容易遭受侵害。近年来,由于医患关系的紧张,患者及其近亲属侵害医师及其他医务工作者人身权利的事件时有发生,严重影响了医师及其他医务工作者的人身安全,也给医疗卫生工作带来了不可估量的损失。医务工作者为社会公众提供了健康服务,是每个社会主体身心健康和幸福生活的捍卫者,对医务人员的侵害最终将有损于所有人的利益。《民法典》第 1228 条规定,干扰医疗秩序,妨碍医务人员工作、生活,侵害医务人员合法权益的,应当依法承担法律责任。该条结合侵权责任的一般条款,构成了侵害医务人员人身权益民事责任的法律规范。当然,侵害医务人员人身权益的还可能承担行政责任和刑事责任。

6. 获得报酬和福利待遇权。此属于劳动者应享有的权利。

7. 意见和建议权。在现代"组织医疗"体系下,医疗机构应当充分发挥医师个体的作用,尊重其判断力和独创性。同时,医疗机构应善尽组织义务,就可以在很大程度上保障患者安全,提供优质的医疗服务。因此,执业医师作为医疗体系的主体成员,有权利对医疗体系的建立和完善提出意见和建议。

(二)其他医务人员的权利

其他医务人员包括护理人员、药剂师、助产师、检验师以及其他专业辅助人员。当前我国法律对于其他医务人员权利的规定尚欠完善,主要有 2008 年国务院颁布的《护士条例》对护理人员权利所做出的规定。根据《护士条例》的规定,护士享有工资、福利待遇和社会保险保障权(第 12 条),获得专业技术职务职称、参加专业培训和从事学术研究交流的权利(第 14 条),提出意见和建议的权利(第 15 条)等。这些权利与执业医师的权利基本相同。比较特殊的有以下两项权利:

第一,获得防护和保健权利。护士所从事的护理工作,直接接触患者,有较强的风险性,有权获得必需的防护和健康服务保障。《护士条例》第13条规定:"护士执业,有获得与其所从事的护理工作相适应的卫生防护、医疗保健服务的权利。从事直接接触有毒有害物质、有感染传染病危险工作的护士,有依照有关法律、行政法规的规定接受职业健康监护的权利;患职业病的,有依照有关法律、行政法规的规定获得赔偿的权利。"此种权利对于保障护理人员职业安全,解除护理人员后顾之忧具有重要的意义。

第二,获得相关信息的权利。护理人员在诊疗活动中主要扮演执行者而非决策者的角色,为保障其能够充分发挥专业作用,护理人员有权获得相关诊疗信息。为此,《护士条例》第15条规定:"护士有获得疾病诊疗、护理相关信息的权利和其他与履行护理职责相关的权利。"

(三)医疗机构的权利

在我国现有的医疗体制下,医疗机构是最基本、最主要的医疗服务提供者和医疗服务活动的组织者,将医师、护理人员、其他医务人员等组织到医疗服务体系中,实现其"救死扶伤,防病治病,为公民的健康服务"的宗旨。《医疗机构管理条例实施细则》第6条规定,医疗机构依法从事诊疗活动受法律保护。因此,医疗机构有依法从事诊疗活动的权利。

第三节　医方的义务

一、医方的类型划分

在医患关系中,医方基于法律规定、医疗服务合同约定等负有多种义务,对此可做如下类型划分。

(一)法律义务与伦理义务

医师伦理是医学规范的基础,也是法律规范的重要来源。医学行为由于其与人的生命健康密切相关,自始至终都是受到伦理道德规范的约束。古希腊"医圣"希波克拉底提出的医师誓词即提出,医者负有应尽最大能力与判断力为患者谋福利、避免一切堕落害人之败行、平等对待一切患者、为患者保守秘密等伦理义务。1948年世界医学大会(WMA)颁布的医师誓词提出,作为医学界的一员,医师的伦理义务包括:以患者健康为首要理念;尊重病人的自主权和尊严;对人类生命最高的敬畏;不容许有任何年龄、疾病、残疾、信仰、国族、性别、国籍、政见、种族、地位或性向的考虑介于我的职责和病人间;保护患者隐私和秘密;维护医业的荣誉和高尚的传统;为病人的健康和医疗的进步分享医学知识;为提供最高标准的医疗注意健康和能力培养;保护人权等。2018年中国医师协会公布的《中国医师宣言》也提出,中国医师的伦理义务包括:"平等仁爱,关爱患者,无论患者民族、性别、贫富、宗教信仰和社会地位如何,一视同仁;患者至上,尊重患者的权利,维护患者的利益;真诚守信,敢于担当救治风险,不因其他因素隐瞒或诱导患者,保守患者私密;精进审慎,探索促进健康与防治疾病的理论和方法,严格遵循临床诊疗规范,审慎行医,避免疏忽和草率;廉洁公正,不取不义之财,充分利用有限的医疗资源,为患者提供有效适宜的医疗保健服务;终生学习,持续追踪现代医学进展,不断更新医学知识和理念,努力提高医疗质量。"这些伦理义务,很多为法律所吸收,成为医方的法律义务。

(二)法定义务与约定义务

在法律层面,《医师法》《医疗机构管理条例》《护士条例》等规定了医方的相关法定义务,同时在医疗服务合同中,医方负有约定的合同义务。两种义务相互联系。医疗服务合同中约定义务,很多直接来源于法律规定,如诊疗义务、亲自诊视义务、制作和保存病历义务、保护患者隐私和个人信息义务等。医疗服务合同不得违反法律规定的义务,但可以约定高于法定义务标准的义务。同时需要注意的是,医疗服务合同中的义务是一种平等主体之间的民事义务,其所对应的是患者的权利。而法定义务则包括公法上的义务,如《医师法》第 23 条所规定的"努力钻研业务,更新知识,提高医学专业技术能力水平"和"宣传推广与岗位相适应的健康科普知识,对患者及公众进行健康教育和健康指导"等,均是公法上的义务,而非对具体患者的民法义务。本章主要研究的是医方的法定义务,对于约定义务将在医疗服务合同章节中进行研究。

二、医师的义务

根据《医师法》的规定,医师在执业活动中所负有的义务主要包括:

(一)依法遵规诊疗义务

《医师法》第 23 条第(二)项规定,医师应当遵循临床诊疗指南,遵守临床技术操作规范和医学伦理规范。该义务是为了以诊疗规范实现医疗活动规范化、制度化、标准化,防止任意性诊疗的规范目的,并通过法律法规和诊疗规范为诊疗活动建立客观标准。《民法典》第 1222 条规定:"患者在诊疗活动中受到损害,有下列情形之一的,推定医疗机构有过错:(一)违反法律、行政法规、规章以及其他有关诊疗规范的规定……"第 1224 条规定:"患者在诊疗活动中受到损害,有下列情形之一的,医疗机构不承担赔偿责任:(一)患者或者其近亲属不配合医疗机构进行符合诊疗规范的诊疗……"由此可见,是否违反诊疗规范也被用于判断是否有过错。

此处的法律、法规,是指与具体诊疗活动有关的法律、法规,是国家对医疗行为的管理、指引和规范,医疗机构在诊疗活动中必须遵守这些规范性文件的规定,否则不仅应当承担行政违法的后果,而且在侵权责任法上直接被推定为有过错。①

关于"技术操作规范",结合《民法典》的规定,应当等同于"诊疗规范"。关于诊疗规范的范围,有观点认为,主要是指与诊疗活动有关的技术标准、操作规程等部门规章;有观点认为,还应包括医学行业公认的各种标准、操作规程;也有观点认为,应包括他国或国际组织制定的技术规范,以及主流的学说。我们认为,此种作为确定执业医师义务的规范,范围不宜过于宽泛,应当主要限于有关部门、行业协会等制定的规章和制度,否则将严重限制执业医师根据诊疗需要灵活使用诊断手段的可能性,以及不断探索诊疗新技术、新方法的积极性,不利于医学的发展与进步。

诊疗规范的内容,不仅包括诊疗活动的技术标准和操作规范,也包括国家对医疗行为的管理规范,如此方可实现对医疗行为规范化的管理目的。

(二)敬业尽职义务

《医师法》第 23 条第(一)项规定医师应当"树立敬业精神,恪守职业道德,履行医师职责,尽职尽责救治患者,执行疫情防控等公共卫生措施"。此义务来源于医师的伦理义务,是医师诊疗活动的基本指针。

(三)尊重和保护隐私义务

《医师法》第 23 条第(三)项规定医师应当"尊重、关心、爱护患者,依法保护患者隐私和个人信息"。此义务也来源于希波克拉底誓词以及医师对于患者的关爱和保密义务。

(四)业务水平提升义务

《医师法》第 23 条第(四)项规定医师应当"努力钻研业务,更新知识,提高医学专业技术能力和水平,提升医疗卫生服务质量"。由于医学是不断发展的科学,结合《医师法》第 22 条,提升业务水平既是医师的权利,也是其义务。

(五)健康教育义务

医师不仅是医疗服务的提供者,也是公众健康教育的实施者,应当充分发挥其专业优势和影响,根据《医师法》第 23 条要求"宣传推广与岗位相适应的健康科普知识,对患者及公众进行健康教育和健康指导"。

(六)服从调遣义务

《医师法》第 32 条规定:"遇有自然灾害、事故灾难、公共卫生事件和社会安全事件等严重威胁人民生命健康的突发事件时,县级以上人民政府卫生健康主管部门根据需要组织医师参与卫生应急处置和医疗救治,医师应当服从调遣。"该条为紧急情况下医师根据政府统一调遣参加突发性公共卫生事件救治义务的规定。近年来,在多次重大传染病疫情、自然灾害和重大伤亡事故中,我国广大医务工作者均充分发挥了舍己为人

---

① 参见王利明主编:《中华人民共和国侵权责任法释义》,中国法制出版社 2009 年版,第 285 页。

的执业精神,为公众健康事业做出了突出的贡献。

（七）疫情和事件报告义务

《医师法》第 33 条规定:医师发生医疗事故或者发现传染病疫情时,应当按照有关规定及时向所在机构或者卫生行政部门报告。医师发现患者涉嫌伤害事件或者非正常死亡时,应当按照有关规定向有关部门报告。这里包括了在传染病疫情发生时按照规定及时报告的义务,这对于及早发现和控制传染性疫情具有重要意义。对涉嫌伤害事件和非正常死亡的报告,则对于社会秩序的维护至关重要。

三、其他医务人员的义务

《护士条例》对于护士在执业中的义务作出了规定。其中,有的义务与执业医师的义务相同,如依法遵规义务①、尊重和保护隐私义务②、服从调派义务③等,也有不同于医师的义务,包括:

（一）及时通知医师义务

《护士条例》第 17 条第 1 款规定:"护士在执业活动中,发现患者病情危急,应当立即通知医师;在紧急情况下为抢救垂危患者生命,应当先行实施必要的紧急救护。"这种义务是与护士的工作性质密切相关的。在求诊阶段,护士一般是患者的首位接待者;在诊疗、护理、康复节点,护士是治疗的执行者并随时了解患者状态,往往能够最先发现患者的危重病情,此时应当及时通知医师。

（二）紧急救护义务

当不立即实施必要抢救可能危及患者生命安全时,首先采取必要的紧急救护措施,并及时通知医师。

（三）医嘱监督义务

护士是医师作出的医嘱的执行者,在一定程度上也是医嘱的监督者。《护士条例》第 17 条第 2 款指出:"护士发现医嘱违反法律、法规、规章或者诊疗技术规范规定的,应当及时向开具医嘱的医师提出;必要时,应当向该医师所在科室的负责人或者医疗卫生机构负责医疗服务管理的人员报告。"因此,护士对于不符合诊疗常规的医嘱,有对作出医嘱的医师进行反映和必要时向上级负责人报告的义务。

四、医疗机构的义务

《医疗机构管理条例》对医疗机构的义务也作出了规定。其第 3 条规定了医疗机

---

① 《护士条例》第 16 条规定:护士执业,应当遵守法律、法规、规章和诊疗技术规范的规定。
② 《护士条例》第 18 条规定:护士应当尊重、关心、爱护患者,保护患者的隐私。
③ 《护士条例》第 19 条规定:护士有义务参与公共卫生和疾病预防控制工作。发生自然灾害、公共卫生事件等严重威胁公众生命健康的突发事件,护士应当服从县级以上人民政府卫生主管部门或者所在医疗卫生机构的安排,参加医疗救护。

构的宗旨,即"医疗机构以救死扶伤,防病治病,为公民的健康服务为宗旨",其性质也就是医疗机构的基本义务。同时医疗机构有登记的义务(第15条、第24条)、按照核准登记的诊疗科目开展诊疗活动(第27条)、选聘适格卫生技术人员(第28条)、加强医德教育(第29条)等义务。同时,医疗机构也负有依法遵规义务(第25条)。

第十五章　医疗服务合同

第一节　医疗服务合同概述

一、医患之间的合同关系

医疗机构与患者之间的基础,是基于医疗机构为患者提供诊断、治疗、护理等医疗服务。在此种医疗服务关系中,医疗机构与患者是平等主体,其法律关系为平等主体之间的民事关系。此种民事关系的基础,来源于患者与医疗机构之间的意思自治。患者基于自主意志到医疗机构寻求医疗服务,医疗机构根据患者的要求为其提供医疗服务,双方互享权利、互负义务,符合《民法典》第464条第1款关于合同的定义,即民事主体之间设立、变更、终止民事法律关系的协议,故医患双方之间首要关系为合同关系。

当然,医患之间可能同时存在多种合同关系,如餐食供应、物品保管等关系,但是其核心为医疗服务关系,这也是医患之间有别于其他关系的基本特征。因此,本书主要以医疗服务合同关系为研究对象。

二、医疗服务合同的概念与性质

医疗服务合同,是医疗机构与患者之间以提供和接受医疗服务为内容的合同。

医疗服务合同的性质为非典型合同。对于医疗服务合同的性质,学说上有委任(委托合同)合同、雇佣合同、承揽合同等不同观点[1],但这些均不完全符合医疗服务合同的特征。

就委托合同说而言,委托合同是委托人和受托人约定,由受托人处理委托人事务的合同(《民法典》第919条)。医疗服务合同与委托合同相同之处,在于患者将诊疗事务托付医疗机构进行"处理"。然而,委托合同的本质在于,"受托人应当按照委托人的指示处理委托事务"(《民法典》第922条),即受托人处理事务应以委托人的指示为基础。然而在医疗服务合同中,由于医疗活动的高度专业性,患者对自身疾病以及医学的理解有限,在医疗活动中对医疗机构及其工作人员高度依赖,难以作出有效的指示。医务人

---

① 参见黄丁全:《医事法新论》,法律出版社2013年版,第75—80页。

员在诊疗活动中,根据自己的专业能力和医学伦理,以患者利益为原则处理医疗事务。当然,现代医患关系中已经以知情同意原则取代了职务行为说等医疗专断论。《民法典》第 1219 条第 1 款规定:"医务人员在诊疗活动中应当向患者说明病情和医疗措施。需要实施手术、特殊检查、特殊治疗的,医务人员应当及时向患者具体说明医疗风险、替代医疗方案等情况,并取得其明确同意;不能或者不宜向患者说明的,应当向患者的近亲属说明,并取得其明确同意。"根据该款规定,医务人员负有向患者进行充分说明的义务。在此前提下,患者享有自主决定权,即可以决定是否接受以及接受何种手术、特殊检查或特殊治疗。但是,此种自主决定权是建立在医务人员告知基础上的,更多体现的是对患者人格权利的保护,而非患者对于医疗行为的指示。

而且,委托合同的当事人享有任意解除权。《民法典》第 933 条规定:"委托人或者受托人可以随时解除委托合同。"医疗服务合同中,患者应当享有任意解除合同的权利,但为患者生命健康计,医疗机构不应享有任意解除权。即便在患者任意解除合同的场合,如住院患者在治疗未完成的情况下强行要求出院结束治疗的,除非治疗的中止对患者无生命健康之风险,否则医疗机构仍负有对患者的保护和注意义务,如应对患者充分说明和告知中止医疗的风险。

另外,委托合同中受托人的报酬请求权以其完成委托事务为原则。《民法典》第 928 条规定:"受托人完成委托事务的,委托人应当按照约定向其支付报酬。因不可归责于受托人的事由,委托合同解除或者委托事务不能完成的,委托人应当向受托人支付相应的报酬。当事人另有约定的,按照其约定。"但是,医疗服务合同就其性质而言是手段之债而非结果之债,医方提供了符合应有医疗水平的服务即为完成了债务履行,患者支付报酬不以疾病得到治愈为前提,与委托合同亦不相同。

就雇佣合同而言,医疗服务合同与雇佣合同最大的区别在于医方是否应受患者指示监督。雇佣合同中,受雇者在履行合同的过程中应受雇主的指示和监督。而在医疗服务合同中,医疗的专业性决定了医方履行行为不可能以患者的指示和监督为前提。

医疗服务合同与承揽合同说的最大区别在于,"承揽合同是承揽人按照定作人的要求完成工作,交付工作成果,定作人支付报酬的合同"(《民法典》第 770 条),即承揽合同以完成并交付合同约定的工作成果为前提。在医疗服务中,除医疗美容等少数合同以合同约定的"成果"为目的外,并不以取得"治愈"等特定成果为要件。

综上而言,医疗服务合同与委托合同、雇佣合同以及承揽合同并不完全相同,其合同标的是医方对患者提供医疗服务,是《民法典》合同编"典型合同"分编并未列举的非典型合同。

三、医疗服务合同的当事人和利益相关方

医疗服务合同的当事人包括医疗服务提供者和患者。除此之外,患者之外的医疗

费用承担者如医疗保障机构,虽然不是医疗服务合同的当事人,但也是医疗服务合同的利益相关方。

(一)医疗服务提供者

我国的医疗服务提供者主要包括医疗机构和个体医师。

1. 医疗机构。我国的医疗服务提供者主要是医疗机构。《医疗机构管理条例》第2条规定:"本条例适用于从事疾病诊断、治疗活动的医院、卫生院、疗养院、门诊部、诊所、卫生所(室)以及急救站等医疗机构。"《医疗机构管理条例实施细则》第2条规定:"条例及本细则所称医疗机构,是指依据条例和本细则的规定,经登记取得《医疗机构执业许可证》的机构。"第3条对医疗机构的类别进行了列举,规定医疗机构包括:"(一)综合医院、中医医院、中西医结合医院、民族医医院、专科医院、康复医院;(二)妇幼保健院、妇幼保健计划生育服务中心;(三)社区卫生服务中心、社区卫生服务站;(四)中心卫生院、乡(镇)卫生院、街道卫生院;(五)疗养院;(六)综合门诊部、专科门诊部、中医门诊部、中西医结合门诊部、民族医门诊部;(七)诊所、中医诊所、民族医诊所、卫生所、医务室、卫生保健所、卫生站;(八)村卫生室(所);(九)急救中心、急救站;(十)临床检验中心;(十一)专科疾病防治院、专科疾病防治所、专科疾病防治站;(十二)护理院、护理站;(十三)医学检验实验室、病理诊断中心、医学影像诊断中心、血液透析中心、安宁疗护中心;(十四)其他诊疗机构。"这些医疗机构都可以作为当事人与患者订立医疗服务合同。

在我国,医务人员一般不是医疗服务合同的直接当事人。《医师法》第14条规定:"医师经注册后,可以在医疗卫生机构中按照注册的执业地点、执业类别、执业范围执业,从事相应的医疗卫生业务。"因此,我国执业医师在医疗卫生机构中从事执业活动,是医疗机构的工作人员,其执业行为是在其所属医疗机构的职务行为,所属医疗机构是医疗服务合同的当事人。

2. 个体医师。在我国医疗体制内还存在个体医师。《医师法》第20条规定:申请个体行医的执业医师,须经注册后在医疗卫生机构中执业满五年,并按照国家有关规定办理审批或备案手续。即符合一定条件的执业医师,经审批或备案后,可以从事个体行医。个体行医的执业医师,是独立的医疗服务提供者,可以成为医疗服务合同的当事人。

(二)患者

患者是因医疗需求订立合同获得医疗服务的医疗服务寻求者。在医疗服务合同关系中,患者的民事行为能力不同会影响到合同的订立和履行。当患者具有完全行为能力,且求医时意识清楚的,可以以自己为当事人,与医疗服务提供者订立合同。

当患者为限制民事行为能力人或者无民事行为能力人时,应由其法定代理人代为订立医疗合同。《民法典》第23条规定:"无民事行为能力人、限制民事行为能力人的监护人是其法定代理人。"无民事行为能力人和限制民事行为能力人的监护人则可以根据法定、指定和意定确定。

当患者为完全民事行为能力人，但就医时因伤病丧失意识的，根据《医疗机构管理条例》第31条规定："医疗机构对危重病人应当立即抢救。"《医师法》第27条也规定："对需要紧急救治的患者，医师应当采取紧急措施进行诊治，不得拒绝急救处置。"此时，即使患者不能做出缔约的意思表示，医疗服务提供者仍负有强制缔约义务，患者仍得为合同当事人。

（三）医疗费用承担者

支付医疗费用是医疗服务合同中患者的主要义务之一。随着医疗保障体制改革的不断深入，我国已经实现了基本医疗保险全覆盖，以城镇职工医疗保险和城乡居民基本医疗保险为核心的基本医疗保障体系已经建立，同时辅之以医疗商业保险。在部分基本医疗保障和商业保险中，对于医疗费用采用由患者支付后报销的模式，此时医疗服务合同的费用承担者仍为患者，医疗保险机构并非医疗服务合同的当事人。随着医疗保障体制改革的不断深入，在基本医疗保险中，逐渐实现了医疗保障机构与患者的共付模式，即由医疗保障机构与患者按照一定的比例和规则分担医疗费用，此时医疗保障机构已经成为医疗服务合同独立的当事人。此时，医疗服务合同在诊疗方法的选择、药物的使用等方面，应当受到医疗保障机构医疗保险费用支出规则等限制。

第二节　医疗服务合同的订立与履行

一、医疗服务合同的订立方式

医疗服务合同为非典型性合同，其订立应受《民法典》总则编法律行为部分和《民法典》合同编通则的规范。由于医疗服务合同是双方或者多方法律行为（当医疗保险机构作为费用支付者时），故根据《民法典》第134条，一般应根据双方或者多方的意思表示一致成立。《民法典》第471条规定："当事人订立合同，可以采取要约、承诺方式或者其他方式。"医疗服务合同，主要是通过要约、承诺方式订立的，但是特殊情况下，也可能通过强制缔约等形式订立。

（一）意思表示一致

1. 患者的要约

医疗服务合同，主要是患者基于其健康需求向医疗服务提供者寻求帮助而订立的。按照一般的就医流程，患者一般自行前往或者由院前急救机构送至医疗服务提供者处，由患者或其亲属向医疗服务提供者进行挂号。对于患者何种行为构成要约，学说上有不同见解。有认为患者向医疗服务提供者挂号即构成要约，也有认为患者除挂号外，仍需由患者向医疗服务提供者说明病情,才能构成要约。另有学说认为,为保护患者权利考虑,从患者到达服务提供者处,即视为做出要约。我们认为,医疗服务提供者挂号处的设立为要约邀请,患者和医疗服务提供者对于一经挂号即应当提供医疗服务的性质是明确的。《民法典》第 472 条规定:"要约是希望与他人订立合同的意思表示,该意思表示应当符合下列规定:(一)内容具体确定;(二)表明经受要约人承诺,要约人即受该意思表示约束。"患者的挂号行为,即符合该条规定的要约要件。

2. 医疗服务提供者的承诺

医疗服务提供者接受患者的挂号,即为做出承诺。《民法典》第 469 条规定:"当事人订立合同,可以采用书面形式、口头形式或者其他形式。"因此,医疗服务提供者的承诺也可以通过书面或者口头形式进行,具体应当根据其医疗流程确定。

需要特别注意的,在紧急情况下,为避免患者生命健康损害,医疗服务提供者负有开展急救处置的法定义务。《医师法》第 27 条规定:"对需要紧急救治的患者,医师应当采取紧急措施进行诊治,不得拒绝急救处置。"《医疗机构管理条例》第 31 条规定:"医疗机构对危重病人应当立即抢救。"此时,患者到达医疗服务提供者处,可以视为默示要约;医疗服务提供者已经实施医疗服务的事实行为,则可视默示承诺。此时双方已经对合同的订立形成合意,应当认定已经成立合同关系。

(二)强制缔约

医疗服务提供者作为公共服务提供者,负有为社会公众提供医疗服务的法定义务,无正当理由不得拒绝患者的要约,即负有强制缔约义务。日本《医师法》第 19 条规定,从事诊疗之医师,在诊察治疗之请求存在的场合,若无正当事由,不得拒绝该请求。我国《民法典》对于强制缔约义务的例证是供用电合同,第 648 条规定:"向社会公众供电的供电人,不得拒绝用电人合理的订立合同要求。"从其立法目的看,具有社会公用事业性质的缔约方无正当理由不得拒绝对方的缔约请求。在医疗服务合同中,只有患者的医疗服务需求超出医疗服务机构服务范围时,如至皮肤病专科医院请求治疗骨折,医疗服务提供者可拒绝患者的缔约请求,但应明确告知患者可供寻求诊疗的其他医疗服务提供者名称地址。在分级医疗条件下,初级和二级医疗服务提供者对于患者医疗服务需求超出自身医疗服务能力的,也不能拒绝患者要约,而应当在收治后进行及时处理并向上级医疗机构转诊。

二、医疗服务合同的权利义务

(一)医疗服务提供者的合同义务

医疗服务合同的目的,在于医疗服务提供者运用其医学专业知识,使用医疗方法、设备、器械、药品,最大可能地为患者提供安全和有效的诊断、治疗、护理服务,以满足患者身心健康需求。因此,医疗服务提供者的义务主要包括:

1. 诊疗义务

医疗服务合同成立时,医疗服务提供者即负有为患者进行诊疗的义务。在医疗服务提供者为个体医师的场合,诊疗义务应由该医师及其辅助人员(如护士)履行。在医疗服务提供者为医疗机构的情况下,医疗义务应由该医疗机构通过其所属医务人员,乃至通过会诊(包括远程会诊)等方式组织医务人员履行。

诊疗义务的特点在于:

第一,诊疗义务的范围具有不确定性。诊疗义务的范围,有在合同订立时即可确立者,如以实现一定效果为目的的医学美容合同,但在很多情况下需要通过诊疗才能逐步明确诊疗的对象或者范围。例如,患者以腹痛为主诉订立医疗服务合同,医师的诊疗义务范围并不以腹痛为限,应当通过适当的诊视和检查,确定引起腹痛的病因,其既可能为胃肠病变,也可能是心肌梗死等多种原因,并根据诊断进行相应的治疗,适当履行诊疗义务。

第二,诊疗义务是手段债务而非结果债务。医疗服务提供者应当向患者提供符合应有医疗水平的诊疗服务。《民法典》第1221条规定:"医务人员在诊疗活动中未尽到与当时的医疗水平相应的诊疗义务,造成患者损害的,医疗机构应当承担赔偿责任。"医务人员在诊疗活动中未尽到与当时医疗水平相应的诊疗义务,即认为其有过错。换言之,诊疗行为达到当时医疗水平即为适当履行。因此,诊疗义务仅为手段债务而非结果债务,医疗服务提供者不负有保证患者治愈的结果债务。这是医学的有限性和疾病发展的不确定性的必要要求。当然,在医学美容等特殊医疗服务合同中,可以约定必须实现某种特定医疗结果。

第三,履行诊疗义务应当符合相关规范要求。法律法规和相关诊疗规范对于诊疗活动有很多规范性要求。例如医师的亲自诊视义务,《医师法》第24条规定:"医师实施医疗、预防、保健措施,签署有关医学证明文件,必须亲自诊查、调查。"《医疗机构管理条例》第32条也规定:"未经医师(士)亲自诊查病人,医疗机构不得出具疾病诊断书、健康证明书或者死亡证明书等证明文件。"因此,医务人员必须亲自诊查病人后才能做出诊断和治疗。再如遵规义务,《医师法》第23条规定:"医师在执业活动中履行下列义务:……(二)遵循临床诊疗指南,遵守临床技术操作规范和医学伦理规范等……"即医务人员的治疗行为应当符合医学伦理规范和技术操作规范的要求等。

2. 说明义务

知情同意原则是当代医患关系的基本原则,也是医疗行为正当性的基础所在。知情同意原则是以患者自主决定权作为医疗行为基础的,但是患者自主决定权必须建立在医方对相关信息进行充分告知的基础之上。1994年颁布的《医疗机构管理条例》第33条规定:"医疗机构施行手术、特殊检查或者特殊治疗时,必须征得患者同意,并应当取得其家属或者关系人同意并签字;无法取得患者意见时,应当取得家属或者关系人同意并签字;无法取得患者意见又无家属或者关系人在场,或者遇到其他特殊情况时,经治医师应当提出医疗处置方案,在取得医疗机构负责人或者被授权负责人员的批准后实施。"此为我国法律法规首次规定医疗机构在进行诊疗时应当征得患者同意。征得同意的前提当然是向患者告知有关治疗的信息。《医师法》第 25 条进一步规定:"医师在诊疗活动中应当向患者说明病情,医疗措施和其他需要告知的事项。需要实施手术、特殊检查、特殊治疗的,医师应当及时向患者具体说明医疗风险、替代医疗方案等情况,并取得其明确同意;不能或者不宜向患者说明的,应当向患者的近亲属说明,并取得其明确同意。"明确规定了医师的向患者"介绍病情"的义务。2009 年《侵权责任法》第 55 条规定:"医务人员在诊疗活动中应当向患者说明病情和医疗措施。需要实施手术、特殊检查、特殊治疗的,医务人员应当及时向患者说明医疗风险、替代医疗方案等情况,并取得其书面同意;不宜向患者说明的,应当向患者的近亲属说明,并取得其书面同意。"《民法典》第 1219 条第 1 款则规定:"医务人员在诊疗活动中应当向患者说明病情和医疗措施。需要实施手术、特殊检查、特殊治疗的,医务人员应当及时向患者具体说明医疗风险、替代医疗方案等情况,并取得其明确同意;不能或者不宜向患者说明的,应当向患者的近亲属说明,并取得其明确同意。"相较而言,《民法典》进一步要求对特殊诊疗应"具体"做出说明,同时增加了不能向患者说明的情形。

综合上述法律法规的规定,医疗服务提供者的说明义务主要包括:

第一,对病情和诊疗措施的一般说明义务,即在诊疗的全过程中,应当及时、准确、全面地向患者说明病情以及可能采取的诊疗措施。包括说明疾病的性质和发展程度,并应详细说明所采用药物如何服用、有无饮食禁忌、康复注意事项等。

第二,特殊诊疗活动的特别说明义务。当根据病情需要应采取特殊诊疗行为时,医疗服务提供者的说明义务标准进一步提高,要具体向患者说明特殊医疗行为的性质、作用、有效率、风险和副作用等不利因素、可能的替代方案以及费用情况等。对于此处特殊诊疗行为的范围,《民法典》列举式规定了"手术、特殊检查、特殊治疗",但对何为特殊检查、特殊治疗并未做出界定。我们认为,此处的特殊检查和治疗主要包括侵入性的检查和治疗,即可能对患者身体造成可见(如手术)或不可见(如大剂量辐射或者服用药物)侵害的诊疗行为,也包括可能产生较高费用的诊疗行为,而不包括那些虽然有侵入性,但不超出一般可忍受范围的诊疗行为,如为检验之需抽血等。

第三,医疗不良信息的说明义务。当诊疗行为产生对患者不利的后果时,医疗服务提供者应及时对医疗不良后果进行说明,以便患者在了解不良信息后,可以更好地理解相应的风险,作出更有利的决定。《德国民法典》第 630c 条第 2 段规定:"医疗者发现显然构成医疗瑕疵之情形者,其应按需要或为避免健康危险告知病人。"同时,为了鼓励医方充分履行告知义务,该条同时规定了该种医疗瑕疵的告知在相关的刑事和行政诉讼程序中未经医方许可不得作为证据使用。① 告知的内容应当包括医疗不良后果的性质、可能的原因、后续将采取的补救和治疗方案、预后疗效等信息,并告知患者所享有的相关权利。

在特殊情况下,医疗服务提供者享有医事特权,即在相关信息明显将给患者带来严重损害时,可免于向患者告知,并为维护患者利益告知患者之外的其他人。《民法典》第1219条规定了"不宜"向患者说明时,应向患者近亲属说明。为了避免医事特权的滥用,医师行使医事特权时必须征询其他医疗服务提供者的同意。当相关信息不会再损害患者利益时,应当及时告知患者。

同时,在患者处于危及生命健康的紧急情况且无法向患者进行说明的,医疗服务提供者享有紧急专断治疗权,《民法典》第1220条规定:"因抢救生命垂危的患者等紧急情况,不能取得患者或者其近亲属意见的,经医疗机构负责人或者授权的负责人批准,可以立即实施相应的医疗措施。"此时,医务人员可以不经说明,径行实施必要的诊疗行为。

3. 隐私和个人信息保护义务

医疗服务提供者在提供医疗服务的过程中,基于诊疗的需要不仅要接触患者的身体,知悉患者隐私,还需要充分了解患者有关身体、疾病、生活状况等个人信息。医疗服务提供者在取得患者隐私和个人信息后,基于与患者之间的忠实与信任关系,必须保护患者隐私,不得泄露和擅自使用。《医师法》第23条规定:"医师在执业活动中履行下列义务:……(三)尊重、关心、爱护患者,依法保护患者隐私和个人信息……"《民法典》第1226条进一步将保护的范围明确为"患者的隐私和个人信息"。当然,如果患者的隐私和个人信息涉及公共利益时,医师负有依法进行报告的义务。《医疗机构管理条例》第35条规定:"医疗机构对传染病、精神病、职业病等患者的特殊诊治和处理,应当按照国家有关法律、法规的规定办理。"《医师法》第33条规定:医师发生医疗事故或者发现传染病疫情时,应当按照有关规定及时向所在机构或者卫生行政部门报告。医师发现患者涉嫌伤害事件或者非正常死亡时,应当按照有关规定向有关部门报告。《传染病防治法》第30条规定:"疾病预防控制机构、医疗机构和采供血机构及其执行职务的人员发现本法规定的传染病疫情或者发现其他传染病暴发、流行以及突发原因不明的传染病时,应当遵循疫情报告属地管理原则,按照国务院规定的或者国务院卫生行政部门规定的内容、程序、方式和时限报告。"因此,在发生法定传染病、其他传染病暴发、流行或者原因不明的传染病时,医疗服务提供者负有报告义务;在发现涉嫌伤害案件或者非正常死亡时,医疗服务提供者也负有报告义务。此种义务与医疗机构的隐私和个

---

① 台湾大学法律学院、台大法学基金会:《德国民法典》,北京大学出版社2016年版,第588页。

人信息保护义务并不矛盾。当发现有需要报告的情形时,医疗服务提供者仍负有对患者的保护义务,不得任意向社会泄漏、传播相关信息,或者对信息进行不当使用。《传染病防治法》第 69 条规定,故意泄露传染病病人、病原携带者、疑似传染病病人、密切接触者涉及个人隐私的有关信息、资料的,医疗机构及其主管人员和其他直接责任人员应当承担行政责任乃至刑事责任。医疗服务提供者基于医疗、研究、教学等目的使用患者信息时,应当采取匿名化等合理措施,保护患者权利。

4. 制作和保存病历义务

病历是记载患者接受诊疗服务全过程的法定文书。2010 年卫生部发布了《病历书写基本规范》(卫医政发〔2010〕11 号)。根据其规定,"病历是指医务人员在医疗活动过程中形成的文字、符号、图表、影像、切片等资料的总和,包括门(急)诊病历和住院病历"①。医务人员应"客观、真实、准确、及时、完整、规范"地进行病历书写,即"通过问诊、查体、辅助检查、诊断、治疗、护理等医疗活动获得有关资料,并进行归纳、分析、整理形成医疗活动记录"②。《医师法》第 24 条规定,医师应按照规定及时填写医学文书,不得隐匿、伪造或者销毁医学文书及有关资料。《民法典》第 1225 条承继《侵权责任法》第 61 条,规定"医疗机构及其医务人员应当按照规定填写并妥善保管住院志、医嘱单、检验报告、手术及麻醉记录、病理资料、护理记录、医疗费用等病历资料。患者要求查阅、复制前款规定的病历资料的,医疗机构应当提供。"《医疗机构管理条例实施细则》第 53 条规定,医疗机构的门诊病历的保存期不得少于 15 年;住院病历的保存期不得少于 30 年。因此,医疗服务提供者对于病历负有妥善保管义务。医疗服务提供者未能及时书写并妥善保管病历,有隐匿或者拒绝提供与纠纷有关的病历资料,或者遗失、伪造、篡改或者违法销毁病历资料的行为的,根据《民法典》第 1222 条(原《侵权责任法》第 58 条)之规定,应推定其对患者遭受的医疗损害有过错。

5. 医疗证明文件的制作和交付义务

医疗服务提供者应当根据诊疗活动的需要,为患者制作和交付相关医学证明文件。《医师法》第 24 条规定:"医师实施医疗、预防、保健措施,签署有关医学证明文件,必须亲自诊查、调查,并按照规定及时填写病历等医学文书,不得隐匿、伪造、篡改或者擅自销毁病历等医学文书及有关资料。医师不得出具虚假医学证明文件以及与自己执业范围无关或者与执业类别不相符的医学证明文件。"《医疗机构管理条例》第 32 条规定:"未经医师(士)亲自诊查病人,医疗机构不得出具疾病诊断书、健康证明书或者死亡证明书等证明文件;未经医师(士)、助产人员亲自接产,医疗机构不得出具出生证明书或者死产报告书。"因此,医疗机构应当在医务人员亲自诊视的前提下,制作相关医疗证

---

① 《病历书写基本规范》第 1 条。
② 《病历书写基本规范》第 2、3 条。

明文件,并交付患者。

6. 建议转诊义务

如患者的疾病已经超出其提供医疗服务的能力范围,医疗服务提供者应及时向患者提出转诊建议,并最大可能提供转诊信息,以帮助患者尽快实现转诊。

7. 继续治疗义务

医疗服务合同成立后,医疗服务机构即负有继续提供医疗服务的义务,不得任意中止医疗服务。即使因特定原因需要中断医疗的,也应提前通知患者,向患者说明原因,并为患者留出适当的准备时间。

8. 安全保障义务

除上述义务外,医疗服务提供者还有义务保障患者固有的人身财产权利不因各种原因受到侵害。例如,医疗服务提供者应采取适当措施防止院内感染的发生和传播,避免患者因院内感染遭受损害;医疗服务提供者负有保障院内环境和设施完善的义务,防止患者因环境和设施不当遭受损害;医疗服务提供者对于在诊疗中表现出明显心理问题的患者,应当及时进行心理干预,防止患者因心理因素出现不良后果。

9. 适当诊疗义务

医疗服务提供者在诊疗中所采取的措施应当符合必要性原则,最大限度地减少患者因诊疗造成的不适和诊疗费用的增加。《民法典》第 1227 条(原《侵权责任法》第 63 条)规定,医疗机构及其医务人员不得违反诊疗规范实施不必要的检查。此处规定了医疗服务提供者避免不必要检查的义务。从法规目的看,此处禁止的对象,不仅应包括"不必要检查",也应包括其他不必要的诊疗活动,即一般所说的过度医疗行为。

（二）患者的义务

1. 协力义务

安全有效的诊疗行为,不仅有赖于医疗服务提供者履行其义务,也需要患者的积极合作。对此,《德国民法典》第 630c 条明确规定,医疗者与患者应就医疗之实施共同协力。[1]《荷兰民法典》第 452 条规定:"患者应当为医疗服务提供者履行其医疗合同的义务尽其所知向其告知信息并提供合作。"[2]因此,患者在医疗活动中不应仅仅是"配合治疗",更应当尽到其诚信义务,以最大诚信向医方提供与诊疗相关的信息,并与医方合作与协作,共同决定医疗的过程,选择符合其意愿的治疗方案。

2. 遵守医嘱的义务

患者应当积极接受治疗,严格遵循医嘱,与医疗服务提供者共同完成诊疗事项。《民法典》第 1224 条(原《侵权责任法》第 60 条)规定:"患者在诊疗活动中受到损

---

[1] 台湾大学法律学院、台大法学基金会:《德国民法典》,北京大学出版社 2016 年版,第 588 页。

[2] Hans Warendorf, Richard Thomas and Ian Curry-Sumner(trans.) , *The Civil code of the Netherlands* , Alphen aan den Rijn: Wolters Kluwer, p.854.

害,有下列情形之一的,医疗机构不承担赔偿责任:(一)患者或者其近亲属不配合医疗机构进行符合诊疗规范的诊疗……"根据该条规定,患者及其近亲属不配合医疗服务提供者进行复核诊疗规范的诊疗的,为其义务之违反,对所造成的后果应由其自行承担。

3. 费用支付义务

支付费用是医疗服务合同中患者的主要义务。患者可以通过自行支付,或者由医疗保险机构付款的方式履行其支付义务。一般而言,门诊阶段的医疗服务合同为预付费合同,住院阶段的医疗服务合同采用预付款或者押金的形式。患者未支付相应费用(挂号费、检查费、药费、治疗费等)的,医疗服务提供者可以拒绝提供相应服务和药品。但患者病情危重必须采取相应措施的,医疗机构不得以未支付费用为由拒绝抢救。

关于患者的费用支付义务,还有两点需要说明:第一,由于医疗服务合同为手段之债而非结果之债,除医学美容等少数情形外,患者不得以医疗服务合同未达到治疗目的为由拒绝给付费用。第二,医疗服务提供者因医疗过失行为造成患者损害的,对于无过失的诊疗部分,患者仍负有支付费用的义务。

三、医疗服务合同的救济

(一)医疗服务提供者的责任竞合与侵权责任

当医疗服务合同当事人不履行或者不适当履行其合同义务时,违约相对方可以主张违约责任。比较特殊的是,医疗服务合同的履行直接关涉患者的人身权利,医疗机构不履行义务或者不适当履行其义务时,一般会造成患者生命权、健康权等物质性人格权益,及知情同意权、隐私权和个人信息等精神性人格权益等损害。此类对绝对权的侵害,除可以通过违约责任获得救济之外,也可以通过侵权责任予以救济。对此,大陆法系国家如德国、日本司法实践中主要以合同责任加以调整,而英美法系主要以侵权行为法调整。

在我国民法上,同一法律事实同时构成违约责任与侵权责任产生责任竞合。《民法典》第 186 条规定:"因当事人一方的违约行为,损害对方人身权益、财产权益的,受损害方有权选择请求其承担违约责任或者侵权责任。"故患者因医疗服务合同的不适当履行造成人身权益损害的,可以就侵权责任或者违约责任择一行使请求权。最高人民法院在《民事案件案由规定》中,既在"服务合同纠纷"之下规定了"医疗服务合同纠纷"的案由,也在侵权责任纠纷中规定了"医疗损害责任纠纷",并包含有"侵害患者知情同意权责任纠纷"和"医疗产品责任纠纷"两个下级案由。理论上说,患者可以自主选择合同责任请求权或者侵权责任请求权。

但在司法实践中,自《民法通则》第 119 条规定了侵害公民身体造成死亡或者伤害的民事责任以来,侵权责任成为医疗损害案件的基本路径。特别是2009年《侵权责任法》第七章专门规定了医疗损害责任,进一步明确了侵权责任路径的适用。因此,因医疗服务提供者违反诊疗义务、继续诊疗义务、建议转诊义务等构成医疗过失的(《民法典》第1221条及第1222条第(一)项),或者违反说明义务造成患者损害的(《民法典》第1219条),应当承担医疗侵权责任;因违反病历制作和保管义务而产生"隐匿或者拒绝提供与纠纷有关的病历资料"或者"遗失、伪造、篡改或者违法销毁病历资料"的,也可承担医疗侵权责任。违反隐私和个人信息保护义务侵害患者人格权益,可以依据《民法典》第1165条(过错责任)、第1183条(精神损害赔偿)承担侵权责任。

同样,如果患者违反其协力义务和遵守医嘱义务,所损害是其自身的人格权益,属于对自身权益的不真正过失,应当免除或者减轻医疗服务提供者的侵权责任(《民法典》第1224条),而不是由医疗机构主张违约责任。

(二)医疗机构的违约责任

当然,当违约行为未损害患者的人身权益等固有利益,而是损害了合同履行利益时,仍然只能构成违约责任。这主要发生在以下几种情形下:

1. 违反适当诊疗义务。根据《民法典》第1227条,医疗服务提供者不得违反诊疗规范实施不必要的检查。如医疗服务提供者违反此项义务,但未造成患者生命、健康损害的,患者可基于医疗服务合同,要求返还多支出的医疗费用。根据目的解释,除了检查之外,违反诊疗规范的其他不必要诊疗行为,也可构成违约责任。

2. 违反医疗证明文件的制作和交付义务。医疗服务提供者未能如约及时、准确地制作和交付医疗证明文件的,患者有权依据《民法典》第577条、第580条之规定,要求医疗服务提供者承担继续履行、采取补救措施或者赔偿损失等违约责任。

3. 履行迟延。医疗服务合同订立后医疗机构迟延履行合同,如办理入院手续后因故未能入院治疗的,基于人身不得强制的原则,患者无法请求强制履行,但可以根据《民法典》第581条之规定,要求医疗服务提供者负担费用,由第三人替代履行,或者根据《民法典》第584条之规定,要求损害赔偿。

(三)患者的违约责任

患者的主给付义务是支付医疗费用。患者未能如约支付医疗费用的,医疗服务提供者应当根据《民法典》第579条关于不履行金钱债务的违约责任的规定要求支付。

四、医疗服务合同的消灭

根据《民法典》第557条的规定和医疗服务合同的性质,医疗服务合同可以因履行完毕、合同解除、当事人死亡或丧失资格等原因消灭。

（一）合同履行完毕

医疗服务合同约定的医疗行为履行完毕的,医疗服务合同消灭。由于其手段之债的性质,履行完毕并不以达成预期的医疗效果作为判断标准。

（二）合同解除

医疗服务合同可以由双方协议解除和行使解除权而解除。

1. 协议解除。医疗服务合同双方可以通过协商一致解除合同(《民法典》第562条)。

2. 法定解除权。患者可以根据《民法典》第563条之规定,在存在不可抗力、逾期违约、迟延履行、根本违约等情形下行使法定合同解除权,同时主张违约责任。有疑问的是,医疗服务提供者是否可以在患者存在违约情形时解除合同。对此我们认为,应根据此种情形是否违反医疗服务提供者的继续诊疗义务加以判断。如根据患者身心状况停止医疗将危及患者生命健康安全的,医疗服务提供者不得解除合同停止诊疗,否则将违反《医师法》第27条和《医疗机构管理条例》第31条规定的对急危患者的诊治义务。当停止医疗不会危及患者生命健康时,患者有违约行为,如不支付医疗费用、不配合治疗的,医疗服务提供者应有权解除合同。

3. 任意解除权。医疗服务合同是以患者对医疗服务提供者的信赖关系为基础的合同,如信赖不存,自应有权解除合同。与此相似的有《民法典》第787条规定的承揽合同中定作人的任意解除权和第716条委托合同中委托人或受托人的任意解除权。与委托合同不同的是,基于继续诊疗义务,医疗服务提供者不应享有任意解除权,只有患者具有任意解除权。

4. 解除权的行使。根据《民法典》第565条规定,行使解除权解除合同应当采用通知的方式。从医疗服务合同的特点看,医疗服务提供者解除合同的,应采用通知方式。患者解除合同,可以采用默示方式,如自行中止接受治疗。

（三）患者死亡

患者死亡的,医疗服务合同消灭。

（四）医疗服务提供者解散或者丧失资格

医疗机构解散的,医疗服务合同消灭。同时,由于医疗服务提供者有法定执业资质要求。根据《医师法》和《医疗机构管理条例》的规定,医疗机构被吊销《医疗机构执业许可证》,或者个体行医的执业医师被卫生行政部门注销注册或者吊销执业医师资格的,均丧失执业资质,此时医疗服务合同消灭。

（五）合同消灭后的诚信义务

《民法典》第558条规定:"债权债务终止后,当事人应当遵循诚信等原则,根据交易习惯履行通知、协助、保密、旧物回收等义务。"基于医疗服务合同的性质,医疗服务提供者在合同消灭后仍负有诚信义务,如应告知患者复诊要求,有必须时对患者进行随访,以及对患者隐私和个人信息保密等。

第三节　医患关系中准合同关系：无因管理、紧急避险与强制医疗

一、医疗无因管理

（一）医疗无因管理的意义和作用

医疗服务提供者对患者进行诊疗活动，原则上应以双方之间存在医疗服务合同为基础。未经患者同意对患者进行治疗，构成对患者人身权利的侵害，构成侵权行为。这里包括医患之间根本不存在医疗服务合同的情况下对患者进行治疗，或者双方之间虽然存在医疗服务合同，但是在进行诊疗行为时未能根据《民法典》《医师法》和《医疗机构管理条例》的相关规定对患者进行说明并取得患者或者其家属同意的情形。但是如前所述，医疗机构和执业医师均负有对于急危患者的救治义务。当患者具有必须救助的紧急危重情事时，医务人员必须根据法律和医学伦理的要求，对患者进行救治。此种救治行为，构成民法上的无因管理，不仅可以使救治行为具有合法性基础，也能在医患之间建立法律上的关系。

（二）无因管理的概念和构成要件

《民法典》将无因管理规定为一种准合同关系，第 979 条将无因管理定义为"管理人没有法定的或者约定的义务，为避免他人利益受损失而管理他人事务的"，并且不符合受益人真实意思。根据此概念，医疗无因管理应具备以下构成要件：

第一，对患者实施了医疗行为。维持自身身心健康属于患者个人事务。医务人员实施对患者的诊治行为，是对患者的事务管理行为。

第二，没有法定或者约定的义务。医患之间已经存在医疗服务合同关系的，医疗服务提供者有约定的诊疗义务，其诊疗行为属于合同履行行为，不属于无因管理。法定义务主要是指医务人员对于患者具有法定的诊疗义务，如对法定传染病患者采取强制医疗措施的，构成强制医疗关系。不无疑问的是，医疗机构、医务人员根据《医师法》第 27 条和《医疗机构管理条例》第 31 条规定的对急危患者进行救治，是否属于履行法定义务的行为而不构成无因管理。[①] 我们认为，无因管理中的法定义务，应理解为私法上的义务，如对于绝对权保护的义务（对于绝对权主要是消极义务，但也有安全保障义务等积极义务）。医疗机构、医务人员公法上有救治义务，不意味着其行为也属于履行民法上法定义务的行为，应当可以构成医疗无因管理，否则无法调整因对急危患者救助而产生费用请求、管理报告等法律关系。

---

① 否定说，参见赵万一主编：《医事法概论》，华中科技大学出版社 2019 年版，第 266 页。

第三,需有为患者利益而管理他人事务的意思。《民法典》第 979 条将"为避免他人利益受损失"作为要件,从目的解释角度,其含义是指使他人从管理活动中获益。这要求医疗机构和医务人员对患者就行救治时,其主观上应具有使患者获益的目的,换言之,以实现自己的利益或其他利益为目的,如使患者参与医学人体试验,因其目的并非是患者受益,不应构成无因管理。

第四,需不违反本人真实意思。无因管理应以不违反本人真实意思为要件。一般而言,实施医疗行为是为了保护患者的生命健康,即使患者没有或者无法明确表示自己的意思,也认为医疗行为不会违背患者可得而知的意思。值得讨论的是,如果患者有明确的意思,但该意思不符合患者最大利益,或者不符合伦理道德的要求,是否应当遵从患者意思。例如自杀者在送医后明确表示拒绝治疗,或者指征要求必须实施剖宫产的产妇坚持要求自己生产等,违背患者的明确意志是否可以构成无因管理。

对此我们认为,此时应当具体分析患者的意思的真实性以及是否符合医学伦理。作为一项原则,拒绝治疗权是患者知情同意权的必有之意,在患者明确反对的情况下,即使患者情况危及生命,医生也不能违反患者意志进行治疗。例如患者生命危急需要实施心肺复苏术,但患者已经通过预嘱(advanced directive)的形式明确拒绝接受心肺复苏术的,医生应当尊重患者的自主意志。医务人员罔顾患者意愿所实施的行为不构成无因管理。

当然,患者的拒绝治疗权也并非是毫无限制的。在某些情况下,患者或有代理患者行使同意权之人,不适当地拒绝对患者有利的医疗给付的,构成患者同意权之消极滥用①,医生可以不顾其反对而进行治疗。主要情形包括:

第一,对自杀者的急救。不赞成和防止自杀是迄今为止各国共同的伦理要求。为了自杀而拒绝治疗的行为构成同意权的滥用。即使自杀者在急救过程中明确表示拒绝治疗,医生仍得进行紧急专断治疗。

第二,涉及第三方利益的治疗。当对患者的紧急治疗涉及第三方的利益时,即使患者反对,急救仍得进行。如对于孕妇的救治,涉及胎儿的生命安全,此时应当衡量利益,否定患者的拒绝治疗权。

第三,家属代理的排除。在紧急治疗情况下,如患者不能表达自己的意志,家属可否代理患者拒绝治疗呢? 我们认为答案是否定的。这是因为,拒绝治疗权是对患者生命的处分行为,其意义重大。在美国,虽然一直认可父母对于未成年子女医疗的决定权,但是可能导致子女死亡的放弃治疗行为仍然受到法律的干预,"任何对于父母的决定有不同意见的家庭成员、医生、医院,或者任何利益相关方均可向法院寻求司法命令,

---

① 对患者同意权之消极滥用的概念,参见吴志正:《解读医病关系 II》,元照出版社 2006 年版,第 168 页。

而法院必须受理"①。而在紧急治疗中,由于时间的紧迫性,对于家属的决定无法进行有效的审查和救济,由于家属的无知或者利益冲突(如产妇在生产时发生产程延长和婴儿宫内窘迫需进行剖腹产手术,而其丈夫为让孩子出生在"黄道吉日"而予以拒绝),可能会出现损害患者权利的情况。慎重起见,不应允许患者家属享有紧急情况下的拒绝治疗权。

第四,明显不理性的拒绝治疗。当医生根据患者病情、医疗伦理和具体情形认定患者拒绝治疗的原因明显不合理时,如因为经济上的窘迫而拒绝治疗,或者因情感的一时冲动而拒绝治疗(例如夫妻二人同遭车祸,夫死妻伤,妻子因丧夫悲痛而拒绝治疗)时,可以通过适当程序获得紧急专断治疗的授权。②《民法典》第 979 条第 2 款规定:"管理事务不符合受益人真实意思的,管理人不享有前款规定的权利",但是为维护公序良俗的除外。在上述情形下,医疗机构和医务人员的救治行为虽然不符合受益人真实意思,但因其为维护公序良俗和医学伦理的必要,仍可构成无因管理。

(三)无因管理的法律效果

1. 违法阻却。构成医疗无因管理的首要效果是医疗机构、医务人员的诊疗行为取得合法性依据,不属于侵权行为。

2. 医方债权。医方的债权主要是费用和损害补偿债权。《民法典》第 979 条规定无因管理人可以请求受益人偿还因管理行为而支出的必要费用,同时管理人因管理行为受到损失的,可以请求受益人给予适当补偿。

3. 医方义务。根据《民法典》第 982 条、第 983 条的规定,医方负有妥善管理义务、通知义务、报告义务等。

(四)无因管理的转化

《民法典》第 984 条规定:"管理人管理事务经受益人事后追认的,从管理事务开始时起,适用委托合同的有关规定,但是管理人另有意思表示的除外。"对于医患关系而言,患者在无因管理后对医疗行为加以追认的,应适用医疗服务合同的规定。

二、医疗紧急避险

(一)概念

紧急避险是指为了使公共利益、本人或者他人人身、财产和其他权利免受正在发生的损害危险,不得已而采取的损害另一较小合法权益的行为。③ 当疾病发展存在可能

---

① In re Guardianship of Barry, 445 So.2d 365, 372(Fla. Dist. Ct. App. 1984). See John Alan Cohan, Judical Enforcement of Lifesaving Treatment for Unwilling Patients, Creighton Law Review, June, 2006.

② 参见满洪杰:《作为知情同意原则之例外的紧急专断治疗——"孕妇死亡"事件舆论降温后的思考》,《法学》2008 年第 5 期。

③ 参见王利明:《侵权行为法研究(上卷)》,中国人民大学出版社 2004 年版,第 559 页。

危及公共利益或者患者本人利益时,医疗机构可以实施损害患者较小利益的行为,以避免更大利益的损害。例如,患者因车祸必须截肢,但因患者昏迷无法取得其同意也无法联系到其近亲属的,为避免患者的更大损害,可以直接实施截肢。

(二)构成要件

医疗紧急避险必须符合以下要件:

第一,合法权益面临紧急危险。遭受危险的权益包括公共利益、患者本人利益或者他人利益。此种危险必须是紧急且现实存在的。假想的风险,或者并非紧急的风险,不构成紧急避险。

第二,必须具有避险的必要。只有在不采取必要的措施,就不能避免损害的发生时,才能实施紧急避险。

第三,不得超过必要的限度。紧急避险是一种在不同权益之间衡量的结果,只能通过牺牲较小的利益而保存较大的利益,而不能相反。需要特别注意的是,不同权益之间是有位阶的,医疗活动所针对的权益主要是人身权益,人身权益在权利体系中具有最高位阶,不可让渡、不受贬损,特别是每个人的生命权都是平等,不能允许所谓的为了保护多数人的生命而牺牲个别人生命权的"避险行为"。当然,为了患者本人、他人的生命健康,不得已牺牲和限制患者的身体权(如截肢)或者人身自由是可以接受的。

(三)法律效果

1. 违法阻却

紧急避险的首要效果也是阻却违法,使紧急医疗行为具有了法律上的正当性。

2. 措施和限度适当义务

医方所采取的措施必须适当且不超出必要的限度。《民法典》第 182 条规定:"紧急避险采取措施不当或者超过必要的限度,造成不应有的损害的,紧急避险人应当承担适当的民事责任。"医疗机构采取措施不当或者超出必须限度的,应当承担民事责任。需要注意的是,《民法典》第 184 条规定:"因自愿实施紧急救助行为造成受助人损害的,救助人不承担民事责任。"此即所谓"好撒马利亚人法",通过免除紧急救助人责任的方式,鼓励对他人进行救助。在医疗紧急救助中,由于医疗行为和医务人员的专业性,医务人员所负救助义务应远高于一般公众,不应简单适用该条规定而免责。但是,医疗紧急救助无法避免的风险或者损害,如为他人实施心肺复苏术造成肋骨骨折的,只要其行为符合应有的医疗水平,即不应承担责任。

三、强制医疗

(一)强制医疗的概念

所谓强制医疗,是医疗机构为保护患者及他人的生命健康和社会整体利益,根据法律规定对某些特殊的患者所强制进行的治疗。强制医疗与一般意义上的患者自主医疗有很大不同。一方面,患者自主医疗的目的是为了维护患者自身的身心健康,具有自益性。而强制医疗虽然也有保护患者身心健康的作用,但主要目的是为了实现社会整体利益,具有公益性。另一方面,患者自主医疗是由患者根据自主意愿启动和参与的,基于患者的自主决定权,患者可以决定接受医疗,也可以决定不进行医疗,或者中止正在进行的医疗。而强制医疗的启动和进行均是根据法律要求由医疗机构或者相关机关进行的,不以患者的意志为转移,患者也无权拒绝。

(二)强制医疗的类型

当前,我国法律规定的强制医疗类型主要包括:对于突发公共卫生事件中需隔离患者和法定传染病患者的强制治疗;对于精神病患者的强制治疗;对于吸毒人员的强制戒毒。

1. 需隔离患者和法定传染病患者。《突发公共卫生事件应急条例》第44条规定:"在突发事件中需要接受隔离治疗、医学观察措施的病人、疑似病人和传染病病人密切接触者在卫生行政主管部门或者有关机构采取医学措施时应当予以配合;拒绝配合的,由公安机关依法协助强制执行。"该条例将突发公共卫生事件界定为突然发生,造成或者可能造成社会公众健康严重损害的重大传染病疫情、群体性不明原因疾病、重大食物和职业中毒以及其他严重影响公众健康的事件,此时对于患者、疑似患者和密切接触者可以采取隔离治疗和医学观察等强制措施。

同时,《传染病防治法》第39条进一步对传染病患者、病原携带者、疑似病人、疑似病人密切联系者采取的强制医疗措施作出了规定,对病人、病原携带者,予以隔离治疗,隔离期限根据医学检查结果确定;对疑似病人,确诊前在指定场所单独隔离治疗;对医疗机构内的病人、病原携带者、疑似病人的密切接触者,在指定场所进行医学观察和采取其他必要的预防措施。拒绝隔离治疗或者隔离期未满擅自脱离隔离治疗的,可以由公安机关协助医疗机构采取强制隔离治疗措施。

2. 对严重精神病患者的强制医疗。《精神卫生法》第28条规定,疑似精神障碍患者发生伤害自身、危害他人安全的行为,或者有伤害自身、危害他人安全的危险的,其近亲属、所在单位、当地公安机关应当立即采取措施予以制止,并将其送往医疗机构进行精神障碍诊断。第30条规定,对已经发生伤害自身的行为,或者有伤害自身的危险,和已经发生危害他人安全的行为,或者有危害他人安全的危险的严重精神障碍患者,应当对其实施住院治疗。

3. 强制戒毒治疗。《禁毒法》第38条第1款规定,吸毒成瘾人员有下列情形之一的,由县级以上人民政府公安机关作出强制隔离戒毒的决定:(一)拒绝接受社区戒毒的;(二)在社区戒毒期间吸食、注射毒品的;(三)严重违反社区戒毒协议的;(四)经社区戒毒、强制隔离戒毒后再次吸食、注射毒品的。对于吸毒成瘾严重,通过社区戒毒难以戒除毒瘾的人员,公安机关可以直接作出强制隔离戒毒的决定。该法第43条规定,强制隔离戒毒场所应当根据戒毒人员吸食、注射毒品的种类及成瘾程度等,对戒毒人员进行有针对性的生理、心理治疗和身体康复训练。

（三）强制医疗的特点

强制医疗关系的特点包括:

第一,强制医疗是基于公法产生的医疗行为。强制医疗不是基于患者与医疗机构之间的平等主体关系在自愿基础上产生的行为,而是基于公法上特别是行政法上的国家权力产生的医疗行为,具有行政管理的属性。

第二,医患双方都基于行政管理产生义务。在一般的医患关系中,医患双方互有权利义务,而在强制医疗中,双方均只有基于行政管理产生的义务,即医疗机构有义务为患者提供医疗服务,患者有义务接受医疗服务。

第三,强制医疗的正当性基础来源于法律授权。现代医疗的正当性基础来源于患者的自主决定权,但是在强制医疗中,医疗行为以法律授权作为正当性基础,医疗机构开展医疗行为无须获得患者的同意。当然,医疗机构仍应当将所实施的医疗行为的性质、风险等向患者进行说明。

第四,强制医疗以国家强制力为后盾。强制医疗中医患双方的医疗行为都受到国家权力的强制。医疗机构应当实施强制医疗而未实施的,应当承担法律责任。如《传染病防治法》第69条规定,医疗机构违反该法规定,发现传染病疫情时未按照规定对传染病病人、疑似传染病病人提供医疗救护、现场救援、接诊、转诊的,或者拒绝接受转诊的,由县级以上人民政府卫生行政部门责令改正,通报批评,给予警告;造成传染病传播、流行或者其他严重后果的,对负有责任的主管人员和其他直接责任人员,依法给予降级、撤职、开除的处分,并可以依法吊销有关责任人员的执业证书;构成犯罪的,依法追究刑事责任。而对于患者而言,必须配合接受强制医疗,否则公安机关可以采取强制措施。

第十六章　医疗损害责任

第一节　医疗损害责任概述

一、医疗损害责任的概念

医疗损害责任主要是指医疗侵权责任。侵权行为是指由于过错侵害他人人身权和财产权而依法应当承担侵权责任的行为以及根据法律的特别规定而承担侵权责任的其他致害行为。[①] 侵权责任是指侵权人因实施侵害或损害他人民事权益的行为而承担的不利的法律后果。

关于医疗侵权中的责任,到底使用何种名称,学界和实务界曾有过不同观点,如有说医疗事故责任[②],有说医疗侵权责任[③],有说医生专家责任[④],等等。而不同国家和地区对此也有不同看法,如欧洲国家多采用医疗专家责任或医师责任[⑤],日本多采用医疗过失责任[⑥],美国一般称为医疗责任或者医疗过失责任[⑦]。随着《侵权责任法》的颁布与实施,其确定的医疗损害责任一词便成为医疗侵权责任比较明确的统一名称,是以本书采用医疗损害责任来指医疗侵权中的责任。使用医疗损害责任概念能够消除医疗事故与医疗过错对医疗侵权行为人为分割的"割据"局面,建立统一的医疗损害责任制度。[⑧]

医疗损害是指患者在诊疗活动中因医疗机构或者医务人员的过错而遭受的损害。医疗损害责任是指医疗机构或医务人员在诊疗活动中因过错,或者在法律规定的情况下无论有无过错,造成患者人身损害或者其他损害,应当承担的以损害赔偿为主要方式

---

① 申卫星:《民法学》,北京大学出版社 2017 年版,第 529 页。
② 根据《医疗事故处理办法》,司法实践中普遍将医疗侵权行为直接称为医疗事故和医疗事故责任。
③ 参见最高人民法院《民事诉讼证据规则》第 4 条第 8 款的规定。
④ 张新宝:《侵权责任法》,中国人民大学出版社 2005 年版,第 224 页。
⑤ 杨立新:《医疗损害责任研究》,法律出版社 2009 年版,第 34 页。
⑥ 夏芸:《医疗事故赔偿法——来自日本法的启示》,法律出版社 2007 年版,第 101 页。
⑦ 陈聪富:《美国医疗过失举证责任之研究》,载朱柏松等:《医疗过失举证责任之比较》,元照出版公司 2008 年版,第 161 页。转引自杨立新:《医疗损害责任研究》,法律出版社 2009 年版,第 34 页。
⑧ 杨立新:《医疗损害责任研究》,法律出版社 2009 年版,第 41 页。

的侵权责任。

在我国的医疗损害责任认定中,实施侵权行为的主体是医疗机构及其医务人员,但医疗损害责任的承担主体通常被限定为医疗机构,一般不包括医务人员,即医疗损害责任的承担形式表现为医疗机构对其医务人员所造成的损害承担替代责任。替代责任的特征表现为侵权行为人与责任人的分离,医疗机构不得以"无选任不当之过错"或"已尽监督责任"为由推卸医疗损害的赔偿责任。医疗机构对其医务人员的不当诊疗行为造成患者一方损害所承担的医疗损害责任,可以用雇主责任或者"代表人责任"来说明。①

二、医疗损害责任的类型

按照《民法典》侵权责任编的规定,可将医疗损害责任分为以下四种类型:

(一)医疗技术损害责任

医疗技术损害责任,指医疗机构及其医务人员从事病情检验、诊断、治疗方法的选择,治疗措施的执行,病情发展过程的追踪,以及术后照护等医疗行为,存在不符合当时医疗水平的过失,造成患者损害,医疗机构所应当承担的侵权赔偿责任。这是医疗损害责任的最基本类型。《民法典》第 1218 条规定:"患者在诊疗活动中受到损害,医疗机构或者其医务人员有过错的,由医疗机构承担赔偿责任。"该条款即是对医疗技术损害责任做出的规定。《民法典》第 1227 条规定:"医疗机构及其医务人员不得违反诊疗规范实施不必要的检查。"这条规定的过度检查应该属于医疗技术损害责任另一种表现形式。

(二)医疗伦理损害责任

医疗伦理损害责任,指医疗机构及医务人员从事各种医疗行为时,违背职业良知和医疗伦理的要求,违背告知或保密义务,造成患者人身损害以及其他合法权益损害,应承担的侵权赔偿责任。

一般表现为违反告知义务及违反保密义务的损害责任。《民法典》第 1219 条规定:"医务人员在诊疗活动中应当向患者说明病情和医疗措施。需要实施手术、特殊检查、特殊治疗的,医务人员应当及时向患者具体说明医疗风险、替代医疗方案等情况,并取得其明确同意;不能或者不宜向患者说明的,应当向患者的近亲属说明,并取得其明确同意。医务人员未尽到前款义务,造成患者损害的,医疗机构应当承担赔偿责任。"即是对于违反告知义务的医疗伦理损害责任的规定。同时《民法典》第 1226 条规定:"医疗机构及其医务人员应当对患者的隐私和个人信息保密。泄露患者的隐私和个人信息,或者未经患者同意公开其病历资料的,应当承担侵权责任。"即是对于违反保密义务的伦理损害责任的规定。

---

① 张新宝:《侵权责任法》,中国人民大学出版社 2020 年版,第 195 页。

（三）医疗产品损害责任

医疗产品损害责任,指医疗机构在医疗过程中使用有缺陷的药品、消毒药剂、医疗器械以及不合格血液等医疗产品,造成患者人身损害的,医疗机构或者医疗产品生产者所应承担的损害赔偿责任。判断医疗产品是否存在缺陷,应当以《产品质量法》的规定作为基本标准。医疗产品损害责任中,医疗机构成为一方责任人,与缺陷医疗产品的生产者承担不真正连带责任。《民法典》第1223条规定:"因药品、消毒产品、医疗器械的缺陷,或者输入不合格的血液造成患者损害的,患者可以向药品上市许可持有人、生产者、血液提供机构请求赔偿,也可以向医疗机构请求赔偿。患者向医疗机构请求赔偿的,医疗机构赔偿后,有权向负有责任的药品上市许可持有人、生产者、血液提供机构追偿。"即是对于违反医疗产品损害责任的规定。

（四）医疗管理损害责任

医疗管理损害责任,指医疗机构和医务人员违背医疗管理规范和医疗管理职责的要求,具有医疗管理过错,造成患者人身损害、财产损害的,应承担的侵权赔偿责任。医疗管理损害责任中医疗机构及医务人员在医疗管理中存在管理过错,不能履行管理规范或者管理职责,造成患者人身损害或者财产损害,表现为下列违法行为,如违反病历资料管理职责、医院流程设置不合理等。如某地医院曾经发生过这样的案例,两个患儿各自需要做心脏手术和扁桃体摘除术,由于将患儿推错了手术室,应该做心脏手术的患儿做了扁桃体摘除术,应该做扁桃体摘除术的患儿做了心脏手术。这种损害实际上是医疗机构组织管理的过失导致的。

三、我国医疗损害责任制度的发展

我国医疗损害责任制度的发展与我国医疗纠纷处理法律的发展紧密相连,大致经历了补偿、有限赔偿、赔偿二元化到统一民事赔偿的发展历程。

（一）医疗损害责任的补偿阶段

以国务院于1987年颁布的《医疗事故处理办法》为标志,我国医疗损害责任的处理进入到补偿阶段。在当时全国实行公费医疗的福利化政策背景下,对于医疗机构在医疗活动中造成患者人身损害的赔偿责任采取了严格限制的政策,只有医疗机构有明显过失造成较大损害后果且构成医疗事故的,受害患者才能得到补偿,补偿的数额受到严格限定,医疗差错不予补偿。

（二）医疗损害责任的有限赔偿阶段

以国务院2002年4月4日颁布并于同年9月1日施行的《医疗事故处理条例》为标志,我国医疗损害责任的处理进入到有限赔偿阶段,基于当时对医疗机构福利性的认识以及医疗免费及低收费的现状,在患者主张"赔偿说"与医疗机构主张"补充说"之间,立法者虽然选择了对医疗损害进行赔偿,但又通过对赔偿项目及计算标准进行一定的限制,从而实现对医疗损害责任的有限赔偿,这在当时的经济发展及医疗体制背景下,有着一定的积极意义。

与《民法通则》及相关司法解释确定的一般民事责任赔偿项目和计算标准相比,《医疗事故处理条例》确定的赔偿项目不包括死亡赔偿金和营养费,在计算标准方面,对护理费、误工费、残疾赔偿金、精神损害抚慰金及丧葬费的计算都规定了一定的限制,这就导致同样的医疗损害根据《医疗事故处理条例》得到的赔偿低于按照《民法通则》等规定得到的赔偿,出现了医疗损害赔偿二元化的苗头。

(三)医疗损害责任的赔偿二元化阶段

以下述的两个司法解释为标志,医疗损害责任赔偿正式步入二元化赔偿时期。最高人民法院于 2003 年 1 月 6 日颁布《关于参照〈医疗事故处理条例〉审理医疗纠纷民事案件的通知》,规定"条例实施后,人民法院审理因医疗事故引起的医疗赔偿纠纷民事案件,在确定医疗事故赔偿责任时,参照条例第 49 条、第 50 条、第 51 条和第 52 条规定办理";2003 年 12 月 26 日颁布、2004 年 5 月 1 日实施的《最高人民法院关于审理人身损害赔偿案件适用法律若干问题的解释》规定的人身损害赔偿标准大大高于《医疗事故处理条例》第 50 条至第 52 条规定的标准,由于起诉医疗事故责任受害患者一方得到的赔偿数额大大低于以医疗过错起诉获得的人身损害赔偿数额,实践中开始出现越来越多的患者选择医疗过错的案由向法院起诉。而在司法审判中,司法机关严格区分医疗事故责任纠纷和医疗过错责任纠纷的法律适用,前者适用《医疗事故处理条例》,后者适用《民法通则》及人身损害赔偿司法解释,医疗损害责任赔偿问题上的二元化愈演愈烈。

(四)医疗损害责任的统一民事赔偿阶段

以 2009 年 12 月 26 日通过、自 2010 年 7 月 1 日起实施的《侵权责任法》为标志,医疗损害责任进入到法律适用和民事赔偿双统一的新阶段。该法第七章以专章的形式对医疗损害责任进行了规定,统一了医疗损害责任的法律适用与赔偿制度。自此,我国医疗损害责任制度基本统一与完善。

第二节 医疗损害责任的归责原则

一、医疗损害责任归责原则概述

侵权责任归责原则,是指据以确定侵权行为人承担民事责任的根据。[①] 不同的归责原则强调不同的责任承担根据和基础,如过错责任体现的是"责任自负"的传统理念,而无过错责任原则体现的主要是损害的合理分担以及更强的受害者保护。

---

① 申卫星:《民法学》,北京大学出版社 2017 年版,第 535 页。

医疗损害责任的归责原则,是指确定医疗机构或其他责任人承担医疗损害赔偿责任的一般准则,是在受害患者的损害事实已经发生的情况下,为确定医疗损害责任人对自己的行为所造成的损害是否需要承担赔偿责任的准则。

（一）医疗损害责任归责原则的演进

我国医疗损害责任的归责原则经历了独尊过错责任原则、过错和因果关系双重推定原则再到《侵权责任法》确定的多元化归责原则的演进过程。这种变化也主要体现于几个关键性法律及法律解释的适用上。

依据 1987 年 1 月 1 日起施行的《民法通则》,医疗损害侵权责任不属于《民法通则》明确规定的"但法律规定应当承担民事责任的,应当承担民事责任"的特殊侵权范围,因此,医疗损害责任的归责原则按照一般侵权行为适用过错责任原则,但是《民法通则》并没有对医疗损害责任进行特别规定。而 2002 年 9 月 1 日起施行的《医疗事故处理条例》第 2 条也规定"医疗事故,是指……过失造成患者人身损害的事故",第 49 条又规定"不属于医疗事故的,医疗机构不承担赔偿责任",这些条文的规定也确定了医疗损害责任采用过错责任原则的思路。但是由于医患信息不对称的现实,及社会上认为患者是弱势群体的呼声日趋强烈,2002 年 4 月 1 日起施行的《最高人民法院关于民事诉讼证据的若干规定》第 4 条第 8 款规定,因医疗行为引起的侵权诉讼,由医疗机构就医疗行为与损害结果之间不存在因果关系及不存在医疗过错承担举证责任。此即所谓的医疗损害责任举证倒置原则,医疗损害责任的归责原则由之前的过错责任原则走向过错及因果关系的双重推定原则,举证责任也由之前的谁主张谁举证演变成为举证责任倒置。由此开启了司法审判中运用过错推定原则处理医疗损害案件的实践,也导致了行政法规和司法解释存在较大的矛盾,前者要考量医疗行为的特点,后者要给受害患者以更优越的民事诉讼地位;一个旨在减轻医疗机构的责任,一个旨在加强对受害患者的权利保护。① 医疗损害责任实行过错推定及举证责任倒置的实践,引发了医疗机构防御性医疗行为的盛行,同时由于医学科学有限性的特点,也使得许多基于医学发展有限性不能解释的归因及损害直接由医方承担了损害赔偿责任,不利于医学科学的发展及个体患者利益与整体患者利益的平衡。基于此,《侵权责任法》依据不同情况,确定了医疗损害责任的归责原则以过错责任原则为主、无过错责任原则相结合的多元化归责原则体系,《民法典》侵权责任编第六章医疗损害责任对此进行了承继。2019 年修改后的《最高人民法院关于民事诉讼证据的若干规定》删除了医疗损害责任举证倒置的规定。

（二）医疗损害归责原则体系

我国医疗损害责任的归责原则是以过错责任原则为主、无过错责任原则相结合的

---

① 杨立新:《中国医疗损害责任制度改革》,《法学研究》2009 年第 4 期。

多元化归责原则体系。

1. 过错责任原则

过错责任原则,是指以加害人有过错作为归责根据的归责原则。① 即过错是归责的根本事由,是加害人承担责任的基础;数人因共同过错而造成他人损害时,该数人应就损害承担连带赔偿责任;过错责任不仅意味着加害人要因其具有过错的致人损害的行为承担责任,也意味着受害人要就其因自身的过错而导致损害的发生或扩大自负损害。《民法典》第1165条第1款规定:"行为人因过错侵害他人民事权益造成损害的,应当承担侵权责任。"

根据《民法典》侵权责任编第六章医疗损害责任的规定,医疗损害责任的一般归责原则是过错责任原则,即医疗机构的过错是医疗损害责任的构成要件,医疗机构因过错侵害患者民事权益,应当承担侵权责任。《民法典》第1218条规定:"患者在诊疗活动中受到损害,医疗机构或者其医务人员有过错的,由医疗机构承担赔偿责任。"此即医疗损害责任中过错责任原则的适用。

《民法典》第1222条规定:"患者在诊疗活动中受到损害,有下列情形之一的,推定医疗机构有过错:(一)违反法律、行政法规、规章以及其他有关诊疗规范的规定;(二)隐匿或者拒绝提供与纠纷有关的病历资料;(三)遗失、伪造、篡改或者违法销毁病历资料。"这一法律规定的推定可以被反驳,即可以由医方通过反面证明予以推翻。也就是说,医疗机构及其医务人员存在上述行为,即推定医疗机构存在过错,医疗机构不能证明自己没有过错的,应当承担侵权责任。患者依法向人民法院申请医疗机构提交由其保管的与纠纷有关的病历资料等,医疗机构未在人民法院指定期限内提交的,人民法院可以依照《民法典》第1222条第(二)项规定推定医疗机构有过错,但是因不可抗力等客观原因无法提交的除外。《民法典》承继《侵权责任法》规定的"医疗过错推定",患方首先要证明损害后果存在,其次证明医方存在《民法典》第1222条规定的三种情形之一,才推定医方存在医疗过错,然后由医方提出证据证明医疗行为无过错。

2. 无过错责任原则

无过错责任原则,是指法律规定,不论加害人是否有过错,只要存在其行为、损害后果以及两者之间存在因果关系即应承担民事责任的归责原则。《民法典》第1166条规定:"行为人造成他人民事权益损害,不论行为人有无过错,法律规定应当承担侵权责任的,依照其规定。"无过错责任原则不考虑行为人的过错,责任承担不以有无过错为构成要件;其免责事由受到严格限制,其免责事由需要在规定该严格责任的特别规定中寻找;无过错责任是一种严格责任,因此,只有在法律有明文规定的情况下,才能适用,其构成要件、免责事由和减轻事由也须法定。

---

① 申卫星:《民法学》,北京大学出版社2017年版,第535页。

根据《民法典》侵权责任编第六章医疗损害责任的相关规定,医疗损害责任特别案件适用无过错责任原则,即因医疗产品造成患者损害的,不论加害人是否有过错,法律规定应当承担民事责任的,行为人应当对其行为所造成的损害承担民事责任。受害患者无须就加害人的过错进行举证,加害人也不得以其没有过错为由主张免责或减责抗辩。《民法典》第 1223 条规定:"因药品、消毒产品、医疗器械的缺陷,或者输入不合格的血液造成患者损害的,患者可以向药品上市许可持有人、生产者、血液提供机构请求赔偿,也可以向医疗机构请求赔偿。患者向医疗机构请求赔偿的,医疗机构赔偿后,有权向负有责任的药品上市许可持有人、生产者、血液提供机构追偿。"换言之,无论药品上市许可持有人、生产者、血液提供机构及医疗机构是否具有过错,都应当承担侵权责任。药品上市许可持有人、生产者、血液提供机构及医疗机构主张不承担责任的,应当对医疗产品不存在缺陷或者血液合格等抗辩事由承担举证证明责任。

二、一般医疗损害责任构成要件

一般医疗损害责任构成要件等同一般侵权责任的构成要件,即构成一般侵权责任所必须具备的条件。这里所指的一般侵权责任是指:自己侵害行为造成损失的责任,自己侵害行为适用过错责任原则情况下的责任,主要指赔偿损失和恢复原状等填补损害性质的责任方式。[1] 不同的侵权责任归责原则会影响侵权责任的构成要件,不同归责原则下的侵权责任构成要件的差别主要体现在过错的地位上,在过错责任原则下,过错是侵权责任的构成要件;而在无过错责任原则下,过错不是构成要件。

就一般侵权责任的构成要件而言,学界主要有两种观点:一是"三要件说",以法国民法理论为其代表,即主张损害事实、因果关系和过错三要件;二是"四要件说",以德国民法理论为其代表,即主张行为的违法性、损害事实、因果关系和过错四要件。[2]《民法典》第 1165 条规定:"行为人因过错侵害他人民事权益造成损害的,应当承担侵权责任。"因此,我国通说,则持侵害行为、过错、损害事实和因果关系的四要件说。据此,医疗损害责任的构成要件应该包括四要件。

(一)侵害行为

侵害行为,是指行为人实施的侵害受害人民事权益的不法行为。[3] 侵害行为是一般侵权行为的构成要件之一,其包括积极侵害行为与消极侵害行为。

医疗损害责任中的侵害行为实施人必须具有特殊身份,即主要是医疗机构及其医务人员,但医疗机构是赔偿义务人,直接对患者承担责任,而不是由其医务人员承担责任。在医疗产品损害的情形下,医疗产品的生产者、销售者及上市许可持有人可以成为

---

① 张新宝:《侵权责任法》,中国人民大学出版社 2020 年版,第 23 页。
② 张新宝:《侵权责任法》,中国人民大学出版社 2020 年版,第 23 页。
③ 张新宝:《侵权责任法》,中国人民大学出版社 2020 年版,第 25 页。

医疗损害责任的主体。不具备医疗机构主体资格造成患者损害的,不构成医疗损害责任,而构成非法行医损害责任。

医疗机构及其医务人员在诊疗活动中的不当诊疗行为,本质上具有不法性,是构成医疗损害责任的首要要件。由于医疗行为涵盖较广,所以在实践中这种侵害行为在《民法典》中有诸多不同表现形式,主要包括:违反第1218条规定的适当诊疗行为的侵害行为,违反第1219条规定的医疗告知义务的侵害行为,违反第1220条规定的紧急情况救助义务的侵害行为,违反第1221条规定的适当诊疗义务的侵害行为等。

医疗损害责任中的侵害行为也包括了积极侵害行为与消极侵害行为。积极侵害行为即指行为人积极的举止行为,如护士不遵守"三查七对"的规定,发错药打错针。消极侵害行为是指负有特定的作为义务而不履行其义务,并致他人损害。如《医师法》第27条规定:"对需要紧急救治的患者,医师应当采取紧急措施进行诊治,不得拒绝急救处置。"但医务人员拖延治疗或拒绝治疗。

(二)医疗损害

损害,也称损害后果,是指加害人的行为侵犯了他人的人身、财产或者精神等权益而给受害人带来的不利后果。包括财产损失、名誉毁损、精神痛苦或者肉体疼痛、身体伤害、健康损害、知识产权损害等。

医疗损害责任构成中的医疗损害指因医方违反其注意义务的侵害行为给患者造成客观上的人身、财产或者精神上的不利后果。从理论上分析,医疗损害事实一般包括以下内容:

第一,人身损害。医疗侵权首先侵害患者的生命权、健康权或者身体权,造成人身损害。生命权是以自然人的生命安全为利益内容的权利,是自然人最基本的人身权。医疗损害中对患者生命权的侵害表现为由于医疗机构的过失行为导致患者死亡的行为。

此处的健康权主要指身体健康权。健康权是指公民以其机体生理机能正常运作和功能完善发挥,维持人体生命活动的利益为内容的人格权,包括健康维护权和劳动能力。医疗损害中对患者健康权的损害往往导致患者出现明显的器官、组织损伤或功能障碍,对健康损害程度的判断通常根据日常生活能力、劳动能力的丧失和影响程度进行。

身体权是指患者维护其身体完整并支配其肢体器官和其他组织的人格权。医疗损害中对患者身体权的损害主要是侵犯了患者身体的完整性。人的身体权与健康权又是紧密相连、相辅相成的,人的健康是以其身体的完整为前提的,一旦身体的完整性遭到破坏,那么健康权也就同时受损。因此,很多情况下,侵害患者身体权时,可参照侵害患者健康权的规定。

第二,知情同意权的损害。医疗损害中对患者知情同意权的损害主要表现为违反

《民法典》《基本医疗卫生与健康促进法》等相关法律规定,未告知、告知不足或未经患者知情同意擅自进行治疗等。

第三,患者的财产损害。医疗损害中对患者财产的损害主要表现为:因医疗损害增加的费用、不必要的医疗费用、丧葬费等。

第四,患者及其近亲属的精神损害。精神损害,是指受害人因为他人的侵害而产生的精神方面的痛苦、疼痛和严重的精神反常现象。① 医疗损害责任构成的精神损害包括两个方面:一是侵害物质型人格权造成的精神痛苦的精神损害;二是侵害隐私权等精神型人格权造成的精神利益的损害,造成的精神损害应当达到严重的程度。即《民法典》第 1183 条规定:"侵害自然人人身权益造成严重精神损害的,被侵权人有权请求精神损害赔偿。因故意或者重大过失侵害自然人具有人身意义的特定物造成严重精神损害的,被侵权人有权请求精神损害赔偿。"

(三)因果关系

现行法律条文中没有对因果关系如何认定作出明确规定,但是因果关系却影响着医疗损害责任的认定。因果关系,是指客观事物和现象之间的前因后果的关联性,即一种现象在一定条件下必然引起另一现象的发生。前一种现象成为原因,后一种现象成为结果,这种原因与结果之间的关系,就是因果关系。一般侵权责任构成要件中的因果关系,是指侵害行为与损害后果之间的因果关系。

医疗损害责任中的因果关系是指医方的侵害行为与患者人身损害后果之间具有因果关系。

目前在因果关系的判定上,占据通说地位的是相当因果关系理论,该理论认为侵权人应当对其侵害行为为相当条件的损害负赔偿责任,但是对超出这一范围的损害不负民事责任。相当原因必须是损害后果发生的必要条件,并且极大地增加损害后果发生的可能性即"客观可能性"。② 相当因果关系的判断有如下两个步骤,事实因果关系和法律因果关系判断,在医疗损害责任的因果关系判定方面,医疗损害鉴定可以看成是事实因果关系的判断,而法官需要在事实因果关系确定后,对法律因果关系进行判断。事实因果关系解决的是侵权责任是否成立;法律因果关系解决的是在多大范围内承担赔偿责任的问题。

1. 事实因果关系判定

事实因果关系判定,即事实因果关系是指行为人与损害后果之间客观存在的因果关系,其是客观存在,在事实因果关系的判断上,大陆法系一般采用"条件结果关系"(sine qua non),即"如无/则不"标准。如果无此原因必不生此结果,即该原因是结果的

---

① 张新宝:《侵权责任法》,中国人民大学出版社 2020 年版,第 29 页。
② 申卫星:《民法学》,北京大学出版社 2017 年版,第 544 页。

必要条件,则一般认为两者之间有因果关系。如果有此原因足以生此结果,即该条件是结果的充分条件;如果无此原因也会生此结果,则不能认定事实因果关系的存在。在进行事实因果关系的检验时,可以运用删除法和替代法相互验证。① 在医疗损害责任事实因果关系的判定上,可采用认定或推定来确认。事实因果关系的认定是指直接确认因果关系事实的存在。通常情况下,如果医疗违法行为和医疗损害事实之间的因果关系联系是较为明确的,没有介入外来的、不确定因素的影响,医患双方对此因果关系确定也没有争议,即可以通过事实本身证明认定两者间的因果关系。事实证明说适用于医方违反义务的行为与其造成的损害后果比较明显的情况。例如,手术中错误地对没有受伤的好腿进行了手术。但是,大多数情况下对医疗损害因果关系判定是专业性极强的问题,仅凭经验方法是不可能判定的,必须借助医学会、司法鉴定机构等专业鉴定机构做出判断。

2.法律因果关系判定

法律因果关系判定,即法律因果关系是指事实因果关系中具有法律意义的部分因果关系。即原告所主张的事实和请求与某种特定的侵权诉因之间的关系:如果符合某种侵权诉因的要求,则认为存在法律上的因果关系;②反之则不存在法律上的因果关系。法律因果关系是主观判断,在事实因果关系确定后,需要进一步判断原因是否具有可责性,即要确定因果关系的相当性,这实际上是一种法律政策工具,是价值判断。③实际上就是判断原因是否具有充分性,或者说被告的行为是否为损害发生的充足原因。

医疗损害责任中的法律因果关系是指在确定医疗侵害行为与医疗损害事实之间存在事实因果关系的前提下,由法官依法认定医方是否应当依法承担赔偿责任及责任大小的问题,是对因果关系所作出的价值判断,是将事实上的因果关系与医疗损害责任相衔接的重要环节。在考查因果关系的相当性问题上,要以行为时的一般社会经验和智识水平作为判断标准,认为该行为有引起该损害事实的可能性,而在实际上该行为又确实引起了该损害事实,则该行为与该结果之间有因果关系。

相当因果关系说对医疗损害责任中的因果关系认定具有重要意义。适用相当因果关系学说判断医疗损害责任因果关系,关键在于判断医疗侵害行为是发生患者损害事实的适当条件,即在考察造成患者损害的所有原因事实中,是否存在医疗机构违反义务的原因行为。

（四）医疗过错

过错是侵权人的一种可归责的心理状态。主要有主观过错说、客观过错说和折中说三种代表学说。主观过错说认为,过错是指行为人的主观方面,即过失或故意的心理

---

① 王利明:《侵权责任法研究（上卷）》,中国人民大学出版社 2010 年版,第 382 页。

② 张新宝:《侵权责任法》,中国人民大学出版社 2020 年版,第 30 页。

③ 王泽鉴:《侵权行为法》第 1 册,中国政法大学出版社 2001 年版,第 204 页。

状况。与行为人的外部行为有着严格的区别。客观过错说认为,过错并非加害人的主观心理态度具有应受非难性,而在于侵害行为具有非难性,过错与违法侵害行为属于一个构成要件。折中说则认为,对过错概念应当充分吸收主观过错说和客观过错说的合理内涵,主张过错是一个主观和客观要素相结合的概念,是指在故意和过失的状态支配下行为人从事了在法律和道德上应受非难的行为。主流观点为客观说或者适当考虑主观方面但是以客观方面作为主要判断标准的折中说。①

过错分为故意和过失两种形式。故意,是指行为人预见到损害后果的发生并希望或放任该结果发生的心理状态。② 过失,是指行为人因疏忽或轻信而未达到应有的注意程度的一种不正常或不良的心理状态。③

对医疗过错的判断可以参考折中说,对医疗过失的判断可以采取客观过错标准,对医疗故意的判断仍应当坚持主观标准。从医疗损害责任的类型来看,医疗技术损害责任的过错要件应该是过失,不允许有故意的存在;对于医疗伦理损害、医疗管理损害责任,其过错要件包括了故意和过失。

《民法典》第 1221 条规定,医务人员在诊疗活动中未尽到与当时的医疗水平相应的诊疗义务,造成患者损害的,医疗机构应当承担赔偿责任。医方在医疗活动中承担高度注意义务,确定医方是否有过错应当以其是否尽到与当时医疗水平相应的诊疗注意义务等为标准;对医疗机构或者其医务人员的过错,应当依据法律、行政法规、规章以及其他有关诊疗规范进行认定,可以综合考虑患者病情的紧急程度、患者个体差异、当地的医疗水平、医疗机构与医务人员资质等因素。当时的医疗水平一般是指当时的临床实践水平,而非医学理论水平或医学研究水平。在司法实践中一般需要通过鉴定予以确定。

三、医疗产品损害责任构成要件

医疗产品损害责任属于特殊侵权损害责任,需要有明确的法律规定。《民法典》第 1223 条规定:"因药品、消毒产品、医疗器械的缺陷,或者输入不合格的血液造成患者损害的,患者可以向药品上市许可持有人、生产者、血液提供机构请求赔偿,也可以向医疗机构请求赔偿。患者向医疗机构请求赔偿的,医疗机构赔偿后,有权向负有责任的药品上市许可持有人、生产者、血液提供机构追偿。"本条规定了因使用有缺陷的医疗产品(药品、消毒产品、医疗器械)和输入不合格血液而致患者医疗损害的侵权责任归责原则、责任构成要件、责任承担者以及索赔程序等内容。

《最高人民法院关于审理医疗损害责任纠纷案件适用法律若干问题的解释》第 25

---

① 王利民:《民法(下册)》,中国人民大学出版社 2020 年版,第 508 页。
② 张新宝:《侵权责任法》,中国人民大学出版社 2020 年版,第 34 页。
③ 张新宝:《侵权责任法》,中国人民大学出版社 2020 年版,第 35 页。

条第 2 款规定："本解释所称的'医疗产品'包括药品、消毒药剂、医疗器械等。"根据《民法典》第 1223 条规定,医疗产品包括了药品、消毒产品、医疗器械,同时把不合格血液损害也纳入到这类产品损害责任中。

缺陷医疗产品损害责任认定采用无过错责任原则,即只要患者因药品、消毒产品及医疗器械等医疗产品的缺陷受到损害,无论医疗产品的生产者(含药品上市许可持有人)、销售者是否存在过错,均应承担无过错责任。此条款为《民法典》第 1166 条原则规定的具体适用,即"行为人造成他人民事权益损害,不论行为人有无过错,法律规定应当承担侵权责任的,依照其规定"。同时也是《民法典》侵权责任编第四章产品责任在医疗损害责任领域的具体体现。

医疗产品损害责任的构成要件包括三要件,即:第一,医疗产品存在缺陷;第二,患者在使用有缺陷的医疗产品后出现相应的损害后果;第三,医疗产品的缺陷与患者损害后果之间存在因果关系。关于患者的损害后果、因果关系认定等内容,可参见本节其他内容。这里着重讨论医疗产品存在缺陷、责任的承担者、缺陷医疗产品损害赔偿案件的举证责任分配等问题。

(一)医疗产品存在缺陷或者血液不合格

医疗产品缺陷,是指医疗产品存在危及患者人身、他人财产安全的不合理的危险。由于药品等医疗产品有保障人体健康和人身、财产安全的国家标准,有缺陷的医疗产品一般不符合国家有关强制性标准的要求。

患者在使用医疗产品后出现的所有损害后果,并非都是由医疗产品的缺陷所致,法律也并未要求包括医疗产品在内的所有产品均是完美无缺,不存在任何瑕疵。只有在医疗产品具有法定的缺陷并造成患者损害后果时,药品上市许可证持有人、生产者、医疗机构才承担侵权责任。同时,医疗产品作为一种特殊的产品,往往在治疗疾病的同时,也会给患者造成一定的损害,患者在使用医疗产品后可能会有正常的不良反应、药物副作用,对此药品上市许可证持有人、生产者、医疗机构是不承担责任的,除非有法律的特别规定,如《疫苗管理法》第 56 条规定:"国家实行预防接种异常反应补偿制度。实施接种过程中或者实施接种后出现受种者死亡、严重残疾、器官组织损伤等损害,属于预防接种异常反应或者不能排除的,应当给予补偿。补偿范围实行目录管理,并根据实际情况进行动态调整。接种免疫规划疫苗所需的补偿费用,由省、自治区、直辖市人民政府财政部门在预防接种经费中安排;接种非免疫规划疫苗所需的补偿费用,由相关疫苗上市许可持有人承担。国家鼓励通过商业保险等多种形式对预防接种异常反应受种者予以补偿。预防接种异常反应补偿应当及时、便民、合理。预防接种异常反应补偿范围、标准、程序由国务院规定,省、自治区、直辖市制定具体实施办法。"

不合格血液是指用于输血治疗患者疾病的人类血液不符合医学技术规范的要求,存在危及患者人身安全的缺陷的血液。卫生部于 2000 年 12 月 14 日发布并实施的《血站基本标准》明确规定了《全血及成分血质量标准》，凡不符合该标准的血液均应定为不合格血液，不得向医疗机构提供，该标准即为认定血液是否合格的依据。

（二）医疗产品损害责任的承担主体

医疗产品损害责任的承担主体包括了上市许可持有人、生产者、血液提供机构及医疗机构，其定位各有不同，以下分述之。

药品上市许可持有人。根据《药品管理法》的规定，药品上市许可持有人依法对药品研制、生产、经营、使用全过程中药品的安全性、有效性和质量可控性负责。药品上市许可持有人是指取得药品注册证书的企业或者药品研制机构等。如果药品上市许可持有人同时也是缺陷药品的生产者，其当然应承担《民法典》第 1223 条规定的无过错责任；如果其不是生产者，也应当作为连带责任人承担缺陷药品损害赔偿责任。

医疗机构。如果缺陷医疗产品的受害患者选择起诉医疗机构，医疗机构应当依法先行承担无过错赔偿责任，然后向生产者等追偿；当然如果医疗产品的缺陷是由医疗机构过错使用造成的，应当由医疗机构承担医疗产品损害赔偿责任。但是，医疗机构医务人员过错使用医疗产品造成损害的，而该医疗产品并不存在缺陷，则不构成医疗产品损害责任，而仅仅构成医疗损害责任。

（三）医疗产品损害之不真正连带责任

医疗产品责任是一种不真正连带责任。此处的不真正连带责任是指多数行为人违反法定义务，对一个受害人实施侵害行为，或者不同的行为人基于不同的行为而致使受害人的权利受到损害，各个行为人引起的同一内容的侵权责任，各负全部赔偿责任，并因行为人之一的履行而使全体责任人的责任归于消灭的侵权责任形态。[①] 对于外部被侵权人来讲，相关主体承担的是无过错的连带责任，被侵权人可以选择向任何一方或者多方主张责任，而相关主体并不能以无过错为由对抗被侵权人的损害赔偿请求权。

具体到医疗产品损害责任，遭受损害的患者可以向药品上市许可持有人、生产者、血液提供机构请求赔偿，也可以向医疗机构请求赔偿。医疗机构与上市许可持有人、生产者、血液提供机构的联系相较于患者更为紧密，因而受害患者得直接向医疗机构主张医疗产品或者不合格血液致害赔偿责任，医疗机构不得推诿。一般而言，除非医疗机构对医疗产品的缺陷产生有过错，否则一般只承担对外的连带责任，在其承担了对患者的赔偿责任后，可以向缺陷医疗产品的上市许可持有人、生产者、血液提供机构追偿，由他们承担最终赔偿责任。医疗机构不能指明具体生产者的，则作为生产者承担医疗产品损害责任。当然，患者也有权利直接向上市许可持有人、生产者、血液提供机构请求赔偿，这样上市许可持有人、生产者、血液提供机构就直接承担了最终责任，就不存在追偿

---

① 最高人民法院民法典贯彻实施工作领导小组主编：《中华人民共和国民法典侵权责任编理解与适用》，人民法院出版社 2020 年版，第 465 页。

的问题了。

对于药品上市许可持有人、生产者而言,属于受托生产企业、销售者责任的,持有人赔偿的,持有人有权向受托生产企业、销售者追偿;属于持有人责任的,受托生产企业、销售者赔偿的,受托生产企业、销售者有权向持有人追偿。即当药品上市许可持有人与生产者、销售者相分离的时候,对外承担连带责任,对内可以区分内部责任。

第三节　医疗损害诉讼的举证责任和医疗损害鉴定

一、医疗损害诉讼的举证责任

(一)举证责任概述

法院在裁判案件时,必须首先查明事实,然后适用相应的法律作出裁判。但在有的情形下,当事人所主张的事实由于没有证据或证据不足或者双方证据相当不能证明该事实存在与否时,就发生了法院在此时应当如何裁判的问题。《最高人民法院关于适用〈中华人民共和国民事诉讼法〉的解释》(法释〔2015〕5 号)第 90 条规定:"当事人对自己提出的诉讼请求所依据的事实或者反驳对方诉讼请求所依据的事实,应当提供证据加以证明,但法律另有规定的除外。在作出判决前,当事人未能提供证据或者证据不足以证明其事实主张的,由负有举证证明责任的当事人承担不利的后果。"这就是举证责任。

举证责任,也称举证证明责任,分为行为意义上的证明责任和结果意义上的证明责任。行为意义上的举证证明责任是指当事人在诉讼中提供证据证明自己的主张或反驳对方主张的责任,也称提供证据的责任。结果意义上的举证证明责任是指在待证事实处于真伪不明的状态时,法官应当判决由哪一方当事人承担由此带来的不利后果。其本质是一种风险的负担,即事先确定败诉的风险由哪一方当事人负担。举证证明责任通常是指结果意义上的证明责任。

举证证明责任具有如下特点:①举证证明责任必然只能由一方当事人负担。②举证证明责任是一种拟制或假定。拟制或假定负有举证证明责任的当事人没有能够证明时,该事实不存在,并依此让负有举证证明责任的当事人承担不利后果。但不能证明并不等于该事实就是真的不存在,所以举证证明责任只在穷尽了所有调查手段,而案件事实仍然真伪不明时适用。③举证证明责任的分配必须由法律事先规定。

(二)医疗损害诉讼的举证责任

医疗损害诉讼的举证证明责任,是指根据法律的规定,对特定的医疗纠纷事实,由医方或患方承担的举证不能的败诉风险。

涉及医疗损害诉讼的举证证明责任分配原则,主要规定于《民事诉讼法》《最高人民法院关于民事诉讼证据的若干规定》《民法典》当中,以下做逐一考察。

1.1991年通过、2017年修正的《民事诉讼法》确定的分配原则

《民事诉讼法》第64条第1款规定"当事人对自己提出的主张,有责任提供证据",从而确立了"谁主张,谁举证"的分配原则。即在医疗损害诉讼中,患者主张医方有过错就应当举证证明医方存在过错。

2.2001年通过、2019年修改的《最高人民法院关于民事诉讼证据的若干规定》确定的分配规则

2001年通过的《最高人民法院关于民事诉讼证据的若干规定》对医疗损害等特殊侵权纠纷的证明责任分配作出特别规定,在第4条第(八)项规定:"因医疗行为引起的侵权诉讼,由医疗机构就医疗行为与损害结果之间不存在因果关系及不存在医疗过错承担举证责任。"即曾经在司法实践中适用的"医疗损害举证责任倒置"规则,将由患者方负有证明责任的部分要件事实,基于法律的特别规定,转移给医疗机构承担证明责任,简单地说,就是将医疗过错、医疗行为与损害后果之间因果关系的证明责任由患方转移给医方。但是2019年在修改该规定时,已经删除了相关规定。

3.2009年《侵权责任法》及2020年《民法典》确定的分配规则

医疗损害举证责任倒置的规定,缓和了患者举证责任,但也加重了医方责任,为避免风险,出现了防御型医疗和过度诊疗等问题,加剧了看病贵、看病难、医疗资源浪费、医患矛盾激化、患者利益受损等问题。由此,《侵权责任法》本着既保护患者利益,也保护医方利益的原则,确定了适当减轻医方的举证责任规则;《民法典》侵权责任编第六章医疗损害责任基本上继受了《侵权责任法》第七章医疗损害责任的内容,在医疗损害责任的举证规则上与其一脉相承。

(1)明确医疗损害的过错责任原则,由患方对医疗过错承担证明责任

《侵权责任法》第54条、现《民法典》第1218条规定:"患者在诊疗活动中受到损害,医疗机构或者其医务人员有过错的,由医疗机构承担赔偿责任。"即医疗损害责任的承担,适用过错责任原则,即医疗机构或者医务人员有过错的,医疗机构才承担赔偿责任。

这一规定修正了2001年的《最高人民法院关于民事诉讼证据的若干规定》所确立的医疗举证责任倒置的归责原则,回归到医疗损害过错责任,谁主张谁举证,从而将医疗过错及因果关系的证明责任,由原先的医疗机构负担回归给患方负担。

(2)规定了医疗过错的推定,由患方对基础事实承担证明责任

《侵权责任法》及《民法典》生效以后,医疗机构不再需要对自己没有医疗过错承担证明责任,而由患方证明医疗过错的存在。但是考虑到医疗中患方处于信息的弱势地位,为缓和患方的举证负担,规定了医疗过错的推定。

推定是指根据法律规定或经验法则,若能证明基础事实成立,则认定推定事实成

立。《侵权责任法》第58条、现《民法典》第1222条规定："患者在诊疗活动中受到损害，有下列情形之一的，推定医疗机构有过错：（一）违反法律、行政法规、规章以及其他有关诊疗规范的规定；（二）隐匿或者拒绝提供与纠纷有关的病历资料；（三）遗失、伪造、篡改或者违法销毁病历资料。"这意味着患方只要能够证明在医疗损害中医方存在以上三种情形之一的基础事实，即可推定医方存在医疗过错，到此，患方完成医疗过错的举证责任，证明医疗无过错的责任由医方承担。

这里的"医疗过错推定"与前述的"医疗举证责任倒置"不同，前者需要证明损害事实存在并有第1222条规定的三种情形之一，才推定医方存在医疗过错，然后由医方提出证据证明医疗行为无过错；后者是从"损害"直接推定"医疗过错"，患方只要证明损害事实是由医疗行为造成的即可，医方就必须证明医疗无过错，否则必须承担败诉的责任。"医疗过错推定"在一定程度上实现了有条件的过错推定，有利于缓和患者医疗举证能力不足的缺陷，也一定程度上平衡了医患双方的利益。

（3）明确医疗产品的无过错责任原则，由患方对产品缺陷等承担证明责任

《侵权责任法》第59条、现《民法典》第1223条规定："因药品、消毒产品、医疗器械的缺陷，或者输入不合格的血液造成患者损害的，患者可以向药品上市许可持有人、生产者、血液提供机构请求赔偿，也可以向医疗机构请求赔偿。患者向医疗机构请求赔偿的，医疗机构赔偿后，有权向负有责任的药品上市许可持有人、生产者、血液提供机构追偿。"与医疗技术损害不同，对于医疗活动中缺陷产品致人损害，《民法典》承继《侵权责任法》采纳了无过错责任的归责立场，据此，在医疗产品损害纠纷中，患者需要对产品缺陷、损害后果、因果关系三项请求权要件事实承担举证证明责任。

（4）医疗机构对免责事由承担证明责任

《侵权责任法》第60条、现《民法典》第1224条细化了医疗损害的三种免责事由，从而合理、适当地控制了不必要的医疗纠纷。免责事由的证明责任由医疗机构承担，如果医方无法证明存在法定的免责事由，则不能免除相应的赔偿责任。

4. 2017年出台、2020年修改的最高法院司法解释对举证责任的细化规定

《最高人民法院关于审理医疗损害责任纠纷案件适用法律若干问题的解释》在《侵权责任法》《民法典》的基础上对医患双方举证责任的划分做出了更清晰的表述，并解决了患方无法举证证明医疗机构的过错以及诊疗行为与损害之间具有因果关系的问题。

（1）患者对就诊和损害事实承担证明责任

患者在诊疗活动中受到损害，向医疗机构主张赔偿责任的，应当提交到该医疗机构就诊、受到损害的证据。患者无法提交医疗机构或者其医务人员有过错、诊疗行为与损害之间具有因果关系的证据，依法提出医疗损害鉴定申请的，人民法院应予准许。

患者主张医务人员未尽知情同意义务造成患者损害而主张医疗机构承担赔偿责任

的,也应当提交到该医疗机构就诊、受到损害的证据。

患者依据因药品、消毒药剂、医疗器械的缺陷,或者输入不合格的血液造成患者损害,请求赔偿的,应当提交使用医疗产品或者输入血液、受到损害的证据。患者无法提交使用医疗产品或者输入血液与损害之间具有因果关系的证据,依法申请鉴定的,人民法院应当准许。

（2）推定医疗机构有过错的情形

患者依法向人民法院申请医疗机构提交由其保管的与纠纷有关的病历资料等,医疗机构未在人民法院指定期限内提交的,人民法院可以依照《民法典》第 1222 条第（二）项规定推定医疗机构有过错,但是因不可抗力等客观原因无法提交的除外。

（3）医疗机构对抗辩事由承担证明责任

医疗机构主张不承担责任的,应当就抗辩事由承担举证证明责任。

二、医疗损害鉴定

（一）医疗损害鉴定的概念

医疗损害鉴定,是指在解决医疗损害赔偿纠纷的过程中,鉴定人受人民法院、行政主管部门、当事人或代理人的指派或委托,运用专门的知识和技能,依法对医患双方所争议的某些专门性问题作出鉴别和意见的活动。

医疗行业具有专业性和高风险性,一方面医学科学具有探索性和局限性,另一方面患者的身体状况及疾病情况又存在个体差异,因此,在司法实践中,不能以是否得到理想治疗效果作为医疗过失的认定标准,而只能关注诊疗活动的开展是否合乎常规,医务人员是否尽到了合理审慎注意义务,对于患方的损害后果有无主观上的故意或过失。要公正、合理地确定医疗损害责任,司法权就不得不借助医学专门知识对临床诊疗活动的各个环节进行分析和审查。实践中,医疗损害鉴定所涉及的专门问题已经涵盖医疗损害赔偿责任中绝大多数的请求权要件事实,在责任认定方面发挥着举足轻重的作用,医疗损害鉴定成为处理医疗损害纠纷问题时一个关键的环节。

（二）我国医疗损害鉴定制度的历史回顾

我国医疗损害鉴定制度的二元化,有着长期的历史背景和制度发展的演变路径,期间法律体系的发展与法律适用的不同法律价值理念发挥着重要作用。一般而言,我国医疗损害鉴定制度的发展经历了三个阶段:

第一阶段为 1949 年至 1987 年,为无统一鉴定体系阶段[①]。发生医疗纠纷后,早期往往由司法部门直接予以裁决,后期由卫生行政部门定性处理,没有建立起医疗损害相关鉴定制度。

---

① 刘炫麟:《论我国医疗损害鉴定的基本原则》,《证据科学》2018 年第 4 期。

第二阶段为 1987 年至 1998 年,为单一鉴定体系阶段。1987 年 6 月 29 日,我国首部关于医疗纠纷处理的特别法律《医疗事故处理办法》由国务院颁布,其后卫生部颁布了《医疗事故分级标准(试行)》《关于〈医疗事故处理办法〉若干问题的说明》等配套性法律文件,明文确立了隶属于卫生行政部门的医疗事故技术鉴定的省级、地市级、县级三级体制,初步建立起我国统一的医疗事故技术鉴定体制。从此,医疗纠纷处理中,涉及专门性问题需要查明时需要通过医疗事故技术鉴定来完成。

第三阶段为 1998 年至今,这一时期可以概括为双轨制鉴定体系阶段。这一阶段,由医疗事故技术鉴定体制独自运行发展为医疗事故技术鉴定与法医司法鉴定并立的二元化鉴定体制。①

司法部于 2000 年 11 月 29 日印发《关于下发〈司法鉴定执业分类规定(试行)〉的通知》规定,法医临床鉴定的内容包括医疗纠纷鉴定。2020 年司法部关于印发《法医类司法鉴定执业分类规定》的通知,第 14 条再次规定法医临床鉴定包括医疗损害鉴定。

2002 年 9 月 1 日生效的《医疗事故处理条例》确定了由医学会组织医疗事故鉴定,并首次组建了鉴定专家库,其凸显的制度意义是在保证同行评议的前提下尽可能地维护医疗损害鉴定的公正性。

最高人民法院于 2003 年 1 月 6 日发布《最高人民法院关于参照〈医疗事故处理条例〉审理医疗纠纷民事案件的通知》,确定了医疗损害鉴定可以适用医疗事故技术鉴定或者法医司法鉴定。② 从此,司法实践中出现患者回避医疗事故技术鉴定而选择法医司法鉴定的现象。

2010 年 7 月 1 日《侵权责任法》实施,为了配合该法实施,2010 年 6 月 30 日最高人民法院颁布《最高人民法院关于适用〈中华人民共和国侵权责任法〉若干问题的通知》再次强化了医疗损害鉴定适用的二元化③,但用"医疗损害鉴定"这一概念统一二者,规定两种不同的鉴定体制适用不同的法律依据,前者适用司法鉴定的相关法律规定来管理,后者则适用医疗事故鉴定的法律规定。

最高人民法院于 2017 年 12 月 13 日发布、2020 年 12 月 29 日修改的《最高人民法院

---

① 赵敏:《〈医疗纠纷预防和处理条例〉视野下医疗损害鉴定制度一元化求解路径的新思维》,《中国医学伦理学》2020 年第 1 期。

② 该通知第 1 条规定,条例施行后发生的医疗事故引起的医疗赔偿纠纷,诉到法院的,参照条例的有关规定办理;因医疗事故以外的原因引起的其他医疗赔偿纠纷,适用《民法通则》的规定。第 2 条规定,人民法院在民事审判中,根据当事人的申请或者依职权决定进行医疗事故司法鉴定的,交由条例所规定的医学会组织鉴定。因医疗事故以外的原因引起的其他医疗赔偿纠纷需要进行司法鉴定的,按照《人民法院对外委托司法鉴定管理规定》组织鉴定。人民法院对司法鉴定申请和司法鉴定结论的审查按照《最高人民法院关于民事诉讼证据的若干规定》的有关规定处理。

③ 该通知第 3 条规定,人民法院适用侵权责任法审理民事纠纷案件,根据当事人的申请或者依职权决定进行医疗损害鉴定的,按照《全国人民代表大会常务委员会关于司法鉴定管理问题的决定》《人民法院对外委托司法鉴定管理规定》及国家有关部门的规定组织鉴定。

关于审理医疗损害责任纠纷案件适用法律若干问题的解释》第 11 条对医疗损害鉴定事项进行了明确与统一①，但却没有涉及医疗损害的鉴定体制问题。是以，直至当前，医疗损害鉴定的二元化体制仍泾渭分明。

目前从事医疗损害鉴定的机构主要有三类：①中华医学会及各级医学会；②司法鉴定机构；③依法具有检验资格的检验机构。医学会主要进行医疗事故技术鉴定和医疗损害鉴定；法医鉴定机构根据司法行政部门准予的业务范围进行医疗过错司法鉴定；检验机构进行缺陷、不合格产品、血液、药品等的质量鉴定。

回顾我国医疗损害鉴定体制的演变，可以看到，公正公平地处理医疗损害纠纷的价值理念一直是医疗损害鉴定制度的发展主线，从无到有的医疗损害鉴定体制的构建，是为了对专门问题以专业性的态度予以查明，双轨制的兴起是为了对那些不构成医疗事故的医疗损害问题进行比较专业的判断，时至今日，两种医疗损害鉴定体制都已运行很久，期间各自的利弊都已显现，而长期双轨制给司法实践带来的消极影响也越来越凸显，理论界与实务界对统一医疗损害鉴定体制的呼声越来越强烈，是时候要对现实做出回应，构建医疗损害的制度理性。

2018 年 6 月 20 日，国务院通过《医疗纠纷预防和处理条例》，该条例正视了长久争议的医疗损害鉴定二元化问题，将二元化医疗鉴定统一为医疗损害鉴定这个名称，并且从统一医疗损害鉴定专家库及其管理体制、统一鉴定程序及要求制定统一的鉴定标准、统一鉴定意见内容等程序的思路着手尝试建构诉前统一的医疗损害鉴定制度，为医疗损害鉴定制度的科学发展，开启了新思维。②

2018 年 7 月 25 日，国家卫生健康委员会和司法部下发《医疗损害鉴定管理办法（征求意见稿）》，该草案希望统一医疗损害鉴定体制，强调了坚持科学性、公正性、同行评议及鉴定专家负责制的原则。

2020 年 5 月 1 日施行的《最高人民法院关于民事诉讼证据的若干规定》对鉴定制度的规定有了许多新的变化。归纳起来，最主要体现在以下几个方面：其一，申请鉴定期间由举证期限前修改为人民法院指定期间。即当事人申请鉴定，应当在人民法院指定期间内提出，并预交鉴定费用。逾期不提出申请或者不预交鉴定费用的，视为放弃申请。其二，鉴定开始之前，鉴定人应当签署承诺书。承诺书中应当载明鉴定人保证客

---

① 该解释第 11 条规定，委托鉴定书，应当有明确的鉴定事项和鉴定要求。鉴定人应当按照委托鉴定的事项和要求进行鉴定。下列专门性问题可以作为申请医疗损害鉴定的事项：（一）实施诊疗行为有无过错；（二）诊疗行为与损害后果之间是否存在因果关系以及原因力大小；（三）医疗机构是否尽到了说明义务、取得患者或者患者近亲属书面同意的义务；（四）医疗产品是否有缺陷、该缺陷与损害后果之间是否存在因果关系以及原因力的大小；（五）患者损伤残疾程度；（六）患者的护理期、休息期、营养期；（七）其他专门性问题。鉴定要求包括鉴定人的资质、鉴定人的组成、鉴定程序、鉴定意见、鉴定期限等。

② 赵敏：《〈医疗纠纷预防和处理条例〉视野下医疗损害鉴定制度一元化求解路径的新思维》，《中国医学伦理学》2020 年第 1 期。

观、公正、诚实地进行鉴定,保证出庭作证,如作虚假鉴定应当承担法律责任等内容。其三,人民法院应当组织当事人对鉴定材料进行质证。其四,鉴定人调取证据、勘验物证和现场、询问当事人或者证人应当经人民法院准许。其五,鉴定人无正当理由未按期提交鉴定书的,当事人可以申请人民法院另行委托鉴定人进行鉴定。其六,当事人对鉴定书的内容有异议的,应当在人民法院指定期间内以书面方式提出。其七,有异议的当事人不预交鉴定人出庭费用的,视为放弃异议。其八,鉴定人出庭费用按照证人出庭作证费用的标准计算,由败诉的当事人负担。其九,重新鉴定的,原鉴定意见不得作为认定案件事实的根据。其十,鉴定意见被采信后,鉴定人无正当理由撤销鉴定意见的,将依法处罚。

(三)医疗损害鉴定制度

1. 医疗事故(医疗损害)技术鉴定

医疗事故技术鉴定是医学会组织有关临床医学专家或和法医学专家组成的鉴定组依照医疗卫生管理法律、行政法规、部门规章和诊疗护理规范、常规,运用医学科学原理和专业知识,独立进行医疗事故技术鉴定,对医疗事故进行鉴别和判断,为处理医疗事故提供医学依据的活动。

医学会组织的医疗事故技术鉴定的组织方式与一般的法医类鉴定有很大区别,它是遵照《医疗事故处理条例》《医疗事故技术鉴定暂行办法》及《医疗事故技术鉴定专家库学科专业组名录》来进行组织鉴定活动的。医疗损害责任技术鉴定分级参照《医疗事故分级标准(试行)》执行。设区的市级地方医学会和省、自治区、直辖市直接管辖的县(市)地方医学会负责组织首次医疗损害责任技术鉴定工作。省、自治区、直辖市地方医学会负责组织再次鉴定工作。必要时,中华医学会可以组织疑难、复杂并在全国有重大影响的医疗损害争议的技术鉴定工作。

而按照《医疗纠纷预防和处理条例》的规定,医学会或者司法鉴定机构可以接受委托从事医疗损害鉴定。

2. 医疗过错司法鉴定

医疗过错司法鉴定是指人民法院在受理医疗损害赔偿民事诉讼案件中,依职权或应医患任何一方当事人的请求,委托具有法定鉴定资质的机构对患方所诉医疗损害结果与医方过错有无因果关系等专门性问题进行分析、判断并提供鉴定意见的活动。

医疗过错司法鉴定按照《全国人大常委会关于司法鉴定管理问题的决定》及《司法鉴定程序通则》的规定来进行鉴定活动。上述决定规定,国家对从事法医类鉴定的鉴定人和鉴定机构实行登记管理制度。司法鉴定实行鉴定人负责制度。司法鉴定人应当依法独立、客观、公正地进行鉴定,并对自己作出的鉴定意见负责,并在鉴定书上签名或者盖章。鉴定人应当出庭作证。

3. 医疗损害鉴定

《医疗纠纷预防和处理条例》规定了协调统一的医疗损害鉴定管理机制;医疗损害

鉴定的具体管理办法由国务院卫生、司法行政部门共同制定。《医疗损害鉴定管理办法(征求意见稿)》也规定了统一的医疗损害鉴定体制。

(1)医疗损害鉴定的名称

将"医疗事故(损害)技术鉴定"及"医疗过错司法鉴定"统一名称为"医疗损害鉴定"。

(2)统一的鉴定专家库

临床医学专业性极强,分科复杂、多元。为了满足专业性极强的医疗损害鉴定,必然要建立起涵盖临床医学各分支专业、亚专业的专家库,供遴选医疗损害鉴定专家之用。《医疗纠纷预防和处理条例》规定,医疗损害鉴定专家库由设区的市级以上人民政府卫生、司法行政部门共同设立。专家库应当包含医学、法学、法医学等领域的专家。聘请专家进入专家库,不受行政区域的限制。这样有利于保证鉴定人的专业性及鉴定的公正性。

(3)同行评议原则

医学会或者司法鉴定机构接受委托从事医疗损害鉴定,应当由鉴定事项所涉专业的临床医学、法医学等专业人员进行鉴定。《医疗纠纷预防和处理条例》提出了临床医学、法医学两个不同的学科概念,厘清了医疗损害鉴定与临床法医学鉴定(或称法医临床学)的关系。这项规定,也与《最高人民法院关于审理医疗损害责任纠纷案件适用法律若干问题的解释》的规定相一致。

(4)鉴定意见

医学会、司法鉴定机构作出的医疗损害鉴定意见应当载明并详细论述下列内容:①是否存在医疗损害以及损害程度;②是否存在医疗过错;③医疗过错与医疗损害是否存在因果关系;④医疗过错在医疗损害中的责任程度。

医学会或者司法鉴定机构开展医疗损害鉴定,应当执行规定的标准和程序。

(5)回避制度

咨询专家、鉴定人员有下列情形之一的,应当回避,当事人也可以以口头或者书面形式申请其回避:①是医疗纠纷当事人或者当事人的近亲属;②与医疗纠纷有利害关系;③与医疗纠纷当事人有其他关系,可能影响医疗纠纷公正处理。

(四)医疗损害其他问题的鉴定

医疗损害中患者死亡,医患双方不能确定死因或者对死因有异议的;涉及伤残的,要对伤残程度进行评定的;涉及体内毒药物的,要进行毒药物的检验鉴定的;可以通过法医学鉴定查明情况。

医疗损害中涉及病历资料的真实性、病历的修改;对输液、输血、注射、药物等引起不良后果的现场实物的争议;医疗器械、产品、药品、药液、血液等质量性的专门性问题,需要委托的鉴定,被称为"医疗损害专门性问题鉴定"。医疗损害专门性问题鉴定由具有检验资格的检验机构进行。

第四节　医疗损害赔偿和责任抗辩

一、医疗损害赔偿

损害赔偿,是指加害人因侵权行为造成他人财产或者人身损害,依法应承担的以给付金钱或实物补偿受害人所受损害的民事责任形式。[①]

医疗损害赔偿,是指医疗机构和医务人员在诊疗过程中,存在过错或法律规定的无过错情形,造成患者人身和财产权益损害,依法应承担的民事赔偿责任。赔偿是承担医疗损害责任的最主要形式,它是一种对过错行为所造成损失的经济上的弥补,也是对侵权行为承担法律责任的形式,具有惩罚性。

医疗损害赔偿的赔偿权利人,是指基于患者人身和财产权益受到损害的事实,有权请求损害民事赔偿的患者及其近亲属。医疗损害赔偿的赔偿义务人,是指造成患者人身和财产损害而依法应当承担赔偿责任的医疗机构。

(一)医疗损害赔偿的原则

医疗活动具有有限性、特异性及专业性等特点,因此在确定医疗损害赔偿时,既要遵循侵权损害赔偿的一般原则,也要考虑因医疗行为的特殊性而产生的损害赔偿的特殊原则。

1.一般原则

与一般的侵权损害赔偿所遵循的原则一样,医疗损害赔偿的一般原则可以包括全部赔偿原则、财产赔偿原则、过失相抵原则、损益相抵原则等原则。

全部赔偿原则,就是损害填补原则,是侵权损害赔偿的基本原则,指无论加害人在主观上是故意或过失,加害人是否承担刑事责任或行政责任,均应根据受害人所受财产损失的多少、精神损害的大小等,确定赔偿的范围与数额。全部赔偿原则在赔偿范围上要求财产损失、精神损失、直接损失和间接损失均应得到赔偿。在精神损害赔偿场合,加害人主观上的过错程度对损害赔偿责任有影响。[②]

财产赔偿原则指侵权行为无论是造成财产损害、人身损害还是精神损害,均以财产赔偿作为唯一方法,不以其他方法为之。对于人身伤害、精神损害,只能以财产的方式予以赔偿。医疗侵权行为造成患者人身和财产权益损害,造成患者财产和非财产损失的,都以财产赔偿的方式进行赔偿。

[①]　申卫星:《民法学》,北京大学出版社 2017 年版,第 594 页。

[②]　最高人民法院在《关于确定民事侵权精神损害赔偿责任若干问题的解释》之第 10 条规定:"精神损害的赔偿数额根据以下因素确定:(一)侵权人的过错程度,法律另有规定的除外……"

过失相抵原则,亦称混合过错,是指受害人对损害的发生或者扩大也有过失时可以适当减轻或免除加害人的赔偿责任的规则。医疗损害赔偿中,如果患者对损害的发生或扩大也有过错的,应当在其过错范围内承担相应的责任,也即患者对损害的发生或扩大也有过错,可以减轻医疗机构及医务人员的民事赔偿责任。

损益相抵原则,亦称损益同泯,是指受害人基于损害发生的同一原因而受有利益时,将其利益部分从全部损害赔偿额中扣除的规则。其关键问题在于如何认识"同一原因"。它不是解决损害赔偿责任应否承担的规则,而是在损害赔偿责任已经确定应由加害人承担的前提下,确定加害人应当怎样承担民事责任,究竟应当承担多少赔偿责任的规则。如在医疗损害赔偿中,如患者的误工费单位并未扣除的,医疗机构就不必予以赔偿,这也符合损益相抵的原则。

2. 特殊原则

在医疗损害赔偿中,一方面要对患者的合法权益受到侵害进行救济,另一方面也要考虑医学科学的有限性和风险性,避免过于严苛的责任,导致防御性医疗等消极行为的产生,对医患双方的合法权益造成损害。因此,在确定医疗损害赔偿责任时,医疗损害赔偿责任的原因力规则及适当限制规则被提起。[1]

针对医疗损害赔偿责任中普遍存在的多因一果情形,适用原因力规则,可以有助于确定医疗机构赔偿责任的公平公正。在医疗损害赔偿责任中,医疗过失行为与其他因素如患者自身的疾病原因共同结合,造成了同一个医疗损害后果,医疗过失行为与其他因素各有其不同的原因力,医疗机构仅对自己的医疗过失行为所引起的那一部分损害承担赔偿责任,对于患者自身原因等引起的损害部分不承担赔偿责任。原因力这种规则在法医学上,就被表述为损害参与度,其是原因力规则在医疗损害赔偿责任中的具体应用,是在侵权行为法理论和实践中使用了法医学的概念。[2]

对医疗损害赔偿责任是否要进行适当限制,争议很大,我国医疗行业的一贯意见是医疗损害赔偿责任应当予以限制[3],社会层面有反对意见。有学者提出基于我国医疗制度的福利性特点、医疗技术的风险性特点、受害患者利益与全体患者利益的平衡关系以及医疗损害的发生并非医疗行为的单一原因等,医疗过失损害赔偿责任应当适当限制,可以通过限制精神抚慰金赔偿数额、对医疗过失引起的财产损害赔偿运用原因力规则合理确定、强调定期赔偿金而不是一次性赔偿在医疗过失损害赔偿中的应用、借鉴排除间接来源规则在医疗损害赔偿中实行损益相抵规则等方法来实现。[4]

---

① 杨立新:《医疗损害责任研究》,法律出版社 2009 年版,第 176—217 页。
② 杨立新:《医疗损害责任研究》,法律出版社 2009 年版,第 179 页。
③ 杨立新:《医疗损害责任研究》,法律出版社 2009 年版,第 197 页。
④ 杨立新:《医疗损害责任研究》,法律出版社 2009 年版,第 212—217 页。

（二）医疗损害赔偿依据

《民法典》第八章民事责任部分,规定了包括损害赔偿在内的民事责任赔偿方式,这是一种原则性的规定,具体的计算方式要按照《民法典》侵权责任编第二章损害赔偿的规定及相关司法解释的规定来计算医疗损害赔偿。

确定医疗损害赔偿数额,应当综合考虑医疗过错行为在医疗损害后果中的责任程度,医疗损害后果与患者原有疾病状况之间的关系以及医疗发展水平,医疗风险状况等因素。

（三）医疗损害赔偿项目和方式

《民法典》第1179条规定:"侵害他人造成人身损害的,应当赔偿医疗费、护理费、交通费、营养费、住院伙食补助费等为治疗和康复支出的合理费用,以及因误工减少的收入。造成残疾的,还应当赔偿辅助器具费和残疾赔偿金;造成死亡的,还应当赔偿丧葬费和死亡赔偿金。"第1183条规定:"侵害自然人人身权益造成严重精神损害的,被侵权人有权请求精神损害赔偿。因故意或者重大过失侵害自然人具有人身意义的特定物造成严重精神损害的,被侵权人有权请求精神损害赔偿。"《民法典》同时规定,损害发生后,当事人可以协商赔偿费用的支付方式。协商不一致的,赔偿费用应当一次性支付;一次性支付确有困难的,可以分期支付,但是被侵权人有权请求提供相应的担保。

《最高人民法院关于审理医疗损害责任纠纷案件适用法律若干问题的解释》规定,被侵权人同时起诉两个以上医疗机构承担赔偿责任,残疾赔偿金、死亡赔偿金的计算,按下列情形分别处理:①一个医疗机构承担责任的,按照该医疗机构所在地的赔偿标准执行;②两个以上医疗机构均承担责任的,可以按照其中赔偿标准较高的医疗机构所在地标准执行。另外,医疗机构邀请本单位以外的医务人员对患者进行诊疗,造成损害的,由邀请医疗机构而非受邀人承担赔偿责任。医疗产品的生产者、销售者明知医疗产品存在缺陷仍然生产、销售,造成患者死亡或者健康严重损害,被侵权人请求生产者、销售者赔偿损失及二倍以下惩罚性赔偿的,人民法院应予支持。

二、医疗损害责任抗辩事由

侵权责任法中的抗辩事由也称为不承担责任或者减轻责任的事由,是指法律规定的可以减轻或不承担侵权责任的特定事由。医疗损害责任的抗辩事由,是指法律规定的可以减轻或不承担医疗损害责任的特定事由。医疗损害责任的抗辩事由的举证责任由医方承担。

（一）特殊抗辩事由

医疗损害责任的特殊抗辩事由,是指仅适用于医疗机构对抗患者或其近亲属提出的医疗损害责任的特定抗辩事由,《民法典》第1224条规定:"患者在诊疗活动中受到损害,有下列情形之一的,医疗机构不承担赔偿责任:(一)患者或者其近亲属不配合医疗机构进行符合诊疗规范的诊疗;(二)医务人员在抢救生命垂危的患者等紧急情况下已经尽到合理诊疗义务;(三)限于当时的医疗水平难以诊疗。前款第一项情形中,医疗机构或者其医务人员也有过错的,应当承担相应的赔偿责任。"

1. 患者或者其近亲属不配合诊疗

患者或者其近亲属不配合医疗机构进行符合诊疗规范的诊疗,医疗机构不承担赔偿责任;但医疗机构及其医务人员有过错的,应当承担相应的赔偿责任。患方不配合诊疗,是受害人过错的一种特殊情形。受害人过错,是指损害的发生或扩大不是由于行为人的过错,而是由于受害人的过错而引起或发生的。其原则是,如果受害人的过错是损害发生的唯一理由,构成免除责任的抗辩事由。

治疗疾病,需要医患之间的协力配合。实践中,以下情形应视为患者或者其近亲属不配合医疗机构进行符合诊疗规范的诊疗:因患者原因延误诊疗;不按医嘱服药或私自服药;隐瞒病史、不真实反映病症;不接受医护人员的合理治疗措施;违背医嘱过早地增加活动;术后过早进餐;私自外出等。由于患者的这些原因导致的不良后果,医疗机构不承担责任。但医疗机构及其医务人员确有过错的,应当承担相应的赔偿责任。

2. 紧急医疗救治

医务人员在抢救生命垂危的患者等紧急情况下已经尽到合理诊疗义务的,医疗机构不承担赔偿责任。紧急医疗救治,是紧急避险抗辩事由在医疗损害责任案件中的适用。在此情形下,医师的思维能力、判断能力和预见能力均低于正常情形,同时由于时间的紧急性也不可能对患者进行全面的检查,所以医师的注意义务也应低于一般的医疗情形。根据《民法典》的规定和紧急避险理论,医疗行为构成紧急医疗救治须符合下列条件:患者存在生命危险紧急情况;紧急医疗措施应当限于当时别无选择、迫不得已;医方必须履行了及时、全面和必要的紧急救治义务,对损害的发生没有重大过失;对患者的损害应当控制在最小限度内,即紧急救治措施所导致的损害应当以挽救患者生命需要为界限。[①] 这里应对"紧急情况"做广义的理解,它不单指患者的生命垂危,还包括其他紧急情况下已经尽到合理诊疗义务的行为,例如不及时施救患者会造成重度残疾等。

3. 医疗水平限制

医方尽到了与当时的医疗水平相应的诊疗义务,但该疾病限于当时的医疗水平难以诊疗的,医疗机构不承担赔偿责任。衡量当时的医疗水平主要考虑两方面因素:一是以医疗行为发生当时的医疗水平为标准;二是执业医疗机构所在地区、医疗机构资质和医务人员资质等方面的因素。《民法典》一方面将当时的医疗水平作为确定医疗技术过失的标准,另一方面将限于当时的医疗水平难以诊疗的情形作为免责事由,在这个问

---

① 陈志华:《医疗损害责任深度释解与实务指南》,法律出版社 2010 年版,第 111 页。

题的两端作出了合理的规定。这一抗辩事由的规定也是出于鼓励和促进医学科学发展的需要，考虑到广大患者利益以及整个医疗行业健康发展的需要，而在法律制度上有所平衡。①

4. 医疗干预权

医疗干预权，又称医方特殊干预权，是指在特殊情况下，医师为了不损害患者或社会他人利益，对患者自主权进行干预和限制，并由医师作出医疗决定的权利。

《民法典》第1220条规定："因抢救生命垂危的患者等紧急情况，不能取得患者或者其近亲属意见的，经医疗机构负责人或者授权的负责人批准，可以立即实施相应的医疗措施。"此规定赋予医疗机构在特殊情况下享有医疗干预权，不拘泥于患者知情同意权这个程序问题，积极救治患者，其实质是维护患者生命健康利益。据此规定行使医疗干预权必须同时符合两个条件：一是患者处于生命垂危的紧急状态，需要进行抢救；二是不能取得患者或者其近亲属的意见。

《最高人民法院关于审理医疗损害责任纠纷案件适用法律若干问题的解释》第18条也对此进行了解释："因抢救生命垂危的患者等紧急情况且不能取得患者意见时，下列情形可以认定为民法典第1220条规定的不能取得患者近亲属意见：（一）近亲属不明的；（二）不能及时联系到近亲属的；（三）近亲属拒绝发表意见的；（四）近亲属达不成一致意见的；（五）法律、法规规定的其他情形。"

医方行使干预权时还必须符合程序上的要求，即必须报经患者所处的医疗机构的负责人或者医疗机构授权的负责人批准以后才能实施。医务人员经医疗机构负责人或者授权的负责人批准立即实施相应医疗措施，患者因此请求医疗机构承担赔偿责任的，不予支持；医疗机构及其医务人员怠于实施相应医疗措施造成损害，患者请求医疗机构承担赔偿责任的，应予支持。

（二）一般抗辩事由

医疗损害责任作为一种侵权责任，同样适用《民法典》侵权责任编规定的其他免责事由，即为一般抗辩事由，主要包括患者故意、不可抗力、紧急避险等。

1. 患者故意

《民法典》第1174条规定："损害是因受害人故意造成的，行为人不承担责任。"受害人故意，是指受害人明知自己的行为会造成其自身的损害结果，却希望或放任这种结果的发生。临床实践中，患者故意最典型的表现形式是患者在医疗机构内自杀。如果医疗机构对于患者的自杀不存在过错，完全是因患者自己选择的结果，医疗机构不承担责任。如果受害人有故意、重大过失，加害人也有过错，根据《民法典》第1173条规定："被侵权人对同一损害的发生或者扩大有过错的，可以减轻侵权人的责任。"进行过失

---

① 杨立新：《〈中华人民共和国侵权责任法〉精解》，知识产权出版社2010年版，第250页。

相抵,即根据双方的过错程度和原因力程度确定医疗机构一方承担相应的赔偿责任。[①]所以,医疗活动的顺利进行,需要医患双方的相互配合。

2. 不可抗力

《民法典》第 180 条规定:"因不可抗力不能履行民事义务的,不承担民事责任。法律另有规定的,依照其规定。不可抗力是不能预见、不能避免且不能克服的客观情况。"因不可抗力造成他人损害的,不承担责任;法律另有规定的,依照其规定。不可抗力是指不能预见、不能避免并不能克服的客观情况。包括自然原因如地震、台风、海啸和社会原因如武装冲突、战争等。在医疗损害责任中,不可抗力也是侵权的一般抗辩事由,在损害完全是由不可抗力引起的情况下,表明被告的行为与损害结果之间无因果关系,且没有过错,因此应免除责任。

3. 紧急避险

紧急避险是指为了使本人或者第三人的人身或财产公共利益免遭正在发生的、实际存在的危险而不得已采取的一种加害于他人人身或财产的行为。《民法典》第 182 条规定,因紧急避险造成损害的,由引起险情发生的人承担民事责任。如果危险是由自然原因引起的,紧急避险人不承担民事责任,可以给予适当补偿。紧急避险采取措施不当或者超过必要的限度,造成不应有的损害的,紧急避险人应当承担适当的民事责任。

---

① 杨立新:《医疗损害责任法》,法律出版社 2012 年版,第 13 页。

第十七章　医疗纠纷的解决

第一节　基本概念

一、医疗纠纷的概念

纠纷一词,《现代汉语词典》的解释是:争执的事情。① 从纠纷解决的思路来看,纠纷是指特定的主体基于利益冲突而产生的一种双边(或多边)的对抗行为。法律纠纷是指属于法律调整范围的纠纷:既包括由于法律所确认的权利受到侵害或无法实现时提出的救济诉求,也包括需要并可能通过司法裁决做出判断的各种利益纠纷。②

根据《医疗纠纷预防和处理条例》的规定,医疗纠纷是指医患双方因诊疗活动引发的争议。它具有以下几个特点。

第一,必须是发生于医方和患方之间。医方包括医疗机构和医务人员,患方包括患者及其近亲属,或者其他相关人员。医疗机构是指符合《医疗机构管理条例》规定的经登记并领取《医疗机构执业许可证》的机构,医疗机构的范围包括从事疾病诊断、治疗活动的医院、卫生院、疗养院、门诊部、诊所、卫生所(室)、急救站、医学检验实验室、病理诊断中心、血液透析中心、安宁疗护中心及互联网医院等。医务人员是指经过考核和卫生行政部门批准或承认,取得相应资格的各级各类卫生技术人员。因为诊疗护理工作是群体性活动,医疗纠纷所涉及的医务人员还包括从事医疗管理、后勤服务的人员。③ 患者一般是指通过挂号就诊、接受诊疗服务的人。实践中,虽没有挂号但与医疗机构形成实质上的医疗服务关系,原则上也被认定为医院的患者。根据司法解释的规定,患者近亲属包括配偶、父母、子女、兄弟姐妹、祖父母、外祖父母、孙子女、外孙子女。④ 患方当事人除了患者本人及其近亲属外,还包括其他相关人员,如丧偶儿媳与公婆之间、共同生活的孤寡老人之间,他们因相互照顾、共同生活彼此形成依赖关系,其中

---

① 《现代汉语词典》,商务印书馆 2016 年版,第 696 页。
② 范愉:《纠纷解决的理论与实践》,清华大学出版社 2007 年版,第 70 页。
③ 《卫生部关于〈医疗事故处理办法〉若干问题的说明》1988 年。
④ 《最高人民法院关于贯彻执行〈中华人民共和国民法通则〉若干问题的意见(试行)》1988 年第 12 条。

一方因另一方遭受医疗损害而主张利益诉求的,应该属于医疗纠纷范畴。

第二,必须是因诊疗活动引发的。依据《医疗机构管理条例实施细则》第 88 条规定,诊疗活动是指通过各种检查,使用药物、器械及手术等方法,对疾病作出判断和消除疾病、缓解病情、减轻痛苦、改善功能、延长生命、帮助患者恢复健康的活动。此定义偏窄,不符合现实中医疗纠纷的现实状况,为了更好地保护患者权益和解决医疗纠纷,条文中的"诊疗活动"宜做扩大解释,等同于"医疗活动"的概念:既包括诊断、治疗活动,也包括医疗美容活动;既包括积极地提供诊疗活动,也包括消极地拒绝提供诊疗活动;既包括卫生技术人员提供的诊疗服务,也包括医疗管理和医疗后勤人员提供的管理服务。①

医患双方的争议因诊疗活动引发,"引发"是指引起、触发之意。即因"诊疗活动"引起、触发争议,诊疗活动是核心。因诊疗活动的内容比较丰富,所以这种争议可以表现为因诊断治疗活动引起的争议、因医疗美容活动引起的争议、因拒绝提供诊疗活动引起的争议、因侵犯患者隐私权与知情同意权等人格权利引发的争议、因医疗管理服务引发的争议等。

第三,必须存在争议。无争议无纠纷。引起医疗纠纷的争议具有三个特征:其一,争议必须是因诊疗活动而起。其二,争议的内容包括但不限于诊疗服务的方式、内容,以及因诊疗服务而引发的损害赔偿等问题。医患双方之间的争议不以导致患者人身损害为必要条件,在没有造成患者人身损害的情况下,只要患者对于诊疗活动及其结果提出不满,均可以构成医疗纠纷。其三,争议是双向的,既包括患方对医方提出争议诉求,也包括医方对患方提出争议诉求,前者的典型是患方因遭受医疗损害要求医方承担损害赔偿责任,后者的典型是医方因患方拒不缴费而起诉患者要求给付医疗费用。

医疗损害及医疗事故是引发医疗纠纷的最典型事件,有些医疗纠纷构成医疗事故,需要追究行政责任及民事责任;有些医疗纠纷不属于医疗事故,只需追究民事赔偿责任,这种民事赔偿责任主要表现为医疗损害赔偿责任。

二、医疗事故的概念

医疗事故是事故的一种。《现代汉语词典》中"事故"一词的解释是:意外的损失或灾祸(多指在生产、工作上发生的)。② 从安全学科上看,Berckhof 在《生产和防止事故》一书中认为,事故是人(个人或集体)为了实现某种意图而采取的行动过程中,突然发生了与人的意志相反的情况,迫使这种行动暂时地或永久地停止的事件。③ 事故是导

---

① 申卫星:《医疗纠纷预防和处理条例条文释义与法律适用》,中国法制出版社 2018 年版,第 15 页。
② 《现代汉语词典》,商务印书馆 2016 年版,第 1194 页。
③ 陈全君、何学秋:《事故的定义及其发生原因的理性分析》,《矿业安全与环保》2004 年第 5 期。

致生命、肢体或财产损害的、未料到的、时间短暂的已发生事件。① 美国国防部标准 MIL-STD-882E_1 中的事故定义是"导致人员生命与健康损害、财产损失、环境破坏的一个或者一系列意外事件"②。英国标准 OHSAS 18001:2007 中的事故定义是"工作过程中实际导致人员生命与健康损害的事件"③。这些概念多倾向于事故是由意外造成的。

从法学的角度分析，上述定义并不准确。首先，事故不仅可能造成物质的损失，而且可导致物质性的损害。损害是属概念，损失是种概念，损害不仅包括物质性的损失，也包括精神性的损害。其次，法学上的"事故"排除故意行为所致，但也非意外事件，而是指人的过失行为所致。

我国医疗事故的法律概念最初来源于《医疗事故处理办法》，后来发生演变，由《医疗事故处理条例》重新规定。

《医疗事故处理办法》所称的医疗事故，即"医疗事故，是指在诊疗护理工作中，因医务人员诊疗护理过失，直接造成病员死亡、残废、组织器官损伤导致功能障碍的"。此办法所确定的"医疗事故"相关制度，存在概念界定过窄、行政补偿替代赔偿且补偿过低及医疗事故鉴定机构和级别规定不合理等问题。④

《医疗事故处理条例》所称的医疗事故，即"医疗事故，是指医疗机构及其医务人员在医疗活动中，违反医疗卫生管理法律、行政法规、部门规章和诊疗护理规范、常规，过失造成患者人身损害的事故"。按此规定，凡是违法或者违章医疗行为过失造成患者人身损害的，都属于医疗事故。其构成要件包括：医疗事故的主体是医疗机构及其医务人员；医疗机构及其医务人员有违法行为；造成了患者的人身损害；医疗机构及其医务人员主观上具有过失；过失行为与患者遭受的损害之间具有因果关系。《医疗事故处理条例》拓展了医疗事故的范围、重新划分了医疗事故类型和等级、准确界定了免责事由、鉴定程序走向公开民主、强化了患者权利的具体规定、确定了医疗事故民事赔偿的新思路。

上述立法中强调医疗事故的成立，除要求损害后果外，还要求医方存在"违法、违规和主观过失"。但患者方有无过失或错误不在医疗事故概念的考察范围之内，即如果损害是因患者的过错造成的，则不构成医疗事故；其次，医疗意外不属于医疗事故。这与日常语境中的事故观念显然不同。⑤

---

① ［德］库尔曼：《安全科学技术导论》，赵云胜等译，中国地质大学出版社 1991 年版，第 8 页。

② MIL-STD-882E，Department of Defense Standard Practice for System Safety［s］.2012.

③ BS OHSAS 18001（Occupational Health and Safety Assessment Series 18001）即《职业健康安全管理体系要求》:2007,Occupational Health and Safety Management Systems-requirements［s］.

④ 杨立新：《医疗侵权法律与适用》，法律出版社 2008 年版，第 3 页。

⑤ 孔繁军、常明明：《医疗事故法律概念的缺陷及完善》，《法学杂志》2011 年第 7 期。

　　根据对患者人身造成的损害程度,医疗事故分为四级:一级医疗事故:造成患者死亡、重度残疾的;二级医疗事故:造成患者中度残疾、器官组织损伤导致严重功能障碍的;三级医疗事故:造成患者轻度残疾、器官组织损伤导致一般功能障碍的;四级医疗事故:造成患者明显人身损害的其他后果的。

　　关于医疗事故的概念一直以来颇有争议,学界很多观点认为医疗事故的新概念虽然较旧概念有了很大进步,范围进行了扩充,但仍限于医疗技术所致的人身损害范围,对于造成患者人格权益损害的及医疗产品致害的都没有涉及,仍然失之偏颇。

　　另外,最初在《医疗事故处理条例》制定时,制定机关希望其能统一协调医疗事故的行政责任和民事责任处理问题,所以在法条内容方面既设立了医疗事故认定与处理的行政责任内容,也对医疗事故的民事责任即赔偿问题进行了规定,造成了医疗损害赔偿二元化的法律由来。但后来在《侵权责任法》及《医疗纠纷预防和处理条例》的相关规定下,可以看出医疗事故的认定及处理已经回归到行政的调查处理及责任认定,医疗事故的概念更具有行政法的色彩,体现的是行政责任问题。民事责任部分已经被剥离,而依据《民法典》等民事法律进行处理。

三、医疗损害的概念

　　损害是指加害人的行为侵犯了他人的人身、财产或者精神等权益而给受害人带来的不利后果。根据《民法典》的规定,医疗损害是指因医疗机构及其医务人员的过错或缺陷医疗产品,对就医患者造成的身体上或精神上的损害。医疗损害是民事法律的概念,主要体现的是民事责任问题。

四、医疗纠纷、医疗损害和医疗事故概念比较

　　医疗纠纷、医疗损害和医疗事故三个概念既相互联系又相互区别。

　　（一）联系

　　一般而言,医疗纠纷包括医疗损害,医疗损害包括医疗事故。三者存在许多相同之处:都与医疗活动相关,都给患者造成了损害;三者的责任人的行为与损害后果之间都存在因果关系。

　　（二）区别

　　第一,法律来源不同。医疗纠纷的法律概念来源于《医疗纠纷预防和处理条例》的规定,表述更为客观与科学;医疗事故的概念来源于《医疗事故处理办法》及《医疗事故处理条例》的规定,词义上蕴含负面意义,更侧重于卫生行政等主管部门的行政管理和相关人员的行政责任;医疗损害的概念来源于《侵权责任法》的规定,侧重于医患双方当事人之间民事责任方面的内容。

　　第二,责任人不同。医疗事故的责任人只能是医疗机构及其医务人员,而医疗纠纷

及医疗损害的责任人除了医疗机构及其医务人员外,还可以是药品上市许可持有人、医疗产品的生产者或者血液提供机构等。

第三,造成的损害后果不同。医疗事故造成的是人身损害,这里的人身权仅指人格权中的生命权、健康权和身体权;就人身损害结果而言,包括有形的损害与无形的损害,患者生命丧失、健康与身体受损为有形的损害,而这种有形的损害往往又会造成患者及其亲属的精神痛苦,此为无形的损害。而医疗纠纷及医疗损害造成的损害除了人身损害外,还包括人格权利、财产权利等其他损害。而且,就人身损害的程度而言,医疗事故重于一般的医疗损害。

第四,损害责任的类型不同。医疗事故主要是指因医疗技术而造成的损害,而医疗纠纷及医疗损害除了医疗技术损害责任外,还包括医疗伦理损害责任、医疗产品损害责任、医疗管理损害责任等。

第五,责任人过错形式不同。医疗事故只有过失一种形式,而医疗纠纷及医疗损害包括了故意和过失两种形式。

第二节　医疗纠纷处理的立法变迁

目前,在我国已经颁布的《宪法》《刑法》《民法典》《刑事诉讼法》《民事诉讼法》《基本医疗卫生与健康促进法》等基本法律中都有涉及医疗纠纷处理的原则性规定,在卫生立法中也有关于医疗纠纷处理的规定,如《医师法》《医疗机构管理条例》中就有相关规定,最重要的是制定了一系列关于医疗纠纷处理的具体法律法规,且立法水平不断提升,为有效预防和公正处理医疗纠纷,提供了依据与指引,较好地保护了医患双方合法权益。

一、《医疗事故处理办法》

1987 年 6 月 29 日,国务院颁布了《医疗事故处理办法》,共 6 章 29 条,现已失效。该办法明确了行政处理和诉讼解决在医疗事故争议中的法律地位。将医疗事故分为责任事故和技术事故,责任事故是指医务人员因违反规章制度、诊疗护理常规等失职行为所致的事故;技术事故是指医务人员因技术过失所致的事故。根据给患者直接造成损害的程度,将医疗事故分为三级,排除了轻微损害的情形。规定由县级以上地方政府按行政区划成立医疗事故技术鉴定委员会,由卫生行政部门负责,对医疗事故争议进行技术鉴定。对确定为医疗事故的由医疗机构给予一次性经济补偿。1988 年 5 月,为解决各地在贯彻执行《医疗事故处理办法》过程中有待明确的问题,卫生部颁布了《关于〈医疗事故处理办法〉若干问题的说明》。《医疗事故处理办法》的颁布与实施,为医疗事故的处理提供了法律支持,但也存在一些缺陷,如对医疗事故的界定过于狭窄、医疗事故鉴定体制中立性欠佳、对医疗事故的补偿偏低等。

随着时间的推移,司法实践中对于《医疗事故处理办法》确定的医疗事故鉴定及医疗事故损害补偿制度的质疑声不断出现,1996年天津市第一中级人法院关于"李新荣案"的判决突破了该办法关于鉴定制度及医疗事故损害补偿制度的规定,对其后发生的类似案件产生很大影响,逐渐动摇了《医疗事故处理办法》在医疗事故争议处理中的主导地位,出现了法律适用及赔偿二元化的苗头,客观上推进了关于医疗纠纷处理的立法及法律理论的发展。

二、《医疗事故处理条例》

伴随着医疗科学技术的发展,以及在医疗实践中出现的新情况、新问题,我国对医疗纠纷处理的立法也有所改进。为正确处理医疗事故,保护患者和医疗机构及其医务人员的合法权益,维护医疗秩序,保障医疗安全,促进医学科学的发展,2002年2月20日,国务院通过了《医疗事故处理条例》,并于同年9月1日实施。该条例替代了《医疗事故处理办法》,对办法进行了重大修改,取消了医疗事故的分类,扩大了事故的范围,将医疗事故由三级修改为四级,把造成患者明显损害的情形包括进来;将医疗事故技术鉴定组织由卫生行政部门组织调整为由医学会组织;对确定的医疗事故由补偿改为赔偿,初步确定了医疗事故民事赔偿的法律制度;对医疗机构加大了处罚力度;强化了对患者权利的保障,为患者设立了知情权、病历复印权等12项权利,对患者及家属实质性参与医疗事故争议的处理做了制度性安排。此后,卫生部和国家中医药管理局又相继配套颁布了系列部门规章或行业规范,如《医疗事故技术鉴定暂行办法》《医疗事故技术鉴定专家库学科专业组名录(试行)》《医疗事故分级标准(试行)》《医疗事故争议中尸检机构及专业技术人员资格认定办法》《医疗机构病历管理规定》《病历书写基本规范》《重大医疗过失行为和医疗事故报告制度的规定》等,构建了以《医疗事故处理条例》为主干的关于医疗事故和医疗纠纷处理的法律体系。

《医疗事故处理条例》相比《医疗事故处理办法》,扩大了医疗事故的范围、调整了医疗事故鉴定的管理体制与程序、规定了患者复印病例在内的多项权利、建立了医疗事故的民事赔偿制度等,凸显了更加注重保护患者的合法权益、科学处理医疗事故的立法理念,对妥善处理医疗纠纷发挥了重要作用,实现了行政责任处理模式向民事和行政责任处理模式的重大变革,在我国医疗纠纷处理发展过程中起到了承前启后的重要作用。但由于效力等级的局限性,未能从根本上解决法律适用二元化的问题。

三、《侵权责任法》

医疗纠纷处理中存在的法律适用、赔偿、鉴定二元化问题损害了我国法制的统一性和严肃性,加剧了医患矛盾。2009年12月26日,第十一届全国人大常委会第十二次会议审议通过《侵权责任法》,自 2010 年 7 月 1 日起施行。该法第七章共 11 条以专章的形式对医疗损害责任进行了规定,内容包括医疗损害责任的归责原则、患者知情同意权、医疗过错认定、医疗侵权责任形态、医疗损害责任豁免事由、病历管理的制度、患者隐私权保护及过度检查责任等方面的内容。

《侵权责任法》颁布实施以前特别是 2003 年通过的《最高人民法院关于审理人身损害赔偿案件适用法律若干问题的解释》出台前,《医疗事故处理条例》以"特别法"的优势地位在医疗事故处理方面一直是优先适用的,但《侵权责任法》实施后,《医疗事故处理条例》的规定与《侵权责任法》不一致的,应以《侵权责任法》为准,而与《侵权责任法》不相矛盾的地方,主要是有关医疗事故行政监督及预防处置的内容,仍然继续有效。

《侵权责任法》的实施,规范了医疗纠纷民事责任的法律适用及民事赔偿认定问题,对于解决长期以来我国医疗纠纷处理中存在的二元化问题起到积极作用,以民事思维解决医疗纠纷赔偿问题的理念深入人心。

四、《医疗纠纷预防和处理条例》

纠纷重于防,为了预防和妥善处理医疗纠纷,保护医患双方的合法权益,维护医疗秩序,保障医疗安全,国务院于 2018 年 7 月颁布《医疗纠纷预防和处理条例》,同年 10 月 1 日施行,共 5 章 56 条。《医疗纠纷预防和处理条例》突出了医疗纠纷预防,规范医疗损害鉴定,要求充分发挥人民调解作用,建立完善医疗风险分担机制,明确了医疗纠纷处理途径和程序。并明确规定,对诊疗活动中医疗事故的行政调查处理,依照《医疗事故处理条例》的相关规定执行。这就意味着《医疗事故处理条例》与《医疗纠纷预防和处理条例》并存,《医疗事故处理条例》中关于医疗事故认定及行政处理的内容仍然有效,而与《医疗纠纷预防和处理条例》重复的预防与处理的内容应该适用《医疗纠纷预防和处理条例》。

2018 年 7 月 25 日,国家卫生健康委员会和司法部下发《医疗损害鉴定管理办法(征求意见稿)》,该草案统一了医疗损害鉴定体制,强调了坚持科学性、公正性、同行评议及鉴定专家负责制的原则。

五、重要的司法解释

在医疗纠纷特别法律实施过程中,为了更好地解决审理医疗损害责任纠纷案件中的一系列问题,依法维护当事人的合法权益,最高人民法院相继颁布一系列司法解释,指导了相关的审判实践活动,但有些司法解释也客观上造成了医疗纠纷案件审理的混乱状况的出现。

2002 年 4 月 1 日施行的《最高人民法院关于民事诉讼证据的若干规定》第 4 条第 8

款规定医疗行为引起的侵权诉讼中举证责任倒置的规定,2019年修改后删除了医疗损害责任举证倒置的规定。2003年1月6日,《最高人民法院关于参照〈医疗事故处理条例〉审理医疗纠纷民事案件的通知》规定:"条例施行后发生的医疗事故引起的医疗赔偿纠纷,诉到法院的,参照条例的有关规定办理;因医疗事故以外的原因引起的其他医疗赔偿纠纷,适用民法通则的规定。"同年,《最高人民法院关于审理人身损害赔偿案件适用法律若干问题的解释》规定的人身损害的赔偿项目和计算方法,与《医疗事故处理条例》规定的医疗事故赔偿项目和计算方法不一致。

根据《侵权责任法》《民事诉讼法》等法律规定,结合审判实践,最高人民法院于2017年12月13日发布、2020年12月29日修改的《最高人民法院关于审理医疗损害责任纠纷案件适用法律若干问题的解释》,共26条,对医疗损害纠纷案件审理中的一些疑难问题进行了明确规定,包括医疗损害侵权诉讼的范围、多加害主体的被告的确定、患者的举证责任、医疗损害鉴定的规定、医疗过错的评定、知情同意权行使中的特殊情况、惩罚性赔偿规定等。

六、《民法典》

2020年5月28日,十三届全国人大三次会议表决通过了《民法典》,自2021年1月1日起施行。《侵权责任法》同时废止。《民法典》基本吸收了《侵权责任法》关于医疗损害责任的相关规定,有关医疗损害责任的条款总体上同步《侵权责任法》的医疗损害责任条款,既吸收了之前相关立法的成功制度设计,又根据司法实践的效果进行了些微调整,使之能更好地适应我国医疗损害责任的认定及处理实践。

第三节　医疗纠纷的解决途径

一、医疗纠纷解决途径概述

纠纷解决是指在纠纷发生后,特定的纠纷主体依据一定的规则和手段,消除冲突状态、对损害进行救济、恢复秩序的活动。[①] 纠纷的解决既可以是双方当事人之间的活动如协商谈判,也可以是当事人在中立第三人如纠纷解决机构或主持者的主持和协助下进行的裁决和调解;既可以通过民间社会力量,也可能需要依靠国家职权。

对于医疗纠纷的解决,《基本医疗卫生与健康促进法》第96条规定:"国家建立医疗纠纷预防和处理机制,妥善处理医疗纠纷,维护医疗秩序。"《医疗纠纷预防和处理条例》规定了比较明确的纠纷解决途径,主要有以下四种途径,即双方自愿协商、申请人

---

① 范愉:《纠纷解决的理论与实践》,清华大学出版社2007年版,第71页。

民调解、申请行政调解、向人民法院提起诉讼以及法律、法规规定的其他途径。这体现了医疗纠纷诉讼和非诉讼相结合的多元化纠纷解决机制的理念与价值导向,协商、人民调解及行政调解属于非诉讼解决机制。相对于单一化的纠纷解决方式而言,多元化纠纷解决机制不把纠纷的解决单纯依托于某一程序,如诉讼,并将其绝对化,而是积极发挥民间和社会的各种自发的或组织的力量在纠纷解决中的作用和积极性。对于社会转型期的中国而言,社会利益、价值观的多元化和社会冲突的多发性、复杂性及对抗性强的特点,以及司法能力和自治能力较弱的现实,使得多元化纠纷解决机制显得尤为必要。① 而医疗纠纷的复杂性、利益多元性及影响广泛性,使得多元化医疗纠纷解决途径的建构恰逢其时。

二、医疗纠纷非诉讼解决机制

与诉讼解决机制相比,医疗纠纷非诉讼解决机制具有如下特征:

第一,高度自主性。当事人有权依据自己主观愿望处分权利。对非诉讼解决途径的选择、纠纷处理的地点、内容和形式等问题,当事人均可按意思自治予以约定,享有充分的自主选择权。

第二,程序灵活性。当事人可自主规划适用的程序,没有严格的举证责任和期间、期日制度,也不必限定于法定的诉讼程序中。

第三,非终局性。协商和解的非诉讼解决机制虽耗时短、成本低,但达成的协议不属于正规法律文件,不具有法律约束力。需要注意的是,人民调解协议和仲裁裁决在一定条件下也可通过人民法院强制执行。

(一)协商解决

协商解决是指医患双方在平等、自愿、诚信的基础上,以合理解决医疗纠纷为出发点,通过摆明事实、沟通和解,从而达成合议的纠纷解决方式。

协商解决即和解,是一种在法律规则指导下的交易,与广泛存在于民间的"私了"并不完全相同。和解可分为诉讼外和解和诉讼内和解,这里指的是诉讼外和解。协商的目的是达成解决纠纷或预防潜在纠纷的协议。从纠纷解决的角度来看,协商是双边的活动,即双方当事人为了达成和解的对话和交易过程或活动,是一种当事人双方自己解决纠纷的方式,强调当事人的合意,是一种私力救济的体现。在不违反国家法律、法规,不损害国家、社会和他人合法权益的前提下,协商解决医疗纠纷既有利于增强医患间的理解,及时解决纠纷,也有利于维护医院的正常秩序,促进和谐医院、平安医院的建设。②《医疗纠纷预防和处理条例》规定医患双方当事人可以自愿协商,解决医疗纠纷,

---

① 范愉:《非诉讼纠纷解决机制研究》,中国人民大学出版社 2000 年版,第 7 页。
② 赵敏主编:《医疗法律风险预防与处理》,北京大学出版社 2019 年版,第 196 页。

自愿达成协议解决争议。

协商解决既然是一种民事法律行为,主体须具备相应的民事权利能力和民事行为能力,医患双方当事人都应该具备主体资格,患方当事人应是患者本人或受患者委托的人,或患者的法定代理人,或患者近亲属。医方当事人应是法定代表人,或医院的授权委托人,并在协议书上盖上医院公章。协商过程应遵循合法、自愿、诚信原则,协商结果不得规避行政责任和刑事责任。

医患双方选择协商解决医疗纠纷的,应当在专门场所协商,不得影响正常医疗秩序。医患双方人数较多的,应当推举代表进行协商,每方代表人数不超过 5 人。医患双方应当文明、理性表达意见和要求,不得有违法行为。协商确定赔付金额应当以事实为依据,对分歧较大或者索赔数额较高的医疗纠纷,鼓励医患双方通过人民调解的途径解决。医患双方经协商达成一致的,应当签署书面和解协议书。

协商提供了低成本、高效率的纠纷解决方式,有助于促进医患彼此的理解,但由于信息的不对称、缺乏可操作性的制度支持和公权力的介入,也暴露出一些隐患:协商协议效力不足,没有强制执行力,易导致更大的风险和重复成本。

(二)调解解决

调解因其契合了中华民族"以和为贵"的传统道德和处世方式,为传统儒家思想"息诉止讼"的社会治理理念所推崇。① 调解是协商的延伸,是中立的第三人作为调解人介入纠纷处理但不做出决定,最终处分权由双方当事人自己掌握,是以协商为基础的纠纷解决方式。② 调解体现了非诉讼的特点,是一种国家允许并提倡的、介于公力救济和私力救济之间的社会性纠纷解决方式,是司法社会化趋势的体现。

根据调解主持方的性质,调解可以分为法院调解、行政调解和人民调解。就医疗纠纷的非诉讼解决机制而言,主要通过人民调解或行政调解方式进行。

1. 医疗纠纷人民调解

医疗纠纷人民调解是指人民调解委员会通过说服、疏导等方法,促使医疗纠纷争议当事人在平等协商基础上自愿达成调解协议、解决纠纷的活动。

人民调解是我国宪法规定的基层民主自治的重要内容,也是人民群众自我教育、自我管理、自我服务的重要形式,是一项植根于我国历史传统并被实践长期证明的,具有中国特色的化解纠纷的非诉讼解决机制。③ 医疗纠纷人民调解正是人民调解制度在医疗领域的具体运用。

医疗纠纷人民调解具有如下特征:专业性,医疗纠纷人民调解委员会聘请的医学专家和法学专家对具体案例进行鉴定分析,以此作为调解纠纷和损害赔偿的依据,保证了

① 王斗斗:《人民调解法让"东方之花"更加绚烂绽放》,《法制日报》2010 年 8 月 30 日。
② 范愉:《纠纷解决的理论与实践》,清华大学出版社 2007 年版,第 226 页。
③ 赵敏主编:《医疗法律风险预防与处理》,北京大学出版社 2019 年版,第 180 页。

调解的专业性和权威性;中立性,医疗纠纷人民调解委员会从性质上看,是独立于患方、医方、政府之外的第三方群众性组织;自愿性,医疗纠纷人民调解坚持自愿平等原则;非对抗性,医疗纠纷解决过程和结果具有互利性和平和性,医疗纠纷人民调解协议具有被确认的法律效力;保密性,医疗纠纷人民调解委员会以不公开调解为原则。

《医疗纠纷预防和处理条例》规定当事人可以向医疗纠纷人民调解委员会申请调解医疗纠纷。由医患双方共同申请;一方申请调解的,在征得另一方同意后进行调解。可以以书面或者口头形式申请调解。医疗纠纷人民调解委员会获悉医疗机构内发生重大医疗纠纷,可以主动引导医患双方申请调解。当事人已向人民法院提起诉讼并且已被受理,或者已经申请卫生主管部门调解并且已被受理的,医疗纠纷人民调解委员会不予受理;已经受理的,终止调解。

(1)医疗纠纷人民调解委员会

依法设立医疗纠纷人民调解委员会,可以聘任一定数量的具有医学、法学等专业知识且热心调解工作的人员担任专(兼)职医疗纠纷人民调解员。调解医疗纠纷不得收取费用,所需经费按照国务院财政、司法行政部门的有关规定执行。

(2)专家咨询与医疗损害鉴定

调解医疗纠纷时,可以选取医疗损害鉴定专家库的专家进行咨询。需要进行医疗损害鉴定以明确责任的,由医患双方共同委托医学会或者司法鉴定机构进行鉴定,也可以经医患双方同意,由医疗纠纷人民调解委员会委托鉴定。

(3)调解意见

调解周期一般应当自受理之日起 30 个工作日,但鉴定时间不计入调解期限。

医患双方经人民调解达成一致的,应当制作调解协议书,经医患双方签字或者盖章,人民调解员签字并加盖医疗纠纷人民调解委员会印章后生效。并可以依法向人民法院申请司法确认。

2. 行政调解解决

医疗纠纷的行政调解是指在行政机关的主持下,以当事人双方自愿为基础,以国家法律、法规及政策为依据,通过说服和劝导双方,促进双方当事人互让互谅、平等协商,达成调解协议的活动。卫生行政部门的调解具有如下特征:调解主持方具有特定性,限于卫生行政部门;调解方式具有自愿性,建立在当事人申请的基础之上;调解形式具有准司法性,是行政机关作为第三方,居间对平等民事主体之间的民事争议予以调停处理,不同于一般的具体行政行为;在效力上不具有强制执行力。

《医疗纠纷预防和处理条例》规定当事人可以向卫生行政部门提出调解医疗纠纷的申请。卫生主管部门应当自收到申请之日起 5 个工作日内作出是否受理的决定,30个工作日内完成调解,但鉴定时间不计入调解期限。超过调解期限未达成调解协议的,视为调解不成。当事人已经向人民法院提起诉讼并且已被受理,或者已经申请医疗纠纷人民调解委员会调解并且已被受理的,卫生主管部门不予受理;已经受理的,终止调解。医患双方经卫生主管部门调解达成一致的,应当签署调解协议书。

卫生主管部门可以选取医疗损害鉴定专家库的专家进行咨询。需要进行医疗损害鉴定的由医患双方共同委托医学会或者司法鉴定机构进行鉴定,也可以经医患双方同意,由卫生主管部门委托鉴定。

行政调解具有快速便捷、节约费用、灵活自由等优点,但当前,行政调解仍面临着很大障碍。首先,行政调解是一种被动介入,程序的启动有赖于当事人的申请。其次,行政调解的中立性受到质疑,实践中行政调解机制被虚置,难以发挥其应有的优势。尽管如此,医疗纠纷的行政调解在现阶段仍具有一定的理论研究价值和实践意义,充分发挥卫生行政机关在医疗纠纷的指导协调职能,在当代中国不仅有助于转变政府职能、弘扬公民自治,更有利于弥补司法审判的缺憾,降低社会治理的综合成本。①

三、诉讼解决

诉讼是指国家审判机关即人民法院,依照法律规定,在当事人和其他诉讼参与人的参加下,依法解决讼争的活动。医疗纠纷的诉讼解决机制是指医疗纠纷的当事人和其他诉讼参与人通过向人民法院提起诉讼,在人民法院的主持下,为解决医疗纠纷,依照法定诉讼程序进行的诉讼活动。诉讼解决是纠纷当事人借助国家权力解决纠纷,是公力救济,诉讼程序具有法定性,也是解决纠纷的最后途径。诉讼具有终局性、权威性的优点,但由于诉讼是一种对抗性的纠纷解决机制,极强的对抗性会加剧医患之间的矛盾,不利于修补医患之间瓦解了的信任关系,同时,诉讼还存在耗时长、效率低等不足。

医疗纠纷诉讼分为三类,即医疗纠纷行政诉讼、医疗纠纷民事诉讼以及医疗纠纷刑事诉讼。

医疗纠纷行政诉讼发生在医患任何一方不服卫生行政机关等行政主体的行政处理决定,或患者不服卫生行政机关的传染病强制防治、第一类疫苗管理行为等行政行为,认为侵犯了自己的合法权利的情况下,当事人可以向人民法院提起行政诉讼,要求人民法院对该具体行政行为进行裁判的法律制度。

医疗纠纷民事诉讼是最大量最常见的一类诉讼。医患关系被普遍认为是一种特殊民事关系,大多数情况下,医疗纠纷会导致民事诉讼,即患者认为医方的治疗存在过错,给自己造成损失时,会提起民事侵权或违约之诉。发生医疗纠纷,当事人协商、调解不成的,可以依法向人民法院提起诉讼。当事人也可以直接向人民法院提起诉讼。诉讼是解决医疗事故等医疗损害赔偿争议的最终途径。

① 赵敏主编:《医疗法律风险预防与处理》,北京大学出版社2019年版,第201页。

医疗纠纷刑事诉讼是医方的行为触及刑法的界限时,由公检法机关依法对相关医务人员进行侦查、起诉和审判的活动。在诊疗活动中,如果医方的过错行为严重损害了患者的权益,且已经构成犯罪,公检法机关应当依据《刑事诉讼法》的规定对直接责任人员追究刑事责任。常见的涉及医疗刑事犯罪的罪名有非法行医罪、医疗事故罪、非法进行节育手术罪等。

第四节 医疗纠纷的预防

一、医疗纠纷的预防

医疗纠纷的预防是指各社会主体采取多种措施,降低医疗纠纷的发生风险。有效预防医疗纠纷具有非常重要的意义。减少医疗纠纷的发生,有利于保障公民健康权益的实现;有利于医疗服务质量的提高;有利于强化医务人员的职业风险意识;有利于促进和谐医患关系的发展。[①]

医疗纠纷的诱发因素包括主观因素和客观因素,如疾病等客观因素、医院管理、医师水平等主观因素。医疗纠纷的发生有其固有的规律性,防范关键在于树立安全意识,重在预防。应当通过综合治理,提高风险防范意识,抓好环节质量控制,减少纠纷的发生和降低风险带来的损害。作为医疗服务的主要提供者,医疗机构在医疗纠纷的预防中承担着举足轻重的作用,树立患者安全的理念完善医疗全过程;作为医疗服务的接受者,患者的预防也是不可缺少的一部分,患者及其家属积极配合医师的诊疗活动;由于医疗纠纷的发生有着综合系统性原因,单靠医疗机构和个人是很难根治的。政府运用其行政职能,畅通医疗纠纷社会解决机制及风险分担机制,建立与完善防控体系、严格监管和干预,都有助于医疗纠纷的预防。总之,医方、个人、国家政府部门应该相互配合,共同做好医疗纠纷的预防工作,从而减少纠纷的发生。

二、医疗机构和医务人员的预防措施

医疗机构和医务人员应当树立以病人为中心的理念,尊重患者权利,善尽医疗义务。在医院管理中,不仅要关注对专业技术活动的管理,还要关注对配套生活性非技术服务活动的管理;不仅要关注对患者本人的权利保障,还要关注其相关人员,这样才能做到对纠纷的全面防范。[②] 概括来说,医疗机构及医务人员的预防措施包括以下几个方面。

第一,树立法治理念,切实保障患者权利。尊重患者的知情同意权、自我决定权、人

---

① 赵敏主编:《医疗法律风险预防与处理》,北京大学出版社 2019 年版,第 274—275 页。

② 赵敏主编:《医疗法律风险预防与处理》,北京大学出版社 2019 年版,第 275 页。

格尊严及民族风俗习惯,保护患者隐私权和信息权,建立畅通的投诉渠道,接受患者的批评与建议。

第二,切实落实医疗质量安全核心制度,以保障患者安全的理念完善医疗全流程。医疗质量安全核心制度是指在诊疗活动中对保障医疗质量和患者安全发挥重要的基础性作用,医疗机构及其医务人员应当严格遵守的一系列制度。医疗机构应以《医疗质量安全核心制度要点》为基础,加强医疗质量安全核心制度建设,保障医疗质量与医疗安全,夯实基础医疗质量,筑牢医疗安全底线。现行的《医疗质量安全核心制度要点》确定了医疗质量安全核心制度共18项,包括首诊负责制度、三级查房制度、会诊制度、分级护理制度、值班和交接班制度、疑难病例讨论制度、急危重患者抢救制度、术前讨论制度、死亡病例讨论制度、查对制度、手术安全核查制度、手术分级管理制度、新技术和新项目准入制度、危急值报告制度、病历管理制度、抗菌药物分级管理制度、临床用血审核制度、信息安全管理制度等。

第三,积极履行医疗义务。其一,医务人员要履行合理医疗的义务,医务人员在诊疗活动中应当以患者为中心,严格遵守医疗卫生法律、法规、规章和诊疗相关规范、常规,选择合理的医疗、预防、保健方案,对患者进行合理检查、合理治疗、合理用药,禁止对患者实施不必要的检查、治疗、用药。其二,医务人员在特定条件下要对患者主动履行急救义务,这是抢救生命的职责所在。在患者病情危急时,积极运用开通绿色通道或者请示医疗机构负责人等措施进行救治,不能以患者没有缴费、患者及其近亲属无法进行知情同意为由,拒绝或怠于对患者进行紧急救治。其三,医疗机构要落实医疗技术临床应用管理职责,防止医疗技术不规范的临床应用甚至滥用。其四,应当依照有关法律、法规的规定,严格执行药品、医疗器械、消毒药剂、血液等的进货查验、保管等制度;禁止使用无合格证明文件、过期等不合格的药品、医疗器械、消毒药剂、血液等。其五,医疗机构与医务人员要落实病历书写、保管与提供义务,重视病历书写,做到客观、真实、准确、及时、完整、规范;重视病历保管和提供工作,严禁篡改、伪造、隐匿、非法销毁病历资料。医疗机构应加强病案的质量控制,要确保病案的完整性和系统性,完善病案管理规章制度;要按照规定向患者提供病历资料。

第四,强化医患沟通,切实履行说明义务。促进医患之间的和谐,预防医疗纠纷,医患沟通的重要性不言而喻,良好的沟通技巧与语言艺术,不仅可以减少医疗纠纷,促进患者的生理心理健康,而且还能加强治疗效果。从现代医学的角度,医患之间的语言沟通不是单纯的信息交流,还包含着复杂的相互作用。简单说,医生的语言对患者心理和生理机制产生影响;反之,患者的表达也会对医生的诊断以及治疗方案产生影响。在这个互动中,医生无疑占据主导地位。医生沟通艺术高,患者的反应就积极;医生缺乏沟通艺术,患者就会比较消极。世界医学教育联合会《福冈宣言》中指出:"所有医生必须学会交流和人际关系的技能。缺少与病人共鸣应视作技术不够,是无能的表现。"医务人员在诊疗活动中应当用患者听得懂的语言向患者说明其决策所需要的信息,特别是对替代性医疗方案的说明。对患者在诊疗过程中提出的咨询、意见和建议,应当耐心解释、说明,并按照规定进行处理;应当建立健全投诉接待制度,对患者就诊疗行为提出的疑问,应当及时予以核实、自查,并指定有关人员与患者或者其近亲属沟通,如实说明情况。

第五,设立医疗服务质量监控部门,建立应急防范预案。首先,医疗机构应当设置质量监控部门,对医疗服务质量进行监控和管理,如制定医疗质量评价体系和质量控制标准;加强对诊断、治疗、护理、药事、检查等工作的规范化管理,提高服务水平。其次,要建立针对性的预案,通过医院系统化管理,发挥预案的预警、预知、预应效能,有效防范纠纷。医疗机构要针对一些可能导致医疗纠纷的突发事件(比如就诊过程中突发抽搐、心肌梗死、输液反应、脑梗死、滑倒跌伤、断针、患者自杀或失踪等)进行全面分析,制定有针对性地防范与化解的预案;要建立、健全医务人员的岗位规章、规范制度;强化医院、科室、部门医疗事故三级预案网络体系的建设,及时消除隐患;建立组织机构,将各种防范措施真正落到实处。如,设立医疗服务质量监控部门,负责对医疗质量进行日常的监督管理;科技教育部门负责医务人员的继续教育和培训工作,全方位不断提升医务人员的业务水平和职业道德意识;一旦发生医疗纠纷,处理预案马上启动,立即采取应急处理措施,努力减低损害程度。

三、患方预防措施

疾病的治疗过程应当是医患彼此信任、勠力同心的过程,医患之间的协力配合才有助于应对疾病,患者对医生的不信任将加大医务人员的误诊率,导致严重的后果。因此,预防医疗纠纷,不仅需要医疗机构和医务人员发挥重要作用,更需要患者及其近亲属正确认识医疗风险,充分信任协力配合医方。

从患者角度而言,预防医疗纠纷可包括如下几个方面。[1]

第一,正确认识医疗有限性和医疗风险必然性的客观现实。人体是由多系统组成的一个极为复杂的生命体,医学科学的发展远远滞后于疾病的产生,医疗永远无法穷尽所有疾病的治疗及治愈,医疗的有限性永远客观存在;同时,许多的医疗手段具有致益与致害的两个方面,在治疗疾病的同时会对人体造成伤害,医务人员对任何一个患者、一种疾病的诊疗都永远不可能达到完美的程度,不可能包治百病,疾病的治疗过程和结果也就始终存在成功与失败两种可能。患方应该充分地认识到医疗风险存在的必然性,对医疗健康服务效果要有清醒的认识,坦然面对成功与失败,甚至死亡。患方应当相信科学,树立正确的生死观。患者可以通过购买医疗风险方面的保险,来化解医疗风

---

[1] 赵敏主编:《医疗法律风险预防与处理》,北京大学出版社 2019 年版,第 282—284 页。

险的后果。

第二,充分信任医疗机构及医务人员。医患双方共同的敌人是疾病和不健康状态。因此,患者在接受医疗服务时要充分信任医方,如实向医务人员陈述病情,接受医学检查,积极配合治疗,构建良好的医患关系,从而有助于医务人员对患者疾病早预防、早诊断、早治疗。

第三,正确履行义务,重视依从性。医疗活动是一种双向的特殊的人际关系,患者就医时,应当遵守国家法律、法规、规章及医疗机构的管理制度,积极履行义务,配合医生的治疗,支付医疗健康服务费用等。同时,重视就医的依从性,患者应当严格遵从医嘱接受治疗,并及时向负责其治疗的医生报告意外的病情变化。

第四,遵守医院规章制度。患者在就医的过程中应严格遵守医院规章制度,文明就医。遵守门诊程序,耐心等待,不要大声喧哗、吵闹,不要拥挤在医生旁边,以免影响医生的诊疗;切忌擅自离院。

第五,依法处理医患矛盾。医患双方发生矛盾时,患方应依法处理和维权,可以通过双方自愿协商、申请人民调解、申请行政调解、向人民法院提起诉讼以及法律法规规定的其他途径解决,避免非理性维权。

四、社会预防制度

医疗卫生事业事关民生,对于医疗纠纷的预防,政府应充当调控者和指挥者的角色。国家应进一步健全、完善法律,提升医疗机构服务能力,加大医疗保障水平,解决看病贵、看病难等一系列问题,从社会宏观体制机制角度预防医疗纠纷。具体措施可包括:

第一,不断深化医疗卫生领域的供给侧结构性改革,提升医疗卫生服务能力。随着我国社会主要矛盾的变化,人民群众在健康、医疗方面的要求日益增长,全方位全周期的健康服务需求旺盛。而我国的医疗资源配置供给结构不合理、医疗资源总量供给不足,医疗纠纷的风险不断加大。因此,需要解决医疗资源配置供给结构不合理问题,从宏观层面统筹兼顾,做好规划和落实到位,促进优质医疗资源的下沉与平衡发展;要着力解决医疗资源总量供给不足问题,提升医疗服务能力;不断提高人民的医疗保障水平,减少因病返贫、因病致贫的现象,更好地保障病有所医。

第二,不断健全与完善卫生法法律法规。对适用法律不明确、法律之间有冲突、法律规定未及时修改等情形,不断完善。

第三,加强对医疗行业的监管。卫生行政部门要履行全方位的监管职责,从而降低医疗法律风险。如加强医疗机构及医务人员准入、医疗技术应用、医疗质量和安全管理、医疗服务、采供血机构管理以及行风建设等工作,强化对医疗质量、医疗技术的监管。

第四,完善医疗纠纷预防与处理体制机制。建立健全医疗纠纷多途径解决机制,将其纳入社会治安综合治理体系;司法机关要正确看待医疗纠纷,明确医疗有限性及医疗风险客观性的认识,及时、客观、公正地处理医疗纠纷案件。建立完善医疗风险分担机制,发挥保险机制在医疗纠纷处理中的第三方赔付和医疗风险社会化分担的作用,鼓励医疗机构参加医疗责任保险,鼓励患者参加医疗意外保险。

第五,加强健康促进与教育工作,普及健康科学知识,提高公众对疾病治疗等医学科学知识的认知水平,强化医学科学是有限性科学的社会认知。新闻媒体应当加强医疗卫生法律、法规和医疗卫生常识的宣传,引导公众理性对待医疗风险;报道医疗纠纷,应当遵守有关法律、法规的规定,恪守职业道德,做到真实、客观、公正。

第 四 编

健康权实现的物质基础：
健康产品法

第十八章 健康产品法概述

第一节 健康产品与健康产品安全立法

健康产品是健康权实现的物质保障。我国的健康产品安全面临多重问题与挑战，包括：健康产品安全治理体系尚不足以有效化解多元化的健康产品风险，健康产品法律责任体系尚无法充分救济民众的健康产品损害，新药审评制度无法保证药品的安全性与救命药的可及性等。但其中最关键的问题与挑战是健康产品治理体系尚不足以有效化解多元化的健康产品风险。

一、健康产品安全的含义

（一）健康产品的含义

健康产品并非一个严格的法律概念①，不同的主体对健康产品所涵括的范围理解并不相同。世界卫生组织将健康定义为："健康不仅是没有病和不虚弱，而且是身体、心理、社会功能三方面的良好状态。"人的健康不仅与个体因素包括遗传和生活行为方式等密切相关，同时还受到环境因素如社会环境、经济环境、政治环境等诸多外部条件的广泛影响。健康是生物医学机制作用的结果，但最终的甚至主要的决定因素是社会因素。有研究指出，如果不能深度地介入其他社会制度结构，就不能有效地促进人群健康。这些社会制度所涉及的部门众多，包括教育、交通、住房、就业、农业、环境保护和社会保障等。② 而健康产品则是实现、维持和增进人体健康的物质基础。从广义上来讲，决定健康的社会因素中的所有产品，即与人的健康有关的所有产品都应属于"健康产品"的范畴，涉及衣食住行的方方面面。但是，从健康权实现的物质保障和政府监管的角度来理解的话，健康产品仅指与恢复、维持和增进人体健康密切相关、需要政府进行

---

① 目前仅有个别规范性文件中对"健康相关产品"的范围作了界定。《健康相关产品卫生行政许可程序》（卫监督发〔2006〕124号）第2条规定："本程序所称健康相关产品的范围包括《中华人民共和国食品卫生法》、《中华人民共和国传染病防治法》、《化妆品卫生监督条例》及《国务院对确需保留的行政审批项目设定行政许可的决定》（国务院令第412号）中规定由卫生部许可的食品、消毒剂、消毒器械、化妆品、涉及饮用水卫生安全产品（以下简称涉水产品）等与人体健康相关的产品。"

② Collins J, Koplan JP. *Health Impact Assessment—A Step Toward Health in All Policies*. JAMA 2009;302(3):315-317.

严格监管的产品,主要包括食品、药品、化妆品、医疗器械和保健品,即监管中俗称的"四品一械"。本书中的"健康产品"即指狭义上的"四品一械"。

1. 食品的含义

国际食品法典委员会(Codex Alimentarius Commission,CAC)将食品规定为"人们食用的所有加工、半加工或未加工过的物质,包括饲料、口香糖以及任何在'食品'加工生产或处理过程中使用的物质,但不包括化妆品、烟草或仅作药用的物质"①。美国《食品药品化妆品法》采用一般加例外的规定方式,一方面规定"所有"供人类或动物食用或饮用的物质都属于食品的范畴,另一方面对个别物质如口香糖做了单独列举,规定"食品是指供人类或动物食用或饮用的物质;口香糖;用作上述物质组成部分的物质"②。

我国1995年的《食品卫生法》将食品定义为:"各种供人食用或饮用的成品和原料以及按照传统既是食品又是药品的物品,但是不包括以治疗为目的的物品。"2009年的《食品安全法》和修改后的《食品安全法》基本沿用了《食品卫生法》中的定义。③ 根据2018年的《食品安全法》,食品指各种供人食用或者饮用的成品和原料以及按照传统既是食品又是中药材的物品,但是不包括以治疗为目的的物品。根据这一定义,食品不仅包括直接食用的各种食物,还包括食品原料,既包括加工食品,也包括食用农产品,囊括了从农田到餐桌的整个食物链的食品。④ 但是需要注意的是,供食用的源于农业的初级产品(以下称"食用农产品")的质量安全管理遵守《中华人民共和国农产品质量安全法》的规定,不过食用农产品的市场销售、有关质量安全标准的制定、有关安全信息的公布和《食品安全法》对农业投入品作出规定的,应当遵守《食品安全法》的规定。⑤

2. 药品的含义

2015年修订的《药品管理法》第100条中将"药品"定义为"用于预防、治疗、诊断人的疾病,有目的地调节人的生理机能并规定有适应症或者功能主治、用法和用量的物质,包括中药材、中药饮片、中成药、化学原料药及其制剂、抗生素、生化药品、放射性药品、血清、疫苗、血液制品和诊断药品等"。2019年修订的《药品管理法》进一步明确了药品的含义与类型:本法所称药品,是指用于预防、治疗、诊断人的疾病,有目的地调节人的生理机能并规定有适应症或者功能主治、用法和用量的物质,包括中药、化学药和生物制品等。⑥ 药品作为一种商品,既有商品的一般属性,又有如下特殊性:第一,药品具有两重性,一方面可以预防、治疗疾病,另一方面药品都存在不同程度的毒副作用。

---

① 邵继勇主编:《食品安全与国际贸易》,化学工业出版社2006年版,第4—6页。
② 隋洪明:《风险社会背景下食品安全综合规制法律制度研究》,法律出版社2017年版,第11页。
③ 信春鹰主编:《中华人民共和国食品安全法解读》,中国法制出版社2015年版,第399页。
④ 《食品安全法》第150条。
⑤ 《食品安全法》第2条第2款。
⑥ 《药品管理法》第2条第2款。

第二,药品具有专属性。药品的用途具有严格的专用性,针对某种疾病的药品只能用于该疾病的预防和治疗。第三,药品具有限时性,药品质量一般都有一定的时效限制,而且对于使用者而言,仅在防病治病时才是必要的。①

3.其他健康相关产品的含义

（1）医疗器械

医疗器械是指直接或者间接用于人体的仪器、设备、器具、体外诊断试剂及校准物、材料以及其他类似或者相关的物品,包括所需要的计算机软件;其效用主要通过物理等方式获得,不是通过药理学、免疫学或者代谢的方式获得,或者虽然有这些方式参与但是只起辅助作用。医疗器械的目的是:①疾病的诊断、预防、监护、治疗或者缓解;②损伤的诊断、监护、治疗、缓解或者功能补偿;③生理结构或者生理过程的检验、替代、调节或者支持;④生命的支持或者维持;⑤妊娠控制;⑥通过对来自人体的样本进行检查,为医疗或者诊断目的提供信息。大型医用设备,是指使用技术复杂、资金投入量大、运行成本高、对医疗费用影响大且纳入目录管理的大型医疗器械。②

（2）化妆品

根据《化妆品卫生监督条例》第2条之规定,化妆品"是指以涂擦、喷洒或者其他类似的方法,散布于人体表面任何部位（皮肤、毛发、指甲、口唇等）,以达到清洁、消除不良气味、护肤、美容和修饰目的的日用化学工业产品"。但是,2007年8月27日国家质量监督检验检疫总局颁布、自2008年9月1日起实施的《化妆品标识管理规定》（国家质量监督检验检疫总局第100号令）对"化妆品"的含义进行了扩充,根据该管理规定第3条之规定,化妆品是指"以涂抹、喷、洒或者其他类似方法,施于人体（皮肤、毛发、指趾甲、口唇齿等）,以达到清洁、保养、美化、修饰和改变外观,或者修正人体气味,保持良好状态为目的的产品",将化妆品定义中施于人体的部位由"口唇"扩充至"口唇齿",从而将"牙膏类产品"纳入其中。2013年《食品药品监管总局关于进一步做好当前化妆品生产许可有关工作的通知》（食药监药化监〔2013〕213号）明确将"牙膏类产品列入化妆品监管范围"。而且,随着生物技术、纳米技术等新技术的发展,化妆品已经不限于"日用化学工业产品",《化妆品标识管理规定》已经对此进行了必要的修订,但自2021年1月1日起施行的《化妆品监督管理条例》（国务院令第727号）基本沿用了《化妆品卫生监督条例》中关于化妆品的定义,新条例第3条规定:"本条例所称化妆品,是指以涂擦、喷洒或者其他类似方法,施用于皮肤、毛发、指甲、口唇等人体表面,以清洁、保护、美化、修饰为目的的日用化学工业产品。"

---

① 李丹阳:《当代中美药品监管比较研究》,人民出版社2013年版,第1页。
② 《医疗器械监督管理条例》第76条。

（3）保健食品

保健食品是食品的一个特殊种类，介于其他食品与药品之间，是指声称具有特定保健功能或者以补充维生素、矿物质为目的的食品。即适用于特定人群食用，具有调节机体功能，不以治疗疾病为目的，并且对人体不产生任何急性、亚急性或者慢性危害的食品。保健食品有安全性和功能性的基本要求，新《食品安全法》要求保健食品所声称的保健功能应当具有科学依据，不得对人体产生急性、亚急性或者慢性危害。

与其他食品强调提供营养成分相比，保健食品强调具有特定保健功能。而且，与其他食品一般没有服用量的要求不同，保健食品具有规定的食用量。此外，根据保健功能的不同，保健食品具有特定适宜人群和不适宜人群，其他食品则一般不进行此种区分。

保健食品与药品的区别主要体现在如下4个方面：第一，在使用目的上，保健食品是用于调节机体机能，提高人体抵御疾病的能力，改善亚健康状态，降低疾病发生的风险，不以预防、治疗疾病为目的。而药品则是用于预防、治疗、诊断人的疾病，有目的地调节人的生理机能并规定有适应症或者功能主治、用法和用量的物质。第二，在使用方法上，保健食品仅能口服使用，但药品除口服之外，还有注射、涂抹等其他方法。第三，在可使用的原料种类方面，有毒有害物质不得作为保健食品原料，但可能作为药品的原料使用。第四，在是否具有毒副作用方面，保健食品按照规定的食用量食用，不能给人体带来任何急性、亚急性和慢性危害，而药品则可以有毒副作用。

（二）健康产品安全的含义

健康产品安全包括健康产品产业安全和健康产品质量安全两个方面，前者属于国家安全的范畴，如粮食安全、药物可及与药品储备等；后者指健康产品在生产、销售、使用等过程中的安全及其给消费者带来的健康损害与健康风险，如药品生产缺陷、副作用、错误用药以及其他风险。本书主要聚焦健康产品质量安全问题。

以食品安全为例，"食品安全"一词最早由联合国粮农组织（FAO）于1974年11月召开的世界粮食大会上提出，其定义为"保证任何人、在任何时候都能得到为了生存和健康所需要的足够粮食"。这一定义仅仅强调食品的可及性。1996年11月世界粮食首脑会议通过的《世界粮食安全罗马宣言》和《世界粮食首脑会议行动计划》对食品安全做了如下表述："只有当所有人在任何时候都能在物质上和经济上获得足够、安全和富有营养的食物，来满足其积极和健康生活的膳食需要和食物喜好时，才实现了食品安全。"这一定义在食品数量上的可及性之外，还强调食品质量上的"安全"和"营养"。国际食品卫生法典委员会将食品安全定义为："食品安全是指消费者在摄入食品时，食品中不含有有害物质，不存在引起急性中毒、不良反应或潜在疾病的危险性；或者是指食品中不应包含有可能损害或威胁人体健康的有毒、有害物质或因素，从而导致消费者急性或慢性中毒或感染疾病，或产生危及消费者及其后代健康的隐患"。可见，食品安全的含义有广义和狭义之分，广义的食品安全是指食品的数量安全、食品质量安全和食品卫生安全,狭义的食品安全不包括食品的数量安全,仅指食品的质量安全与卫生安全。我国《食品安全法》规定,食品安全,指食品无毒、无害,符合应当有的营养要求,对人体健康不造成任何急性、亚急性或者慢性危害。[1] 据此,食品安全的主要内容包括三方面内容:(1)从食品安全性角度看,要求食品应当"无毒无害"。"无毒无害"是指正常人在正常食用情况下摄入可食状态的食品,不会造成对人体的危害。无毒、无害不是绝对的,允许少量含有,但不得超过国家规定的限量标准。(2)符合应当具有的营养要求。营养要求不但包括人体代谢所需要的蛋白质、脂肪、碳水化合物、维生素、矿物质等营养素的含量,还应包括该食品的消化吸收率和对人体维持正常的生理功能应发挥的作用。(3)对人体健康不造成任何危害,包括急性、亚急性或者慢性危害。

二、健康产品安全风险呈现多元化和复杂化

当今社会是一个风险社会,随着工业化、市场化和全球化的推动,社会公众更切身地感受到生活在因市场经济、先进科技和多头行政等现代性所带来的巨大风险之下。[2] 我国政府历来高度重视包括食品、药品在内的健康产品安全问题。但是,由于健康产品安全问题的复杂性,制约我国健康产品安全的深层次矛盾仍未根本解决,重大食品药品安全事件仍呈高发态势,"毒奶粉""毒胶囊""假疫苗"等食品药品安全事故屡禁不止,健康产品安全形势较为严峻。未来较长一段时间内,我国食品安全仍将面临来自病原微生物、环境污染、非法添加和欺诈、营养安全等带来的诸多挑战,食品安全治理任重道远。造成食品安全风险的因素包括环境、经济、社会管理、科技等多方面。世界药品安全问题经历了"劣质药品时代""化学污染时代"和"新型风险时代","多元药品安全风险交织并存"也是我国药品安全领域面临的挑战,药品掺杂使假、化学污染、新药未知风险等多种类型的风险同时存在。[3] 我国每年有 250 万住院病人产生药物不良反应,其中 20 万人死于合格药品引起的不良反应。[4]

(一)农产品源头污染严重

一方面,工业三废排放导致产地环境污染严重。土壤、水体重金属污染是粮食安全问题的主要根源。从"镉大米"事件来源地之一的攸县来看,其位于湖南省株洲市,是全国闻名的重工业城市,是亚洲最大的有色金属冶炼基地。据《中国经济周刊》报道,2014 年 11 月 15 日,环保公益组织长沙曙光环保公益中心对外披露湘江流域重金属污染调查结果。每一项数据都值得警惕:郴州三十六湾矿区甘溪河底泥中,砷含量超标715.73 倍;郴州三十六湾矿区甘溪村稻田中,镉含量超标 206.67 倍;岳阳桃林铅锌矿

---

① 《食品安全法》第 150 条。
② Beck,U.,*Risk Socity:Towards A New Modernity*,London,Newbury Park:Sage Publications,1992.
③ 胡颖廉:《中国药品安全治理现代化》,中国医药科技出版社 2017 年版,第 25—26 页。
④ 祝勇、王丽凤、朱小勇、吴瑶:《每年 20 万人死于合格药品》,《信息时报》2008 年 3 月 10 日。

区汀畈村稻田铅含量最高值达 1527.8mg/kg(即每千克含有 1.5 克),超标 5.093 倍。2010 年,中国环境与发展国际合作委员会相关课题组在其年会上发布了对我国土壤环境问题的研究报告。报告指出我国部分地区土壤环境污染严重,呈现新老污染物并存、无机有机复合污染局面,亟待加强治理。4 月 17 日,环境保护部和国土资源部发布了全国土壤污染状况调查公报,近 1/5 耕地土壤遭污染,部分地区土壤污染较重,耕地土壤环境质量堪忧,工矿业废弃地土壤环境问题突出。①

另一方面,农业化学投入品使用过度造成产地环境污染。1994 年,美国世界观察研究所所长莱斯特·布朗(Lester R.Brown)在《世界观察》杂志上发表《谁来养活中国?》(Who Will Feed China)一文,对当时中国的决策层产生了深远影响。为了向世界证明中国人能够养活自己,各种工业化的农业增产技术手段在中国被迅速采纳使用,虽然解决了 13 亿人口的吃饱问题,但农业也因此犯了"布朗综合征":农业污染触目惊心,为实现用全世界 7% 的耕地养活占世界 22% 的人口这一目标,我们用掉了世界上 35% 的化肥和 20% 的农药。全国每年的化肥使用量为 4637 万吨,按播种面积计算达每平方公里 40 吨,远远超过发达国家为防止化肥对土壤和水体造成危害而设置的每平方公里 22.5 吨的安全上限。为防止高密度的养殖可能带来的传染病暴发而超量使用的抗生素,最终又通过食物链残留在人体内。② 生产过程滥用农药对农地环境造成不良影响,影响农业的可持续发展。部分企业或养殖户受经济利益驱使使用违禁药物。这些过量使用的化肥、农药和抗生素等都成为我国食品安全问题的重要根源。

(二)健康产品产业基础较为薄弱,生产经营不规范现象突出

第一,我国食品工业"小、散、乱、低"突出,规模化、集约化水平低的现状未完全改变,小、微型企业和小作坊仍然占全行业的 80% 以上,而大部分小微企业的安全管理意识和能力较弱,食品质量安全难以保证。产销秩序不规范,违法经营的潜规则横行。在加工环节,以中小企业和小作坊为主的食品企业,难以保证生产环境的清洁卫生和配料的安全性,小作坊更是设备陈旧简陋,卫生状况堪忧。此外,为追求利润最大化,超量超范围使用食品添加剂,甚至添加非食用物质的事件时有发生。大量存在的"黑作坊"不仅扰乱市场秩序,形成"劣币驱逐良币"态势,而且会成为掺杂使假、违法添加非食用物质等非法技术的来源地。在食品流通环节,由于产销分离和生产链的延长,食品安全隐患不断增加。食品在运输、储存和销售的过程中,由于冷链物流落后、运输条件差、销售终端储藏条件不能满足产品要求、卫生条件差等原因,"二次污染""交叉污染"以及非法使用违禁化学品提高保质期的现象较为普遍。在消费环节,城镇中流动性摊点食品安全隐患大,很大比例的农村市场仍然经营散装食品,并在销售中缺乏相应卫生防护措

---

① 堂吉伟德:《愿"曙光环保"带来"治理曙光"》,《青岛日报》2014 年 12 月 4 日。

② 郑风田:《中国农业的"布朗综合征"》,《社会科学报》2013 年 4 月 25 日。

施,农村市场也成为"三无"食品、过期食品的流入地。国家质量监督检验检疫总局的数据统计显示,2009—2013 年间加工食品不合格的原因中,微生物超标占 28.55%,"超量超范围使用食品添加剂"占 26.36%,化学污染物占 9.11%。据 WHO 估计,发展中国家的食源性疾病漏报率高达 95% 以上。我国作为一个人口众多的发展中国家,目前掌握的食物中毒数据仅为我国实际发生的食源性疾病的冰山一角。

第二,中国医药产业虽然规模较大,但多、小、散、乱的局面多年来没有得到根本改善,药品生产经营和使用领域的不规范行为时有发生。具体而言,中国药品生产企业的生产环境达标率偏低,生产条件难以满足药品生产应有的标准;在流通环节,部分地区药品流通秩序混乱,药物的运输、储存、批发和零售环节均存在不规范现象,不法药品集贸市场虽然关闭但转地下活动,特别是中药材市场问题更为突出,假冒伪劣药品屡禁不止的问题比较突出,无证行医销售使用药品、超范围经营使用药品等无证经营、非法经营者仍未全部取缔,一些基层单位进货渠道混乱,用药缺乏规范,不依法查证药品销售企业的资质,难以保证药品质量。药品销售人员资质参差不齐,药品违法广告屡禁不绝;[1]在临床使用环节,医疗机构过量使用抗生素等用药不安全行为大量存在;[2]药品使用者自身不当使用药物的现象也大量存在。

此外,我国医疗器械安全状况总体呈现稳中向好的趋势,自 20 世纪末以来,我国医疗器械评价抽检合格率已从 80% 左右上升到 90% 以上,并保持稳定。每百万人口平均可疑医疗器械不良事件报告数至 2016 年为 264 份,在数量上接近国际先进水平,但我国医疗器械安全基础薄弱的状况尚未根本改观,安全风险不容忽视。医疗器械标准滞后,企业诚信体系不健全,监管力量和技术支撑体系薄弱,不合理使用医疗器械现象较为普遍。此外,市场上存在假冒医疗器械、非法医疗器械广告泛滥、互联网医疗器械交易秩序混乱等突出问题。

(三)经济利益驱动型违法犯罪行为是当前健康产品安全的主要问题

欧美发达资本主义国家在其现代化进程中都曾不同程度地遭受到食品药品掺假问题,也都先后经历了一个由"乱"而"治"的漫长过程。[3] 曾任美国波士顿食品药品管理局局长的莱斯利·哈特曾撰文指出,"食品掺假与商业本身一样古老"[4]。为了确保食品的货真价实,法律需要对特定的食品欺诈问题进行解决,即经济性掺假抑或称为经济

---

① 数据显示,2015 年国家食品药品监督管理总局共向工商行政管理部门移送违法药品广告 110690 件,撤销药品广告文号 164 件,药品广告已经成为中国违法广告最为重要的来源之一,参见《2015 年医药行业过得如何? 来看 CFDA 最新数据!》,http://www.pharmadl.com/read/articles/121673/info.html。

② 据统计,我国医疗机构 70% 的处方使用抗菌药物,世界卫生组织推荐的抗菌药物使用比例不超过 30%,参见周艳:《我国药品分类管理制度执行中存在的问题与思考》,《中国药房》2006 年第 1 期。

③ 吴强:《美国食品药品纯净运动研究》,武汉大学出版社 2016 年版,第 4 页。

④ F.Leslie Hart, *A History of the Adulteration of Food before 1906*, Foof Drug Cosmetic Law Journal, 1952 (1), p.5.

利益驱动型掺假(EMA)。美国 FDA 将经济利益驱动型掺假定义为:"为提高产品表现价值或为降低生产成本(即为了增加经济效益),食品生产经营者在产品中欺骗性地、故意地替换或添加某种物质。"经济利益驱动型掺假包括以获得经济利益为目的,对食品进行填充、稀释或替代,可能对食品安全造成影响的行为。经济利益驱动型食品掺假的食品欺诈,一直都在困扰着食品贸易。经济利益驱动型掺假的记载最早可以追溯到古希腊罗马时代。在整个 20 世纪,经济利益驱动型掺假始终是困扰食品安全及营养的首要问题。[①] 在以全球各地食品及原料的贸易流通为标志的现代全球食品体系中,新形态的经济利益驱动型掺假变本加厉,尤其发生在高端的进口产品中。新型的经济利益驱动型掺假再次成为监管的主要问题,它是法律体系面临的新挑战。[②]

我国当前正处在社会转型时期,由于相关法律法规不健全和政府监管缺位,加之先进科技手段的不合理运用,食品药品等健康产品的生产也极易成为掺假重灾区,进而造成对民众正常生活和国家经济秩序的巨大冲击。[③] 近年来,违法、犯罪行为造成的健康产品安全事件占比较高。据统计,2001—2013 年央视曝光的重大食品安全事件中,25.35% 由非法添加物造成,然后依次由使用非食用原料(11.27%)、化学污染(9.86%)、理化指标(8.45%)、非法使用违禁药物(7.04%)等引起。另外,假冒伪劣和掺杂使假分别占到 5.63% 和 4.23%。因此,非法添加、使用非食品原料、假冒伪劣和掺杂使假等违法生产经营行为,是导致食品安全事件的主要原因。在这些食品安全事件中,非人为的食品安全事件仅占 25.39%,其他绝大部分都是由违法犯罪等原因导致。这些违法行为都是以降低成本、谋求不当经济利益为目标。经济利益驱动型食品掺假事件占到所有食品安全事件的比例接近四分之三。[④] 而在近年来频频发生的药品安全事件中,从被称为"中国假药第一案"的"梅花 K 事件",到"齐二药事件"、欣弗事件、"鱼腥草"事件、甲氨蝶呤事件、博雅人免疫球蛋白事件,到 2016 年的山东非法疫苗案、2018 年的吉林长春长生疫苗事件,经济利益驱动型假劣药品违法犯罪案件亦占到所有药品安全事件的绝大多数。因此,我国健康产品安全治理的重要任务是打击各种违法生产行为,强化市场约束力,净化健康产品生产经营环境,保护消费者合法权益,维护广

---

① [美]Michael T.Roberts:《美国食品法》,刘少伟、汤晨彬译,华东理工大学出版社 2018 年版,第 36—39 页。

② 2009 年 4 月,美国 FDA 召开公开会议,应对经济利益驱动型掺假。会议旨在集思广益,就相关行业如何更好地预防经济利益驱动型掺假展开讨论。美国食品生产商协会 2010 年发布报告显示,预测全球食品和消费者欺诈每年会造成食品行业的经济损失高达 100 亿元至 150 亿元。2013 年 3 月,在多家英国连锁超市出售的加工牛肉产品中发现了马肉,该事件导致一系列产品的召回,也使得食品行业供应链的保障重新成为人们关注的焦点(参见[美]Michael T.Roberts:《美国食品法》,刘少伟、汤晨彬译,华东理工大学出版社 2018 年版,第 36—39 页)。

③ 吴强:《美国食品药品纯净运动研究》,武汉大学出版社 2016 年版,第 3 页。

④ 旭日干、庞国芳:《中国食品安全现状、问题及对策战略研究》,科学出版社 2015 年版,第 54 页。

大消费者的健康。

三、健康产品法律体系尚需进一步健全

当前,域外发达国家和地区基本形成了关于健康产品的全过程、全生命周期的法律体系。以食品为例,自 1906 年《纯净食品药品法》和《联邦肉类检验法》颁布以来,美国食品监管领域制定法律多达 30 多部,主要包括《联邦食品、药品及化妆品法》《联邦肉类检验法》《禽肉产品检验法》《蛋类产品检验法》《食品质量保护法》《食品卫生运输法》等。近年来,随着食品生产技术的不断发展,人口结构、消费行为和商业模式的变化,以及食品供应全球化、新型食品危害的出现、食品的蓄意污染等诸多因素的影响,各国的食品安全都面临着诸多新的挑战。① 2011 年 1 月 4 日,美国总统奥巴马签署了《FDA 食品安全现代化法案》,这是 70 多年来美国对现行主要食品药品法律《联邦食品、药品和化妆品法》的重大修订,也是对美国食品安全监管体系的重大变革。该法授权 FDA 对食品供应进行全面的预防控制,构建更为积极的和富有战略性的现代化食品保护体系。FDA 第一次获得法律授权,对整个食品链采取"危害分析和基于风险的预防性控制措施"。该法强化了全体企业的预防型主体责任,FDA 食品安全监管重点由事后应对转为事前预防,通过更为科学合理的资源配置,加强风险分析,有的放矢地采取差异性监管手段,预防食品安全问题的发生。预防性管理理念由原先的个别产品类型的应用拓展至整个食品供应链,从初级农产品、食品和饲料延伸至蓄意掺杂和运输过程,实现了点到面的飞跃式发展。《FDA 食品安全现代化法案》赋予 FDA 新的法律权限,丰富官方管理手段,强化监管力度。对于美国国内外不同类型的企业分别强制规定了官方检查频率,提高检查覆盖面;启动官方强制召回机制,不再倚仗业界自主召回,加大官方威慑力;扩大记录查阅权限,有助于深入生产细节,发现存在的问题和隐患;对于拒不接受 FDA 检查的企业予以暂停注册处理,惩戒有力。同时,在各州和地方政府相关部门的配合下,FDA 的官方检查无需亲力亲为,可由上述部门代为开展,从而将有限的资源投入到高风险产品和企业的监管中,整体调度。② 日本食品安全法制也形成了

---

① 以美国为例,近些年来连续发生多起食品污染事件,给政府和民众带来巨大损失,如 2006 年和 2007 年加州相继出现"毒生菜"和"毒菠菜"召回事件;2008 年农业部下令加州韦斯特兰肉食品公司召回 1.43 亿磅牛肉;2009 年,FDA 下令佐治亚州 ConAgra 公司召回受沙门氏菌污染的花生酱产品;2010 年,爱荷华州一家农场的鸡蛋受沙门氏菌污染,致使 22 个州的 1200 名消费者受感染。目前,美国每年有 4800 万人感染食源性疾病,即每 6 个人中就有 1 个人受感染,超过 10 万人住院治疗,其中 3000 余人死亡。食源性疾病的易感人群比例也在节节攀升,约占美国总人口的 30%。据不完全统计,每年业界的相关损失约为 750 亿美元,美国政府则因食品安全问题引发的多种疾病而支出高达 1500 亿美元的费用。频繁发生的大规模召回事件更引起了政府的高度关注和民众的深切忧虑,对经济的健康稳定发展产生了极大负面影响。

② 国家认证监督管理委员会、国家食品安全危害分析与关键点控制应用研究中心编著:《美国〈FDA 食品安全现代化法案〉解读》,中国标准出版社 2017 年版,第 8—9 页。

以宪法为指导、以《食品安全基本法》为基础、以《食品卫生法》为主干的包括法律、政令、省令等法令在内的完整体系。[1] 仅关于食品安全的法律,日本就多达 10 余部,包括《屠宰场法》(1943 年法律第 140 号)、《食品卫生法》(1947 年法律第 233 号)、《化制场法》[2](1948 年法律第 140 号)、《糕点卫生士法》(1966 年法律第 115 号)、《关于流通食品中防止混入毒物等的特别措施法》(1987 年法律第 103 号)、《关于食品制造过程管理高度化的临时对策法》(1998 年法律第 59 号)、《关于家禽处理事业规制及家禽检查的法律》(1990 年法律第 70 号)、《食品安全基本法》(2003 年法律第 48 号)、《食品表示法》(2013 年法律第 70 号)、《疯牛病特别对策法》等。

相比之下,我国的食品安全还未建立从"农田到餐桌"的法律法规体系,食品安全法律法规框架有待进一步科学化、合理化。《农产品质量法》和《食品安全法》及相关法律法规分段立法、部门立法,条款相对分散,调整范围较窄,协调执法困难。农业和环境保护领域的现有法律体系远不能满足农业现代化建设的基本需求,尚未制定土壤污染防治的专门法律,作为世界最大的肥料生产国和消费国,肥料立法仍为空白,造成多年来肥料生产、销售、使用等环节问题不断出现。另以生肉屠宰为例,国务院制定的《生猪屠宰管理条例》(国务院令第 666 号)仅仅对生猪定点屠宰、检验检疫作了规定,关于牛、羊肉的屠宰至今尚无规定可循。不仅如此,我国的食品安全标准体系仍待梳理,制定和修订标准相关的科学评估基础严重不足。我国食品标准工作基础较薄弱,国家食品安全风险评估中心成立不久,距离全面开展食品安全标准相关的风险评估工作仍有很大距离。面对上千项食品标准的清理整合,依然面临风险评估数据不足的局面,其中食品添加剂、转基因食品毒理学及暴露量基础研究和数据大量缺乏,导致风险管理缺乏科学性和公信力,全面服务于食品标准制定的风险评估工作还未形成统一的模式,与国际和发达国家的差距较大。

除了法律体系的不健全,既有的关于健康产品的法律责任体系也存在责任规定过轻的问题。过低的违法成本、有限的执法资源难以有效遏制食品药品违法犯罪行为,过低的定罪概率不能有效地遏制食品药品违法犯罪行为,"以扣代罚""以罚代管"的行政制裁手段失灵。[3] 仍以食品为例,相比于美国、德国、日本等国家的食品违法犯罪行为的法律责任,我国的法律责任明显过轻。如日本《食品安全基本法》规定,"违法者最高可判处 3 年有期徒刑和 300 万日元的罚款";美国规定"任何人如果故意违反第 301 条有关食品的规定,对个人每违反一次处 5 万美元以下罚款,单一活动中累计罚款不超过

---

① 王贵松:《日本食品安全法研究》,中国民主法制出版社 2009 年版,第 2 页。
② 根据该法律第 1 条第 1 款和第 2 款之规定,"化制场"是指设立用来从事如下活动的场所:以牛、马、猪、绵羊及山羊的肉、皮、骨、内脏等为原料,制成皮革、油脂、动物胶、肥料、饲料及其他物品,化制场的设立必须取得都道府县知事的许可。
③ 冯博:《食品药品领域惩罚性赔偿与集体诉讼制度研究》,法律出版社 2018 年版,第 6 页。

10 万美元,案件中涉及其他人,累计对个人的罚款不超过 50 万美元,单一活动中累计罚款不超过 750 万美元"。我国《食品安全法》从第 122 条到第 146 条规定的法律责任基本类似,即违反法律规定从事各种违法行为将被处以数额不等的罚款①,但这些处罚对不法企业所起的警示效果仍然有限。执法机构虽然相继采取多种法律制裁手段,但是实施效果不佳。"罚款数额少""定罪概率低""赔偿范围窄"是现有执法手段所面临的三个不足的方面,致使现有执法手段有时不仅未起到"扬善惩恶"的惩罚作用,反而演变成为"惩罚查处为表、鼓励纵容为实"的"鼓励性惩罚"。②

四、健康产品监管制度有待进一步健全

当前,中国正处于经济体制全面深化改革、社会结构深层变动、利益格局深度调整、思想观念深刻变化、利益冲突和社会矛盾不断凸显的社会转型关键期,健康产品领域的安全形势依然严峻,食品药品安全事件频发,对公众的身体健康甚至生命安全造成危害,加之健康产品具有较强的外部性和严重信息不对称,容易引发市场失灵,因此成为政府社会监管的典型领域。但中国的行政国家同样面临转型的问题。一方面,在中国的行政国家建设进程中,一套专业、高效、廉洁和基于功绩制的行政体系仍然是中国行政改革的重要目标,而另一方面科层制的一些典型弊病也在中国的行政过程中更加显露无遗。中国的国家建设面临着建设现代行政国家和融入风险国家的双重任务。③ 在政府监管中,权力集中与权力滥用的问题仍然存在,甚至较为突出。健康产品监管体制经过多次重大调整与改革正趋于科学化,但健康产品监管制度仍存在诸多问题,如行政执法机构与技术监督机构分立、监管力量不足、监管手段有效性低等。

第一,行政执法机构与技术监督机构分立。目前,由于国家行政体制改革尚未到位,健康产品监管体制尚未理顺,形成健康产品行政执法机构与技术监督机构分立的局面。行政执法机构缺少管制所需的技术力量,是纯粹的行政机关。我国特殊的国情,行政主导的国家管理方式,官本位的思想意识及其相应的组织架构,必然影响到药品监管机构的设置及其执法理念。我国的健康产品管制系统下,将行政执法机构与技术监督机构分别设立,行政执法机关轻技术监督而成为一个纯粹的行政执法机关,导致健康产品监督行政机关在监督执法中缺乏技术理念和技术能力,而只能依赖另设的技术监督部门的技术支持,既容易滋生监督机构的官僚主义、衙门作风,也容易导致不懂行、瞎指挥的弊端。而健康产品技术监督机构在性质上既是独立的事业单位法人,又隶属于同级药品监督行政机关,是从属于行政单位的事业单位。总

---

① 隋洪明:《风险社会背景下食品安全综合规制法律制度研究》,法律出版社 2017 年版,第 110—111 页。

② 冯博:《食品药品领域惩罚性赔偿与集体诉讼制度研究》,法律出版社 2018 年版,第 1 页。

③ 刘鹏:《中国药品安全风险治理》,中国社会科学出版社 2017 年版,第 196 页。

体而言,健康产品监督技术部门职责不明,效率低下,冗员甚多,是我国健康产品监督体系的一大特点。[1]

第二,监管力量不足。有学者指出,当前我国药品安全面临的困境之一是"庞杂产业——弱小监管"的结构性矛盾,各类药品生产经营企业数量接近百万,但监管能力和产业发展严重不匹配。2016年山东济南非法经营疫苗系列案件,暴露出全国有相关药品检查资质的人员不足500人。[2] 还有研究指出,在药品审评方面,中国药品审评机构人力资源普遍匮乏,无法与申请人就质量标准、生产工艺、临床规范等方面进行充分的交流与沟通。我国CDE的审评任务相当繁重,而审评人员数量严重不足,CDE每位审评人员每年的平均审评任务是58件,是美国CDER的4.7倍,是欧盟EMEA的2倍多。繁重的工作量之下,大量的临床与科学数据可能未被认真审阅核查,不利于在药品注册环节实现对药品安全风险的有效控制。[3]

第三,监管手段有效性低。以医疗器械监管为例,"监管的产业基础不够牢固""监管体系尚未健全"和"监管手段有效性亟待提高"被指为医疗器械监管的三大短板,其中监管体系不健全集中体现为政策目标设定模糊、监管职权配置分散且不协调、专业监管水平薄弱等方面;监管手段缺乏必要的威慑力,"大棒不硬";政策对企业的激励作用不明显,"萝卜不甜";企业承担主体责任的意识有待提高,"宣教不灵"。[4]

五、健康产品风险管理制度仍不完善

对于人类来说,健康产品是外来物质。所有的健康产品,都存在因摄入量而给人们的健康造成不利影响的可能性。这种可能性就是风险。以风险的存在为前提,重要的是如何将风险降到最小。[5] 健康产品风险管理的一个基本观点就是必须认识到仅靠最终产品的质量管理是不足以确保产品安全的。从原材料的采购到流通销售的全过程都必须进行风险管理。当发生问题时,要彻底查明问题发生的原因,还要考虑如何防止类似问题再次发生,从原材料的管理到制造过程中的各道工序、产品的品质、流通方法的条件等,所有相关领域都必须进行监管和管理并保管好相关记录。[6]

日本《食品安全法》即引入了风险分析(Risk Analysis)的手法。所谓风险分析,是指食品等健康产品中含有危害,可能对人身健康造成不良影响时,防止其发生或者降低

---

① 于培明、宋丽丽、岳淑梅:《从中美药品监督体系的比较看我国药品监督体系的体制缺陷》,《国际医药卫生导报》2005年第11期。

② 胡颖廉:《中国药品安全治理现代化》,中国医药科技出版社2017年版,第25—26页。

③ 参见刘鹏:《中国药品安全风险治理》,中国社会科学出版社2017年版,第11页。

④ 胡颖廉:《中国药品安全治理现代化》,中国医药科技出版社2017年版,第219—223页。

⑤ 〔日〕清水俊雄:《日本食品标示法解析》,于杨、黄炎译,华南理工大学出版社2017年版,第75—76页。

⑥ 〔日〕清水俊雄:《日本食品标示法解析》,于杨、黄炎译,华南理工大学出版社2017年版,第175页。

其风险的观点。风险分析由风险管理、风险评估和风险沟通三要素组成,三要素共同作用,可以取得较好的结果。风险评估是指对摄取含有危害的食品有多大的概率、在多大程度上会对人身健康造成不良影响进行科学评估。例如对于残留农药和食品添加剂,根据动物的毒性实验结果,推定人一生中每日摄取不会对人体健康造成不良影响的量,然后再设定这样的标准。风险管理是指根据风险评估的结果,与所有相关者达成协议,考虑技术实行的可能性、成本效益分析、国民情感等各种事情,为降低风险决定并采取适当的政策和措施(设定规格和标准等)。风险管理并非要实现零风险,而旨在降低和控制风险。风险沟通是指在风险分析的整个过程中,风险管理机关、风险评估机关、消费者、生产者、企业、流通、零售等相关主体从各自不同的立场相互交换信息和意见。风险沟通可以加深对应予讨论的风险特性及其影响的相关知识,使风险管理和风险评估有效地发挥功能。

我国也确立了健康产品风险管理制度,但制度建设与实践运行中仍存在一些问题。以药品为例,药品安全风险管理体系的问题突出体现在药品风险控制的各个环节。在药品风险识别和监测环节中,对于药品安全的辨识和甄别能力还有待加强,药品不良反应自愿报告比例过低,报告来源渠道较为单一、品种分布不合理以及重复率高的问题仍然存在。在药品风险评估中,药品不良反应监测存在报告数据不完整、损害程度分级不科学、报告信息资源利用不足等问题,直接导致评估的科学性程度不足。在药品风险干预环节,对于药品全生命周期全过程控制能力较弱,药品研发、注册、生产、流通、临床使用和召回等阶段的必要干预不到位或不科学。以药品召回制度为例,尽管我国在 2007年就已经颁布了《药品召回管理办法》(国家食品药品监督管理局令第 29 号),但实践中实施药品召回制度召回药品的情况并不多,自动召回的情形更为罕见。即便 2005 年发生的"龙胆泻肝丸"事件中,真正召回的药品仅占售出量的不到 20%。[①] 而美国仅2016 年一年中就有 540 种药品被召回,平均每天召回 1.48 种药品。在药品风险交流环节,难以形成风险共识。[②]

食品风险管理制度亦是如此。首先,以产品为核心的风险监测体系造成对食品安全现状认知的偏差。我国食品安全风险监测体系以终产品为核心,忽略"从农田到餐桌"的全过程管理。当前我国食品安全事件以非法添加非食用物质、使用非食品原料、非法使用违禁药物等违法生产经营行为为主,但是,非食用物质、违禁药物等均未纳入我国食品安全监测体系内,基于风险监测数据而进行的食品安全状况评价,在一定程度上缺少全面性和科学性,因此导致风险监测数据整体向好与公众对食品安全的实际体

---

①　谭德凡、叶正明:《药品不良反应的风险及其防范的法律机制》,《文史博览》2005 年第 22 期。

②　刘鹏:《中国药品安全风险治理》,中国社会科学出版社 2017 年版,第 7—19 页。

会不符。其次,在食品安全风险交流方面,①我国《食品安全法》第 23 条原则性地确立了我国的食品安全风险交流法律制度,该条规定,"县级以上人民政府食品安全监督管理部门和其他有关部门、食品安全风险评估专家委员会及其技术机构,应当按照科学、客观、及时、公开的原则,组织食品生产经营者、食品检验机构、认证机构、食品行业协会、消费者协会以及新闻媒体等,就食品安全风险评估信息和食品安全监督管理信息进行交流沟通"。但由于政府部门间的信息共享和沟通机制尚未建立,政府信息发布的全面性、及时性、充分性尚难以满足民众的信息需求,包括政府工作人员在内的国民欠缺开展风险交流所必要的科学素养与交流意识,导致我国的食品安全风险交流主要呈现应急式的单项信息发布状态,而未成为常态化的交流机制,日常状态下监管主体、科学家、公众之间对食品安全的风险感知、认知的互动式交流沟通局面仍未形成,缺少公众、业界、学界、消费者等各利益相关方能够有效参与的风险交流方式和交流平台。②

第二节 我国健康产品安全立法概况

一、食品安全立法概况

我国食品安全的法制化建设始于 20 世纪 50 年代,当时的卫生部发布了一些单项规章和标准对食品卫生进行监督管理,此后国务院于 1965 年颁布了《食品卫生管理试行条例》,我国的食品卫生管理工作进一步规范。随着经济社会的发展,第五届全国人大常委会第二十五次会议于 1982 年 11 月通过了《食品卫生法(试行)》。该法律试行十多年之后,第八届全国人大常委会第十六次会议于 1995 年 10 月审议通过了正式的《食品卫生法》。在《食品卫生法》的基础上,2009 年 2 月 28 日第十一届全国人民代表大会常务委员会第七次会议通过《食品安全法》。该法的施行对规范食品生产经营活动、保障食品安全发挥了重要作用。党的十八大以来,我国进一步改革完善食品安全监管体制,着力建立最严格的食品安全监管制度,积极推进食品安全社会共治格局,2015 年 4 月 24 日第十二届全国人民代表大会常务委员会第十四次会议对《食品安全法》进行了修订,此次修法以建立严格的食品安全监管制度为重点,以法律形式固化监管体制改革成果,完善食品安全监管体制机制,强化监管手段,提高执法能力,落实企业的主体

---

① 联合国粮农组织(FAO)和世界卫生组织(WHO)在《食品安全风险分析——国家食品安全管理机构应用指南》中,将"食品安全风险交流"定义为"在食品安全风险分析全过程中,风险评估人员、风险管理人员、消费者、产业界、学术界和其他利益相关方就某项风险、风险相关因素和风险认知相互交换信息和看法的过程,包括风险评估结果的解释和风险管理决策的依据",FAO/WHO, *Food Safety Risk Analysis:A Guide for National Food Autloities*,Rome,Italy,FAO,2006。

② 孙颖:《食品安全风险交流的法律制度研究》,中国法制出版社 2017 年版,"前言"第 1—2 页。

责任,动员社会各界积极参与,着力解决当前食品安全领域存在的突出问题,为最严格的食品安全监管提供法律制度保障。① 2018 年 12 月 29 日第十三届全国人民代表大会常务委员会第七次会议通过《关于修改〈中华人民共和国产品质量法〉等五部法律的决定》,对该法进行了修正。

此外,《中华人民共和国农产品质量安全法》②《中华人民共和国产品质量法》③《中华人民共和国食品安全法实施条例》④《乳品质量安全监督管理条例》⑤《国务院关于加强食品等产品安全监督管理的特别规定》⑥等法律法规也从不同角度对食品安全问题作了规定。

二、药品安全立法概况

我国政府历来高度重视药品安全及其立法工作,新中国成立伊始就制定了《管理麻醉药品暂行条例》等药事法规来保障公民的身体健康。20 世纪 80 年代,我国的医药卫生立法进入迅速发展时期。1984 年 9 月 20 日第六届全国人民代表大会常务委员会第七次会议通过《中华人民共和国药品管理法》,该法于 1985 年 7 月 1 日正式实施,这是新中国历史上第一部真正意义上的药品安全法。2001 年 2 月 28 日第九届全国人民代表大会常务委员会第二十次会议对《药品管理法》进行了第一次修订。2013 年 12 月 28 日第十二届全国人民代表大会常务委员会第六次会议对该法进行了第一次修正。2015 年 4 月 24 日第十二届全国人民代表大会常务委员会第十四次会议做了第二次修正。2019 年 8 月 26 日第十三届全国人民代表大会常务委员会第十二次会议对《药品管理法》进行了第二次修订。

---

① 信春鹰主编:《中华人民共和国食品安全法解读》,中国法制出版社 2015 年版,第 3 页。

② 2006 年 4 月 29 日第十届全国人民代表大会常务委员会第二十一次会议通过《中华人民共和国农产品质量安全法》,2018 年 10 月 26 日根据第十三届全国人民代表大会常务委员会第六次会议《关于修改〈中华人民共和国野生动物保护法〉等十五部法律的决定》进行了修正。

③ 1993 年 2 月 22 日第七届全国人民代表大会常务委员会第三十次会议通过《中华人民共和国产品质量安全法》,根据 2000 年 7 月 8 日第九届全国人民代表大会常务委员会第十六次会议《关于修改〈中华人民共和国产品质量法〉的决定》第一次修正,根据 2009 年 8 月 27 日第十一届全国人民代表大会常务委员会第十次会议《关于修改部分法律的决定》第二次修正,根据 2018 年 12 月 29 日第十三届全国人民代表大会常务委员会第七次会议《关于修改〈中华人民共和国产品质量法〉等五部法律的决定》第三次修正。

④ 2009 年 7 月 20 日国务院公布《中华人民共和国食品安全法实施条例》(2009 年国务院令第 557 号),根据 2016 年 2 月 6 日《国务院关于修改部分行政法规的决定》进行了修订。

⑤ 2008 年 10 月 6 日国务院第 28 次常务会议通过《乳品质量安全监督管理条例》(2008 年国务院令第 536 号),旨在加强乳品质量安全监督管理,保证乳品质量安全,保障公众身体健康和生命安全,促进奶业健康发展。

⑥ 为加强食品等产品安全监督管理,进一步明确生产经营者、监督管理部门和地方人民政府的责任,加强各监督管理部门的协调、配合,保障人体健康和生命安全,国务院于 2007 年 7 月 26 日发布《国务院关于加强食品等产品安全监督管理的特别规定》(2007 年国务院令第 503 号)。

2019 年新修订的《药品管理法》认真贯彻落实习近平总书记有关药品安全"四个最严"的要求,以最严谨的标准、最严格的监管、最严厉的处罚、最严肃的问责,全面完善药品管理各项制度;坚持问题导向,紧密结合多年来药品安全领域存在的突出问题,尤其是长春长生案件暴露出来的突出问题,围绕"创新、质量、效率、体系、能力"五大主题,完善监管措施,堵塞监管漏洞,确保公众用药安全;此次修法充分借鉴国际社会特别是药品监管比较发达的国家在药品管理方面的经验,加强药品全生命周期管理,强化药品监管方式方法的创新,同时从我国当前公众用药需求、药品产业发展、药品监管实际出发,有针对性地完善了药品管理的制度体系,着力推进监管体系和监管能力的现代化。从内容上看,此次修法主要体现在如下六方面:一是强化了药品研制管理,强化了上市后监管,强化了药品供应保障,强化了严惩重处违法行为;二是完善了《药品管理法》的立法宗旨,将"保护和促进公众健康"作为药品管理的立法宗旨;三是确定了药品管理的基本原则,即风险管理、全程管控、社会共治,并建立了一系列的监管制度、监管机制、监管方式等,着力推进药品监管的现代化;四是确立了药品上市许可持有人制度、药品全程追溯制度、药物警戒制度,附条件审批制度、优先审批制度等一系列制度;五是强化了药品监管体系和监管能力建设,强调建立职业化、专业化的检查员队伍;六是完善了药品安全责任制度,严惩各种违法行为,充分体现"四个最严"的要求。①

除《药品管理法》之外,我国的药品安全立法还包括《中华人民共和国疫苗管理法》《中华人民共和国中医药法》《中华人民共和国药品管理法实施条例》《麻醉药品和精神药品管理条例》《医疗用毒性药品管理办法》《放射性药品管理办法》《药品注册管理办法》《药品生产监督管理办法》《药品流通监督管理办法》《医疗机构药品监督管理办法》《医疗机构制剂配置监督管理办法》《药品召回管理办法》等,可以说,我国已经基本建立起覆盖药品全生命周期的药品安全法制。

三、其他健康产品立法概况

(一)医疗器械安全立法

国务院于 2000 年制定了《医疗器械监督管理条例》(国务院令第 276 号),该条例是我国医疗器械监督管理的主要法律依据。该条例实施后先后于 2014 年和 2017 年进行过两次修改,第一次修改以医疗器械分类管理为基础,基于风险管理的理念,按照风险的高低从完善医疗器械分类管理,减少事前的行政许可,强调生产、经营企业以及使用单位的主体责任,强化日常监管,完善法律责任等方面进行了大幅度修改。针对药品、医疗器械审评审批中存在的问题,国务院 2015 年 8 月下发了《关于改革药品、医疗

---

① 《国家药监局解读药品管理法,亮点详情一一细说》,http://www.sohu.com/a/339279913_377310,2019 年 9 月 8 日访问。

器械审评审批制度的意见》,此后,药品、医疗器械审批制度的改革开始提速,一系列政策随之出台。例如,2016 年 3 月,国家食药监总局、国家卫生计生委联合发布了《医疗器械临床试验质量管理规范》。2016 年 10 月,国家食药监总局又发布了《医疗器械优先审批程序》,将符合国家科技重大专项、临床急需等情形的产品纳入优先审批通道。2017 年修订后的《医疗器械监督管理条例》体现了鼓励医疗器械的研发、创新的理念,促进医疗器械新技术的推广应用,同时进一步细化、明确了监管部门的职责,其中特别增加了对大型医用设备的监管内容,防止大型医用设备相关的过度检查、过度治疗等。①

(二)化妆品安全立法

随着社会经济的迅速发展和人们生活水平的不断提高,化妆品逐渐成为人们生活中不可或缺的日用消费品。近年来,我国化妆品生产经营主体和注册备案数量呈现逐年上升趋势,截至 2018 年 10 月,我国持有化妆品生产许可证的生产企业已有 4690 余家,有效的化妆品生产许可批件 18616 件,国产非特殊用途化妆品备案信息已达到 150 余万件,进口非特殊用途化妆品注册批件 60675 件。② 中国已经成为仅次于美国的全球第二大化妆品消费国。③ 化妆品的安全性与人的健康息息相关,为了确保化妆品质量和安全,维护公众健康权,多数国家均对化妆品进行严格监管。自 20 世纪 80 年代末制定《化妆品卫生监督条例》以及制定《化妆品监督管理条例》以来,我国也对化妆品进行严格、规范的监管。但是,与化妆品有关的法律体系和监管制度已经滞后于经济社会发展的需要,难以适应保障公众健康权、规范化妆品行业发展的需要。

1. 我国化妆品立法概况

为加强化妆品的卫生监督,保证化妆品的卫生质量和使用安全,保障消费者健康,1989 年 9 月 26 日经国务院批准,卫生部于 1989 年 11 月 13 日发布了《化妆品卫生监督条例》(1989 年卫生部令第 3 号,已废止),自 1990 年 1 月 1 日起施行;2020 年 1 月 3 日,国务院第 77 次常务会议通过《化妆品监督管理条例》(国务院令第 727 号),自 2021 年 1 月 1 日起施行。《化妆品卫生监督条例》同时废止。1991 年 3 月 27 日,卫生部发布了《化妆品卫生监督条例实施细则》(1991 年卫生部令第 13 号,该细则于 2005 年进行了修订)。此后又陆续发布了《化妆品广告管理办法》(1993 年工商行政管理局令第 12 号,已废止)、《化妆品标识管理规定》(2007 年国家质量监督检验检疫总局第 100 号

---

①　夏金彪:《监管改革促医疗器械创新发展》,http://www.sohu.com/a/142781739_115495,2019 年 8 月 1 日访问。

②　《我国化妆品生产经营主体和注册备案数量逐年上升》,https://baijiahao.baidu.com/s? id = 1618011461264867440&wfr=spider&for=pc。

③　《2018 年全球化妆品行业市场现状与发展趋势分析　中国市场增长最快》,https://www.qianzhan.com/analyst/detail/220/190531-799a7890.html。

令)。此外,为了满足我国化妆品监管实际的需要,结合行业发展和科学认识的提高,国家食品药品监督管理总局组织完成了对《化妆品卫生规范》的修订工作,编制了《化妆品安全技术规范》(2015 年版)。该技术规范 2015 年 11 月经化妆品标准专家委员会全体会议审议通过,由国家食品药品监督管理总局批准颁布,自 2016 年 12 月 1 日起施行。《化妆品安全技术规范》(2015 年版)共分八章,第一章为概述,包括范围、术语和释义、化妆品安全通用要求;第二章为化妆品禁限用组分要求,包括 1388 项化妆品禁用组分及 47 项限用组分要求;第三章为化妆品准用组分要求,包括 51 项准用防腐剂、27项准用防晒剂、157 项准用着色剂和 75 项准用染发剂的要求;第四章为理化检验方法,收载了 77 个方法;第五章为微生物学检验方法,收载了 5 个方法;第六章为毒理学试验方法,收载了 16 个方法;第七章为人体安全性检验方法,收载了 2 个方法;第八章为人体功效评价检验方法,收载了 3 个方法。该规范进一步提高了化妆品的安全性保障,根据科学合理、保障安全的原则,调整了化妆品中的禁限用组分要求,调整了部分准用组分的限量要求和限制条件。同时,根据部分安全性风险物质的风险评估结论,调整了铅、砷的管理限值要求,增加了镉的管理限值要求;根据国家食品药品监督管理总局规范性技术文件的要求,收录了二噁烷和石棉的管理限值要求。在保持科学性、先进性和规范性的基础上,重点加强对化妆品中安全性风险物质和准用组分的管理,充分借鉴国际化妆品质量安全控制技术和经验,全面反映了我国当前化妆品行业的发展和检验检测技术的提高,在推动我国化妆品科学监管,促进化妆品行业健康发展,提升我国化妆品技术规范的地位和国际影响力等方面发挥重要作用。①

2.《化妆品卫生监督条例》的最新修订与化妆品立法的完善

(1)《化妆品卫生监督条例》的最新修订

2019 年 3 月 19 日,国家市场监督管理总局公布了《国务院关于修改部分行政法规的决定》,对《化妆品卫生监督条例》部分条款进行了修改,此次是 30 年来②针对该条例内容的首次调整。

此次修改主要涉及三方面:明确监管主体、两证合一及非特殊用途进口化妆品的备案制度。一是机构改革后,原属于卫生部门的化妆品监管事权已经统一调整到国家药品监管部门,因此本次修改明确了化妆品安全监管主体,将第三条、第九条第一款、第十条第一款、第十九条、第二十三条、第二十九条、第三十条、第三十二条中的"卫生行政部门"修改为"化妆品监督管理部门";第十七条修改为:"各级化妆品监督管理部门行使化妆品卫生监督职责"。二是对化妆品生产企业实行化妆品生产许可证制度,将第十二条中的"卫生许可证"修改为"化妆品生产许可证",第十三条、第二十四条、第二十

---

① 《化妆品安全技术规范》,https://max.book118.com/html/2018/0225/154649392.shtm。
② 《化妆品卫生监督条例》由卫生部于 1989 年 11 月 13 日发布,自 1990 年 1 月 1 日起施行。

五条、第二十八条、第二十九条第二款中的"《化妆品生产企业卫生许可证》"修改为"化妆品生产许可证"。三是在落实国务院"放管服"改革中,进口非特殊用途化妆品管理由审批改为备案管理,将第十五条修改为:"首次进口的特殊用途化妆品,进口单位必须提供该化妆品的说明书、质量标准、检验方法等有关资料和样品以及出口国(地区)批准生产的证明文件,经国务院化妆品监督管理部门批准,方可签订进口合同。首次进口的其他化妆品,应当按照规定备案。"

（2）我国化妆品立法的完善

尽管《化妆品卫生监督条例》进行了30年来的首次修正,提升了与社会现实的适应性,但在一定程度上仍滞后于社会生活的发展,突出表现在《化妆品卫生监督条例》未能充分体现对化妆品的安全进行监管的理念,而重在强调对化妆品生产、经营过程中的卫生监督,难以有效满足保障公众健康权的需要。

3. 制定《化妆品监督管理条例》

2020年1月3日,国务院第77次常务会议通过《化妆品监督管理条例》(国务院令第727号),自2021年1月1日起施行。《化妆品卫生监督条例》同时废止。《化妆品监督管理条例》是在1989年《化妆品卫生监督条例》基础上重新制定的,充分吸收近几年党和国家最新的指导思想和政策成果,充分体现了以人民为中心的发展理念,深入贯彻了习近平总书记对食品药品监管工作"四个最严"的重要批示,为做好新时代化妆品安全监管工作指明了方向。此外,新条例按照化妆品产业特点和发展规律,为规范化妆品生产经营活动、落实"放管服"改革要求、鼓励行业创新、分类管理、建立高效监管体系、加大处罚力度、规范市场秩序奠定了良好的法治基础。同时,新条例还提供了坚强保障,对适应新时代化妆品监管的新形势,推进我国化妆品监管体系和监管能力现代化,具有深远的时代意义;对规范化妆品生产经营活动,保证化妆品质量安全,保障消费者健康,促进化妆品产业健康发展都将发挥积极作用。

《化妆品监督管理条例》分为总则、原料与产品、生产经营、监督管理、法律责任、附则共6章80条。新条例有以下四个突出特点:

（1）落实"放管服"、鼓励行业创新。第一,自主创新,通过减少程序、简化许可备案,更好地服务企业。对化妆品和化妆品的新原料依风险实行分类管理,分别实行注册和备案,大大压缩备案产品种类;备案实行"提交即备案";注册人或备案人网上进行,资料提交完成即备案完成,备案完成即可进行生产经营。化妆品生产许可时限压缩一半,正常生产的企业许可延续实行告知承诺制;加强管理信息化建设,能通过在线获取并查验的资料,无需申请人提供纸质文件,为办理化妆品行政许可、备案提供便利。第二,鼓励企业在科学安全的基础上进行功效创新。比如,特殊用途化妆品改称特殊化妆品,由9种变成"5+1"种(染发、烫发、祛斑美白、防晒、防脱发的化妆品以及宣称新功效的化妆品),开放新功效的创新。再有,对分类目录以外的新功效实行"依据"自主公布制度。第三,对新原料实行3年的监测期(保护期),监测期内只有申请者可用这种新原料。

（2）强化企业的质量安全主体责任。主要有以下三方面:一是统一责任主体概念:即注册人、备案人;生产企业;受托生产企业;经营者。明确美容美发机构、宾馆等在经营中使用化妆品或者为消费者提供化妆品的,按化妆品经营者对待。二是确立注册人、备案人制度,科学界定各类化妆品生产经营活动主体的责任:规定获得了特殊化妆品注册证的注册人或通过化妆品备案的备案人,以自己的名义将产品投放市场,并对产品全生命周期质量安全和功效宣称负责,承担注册备案产品质量安全的主体责任:履行上市前注册备案管理的相关义务,履行上市后不良反应监测、评价及报告、产品风险控制及召回、产品及原料安全性再评估等相关义务。受托生产企业、境内代理人、经营单位等产品生产经营活动的主体则在新条例设定的义务范围内承担相应的法律责任。三是完善了化妆品全过程监管的理念。在企业方,明确从产品注册备案到销售使用,到不良反应监测,到质量安全监测与处理均是注册人、备案人的法定义务。在监管方,明确从原料到产品使用,从注册备案的安全评估到市场产品质量安全、化妆品不良反应监测、原料产品的再评估,全程覆盖。

（3）强化风险管理的原则。有以下三方面:一是按照风险程度对化妆品、化妆品原料实行分类管理,分别实施注册或备案。注册属于行政许可,由国家局负责,在程序和要求上更为严格;而备案实行告知性备案,程序简化,强调企业责任和事后监管。在安全标准上,二者没有区别。二是建立原料及产品的安全风险评估和再评估制度,对再评估结果表明不能保证安全的,建立退出机制。新原料设置3年监测期,注册人备案人每年必须报告新原料的使用和安全情况。三是国家建立化妆品安全风险监测和评价制度,建立化妆品质量安全风险信息交流机制,制定质量安全风险控制措施和标准,开展化妆品安全风险监测。

（4）处罚力度加大,惩戒作用得以发挥。一是处罚覆盖面到位,没有遗漏,包括所有的化妆品业态、所有的违法情形、所有的违法主体。二是行政罚款力度加大。三是引入行业禁入、延伸处罚到人。如对于特别严重违法行为,在情节严重的情况下,对违法单位的法定代表人或者主要负责人、直接负责的主管人员和其他直接责任人员处以其上一年度从本单位取得收入的3倍以上5倍以下罚款,终身禁止其从事化妆品生产经营活动;对企业本身,除吊销许可证外,10年内不予办理其提出的化妆品备案或者受理其提出的化妆品行政许可申请。

（三）保健食品安全立法概况

1995年《中华人民共和国食品卫生法》的颁布首次确立了保健食品的法律地位。1996年,《保健食品管理办法》颁布,首次规范了政府对保健食品的监督管理。2009年《食品安全法》颁布施行,首次从食品安全的视角对保健食品进行了全面规范。2015年

10 月 1 日正式实施的新《食品安全法》将保健食品与特殊医学用途配方食品和婴幼儿配方食品一并纳入"特殊食品"的范畴,并规定对特殊食品实行严格监督管理。该法从原料、配方、生产工艺、标签、说明书、广告等方面严格把关、严格准入、严格监管。同时,要求生产特殊食品的企业应当按照良好生产规范的要求建立与所生产的食品相适应的生产质量管理体系。提出对保健食品实行注册与备案相结合的分类管理制度,同时还对保健食品的标签、说明书、广告审批制度等进行了补充规定,进一步明确了保健食品的原料使用和功能声称。为贯彻落实法律对保健食品市场准入监管工作提出的要求,规范统一保健食品注册备案管理工作,国家食品药品监督管理总局于 2016 年 2 月发布了《保健食品注册与备案管理办法》,该办法自同年 7 月 1 日起实施,废止了 2005 年 4 月 30 日公布的《保健食品注册管理办法(试行)》(国家食品药品监督管理局令第 19 号)。根据新的《食品安全法》和《保健食品注册与备案管理办法》的有关规定,国家食品药品监督管理总局于 2016 年 11 月发布并实施了《保健食品注册审评审批工作细则(2016 年版)》。我国保健食品从单一的注册制改为国际通用的注册与备案相结合的双轨制模式,政府将监管权下放至省级机构,有效缩短了保健食品注册审查的时间,提高了监管效率。

第十九章　健康产品法的基本原则

健康产品法聚焦健康产品质量安全问题,以"风险治理、国家监管、社会共治"作为健康产品法的基本原则。2015 年修订的《食品安全法》就明确规定,食品安全工作实行预防为主、风险管理、全程控制、社会共治,建立科学、严格的监督管理制度。2019 年 9 月 26 日,第十三届全国人大常委会第十二次会议第二次修订了《药品管理法》。此次修法确立了"保护和促进公众健康"的药品管理立法宗旨,在"风险管理、全程管控、社会共治"的基本原则下建立了一系列的监管制度、监管机制、监管方式等。① 健康产品法的三个基本原则相互联系,风险治理是健康产品法的宗旨和目标,在国家监管的同时,需要实现从一元监管到多元综合治理的社会共治转型。本章下面对健康产品法的三个基本原则分别展开论述。

第一节　风险治理原则

一、风险治理原则的概念

健康产品安全风险多元化和复杂化是健康产品安全面临的重大问题和挑战。当今社会是一个风险社会,随着工业化、市场化和全球化的推动,社会公众更切身地感受到生活在因市场经济、先进科技和多头行政等现代性所带来的巨大风险之下。② 我国政府历来高度重视包括食品、药品在内的健康产品安全问题。但是,由于健康产品安全问题的复杂性,制约我国健康产品安全的深层次矛盾仍未根本解决,重大食品药品安全事件仍呈高发态势,"毒奶粉""毒胶囊""假疫苗"等食品药品安全事故屡禁不止,健康产品安全形势较为严峻。未来较长一段时间内,我国食品安全仍将面临来自病原微生物、环境污染、非法添加和欺诈、营养安全等带来的诸多挑战,食品安全治理任重道远。造成食品安全风险的因素包括环境、经济、社会管理、科技等多方面。世界药品安全问题经历了"劣质药品时代""化学污染时代"和"新型风险时代","多元药品安全风险交织

---

① 《国家药监局解读药品管理法,亮点详情一一细说》,http://www.sohu.com/a/339279913_377310,2019 年 10 月 19 日访问。

② Beck,U.,*Risk Socity:Towards A New Modernity*,London,Newbury Park:Sage Publications,1992.

并存"也是我国药品安全领域面临的挑战，药品掺杂使假、化学污染、新药未知风险等多种类型的风险同时存在。[①] 我国每年有 250 万住院病人产生药物不良反应，其中 20 万人死于合格药品引起的不良反应。[②] 其中，农产品源头污染严重、健康产品产业基础较为薄弱，生产经营不规范现象突出、经济利益驱动型违法犯罪行为是当前健康产品安全的主要问题。

对于上述社会现状，以往的监管体制多体现为监管者与被监管者之间的"猫捉老鼠"游戏，其不仅使被监管者心存侥幸，更使得监管成本居高不下。每次有关于健康产品安全的恶性事件发生都会引发监管的加强，因为监管者始终认为只要监管严格就能消除既往的危险，但实际上，这种理念是错误的。因为健康产品的风险是客观存在且不可消除的，其不仅不会因监管手段的严格而被消灭，反而还会导致为实现本不可能实现的监管目标而付出巨大的成本代价。因此，与其在这种"猫捉老鼠"的监管游戏中浪费监管成本，不如科学地对待风险，不断完善健康产品风险管理理念。

综上，有必要围绕如何将健康产品的风险降低或控制到人类可以承受的范围之内的核心，定义健康产品安全的风险治理原则。风险治理原则指的是从公共利益出发，为将健康产品风险降低到人类可以承受之范围内，在法律授权下，多元治理主体主动参与对健康产品研发、生产、经营和使用的决策、执行、监督与评估的过程。[③]

二、风险治理原则的核心机制

健康产品安全的应对与风险治理机制密切相关，要建立风险预测、风险评估、风险交流、风险分担等一系列风险管理机制来消除风险危害。

在药品安全方面，不少学者早就呼吁应当实现药品安全风险治理，并提出了创新多元主体参与制度、确立惩罚性赔偿制度、建立药品风险分担与激励惩戒机制等一系列核心机制。[④] 2019 年 9 月 26 日，第十三届全国人大常委会第十二次会议第二次修订了《药品管理法》。此次修法明确了风险预防理念，在"风险管理、全程管控、社会共治"的基本原则下建立了一系列的监管制度、监管机制、监管方式等，从强化药品研制管理、药品全程追溯制度、药物警戒制度，附条件审批制度、优先审批制度，完善了药品安全责任

---

① 胡颖廉：《中国药品安全治理现代化》，中国医药科技出版社 2017 年版，第 25—26 页。

② 祝勇、王丽凤、朱小勇、吴瑕：《每年 20 万人死于合格药品》，《信息时报》2008 年 3 月 10 日。

③ 参见申卫星、刘畅：《论我国药品安全社会治理的内涵、意义与机制》，《法学杂志》2017 年第 11 期。

④ 参见申卫星、刘畅：《论我国药品安全社会治理的内涵、意义与机制》，《法学杂志》2017 年第 11 期；刘鹏：《中国药品安全风险治理》，中国社会科学出版社 2017 年版；胡颖廉：《中国药品安全治理现代化》，中国医药科技出版社 2017 年版，第 249—253 页；胡颖廉：《监管和市场：我国药品安全的现状、挑战及对策》，《中国卫生政策研究》2013 年第 7 期。

制度,严惩各种违法行为,充分体现"四个最严"等方面,治理药品安全风险。①

在食品安全方面,风险社会下的食品安全问题是现代社会最令公众关注的典型问题。食品安全法的规制原则在于预防为主、风险分析。② 为有效管理和控制健康产品安全风险,我国《食品安全法》明确了风险治理的原则,确立了包括健康产品风险监测、健康产品风险评估、健康产品风险预警和健康产品召回在内的风险控制制度。上述制度卓有成效,但仍有一些不足之处③,需要以风险治理为核心,建立以法律制度为核心的综合保障制度、不断完善食品安全公众参与制度、信息公开制度、事前预防制度、食品召回制度以及公益诉讼制度,发挥食品安全法律责任引导性、预防性、惩罚性和救济性功能,构建有机联系的责任体系,切实改善食品安全环境,实现权利司法救济的落实,保护受害人的合法权益。④

第二节 国家监管原则

一、国家监管原则的概念

当前,中国正处于经济体制全面深化改革、社会结构深层变动、利益格局深度调整、思想观念深刻变化、利益冲突和社会矛盾不断凸显的社会转型关键期,健康产品领域的安全形势依然严峻,食品药品安全事件频发,对公众的身体健康甚至生命安全造成危害,加之健康产品具有较强的外部性和严重信息不对称,容易引发市场失灵,因此成为政府社会监管的典型领域。⑤ 健康产品的国家监管原则,指的是国家对健康产品安全和健康产品市场进行监督和管理。

---

① 《国家药监局解读药品管理法,亮点详情一一细说》,http://www.sohu.com/a/339279913_377310,2019 年 10 月 19 日访问。需要指出的是,上述制度也存在一些不足之处,需要我们在风险治理方面进一步努力。例如在药品风险识别和监测环节中,对于药品安全的辨识和甄别能力还有待加强,药品不良反应自愿报告比例过低,报告来源渠道较为单一、品种分布不合理以及重复率高的问题仍然存在;在药品风险评估中,药品不良反应监测存在报告数据不完整、损害程度分级不科学、报告信息资源利用不足等问题,直接导致评估的科学性程度不足;在药品风险干预环节,对于药品全生命周期全过程控制能力较弱,药品研发、注册、生产、流通、临床使用和召回等阶段的必要干预不到位或不科学。

② 丁国峰:《食品安全法治热点问题探究》,中国政法大学出版社 2014 年版,第 34—35 页。

③ 例如存在以产品为核心的风险监测体系造成对食品安全现状认知的偏差;在食品安全风险交流方面,政府信息发布的全面性、及时性、充分性尚难以满足民众的信息需求等不完善之处。

④ 参见隋洪明:《风险社会背景下食品安全综合规制法律制度研究》,法律出版社 2017 年版,第 240—241 页,第 250 页。

⑤ 于培明、宋丽丽、岳淑梅:《从中美药品监督体系的比较看我国药品监督体系的体制缺陷》,《国际医药卫生导报》2005 年第 11 期。

二、国家监管原则的实现路径

我国健康产品监管长期以来以国家监管为主,根据监管职能与监管手段的不同,可分为管控型模式(1949—1978 年)、监管型模式(1979—1998 年)、垂直管理型模式(1998—2007 年)和属地管理型模式(2008 年至今)。①

我国注重国家对健康产品安全的监督管理,据此建立了一系列制度。例如,2015 年修订的《食品安全法》就明确了食品安全工作实行全程控制,建立了包括健康产品风险监测、健康产品风险评估、健康产品风险预警和健康产品召回在内的监督管理制度。② 药品管理方面,新修订的《药品管理法》明确了全程管控的基本原则,强化了药品研制管理和上市后监管;确立了药品上市许可持有人制度、药品全程追溯制度、药物警戒制度,附条件审批制度、优先审批制度等一系列制度;强化了药品监管体系和监管能力建设,完善了药品安全责任制度,严惩各种违法行为,充分体现"四个最严"的要求。③

从监管力量来看,2013 年中央政府试图构建食品药品统一规制的大部门监管体系,将食品安全办公室、食品药品监管局、质检总局、工商总局的药品监管职责加以整合,组建了国务院直属机构——国家食品药品监督管理总局(CFDA),这一国务院综合管理药品、医疗器械、化妆品安全的机构,具体负责药品生产、流通、使用中安全性、有效性的风险评估与风险管理,以及促进多元主体与 CFDA 之间风险信息的共享。④

第三节 社会共治原则

一、社会共治原则的概念

社会共治原则是共治这一卫生法基本原则在健康产品法领域的具体表现。"共治"指的是社会治理主体共同治理社会活动。⑤ 健康产品法的社会共治原则,是卫生法共治原则在健康产品法中的具体体现,指的是政府及其他社会主体,为实现社会的良性运转,采取一系列管理理念、方法和手段进行共治,从而在社会稳定的基础上保障公民权利,实现公共利益的最大化。⑥ 从主体上讲,共治强调的是政府、市场、社会组织、公众的多元化特性;从客体上讲,共治既要协调人与人之间的关系,也要协调人与自然之

---

① 刘畅:《论我国药品安全规制模式之转型》,《当代法学》2017 年第 3 期。
② 丁国峰:《食品安全法治热点问题探究》,中国政法大学出版社 2014 年版,第 34—35 页。
③ 《国家药监局解读药品管理法,亮点详情一一细说》,http://www.sohu.com/a/339279913_377310,2019 年 10 月 19 日访问。
④ 刘畅:《论我国药品安全规制模式之转型》,《当代法学》2017 年第 3 期。
⑤ 江国华、刘文君:《习近平"共建共治共享"治理理念的理论解读》,《求索》2018 年第 1 期。
⑥ 周晓丽、党秀云:《西方国家的社会治理:机制、理念及其启示》,《南京社会科学》2013 年第 10 期。

间的关系;从手段上讲,社会治理采用"法、理、情"三种不同的社会控制手段,是基于协调和参与,而非基于控制和命令;此外,从权力(利)的运行上讲,社会治理趋于网状结构,不再是自上而下的组织、指挥和控制,而是上下平等协商、协调互动、合作治理。①

二、社会共治原则的必要性

社会共治原则作为健康产品的基本原则,有着一系列深层次的原因。

第一,风险社会下健康产品领域的安全形势依然严峻,食品药品安全事件频发,是社会共治原则的时代背景。在我国,药物不良反应已经成为继癌症、高血压、心脏病之后,导致我国居民死亡的第四大原因。② 重大食品药品安全事件仍呈高发态势③,"毒奶粉""毒胶囊""假疫苗"等食品药品安全事故屡禁不止,健康产品安全形势较为严峻。健康产品领域严峻的安全形势,对健康产品安全治理提出了更高的要求,社会共治应运而生。

第二,传统的国家监管主导模式已经无法应对健康产品的高风险与严峻的安全形势,是社会共治原则的现实需求。现代社会行政国家面临着转型的问题,已经由过去管理的理念转变为治理的理念。我国行政主导的国家管理方式,官本位的思想意识及其相应的组织架构,必然影响到药品监管机构的设置及其执法理念④,进而产生一系列问题,诸如政府监管理念偏离现实需求、监管机构职能定位不清、法律责任制度不健全等。⑤ 在单靠政府的威权监管模式失灵的背景下⑥,人们逐渐意识到政府与其他主体之间的合作有利于社会对于健康产品议题和政策的理解、支持和实施。健康产品的治理需要社会各个系统相互协作,各方主体共同努力,其实施的有效性依赖于社会各界的合作与参与程度。

三、社会共治原则的核心机制

从"药品监管"到"药品安全社会治理"转变过程中,治理主体呈多元化,治理结构形成一种平等、合作的治理关系,治理手段是基于协调和参与。⑦

---

① 申卫星、刘畅:《论我国药品安全社会治理的内涵、意义与机制》,《法学杂志》2017 年第 11 期;丁冬:《食品安全社会共治的主体和路径》,《中国社会科学报》2014 年 11 月 21 日。

② 《新京报:药物不良反应成我国居民死亡第四大原因》,http://news.sina.com.cn/c/2018－04－15/doc-ifzfkmth4191387.shtml,2020 年 1 月 30 日访问。

③ 申卫星、刘畅:《论我国药品安全社会治理的内涵、意义与机制》,《法学杂志》2017 年第 11 期。

④ 于培明、宋丽丽、岳淑梅:《从中美药品监督体系的比较看我国药品监督体系的体制缺陷》,《国际医药卫生导报》2005 年第 11 期。

⑤ 申卫星、刘畅:《论我国药品安全社会治理的内涵、意义与机制》,《法学杂志》2017 年第 11 期;胡颖廉:《中国药品安全治理现代化》,中国医药科技出版社 2017 年版,第 219—223 页。

⑥ 齐萌:《从威权管制到合作治理:我国食品安全监管模式之转型》,《河北法学》2013 年第 3 期。

⑦ 申卫星、刘畅:《论我国药品安全社会治理的内涵、意义与机制》,《法学杂志》2017 年第 11 期。

在药品安全方面,一方面,从治理制度入手,发挥行业自律,通过惩罚性损害赔偿制度等;另一方面,从治理机制入手,建立以责任险为主、以救济基金为辅的药品风险分担机制,以及药品安全激励惩戒机制,通过行业惩戒、第三方制裁和政府惩戒促使个体为集体行动而努力,并通过有奖举报制度等激励公众参与。① 2019 年 9 月 26 日,第十三届全国人大常委会第十二次会议第二次修订了《药品管理法》。此次修法明确了"社会共治"的基本原则,并据此建立和完善了药品研制管理、药品全程追溯制度、药物警戒制度,附条件审批制度、优先审批制度和药品安全责任制度等一系列基本制度②,体现了协调、激励和参与的理念。③

在食品安全方面,我国积极推进健康产品安全社会共治格局。在市场主体由经营者、消费者、政府三元构成模式中,政府与经营者的二元对立式监管显然并不是完美的治理模式,而非政府监管制度则发挥非政府主体的作用,"建立多维的合作关系,这包括政府与企业、政府与公众、政府与媒体、企业与公众以及各个主体之间的多方关系等"④。以预防、惩罚及治理为理念,以自律、公益诉讼等制度为支撑,构建的立体保护制度,可以实现对消费者的实质公平,达到监管所无法达到的效果。⑤ 2015 年修订的《食品安全法》借鉴美国的《吹哨人法案》和日本的"公益告发制度",规定了食品安全有奖举报和保护举报人合法权益的内容。上述措施有利于提高并保护食品生产经营的内部人员举报食品安全违法行为的积极性,对于及时发现、控制和消除食品安全隐患,形成良好的食品安全社会共治局面具有重要意义。在食品安全风险交流方面,我国《食品安全法》第 23 条原则性地确立了我国的食品安全风险交流法律制度⑥,发挥包括行业协会、公共媒体、消费者、消费者权益保护组织、专家学者、商业保险机构等主体的能动性,强调其权利和责任。⑦

---

① 申卫星、刘畅:《论我国药品安全社会治理的内涵、意义与机制》,《法学杂志》2017 年第 11 期。

② 《国家药监局解读药品管理法,亮点详情一一细说》,http://www.sohu.com/a/339279913_377310,2019 年 10 月 19 日访问。

③ 刘畅:《论我国药品安全规制模式之转型》,《当代法学》2017 年第 3 期。

④ 丁萌:《从威权管制到合作治理:我国食品监管模式之转型》,《河北法学》2013 年第 3 期。

⑤ 隋洪明:《风险社会背景下食品安全综合规制法律制度研究》,法律出版社 2017 年版,第 141 页。

⑥ 但由于政府部门间的信息共享和沟通机制尚未建立,政府信息发布的全面性、及时性、充分性尚难以满足民众的信息需求,包括政府工作人员在内的国民欠缺开展风险交流所必要的科学素养与交流意识,导致我国的食品安全风险交流主要呈现应急式的单项信息发布状态,而未成为常态化的交流机制,日常状态下监管主体、科学家、公众之间对食品安全的风险感知、认知的互动式交流沟通局面仍未形成,缺少公众、业界、学界、消费者等各利益相关方能够有效参与的风险交流方式和交流平台。

⑦ 丁冬:《食品安全社会共治的主体和路径》,《中国社会科学报》2014 年 11 月 21 日。

第二十章　健康产品的市场准入

从制度安排的角度,市场准入(Market Access)强调市场主体准入和市场交易客体(对象)进入市场的政府管理,包括进入任何市场领域成为任何经营主体都必须进行的工商登记和进入特定市场的许可等。如有学者认为,市场准入制度,是关于市场主体和市场交易对象进入市场的有关准则和法规,是政府对市场管理和经济发展的一种制度安排。它通过政府有关部门对市场主体的登记、发放许可证、执照等方式来实现。① 亦有学者指出,市场准入制度是指政府或国家为了克服市场失灵,实现某种公共政策,依据一定的规则,允许市场主体及交易对象进入某个市场领域的直接控制或干预而构成的一系列法律规范所组成的相对完整的规则系统。②

第一节　食品市场准入法律制度

食品市场准入法律制度是指为从源头加强食品安全的监督管理,提高食品生产企业的质量管理和产品质量安全水平,保证消费者健康与安全,政府对食品生产经营主体和作为市场交易对象的"食品"进入市场所设定的制度,包括食品生产经营许可制度和食品市场准入制度。

一、食品生产经营许可制度

《食品安全法》第 35 条规定,国家对食品生产经营实行许可制度。从事食品生产、食品销售、餐饮服务,应当依法取得许可。但是,销售食用农产品和仅销售预包装食品的,不需要取得许可,仅销售预包装食品的,应当报所在地县级以上地方人民政府食品安全监督管理部门备案。县级以上地方人民政府食品安全监督管理部门应当依照《中华人民共和国行政许可法》的规定,审核申请人提交的相关资料,必要时对申请人的生产经营场所进行现场核查;对符合规定条件的,准予许可;对不符合规定条件的,不予许可并书面说明理由。从性质上来看,食品生产经营许可是一种行政许可。所谓行政许可,

---

① 盛世豪:《试论我国市场准入制度的现状与改革取向》,《中共浙江省委党校学报》2001 年第 3 期。
② 参见戴霞:《市场准入法律制度研究》,西南政法大学 2006 年博士学位论文,第 26 页。

是指行政机关根据公民、法人或者其他组织的申请,经依法审查,准予其从事特定活动的行为。在性质上,行政许可的本质功能是一种事先控制的行为范围[①],行政许可有的是"自由的恢复",也有的是"权利的赋予"。[②] 食品生产经营许可,是指行政主体根据公民、法人或者其他组织的申请,经依法审查,准予其从事特定食品生产经营活动的行为。在性质上,食品生产经营许可是一种"自由的恢复"。

《食品安全法》可以设定行政许可,相关的下位法也能设定行政许可。在行政许可规定权上,除法律外,法规、规章都有部分法定权限。但是,在上位法已经设定行政许可的情况下,下位法不得增设行政许可;对行政许可条件作出的具体规定,不得增设违反上位法的其他条件。易言之,就《食品安全法》设定的行政许可,下位法不得违反,不得增设,不得实质性变更。与申请人的特定身份、条件有关联的行政许可,通常不得转让给他人使用。[③] 食品生产许可制度即如此。

(一)食品生产许可制度

行政机关和法律、法规授权的组织应当在法定职权或者法定授权的范围内实施行政许可。行政机关也可以委托其他行政机关实施行政许可,非行政机关不得接受委托实施行政许可。为规范食品、食品添加剂生产许可活动,加强食品生产监督管理,保障食品安全,2015 年 8 月 31 日国家食品药品监督管理总局公布《食品生产许可管理办法》(国家食药监管总局令第 16 号),自 2015 年 10 月 1 日起实施。该管理办法于 2017 年 11 月 7 日进行了修正。针对实践中部分企业反映食品生产许可证申请材料多、审查程序繁复、审批时间长等问题,《食品生产许可管理办法》从许可申请、现场核查、换发证书等多个方面简化了程序,取消部分前置审批材料的核查和许可检验机构指定,取消了企业年检和年度报告制度。该管理办法调整许可证书有效期限,将食品生产许可证书由原来 3 年的有效期限延长至 5 年;调整现场核查内容和审批权限,除婴幼儿配方乳粉、特殊医学用途食品、保健食品等重点食品原则上由省级食品药品监督管理部门组织生产许可审查外,其余食品的生产许可审批权限可以下放到市、县级食品生产监管部门。

1. 申请食品生产许可的具体要求

行政许可是依申请的行政行为,以行政相对人申请为程序启动要件,与申请对应的程序行为是行政机关的受理。同时,申请要件仍然应当以便利于申请人提出申请为宗旨。食品生产许可实行一企一证原则,即同一个食品生产者从事食品生产活动,应当取得一个食品生产许可证。申请食品生产许可,应当符合下列条件:①具有与生产的食品

---

① 胡建森:《行政法学》(第四版),法律出版社 2015 年版,第 263 页。

② 章剑生:《现代行政法总论》,法律出版社 2013 年版,第 188 页;胡建森:《行政法学》(第四版),法律出版社 2015 年版,第 264 页。

③ 与自然资源、公共资源等开发利用有关的许可,如允许转让,则可以使所利用的资源效益最大化。对于这类的行政许可,行政相对人在遵守法定条件和程序前提下可以转让。

品种、数量相适应的食品原料处理和食品加工、包装、贮存等场所,保持该场所环境整洁,并与有毒、有害场所以及其他污染源保持规定的距离。②具有与生产的食品品种、数量相适应的生产设备或者设施,有相应的消毒、更衣、盥洗、采光、照明、通风、防腐、防尘、防蝇、防鼠、防虫、洗涤以及处理废水、存放垃圾和废弃物的设备或者设施;保健食品生产工艺有原料提取、纯化等前处理工序的,需要具备与生产的品种、数量相适应的原料前处理设备或者设施。③有专职或者兼职的食品安全管理人员和保证食品安全的规章制度。④具有合理的设备布局和工艺流程,防止待加工食品与直接入口食品、原料与成品交叉污染,避免食品接触有毒物、不洁物。⑤法律、法规规定的其他条件。

2. 申请食品生产许可应提交的材料

行政机关对申请人提交的材料是否真实、合法,原则上采用形式审查标准。申请人必须对提交的申请材料真实性、合法性负责,这从行政机关保留事后对行政许可的撤销权的法律规定中也能得到印证。[1]《行政许可法》第 31 条规定:"申请人申请行政许可,应当如实向行政机关提交有关材料和反映真实情况,并对其申请材料实质内容的真实性负责。行政机关不得要求申请人提交与其申请的行政许可事项无关的技术资料和其他材料。"

申请食品生产许可,应当向申请人所在地县级以上地方食品药品监督管理部门提交下列材料:(1)食品生产许可申请书;(2)营业执照复印件;(3)食品生产加工场所及其周围环境平面图、各功能区间布局平面图、工艺设备布局图和食品生产工艺流程图;(4)食品生产主要设备、设施清单;(5)进货查验记录、生产过程控制、出厂检验记录、食品安全自查、从业人员健康管理、不安全食品召回、食品安全事故处置等保证食品安全的规章制度。申请人委托他人办理食品生产许可申请的,代理人应当提交授权委托书以及代理人的身份证明文件。申请保健食品、特殊医学用途配方食品、婴幼儿配方食品的生产许可,还应当提交与所生产食品相适应的生产质量管理体系文件以及相关注册和备案文件。

3. 食品生产许可的程序

行政许可是一项要式行为,必须符合法定程序。

(1)申请前置程序:申请食品生产许可,应当先行取得营业执照等合法主体资格。企业法人、合伙企业、个人独资企业、个体工商户等,以营业执照载明的主体作为申请人。

(2)申请程序:申请食品生产许可,应当按照食品类别向申请人所在地县级以上地方食品药品监督管理部门提交材料,对申请材料的真实性负责,并在申请书等材料上签名或者盖章。

---

[1] 章剑生:《现代行政法总论》,法律出版社 2013 年版,第 190 页。

（3）受理程序：县级以上地方食品药品监督管理部门对申请人提出的食品生产许可申请，应当根据下列情况分别作出处理：①申请事项依法不需要取得食品生产许可的，应当即时告知申请人不受理。②申请事项依法不属于食品药品监督管理部门职权范围的，应当即时作出不予受理的决定，并告知申请人向有关行政机关申请。③申请材料存在可以当场更正的错误的，应当允许申请人当场更正，由申请人在更正处签名或者盖章，注明更正日期。④申请材料不齐全或者不符合法定形式的，应当当场或者在 5 个工作日内一次告知申请人需要补正的全部内容。当场告知的，应当将申请材料退回申请人；在 5 个工作日内告知的，应当收取申请材料并出具收到申请材料的凭据。逾期不告知的，自收到申请材料之日起即为受理。⑤申请材料齐全、符合法定形式，或者申请人按照要求提交全部补正材料的，应当受理食品生产许可申请。县级以上地方食品药品监督管理部门对申请人提出的申请决定予以受理的，应当出具受理通知书；决定不予受理的，应当出具不予受理通知书，说明不予受理的理由，并告知申请人依法享有申请行政复议或者提起行政诉讼的权利。

（4）审查程序：县级以上地方食品药品监督管理部门应当对申请人提交的申请材料进行审查。需要对申请材料的实质内容进行核实的，应当进行现场核查。食品药品监督管理部门在食品生产许可现场核查时，可以根据食品生产工艺流程等要求，核查试制食品检验合格报告。现场核查应当由符合要求的核查人员进行。核查人员不得少于 2 人。核查人员应当出示有效证件，填写食品生产许可现场核查表，制作现场核查记录，经申请人核对无误后，由核查人员和申请人在核查表和记录上签名或者盖章。申请人拒绝签名或者盖章的，核查人员应当注明情况。申请保健食品、特殊医学用途配方食品、婴幼儿配方乳粉生产许可，在产品注册时经过现场核查的，可以不再进行现场核查。食品药品监督管理部门可以委托下级食品药品监督管理部门，对受理的食品生产许可申请进行现场核查。核查人员应当自接受现场核查任务之日起 10 个工作日内，完成对生产场所的现场核查。

此外，凡符合听证条件的行政许可，即法律、法规、规章规定实施行政许可应当听证的事项，或者行政机关认为需要听证的其他涉及公共利益的重大行政许可事项，行政机关应当向社会公告，并举行听证，听取申请人、利害关系人的意见。听证可以分为：①主动听证。包括法律、法规和规章规定听证与行政机关认为需要听证两种。②申请听证，如行政机关认为许可直接涉及申请人与他人之间重大利益关系的，应当告知申请人、利害关系人有权要求听证。同样，行政机关对经听证的行政许可决定作出撤销、变更的，也应当听取当事人和利害关系人的意见。

（5）决定程序：除可以当场作出行政许可决定的外，县级以上地方食品药品监督管理部门应当自受理申请之日起 20 个工作日内作出是否准予行政许可的决定。因特殊原因需要延长期限的，经本行政机关负责人批准，可以延长 10 个工作日，并应当将延长期限的理由告知申请人。县级以上地方食品药品监督管理部门应当根据申请材料审查和现场核查等情况,对符合条件的,作出准予生产许可的决定,并自作出决定之日起10个工作日内向申请人颁发食品生产许可证;对不符合条件的,应当及时作出不予许可的书面决定并说明理由,同时告知申请人依法享有申请行政复议或者提起行政诉讼的权利。

(6)许可的延续:允许许可延续可以减轻被许可人重新申请的负担,从便民角度设置许可延续制度,同样也减少了不必要的行政事务。①《行政许可法》第50条规定,被许可人需要延续依法取得的行政许可的有效期的,应当在该行政许可有效期届满30日前向作出行政许可决定的行政机关提出申请。但是,法律、法规、规章另有规定的,依照其规定。行政机关应当根据被许可人的申请,在该行政许可有效期届满前作出是否准予延续的决定;逾期未作决定的,视为准予延续。所谓"视为准予延续",其性质是一种拟制的行政许可,这一许可制度有利于申请人继续从事原来所许可的事项。

(二)食品经营许可制度

为规范食品经营许可活动,加强食品经营监督管理,保障食品安全,2015年8月31日,国家食品药品监督管理总局公布《食品经营许可管理办法》(国家食药监管总局令第17号),自2015年10月1日起施行。2017年11月7日,国家食品药品监督管理总局对办法进行了修改。食品经营许可实行一地一证原则,即食品经营者在一个经营场所从事食品经营活动,应当取得一个食品经营许可证。食品经营许可证发证日期为许可决定作出的日期,有效期为5年。

1. 申请食品经营许可的具体要求

申请食品经营许可,应当符合下列条件:①具有与经营的食品品种、数量相适应的食品原料处理和食品加工、销售、贮存等场所,保持该场所环境整洁,并与有毒、有害场所以及其他污染源保持规定的距离;②具有与经营的食品品种、数量相适应的经营设备或者设施,有相应的消毒、更衣、盥洗、采光、照明、通风、防腐、防尘、防蝇、防鼠、防虫、洗涤以及处理废水、存放垃圾和废弃物的设备或者设施;③有专职或者兼职的食品安全管理人员和保证食品安全的规章制度;④具有合理的设备布局和工艺流程,防止待加工食品与直接入口食品、原料与成品交叉污染,避免食品接触有毒物、不洁物;⑤法律、法规规定的其他条件。

2. 申请食品经营许可应提交的材料

申请食品经营许可,应当向申请人所在地县级以上地方食品药品监督管理部门提交下列材料:①食品经营许可申请书;②营业执照或者其他主体资格证明文件复印件;③与食品经营相适应的主要设备设施布局、操作流程等文件;④食品安全自查、从业人

---

① 章剑生:《现代行政法总论》,法律出版社2013年版,第190页。

员健康管理、进货查验记录、食品安全事故处置等保证食品安全的规章制度。利用自动售货设备从事食品销售的,申请人还应当提交自动售货设备的产品合格证明、具体放置地点,经营者名称、住所、联系方式、食品经营许可证的公示方法等材料。申请人委托他人办理食品经营许可申请的,代理人应当提交授权委托书以及代理人的身份证明文件。

3. 食品经营许可的程序

(1)申请前置程序:申请食品经营许可,应当先行取得营业执照等合法主体资格。企业法人、合伙企业、个人独资企业、个体工商户等,以营业执照载明的主体作为申请人。机关、事业单位、社会团体、民办非企业单位、企业等申办单位食堂,以机关或者事业单位法人登记证、社会团体登记证或者营业执照等载明的主体作为申请人。

(2)申请程序:申请食品经营许可,应当按照食品经营主体业态①和经营项目分类②向申请人所在地县级以上地方食品药品监督管理部门如实提交材料。

(3)受理程序:县级以上地方食品药品监督管理部门对申请人提出的食品经营许可申请,应当根据下列情况分别作出处理:①申请事项依法不需要取得食品经营许可的,应当即时告知申请人不受理。②申请事项依法不属于食品药品监督管理部门职权范围的,应当即时作出不予受理的决定,并告知申请人向有关行政机关申请。③申请材料存在可以当场更正的错误的,应当允许申请人当场更正,由申请人在更正处签名或者盖章,注明更正日期。④申请材料不齐全或者不符合法定形式的,应当当场或者在 5 个工作日内一次告知申请人需要补正的全部内容。当场告知的,应当将申请材料退回申请人;在 5 个工作日内告知的,应当收取申请材料并出具收到申请材料的凭据。逾期不告知的,自收到申请材料之日起即为受理。⑤申请材料齐全、符合法定形式,或者申请人按照要求提交全部补正材料的,应当受理食品经营许可申请。县级以上地方食品药品监督管理部门对申请人提出的申请决定予以受理的,应当出具受理通知书;决定不予受理的,应当出具不予受理通知书,说明不予受理的理由,并告知申请人依法享有申请行政复议或者提起行政诉讼的权利。

(4)审查程序:县级以上地方食品药品监督管理部门应当对申请人提交的许可申请材料进行审查。需要对申请材料的实质内容进行核实的,应当进行现场核查。仅申请预包装食品销售(不含冷藏冷冻食品)的,以及食品经营许可变更不改变设施和布局的,可以不进行现场核查。现场核查应当由符合要求的核查人员进行。核查人员不得

---

①　食品经营主体业态分为食品销售经营者、餐饮服务经营者、单位食堂。食品销售经营者申请通过网络经营、建立中央厨房或者从事集体用餐配送的,应当在主体业态后以括号标注。

②　食品经营项目分为预包装食品销售(含冷藏冷冻食品、不含冷藏冷冻食品)、散装食品销售(含冷藏冷冻食品、不含冷藏冷冻食品)、特殊食品销售(保健食品、特殊医学用途配方食品、婴幼儿配方乳粉、其他婴幼儿配方食品)、其他类食品销售;热食类食品制售、冷食类食品制售、生食类食品制售、糕点类食品制售、自制饮品制售、其他类食品制售等。

少于 2 人。核查人员应当出示有效证件,填写食品经营许可现场核查表,制作现场核查记录,经申请人核对无误后,由核查人员和申请人在核查表和记录上签名或者盖章。申请人拒绝签名或者盖章的,核查人员应当注明情况。食品药品监督管理部门可以委托下级食品药品监督管理部门,对受理的食品经营许可申请进行现场核查。核查人员应当自接受现场核查任务之日起 10 个工作日内,完成对经营场所的现场核查。

(5)决定程序:除可以当场作出行政许可决定的外,县级以上地方食品药品监督管理部门应当自受理申请之日起 20 个工作日内作出是否准予行政许可的决定。因特殊原因需要延长期限的,经本行政机关负责人批准,可以延长 10 个工作日,并应当将延长期限的理由告知申请人。县级以上地方食品药品监督管理部门应当根据申请材料审查和现场核查等情况,对符合条件的,作出准予经营许可的决定,并自作出决定之日起 10 个工作日内向申请人颁发食品经营许可证;对不符合条件的,应当及时作出不予许可的书面决定并说明理由,同时告知申请人依法享有申请行政复议或者提起行政诉讼的权利。

二、食品市场准入制度

(一)食品安全标准制度

标准制定作为一种事前规制手段,其干预程度要弱于行政许可。[1] 技术标准通过设定量化的数值、指标、技术规范,来对技术目标、预期绩效及产品规格加以设定,通过行政机关对技术标准的反复适用,来实现风险防范等规制目标。[2] 技术标准已经成为国家现代行政的重要法律依据,标准以科学、技术和经验的综合成果为基础,以促进最佳的共同效益为目的,其实质是对生产技术设立的必须符合要求的门槛以及能达到此标准的实施方案。技术规范本身不具有法律性,但是一旦国家通过法律规范把遵守和执行技术规范确定为法律义务,技术规范则成为法律规范,成为法律规范所规定义务的具体内容,即成为法律规范的有机组成部分。[3] 我国《食品安全法》规定,食品生产经营者应当依照法律、法规和食品安全标准从事生产经营活动,保证食品安全,诚信自律,对社会和公众负责,接受社会监督,承担社会责任。[4]

1.食品安全标准的含义与内容

食品安全标准是指在一定范围内为达到食品质量、安全、营养等要求,以及为保障

---

[1] [英]安东尼·奥格斯:《规制:法律形式与经济学理论》,骆梅英译,中国人民大学出版社 2008 年版,第 152—153 页。

[2] 宋华琳:《论技术标准的法律性质——从行政法规范体系角度的定位》,《行政法学研究》2008 年第 3 期。

[3] 伍劲松:《食品安全标准的性质与效力》,《华南师范大学学报(社会科学版)》2010 年第 3 期。

[4] 《食品安全法》第 4 条。

人体健康,对食品及其生产加工销售过程中的各种相关因素所作的管理性规定或技术性规定。① 《食品安全法》第三章规定了"食品安全标准"。根据该法规定,"食品安全标准是强制执行的标准。除食品安全标准外,不得制定其他食品强制性标准"②。

《食品安全法》规定了食品安全标准应当包括的 8 项内容:(1)食品、食品添加剂、食品相关产品中的致病性微生物,农药残留、兽药残留、生物毒素、重金属等污染物质以及其他危害人体健康物质的限量规定;(2)食品添加剂的品种、使用范围、用量;(3)专供婴幼儿和其他特定人群的主辅食品的营养成分要求;(4)对与卫生、营养等食品安全要求有关的标签、标志、说明书的要求;(5)食品生产经营过程的卫生要求;(6)与食品安全有关的质量要求;(7)与食品安全有关的食品检验方法与规程;(8)其他需要制定为食品安全标准的内容。③ 在食品安全标准的"食品安全限量标准"中,致病性微生物也称为病原微生物,包括细菌、病毒、真菌等。根据《食品添加剂卫生管理办法》(2002年卫生部令第 26 号)第 28 条之规定,"食品添加剂是指为改善食品品质和色、香、味以及为防腐和加工工艺的需要而加入食品中的人工合成或者天然物质"。由于食品添加剂具有一定的毒副作用,因此必须制定标准严格限定其品种、使用范围和限量。2014年 12 月,国家卫生计生委颁布《食品添加剂使用标准》(GB 2760—2014),代替《食品安全国家标准 食品添加剂使用标准》(GB 2760—2011)。新标准规定了食品添加剂的使用原则、允许使用的食品添加剂品种、使用范围及最大使用量或残留量。新标准将"食品添加剂"的概念扩充为"为改善食品品质和色、香、味,以及为防腐、保鲜和加工工艺的需要而加入食品中的人工合成或者天然物质。食品用香料、胶基糖果中基础剂物质、食品工业用加工助剂也包括在内"。食品添加剂使用时应符合以下基本要求:不应对人体产生任何健康危害;不应掩盖食品腐败变质;不应掩盖食品本身或加工过程中的质量缺陷或以掺杂、掺假、伪造为目的而使用食品添加剂;不应降低食品本身的营养价值;在达到预期效果的前提下尽可能降低在食品中的使用量。

2. 食品安全标准的种类

根据《食品安全法》之规定,我国的食品安全标准包括食品安全国家标准、食品安全地方标准和食品安全企业标准。

(1)食品安全国家标准

2018 年修订的《食品安全法》第 27 条规定:"食品安全国家标准由国务院卫生行政部门会同国务院食品安全监督管理部门制定、公布,国务院标准化行政部门提供国家标准编号。食品中农药残留、兽药残留的限量规定及其检验方法与规程由国务院卫生行政部门、国务院农业行政部门会同国务院食品安全监督管理部门制定。屠宰畜、禽的检

---

① 国家标准化管理委员会农轻和地方部编:《食品标准化》,中国标准出版社 2006 年版,第 13—15 页。
② 《食品安全法》第 25 条。
③ 《食品安全法》第 26 条。

验规程由国务院农业行政部门会同国务院卫生行政部门制定。"该法第 28 条第 1 款还规定："制定食品安全国家标准,应当依据食品安全风险评估结果并充分考虑食用农产品安全风险评估结果,参照相关的国际标准和国际食品安全风险评估结果,并将食品安全国家标准草案向社会公布,广泛听取食品生产经营者、消费者、有关部门等方面的意见。"第 28 条第 2 款规定："食品安全国家标准应当经国务院卫生行政部门组织的食品安全国家标准审评委员会审查通过。食品安全国家标准审评委员会由医学、农业、食品、营养、生物、环境等方面的专家以及国务院有关部门、食品行业协会、消费者协会的代表组成,对食品安全国家标准草案的科学性和实用性等进行审查。"

（2）食品安全地方标准

对地方特色食品,没有食品安全国家标准的,省、自治区、直辖市人民政府卫生行政部门可以制定并公布食品安全地方标准,报国务院卫生行政部门备案。食品安全国家标准制定后,该地方标准即行废止。①

（3）食品安全企业标准

《食品安全法》第 30 条规定："国家鼓励食品生产企业制定严于食品安全国家标准或者地方标准的企业标准,在本企业适用,并报省、自治区、直辖市人民政府卫生行政部门备案。"

（二）食品出厂强制检验制度

出厂检验是食品生产中的最后一道工序,是食品生产者能够控制的最后一道关卡,对于防止不符合食品安全标准的食品进入市场具有极为关键的意义。为贯彻"企业是食品安全的第一责任人"的理念,《食品安全法》第 51 条规定了食品出厂检验制度,食品生产企业应当建立食品出厂检验记录制度,查验出厂食品的检验合格证和安全状况,如实记录食品的名称、规格、数量、生产日期或者生产批号、保质期、检验合格证号、销售日期以及购货者名称、地址、联系方式等内容,并保存相关凭证。记录和凭证保存期限不得少于产品保质期满后六个月;没有明确保质期的,保存期限不得少于二年。该法第 89 条第 1 款规定,食品生产企业可以自行对所生产的食品进行检验,也可以委托符合本法规定的食品检验机构进行检验。

（三）市场禁入制度

《食品安全法》第 34 条规定,禁止生产经营下列食品、食品添加剂、食品相关产品:①用非食品原料生产的食品或者添加食品添加剂以外的化学物质和其他可能危害人体健康物质的食品,或者用回收食品作为原料生产的食品;②致病性微生物,农药残留、兽药残留、生物毒素、重金属等污染物质以及其他危害人体健康的物质含量超过食品安全标准限量的食品、食品添加剂、食品相关产品;③用超过保质期的食品原料、食品添加剂

---

① 《食品安全法》第 29 条。

生产的食品、食品添加剂;④超范围、超限量使用食品添加剂的食品;⑤营养成分不符合食品安全标准的专供婴幼儿和其他特定人群的主辅食品;⑥腐败变质、油脂酸败、霉变生虫、污秽不洁、混有异物、掺假掺杂或者感官性状异常的食品、食品添加剂;⑦病死、毒死或者死因不明的禽、畜、兽、水产动物肉类及其制品;⑧未按规定进行检疫或者检疫不合格的肉类,未经检验或者检验不合格的肉类制品;⑨被包装材料、容器、运输工具等污染的食品、食品添加剂;⑩标注虚假生产日期、保质期或者超过保质期的食品、食品添加剂;⑪无标签的预包装食品、食品添加剂;⑫国家为防病等特殊需要明令禁止生产经营的食品;⑬其他不符合法律、法规或者食品安全标准的食品、食品添加剂、食品相关产品。

第二节　药品市场准入法律制度

药品是直接关系到社会公众身体健康与生命安全的特殊产品,世界各国对药品的研制、生产、流通和使用的各个环节都进行严格的管理,每个环节都制定了一系列严格的法律制度,首要的便是药品市场准入法律制度。药品市场准入法律制度是指政府或国家为了保障药品市场的安全、稳定、有序和社会公众的用药安全,依法定职权和程序制定的,规定市场主体即药品生产者、经营者及药品市场交易客体即药品进入市场的条件和程序的一系列法律规范的总称。作为政府管理药品市场的第一环节,药品市场准入法律制度既是政府管理药品市场的起点,又是其后一系列后续管理措施的基础。因而,药品市场准入法律制度是国家对药品市场进行管理的一项极为重要的基础法律制度。

一、药品上市许可持有人制度

药品上市许可持有人制度(Marketing Authorization Holder,MAH)源于欧美国家,是一种将药品上市许可与生产许可分离管理的制度模式。该制度是指拥有药品技术的药品研发机构、科研人员、药品生产企业等主体,通过提出药品上市许可申请并获得药品上市许可批件,并对药品质量在其整个生命周期内承担主要责任的制度。在该制度下,上市许可持有人和生产许可持有人可以是同一主体,也可以是两个相互独立的主体。根据自身状况,上市许可持有人可以自行生产,也可以委托其他生产企业进行生产。如果委托生产,上市许可持有人依法对药品的安全性、有效性和质量可控性负全责,生产企业则依照委托生产合同的规定就药品质量对上市许可持有人负责。可见,上市许可持有人制度与之前的药品注册许可制度的最大区别不仅在于获得药品批准文件的主体由药品生产企业扩大到了药品研发机构、科研人员,而且对药品质量自始至终负责的主体也更为明确,从而有利于确保和提升药品质量。也就是说,以药品上市许可持有人制度试点为突破口,我国药品注册制度将由上市许可与生产许可的"捆绑制",向上市许可与生产许可分离的"上市许可持有人制度"转型。①

二、药品生产经营许可制度

市场准入的审批许可,是实施市场准入制度最基本的方法,也是各国目前适用最为广泛的市场准入方法,是指市场规制机构根据法律的规定,对社会主体进入市场的申请进行审查,对申请人是否具备法定的从事市场生产经营活动的条件做出评价,决定是否授予申请人进入市场从事申请名下的活动的资格的规制行为。② 为确保进入药品市场从事药品生产经营企业具备保障药品质量的能力和条件,我国《药品管理法》规定了药品市场准入的审批许可制度。

根据《药品管理法》规定,从事药品生产活动,应当经所在地省、自治区、直辖市人民政府药品监督管理部门批准,取得药品生产许可证。无药品生产许可证的,不得生产药品。药品生产许可证应当标明有效期和生产范围,到期重新审查发证。从事药品生产活动,应当具备以下条件:①有依法经过资格认定的药学技术人员、工程技术人员及相应的技术工人;②有与药品生产相适应的厂房、设施和卫生环境;③有能对所生产药品进行质量管理和质量检验的机构、人员及必要的仪器设备;④有保证药品质量的规章制度,并符合国务院药品监督管理部门依据本法制定的药品生产质量管理规范要求。

从事药品批发活动,应当经所在地省、自治区、直辖市人民政府药品监督管理部门批准,取得药品经营许可证。从事药品零售活动,应当经所在地县级以上地方人民政府药品监督管理部门批准,取得药品经营许可证。无药品经营许可证的,不得经营药品。药品经营许可证应当标明有效期和经营范围,到期重新审查发证。从事药品经营活动应当具备以下条件:①有依法经过资格认定的药师或者其他药学技术人员;②有与所经营药品相适应的营业场所、设备、仓储设施和卫生环境;③有与所经营药品相适应的质量管理机构或者人员;④有保证药品质量的规章制度,并符合国务院药品监督管理部门依据本法制定的药品经营质量管理规范要求。

取得《药品生产许可证》《药品经营许可证》之后,申请人还需要到工商行政部门办理工商登记注册,才能进入药品市场实际从事药品生产经营活动。

三、医疗机构制剂许可制度

医疗机构配制制剂,应当经所在地省、自治区、直辖市人民政府药品监督管理部门批准,取得医疗机构制剂许可证。无医疗机构制剂许可证的,不得配制制剂。医疗机构

---

① 王晨光:《药品上市许可持有人制度——我国药品注册制度改革的突破》,《中国食品药品监管》2016 年第 7 期。

② 吕忠梅、陈虹:《经济法原论》,法律出版社 2007 年版,第 288 页。

制剂许可证应当标明有效期,到期重新审查发证。医疗机构配制制剂,应当有能够保证制剂质量的设施、管理制度、检验仪器和卫生环境。医疗机构配制制剂,应当按照经核准的工艺进行,所需的原料、辅料和包装材料等应当符合药用要求。医疗机构配制的制剂,应当是本单位临床需要而市场上没有供应的品种,并应当经所在地省、自治区、直辖市人民政府药品监督管理部门批准;但是,法律对配制中药制剂另有规定的除外。医疗机构配制的制剂应当按照规定进行质量检验;合格的,凭医师处方在本单位使用。经国务院药品监督管理部门或者省、自治区、直辖市人民政府药品监督管理部门批准,医疗机构配制的制剂可以在指定的医疗机构之间调剂使用。医疗机构配制的制剂不得在市场上销售。

四、药品注册制度

药品注册制度是目前世界各国通行的药品市场交易客体准入制度,是指药品注册管理机关依照法定程序,对拟上市销售药品的安全性、有效性、质量可控制性等进行系统评价,并做出是否同意进行药物临床研究、药品生产或者药品进口的审批过程,包括对申请变更药品批准证明文件及其附件中载明内容的审批。[①] 1965 年卫生部、化工部联合发出颁布《药品新产品管理暂行规定》,标志着我国药品注册制度的初步建立。2002 年 10 月 30 日国家药品监督管理局发布《药品注册管理办法(试行)》,进一步规范和完善了我国药品注册制度,目前我国已经发展形成了以新药注册、已有国家标准药品注册和进口药品注册为主的药品注册制度体系。

五、药品出厂检验制度

2019 年修订的《药品管理法》第 47 条规定,药品生产企业应当对药品进行质量检验。不符合国家药品标准的,不得出厂。药品生产企业应当建立药品出厂放行规程,明确出厂放行的标准、条件。符合标准、条件的,经质量受权人签字后方可放行。

第三节 其他健康产品的市场准入制度

一、医疗器械的市场准入制度

(一)医疗器械生产经营许可制度

1. 医疗器械生产许可制度

从事第一类医疗器械生产的,由生产企业向所在地设区的市级人民政府食品药品监督管理部门备案并提交其符合《医疗器械监督管理条例》第 20 条规定条件的证明资

---

① 张新平、陈连剑主编:《药事法学》,科学出版社 2004 年版,第 251 页。

料。从事第二类、第三类医疗器械生产的,生产企业应当向所在地省、自治区、直辖市人民政府食品药品监督管理部门申请生产许可并提交其符合《医疗器械监督管理条例》第20条规定条件的证明资料以及所生产医疗器械的注册证。

受理生产许可申请的食品药品监督管理部门应当自受理之日起30个工作日内对申请资料进行审核,按照国务院食品药品监督管理部门制定的医疗器械生产质量管理规范的要求进行核查。对符合规定条件的,准予许可并发给医疗器械生产许可证;对不符合规定条件的,不予许可并书面说明理由。

医疗器械生产许可证有效期为5年。有效期届满需要延续的,依照有关行政许可的法律规定办理延续手续。

2. 医疗器械经营许可与备案管理

医疗器械经营企业是从事医疗器械经营活动的市场主体,从事医疗器械经营活动,应当有与经营规模和经营范围相适应的经营场所和贮存条件,以及与经营的医疗器械相适应的质量管理制度和质量管理机构或者人员。《医疗器械监督管理条例》等法规文件对我国现行医疗器械经营许可制度作了明确规定。经营第一类医疗器械不需要许可和备案,经营第二类医疗器械实行备案管理,经营第三类医疗器械实行许可管理。

根据《行政许可法》和《医疗器械监督管理条例》之规定,从事第二类医疗器械经营的,由经营企业向所在地设区的市级人民政府食品药品监督管理部门备案并提交其符合法定条件的证明资料。从事第三类医疗器械经营的,经营企业应当向所在地设区的市级人民政府食品药品监督管理部门申请经营许可并提交其符合法定条件的证明资料。《医疗器械经营许可证》是医疗器械经营企业有权经营三类医疗器械的资格证明,《第二类医疗器械经营备案凭证》是医疗器械经营企业有权经营二类医疗器械的资格证明。

（二）医疗器械产品注册与备案

医疗器械注册是一项行政许可制度,是食品药品监管管理部门根据医疗器械注册申请人的申请,依照法定程序,对其拟上市医疗器械的安全性、有效性研究及其结果进行系统评价,以决定是否同意其申请的过程。医疗器械备案是医疗器械备案人向食品药品监督管理部门提交备案资料,食品药品监督管理部门对提交的备案资料存档备查。[①]

1. 医疗器械的分类管理

根据《医疗器械监督管理条例》,国家对医疗器械按照风险程度实行分类管理。医疗器械风险程度的评价应当考虑医疗器械的预期目的、结构特征、使用方法等因素。第一类是风险程度低,实行常规管理可以保证其安全、有效的医疗器械。第二类是具有中

① 杨玉奎:《医疗器械安全监管实务》,中国医药科技出版社2017年版,第25页。

度风险,需要严格控制管理以保证其安全、有效的医疗器械。第三类是具有较高风险,需要采取特别措施严格控制管理以保证其安全、有效的医疗器械。对于风险较低的第一类医疗器械产品,由产品注册管理改为产品备案管理,第二类医疗器械产品注册管理由省食品药品监管部门负责,第三类医疗器械注册由国家食品药品监管部门负责。

国务院食品药品监督管理部门负责制定医疗器械的分类规则和分类目录,并根据医疗器械生产、经营、使用情况,及时对医疗器械的风险变化进行分析、评价,对分类目录进行调整。制定、调整分类目录,应当充分听取医疗器械生产经营企业以及使用单位、行业组织的意见,并参考国际医疗器械分类实践。医疗器械分类目录应当向社会公布。

对新研制的尚未列入分类目录的医疗器械,申请人可以直接申请产品注册,也可以依据分类规则判断产品类别并向国务院食品药品监督管理部门申请类别确认后依照本条例的规定申请注册或者进行产品备案。

直接申请第三类医疗器械产品注册的,国务院食品药品监督管理部门应当按照风险程度确定类别,对准予注册的医疗器械及时纳入分类目录。申请类别确认的,国务院食品药品监督管理部门应当自受理申请之日起 20 个工作日内对该医疗器械的类别进行判定并告知申请人。

2. 医疗器械产品注册与备案应提交的材料

根据《医疗器械监督管理条例》第 9 条之规定,第一类医疗器械产品备案和申请第二类、第三类医疗器械产品注册,应当提交下列资料:(1)产品风险分析资料;(2)产品技术要求;(3)产品检验报告;(4)临床评价资料;(5)产品说明书及标签样稿;(6)与产品研制、生产有关的质量管理体系文件;(7)证明产品安全、有效所需的其他资料。

医疗器械注册申请人、备案人应当对所提交资料的真实性负责。

3. 第一类医疗器械产品的备案

第一类医疗器械产品备案,由备案人向所在地设区的市级人民政府食品药品监督管理部门提交备案资料。其中,产品检验报告可以是备案人的自检报告;临床评价资料不包括临床试验报告,可以是通过文献、同类产品临床使用获得的数据证明该医疗器械安全、有效的资料。

向我国境内出口第一类医疗器械的境外生产企业,由其在我国境内设立的代表机构或者指定我国境内的企业法人作为代理人,向国务院食品药品监督管理部门提交备案资料和备案人所在国(地区)主管部门准许该医疗器械上市销售的证明文件。

备案资料载明的事项发生变化的,应当向原备案部门变更备案。

4. 第二类和第三类医疗器械产品的注册

(1)申请注册的流程

申请第二类医疗器械产品注册,注册申请人应当向所在地省、自治区、直辖市人民政府食品药品监督管理部门提交注册申请资料。申请第三类医疗器械产品注册,注册申请人应当向国务院食品药品监督管理部门提交注册申请资料。向我国境内出口第二类、第三类医疗器械的境外生产企业,应当由其在我国境内设立的代表机构或者指定我国境内的企业法人作为代理人,向国务院食品药品监督管理部门提交注册申请资料和注册申请人所在国(地区)主管部门准许该医疗器械上市销售的证明文件。第二类、第三类医疗器械产品注册申请资料中的产品检验报告应当是医疗器械检验机构出具的检验报告;临床评价资料应当包括临床试验报告,但依照《医疗器械监督管理条例》的规定免于进行临床试验的医疗器械除外。

受理注册申请的食品药品监督管理部门应当自受理之日起 3 个工作日内将注册申请资料转交技术审评机构。技术审评机构应当在完成技术审评后向食品药品监督管理部门提交审评意见。受理注册申请的食品药品监督管理部门应当自收到审评意见之日起 20 个工作日内作出决定。对符合安全、有效要求的,准予注册并发给医疗器械注册证;对不符合要求的,不予注册并书面说明理由,并同时告知申请人享有申请行政复审和依法申请行政复议或者提起行政诉讼的权利。国务院食品药品监督管理部门在组织对进口医疗器械的技术审评时认为有必要对质量管理体系进行核查的,应当组织质量管理体系检查技术机构开展质量管理体系核查。

(2)医疗器械的变更注册

已注册的第二类、第三类医疗器械产品,其设计、原材料、生产工艺、适用范围、使用方法等发生实质性变化,有可能影响该医疗器械安全、有效的,注册人应当向原注册部门申请办理变更注册手续;发生非实质性变化,不影响该医疗器械安全、有效的,应当将变化情况向原注册部门备案。

(3)医疗器械的延续注册

医疗器械注册证有效期为 5 年。有效期届满需要延续注册的,应当在有效期届满 6 个月前向原注册部门提出延续注册的申请。

接到延续注册申请的食品药品监督管理部门应当在医疗器械注册证有效期届满前作出准予延续的决定。逾期未作决定的,视为准予延续。但有下列情形之一的,不予延续注册:①注册人未在规定期限内提出延续注册申请的;②医疗器械强制性标准已经修订,申请延续注册的医疗器械不能达到新要求的;③对用于治疗罕见疾病以及应对突发公共卫生事件急需的医疗器械,未在规定期限内完成医疗器械注册证载明事项的。

5.医疗器械产品注册前的临床试验

医疗器械临床试验,是指在经资质认定的医疗器械临床试验机构中,对拟申请注册的医疗器械在正常使用条件下的安全性和有效性进行确认或者验证的过程。为加强对医疗器械临床试验的管理,维护医疗器械临床试验过程中受试者权益,保证医疗器械临床试验过程规范,结果真实、科学、可靠和可追溯,制定了《医疗器械监督管理条例》,国家食品药品监督管理总局于 2016 年制定了《医疗器械临床试验质量管理规范》(国家食药监管总局令第 25 号),该规范分总则、临床试验前准备、受试者权益保障、临床试验方案、伦理委员会职责、申办者职责、临床试验机构和研究者职责、记录与报告、试验用医疗器械管理、基本文件管理、附则共 11 章 96 条,自 2016 年 6 月 1 日起施行。

(1)医疗器械产品注册前临床试验的范围

第一类医疗器械产品备案,不需要进行临床试验。申请第二类、第三类医疗器械产品注册,应当进行临床试验;但是,有下列情形之一的,可以免于进行临床试验:①工作机理明确、设计定型,生产工艺成熟,已上市的同品种医疗器械临床应用多年且无严重不良事件记录,不改变常规用途的;②通过非临床评价能够证明该医疗器械安全、有效的;③通过对同品种医疗器械临床试验或者临床使用获得的数据进行分析评价,能够证明该医疗器械安全、有效的。

免于进行临床试验的医疗器械目录由国务院食品药品监督管理部门制定、调整并公布。

(2)医疗器械临床试验备案与审批

开展医疗器械临床试验,应当按照医疗器械临床试验质量管理规范的要求,在具备相应条件的临床试验机构进行,并向临床试验提出者所在地省、自治区、直辖市人民政府食品药品监督管理部门备案。接受临床试验备案的食品药品监督管理部门应当将备案情况通报临床试验机构所在地的同级食品药品监督管理部门和卫生行政主管部门。

医疗器械临床试验机构实行备案管理。医疗器械临床试验机构应当具备的条件及备案管理办法和临床试验质量管理规范,由国务院食品药品监督管理部门会同国务院卫生行政主管部门制定并公布。

第三类医疗器械进行临床试验对人体具有较高风险的,应当经国务院食品药品监督管理部门批准。临床试验对人体具有较高风险的第三类医疗器械目录由国务院食品药品监督管理部门制定、调整并公布。

国务院食品药品监督管理部门审批临床试验,应当对拟承担医疗器械临床试验机构的设备、专业人员等条件,该医疗器械的风险程度,临床试验实施方案,临床受益与风险对比分析报告等进行综合分析。准予开展临床试验的,应当通报临床试验提出者以及临床试验机构所在地省、自治区、直辖市人民政府食品药品监督管理部门和卫生行政主管部门。

二、化妆品的市场准入制度

(一)化妆品生产许可制度

2019 年《化妆品卫生监督条例》修订之前,除了"用于育发、染发、烫发、脱毛、美乳、健美、除臭、祛斑、防晒"等特殊用途的化妆品经国务院卫生行政部门进行生产行政许可外,对普通化妆品的生产实行生产行政许可和卫生行政许可"两证分开"的许可制度,生产企业必须同时获得卫生行政部门颁发的《化妆品生产企业卫生许可证》和质检部门颁发的《全国工业产品生产许可证》,才具备化妆品生产资格。由于卫生行政许可重在审查申请企业是否符合生产化妆品所需的卫生条件,而并不审查其他可能影响化妆品安全的内容,质检部门的生产许可则侧重化妆品作为普通产品的共性,因此,这种"两证分开"的许可制度既增加了企业的负担,又不利于对化妆品安全的防控与监管。为此,2019年《化妆品卫生监督条例》的修订实现了"两证合一",规定对化妆品生产企业实行化妆品生产许可证制度,未取得化妆品生产许可证的单位,不得从事化妆品生产。化妆品生产许可证由省、自治区、直辖市化妆品监督管理部门批准并颁发。化妆品生产许可证有效期五年。对于特殊用途的化妆品,则由国务院化妆品监督管理部门进行生产行政许可。2021年1月1日起实施的《化妆品监督管理条例》延续了这种"两证合一"的模式。

（二）国产非特殊用途化妆品备案制度

根据2011年4月21日发布的《国产非特殊用途化妆品备案管理办法》（国食药监许〔2011〕181号）,自2011年10月起,对非特殊用途化妆品实施备案管理制度。根据2013年12月16日发布的《关于调整化妆品注册备案管理有关事宜的通告》（国家食品药品监督管理总局通告第10号）,自2014年6月1日起,国产非特殊用途化妆品上市前应按照《国产非特殊用途化妆品信息备案规定》的要求,进行产品信息网上备案,备案信息经省级食品药品监管部门确认,由国家食品药品监管总局政务网统一公布,供公众查询,省级食品药品监督管理部门不再发放《国产非特殊用途化妆品备案凭证》。对于不依照规定履行产品上市前信息报备义务的,食品药品监督管理部门依照《化妆品卫生监督条例实施细则》第45条第7款的规定予以处罚。据此,生产企业应当在产品上市销售前,将产品配方(不包括含量,限用物质除外)及销售包装(含产品标签、产品说明书)的信息按要求通过统一的网络平台报送至所在行政区域内的省级食品药品监管部门。产品安全性评估资料、产品生产工艺简述、产品生产设备清单、产品技术要求及产品检验报告等资料由生产企业妥善保存备查。

（三）化妆品上市前检验制度

生产企业在化妆品投放市场前,必须按照国家《化妆品卫生标准》对产品进行卫生质量检验,对质量合格的产品应当附有合格标记。未经检验或者不符合卫生标准的产品不得出厂。

（四）化妆品标识制度

化妆品标签上应当注明产品名称、厂名,并注明生产许可证编号;小包装或者说明书上应当注明生产日期和有效使用期限。特殊用途的化妆品,还应当注明批准文号。对可能引起不良反应的化妆品,说明书上应当注明使用方法、注意事项。化妆品标签、小包装或者说明书上不得注有适应症,不得宣传疗效,不得使用医疗术语。

三、保健品的市场准入制度

保健食品生产经营企业应取得生产经营许可证,除此之外,《食品安全法》还规定了保健品的注册与备案制度。

根据《食品安全法》第 76 条和第 77 条之规定,使用保健食品原料目录以外原料的保健食品和首次进口的保健食品应当经国务院食品安全监督管理部门注册。依法应当注册的保健食品,注册时应当提交保健食品的研发报告、产品配方、生产工艺、安全性和保健功能评价、标签、说明书等材料及样品,并提供相关证明文件。国务院食品安全监督管理部门经组织技术审评,对符合安全和功能声称要求的,准予注册;对不符合要求的,不予注册并书面说明理由。对使用保健食品原料目录以外原料的保健食品作出准予注册决定的,应当及时将该原料纳入保健食品原料目录。

首次进口的保健食品中属于补充维生素、矿物质等营养物质的,应当报国务院食品安全监督管理部门备案。其他保健食品应当报省、自治区、直辖市人民政府食品安全监督管理部门备案。进口的保健食品应当是出口国(地区)主管部门准许上市销售的产品。依法应当备案的保健食品,备案时应当提交产品配方、生产工艺、标签、说明书以及表明产品安全性和保健功能的材料。

保健食品的注册人或者备案人应当对其提交材料的真实性负责。省级以上人民政府食品安全监督管理部门应当及时公布注册或者备案的保健食品目录,并对注册或者备案中获知的企业商业秘密予以保密。

第二十一章　健康产品的风险控制

中世纪时，瑞士医生帕拉塞尔苏斯曾经说过，"所有的东西都有毒，没有毒性的东西是不存在的"，健康产品本质上都属于风险产品。古有"药者毒也"之说，而今亦有"是药三分毒"的谚语，这形象地说明了药品区别于一般产品的特殊性——风险性。从药理学的角度而言，药品在发挥治疗作用的同时必然存在一定的副作用，绝对安全、没有任何副作用的药品是不存在的。美国食品药品监督管理局前主任委员乔治·拉瑞克曾言："药品并无绝对安全之可能，任何化学药品在特定情形下都可致人伤害或死亡，我们的目标是发展安全程度相对较高的药物。"由于药品的工艺设计、制造、营销以及使用大都以当时的知识水准为限，因此对于某些药品，即使在研发阶段已经做了大量的临床试验，仍有可能不能完全预见药品隐藏的不良反应。药品的毒性反应又有长期累积的特点，再加上人体免疫系统个体差异的原因，使药品的危险难以预期，一旦损害发生，往往会造成大量人员的伤害。如果再加上药品研制和生产中可能出现的违法行为，那么整个药品领域可能存在的风险就是很值得关注的现象。食品亦是如此，由于食品的大批量生产，而且是面向不特定的多数人供给，导致食物中毒病菌及致癌物质等有害物质的污染、制造流程中的失误等引起有害物质的生成等食品安全相关问题也在逐渐增加。从原材料到制造流程的人和一个环节发生安全问题，哪怕仅仅是一次，所导致的健康受损害人数都是自给自足时代的小生产无法比拟的。因此，为了克服食品大批量生产中的健康危害问题，各国政府和企业都为确保食品安全制定了风险管理的方法及制度。① 为有效管理和控制健康产品安全风险，我国也确立了包括健康产品风险监测、健康产品风险评估、健康产品风险预警和健康产品召回在内的风险控制制度。

第一节　健康产品的风险监测

一、食品安全的风险监测

2009 年制定的《食品安全法》首次提出建立食品安全风险监测和评估制度，标志着

---

① ［日］清水俊雄：《日本食品标示法解析》，于杨、黄炎译，华南理工大学出版社 2017 年版，第 175 页。

我国食品安全监测从经验监管向科学监管、从传统监管向现代监管迈进。为加强和规范食品安全风险监测工作,根据《中华人民共和国食品安全法》《中华人民共和国食品安全法实施条例》等法律法规和国务院赋予国家食品药品监督管理总局的职责,国家食品药品监管总局于 2013 年制定并发布了《食品安全风险监测管理规范(试行)》《食品安全风险监测问题样品信息报告和核查处置规定(试行)》《食品安全风险监测承检机构管理规定(试行)》和《食品安全风险监测样品采集技术要求》等规范性文件。食品安全风险监测制度即有关食品安全风险监测管理部门、监测机构、监测内容、监测计划、监测范围、监测效果等制度的总称。

(一)食品安全风险监测制度概述

2009 年,《食品安全法》第 11 条第一次确立了我国建立食品安全风险监测制度。2015 年,新《食品安全法》第 14 条进一步完善了食品安全风险监测制度,明确了食品风险监测计划的参与主体,规定了调整风险监测计划的情形,新增了食品安全风险监测方案的备案制,并对风险监测作了新的规定。2010 年《食品安全风险监测管理规定(试行)》第 2 条规定:"食品安全风险监测,是通过系统和持续地收集食源性疾病、食品污染以及食品中有害因素的监测数据及相关信息,并进行综合分析和及时通报的活动。"《食品安全风险监测管理规范(试行)》则对食品安全风险监测的含义做了更加具体的界定,即指"通过系统地、持续地对食品污染、食品中有害因素以及影响食品安全的其他因素进行样品采集、检验、结果分析,及早发现食品安全问题,为食品安全风险研判和处置提供依据的活动"。食品安全风险监测是针对某种食品的食用安全性展开的评价、预警和监测,是对食品安全风险进行评估的前提和基础,也是风险评估阶段的数据来源。从总体上来说,食品安全风险监测是为了掌握和了解食品安全状况,对食品安全水平进行检测、分析、评价和公告的活动。作为一项系统性、专业性、科学性的技术活动,食品安全风险监测有利于了解掌握特定食品类别和特定食品污染物的污染水平,掌握污染物的变化趋势,以便为制定和实施食品安全监督管理政策、制定食品安全标准提供依据。

(二)食品安全风险监测的对象

根据新的《食品安全法》第 14 条、第 150 条和《食品安全风险监测管理规定(试行)》第 2 条、第 17 条之规定,我国食品安全风险监测的对象是食源性疾病、食品污染和食物中的有害因素。

1. 食源性疾病

食源性疾病具有暴发性、散发性、地区性和季节性等特征,是世界范围内较为严重的公共卫生问题。根据《食品安全法》第 150 条之规定,食源性疾病是指食品中致病因素进入人体引起的感染性、中毒性等疾病,包括食物中毒。《食品安全风险监测管理规定(试行)》第 17 条规定:"食源性疾病监测:指通过医疗机构、疾病控制机构对食源性疾病及其致病因素的报告、调查和检测等收集的人群食源性疾病发病信息。"

2. 食品污染

食品污染属于食品安全事故的一种情形,可分为生物性污染、化学性污染和物理性污染。根据《食品安全风险监测管理规定(试行)》第 17 条之规定,"食品污染"是指根据国际食品安全管理的一般规则,在食品生产、加工或流通等过程中因非故意原因进入食品的外来污染物,一般包括金属污染物、农药残留、兽药残留、超范围或超剂量使用的食品添加剂、真菌毒素以及致病微生物、寄生虫等。

3. 食品中的有害因素

《食品安全风险监测管理规定(试行)》第 17 条规定,"食品中有害因素"是指在食品生产、流通、餐饮服务等环节,除了食品污染以外的其他可能途径进入食品的有害因素,包括自然存在的有害物、违法添加的非食用物质以及被作为食品添加剂使用的对人体健康有害的物质。

(三)食品安全监测的实施

1. 国家食品安全监测计划的制定与调整

(1)国家食品安全监测计划的制定

新的《食品安全法》第 14 条第 2 款规定:"国务院卫生行政部门会同国务院食品药品监督管理、质量监督等部门,制定、实施国家食品安全风险监测计划。"根据《食品安全风险监测管理规定(试行)》,国家食品安全风险监测计划应规定监测的内容、任务分工、工作要求、组织保障措施和考核等内容。国家食品安全风险监测应遵循优先选择原则,兼顾常规监测范围和年度重点,将以下情况作为优先监测的内容:①健康危害较大、风险程度较高以及污染水平呈上升趋势的;②易于对婴幼儿、孕产妇、老年人、病人造成健康影响的;③流通范围广、消费量大的;④以往在国内导致食品安全事故或者受到消费者关注的;⑤已在国外导致健康危害并有证据表明可能在国内存在的。食品安全风险监测应包括食品、食品添加剂和食品相关产品。国家食品安全风险监测计划应规定统一的检测方法。

(2)国家食品安全风险监测计划的调整

根据《食品安全法》规定,国家建立食品安全风险监测计划调整机制。该法第 14条第 3 款规定,国务院食品安全监督管理部门和其他有关部门获知有关食品安全风险信息后,应当立即核实并向国务院卫生行政部门通报。对有关部门通报的食品安全风险信息以及医疗机构报告的食源性疾病等有关疾病信息,国务院卫生行政部门应当会同国务院有关部门分析研究,认为必要的,及时调整国家食品安全风险监测计划。《食品安全法实施条例》第 7 条第 1 款规定,国务院卫生行政部门会同有关部门除依照《食品安全法》第 12 条的规定对国家食品安全风险监测计划作出调整外,必要时,还应当依据医疗机构报告的有关疾病信息调整国家食品安全风险监测计划。

2.省级(地方)食品安全风险监测方案的制定

根据《食品安全法》第14条第4款规定,省、自治区、直辖市人民政府卫生行政部门会同同级食品安全监督管理等部门,根据国家食品安全风险监测计划,结合本行政区域的具体情况,制定、调整本行政区域的食品安全风险监测方案,报国务院卫生行政部门备案并实施。

3.食品安全风险监测工作的实施

根据《食品安全法实施条例》第9条之规定,食品安全风险监测工作由省级以上人民政府卫生行政部门会同同级质量监督、工商行政管理、食品药品监督管理等部门确定的技术机构承担。《食品安全法》第15条规定,承担食品安全风险监测工作的技术机构应当根据食品安全风险监测计划和监测方案开展监测工作,保证监测数据真实、准确,并按照食品安全风险监测计划和监测方案的要求报送监测数据和分析结果。食品安全风险监测工作人员有权进入相关食用农产品种植养殖、食品生产经营场所采集样品、收集相关数据。采集样品应当按照市场价格支付费用。

二、药品安全的风险监测

药品上市后安全监管法律制度是科学、有效地进行药品上市后安全监管的基础与保障。发达国家大多基于"全生命周期全过程监控"的理念形成了较为成熟的药品上市后安全监管法律制度体系,以上市前临床试验监控和上市注册审批为起点,上市后再审查和再注册为终点,实施连续动态安全监控,对企业主动监控与政府宏观监测取得的药品安全数据进行科学分析,使药品上市后的安全问题得到有效控制。

我国药品上市后风险管理工作起始于1984年的《药品管理法》,该法对药品再评价的实施以及"不良反应大"的药品的处理方式作出了规定,但由于未出台相关细则,致使法律规定与监管实践之间出现脱节。随着1999年《药品不良反应监测管理办法(试行)》的颁布,我国药品上市后安全监管工作进入了规范化发展阶段,2004年颁布实施的《药品不良反应报告和监测管理办法》从监管责任、不良反应报告与处置、境外发生的严重药品不良反应、定期安全性更新报告、药品重点监测、药品不良反应报告的评价与控制、信息管理以及法律责任等方面对药品不良反应监测工作提出了更细致的要求。2010新修订的《药品管理法》中保留了旧法中的部分内容,明确规定国家实行药品不良反应报告制度,规定了药品生产、经营企业和医疗机构对严重不良反应的报告义务,提出了药品不良反应鉴定的概念,并且明确了有关部门对该类不良反应的控制手段。随着该法的颁布实施,药品不良反应监测和报告制度在我国快速发展,建成了以国家不良反应监测中心为核心,各地区不良反应监测中心为重要组成部分的不良反应监测体系,极大地推动了我国药品上市后安全监管的进程。《中华人民共和国药品管理法实施条例》规定国务院药品监督管理部门对已批准生产、销售的药品进行再评价,根据药品再评价结果,可以采取责令修改药品说明书,暂停生产、销售和使用的措施;对不良反应大或者其他原因危害人体健康的药品,应当撤销该药品批准证明文件。2019年新修订的《药品管理法》第一次以专章规定了"药品上市后管理",为我国药品上市后安全监管提供了重要的基础性法律规定。根据《药品管理法》规定,国家建立药物警戒制度,对药品不良反应及其他与用药有关的有害反应进行监测、识别、评估和控制。我国的药品上市后管理主要由药品不良反应监测制度、药品上市后评价、药品召回等制度。

(一)药品上市后管理的责任主体

根据2019年修订后的《药品管理法》,药品上市后管理的责任主体包括药品上市许可持有人、药品生产企业、药品经营企业和医疗机构等,必要时,国务院药品监督管理部门可以责令药品上市许可持有人开展上市后评价或者直接组织开展上市后评价。其中,药品上市许可持有人应当制订药品上市后风险管理计划,主动开展药品上市后研究,对药品的安全性、有效性和质量可控性进行进一步确证,加强对已上市药品的持续管理。对附条件批准的药品,药品上市许可持有人应当采取相应风险管理措施,并在规定期限内按照要求完成相关研究;逾期未按照要求完成研究或者不能证明其获益大于风险的,国务院药品监督管理部门应当依法处理,直至注销药品注册证书。对药品生产过程中的变更,按照其对药品安全性、有效性和质量可控性的风险和产生影响的程度,实行分类管理。属于重大变更的,应当经国务院药品监督管理部门批准,其他变更应当按照国务院药品监督管理部门的规定备案或者报告。药品上市许可持有人应当按照国务院药品监督管理部门的规定,全面评估、验证变更事项对药品安全性、有效性和质量可控性的影响。药品上市许可持有人应当开展药品上市后不良反应监测,主动收集、跟踪分析疑似药品不良反应信息,对已识别风险的药品及时采取风险控制措施。药品上市许可持有人、药品生产企业、药品经营企业和医疗机构应当经常考察本单位所生产、经营、使用的药品质量、疗效和不良反应。发现疑似不良反应的,应当及时向药品监督管理部门和卫生健康主管部门报告。药品存在质量问题或者其他安全隐患的,药品上市许可持有人应当立即停止销售,告知相关药品经营企业和医疗机构停止销售和使用,召回已销售的药品,及时公开召回信息,必要时应当立即停止生产,并将药品召回和处理情况向省、自治区、直辖市人民政府药品监督管理部门和卫生健康主管部门报告。药品生产企业、药品经营企业和医疗机构应当配合。药品上市许可持有人应当对已上市药品的安全性、有效性和质量可控性定期开展上市后评价。

(二)药品不良反应报告和监测制度

药品不良反应,是指合格药品在正常用法用量下出现的与用药目的无关的有害反应。药品不良反应报告和监测,是指药品不良反应的发现、报告、评价和控制的过程。

药品不良反应报告是反映药物安全监管效应的重要信息来源,也是评价药物安全监测体系完善程度的重要指标。目前我国收到的不良反应报告总量基本呈逐年递增的趋势,能够起到一定的药物警戒作用。我国的药品不良反应报告来源主要为医疗机构,2009年至2011年连续三年占报告来源总量的80%以上,而作为药品安全第一责任方的生产企业,报告来源比例却始终在10%至20%间徘徊。在欧美等国的不良反应报告体系中,药品生产企业的报告一直占绝大多数,如美国有95%的不良反应报告均来自生产企业。有鉴于此,新修订的《药品管理法》第80条规定,药品上市许可持有人应当开展药品上市后不良反应监测,主动收集、跟踪分析疑似药品不良反应信息,对已识别风险的药品及时采取风险控制措施。该法第81条规定:"药品上市许可持有人、药品生产企业、药品经营企业和医疗机构应当经常考察本单位所生产、经营、使用的药品质量、疗效和不良反应。发现疑似不良反应的,应当及时向药品监督管理部门和卫生健康主管部门报告。具体办法由国务院药品监督管理部门会同国务院卫生健康主管部门制定。对已确认发生严重不良反应的药品,由国务院药品监督管理部门或者省、自治区、直辖市人民政府药品监督管理部门根据实际情况采取停止生产、销售、使用等紧急控制措施,并应当在五日内组织鉴定,自鉴定结论作出之日起十五日内依法作出行政处理决定。"

根据2011年7月起施行的《药品不良反应报告和监测管理办法》,国家食品药品监督管理局主管全国药品不良反应报告和监测工作,地方各级药品监督管理部门主管本行政区域内的药品不良反应报告和监测工作。各级卫生行政部门负责本行政区域内医疗机构与实施药品不良反应报告制度有关的管理工作。地方各级药品监督管理部门应当建立健全药品不良反应监测机构,负责本行政区域内药品不良反应报告和监测的技术工作。

但遗憾的是,我国法律法规仅对药品不良反应的报告和监测制度的实施作了规定,并未回应药品不良反应尤其是严重的药品不良反应所致损害的认定与民事救济问题。

(三)新药监测期制度和再注册制度

1. 新药监测期制度

我国新药监测期制度形成于2002年颁布的《药品管理法实施条例》,该条例规定药品生产企业生产的新品种设立不超过5年的监测期。① 2007年颁布的《药品注册管理办法》又重申了监测期制度。② 2011年修订的《药品不良反应报告和监测管理办法》

---

① 2002年国务院颁布《中华人民共和国药品管理法实施条例》,其中第34条规定:"国务院药品监督管理部门根据保护公众健康的要求,可以对药品生产企业生产的新药品种设立不超过五年的监测期。"
② 《药品注册管理办法》第66条规定:"国家食品药品监督管理局根据保护公众健康的要求,可以对批准生产的新药品种设立监测期。监测期自新药批准生产之日起计算,最长不得超过五年。"

又要求对新药监测期内的国产药品定期提交安全性更新报告。① 新修订的《药品管理法》第77条规定,药品上市许可持有人应当制定药品上市后风险管理计划,主动开展药品上市后研究,对药品的安全性、有效性和质量可控性进行进一步确证,加强对已上市药品的持续管理。

新药监测期制度通过监测、收集和分析药品上市后不良反应信息,并在评价药品的疗效和不良反应的基础上,作出是否赋予该药品继续上市销售的权利,以确保药品安全、有效、质量稳定可靠。新药监测期制度是我国医药监管体系中不可或缺的组成部分。就监测目标和周期而言,其处于创新药物研发审批与上市流通两个环节的衔接阶段,是控制药品安全性和激励创新的重要政策工具;就监测评价方法而言,其综合了数据收集分析、安全和疗效评价、上市、撤市或召回等手段,涉及药学、经济学和法学等多领域知识。

2. 新药再注册制度

我国药品再注册制度始于2007年修订施行的《药品注册管理办法》,该管理办法规定,国家食品药品监督管理局核发的药品批准文号、《进口药品注册证》或《医药产品注册证》的有效期为5年。有效期届满需要继续生产或者进口的,申请人应当在届满前6个月申请再注册。② 药品再注册是法律赋予药品监管部门的一项重要职责,是规范药品生产、加强药品监督管理的重要举措,对药品安全监管具有重要作用。药品再注册制度可确认已上市药品批准文号来源的真实性,清除涉嫌造假的批准文号;规范药品生产秩序,解决药品生产企业不按照注册时申报的工艺和处方生产,以及变更工艺和处方不按规定研究和申报等问题,排除药品质量安全隐患,防止严重质量事故发生。药品再注册制度对药品生产企业提出了更高要求,要求企业必须不断努力,使产品在五年后更安全有效,以促进医药生产的健康发展。

三、其他健康产品安全的风险监测

国家建立医疗器械不良事件监测制度,对医疗器械不良事件及时进行收集、分析、评价、控制。③ 医疗器械生产经营企业、使用单位应当对所生产经营或者使用的医疗器械开展不良事件监测;发现医疗器械不良事件或者可疑不良事件,应当按照国务院食品

---

① 《药品不良反应报告和监测管理办法》第37条规定:"设立新药监测期的国产药品,应当自取得批准证明文件之日起每满一年提交一次定期安全性更新报告,直至第五年进行首次再注册。"定期安全更新报告的主要内容包含药品基本信息、国内外上市情况、因药品安全性原因而采取措施的情况、药品安全性信息的变更情况、药品不良反应报告信息、药品安全性分析评价结果等。第20条规定,新药监测期内的国产药品应当报告该药品的所有不良反应;其他国产药品,报告新的和严重的不良反应。进口药品自首次获准进口之日起5年内,报告该进口药品的所有不良反应;满5年的,报告新的和严重的不良反应。

② 《药品注册管理办法》第120条。

③ 《医疗器械监督管理条例》第46条。

药品监督管理部门的规定,向医疗器械不良事件监测技术机构报告。① 任何单位和个人发现医疗器械不良事件或者可疑不良事件,有权向食品药品监督管理部门或者医疗器械不良事件监测技术机构报告。② 国务院食品药品监督管理部门应当加强医疗器械不良事件监测信息网络建设。医疗器械不良事件监测技术机构应当加强医疗器械不良事件信息监测,主动收集不良事件信息;发现不良事件或者接到不良事件报告的,应当及时进行核实、调查、分析,对不良事件进行评估,并向食品药品监督管理部门和卫生主管部门提出处理建议。医疗器械不良事件监测技术机构应当公布联系方式,方便医疗器械生产经营企业、使用单位等报告医疗器械不良事件。③

第二节 健康产品的风险评估

风险评估是指对摄取含有危害的健康产品有多大的概率、在多大程度上会对人身健康造成不良影响进行科学评估。我国明确规定了食品安全风险评估制度,《医疗器械监督管理条例》对于医疗器械风险评估亦有规定,本节仅主要对食品风险评估制度做一介绍。根据《中华人民共和国食品安全法》和《中华人民共和国食品安全法实施条例》的规定,卫生部会同工业和信息化部、农业部、商务部、工商总局、质检总局和国家食品药品监管局制定了《食品安全风险评估管理规定(试行)》,于 2010 年 1 月 21 日发布生效。

一、食品安全风险评估的含义

世界贸易组织实施卫生与植物卫生措施协定(Agreement on the Application of Sanitary and Phytosanitary Measures,SPS)中明确规定,"与食品有关的健康安全必须建立在具有科学性的风险评价基础之上"。食品安全风险评估结果是制定、修订食品安全标准和实施食品安全监督管理的科学依据。《食品安全法》第 17 条第 1 款规定,国家建立食品安全风险评估制度,运用科学方法,根据食品安全风险监测信息、科学数据以及有关信息,对食品、食品添加剂、食品相关产品中生物性、化学性和物理性危害因素进行风险评估。《食品安全法实施条例》第 62 条又进一步明确指出,食品安全风险评估,是指对食品、食品添加剂中生物性、化学性和物理性危害对人体健康可能造成的不良影响所进行的科学评估,包括危害识别、危害特征描述、暴露评估、风险特征描述等。食品安全风险评估"是一个对已知危害的科学了解,以及它们将怎样发生和如果发生后果将

---

① 《医疗器械监督管理条例》第 47 条第 1 款。
② 《医疗器械监督管理条例》第 47 条第 2 款。
③ 《医疗器械监督管理条例》第 48 条。

会如何"①。正确理解这一含义,需要注意以下几点:

（一）食品安全风险评估的主体

根据《食品安全法》第17条第2款和第3款之规定,食品安全风险评估工作由国务院卫生行政部门负责组织,成立由医学、农业、食品、营养、生物、环境等方面的专家组成的食品安全风险评估专家委员会进行食品安全风险评估。食品安全风险评估结果由国务院卫生行政部门公布。对农药、肥料、兽药、饲料和饲料添加剂等的安全性评估,应当有食品安全风险评估专家委员会的专家参加。据此,食品安全风险评估的组织主体为卫生行政部门,实施主体为食品安全风险评估专家委员会。《食品安全风险评估管理规定（试行）》也明确规定,国家食品安全风险评估专家委员会进行风险评估,对风险评估的结果和报告负责,并及时将结果、报告上报卫生部。但有关农药、肥料、兽药、饲料和饲料添加剂等的安全性评估,则由国务院农业行政部门组织,食品安全风险评估专家委员会的专家应当参加。另根据《食品安全风险评估管理规定（试行）》第4条之规定,卫生部确定的食品安全风险评估技术机构接受国家食品安全风险评估专家委员会的委托和指导,具体承担食品安全风险评估相关科学数据、技术信息、检验结果的收集、处理、分析等任务。

（二）食品安全风险评估的依据

食品安全风险评估,应根据食品安全风险监测信息和监督管理信息、科学数据以及其他有关信息,并遵循科学、透明和个案处理的原则进行。

（三）食品安全风险评估的对象

食品安全风险评估的对象范围包括食品、食品添加剂、食品相关产品中生物性、化学性和物理性危害因素。对食品安全进行风险评估的目的在于识别有害物质存在的不确定性;评估在特定的危险因素暴露情况下,有害因子对人类或环境产生不良影响的可能性和严重程度,得到的重要评估数据是有害因子的ADI值（人每日允许摄入量）。风险评估的结果是提出科学建议——有害因子在食物中的最大残留限量MRL值。②

二、食品安全风险评估的类型

食品安全风险评估分为应当评估、裁量评估、应急评估三种类型。

（一）应当评估

根据《食品安全法》第18条和《食品安全法实施条例》第12条之规定,有下列情形之一的,国务院卫生行政部门应当组织进行食品安全风险评估:(1)通过食品安全风险监测或者接到举报发现食品、食品添加剂、食品相关产品可能存在安全隐患的;(2)为

---

① 李援主编:《〈中华人民共和国食品安全法〉解读与适用》,人民出版社2009年版,第34页。
② 周雪:《我国食品安全风险监测与评估制度研究》,西南政法大学2010年硕士学位论文,第9页。

制定或者修订食品安全国家标准提供科学依据需要进行风险评估的;(3)为确定监督管理的重点领域、重点品种需要进行风险评估的;(4)发现新的可能危害食品安全因素的;(5)需要判断某一因素是否构成食品安全隐患的;(6)国务院卫生行政部门认为需要进行风险评估的其他情形。

（二）裁量评估

根据《食品安全法》第19条之规定,国务院食品安全监督管理、农业行政等部门在监督管理工作中发现需要进行食品安全风险评估的,应当向国务院卫生行政部门提出食品安全风险评估的建议,并提供风险来源、相关检验数据和结论等信息、资料。《食品安全法实施条例》第13条具体规定了国务院农业行政、质量监督、工商行政管理和国家食品药品监督管理等有关部门依照《食品安全法》规定向国务院卫生行政部门提出食品安全风险评估建议时所应该提供的信息和资料,包括:(1)风险的来源和性质;(2)相关检验数据和结论;(3)风险涉及范围;(4)其他有关信息和资料。

对于食品安全风险通过现有的监督管理措施可以解决的、通过检验和产品安全性评估可以得出结论的或者国际政府组织有明确资料对风险进行了科学描述且适于我国膳食暴露模式的情形,国务院卫生行政部门可以做出不予评估的决定。对做出不予评估决定和因缺乏数据信息难以做出评估结论的,卫生部应当向有关方面说明原因和依据;如果国际组织已有评估结论的,应一并通报相关部门。

（三）应急评估

根据《食品安全风险评估管理规定》,发生下列情形之一的,卫生部可以要求国家食品安全风险评估专家委员会立即研究分析,对需要开展风险评估的事项,国家食品安全风险评估专家委员会应当立即成立临时工作组,制订应急评估方案。(1)处理重大食品安全事故需要的;(2)公众高度关注的食品安全问题需要尽快解答的;(3)国务院有关部门监督管理工作需要并提出应急评估建议的;(4)处理与食品安全相关的国际贸易争端需要的。需要开展应急评估时,国家食品安全风险评估专家委员会按照应急评估方案进行风险评估,及时向卫生部提交风险评估结果报告。

三、食品安全风险评估的实施

国务院卫生行政部门应以《风险评估任务书》的形式向国家食品安全风险评估专家委员会下达风险评估任务。《风险评估任务书》应当包括风险评估的目的、需要解决的问题和结果产出形式等内容。国家食品安全风险评估专家委员会应当根据评估任务提出风险评估实施方案,报卫生行政部门备案。对于需要进一步补充信息的,可向卫生行政部门提出数据和信息采集方案的建议。国家食品安全风险评估专家委员会按照风险评估实施方案,遵循危害识别、危害特征描述、暴露评估和风险特征描述的结构化程序开展风险评估。受委托的有关技术机构应当在国家食品安全风险评估专家委员会要求的时限内提交风险评估相关科学数据、技术信息、检验结果的收集、处理和分析的结果。

四、食品安全风险评估的结果

经食品安全风险评估,得出食品、食品添加剂、食品相关产品不安全结论的,国务院食品药品监督管理、质量监督等部门应当依据各自职责立即向社会公告,告知消费者停止食用或者使用,并采取相应措施,确保该食品、食品添加剂、食品相关产品停止生产经营;需要制定、修订相关食品安全国家标准的,国务院卫生行政部门应当会同国务院食品药品监督管理部门立即制定、修订。

国务院食品安全监督管理部门应当会同国务院有关部门,根据食品安全风险评估结果、食品安全监督管理信息,对食品安全状况进行综合分析。对经综合分析表明可能具有较高程度安全风险的食品,国务院食品安全监督管理部门应当及时提出食品安全风险警示,并向社会公布。

第三节 健康产品的风险警示

一、食品安全风险警示

(一)食品安全风险预警制度

食品安全风险预警是指通过对食品安全隐患的监测、追踪、量化分析、信息通报预报等,建立起一整套针对食品安全问题的功能体系。对潜在的食品安全问题及时发出警报,从而达到早期预防和控制食品安全事件、最大限度地降低损失、变事后处理为事先预警的目的。[1] 根据《食品安全法》第22条和第118条之规定,国务院食品安全监督管理部门应当会同国务院有关部门,根据食品安全风险评估结果、食品安全监督管理信息,对食品安全状况进行综合分析。对经综合分析表明可能具有较高程度安全风险的食品,国务院食品安全监督管理部门应当及时提出食品安全风险警示,并向社会公布。国家建立统一的食品安全信息平台,实行食品安全信息统一公布制度。国家食品安全总体情况、食品安全风险警示信息、重大食品安全事故及其调查处理信息和国务院确定需要统一公布的其他信息由国务院食品安全监督管理部门统一公布。食品安全风险警示信息和重大食品安全事故及其调查处理信息的影响限于特定区域的,也可以由有关省、自治区、直辖市人民政府食品安全监督管理部门公布。未经授权不得发布上述信息。县级以上人民政府食品安全监督管理、农业行政部门依据各自职责公布食品安全

---

[1] 叶存杰:《基于NET的食品安全预警系统研究》,《科学技术与工程》2007年第2期。

日常监督管理信息。公布食品安全信息,应当做到准确、及时,并进行必要的解释说明,避免误导消费者和社会舆论。

（二）食品标识、标签制度

《消费者权益保护法》第18条规定:"经营者应当保证其提供的商品或者服务符合保障人身、财产安全的要求。对可能危及人身、财产安全的商品和服务,应当向消费者作出真实的说明和明确的警示,并说明和标明正确使用商品或者接受服务的方法以及防止危害发生的方法。"食品标识是指粘贴、印刷、标记在食品或者其包装上,用以表示食品名称、质量等级、商品量、食用或者使用方法、生产者或者销售者等相关信息的文字、符号、数字、图案以及其他说明的总称。食品标签是指预包装食品容器上的文字、图形、符号,以及一切说明物。预包装食品是指预先包装于容器中,以备交付给消费者的食品。食品标签的所有内容,不得以错误的、引起误解的或欺骗性的方式描述或介绍食品,也不得以直接或间接暗示性的语言、图形、符号导致消费者将食品或食品的某一性质与另一产品混淆。此外,食品标签不得与包装容器分开;食品标签的一切内容,不得在流通环节中变得模糊甚至脱落,食品标签的所有内容,必须通俗易懂、准确、科学。《食品安全法》第72条规定,食品经营者应当按照食品标签标示的警示标志、警示说明或者注意事项的要求销售食品。同时,鉴于公众对转基因食品的安全性认识不一,《食品安全法》第69条还规定,生产经营转基因食品应当按照规定显著标示。

二、药品安全风险警示

（一）药物警戒制度

根据世界卫生组织给出的定义,药物警戒（Pharmacovigilance）是与发现、评价、理解和预防不良反应或其他任何可能与药物有关问题的科学研究与活动。药物警戒不仅涉及药物的不良反应,还涉及与药物相关的其他问题,如不合格药品、药物治疗错误、缺乏有效性的报告、对没有充分科学根据而不被认可的适应症的用药、急慢性中毒的病例报告、与药物相关的病死率的评价、药物的滥用与错用、药物与化学药物、其他药物和食品的不良相互作用。2019年新修订的《药品管理法》首次从法律上明确规定了"药物警戒制度",该法第12条第2款规定,"国家建立药物警戒制度,对药品不良反应及其他与用药有关的有害反应进行监测、识别、评估和控制"。

药物警戒的目的包括:①评估药物的效益、危害、有效及风险,以促进其安全、合理及有效的应用;②防范与用药相关的安全问题,提高患者在用药、治疗及辅助医疗方面的安全性;③教育、告知病人药物相关的安全问题,增进涉及用药的公众健康与安全。其最终目标为合理、安全地使用药品;对已上市药品进行风险/效益评价和交流;对患者进行培训、教育,并及时反馈相关信息。药物警戒与药品不良反应监测的目的都是为了提高临床合理用药的水平,保障公众用药安全,改善公众身体健康状况,提高公众的生活质量,但药物警戒涵括了药物从研发直到上市使用的整个过程,而药品不良反应监测仅仅是指药品上市前提下的监测。药物警戒扩展了药品不良反应监测工作的内涵。

(二)药品标识制度

根据《药品管理法》第49条之规定,药品包装应当按照规定印有或者贴有标签并附有说明书。标签或者说明书应当注明药品的通用名称、成分、规格、上市许可持有人及其地址、生产企业及其地址、批准文号、产品批号、生产日期、有效期、适应症或者功能主治、用法、用量、禁忌、不良反应和注意事项。标签、说明书中的文字应当清晰,生产日期、有效期等事项应当显著标注,容易辨识。麻醉药品、精神药品、医疗用毒性药品、放射性药品、外用药品和非处方药的标签、说明书,应当印有规定的标志。另根据该法第48条之规定,发运中药材应当有包装。在每件包装上,应当注明品名、产地、日期、供货单位,并附有质量合格的标志。

第四节　健康产品的召回

一、食品召回制度

2009年《食品安全法》的颁布真正从法律上建立了我国的食品召回制度。该法第63条规定,国家建立食品召回制度。为落实食品生产经营者食品安全第一责任,加强食品生产经营管理,减少和避免不安全食品的危害,保障公众身体健康和生命安全,2015年3月11日,国家食品药品监督管理总局颁布《食品召回管理办法》(国家食品药品监督管理总局令第12号),自2015年9月1日起施行。

(一)食品召回的含义

食品召回,是指食品生产者、经营者发现其生产或销售的已上市销售的食品不符合食品安全标准或者有证据证明可能危害人体健康的,按照规定的程序予以收回的行为。正确理解这一含义需要注意如下几方面。

1. 食品召回的主体

食品生产经营者是食品安全的第一责任人,其应该建立健全相关管理制度,收集、分析食品安全信息,依法履行不安全食品的停止生产经营、召回和处置义务,因此食品生产经营者是食品召回的首要主体。食品生产经营者未依法召回或者停止经营的,县级以上人民政府食品安全监督管理部门可以责令其召回或者停止经营。国务院食品安全监督管理部门负责指导全国不安全食品停止生产经营、召回和处置的监督管理工作。县级以上地方食品监督管理部门负责本行政区域的不安全食品停止生产经营、召回和处置的监督管理工作。

2. 食品召回的情形

当已上市销售的食品不符合食品安全标准或者有证据证明可能危害人体健康的，就需要进行食品召回。

（二）食品召回的级别划分

《食品召回管理办法》第 13 条规定，根据食品安全风险的严重和紧急程度，食品召回分为三级：

一级召回：食用后已经或者可能导致严重健康损害甚至死亡的，食品生产者应当在知悉食品安全风险后 24 小时内启动召回，并向县级以上地方食品监督管理部门报告召回计划。

二级召回：食用后已经或者可能导致一般健康损害，食品生产者应当在知悉食品安全风险后 48 小时内启动召回，并向县级以上地方食品监督管理部门报告召回计划。

三级召回：标签、标识存在虚假标注的食品，食品生产者应当在知悉食品安全风险后 72 小时内启动召回，并向县级以上地方食品监督管理部门报告召回计划。标签、标识存在瑕疵，食用后不会造成健康损害的食品，食品生产者应当改正，可以自愿召回。

（三）食品召回的方式

根据食品召回程序的启动方式，食品召回可分为主动召回和责令召回两种方式。

1. 主动召回

食品主动召回的程序启动主体为食品生产经营者。食品生产者发现其生产的食品不符合食品安全标准或者有证据证明可能危害人体健康的，应当立即停止生产，召回已经上市销售的食品，通知相关生产经营者和消费者，并记录召回和通知情况。食品经营者发现其经营的食品有上述情形的，应当立即停止经营，通知相关生产经营者和消费者，并记录停止经营和通知情况。食品生产者认为应当召回的，应当立即召回。由于食品经营者的原因造成其经营的食品有上述情形的，食品经营者应当召回。食品生产经营者应当对召回的食品采取无害化处理、销毁等措施，防止其再次流入市场。但是，对因标签、标志或者说明书不符合食品安全标准而被召回的食品，食品生产者在采取补救措施且能保证食品安全的情况下可以继续销售；销售时应当向消费者明示补救措施。食品生产经营者应当将食品召回和处理情况向所在地县级人民政府食品安全监督管理部门报告；需要对召回的食品进行无害化处理、销毁的，应当提前报告时间、地点。食品安全监督管理部门认为必要的，可以实施现场监督。

2. 责令召回

食品责令召回程序的启动主体是食品安全监管部门。负有主动召回义务的食品生产经营者未依照规定召回或者停止经营的，县级以上人民政府食品安全监督管理部门可以责令其召回或者停止经营。食品生产经营者在接到责令召回的通知后，应当立即停止生产或者经营，按照法律规定的程序进行食品召回，并进行相应的处理，还应将食品召回和处理情况向所在地县级人民政府食品监管部门报告。

二、药品召回制度

为加强药品安全监管,保障公众用药安全,2007 年 12 月 10 日国家食品药品监督管理局发布《药品召回管理办法》(国家食品药品监督管理局令第 29 号)。2019 年修订的《药品管理法》首次在法律层面上确立了药品召回制度。该法第 82 条第 1 款规定,药品存在质量问题或者其他安全隐患的,药品上市许可持有人应当立即停止销售,告知相关药品经营企业和医疗机构停止销售和使用,召回已销售的药品,及时公开召回信息,必要时应当立即停止生产,并将药品召回和处理情况向省、自治区、直辖市人民政府药品监督管理部门和卫生健康主管部门报告。药品生产企业、药品经营企业和医疗机构应当配合。第 82 条第 2 款规定,药品上市许可持有人依法应当召回药品而未召回的,省、自治区、直辖市人民政府药品监督管理部门应当责令其召回。《药品管理法》第 135 条还明确规定了相关主体不履行召回义务所应承担的法律责任。①

(一)药品召回的含义

根据新修订的《药品管理法》和《药品召回管理办法》,所谓药品召回,指药品上市许可持有人按照规定的程序收回已上市销售的存在质量问题或者其他安全隐患的药品。正确理解这一含义需要注意如下几方面。

1. 药品召回的主体

2019 年新修订的《药品管理法》规定了药品上市许可持有人制度,药品召回的主体由此前的"药品生产企业"变更为"药品上市许可持有人",但药品生产企业、药品经营企业和医疗机构负有配合药品上市许可持有人进行药品召回的义务。

2. 药品召回的情形

根据修订之前的《药品管理法》和《药品召回管理办法》之规定,当已上市销售的药品"存在安全隐患"时,就需要进行药品召回,此处的"安全隐患"是指由于研发、生产等原因可能使药品具有的危及人体健康和生命安全的不合理危险。但新修订的《药品管理法》扩充了药品召回的适用情形,除药品存在安全隐患的情形外,"已上市销售的药品存在质量问题的"也需要进行召回。

(二)药品召回的基本要求

药品上市许可持有人应当对已上市药品的安全性、有效性和质量可控性定期开展

---

① 根据《药品管理法》第 135 条之规定,药品上市许可持有人在省、自治区、直辖市人民政府药品监督管理部门责令其召回后,拒不召回的,处应召回药品货值金额五倍以上十倍以下的罚款;货值金额不足十万元的,按十万元计算;情节严重的,吊销药品批准证明文件、药品生产许可证、药品经营许可证,对法定代表人、主要负责人、直接负责的主管人员和其他责任人员,处二万元以上二十万元以下的罚款。药品生产企业、药品经营企业、医疗机构拒不配合召回的,处十万元以上五十万元以下的罚款。

上市后评价。必要时,国务院药品监督管理部门可以责令药品上市许可持有人开展上市后评价或者直接组织开展上市后评价。药品上市许可持有人应当按照规定建立和完善药品召回制度,收集药品安全的相关信息,对可能具有安全隐患的药品进行调查、评估,召回存在安全隐患的药品。药品生产企业、药品经营企业、使用单位应当协助药品上市许可持有人履行召回义务,按照召回计划的要求及时传达、反馈药品召回信息,控制和收回存在安全隐患的药品。

药品生产企业、药品经营企业、使用单位发现其经营、使用的药品存在安全隐患的,应当立即停止销售或者使用该药品,通知药品生产企业或者供货商,并向药品监督管理部门报告。药品生产企业、经营企业和使用单位应当建立和保存完整的购销记录,保证销售药品的可溯源性。

国家食品药品监督管理局监督全国药品召回的管理工作。国家食品药品监督管理局和省、自治区、直辖市药品监督管理部门应当建立药品召回信息公开制度,采用有效途径向社会公布存在安全隐患的药品信息和药品召回的情况。

（三）药品安全隐患的调查与评估

药品可能存在安全隐患的,药品监督管理部门应开展调查与评估。药品安全隐患调查的内容应当根据实际情况确定,可以包括:(1)已发生药品不良事件的种类、范围及原因;(2)药品使用是否符合药品说明书、标签规定的适应症、用法用量的要求;(3)药品质量是否符合国家标准,药品生产过程是否符合 GMP 等规定,药品生产与批准的工艺是否一致;(4)药品储存、运输是否符合要求;(5)药品主要使用人群的构成及比例;(6)可能存在安全隐患的药品批次、数量及流通区域和范围;(7)其他可能影响药品安全的因素。

药品安全隐患评估的主要内容包括:(1)该药品引发危害的可能性,以及是否已经对人体健康造成了危害;(2)对主要使用人群的危害影响;(3)对特殊人群,尤其是高危人群的危害影响,如老年、儿童、孕妇、肝肾功能不全者、外科病人等;(4)危害的严重与紧急程度;(5)危害导致的后果。

（四）药品召回的级别划分

根据《药品召回管理办法》第 14 条和第 16 条之规定,根据药品安全隐患的严重程度,药品召回分为三级。负有药品召回义务的主体应当根据召回分级与药品销售和使用情况,科学设计药品召回计划并组织实施。其中一级召回是指使用该药品可能引起严重健康危害的,要在 24 小时内通知停止销售和使用;二级召回是指使用该药品可能引起暂时的或者可逆的健康危害的,要求在 48 小时内通知到有关药品经营企业、使用单位停止销售和使用;三级召回是指使用该药品一般不会引起健康危害,但由于其他原因需要收回的,要求在 72 小时内通知到有关药品经营企业、使用单位停止销售和使用。

（五）药品召回的方式

药品召回包括主动召回和责令召回两种方式。

1. 主动召回

药品上市许可持有人应当对收集的信息进行分析，对可能存在安全隐患的药品按要求进行调查评估，发现药品存在安全隐患的，应当决定召回。

药品上市许可持有人在作出药品召回决定后，应当制订召回计划并组织实施，一级召回在 24 小时内，二级召回在 48 小时内，三级召回在 72 小时内，通知到有关药品经营企业、使用单位停止销售和使用，同时向所在地省、自治区、直辖市药品监督管理部门报告。药品上市许可持有人在启动药品召回后，一级召回在 1 日内，二级召回在 3 日内，三级召回在 7 日内，应当将调查评估报告和召回计划提交给所在地省、自治区、直辖市药品监督管理部门备案。省、自治区、直辖市药品监督管理部门应当将收到一级药品召回的调查评估报告和召回计划报告国家食品药品监督管理局。省、自治区、直辖市药品监督管理部门可以根据实际情况组织专家对药品召回计划进行评估，认为所采取的措施不能有效消除安全隐患的，可以要求药品上市许可持有人采取扩大召回范围、缩短召回时间等更为有效的措施。

2. 责令召回

责令召回是指药品监管部门经过调查评估，认为药品存在安全隐患，药品上市许可持有人应主动召回而未主动召回的，由药监部门责令药品上市许可持有人召回药品。必要时，药品监督管理部门可以要求药品生产企业、经营企业和使用单位立即停止销售和使用该药品。药品上市许可持有人在收到责令召回通知书后，应当按规定通知药品生产企业、药品经营企业和使用单位，制订、提交召回计划，并组织实施。

三、其他健康相关产品的召回制度

根据《医疗器械监督管理条例》第 52 条之规定，医疗器械生产企业发现其生产的医疗器械不符合强制性标准、经注册或者备案的产品技术要求或者存在其他缺陷的，应当立即停止生产，通知相关生产经营企业、使用单位和消费者停止经营和使用，召回已经上市销售的医疗器械，采取补救、销毁等措施，记录相关情况，发布相关信息，并将医疗器械召回和处理情况向药品监督管理部门和卫生行政主管部门报告。

医疗器械经营企业发现其经营的医疗器械存在前款规定情形的，应当立即停止经营，通知相关生产经营企业、使用单位、消费者，并记录停止经营和通知情况。医疗器械生产企业认为属于依照规定需要召回的医疗器械，应当立即召回。医疗器械生产经营企业未依照规定实施召回或者停止经营的，药品监督管理部门可以责令其召回或者停止经营。

第二十二章　健康产品的安全监管

食品加工的技术链条已经漫长到让我们大多数消费者难以根据简单的生活经验来判断食品是否安全的程度,这一情形在制度经济学里面叫作"信息不对称"。[1] 包括食品在内的健康产品都具有较强的外部性和严重信息不对称,容易引发市场失灵,因此成为政府社会监管的典型领域。1985 年马里兰大学和天普大学联合设立的"监管科学研究所"(The Institute for Regulatory Science, RSI)将监管定义为"以可能获得的最高水平的科学信息为基础,使社会性决策更加切实可行"[2]。监管的主要目标在于政府部门根据具体的标准对生产、采购、进出口、流通、供应、售卖、广告以及临床试验等环节进行管理,以便确保质量、安全、有效和产品信息的准确性。[3]

第一节　食品安全监管

食品安全监管是指政府依据法律、法规等规范,管理和控制各类微观市场主体涉及食品安全问题的领域,以纠正市场失灵的活动。

一、食品安全监管的主体

监管主体是指具有一定的独立性,通过依法制定相关规范标准,对市场主体的经济活动以及伴随其经济活动而产生的社会问题进行规范和控制,并透过准司法的行政程序执行和发展这些标准的行政机构。[4] 我国现行的食品监管体制采用以食品监督管理部门为主、其他有关部门为辅的模式。根据《食品安全法》之规定,国务院设立食品安全委员会,其职责由国务院规定。国务院食品安全监督管理部门依照本法和国务院规定的职责,对食品生产经营活动实施监督管理。国务院卫生行政部门依照本法和国务院规定的职责,组织开展食品安全风险监测和风险评估,会同国务院食品安全监督管理

---

① 汪丁丁:《食品安全、严刑峻法与哲学王》,《IT 经理世界》2005 年第 182 期。

② The Institute for Regulatory Science. http://www.nars.org.

③ World Health Organization, How to Develope and Implement a National Drug Policy, Second Edition, 2003 (http://www.who.int/entity/management/background_4b.pdf).

④ 马英娟:《政府监管机构研究》,北京大学出版社 2007 年版,第 32 页。

部门制定并公布食品安全国家标准。国务院其他有关部门依照本法和国务院规定的职责,承担有关食品安全工作。

我国食品监督管理部门分为中央和地方两个层次。2018 年 3 月,根据第十三届全国人民代表大会第一次会议批准的国务院机构改革方案,食品安全监督管理的综合协调工作由新组建的国家市场监督管理总局负责,具体工作由食品安全协调司、食品生产安全监督管理司、食品经营安全监督管理司、特殊食品安全监督管理司及食品安全抽检监测司等内设机构负责。而药品安全的监督管理工作则由国家药品监督管理局承担,也由国家市场监督管理总局管理。将食品与药品的监督管理分割开来,从而明确区分了食品与药品的不同性质,使食品与药品的监督管理步入科学的管理轨道,有助于实现食品安全的长治久安。① 作为负责食品监管的最高机构,国家市场监督管理总局在食品安全监管方面承担"食品安全监督管理综合协调"和"食品安全监督管理"职责,前者是指"组织制定食品安全重大政策并组织实施,负责食品安全应急体系建设,组织指导重大食品安全事件应急处置和调查处理工作,建立健全食品安全重要信息直报制度。承担国务院食品安全委员会日常工作"。国家市场监督管理总局所承担的"食品安全监督管理"职责主要是"建立覆盖食品生产、流通、消费全过程的监督检查制度和隐患排查治理机制并组织实施,防范区域性、系统性食品安全风险。推动建立食品生产经营者落实主体责任的机制,健全食品安全追溯体系。组织开展食品安全监督抽检、风险监测、核查处置和风险预警、风险交流工作。组织实施特殊食品注册、备案和监督管理"。国务院卫生行政部门依照本法和国务院规定的职责,组织开展食品安全风险监测和风险评估,会同国务院食品安全监督管理部门制定并公布食品安全国家标准。"国务院其他有关部门"主要是指负责食用农产品的种植养殖环节,以及食用农产品进入批发、零售市场或生产加工企业前的质量安全监督管理等工作的农业行政部门等。

县级以上地方人民政府对本行政区域的食品安全监督管理工作负责,统一领导、组织、协调本行政区域的食品安全监督管理工作以及食品安全突发事件应对工作,建立健全食品安全全程监督管理工作机制和信息共享机制。县级以上地方人民政府依照本法和国务院的规定,确定本级食品安全监督管理、卫生行政部门和其他有关部门的职责。有关部门在各自职责范围内负责本行政区域的食品安全监督管理工作。县级人民政府食品安全监督管理部门可以在乡镇或者特定区域设立派出机构。

2015 年新修订的《食品安全法》还增加了地方政府实行食品安全责任制的规定,对有效督促各级地方政府、食品安全监管部门认真履行各自职责,推动食品安全责任目标落实和食品安全工作任务的完成具有重要的促进作用。该法第 7 条明确规定:"县级

---

① 余文唐:《〈食品安全法〉2018 修订版与 2015 修订版对比》,见 http://www.360doc.com/content/19/0119/22/819919_810071763.shtml。

以上地方人民政府实行食品安全监督管理责任制。上级人民政府负责对下一级人民政府的食品安全监督管理工作进行评议、考核。县级以上地方人民政府负责对本级食品安全监督管理部门和其他有关部门的食品安全监督管理工作进行评议、考核。"

二、食品安全监管的法律依据

我国食品安全监管的主要法律依据有《中华人民共和国食品安全法》《中华人民共和国农产品质量安全法》①《中华人民共和国产品质量法》②《中华人民共和国食品安全法实施条例》③《乳品质量安全监督管理条例》④《国务院关于加强食品等产品安全监督管理的特别规定》⑤等。其中《食品安全法》是我国食品安全监督管理的"基础性法律",是食品安全监督管理法律法规体系的核心。2009年2月28日,第十一届全国人民代表大会常务委员会第七次会议通过《食品安全法》,2015年4月24日第十二届全国人民代表大会常务委员会第十四次会议对该法进行了修订,2018年12月29日根据第十三届全国人民代表大会常务委员会第七次会议《关于修改〈中华人民共和国产品质量法〉等五部法律的决定》对该法进行了第一次修正,2021年4月29日根据第十三届全国人民代表大会常务委员会第二十八次会议《关于修改〈中华人民共和国道路交通安全法〉等八部法律的决定》对该法进行了第二次修正。

三、食品安全监管的范围与内容

食品安全监管的范围涵盖食用农产品监管、食品生产监管、食品销售监管、食品添加剂监管、餐饮服务监管、特殊食品监管、食品广告监管等领域。

(一)食用农产品监管

县级以上人民政府农业行政部门应当加强对农业投入品使用的监督管理和指导,

---

① 2006年4月29日第十届全国人民代表大会常务委员会第二十一次会议通过《中华人民共和国农产品质量安全法》,2018年10月26日根据第十三届全国人民代表大会常务委员会第六次会议《关于修改〈中华人民共和国野生动物保护法〉等十五部法律的决定》进行了修正。

② 1993年2月22日第七届全国人民代表大会常务委员会第三十次会议通过《中华人民共和国产品质量安全法》,根据2000年7月8日第九届全国人民代表大会常务委员会第十六次会议《关于修改〈中华人民共和国产品质量法〉的决定》第一次修正,根据2009年8月27日第十一届全国人民代表大会常务委员会第十次会议《关于修改部分法律的决定》第二次修正,根据2018年12月29日第十三届全国人民代表大会常务委员会第七次会议《关于修改〈中华人民共和国产品质量法〉等五部法律的决定》第三次修正。

③ 2009年7月20日国务院公布《中华人民共和国食品安全法实施条例》(2009年国务院令第557号),根据2016年2月6日《国务院关于修改部分行政法规的决定》进行了修订。

④ 2008年10月6日国务院第28次常务会议通过《乳品质量安全监督管理条例》(2008年国务院令第536号),旨在加强乳品质量安全监督管理,保证乳品质量安全,保障公众身体健康和生命安全,促进奶业健康发展。

⑤ 为加强食品等产品安全监督管理,进一步明确生产经营者、监督管理部门和地方人民政府的责任,加强各监督管理部门的协调、配合,保障人体健康和生命安全,国务院于2007年7月26日发布《国务院关于加强食品等产品安全监督管理的特别规定》(2007年国务院令第503号)。

建立健全农业投入品安全使用制度。食用农产品生产者应当按照食品安全标准和国家有关规定使用农药、肥料、兽药、饲料和饲料添加剂等农业投入品,严格执行农业投入品使用安全间隔期或者休药期的规定,不得使用国家明令禁止的农业投入品。禁止将剧毒、高毒农药用于蔬菜、瓜果、茶叶和中草药材等国家规定的农作物。食用农产品的生产企业和农民专业合作经济组织应当建立农业投入品使用记录制度。

(二)食品生产经营监管

1. 食品生产经营需共同遵守的规范

《食品安全法》第 33 条规定,食品生产经营应当符合食品安全标准,并符合下列要求:①具有与生产经营的食品品种、数量相适应的食品原料处理和食品加工、包装、贮存等场所,保持该场所环境整洁,并与有毒、有害场所以及其他污染源保持规定的距离;②具有与生产经营的食品品种、数量相适应的生产经营设备或者设施,有相应的消毒、更衣、盥洗、采光、照明、通风、防腐、防尘、防蝇、防鼠、防虫、洗涤以及处理废水、存放垃圾和废弃物的设备或者设施;③有专职或者兼职的食品安全专业技术人员、食品安全管理人员和保证食品安全的规章制度;④具有合理的设备布局和工艺流程,防止待加工食品与直接入口食品、原料与成品交叉污染,避免食品接触有毒物、不洁物;⑤餐具、饮具和盛放直接入口食品的容器,使用前应当洗净、消毒,炊具、用具用后应当洗净,保持清洁;⑥贮存、运输和装卸食品的容器、工具和设备应当安全、无害,保持清洁,防止食品污染,并符合保证食品安全所需的温度、湿度等特殊要求,不得将食品与有毒、有害物品一同贮存、运输;⑦直接入口的食品应当使用无毒、清洁的包装材料、餐具、饮具和容器;⑧食品生产经营人员应当保持个人卫生,生产经营食品时,应当将手洗净,穿戴清洁的工作衣、帽等;销售无包装的直接入口食品时,应当使用无毒、清洁的容器、售货工具和设备;⑨用水应当符合国家规定的生活饮用水卫生标准;⑩使用的洗涤剂、消毒剂应当对人体安全、无害;⑪法律、法规规定的其他要求。非食品生产经营者从事食品贮存、运输和装卸的,应当符合前款第⑥项的规定。

食品生产经营企业应当建立健全食品安全管理制度,对职工进行食品安全知识培训,加强食品检验工作,依法从事生产经营活动。食品生产经营企业的主要负责人应当落实企业食品安全管理制度,对本企业的食品安全工作全面负责。食品生产经营企业应当配备食品安全管理人员,加强对其培训和考核。经考核不具备食品安全管理能力的,不得上岗。食品安全监督管理部门应当对企业食品安全管理人员随机进行监督抽查考核并公布考核情况。监督抽查考核不得收取费用。

食品生产经营者应当建立并执行从业人员健康管理制度。患有国务院卫生行政部门规定的有碍食品安全疾病的人员,不得从事接触直接入口食品的工作。从事接触直接入口食品工作的食品生产经营人员应当每年进行健康检查,取得健康证明后方可上岗工作。

2. 食品生产监管

《食品安全法》第41条规定,生产食品相关产品应当符合法律、法规和食品安全国家标准。对直接接触食品的包装材料等具有较高风险的食品相关产品,按照国家有关工业产品生产许可证管理的规定实施生产许可。食品安全监督管理部门应当加强对食品相关产品生产活动的监督管理。

食品生产企业除了获得食品生产许可之外,还应遵守《食品安全法》规定的义务,食品安全监管主体也应依法加强对食品生产活动的监管。如食品安全监督管理部门应当对食品生产加工小作坊和食品摊贩等加强监督管理。县级以上地方人民政府应当对食品生产加工小作坊、食品摊贩等进行综合治理,加强服务和统一规划,改善其生产经营环境,鼓励和支持其改进生产经营条件,进入集中交易市场、店铺等固定场所经营,或者在指定的临时经营区域、时段经营。利用新的食品原料生产食品,或者生产食品添加剂新品种、食品相关产品新品种,应当向国务院卫生行政部门提交相关产品的安全性评估材料。国务院卫生行政部门应当自收到申请之日起六十日内组织审查;对符合食品安全要求的,准予许可并公布;对不符合食品安全要求的,不予许可并书面说明理由。生产经营的食品中不得添加药品,但是可以添加按照传统既是食品又是中药材的物质。按照传统既是食品又是中药材的物质目录由国务院卫生行政部门会同国务院食品安全监督管理部门制定、公布。

3. 食品经营监管

食品经营者采购食品,应当查验供货者的许可证和食品出厂检验合格证或者其他合格证明(以下称合格证明文件)。食品经营企业应当建立食品进货查验记录制度,如实记录食品的名称、规格、数量、生产日期或者生产批号、保质期、进货日期以及供货者名称、地址、联系方式等内容,并保存相关凭证。记录和凭证保存期限应当符合法定要求。实行统一配送经营方式的食品经营企业,可以由企业总部统一查验供货者的许可证和食品合格证明文件,进行食品进货查验记录。从事食品批发业务的经营企业应当建立食品销售记录制度,如实记录批发食品的名称、规格、数量、生产日期或者生产批号、保质期、销售日期以及购货者名称、地址、联系方式等内容,并保存相关凭证。记录和凭证保存期限应当符合法定要求。

集中交易市场的开办者、柜台出租者和展销会举办者,应当依法审查入场食品经营者的许可证,明确其食品安全管理责任,定期对其经营环境和条件进行检查,发现其有违反本法规定行为的,应当及时制止并立即报告所在地县级人民政府食品安全监督管理部门。

网络食品交易第三方平台提供者应当对入网食品经营者进行实名登记,明确其食品安全管理责任;依法应当取得许可证的,还应当审查其许可证。网络食品交易第三方平台提供者发现入网食品经营者有违反本法规定行为的,应当及时制止并立即报告所在地县级人民政府食品安全监督管理部门;发现严重违法行为的,应当立即停止提供网络交易平台服务。

(三)食品添加剂监管

国家对食品添加剂生产实行许可制度。从事食品添加剂生产,应当具有与所生产食品添加剂品种相适应的场所、生产设备或者设施、专业技术人员和管理制度,并依照规定的程序,取得食品添加剂生产许可。生产食品添加剂应当符合法律、法规和食品安全国家标准。

食品添加剂生产者应当建立食品添加剂出厂检验记录制度,查验出厂产品的检验合格证和安全状况,如实记录食品添加剂的名称、规格、数量、生产日期或者生产批号、保质期、检验合格证号、销售日期以及购货者名称、地址、联系方式等相关内容,并保存相关凭证。记录和凭证保存期限应当符合《食品安全法》第 50 条第 2 款的规定。

食品添加剂经营者采购食品添加剂,应当依法查验供货者的许可证和产品合格证明文件,如实记录食品添加剂的名称、规格、数量、生产日期或者生产批号、保质期、进货日期以及供货者名称、地址、联系方式等内容,并保存相关凭证。

(四)餐饮服务监管

餐饮服务提供者应当制定并实施原料控制要求,不得采购不符合食品安全标准的食品原料。倡导餐饮服务提供者公开加工过程,公示食品原料及其来源等信息。餐饮服务提供者在加工过程中应当检查待加工的食品及原料,发现有腐败变质、油脂酸败、霉变生虫、污秽不洁、混有异物、掺假掺杂或者感官性状异常的食品、食品添加剂的,不得加工或者使用。

餐饮服务提供者应当定期维护食品加工、贮存、陈列等设施、设备;定期清洗、校验保温设施及冷藏、冷冻设施。餐饮服务提供者应当按照要求对餐具、饮具进行清洗消毒,不得使用未经清洗消毒的餐具、饮具;餐饮服务提供者委托清洗消毒餐具、饮具的,应当委托符合本法规定条件的餐具、饮具集中消毒服务单位。

学校、托幼机构、养老机构、建筑工地等集中用餐单位的食堂应当严格遵守法律、法规和食品安全标准;从供餐单位订餐的,应当从取得食品生产经营许可的企业订购,并按照要求对订购的食品进行查验。供餐单位应当严格遵守法律、法规和食品安全标准,当餐加工,确保食品安全。学校、托幼机构、养老机构、建筑工地等集中用餐单位的主管部门应当加强对集中用餐单位的食品安全教育和日常管理,降低食品安全风险,及时消除食品安全隐患。

(五)食品广告监管

食品广告的内容应当真实合法,不得含有虚假内容,不得涉及疾病预防、治疗功能。食品生产经营者对食品广告内容的真实性、合法性负责。县级以上人民政府食品安全监督管理部门和其他有关部门以及食品检验机构、食品行业协会不得以广告或者其他形式向消费者推荐食品。消费者组织不得以收取费用或者其他牟取利益的方式向消费者推荐食品。

（六）特殊食品监管

特殊食品是指保健食品、特殊医学用途配方食品、婴幼儿配方食品和其他专供特定人群食用的主辅食品。《食品安全法》第 74 条规定，国家对保健食品、特殊医学用途配方食品和婴幼儿配方食品等特殊食品实行严格监督管理。对特殊食品的严格监管主要体现为如下三方面：

第一，特殊食品实行注册或备案制度，生产保健食品、特殊医学用途配方食品、婴幼儿配方食品除应当取得食品生产许可证之外，还要进行产品或者配方的注册或备案。

第二，特殊食品的生产应按照良好生产规范的要求，建立与所生产食品相适应的生产质量管理体系。《食品安全法》第 83 条规定，生产保健食品，特殊医学用途配方食品、婴幼儿配方食品和其他专供特定人群的主辅食品的企业，应当按照良好生产规范的要求建立与所生产食品相适应的生产质量管理体系，定期对该体系的运行情况进行自查，保证其有效运行，并向所在地县级人民政府食品安全监督管理部门提交自查报告。

第三，应遵循其他法定管理制度。如《食品安全法》第 81 条规定，婴幼儿配方食品生产企业应当实施从原料进厂到成品出厂的全过程质量控制，对出厂的婴幼儿配方食品实施逐批检验，保证食品安全。生产婴幼儿配方食品使用的生鲜乳、辅料等食品原料、食品添加剂等，应当符合法律、行政法规的规定和食品安全国家标准，保证婴幼儿生长发育所需的营养成分。婴幼儿配方食品生产企业应当将食品原料、食品添加剂、产品配方及标签等事项向省、自治区、直辖市人民政府食品安全监督管理部门备案。婴幼儿配方乳粉的产品配方应当经国务院食品安全监督管理部门注册。注册时，应当提交配方研发报告和其他表明配方科学性、安全性的材料。不得以分装方式生产婴幼儿配方乳粉，同一企业不得用同一配方生产不同品牌的婴幼儿配方乳粉。

四、食品安全监管的手段与制度

食品安全监管主体进行食品安全监管的手段多种多样，包括食品安全标准的制定与修订、食品安全全程追溯制度、食品生产经营许可、食品安全风险监测与评估、食品安全信息报告与通报、食品安全分级管理、食品安全检验、食品安全事故查处、食品安全日常监督检查、食品违法行为行政处罚等。本章仅就食品安全全程追溯制度，食品安全风险分级管理制度，食品安全监督管理计划和监督检查措施，责任约谈制度，食品安全信用档案公开和通报制度以及食品安全有奖举报制度等做以介绍。

（一）食品安全全程追溯制度

国际食品法典委员会（CAC）指出，可追溯体系是食品风险管理的关键。CAC 与国际标准化组织 ISO 把可追溯性的概念定义为"通过登记的识别码，对商品或行为的历史和使用或位置予以追踪的能力"。全程追溯制度是指通过已记录的产品标识追溯产品的历史来源,包括产品的原材料来源、加工过程、运输储存方式等信息,实现对食品安全的追本溯源。① 食品安全涉及的主体多,链条长,监管难度大。为加强食品生产经营管理、强化食品安全监管、促进社会诚信建设、维护消费者合法权益,2015 年修订的《食品安全法》在"全程控制"的原则下新确立了"食品安全全程追溯制度"。该法规定,食品安全工作实行预防为主、风险管理、全程控制、社会共治,建立科学、严格的监督管理制度。② 国家建立食品安全全程追溯制度。③ 食品生产经营者应当建立食品安全追溯体系,保证食品可追溯。国家鼓励食品生产经营者采用信息化手段采集、留存生产经营信息,建立食品安全追溯体系。④ 国务院食品安全监督管理部门会同国务院农业行政等有关部门建立食品安全全程追溯协作机制。⑤

(二)食品安全风险分级管理制度

为科学、高效地利用有限的监管资源,提升食品安全监管的效率,2015 年修订的《食品安全法》增加了食品安全风险分级管理的规定。该法第 109 条第 1 款规定:"县级以上人民政府食品安全监督管理部门根据食品安全风险监测、风险评估结果和食品安全状况等,确定监督管理的重点、方式和频次,实施风险分级管理。"根据该条第 3 款之规定,食品安全年度监督管理计划应当将下列事项作为监督管理的重点:(1)专供婴幼儿和其他特定人群的主辅食品;(2)保健食品生产过程中的添加行为和按照注册或者备案的技术要求组织生产的情况,保健食品标签、说明书以及宣传材料中有关功能宣传的情况;(3)发生食品安全事故风险较高的食品生产经营者;(4)食品安全风险监测结果表明可能存在食品安全隐患的事项。

(三)食品安全监督管理计划和监督检查措施

食品安全监管涉及多个监管部门,为实现食品安全的全程监管和各监管部门之间的无缝对接,《食品安全法》第 109 条第 2 款规定,县级以上地方人民政府组织本级食品安全监督管理、农业行政等部门制定本行政区域的食品安全年度监督管理计划,向社会公布并组织实施。

同时,为明确监管部门在履行食品安全监督管理职责时所能够采取的行政检查措施和行政强制措施,《食品安全法》第 110 条具体规定了食品安全监督检查措施:"县级以上人民政府食品安全监督管理部门履行食品安全监督管理职责,有权采取下列措施,对生产经营者遵守本法的情况进行监督检查:(1)进入生产经营场所实施现场检查;

---

① 倪楠、舒洪水、苟震:《食品安全法研究》,中国政法大学出版社 2016 年版,第 172 页。
② 《食品安全法》第 3 条。
③ 《食品安全法》第 42 条第 1 款。
④ 《食品安全法》第 42 条第 2 款。
⑤ 《食品安全法》第 42 条第 3 款。

（2）对生产经营的食品、食品添加剂、食品相关产品进行抽样检验；（3）查阅、复制有关合同、票据、账簿以及其他有关资料；（4）查封、扣押有证据证明不符合食品安全标准或者有证据证明存在安全隐患以及用于违法生产经营的食品、食品添加剂、食品相关产品；（5）查封违法从事生产经营活动的场所。"据此，食品安全监管部门在进行监督检查时有权采取下列措施：

1. 现场检查

县级以上人民政府食品安全监督管理部门有权进入食品生产经营场所实施现场检查，对食品生产经营者是否按照《食品安全法》的要求进行生产经营活动进行检查，被检查单位不得拒绝、阻挠或干涉，否则可能构成违反治安管理行为，由公安机关依照《治安管理处罚法》的有关规定给予治安管理处罚；构成犯罪的，将依照刑法的有关规定追究刑事责任。

2. 抽样检验

抽样检验简称"抽检"，是食品安全监管部门基于数理统计和概率论的基本原理，从成批的食品、食品添加剂、食品相关产品中随机抽取一部分作为样本进行检验，根据检验结果判断食品、食品添加剂、食品相关产品质量是否合格的行政检查措施。抽样检查是食品安全监管部门对食品安全进行动态跟踪监管的主要手段之一，应遵循法定的程序和要求进行。《食品安全法》第87条规定："县级以上人民政府食品安全监督管理部门应当对食品进行定期或者不定期的抽样检验，并依据有关规定公布检验结果，不得免检。进行抽样检验，应当购买抽取的样品，委托符合本法规定的食品检验机构进行检验，并支付相关费用；不得向食品生产经营者收取检验费和其他费用。"

3. 查阅、复制有关资料

除现场检查、抽样检验外，食品安全监管部门还有权采取查阅、复制有关合同、票据、账簿以及其他有关资料的行政检查措施。此处的"查阅、复制有关合同、票据、账簿以及其他有关资料"主要是指查阅、复制食品生产经营许可证、食品生产经营人员的身体健康证明、食品进货查验记录、出厂检验记录等与食品安全有关的资料，被检查的单位或人员必须配合，不得拒绝、隐匿、销毁有关资料。同时，食品安全监管部门也应依法进行查阅和复制，不得查阅、复制与食品安全监督检查无关的资料，并且对因此获知的信息负有保密义务，非因法定原因不得泄露。

4. 查封、扣押有关物品

查封、扣押有关物品是《行政强制法》上规定的行政强制措施之一，县级以上人民政府食品安全监管部门在行使查封、扣押有关物品这一行政强制权时必须符合法定条件，遵循法定程序进行。即只有在：有证据证明食品、食品添加剂、食品相关产品不符合食品安全标准，有证据证明食品、食品添加剂、食品相关产品存在安全隐患以及食品、食品添加剂、食品相关产品用于违法生产经营这三种情形下，才能进行查封、扣押。其中，

"查封"是指食品安全监管部门以张贴封条或其他必要措施,将上述三种情形下的食品、食品添加剂、食品相关产品封存起来,未经查封部门许可,任何单位和个人不得启封、动用;"扣押"是指食品安全监管部门将上述物品等运到其他的场所予以扣留。

5. 查封违法从事生产经营活动的场所

查封有关场所也是《行政强制法》上规定的行政强制措施之一,县级以上人民政府食品安全监管部门在查封违法从事生产经营活动的场所时,也必须符合法定条件,遵循法定程序进行。

(四)责任约谈制度

"责任约谈"是指依法享有监督管理职权的行政主体,发现其所监管的行政相对人出现了特定问题,为了防止发生违法行为,在事先约定的时间、地点与行政相对人进行沟通、协商,然后进行警示、告诫的一种非强制行政行为。责任约谈实现了行政监管方式由事后处罚打击型向事前监督指导型的转变。①《食品安全法》规定了对食品生产经营者的责任约谈和对食品安全监管部门等进行的责任约谈。

1. 对食品生产经营者进行的责任约谈

《食品安全法》第114条规定,食品生产经营过程中存在食品安全隐患,未及时采取措施消除的,县级以上人民政府食品安全监督管理部门可以对食品生产经营者的法定代表人或者主要负责人进行责任约谈。食品生产经营者应当立即采取措施,进行整改,消除隐患。责任约谈情况和整改情况应当纳入食品生产经营者食品安全信用档案。

责任约谈是要给予食品生产经营者以警示或告诫,是对食品生产经营活动的干预,因此必须符合法定事由才能进行责任约谈。根据《食品安全法》第114条之规定,对食品生产经营者进行责任约谈的法定事由是经食品安全风险监测、风险评估,或者接到举报、投诉等,发现食品生产经营过程中存在食品安全隐患,未及时采取措施消除。

在出现应进行责任约谈的法定事由时,县级以上人民政府食品安全监督管理部门即可对食品生产经营者进行责任约谈,具体约谈对象应为食品生产经营企业的法定代表人或主要负责人。食品生产经营者应在责任约谈之后立即采取措施、进行整改,消除隐患。责任约谈情况和整改情况应当纳入食品生产经营者食品安全信用档案。因此,从法律效力上来看,责任约谈应为一种新型的带有责任告诫意味的行政指导行为。②

2. 对食品安全监管部门等进行的责任约谈

《食品安全法》第117条规定,县级以上人民政府食品安全监督管理等部门未及时发现食品安全系统性风险,未及时消除监督管理区域内的食品安全隐患的,本级人民政府可以对其主要负责人进行责任约谈。地方人民政府未履行食品安全职责,未及时消

---

① 信春鹰主编:《中华人民共和国食品安全法解读》,中国法制出版社 2015 年版,第298—299 页。
② 信春鹰主编:《中华人民共和国食品安全法解读》,中国法制出版社 2015 年版,第299—300 页。

除区域性重大食品安全隐患的,上级人民政府可以对其主要负责人进行责任约谈。被约谈的食品安全监督管理等部门、地方人民政府应当立即采取措施,对食品安全监督管理工作进行整改。责任约谈情况和整改情况应当纳入地方人民政府和有关部门食品安全监督管理工作评议、考核记录。

该条实际上规定了两种责任约谈类型,一是县级以上人民政府对所属食品安全监管部门的责任约谈;二是上级人民政府对下级人民政府的责任约谈。从性质上来看,这两种都属于行政层级监督性质的责任约谈。"行政层级监督"是指行政机关系统内负有行政监督职能的上级行政机关监督下级行政机关是否依法行使职权的一种监督制度体系,是预防和解决行政机关不作为、行政乱作为和违法行政的最直接和最有效的手段。对所属食品安全监管部门或下级地方人民政府进行责任约谈,具有行政层级监督的内部性、专业性、高效性、广泛性等特点,促使和推动食品安全领域实现政令畅通,落实好食品安全监督管理责任制。①

(五)食品安全信用档案公开和通报制度

党的十八届四中全会指出,加强社会诚信建设,健全公民和组织守法信用记录,完善守法诚信褒奖机制和违法失信行为惩戒机制,使尊法守法成为全体人民共同追求和自觉行动。建立食品生产经营者食品安全信用档案制度,有利于强化生产经营者作为食品安全第一责任人的主体意识。2015 年修订的《食品安全法》第 113 条规定,县级以上人民政府食品安全监督管理部门应当建立食品生产经营者食品安全信用档案,记录许可颁发、日常监督检查结果、违法行为查处等情况,依法向社会公布并实时更新;对有不良信用记录的食品生产经营者增加监督检查频次,对违法行为情节严重的食品生产经营者,可以通报投资主管部门、证券监督管理机构和有关的金融机构。

(六)食品安全有奖举报制度

提高并保护食品生产经营的内部人员举报食品安全违法行为的积极性,对于及时发现、控制和消除食品安全隐患,形成良好的食品安全社会共治局面具有重要意义。借鉴美国的《吹哨人法案》和日本的"公益告发制度",2015 年修订的《食品安全法》规定了食品安全有奖举报和保护举报人合法权益的内容。该法第 115 条规定,县级以上人民政府食品安全监督管理等部门应当公布本部门的电子邮件地址或者电话,接受咨询、投诉、举报。接到咨询、投诉、举报,对属于本部门职责的,应当受理并在法定期限内及时答复、核实、处理;对不属于本部门职责的,应当移交有权处理的部门并书面通知咨询、投诉、举报人。有权处理的部门应当在法定期限内及时处理,不得推诿。对查证属实的举报,给予举报人奖励。有关部门应当对举报人的信息予以保密,保护举报人的合法权益。举报人举报所在企业的,该企业不得以解除、变更劳动合同或者其他方式对举

---

① 信春鹰主编:《中华人民共和国食品安全法解读》,中国法制出版社 2015 年版,第 306—307 页。

报人进行打击报复。

第二节　药品安全监管

　　药品是一种典型的风险产品,从上市前研发、审批、生产、流通到临床使用的整个过程中,都可能存在引发药品风险和药品损害的因素。因此,世界各国基本都对药品安全进行严格监管。美国 FDA 的发展历程表明,对公众和企业来说,政府监管使药品更加安全可靠,从而增加了人们的自由:政府监管帮助建立了一个研发更新更好的药品的基础,使药品研发遵循医学和科学原则,而不是依靠欺诈和虚假广告。① 我国 2019 年修订的《药品管理法》也贯彻"最严格的监管"的理念,强化了对药品全生命周期的安全监管。

一、药品安全监管的主体

　　药品安全监管主体是指依据法律法规的授权,按照法定的程序和标准,对药品、药事组织和相应从业人员的药品研制、生产、经营、使用等活动进行监督和管理的组织。药品安全监管主体与技术监督管理机构互相协作,通过综合运用监督检查、行政许可、行政处罚、行政强制等手段,保障公众用药安全,保护企业合法权益。

　　我国现行的药品监管体制采用以药品监督管理部门为主、其他有关部门为辅的模式。根据《药品管理法》之规定,国务院药品监督管理部门主管全国药品监督管理工作。国务院有关部门在各自职责范围内负责与药品有关的监督管理工作。国务院药品监督管理部门配合国务院有关部门,执行国家药品行业发展规划和产业政策。省、自治区、直辖市人民政府药品监督管理部门负责本行政区域内的药品监督管理工作。设区的市级、县级人民政府承担药品监督管理职责的部门(以下称药品监督管理部门)负责本行政区域内的药品监督管理工作。县级以上地方人民政府有关部门在各自职责范围内负责与药品有关的监督管理工作。药品监督管理部门设置或者指定的药品专业技术机构,承担依法实施药品监督管理所需的审评、检验、核查、监测与评价等工作。

　　考虑到药品监管的特殊性,我国单独组建国家药品监督管理局,由国家市场监督管理总局管理。市场监管实行分级管理,药品监管机构只设到省一级,药品经营销售等行为的监管,由市县市场监管部门统一承担。国家药品监督管理局的主要职责包括:(1)负责药品(含中药、民族药,下同),医疗器械和化妆品安全监督管理。拟订监督管理政策规划,组织起草法律法规草案,拟订部门规章,并监督实施。研究拟订鼓励药品、医疗

---

　　① ［美］菲利普·希尔茨:《保护公众健康——美国食品药品百年监管历程》,姚明威译,中国水利水电出版社 2006 年版,第 295 页。

器械和化妆品新技术新产品的管理与服务政策。（2）负责药品、医疗器械和化妆品标准管理。组织制定、公布国家药典等药品、医疗器械标准，组织拟订化妆品标准，组织制定分类管理制度，并监督实施。参与制定国家基本药物目录，配合实施国家基本药物制度。（3）负责药品、医疗器械和化妆品注册管理。制定注册管理制度，严格上市审评审批，完善审评审批服务便利化措施，并组织实施。（4）负责药品、医疗器械和化妆品质量管理。制定研制质量管理规范并监督实施。制定生产质量管理规范并依职责监督实施。制定经营、使用质量管理规范并指导实施。（5）负责药品、医疗器械和化妆品上市后风险管理。组织开展药品不良反应、医疗器械不良事件和化妆品不良反应的监测、评价和处置工作。依法承担药品、医疗器械和化妆品安全应急管理工作。（6）负责执业药师资格准入管理。制定执业药师资格准入制度，指导监督执业药师注册工作。（7）负责组织指导药品、医疗器械和化妆品监督检查。制定检查制度，依法查处药品、医疗器械和化妆品注册环节的违法行为，依职责组织指导查处生产环节的违法行为。（8）负责药品、医疗器械和化妆品监督管理领域对外交流与合作，参与相关国际监管规则和标准的制定。（9）负责指导省、自治区、直辖市药品监督管理部门工作。（10）完成党中央、国务院交办的其他任务。①

地方各级药品监督管理部门是地方药事监管主体，在自身的职责权限范围内，依法履行本行政区域内的药事监管职责。此外，药品检验机构也配合药品监督管理部门承担着一定的药事监管职责。所谓药品检验机构是指承担药品法定检验工作的机构。根据《药品管理法》的规定，药品监督管理部门设置或者确定的药品检验机构，承担依法实施药品审批和药品质量监督检查所需的药品检验工作。不得参与药品生产经营活动，不得以其名义推荐、监制、监销药品，药品检验机构工作人员不得参与药品生产经营活动。

值得注意的是，新《药品管理法》强化了地方政府对药品监督管理工作的职责，规定县级以上地方人民政府对本行政区域内的药品监督管理工作负责，统一领导、组织、协调本行政区域内的药品监督管理工作以及药品安全突发事件应对工作，建立健全药品监督管理工作机制和信息共享机制。县级以上人民政府应当将药品安全工作纳入本级国民经济和社会发展规划，将药品安全工作经费列入本级政府预算，加强药品监督管理能力建设，为药品安全工作提供保障。②

---

① 国家药品监督管理局网站，见 http://www.nmpa.gov.cn/WS04/CL2073/。

② 此外，2016 年 12 月 25 日第十二届全国人民代表大会常务委员会第二十五次会议通过了《中华人民共和国中医药法》，该法已于 2017 年 7 月 1 日生效。该法第 5 条规定："国务院中医药主管部门负责全国的中医药管理工作。国务院其他有关部门在各自职责范围内负责与中医药管理有关的工作。县级以上地方人民政府中医药主管部门负责本行政区域的中医药管理工作。县级以上地方人民政府其他有关部门在各自职责范围内负责与中医药管理有关的工作。"据此，在中医药监管领域中，除了各级食品药品监督管理部门之外，县级以上各级人民政府中医药主管部门也是法定的药事监管主体。

二、药品安全监管的法律依据

我国药品安全监管的主要法律依据有《中华人民共和国药品管理法》《中华人民共和国疫苗管理法》[①]《中华人民共和国中医药法》《中华人民共和国药品管理法实施条例》《麻醉药品和精神药品管理条例》《医疗用毒性药品管理办法》《放射性药品管理办法》《药品注册管理办法》《药品生产监督管理办法》《药品流通监督管理办法》《医疗机构药品监督管理办法》《医疗机构制剂配置监督管理办法》《药品召回管理办法》等。其中,《药品管理法》是专门规范药品研制、生产、经营、使用和监督管理的法律,是我国药品监管的基本法律。现行《药品管理法》制定于1984年,2001年作了一次全面修订。《药品管理法》的颁布实施,对规范药品生产经营活动、加强药品监督管理、保障公众用药需求、促进医药产业健康发展,发挥了十分重要的作用。近年来,特别是2015年以来,我国药品产业快速发展,创新创业方兴未艾,药品审评审批制度改革持续深化,药品安全监管持续加强,药品监管国际化步伐持续加快,药品监管进入了新阶段。2019年8月26号,第十三届全国人大常委会第十二次会议第二次修订了《药品管理法》。此次修法确立了"保护和促进公众健康"的药品管理立法宗旨,在"风险管理、全程管控、社会共治"的基本原则下建立了一系列的监管制度、监管机制、监管方式等,强化了药品监管体系和监管能力建设,强调要建立职业化、专业化的检查员队伍,着力推进药品监管的现代化。

三、药品安全监管的范围与内容

(一)药品研制监管

《药品管理法》规定,国家支持以临床价值为导向、对人的疾病具有明确或者特殊疗效的药物创新,鼓励具有新的治疗机理、治疗严重危及生命的疾病或者罕见病、对人体具有多靶向系统性调节干预功能等的新药研制,推动药品技术进步。国家鼓励运用现代科学技术和传统中药研究方法开展中药科学技术研究和药物开发,建立和完善符合中药特点的技术评价体系,促进中药传承创新。国家采取有效措施,鼓励儿童用药品的研制和创新,支持开发符合儿童生理特征的儿童用药品新品种、剂型和规格,对儿童用药品予以优先审评审批。

新药是指中国境内外均未上市的药品,分为创新药和改良型新药,新药研发是指从新化合物发现到新药上市应用的整个过程,包括药物非临床研究和"药物临床研究"等阶段。新药的非临床研究包括药学研究、药理毒理学研究、药代动力学研究等,涉及药

[①] 为建立系统的、全链条的疫苗管理制度,2019年6月29日,十三届全国人大常委会第十一次会议表决通过了《中华人民共和国疫苗管理法》,于2019年12月1日开始施行。该法共11章100条,对疫苗研制和注册、疫苗生产和批签发、疫苗流通、预防接种、异常反应监测和处理、疫苗上市后管理、保障措施、监督管理和法律责任等方面进行了明确规定,对疫苗实行最严格的管理制度。

物化学、药剂学、药物分析学、药理学、药物代谢动力学、药理毒理学等学科。新药非临床研究完成之后,新药研究机构需要向政府监管部门递交研究新药申请并接受技术审评,通过审评后即可进入新药的临床研究。新药的临床研究包括临床试验和生物等效性试验。新药的临床试验分为四期,Ⅰ期临床试验是对新药进行初步的临床药理学及人体安全性评价试验,Ⅱ期临床试验采用随机盲法对照临床试验,对新药有效性及安全性做出初步评价,Ⅲ期临床试验遵循随机对照的原则进行多中心临床试验,进一步对新药的有效性和安全性进行评价,Ⅳ期临床试验在上市后监测阶段进行。新药的生物等效性试验是指用生物利用度研究的方法,以药代动力学参数为指标,比较同一种药物的相同或者不同剂型的制剂,在相同的试验条件下,其活性成分吸收程度和速度有无统计学差异的人体试验,主要是针对仿制药品而言的。

从事药品研制活动,应当遵守药物非临床研究质量管理规范、药物临床试验质量管理规范,保证药品研制全过程持续符合法定要求。药物非临床研究质量管理规范、药物临床试验质量管理规范由国务院药品监督管理部门会同国务院有关部门制定。开展药物非临床研究,应当符合国家有关规定,有与研究项目相适应的人员、场地、设备、仪器和管理制度,保证有关数据、资料和样品的真实性。开展药物临床试验,应当按照国务院药品监督管理部门的规定如实报送研制方法、质量指标、药理及毒理试验结果等有关数据、资料和样品,经国务院药品监督管理部门批准。国务院药品监督管理部门应当自受理临床试验申请之日起六十个工作日内决定是否同意并通知临床试验申办者,逾期未通知的,视为同意。其中,开展生物等效性试验的,报国务院药品监督管理部门备案。开展药物临床试验,应当在具备相应条件的临床试验机构进行。药物临床试验机构实行备案管理,具体办法由国务院药品监督管理部门、国务院卫生健康主管部门共同制定。开展药物临床试验,应当符合伦理原则,制定临床试验方案,经伦理委员会审查同意。伦理委员会应当建立伦理审查工作制度,保证伦理审查过程独立、客观、公正,监督规范开展药物临床试验,保障受试者合法权益,维护社会公共利益。实施药物临床试验,应当向受试者或者其监护人如实说明和解释临床试验的目的和风险等详细情况,取得受试者或者其监护人自愿签署的知情同意书,并采取有效措施保护受试者合法权益。药物临床试验期间,发现存在安全性问题或者其他风险的,临床试验申办者应当及时调整临床试验方案、暂停或者终止临床试验,并向国务院药品监督管理部门报告。必要时,国务院药品监督管理部门可以责令调整临床试验方案、暂停或者终止临床试验。对正在开展临床试验的用于治疗严重危及生命且尚无有效治疗手段的疾病的药物,经医学观察可能获益,并且符合伦理原则的,经审查、知情同意后可以在开展临床试验的机构内用于其他病情相同的患者。

（二）**药品注册监管**

药品注册是指依照法定程序和相关要求,药品注册申请人提出药品注册申请,食品药品监督管理部门对拟上市药品的安全性、有效性、质量可控性等进行综合性评价,作出行政许可决定的过程。《药品管理法》规定,在中国境内上市的药品,应当经国务院药品监督管理部门批准,取得药品注册证书;但是,未实施审批管理的中药材和中药饮片除外。实施审批管理的中药材、中药饮片品种目录由国务院药品监督管理部门会同国务院中医药主管部门制定。申请药品注册,应当提供真实、充分、可靠的数据、资料和样品,证明药品的安全性、有效性和质量可控性。

对申请注册的药品,国务院药品监督管理部门应当组织药学、医学和其他技术人员进行审评,对药品的安全性、有效性和质量可控性以及申请人的质量管理、风险防控和责任赔偿等能力进行审查;符合条件的,颁发药品注册证书。国务院药品监督管理部门在审批药品时,对化学原料药一并审评审批,对相关辅料、直接接触药品的包装材料和容器一并审评,对药品的质量标准、生产工艺、标签和说明书一并核准。对治疗严重危及生命且尚无有效治疗手段的疾病以及公共卫生方面急需的药品,药物临床试验已有数据显示疗效并能预测其临床价值的,可以附条件批准,并在药品注册证书中载明相关事项。

国务院药品监督管理部门应当完善药品审评审批工作制度,加强能力建设,建立健全沟通交流、专家咨询等机制,优化审评审批流程,提高审评审批效率。批准上市药品的审评结论和依据应当依法公开,接受社会监督。对审评审批中知悉的商业秘密应当保密。

药品应当符合国家药品标准。经国务院药品监督管理部门核准的药品质量标准高于国家药品标准的,按照经核准的药品质量标准执行;没有国家药品标准的,应当符合经核准的药品质量标准。国务院药品监督管理部门颁布的《中华人民共和国药典》和药品标准为国家药品标准。国务院药品监督管理部门会同国务院卫生健康主管部门组织药典委员会,负责国家药品标准的制定和修订。国务院药品监督管理部门设置或者指定的药品检验机构负责标定国家药品标准品、对照品。列入国家药品标准的药品名称为药品通用名称。已经作为药品通用名称的,该名称不得作为药品商标使用。

(三)药品生产监管

1. 药品 GMP 制度

《药品生产质量管理规范》(Good Manufacturing Practice for Drugs,GMP)是通过控制药品生产全过程中影响药品质量的各种因素来保障药品的安全有效,是世界各国政府和国际组织所公认的一项行之有效的、科学的管理药品生产质量的措施和方法。药品 GMP 认证,指的是政府部门对制药企业实施 GMP 的情况进行检查、评价并决定是否颁发认证证书的过程,是一种强制性的企业质量体系的政府认证。实行 GMP 认证,可逐步淘汰不符合技术、经济要求的药品生产企业,进而有效地调整药品生产企业总体结构,有利于保证药品质量、保证社会公众的用药安全和国民的身体健康并与国际惯例接轨。[1]

---

① 田侃主编:《中国药事法》,东南大学出版社 2004 年版,第 93 页。

为了保证药品质量,确保社会公众的用药安全,并有效参与国际药品贸易竞争,1995 年由国家技术监督局会同当时的卫生部、国家医药管理局、国家中医药管理局、中国药品生物制品检定所、总后卫生部等部门共同组成中国药品认证委员会,负责当时我国药品的 GMP 认证,具体的办事机构为卫生部药品认证中心。当时的 GMP 认证属自愿性认证。1998 年国家药品监督管理局成立后,中国药品认证委员会自行撤销,成立了国家药品监督管理局认证管理中心,负责药品认证的具体检查监督工作。1998 年确立的自愿性认证也改为强制性认证。2001 年新修订的《药品管理法》及其实施条例正式以立法的形式明确了 GMP 认证的法律性质是国家药品监督管理部门依法对药品生产企业实施 GMP 监督检查并依况予以认可的制度,属于行政检查范畴,是每个药品生产企业都必须接受的强制性认证。

为落实国务院"放管服"要求,2019 年修订的《药品管理法》取消 GMP 认证审批制度,增加建立职业化药品检查员制度,强化后续跟踪检查。但从事药品生产活动还应遵守 GMP。新修订的《药品管理法》规定,从事药品生产活动,应当遵守药品生产质量管理规范,建立健全药品生产质量管理体系,保证药品生产全过程持续符合法定要求。① 药品生产企业的法定代表人、主要负责人对本企业的药品生产活动全面负责。②

药品监督管理部门应当对药品上市许可持有人、药品生产企业、药品经营企业和药物非临床安全性评价研究机构、药物临床试验机构等遵守药品生产质量管理规范、药品经营质量管理规范、药物非临床研究质量管理规范、药物临床试验质量管理规范等情况进行检查,监督其持续符合法定要求。③ 国家建立职业化、专业化药品检查员队伍。检查员应当熟悉药品法律法规,具备药品专业知识。④

2. 药品生产监管的其他要求

药品应当按照国家药品标准和经药品监督管理部门核准的生产工艺进行生产。生产、检验记录应当完整准确,不得编造。中药饮片应当按照国家药品标准炮制;国家药品标准没有规定的,应当按照省、自治区、直辖市人民政府药品监督管理部门制定的炮制规范炮制。省、自治区、直辖市人民政府药品监督管理部门制定的炮制规范应当报国务院药品监督管理部门备案。不符合国家药品标准或者不按照省、自治区、直辖市人民政府药品监督管理部门制定的炮制规范炮制的,不得出厂、销售。生产药品所需的原料、辅料,应当符合药用要求、药品生产质量管理规范的有关要求。生产药品,应当按照规定对供应原料、辅料等的供应商进行审核,保证购进、使用的原料、辅料等符合法定要求。直接接触药品的包装材料和容器,应当符合药用要求,符合保障人体健康、安全的

---

① 《药品管理法》第 43 条第 1 款。
② 《药品管理法》第 43 条第 2 款。
③ 《药品管理法》103 条。
④ 《药品管理法》104 条。

标准。对不合格的直接接触药品的包装材料和容器,由药品监督管理部门责令停止使用。药品上市许可持有人、药品生产企业、药品经营企业和医疗机构中直接接触药品的工作人员,应当每年进行健康检查。患有传染病或者其他可能污染药品的疾病的,不得从事直接接触药品的工作。

(四)药品经营监管

1. 药品 GSP 制度

《药品经营质量管理规范》(Good Supply Practice,GSP)是指在药品流通全过程中,用以保证药品符合质量标准而制定的针对药品计划采购、购进验收、储存养护、销售及售后服务等环节的管理制度。其核心是通过严格的管理制度来约束企业的行为,对药品经营全过程进行质量控制,保证向用户提供优质药品的准则。药品 GSP 认证,指政府部门对制药企业实施 GSP 的情况进行检查、评价并决定是否颁发认证证书的过程,是一种强制性的企业质量体系的政府认证。药品 GSP 认证的实施,提高了药品经营质量,强化了药品经营领域的结构调整和市场行为规范,有利于达到整顿和规范市场经济秩序、提高企业进入药品市场的技术壁垒、保证社会公众用药安全有效等目的。同时,也极大地提高了医药经营企业的整体素质和业务能力,为医药行业的有序发展铺平了道路。[1]

我国从 20 世纪 80 年代起开始推行药品 GSP 认证。1984 年 6 月,由国家医药管理局发布了《医药商品质量管理规范(试行)》,在全国医药商业范围内试行。1992 年国家医药管理局正式颁布了《医药商品质量管理规范》修订版。1997 年国家中医药管理局制定了符合中药经营质量管理要求的《中药经营企业 GSP 验收标准》。1998 年国家药品监督管理局成立后,总结了过去几十年药品经营质量管理的经验,于 2000 年颁布并施行《药品经营质量管理规范》,这也是我国现行的 GSP。2000 年 11 月国家药品监督管理局发布了《药品经营质量管理规范实施细则》和《药品经营质量管理规范认证管理办法》。这些法规的制定施行,标志着我国药品 GSP 认证工作开始步入正轨。[2]

落实国务院"放管服"要求,2019 年修订的《药品管理法》也取消了 GSP 认证制度,新修订的《药品管理法》规定,从事药品经营活动,应当遵守药品经营质量管理规范,建立健全药品经营质量管理体系,保证药品经营全过程持续符合法定要求。[3] 药品监督管理部门应当对药品经营企业遵守药品经营质量管理规范等情况进行检查,监督其持续符合法定要求。[4]

---

[1] 凌沛学主编:《药事管理与法规》,中国轻工业出版社 2007 年版,第 115 页。
[2] 凌沛学主编:《药事管理与法规》,中国轻工业出版社 2007 年版,第 108 页。
[3] 《药品管理法》第 53 条第 1 款。
[4] 《药品管理法》第 103 条。

2. 药品经营监管的其他要求

国家鼓励、引导药品零售连锁经营。从事药品零售连锁经营活动的企业总部,应当建立统一的质量管理制度,对所属零售企业的经营活动履行管理责任。[①] 药品经营企业的法定代表人、主要负责人对本企业的药品经营活动全面负责。[②] 国家对药品实行处方药与非处方药分类管理制度。药品上市许可持有人、药品生产企业、药品经营企业和医疗机构应当从药品上市许可持有人或者具有药品生产、经营资格的企业购进药品;但是,购进未实施审批管理的中药材除外。药品经营企业购进药品,应当建立并执行进货检查验收制度,验明药品合格证明和其他标识;不符合规定要求的,不得购进和销售。药品经营企业购销药品,应当有真实、完整的购销记录。购销记录应当注明药品的通用名称、剂型、规格、产品批号、有效期、上市许可持有人、生产企业、购销单位、购销数量、购销价格、购销日期及国务院药品监督管理部门规定的其他内容。药品经营企业零售药品应当准确无误,并正确说明用法、用量和注意事项;调配处方应当经过核对,对处方所列药品不得擅自更改或者代用。对有配伍禁忌或者超剂量的处方,应当拒绝调配;必要时,经处方医师更正或者重新签字,方可调配。药品经营企业销售中药材,应当标明产地。依法经过资格认定的药师或者其他药学技术人员负责本企业的药品管理、处方审核和调配、合理用药指导等工作。药品经营企业应当制定和执行药品保管制度,采取必要的冷藏、防冻、防潮、防虫、防鼠等措施,保证药品质量。药品入库和出库应当执行检查制度。

疫苗、血液制品、麻醉药品、精神药品、医疗用毒性药品、放射性药品、药品类易制毒化学品等国家实行特殊管理的药品不得在网络上销售。药品网络交易第三方平台提供者应当按照国务院药品监督管理部门的规定,向所在地省、自治区、直辖市人民政府药品监督管理部门备案。第三方平台提供者应当依法对申请进入平台经营的药品上市许可持有人、药品经营企业的资质等进行审核,保证其符合法定要求,并对发生在平台的药品经营行为进行管理。第三方平台提供者发现进入平台经营的药品上市许可持有人、药品经营企业有违反《药品管理法》规定行为的,应当及时制止并立即报告所在地县级人民政府药品监督管理部门;发现严重违法行为的,应当立即停止提供网络交易平台服务。

（五）医疗机构药事监管

医疗机构应当配备依法经过资格认定的药师或者其他药学技术人员,负责本单位的药品管理、处方审核和调配、合理用药指导等工作。非药学技术人员不得直接从事药剂技术工作。医疗机构购进药品,应当建立并执行进货检查验收制度,验明药品合格证

---

① 《药品管理法》第 53 条第 2 款。
② 《药品管理法》第 53 条第 3 款。

明和其他标识;不符合规定要求的,不得购进和使用。医疗机构应当有与所使用药品相适应的场所、设备、仓储设施和卫生环境,制定和执行药品保管制度,采取必要的冷藏、防冻、防潮、防虫、防鼠等措施,保证药品质量。

医疗机构应当坚持安全有效、经济合理的用药原则,遵循药品临床应用指导原则、临床诊疗指南和药品说明书等合理用药,对医师处方、用药医嘱的适宜性进行审核。医疗机构以外的其他药品使用单位,应当遵守《药品管理法》有关医疗机构使用药品的规定。依法经过资格认定的药师或者其他药学技术人员调配处方,应当进行核对,对处方所列药品不得擅自更改或者代用。对有配伍禁忌或者超剂量的处方,应当拒绝调配;必要时,经处方医师更正或者重新签字,方可调配。

(六)药品广告监管

药品广告应当经广告主所在地省、自治区、直辖市人民政府确定的广告审查机关批准;未经批准的,不得发布。药品广告的内容应当真实、合法,以国务院药品监督管理部门核准的药品说明书为准,不得含有虚假的内容。药品广告不得含有表示功效、安全性的断言或者保证;不得利用国家机关、科研单位、学术机构、行业协会或者专家、学者、医师、药师、患者等的名义或者形象作推荐、证明。非药品广告不得有涉及药品的宣传。

四、药品安全监管的手段

药品安全监管的手段包括药事行政许可、监督检查、行政处罚、行政强制、药品不良反应报告与监测、药品追溯制度等。此处仅简单介绍药事行政许可、监督检查与行政强制。

(一)药事行政许可

1. 药事行政许可的概念

药事行政许可是指具有许可职权的药事监管主体对行政相对人提出的申请依法进行审查并做出是否赋予其从事某种药事活动的权利或资格的行政行为。药事行政许可的行为主体为具有法定药事许可职权的特定主体。

2. 药事行政许可的种类

根据我国《行政许可法》的规定,法定的许可种类包括一般许可、特许、认可、核准和登记五大类。药事行政许可作为行政许可的一种,也包括这五种许可。所谓一般许可是指只要申请人向药事监管主体提出申请,经依法审查核实并符合法定条件的,就能够获得从事药事活动的权利和资格,对申请人并无特殊限制的许可。所谓特许是国家对许可事项严格控制且对许可审查与决定程序异常严格的许可。特许是对禁止的解除;一般许可是对权利的赋予。[1] 具体到药事行政许可,指药事监管主体代表国家向申

---

① 胡建森:《行政法学》(第四版),法律出版社 2015 年版,第 264 页。

请人授予某种特定的权利,在药事活动领域主要涉及有限公共资源的配置、直接关系公共利益的垄断性企业的市场准入等事项。认可是指药事监管主体对申请人是否具备特定的药事活动技能的认定。所谓核准是指药事监管主体通过检验、检疫、检测,对某些事项是否达到特定的技术标准或规范进行判断,并根据结果做出许可决定的许可类型。所谓登记是指药事监管主体确立个人、企业或者其他组织的特定主体资格的行为。

从药事行政许可的形式来看,主要包括许可证、批准文号、合格证书等。其中,许可证是最常见和最重要的许可形式。在日常生活中,许可证包括许可证、注册证、许可登记证、批准文件等形态。在药事行政领域主要包括以下几种形式:①许可证,如药品生产许可证、药品经营许可证、医疗机构制剂许可证、放射装置试运行许可证等;②注册证、准许证,如进口药品注册证、麻醉药品进出口准许证等;③批准文件、批准书,如一次性进口药品批件等。批准文号是对一些国家予以特殊限制的产品在进入生产、流通前进行严格审查,获得批准文号是这些产品取得行政许可的特殊标志,如新药生产批准文号、放射性药品批准文号、一般药品生产批准文号等。合格证书包括新药证书、中药保护品种证书等。①

(二)药事监督检查

1. 药事监督检查的含义

药事监督检查是指药事监管主体为了实现药事监督管理目标和任务,依法对药事活动主体遵守药事法律规范和履行行政决定的情况所进行的查看、调查和监督等。药事监督检查是药事监管的重要常规手段,它是及时预防、发现和处置违法药事活动的重要途径。

2. 药事监督检查的方式

药事监管主体为了达到卫生监督检查的目标,可以视不同情况和具体需要灵活采取不同的监督检查方式。如查阅材料、调查、查验等。查验又可分为全面查验、抽样查验、综合查验、临时查验等。

2019 年新修订的《药品管理法》第 99 条和第 100 条规定,药品监督管理部门应当依照法律、法规的规定对药品研制、生产、经营和药品使用单位使用药品等活动进行监督检查,必要时可以对为药品研制、生产、经营、使用提供产品或者服务的单位和个人进行延伸检查,有关单位和个人应当予以配合,不得拒绝和隐瞒。药品监督管理部门应当对高风险的药品实施重点监督检查。对有证据证明可能存在安全隐患的,药品监督管理部门根据监督检查情况,应当采取告诫、约谈、限期整改以及暂停生产、销售、使用、进口等措施,并及时公布检查处理结果。药品监督管理部门进行监督检查时,应当出示证明文件,对监督检查中知悉的商业秘密应当保密。药品监督管理部门根据监督管理的

---

① 解志勇:《卫生法通论》,中国政法大学出版社 2019 年版,第 194 页。

需要,可以对药品质量进行抽查检验。

(三)药事行政强制

行政强制是行政强制措施和行政强制执行的总称。行政强制措施是指行政机关在行政管理过程中,为制止违法行为、防止证据损毁、避免危害发生、控制危险扩大等情形,依法对公民的人身自由实施暂时性限制,或者对公民、法人或者其他组织的财物实施暂时性控制的行为。行政强制执行是指行政机关或者行政机关申请人民法院,对不履行行政决定的公民、法人或者其他组织,依法强制履行义务的行为。① 药事行政强制属于行政强制的一种,是指药事监管主体为实现药事活动监管目标,对行政相对人的人身、财产等予以强制而采取的措施,具体包括药事行政强制措施和药事行政强制执行两种。《药品管理法》主要规定了药事行政强制措施的适用。

行政强制措施的客体是行政相对人的人身自由与财产。有关人身自由限制、冻结存款、汇款的行政强制措施设定,只能由法律予以规定。行政法规、地方性法规可以有条件地设定一些对财产的行政强制措施。规章不得设定任何行政强制措施。药事行政强制措施的方式主要是对财产的强制,即查封、扣押、冻结等。如《药品管理法》第 100 条第 2 款规定:"对有证据证明可能危害人体健康的药品及其有关材料,药品监督管理部门可以查封、扣押,并在七日内做出行政处理决定;药品需要检验的,应当自检验报告书发出之日起十五日内做出行政处理决定。"即规定了查封和扣押两种方式。

原则上,行政强制措施由行政机关在法定职权范围内实施,且不得委托他人实施。法律、行政法规授权的组织也可以在法定授权范围内实施行政强制措施。因此,根据《药品管理法》,原则上只能由药品监督管理部门来实施行政强制措施。同时,为了提高行政效率,依法行政,法律要求行政机关在强制执行之前,必须履行催告程序。在听取陈述与申辩之后,才能作出行政强制执行决定。强制执行受《行政强制法》第 43 条之约束,即行政机关不得在夜间或者法定节假日实施行政强制执行,但情况紧急的除外。行政机关不得对居民生活采取停止供水、供电、供热、供燃气等方式迫使当事人履行相关行政决定。

(四)药品追溯制度

药品追溯制度是用信息化的手段保障药品生产经营使用的质量安全,能够实现药品风险控制,也包括问题药品召回,同时还能防止假药、劣药进入合法渠道。药品追溯制度的建设,主要是以"一物一码、物码同追"为方向,要求药品上市许可持有人建立药品追溯体系,能够实现药品最小包装单元可追溯、可核查。② 2019 年新修订的《药品管

---

① 章剑生:《现代行政法总论》,法律出版社 2013 年版,第 191 页。
② 《国家药监局解读药品管理法,亮点详情——细说》,见 http://www.sohu.com/a/339279913_377310,2019 年 9 月 8 日。

理法》明确规定国家要建立健全药品追溯制度。① 药品上市许可持有人、药品生产企业、药品经营企业和医疗机构应当建立并实施药品追溯制度,按照规定提供追溯信息,保证药品可追溯。② 中药饮片生产企业履行药品上市许可持有人的相关义务,对中药饮片生产、销售实行全过程管理,建立中药饮片追溯体系,保证中药饮片安全、有效、可追溯。③

第三节　其他健康产品安全监管

一、医疗器械安全监管

(一)医疗器械安全监管的范围与内容

1. 医疗器械生产监管

除需要取得生产许可之外,医疗器械的生产还应符合下列要求:

(1)医疗器械生产的条件

从事医疗器械生产活动,应当具备下列条件:①有与生产的医疗器械相适应的生产场地、环境条件、生产设备以及专业技术人员;②有对生产的医疗器械进行质量检验的机构或者专职检验人员以及检验设备;③有保证医疗器械质量的管理制度;④有与生产的医疗器械相适应的售后服务能力;⑤产品研制、生产工艺文件规定的要求。

(2)医疗器械生产质量管理规范

医疗器械生产质量管理规范应当对医疗器械的设计开发、生产设备条件、原材料采购、生产过程控制、企业的机构设置和人员配备等影响医疗器械安全、有效的事项做出明确规定。医疗器械生产企业应当按照医疗器械生产质量管理规范的要求,建立健全与所生产医疗器械相适应的质量管理体系并保证其有效运行;严格按照经注册或者备案的产品技术要求组织生产,保证出厂的医疗器械符合强制性标准以及经注册或者备案的产品技术要求。

医疗器械生产企业应当定期对质量管理体系的运行情况进行自查,并向所在地省、自治区、直辖市人民政府食品药品监督管理部门提交自查报告。医疗器械生产企业的生产条件发生变化,不再符合医疗器械质量管理体系要求的,医疗器械生产企业应当立

---

① 《药品管理法》第 12 条规定,国家建立健全药品追溯制度。国务院药品监督管理部门应当制定统一的药品追溯标准和规范,推进药品追溯信息互通互享,实现药品可追溯。该法第 7 条还规定,从事药品研制、生产、经营、使用活动,应当遵守法律、法规、规章、标准和规范,保证全过程信息真实、准确、完整和可追溯。

② 《药品管理法》第 36 条。

③ 《药品管理法》第 39 条。

即采取整改措施;可能影响医疗器械安全、有效的,应当立即停止生产活动,并向所在地县级人民政府食品药品监督管理部门报告。

2. 医疗器械经营监管

医疗器械经营企业、使用单位购进医疗器械,应当查验供货者的资质和医疗器械的合格证明文件,建立进货查验记录制度。从事第二类、第三类医疗器械批发业务以及第三类医疗器械零售业务的经营企业,还应当建立销售记录制度。记录事项包括:(1)医疗器械的名称、型号、规格、数量;(2)医疗器械的生产批号、有效期、销售日期;(3)生产企业的名称;(4)供货者或者购货者的名称、地址及联系方式;(5)相关许可证明文件编号等。进货查验记录和销售记录应当真实,并按照国务院食品药品监督管理部门规定的期限予以保存。国家鼓励采用先进技术手段进行记录。

运输、贮存医疗器械,应当符合医疗器械说明书和标签标示的要求;对温度、湿度等环境条件有特殊要求的,应当采取相应措施,保证医疗器械的安全、有效。

3. 医疗器械使用监管

2015年9月29日,国家食品药品监督管理总局审议通过《医疗器械使用质量监督管理办法》(国家食品药品监督管理总局令第18号),该办法分总则,采购、验收与贮存,使用、维护与转让,监督管理,法律责任,附则6章35条,自2016年2月1日起施行。

(1)医疗器械使用质量监管总体要求

第一,药品监督管理部门的监管责任。国家食品药品监督管理总局负责全国医疗器械使用质量监督管理工作。县级以上地方食品药品监督管理部门负责本行政区域的医疗器械使用质量监督管理工作。上级食品药品监督管理部门负责指导和监督下级食品药品监督管理部门开展医疗器械使用质量监督管理工作。

第二,医疗器械使用单位的责任。医疗器械使用单位应当配备与其规模相适应的医疗器械质量管理机构或者质量管理人员,建立覆盖质量管理全过程的使用质量管理制度,承担本单位使用医疗器械的质量管理责任。医疗器械使用单位发现所使用的医疗器械发生不良事件或者可疑不良事件的,应当按照医疗器械不良事件监测的有关规定报告并处理。

第三,医疗器械生产经营企业的责任。医疗器械生产经营企业销售的医疗器械应当符合强制性标准以及经注册或者备案的产品技术要求。医疗器械生产经营企业应当按照与医疗器械使用单位的合同约定,提供医疗器械售后服务,指导和配合医疗器械使用单位开展质量管理工作。

(2)使用单位的医疗器械采购、验收与使用

使用单位应当从具有医疗器械生产、经营资质的企业购进合格的医疗器械。使用单位应当建立和执行医疗器械进货查验记录制度。医疗器械使用单位应当有与在用医

疗器械品种、数量相适应的贮存场所设施和条件。医疗器械使用单位应当加强对工作人员的技术培训,按照产品说明书、技术操作规范等要求使用医疗器械。医疗器械使用单位配置大型医用设备,应当符合国务院卫生主管部门制定的大型医用设备配置规划,与其功能定位、临床服务需求相适应,具有相应的技术条件、配套设施和具备相应资质、能力的专业技术人员,并经省级以上人民政府卫生主管部门批准,取得大型医用设备配置许可证。《大型医用设备配置与应用管理办法》由国务院卫生主管部门会同国务院有关部门制定。大型医用设备目录由国务院卫生主管部门商国务院有关部门提出,报国务院批准后执行。医疗器械使用单位对重复使用的医疗器械,应当按照国务院卫生主管部门制定的消毒和管理的规定进行处理。一次性使用的医疗器械不得重复使用,对使用过的应当按照国家有关规定销毁并记录。

医疗器械使用单位对需要定期检查、检验、校准、保养、维护的医疗器械,应当按照产品说明书的要求进行检查、检验、校准、保养、维护并予以记录,及时进行分析、评估,确保医疗器械处于良好状态,保障使用质量;对使用期限长的大型医疗器械,应当逐台建立使用档案,记录其使用、维护、转让、实际使用时间等事项。记录保存期限不得少于医疗器械规定使用期限终止后5年。

4.医疗器械广告监管

医疗器械广告应当真实合法,不得含有虚假、夸大、误导性的内容。医疗器械广告应当经医疗器械生产企业或者进口医疗器械代理人所在地省、自治区、直辖市人民政府食品药品监督管理部门审查批准,并取得医疗器械广告批准文件。广告发布者发布医疗器械广告,应当事先核查广告的批准文件及其真实性;不得发布未取得批准文件、批准文件的真实性未经核实或者广告内容与批准文件不一致的医疗器械广告。省、自治区、直辖市人民政府药品监督管理部门应当公布并及时更新已经批准的医疗器械广告目录以及批准的广告内容。省级以上人民政府药品监督管理部门责令暂停生产、销售、进口和使用的医疗器械,在暂停期间不得发布涉及该医疗器械的广告。

(二)医疗器械安全监管的手段——医疗器械监督检查

医疗器械监督管理部门应当对医疗器械的注册、备案、生产、经营、使用活动加强监督检查,并对下列事项进行重点监督检查:(1)医疗器械生产企业是否按照经注册或者备案的产品技术要求组织生产;(2)医疗器械生产企业的质量管理体系是否保持有效运行;(3)医疗器械生产经营企业的生产经营条件是否持续符合法定要求。

医疗器械监督管理部门在监督检查中有下列职权:(1)进入现场实施检查、抽取样品;(2)查阅、复制、查封、扣押有关合同、票据、账簿以及其他有关资料;(3)查封、扣押不符合法定要求的医疗器械,违法使用的零配件、原材料以及用于违法生产医疗器械的工具、设备;(4)查封违反本条例规定从事医疗器械生产经营活动的场所。

医疗器械监督管理部门进行监督检查,应当出示执法证件,保守被检查单位的商业秘密。有关单位和个人应当对食品药品监督管理部门的监督检查予以配合,不得隐瞒有关情况。

二、化妆品安全监管

(一)化妆品生产监管

化妆品的生产除须要获得生产许可外,还应该遵守下列规范:

1. 化妆品生产企业所应符合的卫生需求

化妆品生产企业必须符合下列五项卫生要求:第一,生产企业应当建在清洁区域内,与有毒、有害场所保持符合卫生要求的间距。第二,生产企业厂房的建筑应当坚固、清洁;车间内天花板、墙壁、地面应当采用光洁建筑材料,应当具有良好的采光(或照明),并应当具有防止和消除鼠害和其他有害昆虫及其孳生条件的设施和措施。第三,生产企业应当设有与产品品种、数量相适应的化妆品原料、加工、包装、贮存等厂房或场所。第四,生产车间应当有适合产品特点的相应的生产设施,工艺规程应当符合卫生要求。第五,生产企业必须具有能对所生产的化妆品进行微生物检验的仪器设备和检验人员。

2. 化妆品生产从业人员的要求

直接从事化妆品生产的人员,必须每年进行健康检查,取得健康证后方可从事化妆品的生产活动。凡患有手癣、指甲癣、手部湿疹、发生于手部的银屑病或者鳞屑、渗出性皮肤病以及患有痢疾、伤寒、病毒性肝炎、活动性肺结核等传染病的人员,不得直接从事化妆品生产活动。

3. 原料、材料的要求

生产化妆品所需的原料、辅料以及直接接触化妆品的容器和包装材料必须符合国家卫生标准。使用化妆品新原料生产化妆品,必须经国务院化妆品监督管理部门批准。

(二)化妆品经营管理制度

1. 进口化妆品管理制度

首次进口的特殊用途化妆品,进口单位必须提供该化妆品的说明书、质量标准、检验方法等有关资料和样品以及出口国(地区)批准生产的证明文件,经国务院化妆品监督管理部门批准,方可签订进口合同。首次进口的其他化妆品,应当按照规定备案。

2. 禁售化妆品制度

根据《化妆品监督管理条例》之规定,化妆品经营单位和个人不得销售下列化妆品:(1)未取得《化妆品生产企业卫生许可证》的企业所生产的化妆品;(2)无质量合格标记的化妆品;(3)标签、小包装或者说明书不符合规定的化妆品;(4)未取得批准文号的特殊用途化妆品;(5)超过使用期限的化妆品;(6)进口未备案的普通化妆品;(7)过渡期届满之后的化妆品;(8)其他不符合《化妆品监督管理条例》的化妆品。

3.化妆品广告宣传制度

《化妆品监督管理条例》第43条规定："化妆品广告的内容应当真实、合法。化妆品广告不得明示或者暗示产品具有医疗作用，不得含有虚假或者引人误解的内容，不得欺骗、误导消费者。"第69条规定："化妆品广告违反本条例规定的，依照《中华人民共和国广告法》的规定给予处罚；采用其他方式对化妆品作虚假或者引人误解的宣传的，依照有关法律的规定给予处罚；构成犯罪的，依法追究刑事责任。"

三、保健食品安全监管的要求

（一）保健食品原料监管

《食品安全法》第75条严格规定了对保健食品的原料监管，保健食品原料目录和允许保健食品声称的保健功能目录，由国务院食品安全监督管理部门会同国务院卫生行政部门、国家中医药管理部门制定、调整并公布。保健食品原料目录应当包括原料名称、用量及其对应的功效；列入保健食品原料目录的原料只能用于保健食品生产，不得用于其他食品生产。

（二）保健食品生产监管

第一，保健食品生产企业应当按照注册或者备案的产品配方、生产工艺等技术要求组织生产；第二，保健食品生产企业应当按照良好生产规范的要求建立与所生产食品相适应的生产质量管理体系，定期对该体系的运行情况进行自查，保证其有效运行，并向所在地县级人民政府食品安全监督管理部门提交自查报告；第三，县级以上地方人民政府组织本级食品安全监督管理、农业行政等部门制定的本行政区域食品安全年度监督管理计划中，应将保健食品生产过程中的添加行为和按照注册或者备案的技术要求组织生产的情况，保健食品标签、说明书以及宣传材料中有关功能宣传的情况作为监管重点。

（三）保健食品标签说明书监管

保健食品的标签、说明书不得涉及疾病预防、治疗功能，内容应当真实，与注册或者备案的内容相一致，载明适宜人群、不适宜人群、功效成分或者标志性成分及其含量等，并声明"本品不能代替药物"。保健食品的功能和成分应当与标签、说明书相一致。

（四）保健食品广告监管

新《食品安全法》对保健食品广告规定了严格的监管规定，一是保健食品广告的内容应当真实合法，不得含有虚假内容，不得涉及疾病预防、治疗功能；二是保健食品生产经营者必须对广告内容的真实性、合法性负责；三是保健食品广告应当声明"本品不能代替药物"；四是保健食品广告的内容应当经生产企业所在地省、自治区、直辖市人民政府食品安全监督管理部门审查批准，取得保健食品广告批准文件；五是省、自治区、直辖市人民政府食品安全监督管理部门应当公布并及时更新已经批准的保健食品广告目录以及批准的广告内容。

第二十三章　健康产品的法律责任

抽象地说,法律责任是一种特殊形式的问责制度,是法律对于责任主体未履行法律义务或侵犯他人权利时所应承担的法律后果之预先设定,通过对不法行为的制裁与惩罚实现其指引、预防和救济的功能。法律责任提供了遵守法律的动机,或者至少增加了违法的成本。因此,法律责任对法律制度的有效性具有关键性的作用。从本质上讲,食品、药品等健康产品都属于"风险产品",与人的健康密切相关。基于健康产品作为风险产品的性质,各国政府对于健康产品一般都以特别立法进行严格的行政管制,并设定科学、健全的法律责任体系以确保健康产品的风险得到有效管理和控制,同时为因健康产品所致的损害得到充分的救济提供法律依据。

第一节　健康产品法律责任概述

一、健康产品法律责任的含义与类型

(一)健康产品法律责任的含义

根据法理学理论,法律责任一般有广义和狭义之分。广义的法律责任意指一般意义上的法律义务,狭义的法律责任仅指因违法行为所引起的不利法律后果,就狭义的法律责任而言,"法律责任是由特定法律事实所引起的对损害予以补偿、强制履行或接受惩罚的特殊义务,亦即由于违反第一性义务而引起的第二性义务"[1]。本章所讨论的"健康产品的法律责任"即围绕狭义上的法律责任而展开的,是指行为人违反健康产品安全法律法规,以违法行为侵害权利人的合法权益而应当承受的不利后果。

(二)健康产品法律责任的类型

根据不同的标准可以将健康产品安全的法律责任划分为不同的类型。

1. 按照健康产品种类划分

按照健康产品的不同种类,可以将健康产品安全法律责任分为食品安全的法律责任、药品安全的法律责任、医疗器械安全的法律责任、化妆品安全的法律责任和保健食

---

[1]　张文显主编:《法理学》,高等教育出版社 2011 年版,第 122 页。

品安全的法律责任,后三者可统称为"其他健康相关产品安全法律责任"。

2. 按照责任主体划分

按照责任主体的不同,健康产品安全法律责任可以划分为健康产品市场主体的法律责任、健康产品监管主体的法律责任、健康产品技术主体的法律责任和其他主体的法律责任。

3. 按照法律责任的性质划分

按照法律责任的性质可将健康产品安全法律责任分为健康产品安全的民事责任、健康产品安全的行政责任和健康产品安全的刑事责任。

健康产品安全的民事责任,是民事法律责任的简称,是法律责任的一种形式,是公民、法人等民事主体对于自己违反民事义务或侵犯他人的民事权利时所应承担的法律后果,包括违约责任和侵权责任。健康产品民事责任的形式,在财产关系方面,表现为恢复被违法行为所破坏的财产权利;在人身方面,除恢复人身权利外,还必须赔偿因此而受到的损失。

健康产品安全的行政责任是指公民、法人或其他组织违反健康产品安全相关行政法律法规的规定,依法应承担的法律后果。行政责任的承担方式主要包括行政处罚和行政处分。行政处罚主要适用于行政相对人的违法行为,是指健康产品监管主体在其职权范围内对违反健康产品法律规范但尚未构成犯罪的行政相对人所采取的行政制裁,主要有警告、罚款、没收违法所得和非法财物、责令停产停业、暂扣或者吊销许可证、撤销批准文号、暂扣或者吊销执照、终身禁业、行政拘留等。行政处分主要适用于监管主体的违法失职行为,是指国家行政机关依照行政隶属关系给予有违法失职行为的国家机关公务人员的一种惩罚措施,包括警告、记过、记大过、降级、撤职、开除等。

健康产品安全的刑事责任是指健康产品的市场主体、监管主体及其他相关主体违反健康产品刑事法律规范而应承担的法律后果。我国健康产品安全的刑事责任立法采取了综合性的形式性附属刑法模式,即在《食品安全法》或《药品管理法》等健康产品法中规定"违反本法规定,构成犯罪的,依法追究刑事责任",以确保与刑法的无缝衔接。

二、健康产品法律责任的功能

法律责任是法学范畴体系的基本范畴之一,法律责任的认定、归结和执行是法律运行的保障机制,是维护法制的关键环节。[①] 健康产品法律责任具有多重功能,包括评价功能、预防功能、救济功能和惩罚功能等。

健康产品法律责任的评价功能是指通过设定一定的不利后果,对行为人违反健康产品法律规范的行为做出否定性评价;健康产品法律责任的预防功能,又可称为规范功

---

① 张文显:《二十世纪法哲学思潮研究》,法律出版社 2006 年版,第 392 页。

能或指引功能,是指通过具体规定何种行为应承担不利的法律后果,指引和规范健康产品相关主体"趋利避害",做出符合法律要求的行为,以达到调整和规范健康产品主体行为、预防违法行为发生的效果;健康产品法律责任的救济功能是指通过民事救济或行政救济方式,弥补健康产品的消费者所受到的损失,恢复其受侵犯的权利;健康产品法律责任的惩罚功能是指通过一定的法定程序,对违法行为进行制裁和惩罚,以恢复和实现社会的公平正义。"惩罚不仅是法律责任的固有属性,而且也是法律责任的首要功能。"①对违反健康产品法律规范的行为进行惩罚和制裁,是法律责任的应有之义。健康产品安全的民事责任、行政责任和刑事责任都具有一定的惩罚功能。

第二节　健康产品安全的民事责任

健康产品安全的民事责任是指健康产品的市场主体因其生产经营或使用的健康产品致人损害而应承担的不利后果,包括食品安全的民事责任、药品安全的民事责任、医疗器械安全的民事责任、化妆品安全的民事责任以及保健食品安全的民事责任。其中,保健食品作为一种特殊食品,虽然法律规定了更为严格的监管措施,但并未规定特殊的保健食品民事责任适用规则。《化妆品监督管理条例》第73条原则性地规定,违反本条例规定,造成人身、财产或者其他损害的,依法承担赔偿责任。而《医疗器械监督管理条例》也只是原则性地规定,违反本条例,造成人身、财产或者其他损害的,依法承担赔偿责任。② 因此,以下仅详细介绍食品和药品安全的民事责任规定。

一、食品安全的民事责任

(一)食品安全民事责任概述

根据《食品安全法》第147条之规定,违反《食品安全法》规定,造成人身、财产或者其他损害的,依法承担赔偿责任。食品安全民事责任主要是食品生产经营者违反食品安全法规定的义务而对食品消费者承担的责任,多体现为一种财产性责任。食品安全民事责任既涉及违约责任,也涉及侵权责任。食品安全违约责任是指食品经营者经营的食品不符合约定时,对消费者承担的法律责任,主要发生在食品经营者与食品消费者之间。食品安全侵权责任是指食品生产者、销售者因其生产、销售的不符合食品安全标准的食品而给消费者造成人身及财产损害所需要承担的责任。食品安全侵权责任属于特殊侵权责任。因违反《食品安全法》的规定,造成人身、财产或者其他损害的,除了适用《食品安全法》的规定之外,还应依据《民法典》《产品质量法》《消费者权益保护法》

---

① 刘彦辉:《刑事责任与民事责任比较研究》,法律出版社2017年版,第32页。
② 《医疗器械监督管理条例》第102条。

等法律承担民事责任。

此外,媒体编造、散布虚假食品安全信息,使公民、法人或者其他组织的合法权益受到损害的,依法承担消除影响、恢复名誉、赔偿损失、赔礼道歉等民事责任。①

(二)食品安全的特殊民事责任制度

1. 民事赔偿责任优先

食品生产经营企业实施违反《食品安全法》规定的违法行为,可能会出现民事赔偿责任、行政罚款与刑事罚金等财产责任方面的竞合。此种情形下,有可能出现食品生产经营者的财产不能足额承担全部财产责任的情形。对此,《食品安全法》明确规定了"民事赔偿责任优先"的原则,该法第147条规定:"违反本法规定,造成人身、财产或者其他损害的,依法承担赔偿责任。生产经营者财产不足以同时承担民事赔偿责任和缴纳罚款、罚金时,先承担民事赔偿责任。"《民法典》第187条也明确规定:"民事主体因同一行为应当承担民事责任、行政责任和刑事责任的,承担行政责任或者刑事责任不影响承担民事责任;民事主体的财产不足以支付的,优先用于承担民事责任。"

2. 食品安全赔偿首负责任制

《产品质量法》第43条规定:"因产品存在缺陷造成人身、他人财产损害的,受害人可以向产品的生产者要求赔偿,也可以向产品的销售者要求赔偿。属于产品的生产者的责任,产品的销售者赔偿的,产品的销售者有权向产品的生产者追偿。属于产品的销售者的责任,产品的生产者赔偿的,产品的生产者有权向产品的销售者追偿。"《消费者权益保护法》第40条第2款也做了相同规定:"消费者或者其他受害人因商品缺陷造成人身、财产损害的,可以向销售者要求赔偿,也可以向生产者要求赔偿。属于生产者责任的,销售者赔偿后,有权向生产者追偿。属于销售者责任的,生产者赔偿后,有权向销售者追偿。"但《产品质量法》和《消费者权益保护法》都没有规定"赔偿首负责任制",容易造成生产者与经营者之间在赔偿消费者问题上的互相推诿。首负责任制即指消费者在合法权益受到损害,向生产者或者经营者要求赔偿时,由首先接到赔偿要求的生产者或经营者负责先行赔付,再由先行赔付的生产者或者经营者依法向相关责任人追偿的制度。为切实维护食品消费者的合法权益,《食品安全法》第148条明确规定了赔偿首负责任制:"消费者因不符合食品安全标准的食品受到损害的,可以向经营者要求赔偿损失,也可以向生产者要求赔偿损失。接到消费者赔偿要求的生产经营者,应当实行首负责任制,先行赔付,不得推诿;属于生产者责任的,经营者赔偿后有权向生产者追偿;属于经营者责任的,生产者赔偿后有权向经营者追偿。"

3. 惩罚性赔偿制度

我国1993年制定的《消费者权益保护法》首次规定了惩罚性赔偿制度,2013年《消

---

① 《食品安全法》第141条第2款。

费者权益保护法》修订时予以进一步完善,该法第 55 条规定:"经营者提供商品或者服务有欺诈行为的,应当按照消费者的要求增加赔偿其受到的损失,增加赔偿的金额为消费者购买商品的价款或者接受服务的费用的三倍;增加赔偿的金额不足五百元的,为五百元。法律另有规定的,依照其规定。经营者明知商品或者服务存在缺陷,仍然向消费者提供,造成消费者或者其他受害人死亡或者健康严重损害的,受害人有权要求经营者依照本法第四十九条、第五十一条等法律规定赔偿损失,并有权要求所受损失二倍以下的惩罚性赔偿。"《民法典》第 1207 条也规定了"惩罚性赔偿制度","明知产品存在缺陷仍然生产、销售或者没有依据前条规定采取有效补救措施,造成他人死亡或者健康严重损害的,被侵权人有权请求相应的惩罚性赔偿"。①

惩罚性赔偿是与遵循"填平原则"的补偿性赔偿相对应的赔偿制度,是遵循"溢出原则"的"带有惩罚性质的赔偿"。惩罚性赔偿制度兼具补偿性、惩罚性和预防性,除了补偿被告、惩罚原告之外,该制度更重要的目的在于警示被告不再重复相同的违法行为。2009 年制定的《食品安全法》亦明确规定了惩罚性赔偿制度,2015 年修订的《食品安全法》借鉴了《消费者权益保护法》的相关规定,对惩罚性赔偿制度做了如下修改完善:"生产不符合食品安全标准的食品或者经营明知是不符合食品安全标准的食品,消费者除要求赔偿损失外,还可以向生产者或者经营者要求支付价款十倍或者损失三倍的赔偿金;增加赔偿的金额不足一千元的,为一千元。但是,食品的标签、说明书存在不影响食品安全且不会对消费者造成误导的瑕疵的除外。"②正确理解《食品安全法》规定的"惩罚性赔偿制度",需要注意如下几点:第一,惩罚性赔偿责任的承担主体是"食品生产者"和"食品经营者",其中,食品经营者包括食品销售环节的经营者和餐饮服务环节的经营者;第二,适用惩罚性赔偿的情形是生产不符合食品安全标准的食品或者经营明知是不符合食品安全标准的食品,不包括食品经营者在不知情的情况下销售不符合食品安全标准的食品这一情形;第三,惩罚性赔偿的幅度是在赔偿损失之外,另行支付"价款十倍或者损失三倍的赔偿金",消费者对此有选择权,而且"增加赔偿的金额不足一千元的,为一千元";第四,食品的标签、说明书存在不影响食品安全且不会对消费者造成误导的瑕疵的,不适用有关惩罚性赔偿的规定。

4. 连带责任

连带责任是指依照法律规定或者当事人约定,两个或者两个以上当事人对其共同债务全部承担或部分承担,并能因此引起其内部债务关系的一种民事责任。《食品安全法》明确规定了需承担连带责任的几种情形:

(1)明知食品、食品添加剂生产经营者未取得食品生产经营许可从事食品生产经

---

① 《民法典》第 1207 条。
② 《食品安全法》第 148 条第 2 款。

营活动,或者未取得食品添加剂生产许可从事食品添加剂生产活动,仍为其提供生产经营场所或者其他条件,使消费者的合法权益受到损害的,应当与食品、食品添加剂生产经营者承担连带责任。①

(2)明知食品生产经营者从事《食品安全法》第123条第1款规定的违法行为,仍为其提供生产经营场所或者其他条件,使消费者的合法权益受到损害的,应当与食品生产经营者承担连带责任。②

(3)集中交易市场的开办者、柜台出租者、展销会的举办者违反本法规定,允许未依法取得许可的食品经营者进入市场销售食品,或者未履行检查、报告等义务,使消费者的合法权益受到损害的,应当与食品经营者承担连带责任。③ 食用农产品批发市场违反《食品安全法》第64条规定,不依法配备检验设备和检验人员或者委托符合本法规定的食品检验机构,对进入该批发市场销售的食用农产品进行抽样检验的;或者发现不符合食品安全标准的农产品未依法要求销售者立即停止销售并向食品安全监督管理部门报告,使消费者的合法权益受到损害的,应当与食用农产品销售者承担连带责任。④

(4)网络食品交易第三方平台提供者违反本法规定,未对入网食品经营者进行实名登记、审查许可证,或者未履行报告、停止提供网络交易平台服务等义务,使消费者的合法权益受到损害的,应当与食品经营者承担连带责任。⑤

(5)食品检验机构出具虚假检验报告,使消费者的合法权益受到损害的,应当与食品生产经营者承担连带责任。⑥ 认证机构出具虚假认证结论,使消费者的合法权益受到损害的,应当与食品生产经营者承担连带责任。⑦

(6)广告经营者、发布者设计、制作、发布虚假食品广告,使消费者的合法权益受到损害的,应当与食品生产经营者承担连带责任。社会团体或者其他组织、个人在虚假广告或者其他虚假宣传中向消费者推荐食品,使消费者的合法权益受到损害的,应当与食品生产经营者承担连带责任。⑧

二、药品安全的民事责任

(一)药品安全民事责任概述

药品安全的民事责任是指药品因缺陷造成他人人身损害,药品上市许可持有人、药

---

① 《食品安全法》第122条第2款。
② 《食品安全法》第123条第2款。
③ 《食品安全法》第130条第1款。
④ 《食品安全法》第130条第2款。
⑤ 《食品安全法》第131条第1款。
⑥ 《食品安全法》第138条第3款。
⑦ 《食品安全法》第139条第2款。
⑧ 《食品安全法》第140条第2款、第3款。

品生产企业、药品经营企业、医疗机构等所应承担的赔偿责任。2019年修订后的《药品管理法》第144条第1款规定："药品上市许可持有人、药品生产企业、药品经营企业或者医疗机构违反本法规定，给用药者造成损害的，依法承担赔偿责任。"此处的"法"是指《民法典》①《消费者权益保护法》②《产品质量法》③等法律的相关规定。此外，《最高人民法院关于审理食品药品纠纷案件适用法律若干问题的规定》（法释〔2013〕28号），对法院审理食品药品纠纷案件作了具体规定。

由于药品的特殊性，无论监管手段如何先进，由于药品不良反应、质量缺陷等问题造成的药害事件仍难以避免，并危害用药患者的生命健康权益。但我国并未规定药品民事责任的特殊规定，药品责任适用《民法典》《消费者权益保护法》《产品质量法》等规定。《消费者权益保护法》第40条至第42条明确规定了经营者提供商品或服务造成消费者人身伤害、死亡所应承担的法律责任。但由于该法未就构成产品责任的缺陷、免责事由及诉讼时效等予以规定，因此单纯依据《消费者权益保护法》来解决药品责任问题，欠缺可操作性。《民法典》关于药品责任的规定仅是重复了生产者和经营者（生产者、血液提供机构和医疗机构）对产品使用者（患者）承担的民事赔偿责任上的连带关系。因此，对于药品民事责任的判断主要依据《产品质量法》进行。但该法关于"缺陷"的"缺陷"之规定导致我国药品损害受害人难以得到应有的救济。缺陷是产品责任法中一个十分重要的概念，它是构成产品责任的重要要件之一，产品缺陷是确定产品责任的前提条件。国外产品责任法虽然对缺陷的定义措辞不尽相同，但基本都隐含着产品对消费者具有不合理的危险性之意。如《美国统一产品责任示范法》认为，缺陷是指产品存在不合理的不安全性；《欧共体产品责任指令》将缺陷定义为，产品不能提供一般人对其所期待之人身或财产上的安全性；《日本制造物责任法》认为制造物欠缺通常应有的安全性即为有缺陷。与上述各国不同，我国《产品质量法》将缺陷定义为，产品存在危及人身、他人财产安全的不合理的危险；产品有保障人体健康和人身、财产安全的国家标准、行业标准的，是指不符合该标准。据此可知，我国对缺陷的定义采用了

---

① 如《民法典》第七编第四章"产品责任"与第六章"医疗损害责任"中的相关规定。

② 《消费者权益保护法》第11条规定："消费者因购买、使用商品或者接受服务受到人身、财产损害的，享有依法获得赔偿的权利。"第40条第1款规定："消费者在购买、使用商品时，其合法权益受到损害的，可以向销售者要求赔偿。销售者赔偿后，属于生产者的责任或者属于向销售者提供商品的其他销售者的责任的，销售者有权向生产者或者其他销售者追偿。"该条第2款规定："消费者或者其他受害人因商品缺陷造成人身、财产损害的，可以向销售者要求赔偿，也可以向生产者要求赔偿。属于生产者责任的，销售者赔偿后，有权向生产者追偿。属于销售者责任的，生产者赔偿后，有权向销售者追偿。"

③ 《产品质量法》第43条规定："因产品存在缺陷造成人身、他人财产损害的，受害人可以向产品的生产者要求赔偿，也可以向产品的销售者要求赔偿。属于产品的生产者的责任，产品的销售者赔偿的，产品的销售者有权向产品的生产者追偿。属于产品的销售者的责任，产品的生产者赔偿的，产品的生产者有权向产品的销售者追偿。"同时，该法第46条指出："本法所称缺陷，是指产品存在危及人身、他人财产安全的不合理的危险；产品有保障人体健康和人身、财产安全的国家标准、行业标准的，是指不符合该标准。"

"强制性标准"与"不合理危险"双重标准。这一标准在消费者权益的保护上留下了隐患:符合强制性标准的产品仍然可能因存在危及人身、财产安全的不合理危险导致了损害的发生。在实践中,经常出现产品符合国家标准、行业标准,但仍具有不合理危险的情形。因此认定缺陷的不合理危险标准与强制标准存在着冲突,对于产品符合强制性标准但仍因不合理危险造成消费者人身财产损害时,生产商或销售商应否承担责任,《产品质量法》规定不明,由此产生的直接后果就是实务中法律适用的困惑以及受害人的权利无法得到保护。如"龙胆泻肝丸事件"就是如此,正如该药的生产商所声称的,龙胆泻肝丸是按照国家药典标准生产的,生产商不应承担责任。如此一来,损害就只能由受害人自己承担。这显然与《产品质量法》保护消费者合法权益的立法宗旨不相符合。另外,从涉外产品责任纠纷的法律适用来看,我国关于缺陷的定义也不利于对我国消费者的保护。随着对外开放的继续扩大,国外的药品越来越多地进入我国市场,为确实保护消费者的合法权益,我国产品缺陷的定义应与国外先进立法保持一致,将"不合理的危险"作为认定缺陷的绝对标准。

因此,对于缺陷药品致损的民事责任,现有法律规定存在对被害人保护不力之嫌。由于缺陷药品致人损害,事关消费者生命和身体健康,因此为有效维护药品使用者的合法权益,有必要在药品法律责任修订时予以明确规定,在《药品管理法》中明确药品的民事法律责任制度,以确保缺陷药品的受害人获得充分的救济。但遗憾的是,新修订的《药品管理法》并未对于药品民事责任做出更进一步的明确规定,第144条第2款甚至并未使用"产品缺陷"这一法律术语,规定受害人请求赔偿损害仅限于"因药品质量问题受到损害的"情形。但对于药品这一特殊产品而言,质量没有问题并不能排除其缺陷的存在,因此新修订的《药品管理法》对于受害人因药品安全所致损害的救济和保护仍有不周之嫌。

（二）药品安全民事责任的特殊制度

1. 民事赔偿责任优先

药品上市许可持有人、药品生产经营企业、医疗机构实施违反《药品管理法》的行为,可能会面临民事赔偿责任、行政罚款与刑事罚金等财产责任的竞合。当责任主体的财产不能足额承担全部财产责任时,根据《民法典》第187条的规定,应遵循"民事赔偿责任优先"的原则,优先承担民事责任。

2. 药品安全赔偿首负责任制

药品安全事件发生后,为避免药品上市许可持有人、药品生产企业、药品经营企业或医疗机构在受害人赔偿问题上的互相推诿,切实维护受害人的合法权益,2019年新修订的《药品管理法》明确规定了药品安全赔偿首负责任制,该法第144条第2款规定:"因药品质量问题受到损害的,受害人可以向药品上市许可持有人、药品生产企业请求赔偿损失,也可以向药品经营企业、医疗机构请求赔偿损失。接到受害人赔偿请求的,应当实行首负责任制,先行赔付;先行赔付后,可以依法追偿。"

3.惩罚性赔偿制度

2019 年修订的《药品管理法》也明确规定了惩罚性赔偿制度,即"生产假药、劣药或者明知是假药、劣药仍然销售、使用的,受害人或者其近亲属除请求赔偿损失外,还可以请求支付价款十倍或者损失三倍的赔偿金;增加赔偿的金额不足一千元的,为一千元"①。

正确理解《药品管理法》规定的"惩罚性赔偿制度",需要注意如下几点:第一,惩罚性赔偿责任的承担主体是药品上市许可持有人、药品生产企业、药品经营企业或医疗机构;第二,惩罚性赔偿的适用情形是生产假药、劣药或者明知是假药、劣药仍然销售、使用而导致受害人遭受损失,只要受害人因这两种情形遭受损失,并非一定构成《侵权责任法》上规定的"造成受害人死亡或者健康严重损害的",受害人或者其近亲属即可要求惩罚性赔偿;第三,惩罚性赔偿的幅度是在赔偿损失之外,另行支付"价款十倍或者损失三倍的赔偿金",受害人或其近亲属对此有选择权,而且"增加赔偿的金额不足一千元的,为一千元"。

4.连带责任制度

《药品管理法》第 38 条规定,药品上市许可持有人为境外企业的,应当由其指定的在中国境内的企业法人履行药品上市许可持有人义务,与药品上市许可持有人承担连带责任。此外,根据《产品质量法》《消费者权益保护法》《广告法》《最高人民法院关于审理食品药品纠纷案件适用法律若干问题的规定》的有关规定,以下情形下也涉及连带责任的承担:

(1)网络交易平台提供者知道或者应当知道药品的生产者、销售者利用其平台侵害消费者合法权益,未采取必要措施,给消费者造成损害的,消费者可要求其与生产者、销售者承担连带责任。②

(2)消费者因虚假广告推荐的药品存在质量问题遭受损害,可依据《消费者权益保护法》等法律相关规定请求广告经营者、广告发布者承担连带责任。③

(3)社会团体或者其他组织、个人,在虚假广告中向消费者推荐药品,使消费者遭受损害,消费者可依据《消费者权益保护法》等法律相关规定请求其与药品的生产者、销售者承担连带责任。④

(4)药品检验机构故意出具虚假检验报告,造成消费者损害,消费者可请求其承担

---

① 《药品管理法》第 144 条第 3 款。
② 《最高人民法院关于审理食品药品纠纷案件适用法律若干问题的规定》第 9 条第 3 款。
③ 《最高人民法院关于审理食品药品纠纷案件适用法律若干问题的规定》第 11 条第 1 款。
④ 《最高人民法院关于审理食品药品纠纷案件适用法律若干问题的规定》第 11 条第 2 款。

连带责任。①

第三节　健康产品安全的行政责任

《食品安全法》《药品管理法》等健康产品安全立法带有浓厚的"行政管理法律"的性质,这决定了行政责任是其最重要也是最主要的法律责任形式。以《药品管理法》为例,该法第九章的"法律责任"部分,除了个别条款是关于药品民事责任和刑事责任的之外,其余条款几乎都规定有行政责任或与行政责任的适用有关。《药品管理法实施条例》(国务院令第 360 号)和《麻醉药品和精神药品管理条例》(国务院令第 442 号)也规定了大量的行政责任。除此之外,《行政处罚法》第 12 条规定:"国务院部、委员会制定的规章可以在法律、行政法规规定的给予行政处罚的行为、种类和幅度的范围内做出具体规定。尚未制定法律、行政法规的,前款规定的国务院部、委员会制定的规章对违反行政管理秩序的行为,可以设定警告或者一定数量罚款的行政处罚。罚款的限额由国务院规定。"据此,部门规章中也存在大量的行政责任规定。

健康产品安全的行政责任是指公民、法人或其他组织违反健康产品安全相关行政法律法规的规定,依法应承担的法律后果。行政责任的承担方式主要包括行政处罚和行政处分。其中行政处罚是指行政机关为维护行政管理秩序,对违反行政法上义务的行政相对人给予的一种法律制裁。《行政处罚法》第 3 条规定,公民、法人或者其他组织违反行政管理秩序的行为,应当给予行政处罚的,依照本法由法律、法规或者规章规定,并由行政机关依照本法规定的程序实施。没有法定依据或者不遵守法定程序的,行政处罚无效。违反行政法义务,即是"违反行政管理秩序",但是何为"违反行政管理秩序"? 有学者认为,首先,行政相对人应当有法定义务的存在。其次,该法定义务并非都可以从相对的权利中推导出来,因为,公法上行政相对人的许多义务是由法基于公益的需要而设定,并不当然有一一对应的权利存在。最后,法定义务包括作为、不作为以及容忍。② 行政处罚与民事责任可以并存,《行政处罚法》第 7 条第 1 款规定,公民、法人或者其他组织因违法受到行政处罚,其违法行为对他人造成损害的,应当依法承担民事责任。行政处罚与刑事处罚之间具有紧密关系,即当行政相对人符合行政处罚的违法行为具备法定条件时,即升格为应受刑事处罚的犯罪行为。《行政处罚法》第 7 条第 2 款规定,违法行为构成犯罪,应当依法追究刑事责任,不得以行政处罚代替刑事处罚。《行政处罚法》第 24 条规定,对当事人的同一个违法行为,不得给予两次以上罚款的行政处罚。"同一个违法行为"是指由相同构成要件成立的违法行为,"不得给予两次以

---

① 《最高人民法院关于审理食品药品纠纷案件适用法律若干问题的规定》第 12 条第 1 款。
② 章剑生:《现代行政法总论》,法律出版社 2013 年版,第 182 页。

上罚款"意味着行政机关对同一个违法行为的行政处罚是合法的。本条规定了"一事不再罚"原则,是指对行政相对人的同一个违反行政管理秩序的行为,不得以同一事实和同一依据,给予两次以上的行政处罚。① 但行政相对人如有数个同类违法行为,宜采用如下行政处罚规则:(1)同一机关对同类处罚可以采用"吸收规则"。(2)不同机关同类处罚可以采用"分罚规则"。行政机关在适用"分罚规则"时,尤其要遵守比例原则,禁止过度处罚。②

《行政处罚法》第 29 条规定,违法行为在二年内未被发现的,不再给予行政处罚。法律另有规定的除外。前款规定的期限,从违法行为发生之日起计算;违法行为有连续或者继续状态的,从行为终了之日起计算。这一条规定了行政处罚的追溯时效。何谓"连续或者继续状态"? 连续性违法行为,系指行政相对人基于同一个故意,连续地实施了数次同一性质的行为。继续性违法行为,系指行政相对人实施单一违法行为后,其违法所形成的状态(不是后果)在时间上处于一种延续状态的行为。③

一、食品安全的行政责任

(一)市场主体的行政责任

1. 违反食品生产经营许可的行政责任

违反《食品安全法》规定,未取得食品生产经营许可从事食品生产经营活动,或者未取得食品添加剂生产许可从事食品添加剂生产活动的,由县级以上人民政府食品安全监督管理部门没收违法所得和违法生产经营的食品、食品添加剂以及用于违法生产经营的工具、设备、原料等物品;违法生产经营的食品、食品添加剂货值金额不足一万元的,并处五万元以上十万元以下罚款;货值金额一万元以上的,并处货值金额十倍以上二十倍以下罚款。④

明知从事《食品安全法》第 122 条第 1 款规定的违法行为,仍为其提供生产经营场所或者其他条件的,由县级以上人民政府食品安全监督管理部门责令停止违法行为,没收违法所得,并处五万元以上十万元以下罚款;使消费者的合法权益受到损害的,应当与食品、食品添加剂生产经营者承担连带责任。

2. 生产经营不符合安全标准的食品的行政责任

(1)实施六类最严重违法食品生产经营行为的行政责任

《食品安全法》第 34 条明确规定了 13 种禁止生产经营的食品、食品添加剂、食品相关产品,其中前五项性质尤为恶劣,一旦违法生产经营必定严重影响食品安全。《食

---

① 胡建淼:《行政法学》(第四版),法律出版社 2015 年版,第 237 页。
② 章剑生:《现代行政法总论》,法律出版社 2013 年版,第 186 页。
③ 章剑生:《现代行政法总论》,法律出版社 2013 年版,第 187 页。
④ 《食品安全法》第 122 条第 1 款。

品安全法》第38条还明确规定"生产经营的食品中不得添加药品"。该法第123条针对上述六种情形规定了"最严格的处罚":违反《食品安全法》规定,有下列情形之一,尚不构成犯罪的,由县级以上人民政府食品安全监督管理部门没收违法所得和违法生产经营的食品,并可以没收用于违法生产经营的工具、设备、原料等物品;违法生产经营的食品货值金额不足一万元的,并处十万元以上十五万元以下罚款;货值金额一万元以上的,并处货值金额十五倍以上三十倍以下罚款;情节严重的,吊销许可证,并可以由公安机关对其直接负责的主管人员和其他直接责任人员处五日以上十五日以下拘留:①用非食品原料生产食品、在食品中添加食品添加剂以外的化学物质和其他可能危害人体健康的物质,或者用回收食品作为原料生产食品,或者经营上述食品;②生产经营营养成分不符合食品安全标准的专供婴幼儿和其他特定人群的主辅食品;③经营病死、毒死或者死因不明的禽、畜、兽、水产动物肉类,或者生产经营其制品;④经营未按规定进行检疫或者检疫不合格的肉类,或者生产经营未经检验或者检验不合格的肉类制品;⑤生产经营国家为防病等特殊需要明令禁止生产经营的食品;⑥生产经营添加药品的食品。①

明知从事上述六种违法行为,仍为其提供生产经营场所或者其他条件的,由县级以上人民政府食品安全监督管理部门责令停止违法行为,没收违法所得,并处十万元以上二十万元以下罚款;使消费者的合法权益受到损害的,应当与食品生产经营者承担连带责任。② 违法使用剧毒、高毒农药的,除依照有关法律、法规规定给予处罚外,可以由公安机关依照《食品安全法》第123条第1款规定给予拘留。③

(2)十一类违法生产经营食品的行为的行政责任

违反《食品安全法》规定,有下列情形之一,尚不构成犯罪的,由县级以上人民政府食品安全监督管理部门没收违法所得和违法生产经营的食品、食品添加剂,并可以没收用于违法生产经营的工具、设备、原料等物品;违法生产经营的食品、食品添加剂货值金额不足一万元的,并处五万元以上十万元以下罚款;货值金额一万元以上的,并处货值金额十倍以上二十倍以下罚款;情节严重的,吊销许可证:①生产经营致病性微生物,农药残留、兽药残留、生物毒素、重金属等污染物质以及其他危害人体健康的物质含量超过食品安全标准限量的食品、食品添加剂;②用超过保质期的食品原料、食品添加剂生产食品、食品添加剂,或者经营上述食品、食品添加剂;③生产经营超范围、超限量使用食品添加剂的食品;④生产经营腐败变质、油脂酸败、霉变生虫、污秽不洁、混有异物、掺假掺杂或者感官性状异常的食品、食品添加剂;⑤生产经营标注虚假生产日期、保质期或者超过保质期的食品、食品添加剂;⑥生产经营未按规定注册的保健食品、特殊医学

---

① 《食品安全法》第123条第1款。
② 《食品安全法》第123条第2款。
③ 《食品安全法》第123条第3款。

用途配方食品、婴幼儿配方乳粉，或者未按注册的产品配方、生产工艺等技术要求组织生产；⑦以分装方式生产婴幼儿配方乳粉，或者同一企业以同一配方生产不同品牌的婴幼儿配方乳粉；⑧利用新的食品原料生产食品，或者生产食品添加剂新品种，未通过安全性评估；⑨食品生产经营者在食品安全监督管理部门责令其召回或者停止经营后，仍拒不召回或者停止经营。①

除上述情形和《食品安全法》第123条、第125条规定的情形外，生产经营不符合法律、法规或者食品安全标准的食品、食品添加剂的，②以及生产食品相关产品新品种，未通过安全性评估，或者生产不符合食品安全标准的食品相关产品的，由县级以上人民政府食品安全监督管理部门依照上述规定给予处罚。③

（3）生产经营中的标签违法行为的行政责任

违反《食品安全法》规定，有下列情形之一的，由县级以上人民政府食品安全监督管理部门没收违法所得和违法生产经营的食品、食品添加剂，并可以没收用于违法生产经营的工具、设备、原料等物品；违法生产经营的食品、食品添加剂货值金额不足一万元的，并处五千元以上五万元以下罚款；货值金额一万元以上的，并处货值金额五倍以上十倍以下罚款；情节严重的，责令停产停业，直至吊销许可证：①生产经营被包装材料、容器、运输工具等污染的食品、食品添加剂；②生产经营无标签的预包装食品、食品添加剂或者标签、说明书不符合本法规定的食品、食品添加剂；③生产经营转基因食品未按规定进行标示；④食品生产经营者采购或者使用不符合食品安全标准的食品原料、食品添加剂、食品相关产品。④

生产经营的食品、食品添加剂的标签、说明书存在瑕疵但不影响食品安全且不会对消费者造成误导的，由县级以上人民政府食品安全监督管理部门责令改正；拒不改正的，处二千元以下罚款。⑤

3.违反食品安全风险管控规定的行政责任

违反《食品安全法》规定，有下列情形之一的，由县级以上人民政府食品安全监督管理部门责令改正，给予警告；拒不改正的，处五千元以上五万元以下罚款；情节严重的，责令停产停业，直至吊销许可证：①食品、食品添加剂生产者未按规定对采购的食品原料和生产的食品、食品添加剂进行检验；②食品生产经营企业未按规定建立食品安全管理制度，或者未按规定配备或者培训、考核食品安全管理人员；③食品、食品添加剂生产经营者进货时未查验许可证和相关证明文件，或者未按规定建立并遵守进货查验记

① 《食品安全法》第124条第1款。
② 《食品安全法》第124条第2款。
③ 《食品安全法》第124条第3款。
④ 《食品安全法》第125条第1款。
⑤ 《食品安全法》第125条第2款。

录、出厂检验记录和销售记录制度;④食品生产经营企业未制定食品安全事故处置方案;⑤餐具、饮具和盛放直接入口食品的容器,使用前未经洗净、消毒或者清洗消毒不合格,或者餐饮服务设施、设备未按规定定期维护、清洗、校验;⑥食品生产经营者安排未取得健康证明或者患有国务院卫生行政部门规定的有碍食品安全疾病的人员从事接触直接入口食品的工作;⑦食品经营者未按规定要求销售食品;⑧保健食品生产企业未按规定向食品安全监督管理部门备案,或者未按备案的产品配方、生产工艺等技术要求组织生产;⑨婴幼儿配方食品生产企业未将食品原料、食品添加剂、产品配方、标签等向食品安全监督管理部门备案;⑩特殊食品生产企业未按规定建立生产质量管理体系并有效运行,或者未定期提交自查报告;⑪食品生产经营者未定期对食品安全状况进行检查评价,或者生产经营条件发生变化,未按规定处理;⑫学校、托幼机构、养老机构、建筑工地等集中用餐单位未按规定履行食品安全管理责任;⑬食品生产企业、餐饮服务提供者未按规定制定、实施生产经营过程控制要求。①

餐具、饮具集中消毒服务单位违反《食品安全法》规定用水,使用洗涤剂、消毒剂,或者出厂的餐具、饮具未按规定检验合格并随附消毒合格证明,或者未按规定在独立包装上标注相关内容的,②以及食品相关产品生产者未按规定对生产的食品相关产品进行检验的,由县级以上人民政府卫生行政部门或食品安全监督管理部门依照上述规定给予处罚。③

食用农产品销售者未按规定建立食用农产品进货查验记录制度,如实记录食用农产品的名称、数量、进货日期以及供货者名称、地址、联系方式等内容,并保存相关凭证的,由县级以上人民政府食品安全监督管理部门依照上述规定给予处罚。④

4. 违反食品安全事故报告义务的行政责任

违反《食品安全法》规定,事故单位在发生食品安全事故后未进行处置、报告的,由有关主管部门按照各自职责分工责令改正,给予警告;隐匿、伪造、毁灭有关证据的,责令停产停业,没收违法所得,并处十万元以上五十万元以下罚款;造成严重后果的,吊销许可证。⑤

5. 食品进出口违法行为的行政责任

进口食品、食品添加剂在我国销售时,和国内生产的食品、食品添加剂一样,应当符合我国法律、法规和食品安全标准,否则应承担相应的行政责任。根据《食品安全法》规定,违反本法规定,有下列情形之一的,由出入境检验检疫机构没收违法所得和违法

---

① 《食品安全法》第 126 条第 1 款。
② 《食品安全法》第 126 条第 2 款。
③ 《食品安全法》第 126 条第 3 款。
④ 《食品安全法》第 65 条、第 126 条第 4 款。
⑤ 《食品安全法》第 128 条。

生产经营的食品、食品添加剂,并可以没收用于违法生产经营的工具、设备、原料等物品;违法生产经营的食品、食品添加剂货值金额不足一万元的,并处五万元以上十万元以下罚款;货值金额一万元以上的,并处货值金额十倍以上二十倍以下罚款;情节严重的,吊销许可证:①提供虚假材料,进口不符合我国食品安全国家标准的食品、食品添加剂、食品相关产品;②进口尚无食品安全国家标准的食品,未提交所执行的标准并经国务院卫生行政部门审查,或者进口利用新的食品原料生产的食品或者进口食品添加剂新品种、食品相关产品新品种,未通过安全性评估;③未遵守本法的规定出口食品;④进口商在有关主管部门责令其依照《食品安全法》规定召回进口的食品后,仍拒不召回。①

违反《食品安全法》规定,进口商未建立并遵守食品、食品添加剂进口和销售记录制度、境外出口商或者生产企业审核制度的,由出入境检验检疫机构责令改正,给予警告;拒不改正的,处五千元以上五万元以下罚款;情节严重的,责令停产停业,直至吊销许可证。②

6. 集中交易市场、食用农产品批发市场违法行为的行政责任

违反《食品安全法》规定,集中交易市场的开办者、柜台出租者、展销会的举办者允许未依法取得许可的食品经营者进入市场销售食品,或者未履行检查、报告等义务的;③食用农产品批发市场未依法配备检验设备和检验人员或者委托符合本法规定的食品检验机构对进入该批发市场销售的食用农产品进行抽样检验的,或者发现不符合食品安全标准的,未要求销售者立即停止销售并向食品安全监督管理部门报告的,④由县级以上人民政府食品安全监督管理部门责令改正,没收违法所得,并处五万元以上二十万元以下罚款;造成严重后果的,责令停业,直至由原发证部门吊销许可证;使消费者的合法权益受到损害的,应当与食品经营者承担连带责任。

7. 网络食品交易违法行为的行政责任

网络食品交易是我国新型的食品经营方式,在食品经营中发挥着越来越重要的作用。为加强对网络食品交易的监督管理,强化网络食品交易第三方平台提供者的食品安全管理责任,⑤《食品安全法》规定,违反本法规定,网络食品交易第三方平台提供者未对入网食品经营者进行实名登记、审查许可证,或者未履行报告、停止提供网络交易平台服务等义务的,由县级以上人民政府食品安全监督管理部门责令改正,没收违法所得,并处五万元以上二十万元以下罚款;造成严重后果的,责令停业,直至由原发证部门

---

① 《食品安全法》第 124 条第 1 款、第 129 条第 1 款。
② 《食品安全法》第 126 条第 1 款、第 129 条第 2 款。
③ 《食品安全法》第 130 条第 1 款。
④ 《食品安全法》第 64 条、第 130 条第 2 款。
⑤ 信春鹰主编:《中华人民共和国食品安全法解读》,中国法制出版社 2015 年版,352—353 页。

吊销许可证;使消费者的合法权益受到损害的,应当与食品经营者承担连带责任。① 消费者通过网络食品交易第三方平台购买食品,其合法权益受到损害的,可以向入网食品经营者或者食品生产者要求赔偿。网络食品交易第三方平台提供者不能提供入网食品经营者的真实名称、地址和有效联系方式的,由网络食品交易第三方平台提供者赔偿。网络食品交易第三方平台提供者赔偿后,有权向入网食品经营者或者食品生产者追偿。网络食品交易第三方平台提供者做出更有利于消费者承诺的,应当履行其承诺。②

8. 食品贮存、运输和装卸违法行为的行政责任

违反《食品安全法》规定,未按要求进行食品贮存、运输和装卸的,由县级以上人民政府食品安全监督管理等部门按照各自职责分工责令改正,给予警告;拒不改正的,责令停产停业,并处一万元以上五万元以下罚款;情节严重的,吊销许可证。③

9. 拒绝、阻挠、干涉开展食品安全工作等的行政责任

违反《食品安全法》规定,拒绝、阻挠、干涉有关部门、机构及其工作人员依法开展食品安全监督检查、事故调查处理、风险监测和风险评估的,由有关主管部门按照各自职责分工责令停产停业,并处二千元以上五万元以下罚款;情节严重的,吊销许可证;构成违反治安管理行为的,由公安机关依法给予治安管理处罚。④ 违反《食品安全法》规定,对举报人以解除、变更劳动合同或者其他方式打击报复的,应当依照有关法律的规定承担责任。⑤

(二)食品安全技术主体的行政责任

1. 提供虚假食品安全风险监测、评估信息的行政责任

违反《食品安全法》规定,承担食品安全风险监测、风险评估工作的技术机构、技术人员提供虚假监测、评估信息的,依法对技术机构直接负责的主管人员和技术人员给予撤职、开除处分;有执业资格的,由授予其资格的主管部门吊销执业证书。⑥

2. 虚假检验报告的行政责任

违反《食品安全法》规定,食品检验机构、食品检验人员出具虚假检验报告的,由授予其资质的主管部门或者机构撤销该食品检验机构的检验资质,没收所收取的检验费用,并处检验费用五倍以上十倍以下罚款,检验费用不足一万元的,并处五万元以上十万元以下罚款;依法对食品检验机构直接负责的主管人员和食品检验人员给予撤职或者开除处分;导致发生重大食品安全事故的,对直接负责的主管人员和食品检验人员给

---

① 《食品安全法》第 131 条第 1 款。
② 《食品安全法》第 131 条第 2 款。
③ 《食品安全法》第 132 条。
④ 《食品安全法》第 133 条第 1 款。
⑤ 《食品安全法》第 133 条第 2 款。
⑥ 《食品安全法》第 137 条。

予开除处分。①

违反《食品安全法》规定,受到开除处分的食品检验机构人员,自处分决定做出之日起十年内不得从事食品检验工作;因食品安全违法行为受到刑事处罚或者因出具虚假检验报告导致发生重大食品安全事故受到开除处分的食品检验机构人员,终身不得从事食品检验工作。食品检验机构聘用不得从事食品检验工作的人员的,由授予其资质的主管部门或者机构撤销该食品检验机构的检验资质。②

3. 虚假认证的行政责任

认证机构的认证对于从源头上确保食品安全,规范市场行为具有重要意义。鉴于认证结论具有较强的社会公信力,为确保认证机构出具的认证结论客观、真实,《食品安全法》规定了认证机构虚假认证所应承担的行政责任,即违反《食品安全法》规定,认证机构出具虚假认证结论,由认证认可监督管理部门没收所收取的认证费用,并处认证费用五倍以上十倍以下罚款,认证费用不足一万元的,并处五万元以上十万元以下罚款;情节严重的,责令停业,直至撤销认证机构批准文件,并向社会公布;对直接负责的主管人员和负有直接责任的认证人员,撤销其执业资格。③

4. 食品安全技术主体违法推荐食品的行政责任

违反《食品安全法》规定,食品检验机构以广告或者其他形式向消费者推荐食品,由有关主管部门没收违法所得,依法对直接负责的主管人员和其他直接责任人员给予记大过、降级或者撤职处分;情节严重的,给予开除处分。④

(三)监管主体的行政责任

1. 食品安全监督管理部门违法推荐食品的行政责任

违反《食品安全法》规定,食品安全监督管理等部门以广告或者其他形式向消费者推荐食品,由有关主管部门没收违法所得,依法对直接负责的主管人员和其他直接责任人员给予记大过、降级或者撤职处分;情节严重的,给予开除处分。⑤

2. 违反食品安全监督管理职责的行政责任

根据《食品安全法》规定,县级以上地方人民政府对本行政区域的食品安全监督管理工作负责,统一领导、组织、协调本行政区域的食品安全监督管理工作以及食品安全突发事件应对工作,建立健全食品安全全程监督管理工作机制和信息共享机制。县级以上地方人民政府依照《食品安全法》和国务院的规定,确定本级食品安全监督管理、卫生行政部门和其他有关部门的职责。有关部门在各自职责范围内负责本行政区域的

---

① 《食品安全法》第 138 条第 1 款。
② 《食品安全法》第 138 条第 2 款。
③ 《食品安全法》第 139 条第 1 款。
④ 《食品安全法》第 140 条第 4 款。
⑤ 《食品安全法》第 140 条第 4 款。

食品安全监督管理工作。① 食品安全行政监管主体如果不依法履行法定职责,将构成行政违法行为,《食品安全法》明确规定了食品安全行政监管主体违反食品安全监督管理职责的行政责任。

(1)违反《食品安全法》规定,县级以上地方人民政府有下列行为之一的,对直接负责的主管人员和其他直接责任人员给予记大过处分;情节较重的,给予降级或者撤职处分;情节严重的,给予开除处分;造成严重后果的,其主要负责人还应当引咎辞职:①对发生在本行政区域内的食品安全事故,未及时组织协调有关部门开展有效处置,造成不良影响或者损失;②对本行政区域内涉及多环节的区域性食品安全问题,未及时组织整治,造成不良影响或者损失;③隐瞒、谎报、缓报食品安全事故;④本行政区域内发生特别重大食品安全事故,或者连续发生重大食品安全事故。②

(2)违反《食品安全法》规定,县级以上地方人民政府有下列行为之一的,对直接负责的主管人员和其他直接责任人员给予警告、记过或者记大过处分;造成严重后果的,给予降级或者撤职处分:①未确定有关部门的食品安全监督管理职责,未建立健全食品安全全程监督管理工作机制和信息共享机制,未落实食品安全监督管理责任制;②未制定本行政区域的食品安全事故应急预案,或者发生食品安全事故后未按规定立即成立事故处置指挥机构、启动应急预案。③

(3)违反《食品安全法》规定,县级以上人民政府食品安全监督管理、卫生行政、农业行政等部门有下列行为之一的,对直接负责的主管人员和其他直接责任人员给予记大过处分;情节较重的,给予降级或者撤职处分;情节严重的,给予开除处分;造成严重后果的,其主要负责人还应当引咎辞职:①隐瞒、谎报、缓报食品安全事故;②未按规定查处食品安全事故,或者接到食品安全事故报告未及时处理,造成事故扩大或者蔓延;③经食品安全风险评估得出食品、食品添加剂、食品相关产品不安全结论后,未及时采取相应措施,造成食品安全事故或者不良社会影响;④对不符合条件的申请人准予许可,或者超越法定职权准予许可;⑤不履行食品安全监督管理职责,导致发生食品安全事故。④

(4)违反《食品安全法》规定,县级以上人民政府食品安全监督管理、卫生行政、农业行政等部门有下列行为之一,造成不良后果的,对直接负责的主管人员和其他直接责任人员给予警告、记过或者记大过处分;情节较重的,给予降级或者撤职处分;情节严重的,给予开除处分:①在获知有关食品安全信息后,未按规定向上级主管部门和本级人民政府报告,或者未按规定相互通报;②未按规定公布食品安全信息;③不履行法定职

---

① 《食品安全法》第 6 条。
② 《食品安全法》第 142 条。
③ 《食品安全法》第 143 条。
④ 《食品安全法》第 144 条。

责,对查处食品安全违法行为不配合,或者滥用职权、玩忽职守、徇私舞弊。①

3. 违法实施检查、强制等执法措施的行政责任

为确保食品安全监督管理职责的履行和实现,《食品安全法》赋予食品安全监督管理主体以广泛的行政检查权和行政强制权,如果行政主体不依法规范行使,将可能给行政相对人造成损失。《食品安全法》规定,食品安全监督管理等部门在履行食品安全监督管理职责过程中,违法实施检查、强制等执法措施,给生产经营者造成损失的,应当依法予以赔偿,对直接负责的主管人员和其他直接责任人员依法给予处分。②《行政强制法》对违法实施行政强制措施的行政责任也作了明确规定。③ 另据《国家赔偿法》第4条第1项和第2项之规定,行政机关及其工作人员在行使行政职权时,违法实施罚款、吊销许可证和执照、责令停产停业、没收财物等行政处罚的,违法对财产采取查封、扣押、冻结等行政强制措施的,受害人有取得赔偿的权利。

(四)其他主体的行政责任

1. 虚假宣传和违法推荐食品的行政责任

违反《食品安全法》规定,在广告中对食品作虚假宣传,欺骗消费者,或者发布未取得批准文件、广告内容与批准文件不一致的保健食品广告的,依照《中华人民共和国广告法》的规定给予处罚。④

违反《食品安全法》规定,食品行业协会以广告或者其他形式向消费者推荐食品,

---

① 《食品安全法》第145条。

② 《食品安全法》第146条。

③ 《行政强制法》第62条规定:"违反本法规定,行政机关有下列情形之一的,由上级行政机关或者有关部门责令改正,对直接负责的主管人员和其他直接责任人员依法给予处分:(一)扩大查封、扣押、冻结范围的;(二)使用或者损毁查封、扣押场所、设施或者财物的;(三)在查封、扣押法定期间不作出处理决定或者未依法及时解除查封、扣押的;(四)在冻结存款、汇款法定期间不作出处理决定或者未依法及时解除冻结的。"该法第63条规定:"行政机关将查封、扣押的财物或者划拨的存款、汇款以及拍卖和依法处理所得的款项,截留、私分或者变相私分的,由财政部门或者有关部门予以追缴;对直接负责的主管人员和其他直接责任人员依法给予记大过、降级、撤职或者开除的处分。行政机关工作人员利用职务上的便利,将查封、扣押的场所、设施或者财物据为己有的,由上级行政机关或者有关部门责令改正,依法给予记大过、降级、撤职或者开除的处分。"

④ 《食品安全法》第140条第1款。根据《广告法》第55条规定:"违反本法规定,发布虚假广告的,由市场监督管理部门责令停止发布广告,责令广告主在相应范围内消除影响,处广告费用三倍以上五倍以下的罚款,广告费用无法计算或者明显偏低的,处二十万元以上一百万元以下的罚款;两年内有三次以上违法行为或者有其他严重情节的,处广告费用五倍以上十倍以下的罚款,广告费用无法计算或者明显偏低的,处一百万元以上二百万元以下的罚款,可以吊销营业执照,并由广告审查机关撤销广告审查批准文件、一年内不受理其广告审查申请。广告经营者、广告发布者明知或者应知广告虚假仍设计、制作、代理、发布的,由市场监督管理部门没收广告费用,并处广告费用三倍以上五倍以下的罚款,广告费用无法计算或者明显偏低的,处二十万元以上一百万元以下的罚款;两年内有三次以上违法行为或者有其他严重情节的,处广告费用五倍以上十倍以下的罚款,广告费用无法计算或者明显偏低的,处一百万元以上二百万元以下的罚款,并可以由有关部门暂停广告发布业务、吊销营业执照、吊销广告发布登记证件。"

消费者组织以收取费用或者其他牟取利益的方式向消费者推荐食品的,由有关主管部门没收违法所得,依法对直接负责的主管人员和其他直接责任人员给予记大过、降级或者撤职处分;情节严重的,给予开除处分。①

对食品作虚假宣传且情节严重的,由省级以上人民政府食品安全监督管理部门决定暂停销售该食品,并向社会公布;仍然销售该食品的,由县级以上人民政府食品安全监督管理部门没收违法所得和违法销售的食品,并处二万元以上五万元以下罚款。②

2. 编造、散布虚假信息的行政责任

违反《食品安全法》规定,编造、散布虚假食品安全信息,构成违反治安管理行为的,由公安机关依法给予治安管理处罚。③ 媒体编造、散布虚假食品安全信息的,由有关主管部门依法给予处罚,并对直接负责的主管人员和其他直接责任人员给予处分。④

二、药品安全的行政责任

(一)药品市场主体的行政责任

1. 违反药品生产经营许可制度的行政责任

未取得药品生产许可证、药品经营许可证或者医疗机构制剂许可证生产、销售药品的,责令关闭,没收违法生产、销售的药品和违法所得,并处违法生产、销售的药品(包括已售出和未售出的药品,下同)货值金额十五倍以上三十倍以下的罚款;货值金额不足十万元的,按十万元计算。⑤

2. 生产、销售假药、劣药的行政责任

生产、销售假药的,没收违法生产、销售的药品和违法所得,责令停产停业整顿,吊销药品批准证明文件,并处违法生产、销售的药品货值金额十五倍以上三十倍以下的罚款;货值金额不足十万元的,按十万元计算;情节严重的,吊销药品生产许可证、药品经营许可证或者医疗机构制剂许可证,十年内不受理其相应申请;药品上市许可持有人为境外企业的,十年内禁止其药品进口。⑥

生产、销售劣药的,没收违法生产、销售的药品和违法所得,并处违法生产、销售的药品货值金额十倍以上二十倍以下的罚款;违法生产、批发的药品货值金额不足十万元的,按十万元计算,违法零售的药品货值金额不足一万元的,按一万元计算;情节严重的,责令停产停业整顿直至吊销药品批准证明文件、药品生产许可证、药品经营许可证

---

① 《食品安全法》第 140 条第 4 款。
② 《食品安全法》第 140 条第 4 款。
③ 《食品安全法》第 141 条第 1 款。
④ 《食品安全法》第 141 条第 2 款。
⑤ 《药品管理法》第 115 条。
⑥ 《药品管理法》第 116 条。

或者医疗机构制剂许可证。① 生产、销售的中药饮片不符合药品标准,尚不影响安全性、有效性的,责令限期改正,给予警告;可以处十万元以上五十万元以下的罚款。②

生产、销售假药,或者生产、销售劣药且情节严重的,对法定代表人、主要负责人、直接负责的主管人员和其他责任人员,没收违法行为发生期间自本单位所获收入,并处所获收入百分之三十以上三倍以下的罚款,终身禁止从事药品生产经营活动,并可以由公安机关处五日以上十五日以下的拘留。③ 对生产者专门用于生产假药、劣药的原料、辅料、包装材料、生产设备予以没收。④

药品使用单位使用假药、劣药的,按照销售假药、零售劣药的规定处罚;情节严重的,法定代表人、主要负责人、直接负责的主管人员和其他责任人员有医疗卫生人员执业证书的,还应当吊销执业证书。⑤

3. 假劣药品流通环节的行政责任

知道或者应当知道属于假药、劣药或者《药品管理法》第124条第1款第一项至第五项规定的药品,而为其提供储存、运输等便利条件的,没收全部储存、运输收入,并处违法收入一倍以上五倍以下的罚款;情节严重的,并处违法收入五倍以上十五倍以下的罚款;违法收入不足五万元的,按五万元计算。⑥

4. 违反药品证照管理规定的行政责任

伪造、变造、出租、出借、非法买卖许可证或者药品批准证明文件的,没收违法所得,并处违法所得一倍以上五倍以下的罚款;情节严重的,并处违法所得五倍以上十五倍以下的罚款,吊销药品生产许可证、药品经营许可证、医疗机构制剂许可证或者药品批准证明文件,对法定代表人、主要负责人、直接负责的主管人员和其他责任人员,处二万元以上二十万元以下的罚款,十年内禁止从事药品生产经营活动,并可以由公安机关处五日以上十五日以下的拘留;违法所得不足十万元的,按十万元计算。⑦

提供虚假的证明、数据、资料、样品或者采取其他手段骗取临床试验许可、药品生产许可、药品经营许可、医疗机构制剂许可或者药品注册等许可的,撤销相关许可,十年内不受理其相应申请,并处五十万元以上五百万元以下的罚款;情节严重的,对法定代表人、主要负责人、直接负责的主管人员和其他责任人员,处二万元以上二十万元以下的罚款,十年内禁止从事药品生产经营活动,并可以由公安机关处五日以上十五日以下的拘留。⑧

---

① 《药品管理法》第117条第1款。
② 《药品管理法》第117条第2款。
③ 《药品管理法》第118条第1款。
④ 《药品管理法》第118条第2款。
⑤ 《药品管理法》第119条。
⑥ 《药品管理法》第120条。
⑦ 《药品管理法》第122条。
⑧ 《药品管理法》第123条。

5.违反药品注册、检验制度的行政责任

违反《药品管理法》规定,有下列行为之一的,没收违法生产、进口、销售的药品和违法所得以及专门用于违法生产的原料、辅料、包装材料和生产设备,责令停产停业整顿,并处违法生产、进口、销售的药品货值金额十五倍以上三十倍以下的罚款;货值金额不足十万元的,按十万元计算;情节严重的,吊销药品批准证明文件直至吊销药品生产许可证、药品经营许可证或者医疗机构制剂许可证,对法定代表人、主要负责人、直接负责的主管人员和其他责任人员,没收违法行为发生期间自本单位所获收入,并处所获收入百分之三十以上三倍以下的罚款,十年直至终身禁止从事药品生产经营活动,并可以由公安机关处五日以上十五日以下的拘留:①未取得药品批准证明文件生产、进口药品;②使用采取欺骗手段取得的药品批准证明文件生产、进口药品;③使用未经审评审批的原料药生产药品;④应当检验而未经检验即销售药品;⑤生产、销售国务院药品监督管理部门禁止使用的药品;⑥编造生产、检验记录;⑦未经批准在药品生产过程中进行重大变更。销售前款第一项至第三项规定的药品,或者药品使用单位使用前款第一项至第五项规定的药品的,依照前款规定处罚;情节严重的,药品使用单位的法定代表人、主要负责人、直接负责的主管人员和其他责任人员有医疗卫生人员执业证书的,还应当吊销执业证书。

未经批准进口少量境外已合法上市的药品,情节较轻的,可以依法减轻或者免予处罚。①

6.违反药品研制、标识以及其他风险管理制度的行政责任

违反《药品管理法》规定,有下列行为之一的,没收违法生产、销售的药品和违法所得以及包装材料、容器,责令停产停业整顿,并处五十万元以上五百万元以下的罚款;情节严重的,吊销药品批准证明文件、药品生产许可证、药品经营许可证,对法定代表人、主要负责人、直接负责的主管人员和其他责任人员处二万元以上二十万元以下的罚款,十年直至终身禁止从事药品生产经营活动:①未经批准开展药物临床试验;②使用未经审评的直接接触药品的包装材料或者容器生产药品,或者销售该类药品;③使用未经核准的标签、说明书。②

违反《药品管理法》规定,有下列行为之一的,责令限期改正,给予警告;逾期不改正的,处十万元以上五十万元以下的罚款:①开展生物等效性试验未备案;②药物临床试验期间,发现存在安全性问题或者其他风险,临床试验申办者未及时调整临床试验方案、暂停或者终止临床试验,或者未向国务院药品监督管理部门报告;③未按照规定建立并实施药品追溯制度;④未按照规定提交年度报告;⑤未按照规定对药品生产过程中的变更进行备案或者报告;⑥未制定药品上市后风险管理计划;⑦未按照规定开展药品

① 《药品管理法》第124条。
② 《药品管理法》第125条。

上市后研究或者上市后评价。①

除依法应当按照假药、劣药处罚的外,药品包装未按照规定印有、贴有标签或者附有说明书,标签、说明书未按照规定注明相关信息或者印有规定标志的,责令改正,给予警告;情节严重的,吊销药品注册证书。②

7. 违反药品质量管理规范的行政法律责任

除《药品管理法》另有规定的情形外,药品上市许可持有人、药品生产企业、药品经营企业、药物非临床安全性评价研究机构、药物临床试验机构等未遵守药品生产质量管理规范、药品经营质量管理规范、药物非临床研究质量管理规范、药物临床试验质量管理规范等的,责令限期改正,给予警告;逾期不改正的,处十万元以上五十万元以下的罚款;情节严重的,处五十万元以上二百万元以下的罚款,责令停产停业整顿直至吊销药品批准证明文件、药品生产许可证、药品经营许可证等,药物非临床安全性评价研究机构、药物临床试验机构等五年内不得开展药物非临床安全性评价研究、药物临床试验,对法定代表人、主要负责人、直接负责的主管人员和其他责任人员,没收违法行为发生期间自本单位所获收入,并处所获收入百分之十以上百分之五十以下的罚款,十年直至终身禁止从事药品生产经营等活动。③

8. 违反药品经营管理制度的行政责任

(1)违反药品购销记录和销售注意事项的行政法律责任

违反《药品管理法》规定,药品经营企业购销药品未按照规定进行记录,零售药品未正确说明用法、用量等事项,或者未按照规定调配处方的,责令改正,给予警告;情节严重的,吊销药品经营许可证。④

(2)违反进货渠道规定的行政法律责任

违反《药品管理法》规定,药品上市许可持有人、药品生产企业、药品经营企业或者医疗机构未从药品上市许可持有人或者具有药品生产、经营资格的企业购进药品的,责令改正,没收违法购进的药品和违法所得,并处违法购进药品货值金额两倍以上十倍以下的罚款;情节严重的,并处货值金额十倍以上三十倍以下的罚款,吊销药品批准证明文件、药品生产许可证、药品经营许可证或者医疗机构执业许可证;货值金额不足五万元的,按五万元计算。⑤

(3)药品网络交易第三方平台提供者的行政责任

违反《药品管理法》规定,药品网络交易第三方平台提供者未履行资质审核、报告、

---

① 《药品管理法》第127条。
② 《药品管理法》第128条。
③ 《药品管理法》第126条。
④ 《药品管理法》第130条。
⑤ 《药品管理法》第129条。

停止提供网络交易平台服务等义务的,责令改正,没收违法所得,并处二十万元以上二百万元以下的罚款;情节严重的,责令停业整顿,并处二百万元以上五百万元以下的罚款。①

（4）违反进口药品备案要求的行政责任

进口已获得药品注册证书的药品,未按照规定向允许药品进口的口岸所在地药品监督管理部门备案的,责令限期改正,给予警告;逾期不改正的,吊销药品注册证书。②

（5）销售医院制剂的行政责任

违反《药品管理法》规定,医疗机构将其配制的制剂在市场上销售的,责令改正,没收违法销售的制剂和违法所得,并处违法销售制剂货值金额两倍以上五倍以下的罚款;情节严重的,并处货值金额五倍以上十五倍以下的罚款;货值金额不足五万元的,按五万元计算。③

（6）药品商业贿赂的行政责任

药品上市许可持有人、药品生产企业、药品经营企业或者医疗机构在药品购销中给予、收受回扣或者其他不正当利益的,药品上市许可持有人、药品生产企业、药品经营企业或者代理人给予使用其药品的医疗机构的负责人、药品采购人员、医师、药师等有关人员财物或者其他不正当利益的,由市场监督管理部门没收违法所得,并处三十万元以上三百万元以下的罚款;情节严重的,吊销药品上市许可持有人、药品生产企业、药品经营企业营业执照,并由药品监督管理部门吊销药品批准证明文件、药品生产许可证、药品经营许可证。④

药品上市许可持有人、药品生产企业、药品经营企业在药品研制、生产、经营中向国家工作人员行贿的,对法定代表人、主要负责人、直接负责的主管人员和其他责任人员终身禁止从事药品生产经营活动。⑤

药品上市许可持有人、药品生产企业、药品经营企业的负责人、采购人员等有关人员在药品购销中收受其他药品上市许可持有人、药品生产企业、药品经营企业或者代理人给予的财物或者其他不正当利益的,没收违法所得,依法给予处罚;情节严重的,五年内禁止从事药品生产经营活动。⑥

医疗机构的负责人、药品采购人员、医师、药师等有关人员收受药品上市许可持有人、药品生产企业、药品经营企业或者代理人给予的财物或者其他不正当利益的,由卫生健康

---

① 《药品管理法》第 131 条。
② 《药品管理法》第 132 条。
③ 《药品管理法》第 133 条。
④ 《药品管理法》第 141 条第 1 款。
⑤ 《药品管理法》第 141 条第 2 款。
⑥ 《药品管理法》第 142 条第 1 款。

主管部门或者本单位给予处分,没收违法所得;情节严重的,还应当吊销其执业证书。①

9.违反药品风险控制制度的行政责任

(1)违反药品不良反应监测或者报告义务的行政责任

药品上市许可持有人未按照规定开展药品不良反应监测或者报告疑似药品不良反应的,责令限期改正,给予警告;逾期不改正的,责令停产停业整顿,并处十万元以上一百万元以下的罚款。②

药品经营企业未按照规定报告疑似药品不良反应的,责令限期改正,给予警告;逾期不改正的,责令停产停业整顿,并处五万元以上五十万元以下的罚款。③

医疗机构未按照规定报告疑似药品不良反应的,责令限期改正,给予警告;逾期不改正的,处五万元以上五十万元以下的罚款。④

(2)违反药品召回义务的行政责任

药品上市许可持有人在省、自治区、直辖市人民政府药品监督管理部门责令其召回后,拒不召回的,处应召回药品货值金额五倍以上十倍以下的罚款;货值金额不足十万元的,按十万元计算;情节严重的,吊销药品批准证明文件、药品生产许可证、药品经营许可证,对法定代表人、主要负责人、直接负责的主管人员和其他责任人员,处二万元以上二十万元以下的罚款。药品生产企业、药品经营企业、医疗机构拒不配合召回的,处十万元以上五十万元以下的罚款。⑤

10.违反人员聘用规定的行政责任

药品上市许可持有人、药品生产企业、药品经营企业或者医疗机构违反本法规定聘用人员的,由药品监督管理部门或者卫生健康主管部门责令解聘,处五万元以上二十万元以下的罚款。⑥

(二)药品安全技术主体的行政责任

1.药品检验机构出具虚假检验报告的行政责任

药品检验机构出具虚假检验报告的,责令改正,给予警告,对单位并处二十万元以上一百万元以下的罚款;对直接负责的主管人员和其他直接责任人员依法给予降级、撤职、开除处分,没收违法所得,并处五万元以下的罚款;情节严重的,撤销其检验资格。药品检验机构出具的检验结果不实,造成损失的,应当承担相应的赔偿责任。⑦

---

① 《药品管理法》第142条第2款。
② 《药品管理法》第134条第1款。
③ 《药品管理法》第134条第2款。
④ 《药品管理法》第134条第3款。
⑤ 《药品管理法》第135条。
⑥ 《药品管理法》第140条。
⑦ 《药品管理法》第138条。

2.药品专业技术机构或人员参与药品生产经营活动的行政责任

药品监督管理部门或者其设置、指定的药品专业技术机构参与药品生产经营活动的,由其上级主管机关责令改正,没收违法收入;情节严重的,对直接负责的主管人员和其他直接责任人员依法给予处分。① 药品监督管理部门或者其设置、指定的药品专业技术机构的工作人员参与药品生产经营活动的,依法给予处分。②

3.药品检验机构违法收取检验费用的行政责任

药品监督管理部门或者其设置、指定的药品检验机构在药品监督检验中违法收取检验费用的,由政府有关部门责令退还,对直接负责的主管人员和其他直接责任人员依法给予处分;情节严重的,撤销其检验资格。③

（三）药品监管主体的行政责任

1.参与药品生产经营活动的行政责任

药品监督管理部门参与药品生产经营活动的,由其上级主管机关责令改正,没收违法收入;情节严重的,对直接负责的主管人员和其他直接责任人员依法给予处分。④ 药品监督管理部门的工作人员参与药品生产经营活动的,依法给予处分。⑤

2.违法收取检验费用的行政责任

药品监督管理部门在药品监督检验中违法收取检验费用的,由政府有关部门责令退还,对直接负责的主管人员和其他直接责任人员依法给予处分;情节严重的,撤销其检验资格。⑥

3.违反药品审批和注册制度的行政责任

违反《药品管理法》规定,药品监督管理部门有下列行为之一的,应当撤销相关许可,对直接负责的主管人员和其他直接责任人员依法给予处分:①不符合条件而批准进行药物临床试验;②对不符合条件的药品颁发药品注册证书;③对不符合条件的单位颁发药品生产许可证、药品经营许可证或者医疗机构制剂许可证。⑦

4.药品安全事件和隐患处置不力的行政责任

（1）地方人民政府的行政责任

违反《药品管理法》规定,县级以上地方人民政府有下列行为之一的,对直接负责的主管人员和其他直接责任人员给予记过或者记大过处分;情节严重的,给予降级、撤职或者开除处分:①瞒报、谎报、缓报、漏报药品安全事件;②未及时消除区域性重大药

---

① 《药品管理法》第 145 条第 1 款。
② 《药品管理法》第 145 条第 2 款。
③ 《药品管理法》第 146 条。
④ 《药品管理法》第 145 条第 1 款。
⑤ 《药品管理法》第 145 条第 2 款。
⑥ 《药品管理法》第 146 条。
⑦ 《药品管理法》第 147 条。

品安全隐患,造成本行政区域内发生特别重大药品安全事件,或者连续发生重大药品安全事件;③履行职责不力,造成严重不良影响或者重大损失。①

（2）药品监督管理部门的行政责任

违反《药品管理法》规定,药品监督管理等部门有下列行为之一的,对直接负责的主管人员和其他直接责任人员给予记过或者记大过处分;情节较重的,给予降级或者撤职处分;情节严重的,给予开除处分:①瞒报、谎报、缓报、漏报药品安全事件;②对发现的药品安全违法行为未及时查处;③未及时发现药品安全系统性风险,或者未及时消除监督管理区域内药品安全隐患,造成严重影响;④其他不履行药品监督管理职责,造成严重不良影响或者重大损失。②

5. 监管主体滥用职权、徇私舞弊、玩忽职守、失职渎职的行政责任

药品监督管理人员滥用职权、徇私舞弊、玩忽职守的,依法给予处分。③ 查处假药、劣药违法行为有失职、渎职行为的,对药品监督管理部门直接负责的主管人员和其他直接责任人员依法从重给予处分。④

（四）其他主体的行政责任

《药品管理法》第107条第3款规定,任何单位和个人不得编造、散布虚假药品安全信息。违反该规定,编造、散布虚假药品安全信息,构成违反治安管理行为的,由公安机关依法给予治安管理处罚。⑤

三、其他健康相关产品监管行政责任

（一）化妆品安全行政责任

《化妆品监督管理条例》规定了有关单位或个人承担行政责任的具体情形,该条例第五章"法律责任"按照不同的行政违法类型,分别做出了详细规定。

《化妆品监督管理条例》第59条规定:有下列情形之一的,由负责药品监督管理的部门没收违法所得、违法生产经营的化妆品和专门用于违法生产经营的原料、包装材料、工具、设备等物品;违法生产经营的化妆品货值金额不足1万元的,并处5万元以上15万元以下罚款;货值金额1万元以上的,并处货值金额15倍以上30倍以下罚款;情节严重的,责令停产停业、由备案部门取消备案或者由原发证部门吊销化妆品许可证件,10年内不予办理其提出的化妆品备案或者受理其提出的化妆品行政许可申请,对违法单位的法定代表人或者主要负责人、直接负责的主管人员和其他直接责任人员处

---

① 《药品管理法》第148条。
② 《药品管理法》第149条。
③ 《药品管理法》第150条第1款。
④ 《药品管理法》第150条第2款。
⑤ 《药品管理法》第143条。

以其上一年度从本单位取得收入的 3 倍以上 5 倍以下罚款,终身禁止其从事化妆品生产经营活动;构成犯罪的,依法追究刑事责任:①未经许可从事化妆品生产活动,或者化妆品注册人、备案人委托未取得相应化妆品生产许可的企业生产化妆品;②生产经营或者进口未经注册的特殊化妆品;③使用禁止用于化妆品生产的原料、应当注册但未经注册的新原料生产化妆品,在化妆品中非法添加可能危害人体健康的物质,或者使用超过使用期限、废弃、回收的化妆品或者原料生产化妆品。

《化妆品监督管理条例》第 60 条规定:有下列情形之一的,由负责药品监督管理的部门没收违法所得、违法生产经营的化妆品和专门用于违法生产经营的原料、包装材料、工具、设备等物品;违法生产经营的化妆品货值金额不足 1 万元的,并处 1 万元以上 5 万元以下罚款;货值金额 1 万元以上的,并处货值金额 5 倍以上 20 倍以下罚款;情节严重的,责令停产停业、由备案部门取消备案或者由原发证部门吊销化妆品许可证件,对违法单位的法定代表人或者主要负责人、直接负责的主管人员和其他直接责任人员处以其上一年度从本单位取得收入的 1 倍以上 3 倍以下罚款,10 年内禁止其从事化妆品生产经营活动;构成犯罪的,依法追究刑事责任:①使用不符合强制性国家标准、技术规范的原料、直接接触化妆品的包装材料,应当备案但未备案的新原料生产化妆品,或者不按照强制性国家标准或者技术规范使用原料;②生产经营不符合强制性国家标准、技术规范或者不符合化妆品注册、备案资料载明的技术要求的化妆品;③未按照化妆品生产质量管理规范的要求组织生产;④更改化妆品使用期限;⑤化妆品经营者擅自配制化妆品,或者经营变质、超过使用期限的化妆品;⑥在负责药品监督管理的部门责令其实施召回后拒不召回,或者在负责药品监督管理的部门责令停止或者暂停生产、经营后拒不停止或者暂停生产、经营。

《化妆品监督管理条例》第 61 条规定:有下列情形之一的,由负责药品监督管理的部门没收违法所得、违法生产经营的化妆品,并可以没收专门用于违法生产经营的原料、包装材料、工具、设备等物品;违法生产经营的化妆品货值金额不足 1 万元的,并处 1 万元以上 3 万元以下罚款;货值金额 1 万元以上的,并处货值金额 3 倍以上 10 倍以下罚款;情节严重的,责令停产停业、由备案部门取消备案或者由原发证部门吊销化妆品许可证件,对违法单位的法定代表人或者主要负责人、直接负责的主管人员和其他直接责任人员处以其上一年度从本单位取得收入的 1 倍以上 2 倍以下罚款,5 年内禁止其从事化妆品生产经营活动:①上市销售、经营或者进口未备案的普通化妆品;②未依照本条例规定设质量安全负责人;③化妆品注册人、备案人未对受托生产企业的生产活动进行监督;④未依照本条例规定建立并执行从业人员健康管理制度;⑤生产经营标签不符合本条例规定的化妆品。生产经营的化妆品的标签存在瑕疵但不影响质量安全且不会对消费者造成误导的,由负责药品监督管理的部门责令改正;拒不改正的,处 2000 元以下罚款。

《化妆品监督管理条例》第 62 条规定:有下列情形之一的,由负责药品监督管理的部门责令改正,给予警告,并处 1 万元以上 3 万元以下罚款;情节严重的,责令停产停业,并处 3 万元以上 5 万元以下罚款,对违法单位的法定代表人或者主要负责人、直接负责的主管人员和其他直接责任人员处 1 万元以上 3 万元以下罚款:①未依照本条例规定公布化妆品功效宣称依据的摘要;②未依照本条例规定建立并执行进货查验记录制度、产品销售记录制度;③未依照本条例规定对化妆品生产质量管理规范的执行情况进行自查;④未依照本条例规定贮存、运输化妆品;⑤未依照本条例规定监测、报告化妆品不良反应,或者对化妆品不良反应监测机构、负责药品监督管理的部门开展的化妆品不良反应调查不予配合。进口商未依照本条例规定记录、保存进口化妆品信息的,由出入境检验检疫机构依照前款规定给予处罚。

《化妆品监督管理条例》第 63 条规定:化妆品新原料注册人、备案人未依照本条例规定报告化妆品新原料使用和安全情况的,由国务院药品监督管理部门责令改正,处 5 万元以上 20 万元以下罚款;情节严重的,吊销化妆品新原料注册证或者取消化妆品新原料备案,并处 20 万元以上 50 万元以下罚款。

《化妆品监督管理条例》第 64 条规定:在申请化妆品行政许可时提供虚假资料或者采取其他欺骗手段的,不予行政许可,已经取得行政许可的,由作出行政许可决定的部门撤销行政许可,5 年内不受理其提出的化妆品相关许可申请,没收违法所得和已经生产、进口的化妆品;已经生产、进口的化妆品货值金额不足 1 万元的,并处 5 万元以上 15 万元以下罚款;货值金额 1 万元以上的,并处货值金额 15 倍以上 30 倍以下罚款;对违法单位的法定代表人或者主要负责人、直接负责的主管人员和其他直接责任人员处以其上一年度从本单位取得收入的 3 倍以上 5 倍以下罚款,终身禁止其从事化妆品生产经营活动。伪造、变造、出租、出借或者转让化妆品许可证件的,由负责药品监督管理的部门或者原发证部门予以收缴或者吊销,没收违法所得;违法所得不足 1 万元的,并处 5 万元以上 10 万元以下罚款;违法所得 1 万元以上的,并处违法所得 10 倍以上 20 倍以下罚款;构成违反治安管理行为的,由公安机关依法给予治安管理处罚;构成犯罪的,依法追究刑事责任。

《化妆品监督管理条例》第 65 条规定:备案时提供虚假资料的,由备案部门取消备案,3 年内不予办理其提出的该项备案,没收违法所得和已经生产、进口的化妆品;已经生产、进口的化妆品货值金额不足 1 万元的,并处 1 万元以上 3 万元以下罚款;货值金额 1 万元以上的,并处货值金额 3 倍以上 10 倍以下罚款;情节严重的,责令停产停业直至由原发证部门吊销化妆品生产许可证,对违法单位的法定代表人或者主要负责人、直接负责的主管人员和其他直接责任人员处以其上一年度从本单位取得收入的 1 倍以上 2 倍以下罚款,5 年内禁止其从事化妆品生产经营活动。已经备案的资料不符合要求的,由备案部门责令限期改正,其中,与化妆品、化妆品新原料安全性有关的备案资料不符合要求的,备案部门可以同时责令暂停销售、使用;逾期不改正的,由备案部门取消备案。备案部门取消备案后,仍然使用该化妆品新原料生产化妆品或者仍然上市销售、进口该普通化妆品的,分别依照本条例第 60 条、第 61 条的规定给予处罚。

(二)医疗器械安全行政责任

1. 违反医疗器械许可、备案管理规定的行政法律责任

《医疗器械监督管理条例》第 63 条至第 65 条分别规定了未注册或未经许可生产经营医疗器械、配置使用大型医用设备,骗取及违规使用许可证件,未备案或提供虚假备案材料的法律责任。2017 年国务院修改《医疗器械监督管理条例》,将大型医用设备配置审批由非行政许可审批事项调整为行政许可事项,并在第 63 条增加了相应的法律责任。

2. 违反医疗器械生产经营管理规范的行政法律责任

《医疗器械监督管理条例》第 66 条至第 68 条分别规定了生产、经营、使用不合格的医疗器械,违规生产、经营、运输、贮存、转让医疗器械,违反医疗器械生产、经营、使用各项日常管理规范的法律责任。2017 年条例修改时在第 66 条增加了一款,规定了医疗器械经营企业、使用单位的免责情形。

3. 违反医疗器械临床试验、检验、广告、审评、监测活动管理规定的行政法律责任

《医疗器械监督管理条例》第 69 条至第 72 条分别规定了临床试验活动违规,医疗器械检验机构违规,医疗器械广告活动违规,医疗器械技术审评机构、医疗器械不良事件监测技术机构违规的法律责任。《医疗器械注册管理办法》第 73 条对违法开展临床试验的法律责任进行了补充。

4. 监管部门违法的行政法律责任

《医疗器械监督管理条例》第 74 条:"违反本条例规定,县级以上人民政府食品药品监督管理部门或者其他有关部门不履行医疗器械监督管理职责或者滥用职权、玩忽职守、徇私舞弊的,由监察机关或者任免机关对直接负责的主管人员和其他直接责任人员依法给予警告、记过或者记大过的处分;造成严重后果的,给予降级、撤职或者开除的处分。"

第四节　健康产品安全的刑事责任

一、食品安全的刑事责任

《食品安全法》第 149 条规定,"违法本法规定,构成犯罪的,依法追究刑事责任"。据此,作为行政管理法的《食品安全法》并未具体规定食品安全有关的刑事犯罪的罪状和刑事责任,而是明确规定对于食品安全的刑事责任适用刑法进行追究。我国刑法在第二编"分则"第三章"破坏社会主义市场经济秩序罪"第一节"生产、销售伪劣商品罪"中规定了生产、销售不符合安全标准的食品罪,生产、销售有毒、有害食品罪等专门适用于食品安全的犯罪,此外,市场主体与食品安全有关的违法犯罪活动还可能构成生

产、销售伪劣产品罪①，假冒注册商标罪，销售假冒注册商标的商品罪，非法制造、销售非法制造的注册商标标识罪，非法经营罪②，虚假广告罪③，以及逃避商检罪④等。而食

---

① 《刑法》第140条规定："生产者、销售者在产品中掺杂、掺假，以假充真，以次充好或者以不合格产品冒充合格产品，销售金额五万元以上不满二十万元的，处二年以下有期徒刑或者拘役，并处或者单处销售金额百分之五十以上二倍以下罚金；销售金额二十万元以上不满五十万元的，处二年以上七年以下有期徒刑，并处销售金额百分之五十以上二倍以下罚金；销售金额五十万元以上不满二百万元的，处七年以上有期徒刑，并处销售金额百分之五十以上二倍以下罚金；销售金额二百万元以上的，处十五年有期徒刑或者无期徒刑，并处销售金额百分之五十以上二倍以下罚金或者没收财产。"《刑法》第141条至第148条规定了生产、销售假药、劣药、不符合安全标准的食品或有毒、有害食品、不符合标准的医疗器材、不符合卫生标准的化妆品等多种特定种类伪劣产品的犯罪，它们之间的区别主要有：第一，犯罪对象不同。本罪是生产、销售一般的伪劣产品，没有对产品进行特别限定，后几种罪名是以特定产品为犯罪对象。第二，犯罪构成的客观要件不同。本罪要求销售金额五万元以上，后几种罪名在犯罪构成的客观要件上不尽一致。本罪与生产、销售特定种类伪劣产品犯罪属普通法与特别法关系，按照特别法优于普通法的原则适用。但是，《刑法》第149条规定：生产、销售第141条至第148条所列产品，构成各该条规定的犯罪，同时又构成第140条规定之罪的，依照处罚较重的规定定罪处罚。当不构成各特别犯罪，但是销售金额在五万元以上时，依照第140条的规定定罪处罚。最高人民法院、最高人民检察院《关于办理危害食品安全刑事案件适用法律若干问题的解释》第13条第2款规定，生产、销售不符合食品安全标准的食品，无证据证明足以造成严重食物中毒事故或者其他严重食源性疾病，不构成生产、销售不符合安全标准的食品罪，但是构成生产、销售伪劣产品罪等其他犯罪的，依照该其他犯罪定罪处罚。该司法解释第10条规定，生产、销售不符合食品安全标准的食品添加剂，用于食品的包装材料、容器、洗涤剂、消毒剂，或者用于食品生产经营的工具、设备等，构成犯罪的，依照刑法第140条的规定以生产、销售伪劣产品罪定罪处罚。
② 非法经营罪是指违反国家规定，故意从事非法经营，扰乱市场秩序，情节严重的行为。在药事活动领域，构成本罪的主要有：(1)以提供给他人生产、销售食品为目的，违反国家规定，生产、销售国家禁止用于食品生产、销售的非食品原料，情节严重的行为。(2)违反国家规定，私设生猪屠宰厂（场），从事生猪屠宰、销售等经营活动，情节严重的行为。(3)根据最高人民检察院《关于办理非法经营食盐刑事案件具体应用法律若干问题的解释》，违反国家有关盐业管理规定，非法生产、储运、销售食盐，扰乱市场秩序，情节严重的行为。(4)根据最高人民法院、最高人民检察院《关于办理非法生产、销售、使用禁止在饲料和动物饮用水中使用的药品等刑事案件具体应用法律若干问题的解释》，未取得药品生产、经营许可证件和批准文号，非法生产、销售盐酸克仑特罗等禁止在饲料和动物饮用水中使用的药品，扰乱药品市场秩序，情节严重的行为；在生产、销售的饲料中添加盐酸克仑特罗等禁止在饲料和动物饮用水中使用的药品，或者销售明知是添加有该类药品的饲料，情节严重的行为。(5)根据最高人民法院、最高人民检察院、公安部《关于办理走私、非法买卖麻黄碱类复方制剂等刑事案件适用法律若干问题的意见》，非法买卖麻黄碱类复方制剂或者运输、携带、寄递麻黄碱类复方制剂进出境，没有证据证明系用于制造毒品或者走私、非法买卖制毒物品，或者未达到走私制毒物品罪、非法买卖制毒物品罪的定罪数量标准，构成非法经营罪、走私普通货物、物品罪等其他犯罪的，依法定罪处罚。犯本罪的，处五年以下有期徒刑或者拘役，并处或者单处违法所得一倍以上五倍以下罚金；情节特别严重的，处五年以上有期徒刑，并处违法所得一倍以上五倍以下罚金或者没收财产。单位犯本罪的，对单位判处罚金，并对其直接负责的主管人员和其他直接责任人员，依照上述规定处罚。
③ 虚假广告罪，是指广告主、广告经营者、广告发布者违反国家规定，利用广告对商品或服务作虚假宣传，情节严重的行为。犯本罪的，处二年以下有期徒刑或者拘役，并处或者单处罚金。单位犯本罪的，对单位判处罚金，并对其直接负责的主管人员和其他直接责任人员，依照上述规定处罚。
④ 逃避商检罪是指违反进出口商品检验法的规定，逃避商品检验，将必须经商检机构检验的进口商品未报经检验而擅自销售、使用，或者将必须经商检机构检验的出口商品未报经检验合格而擅自出口，情节严重的行为。犯本罪的，处三年以下有期徒刑或者拘役，并处或者单处罚金。单位犯本罪的，对单位判处罚金，并对其直接负责的主管人员和其他直接责任人员，依照上述规定处罚。

品安全的监管主体和技术主体则可能会构成食品监管渎职罪,徇私舞弊不移交刑事案件罪①,商检徇私舞弊罪②,商检失职罪③,动植物检疫徇私舞弊罪④,动植物检疫失职罪⑤,放纵制售伪劣商品犯罪行为罪⑥,提供虚假证明文件罪⑦,出具证明文件重大失实罪⑧等犯罪。本章仅对生产、销售不符合安全标准的食品罪,生产、销售有毒、有害食品罪和食品监管渎职罪等专门针对食品安全行为的犯罪进行解读。

(一)市场主体的刑事责任

1. 生产、销售不符合安全标准的食品罪

《刑法》第143条规定,生产、销售不符合食品安全标准的食品,足以造成严重食物中毒事故或者其他严重食源性疾病的,处三年以下有期徒刑或者拘役,并处罚金;对人体健康造成严重危害或者有其他严重情节的,处三年以上七年以下有期徒刑,并处罚金;后果特别严重的,处七年以上有期徒刑或者无期徒刑,并处罚金或者没收财产。

该罪为危险犯,生产、销售不符合食品安全标准的食品的行为不需要实际发生,只要存在"足以造成严重食物中毒或者其他严重食源性疾病的"风险而不需要实际发生损害,就会构成犯罪。"对人体健康造成严重危害或者有其他严重情节的"和"后果特别严重的"为该罪的加重构成要件,刑法为此规定了更高的法定刑。

2. 生产、销售有毒、有害食品罪

《刑法》第144条规定,在生产、销售的食品中掺入有毒、有害的非食品原料的,或

① 《刑法》第402条规定了"徇私舞弊不移交刑事案件罪":行政执法人员徇私舞弊,对依法应当移交司法机关追究刑事责任的不移交,情节严重的,处三年以下有期徒刑或者拘役;造成严重后果的,处三年以上七年以下有期徒刑。

② 《刑法》第412条第1款规定了"商检徇私舞弊罪":国家商检部门、商检机构的工作人员徇私舞弊,伪造检验结果的,处五年以下有期徒刑或者拘役;造成严重后果的,处五年以上十年以下有期徒刑。

③ 《刑法》第412条第2款规定了"商检失职罪":国家商检部门、商检机构的工作人员严重不负责任,对应当检验的物品不检验,或者延误检验出证、错误出证,致使国家利益遭受重大损失的,处三年以下有期徒刑或者拘役。

④ 《刑法》第413条第1款规定了"动植物检疫徇私舞弊罪":动植物检疫机关的检疫人员徇私舞弊,伪造检疫结果的,处五年以下有期徒刑或者拘役;造成严重后果的,处五年以上十年以下有期徒刑。

⑤ 《刑法》第413条第2款规定了"动植物检疫失职罪":动植物检疫机关的检疫人员严重不负责任,对应当检疫的检疫物不检疫,或者延误检疫出证、错误出证,致使国家利益遭受重大损失的,处三年以下有期徒刑或者拘役。

⑥ 《刑法》第414条规定了"放纵制售伪劣商品犯罪行为罪":对生产、销售伪劣商品犯罪行为负有追究责任的国家机关工作人员,徇私舞弊,不履行法律规定的追究职责,情节严重的,处五年以下有期徒刑或者拘役。

⑦ 《刑法》第229条第1款规定了"提供虚假证明文件罪":承担资产评估、验资、验证、会计、审计、法律服务等职责的中介组织的人员故意提供虚假证明文件,情节严重的,处五年以下有期徒刑或者拘役,并处罚金。

⑧ 《刑法》第229条第2款规定了"出具证明文件重大失实罪":承担资产评估、验资、验证、会计、审计、法律服务等职责的中介组织的人员严重不负责任,出具的证明文件有重大失实,造成严重后果的,处三年以下有期徒刑或者拘役,并处或者单处罚金。

者销售明知掺有有毒、有害的非食品原料的食品的,处五年以下有期徒刑,并处罚金;对人体健康造成严重危害或者有其他严重情节的,处五年以上十年以下有期徒刑,并处罚金;致人死亡或者有其他特别严重情节的,依照本法第一百四十一条的规定处罚。

该罪为行为犯,只要具有刑事责任能力的主体实施了"在生产、销售的食品中掺入有毒、有害的非食品原料的,或者销售明知掺有有毒、有害的非食品原料的食品的"行为,即构成犯罪,处五年以下有期徒刑,并处罚金。如果在生产、销售的食品中掺入有毒、有害的非食品原料的,或者销售明知掺有有毒、有害的非食品原料的食品,且对人体健康造成严重危害或者有其他严重情节,处五年以上十年以下有期徒刑,并处罚金。如果在生产、销售的食品中掺入有毒、有害的非食品原料的,或者销售明知掺有有毒、有害的非食品原料的食品,致人死亡或者有其他特别严重情节的,按照《刑法》第141条的处罚规定,处10年以上有期徒刑、无期徒刑或者死刑,并处罚金或者没收财产。

（二）监管主体的刑事责任

1. 食品监管渎职罪

《刑法》第408条之一第1款规定:"负有食品安全监督管理职责的国家机关工作人员,滥用职权或者玩忽职守,导致发生重大食品安全事故或者造成其他严重后果的,处五年以下有期徒刑或者拘役;造成特别严重后果的,处五年以上十年以下有期徒刑。"该条第2款规定,徇私舞弊犯前款罪的,从重处罚。2013年5月2日最高人民法院、最高人民检察院《关于办理危害食品安全刑事案件适用法律若干问题的解释》第16条第3款规定,负有食品安全监督管理职责的国家机关工作人员与他人共谋,利用其职务行为帮助他人实施危害食品安全犯罪行为,同时构成渎职犯罪和危害食品犯罪共犯的,依照处罚较重的规定定罪处罚。

2. 其他渎职犯罪

根据最高人民法院、最高人民检察院《关于办理危害食品安全刑事案件适用法律若干问题的解释》第16条第1款和第2款之规定,负有食品安全监督管理职责的国家机关工作人员,滥用职权或者玩忽职守,导致发生重大食品安全事故或者造成其他严重后果,同时构成食品监管渎职罪和徇私舞弊不移交刑事案件罪、商检徇私舞弊罪、动植物检疫徇私舞弊罪、放纵制售伪劣商品犯罪行为罪等其他渎职犯罪的,依照处罚较重的规定定罪处罚。负有食品安全监督管理职责的国家机关工作人员滥用职权或者玩忽职守,不构成食品监管渎职罪,但构成前述规定的其他渎职犯罪的,依照该其他犯罪定罪处罚。

二、药品安全的刑事责任

2019年修订之前的《药品管理法》第九章"法律责任"部分的29个条文中,有12个条文以形式性附属刑法的方式规定了药品的刑事责任,即以规定"构成犯罪的,依法追究刑事责任"的形式对药品的刑事责任进行规定。① 这也是我国 1997 年新刑法颁行以来刑事规范的"立法惯例"——经济刑法和行政刑法中不再规定具体的罪状和法定刑,而是链接性地适用刑法的规定,以保证刑法的统一性,附属刑法中的刑事条款修改也采用刑法修正案的方式进行。2019 年修订后的《药品管理法》借鉴了《食品安全法》的立法技术②,对违反《药品管理法》所应承担的刑事责任作了综合性规定,该法第 114 条规定,"违反本法规定,构成犯罪的,依法追究刑事责任"。与此前分散式的形式性附属刑法立法模式相比,这种综合性的形式性附属刑法立法模式能够避免遗漏某些犯罪行为的可能性,便于更好地与刑法相衔接,条文也比较简洁。目前涉及药品安全的犯罪主要有生产、销售伪劣产品罪,生产、销售假药罪,生产、销售劣药罪,非法经营罪,逃避商检罪等;监管主体在药品安全监管中的刑事责任可能涉及滥用职权罪③、玩忽职守罪④、徇私舞弊不移交刑事案件罪等。本章仅对生产、销售假药罪和生产、销售劣药罪进行解读。

（一）生产、销售假药罪

生产、销售假药罪,是指生产者、销售者违反国家药品管理法规,生产、销售假药的行为。所谓假药,是指依照《药品管理法》的规定属于假药和按假药处理的药品、非药品。

根据《刑法》第 141 条和第 150 条的规定,生产、销售假药的,处三年以下有期徒刑或者拘役,并处罚金;对人体健康造成严重危害或者有其他严重情节的,处三年以上十年以下有期徒刑,并处罚金;致人死亡或者有其他特别严重情节的,处十年以上有期徒刑、无期徒刑或者死刑,并处罚金或者没收财产。单位犯本罪的,对单位判处罚金,并对其直接负责的主管人员和其他直接责任人员,依照各该条的规定处罚。

---

① 具体而言,《药品管理法》第 73 条对应刑法上的非法经营罪;第 74 条对应刑法上的生产销售假药罪;第 75 条对应生产销售劣药罪;第 77 条对应窝藏、转移、收购、销售赃物(假劣药品)罪;第 82 条对应伪造、变造、买卖国家机关公文、证件、印章罪;第 87 条对应滥用职权罪或玩忽职守罪;第 90 条对应行贿罪、单位行贿罪;第 91 条对应受贿罪;第 92 条对应虚假广告罪、玩忽职守罪;第 94 条对应玩忽职守罪;第 97 条对应玩忽职守罪;第 99 条对应滥用职权罪、玩忽职守罪等。除此之外,根据《行政处罚法》第 61 条之规定,药品监管机关还可能构成徇私舞弊不移交刑事案件罪,该条规定,行政机关以牟取本单位私利,对应当依法移交司法部门追究刑事责任的不移交,以行政处罚代替刑罚……徇私舞弊、包庇纵容违法行为的,追究刑事责任。

② 《食品安全法》第 149 条规定,"违反本法规定,构成犯罪的,依法追究刑事责任"。

③ 根据《刑法》第 397 条的规定,滥用职权罪,是指国家机关工作人员超越职权,违法决定、处理其无权决定、处理的事项,或者违反规定处理公务,致使公共财产、国家和人民利益遭受重大损失的行为。犯本罪的,处三年以下有期徒刑或者拘役;情节特别严重的,处三年以上七年以下有期徒刑。国家机关工作人员徇私舞弊,犯前款罪的,处五年以下有期徒刑或者拘役;情节特别严重的,处五年以上十年以下有期徒刑。

④ 玩忽职守罪,是指国家机关工作人员严重不负责任,不履行或者不认真履行职责,致使公共财产、国家和人民利益遭受重大损失的行为。本罪的刑事责任和滥用职权罪相同。滥用职权罪与玩忽职守罪的区别:故意实施的违背职责的行为,是滥用职权罪;过失实施的违背职责的行为,是玩忽职守罪。参见张明楷著:《刑法学》,法律出版社 2011 年版,第 1097 页。

根据最高人民法院、最高人民检察院《关于办理生产、销售假药、劣药刑事案件具体应用法律若干问题的解释》的规定,生产、销售的劣药被使用后,造成轻伤以上伤害,或者轻度残疾、中度残疾,或者器官组织损伤导致一般功能障碍或者严重功能障碍,或者有其他严重危害人体健康情形的,应当认定为"对人体健康造成严重危害"。生产、销售的劣药被使用后,致人死亡、重度残疾、三人以上重伤、三人以上中度残疾或者器官组织损伤导致严重功能障碍、十人以上轻伤、五人以上轻度残疾或者器官组织损伤导致一般功能障碍,或者有其他特别严重危害人体健康情形的,应当认定为"后果特别严重"。

(二)生产、销售劣药罪

生产、销售劣药罪,是指违反国家药品管理法规生产、销售劣药,对人体健康造成严重危害的行为。由于劣药的危害较假药小,因此本罪是实害犯,以对人体健康造成严重危害为成立要件。根据《药品管理法》第49条的规定,药品成分的含量不符合国家药品标准的,为劣药。有下列情形之一的药品,按劣药论处:①未标明有效期或者更改有效期的;②不注明或者更改生产批号的;③超过有效期的;④直接接触药品的包装材料和容器未经批准的;⑤擅自添加着色剂、防腐剂、香料、矫味剂及辅料的;⑥其他不符合药品标准规定的。

根据《刑法》第142条和第150条的规定,犯本罪的,处三年以上十年以下有期徒刑,并处销售金额百分之五十以上二倍以下罚金;后果特别严重的,处十年以上有期徒刑或者无期徒刑,并处销售金额百分之五十以上二倍以下罚金或者没收财产。单位犯本罪的,对单位判处罚金,并对其直接负责的主管人员和其他直接责任人员,依照各该条的规定处罚。

三、其他健康相关产品安全的刑事责任

(一)生产、销售不符合标准的医用器材罪

生产、销售不符合标准的医用器材罪,是指生产不符合保障人体健康的国家标准、行业标准的医疗器械、医用卫生材料,或者销售明知是不符合国家标准、行业标准的医疗器械、医用卫生材料,对人体健康造成严重危害的行为。

根据《刑法》第145条和第150条的规定,犯本罪的,处三年以下有期徒刑,并处销售金额百分之五十以上两倍以下罚金;对人体健康造成严重危害的,处三年以上十年以下有期徒刑,并处销售金额百分之五十以上两倍以下罚金;后果特别严重的,处十年以上有期徒刑或者无期徒刑,并处销售金额百分之五十以上两倍以下罚金或者没收财产。单位犯本罪的,对单位判处罚金,并对其直接负责的主管人员和其他直接责任人员,依照各该条的规定处罚。

(二)生产、销售不符合安全标准的产品罪

生产、销售不符合安全标准的产品罪,是指生产不符合保障人身、财产安全的国家

标准、行业标准的电器、压力容器、易燃易爆产品或者其他不符合保障人身、财产安全的国家标准、行业标准的产品,或者销售明知是以上不符合保障人身、财产安全的国家标准、行业标准的产品,造成严重后果的行为。

根据《刑法》第146条和第150条的规定,犯本罪的,处五年以下有期徒刑,并处销售金额百分之五十以上二倍以下罚金;后果特别严重的,处五年以上有期徒刑,并处销售金额百分之五十以上二倍以下罚金。单位犯本罪的,对单位判处罚金,并对其直接负责的主管人员和其他直接责任人员,依照各该条的规定处罚。

（三）生产、销售不符合卫生标准的化妆品罪

根据《刑法》第148条的规定,生产不符合卫生标准的化妆品,或者销售明知是不符合卫生标准的化妆品,造成严重后果的,处三年以下有期徒刑或者拘役,并处或者单处销售金额百分之五十以上二倍以下罚金。单位犯生产销售不符合卫生标准的化妆品罪的,对单位判处罚金,并对其直接负责的主管人员和其他直接责任人员,依照上述规定处罚。

第 五 编

健康权的伦理向度:生命伦理和法律

第二十四章　卫生法与生命伦理概论

第一节　卫生法的伦理向度

卫生法是具有强烈的人文精神和深厚的伦理底蕴的新兴法律体系。卫生法以尊重和保障生命健康这一基本人权为宗旨，自诞生以来就深受伦理的浸润和道德的约束，因而兼有卫生法的刚性和生命伦理的柔性，兼具硬法的特质和软法的品格①，与其他法律体系有着显著区别。

一、卫生法运行的伦理导向

构建科学完备的卫生法治体系需要从科学立法、严格执法、公正司法、全民守法四个方面体现道德要求，进行伦理论证。

首先，卫生法创制不仅以健康伦理原则和规范为基本宗旨，而且将其贯穿始终，成为核心价值引领，即通过对伦理原则和规范的合理转化和制度设计，融入卫生法律法规的立、改、废、释的全过程，确保各项卫生立法价值定位明确、伦理导向鲜明，始终坚持以保障人体生命健康利益为宗旨。《医师法》第1条规定："为了保障医师合法权益，规范医师执业行为，加强医师队伍建设，保护人民健康，推进健康中国建设，制定本法。"第23条规定："医师在执业活动中履行下列义务：（一）树立敬业精神，恪守职业道德，履行医师职责，尽职尽责救治患者，执行疫情防控等公共卫生措施；（二）遵循临床诊疗指南，遵守临床技术操作规范和医学伦理规范等；（三）尊重、关心、爱护患者，依法保护患者隐私和个人信息……"这是典型的"道德入法"现象，从而使医疗职业精神融入《医师法》，使得医师执业规则更加契合医师职业道德基本要求。

其次，卫生行政执法监督以执法目的和执法手段的正当性为价值导向。卫生行政执法监督是卫生系统的重要组成部分，是实现卫生法宗旨的过程，也是实现卫生监管伦理价值的重要手段，主要职责是卫生行政主管部门对辖区内企事业单位贯彻执行卫生法律法规和标准情况进行监督检查管理。卫生执法监督需重视执法的伦理维度，既要遵守法律规范也要遵循道德规范，在履行法定职责活动中受到来自执法主体道德良心

---

① 姜柏生：《卫生法的历史发展与社会作用》，《南京医科大学学报（社会科学版）》2001年第3期。

的约束,以保障人民群众身体健康和生命安全作为工作的出发点,坚持行政合法性原则和合理性原则,遵守公平公正和程序正当的伦理导向,执法严明,执法公正,才能确保行政执法目的与手段的正当性和统一性,充分利用各种执法手段和措施,全面维护公众健康权益,自觉打击违法违规行为,在卫生执法监督过程中主动发挥道德表率和示范作用,积极营造尊医重卫的良好社会风气。

再次,卫生法律责任追究和法律救济以伦理道德为依据和准绳。在医疗实践中,由于医疗职业道德的高标准性和医患关系立法的滞后性,医疗纠纷的司法裁判援引道德规范尤其是医学伦理规范的情况比较常见。在疑难复杂案件的裁决和实定法缺失的情况下,法官将伦理道德融入裁判文书释法说理更是务实之举。如无锡宜兴冷冻胚胎继承案和上海龙凤胎监护权案,法官都曾积极发挥伦理道德的价值,成功解决冷冻胚胎的管理和辅助生殖所生子女监护问题,使与法律与伦理相得益彰,相互促进。很显然,两起案件及其裁判将起到弥补现行法律缺乏的不足和引领立法方向的积极作用。

最后,卫生法的自觉遵守需涵养守法精神和自律意识。守法是法律运行的关键环节。伴随着法治社会的深入发展,医疗行为已经从道德自律走向法治轨道,患者和公众健康意识、自主意识、参与意识、权利意识不断提高,对医疗健康服务质量和医院管理水平的要求明显提高,这就要求医疗界积极顺应法治社会的要求,依法提升道德素养,爱护患者,乐于沟通,以仁爱之心、恻隐之情善待每个患者,对患者的疾苦感同身受,尊重患者的人格尊严,理解患者的情感。广大患者也应当自觉承担起自己健康第一责任人的道义义务,及时就医,自觉遵守医疗机构的规章制度,积极配合医务人员,理解、尊重和支持医务人员,谨遵医嘱,合理用药。当发生不良预后时,医患双方应理解包容,互谅互让,友好协商,主动化解医疗纠纷。

二、卫生法内容的伦理底蕴

卫生法以人权保障、公平公正、自主自愿和互助共治为基本原则,其背后的丰富伦理底蕴为卫生法律规范获得正当性辩护后,进一步增强了卫生法的伦理正当性,使得卫生法具有鲜明的工具性与伦理性双重价值,外刚内柔,在构建健康责任共同体过程中更有持久的生命力和执行力。

首先,以公众健康权维护为核心的国民健康法与伦理道德具有内在一致性。公众健康强调的是群体健康、每个人的健康,促进公共健康需要通过政府、社会和公民的群体性行为来实现,需要每个公民精诚团结承担健康责任。尤其是应对突发公共卫生事件时需要每个公民共同面对疾病和死亡,不传谣不信谣,众志成城,全力以赴。因而,公众健康问题不仅是一个国家法律问题,也是一个社会伦理问题,依赖合乎伦理的制度安排,改善社会道德环境,以道德规范和伦理精神约束与调节政府、健康工作者和社会公众的健康促进行为活动。因而,国民健康法是以人的生命安全和身体健康为逻辑起点、以实现公众健康权为价值尺度、以贯彻健康正义为根本目标、以社会责任伦理为本质属性的制度伦理。①

其次,以个体健康权实现为目标的医疗服务法以构建和谐医患关系为道德基础。医患关系是休戚相关的生命共同体,在保持健康护卫生命中荣辱与共,因而构建和谐医患关系是维护健康的基本条件,也是和谐社会的重要组成部分和晴雨表。然而医疗实践中,医疗纠纷和暴力事件时有发生。造成医患关系冲突不断的因素是多方面的,有技术方面的因素,也有社会性因素。就其社会成因而言,广泛涉及医疗系统内部和外部环境因素,前者如价值观削弱使双方成为道德异乡人、患者满意度下降导致双方同理心下降、沟通投诉渠道不畅制约双方良性互动,后者如经济转轨期市场失灵和心态失衡、风险社会背景下道德失范、医改过程中政府失灵和现代性扩张致公共精神失位等。因此,依法防范化解医疗纠纷需要加强伦理治理,从源头促进伦理精神与法治精神和谐共生,以伦理精神深化医改,健全机制,引导舆论,形塑积极心态。

再次,为保障健康权提供物质基础的健康产品法以防范健康产品风险为宗旨。健康产品安全风险来源呈现多元化和复杂化的趋势,健康产品利益相关者道德滑坡、伦理失范、诚信缺失加剧健康产品安全伦理风险愈加凸显。研究表明,政府、媒体、企业、消费者四大关键利益相关者均有影响食品药品安全的伦理风险,其中,企业的责任最大。② 当下,一些健康产品生产经营企业社会责任薄弱,诚实信用观念缺失,利用政府市场监管漏洞,导致假劣食品药品泛滥、药害事件频繁发生、一次性医疗器械重复使用等。健康产品风险防范是一个社会系统工程,无论是外源性的还是内源性的,均需要诉诸伦理道德,充分发掘和利用各类道德资源,为健康产品社会共治提供一种道德基础,需要道德教化和法律规制相结合。

最后,以健康权伦理向度为特征的卫生科技法是伦理治理的法治化的产物。健康技术开拓了诸多新的社会领域和社会关系,挑战传统伦理价值和法律秩序,加强科技治理体系建设、提高科技治理能力是卫生科技创新爬坡迈坎的强大推进器。而科技伦理治理法治化是把道德律令变为法律义务,用法律巩固和增强现有监管制度的刚性,为科学家和临床医生划定行为边界,以防止健康技术不当使用、过度使用和肆意滥用,把卫生科技引领到为人类健康谋福祉的轨道上来,把追求高尚的科学精神和维护基本的人类尊严统一起来。正是基于现实的呼唤,现代生命伦理与法律应运而生了。

三、卫生法品性的伦理面向

如前所述,卫生法具有强烈的伦理法品格,是生命伦理的法律化结晶。现代卫生法

---

① 朱海林:《公共健康伦理:关于公共健康问题的伦理解读》,《河南师范大学学报(哲学社会科学版)》2012 年第 1 期。

② 刘永胜、王荷丽:《食品安全伦理风险来源的主体及风险行为研究》,《调研世界》2018 年第 9 期。

更是在深刻反思医疗保健体系和卫生科技领域的伦理难题和法律挑战的基础上发展起来的,是卫生法学和生命伦理学在卫生科技领域融合的产物。基于此,我们把调整生命干预技术和健康核心技术的这部分卫生法称为卫生科技法或健康科技法,在此基础上进一步阐释卫生法品性的伦理面向。

卫生科技法可以说是基于"人是目的"的理论视野、法律原则和具体法律规则建立的法律体系。生命伦理以善恶荣辱等评价方式来规范卫生科技活动,重在自律以劝善;卫生科技法则以国家意志形式调整卫生科技关系,是一种强制性秩序,重在他律以惩恶。但两者在产生方式、调整范围、表达形式和实施路径上也共通共融,相辅相成:一方面,生命伦理奠定了卫生科技法正当性的基础,并且丰富了卫生科技法的理论资源;另一方面,卫生科技法强化了生命伦理的制度刚性,同时弥补了生命伦理的不足。具体表现在以下五个方面。

第一,生命伦理的价值判断丰富了卫生科技法的理论资源,直接促进了卫生科技法的发生发展。从发生学上看,通常道德理想产生在先,法律规范发生在后,法律的制定必须反映社会共同体的精神价值和道德理性。生命伦理学根据道德价值观分析、描述和评估人为干预人类出生、生命和死亡等自然过程的影响并建立的系统伦理体系,从根本上影响了卫生科技法的本体论、认识论、价值论和方法论,奠定了卫生科技法的基本原则与核心制度的理论基础。① 卫生科技法最终在法律规制需求的推动下,"从伦理学母腹中分娩出来",成为新兴的法律分支。在社会功能上,两者作为基本的卫生科技行为规范在调整对象、运行机制、作用机理和规范目标等方面殊途同归,共同引领卫生科技研究和应用崇德向善,造福人类。

第二,卫生科技法为生命伦理提供了制度保障。生命伦理和卫生科技法都可以发挥惩恶劝善和保障人类尊严的作用,但各有独特的作用机制和内在缺陷,因而有必要取长补短,相互配合。在利益多元化的卫生科技时代,卫生科技法有更多的比较优势,能够凭借其刚性制度更好地规范卫生科技活动和有效弘扬生命伦理精神。生命伦理上升为国家法既有理论可能性,也有现实必要性。

第三,生命伦理上升为卫生科技法克服了生命伦理的内在缺陷。众所周知,生命伦理的可操作性远不如卫生科技法。法律是成文的,有具体的权利义务规则,有明确的法律后果;道德则是不成文的,高度凝练和抽象,原则性较强。更重要的是,法律由立法、执法、司法等完整的系统构成,具有完善的操作和执行机构,而道德主要靠道德确信和社会良知评判,稳定性不够,执行性不强。

第四,卫生科技法的制度刚性有效地保障了生命伦理精神的提升。"道德的基础

---

① Roman A.Tokarczyk.The Subject Matter of Biojurisprudence and Biolaw.*Dialogue and Universalism*,2000,10(7-8):101-120.

是人类精神的自律"①,生命伦理自律的高度自觉是在道德教化、政策导引和法律强制等外部力量的影响下内化于心的过程。在这一过程中,卫生科技法对那些严重的道德失范行为给予法律制裁,从而克服伦理软约束的缺陷,实现生命伦理的价值追求。

第五,卫生科技法与生命伦理相互渗透、相融相通,为生命伦理制度化、法律化创造了条件和可能。在社会转型时期,卫生科技法律化很有必要,也十分可行,但这并不意味着否认道德自律和道德教育的作用。从这个意义上说,卫生科技法不可能取代生命伦理,而只能作为生命伦理的必要补充与制度保障。②

第二节　卫生科技法的原则

任何法律都需要法律原则,卫生科技法亦如此。正如拉伦兹指出的,"整个法秩序(或其大部分)都受特定指导性法律思想原则或一般价值标准的支配"③。这是因为:一个社会所具有的那种明文规定的实在法,永远无法囊括整个社会中的"活法"结构。一个社会总是根据一些原则运行的,而这些原则源出于该社会制度的精神与性质之中,而且也是该社会有效运作所必不可少的,尽管这些原则并未得到立法机关的正式表述。④

一、卫生科技法原则的特征

第一,从其内涵上看,卫生科技法原则是法律体系不可或缺的根本要素,集中反映法律的基本精神,⑤以实定形式或非实定形式进入法律体系⑥,贯穿于法律规则之中并为其提供基础性、本源性、综合性的原理或准则,承载着法律体系的根本价值,引领着法律调整的基本方向。从这个意义上讲,卫生科技法原则即是经由立法确认、在法律体系中居于基础和核心地位,能够彰显卫生科技法的独特价值,并对生命科技研发及其成果转化活动等起到一般价值引领和普遍拘束力的稳定性的法律原理和准则。

第二,从其发生学上看,卫生科技法原则是在长期法律实践基础上经过千锤百炼形成的,既可能源于立法机关的明确表述或者司法机关的特定裁决,也有可能来自法律职业共同体和社会公众的思想意识,还有可能是对生命伦理原则的共同接受或者传承自

---

① 《马克思恩格斯全集》第 1 卷,人民出版社 1995 年版,第 119 页。
② 刘长秋:《生命法学理论梳理与重构》,中国政法大学出版社 2015 年版,第 253 页。
③ [德]拉伦兹:《法学方法论》,陈爱娥译,五南图书出版有限公司 1999 年版,第 255 页。
④ [美]E.博登海默:《法理学:法律哲学与法律方法》,邓正来译,中国政法大学出版社 1999 年版,第 525 页。
⑤ 张文显:《法理学》,高等教育出版社 2011 年版,第 73 页。
⑥ 舒国滢:《法律原则适用的困境——方法论视角的四个追问》,《苏州大学学报》2005 年第 1 期。

教科书,①是习惯、条理等非正式的法律渊源的归结②。卫生科技法原则作为历史经验的沉淀、社会现实的反映和未来发展的指标③,其本质是生命伦理准则的外化形态,具有伦理正当性、广泛接受性和普遍适用性,从而保证各部分法律规范与整个法律体系的内在一致性与和谐有序。

第三,从其法律适用上看,卫生科技法原则是每个具体法律规则的基础性规范,是法律规则正当性的客观依据和指导思想,因而也是法官处理疑难案件时所适用的标准,④是进行法律推理的权威性出发点⑤,甚至是适用法律规则进行推理的特殊形式⑥,是正确行使法官自由裁量权的基础⑦。法律原则的引入为法官作出符合法律原则背后法律精神的裁判提供了一条路径。尤其是在法律规则模糊不明或者相互矛盾时,法律原则可以获得法律效力成为法律推理的大前提。正如德沃金指出的:当法律工作者就法律权利和义务(特别是疑难案件中最棘手的权利和义务)问题进行推理或辩论时,他们使用的标准不是规则,而是原则、政策和其他。⑧ 只是直接适用前需经过特定的法律原则识别程序⑨,以解决其实体法障碍和程序性保障问题⑩。

第四,从其法律特征来看,卫生科技法原则与卫生科技法规范既紧密联系,又相互区别。卫生科技法规范以行为模式和法律后果为其基本结构和内容,能够对某一特定行为产生指导、规范和评价等作用,因而比较具体和明确。相比之下,卫生科技法原则虽具有鲜明的正当性、明确的法定性、一般的规范性、持久的稳定性与普遍的适用性等特点,但其内容抽象。与法律规则相比,法律原则是证成法律规则,确定法律规则应如何扩展和修订以及解决法律规则冲突的理论实体。⑪ 因而具有高度的概括性和内容的广泛性,虽然没有具体的权利与义务,但是能够确定某一领域乃至全国所有领域的行为模式与法律后果的基本精神与要求,并在较宽的领域和较长的时间内对卫生科技法具

---

① [美]罗纳德·德沃金:《认真对待权利》,信春鹰、吴玉章译,中国大百科全书出版社 2008 年版,第 62—63 页。

② [日]大谷实:《刑法各论》,黎宏译,法律出版社 2003 年版,第 45 页。

③ 王泽鉴:《民法概要》,中国政法大学出版社 2003 年版,第 29 页。

④ 信春鹰:《罗纳德·德沃金与美国当代法理学》,《法学研究》1988 年第 6 期。

⑤ [美]罗斯科·庞德:《通过法律的社会控制》,沈宗灵、董世忠译,商务印书馆 1984 年版,第 24 页。

⑥ [美]艾森伯格:《普通法的本质》,张曙光译,法律出版社 2004 年版,第 71—88 页。

⑦ 王晨、杨凯:《公正底线:关于统一民商事法律适用的三种思维路径与方法》,《法律适用》2012 年第 5 期。

⑧ Ronald Dworkin.*Taking Rights Seriously*(*Revised edition*).Harvard University Press,1978:22.

⑨ 葛洪义:《法律原则在法律推理中的地位和作用—— 一个比较的研究》,《法学研究》2002 年第 6 期。

⑩ 刘克毅:《法律原则适用与程序制度保障——以民事法为中心的分析》,《现代法学》2006 年第 1 期。

⑪ [美]拉里·亚历山大、肯尼思·克雷斯:《反对法律原则》,载[美]安德雷·马默:《法律与解释》,张卓明、徐宗立译,法律出版社 2006 年版,第 362 页。

体规范起指导作用,①并约束着卫生科技法规范,当二者不一致甚至冲突时,遵循原则优先定律,法律规范要服从法律原则。

第五,从其伦理基础来看,卫生科技法原则着眼于平等、正义、善良、公正等道德价值②,是奠基于社会道德的人类法律理性的产物,是为实现沟通法律规则与道德理论之间建设桥梁的理想,使法律获得道德特征和道德权威,③而通过立法程序引入法律体系,并成为最低限度的道德的法律的化身,其本质是道德的法律表达。④ 但一经产生即具有一般法律规范的性质,具有持久的安定性和更强的稳定性,不仅能够统率法律体系各组成部分的一般原则和具体规范,而且以其抽象性与稳定性的价值底蕴引领着法律变革和发展的方向,从而保证其稳定地发挥法律原则应有的功能。这是其区别于生命伦理原则和生命科技政策原则的根本特性所在。

二、卫生科技法原则的价值

我国法学界长期不重视法律原则概念的使用,以致造成理解上的模糊,减损了其在法学理论和法律实践上的应用价值。⑤ 至于卫生科技法原则的价值,研究基础更为薄弱。这里需要回答卫生科技法为什么需要法律原则的问题。

第一,卫生科技法原则彰显了卫生科技法独特的价值理性。法律的源头活水不是僵化的法律条文,而是法律原则及其背后的价值观,如自由、理性、公正、秩序等内容。价值理性内涵丰富,包括人文理性和伦理理性等,⑥两者都凝聚了社会最基本的道德要求,也诠释了法律的正当性。卫生科技法原则关涉到卫生科技法的制定、解释和适用的价值理念和路向,其价值理性为法律原则支撑法律体系奠定了深厚的伦理底蕴,是使法律体系保持连续性、安定性和协调性的价值基石。卫生科技法原则作为法律规范联系法律价值的中介和桥梁,连接着实在法与应然法、协调着国家法律规范与社会道德价值的关系。一方面,生命伦理价值具有深厚而广泛的社会心理基础,也是制定卫生科技法的必要价值基础和铺垫。⑦ 另一方面,生命法原则有助于纾解法律价值冲突,使卫生科技法规范在内容上具有伦理性、结构上具有开放性、适用上具有灵活性,从而起到增强

① 李龙、汪习根:《法理学》,武汉大学出版社 2011 年版,第 128 页。

② 陈金钊:《法理学》,北京大学出版社 2002 年版,第 86 页。

③ [美]罗纳德·德沃金:《认真对待权利》,信春鹰、吴玉章译,中国大百科全书出版社 1998 年版,第 29 页。

④ 胡君:《原则裁判论:基于当代中国司法实践的理论反思》,中国政法大学出版社 2012 年版,第 61—62 页。

⑤ 舒国滢:《法律原则适用的困境——方法论视角的四个追问》,《苏州大学学报》2005 年第 1 期。

⑥ 李庚香:《法美学生成的时代背景及理论基础》,《郑州大学学报(哲学社会科学版)》2008 年第 2 期。

⑦ 谈大正:《全球化浪潮中生命法的人文精神和现实关注》,《上海政法学院学报(法治论丛)》2011 年第 1 期。

其解决法律价值冲突和法律控制社会的能力,确保卫生科技法在运行中灵活应对各种复杂的社会变动,最终实现善治理想。

第二,卫生科技法原则维护了法律体系的和谐统一和正常运行。构建一个安定的法律体系是法律人不懈的追求,但在哈特看来这只是高贵的梦想而已。① 因为法具有双重性:理想维度的和现实维度的②,前者表达内容的正确性或正义性,后者则反映法的权威制定性(authoritative issuance)与社会实效性(social efficacy)。罗伯特·阿列克西认为,法的安定性和正确性都是法律原则,彼此存在内在的关联和本质的张力。一方面,安定性原则(principle of legal certainty)或确定性原则追求法律体系的封闭自洽和严格遵守,这一目标的实现取决于法律的实效性,因而法律的安定性和实效性之间存在着内在联系。另一方面,正确性原则(principle of correctness of content)要求法律的内容是正确的、正义的,而正义问题是道德问题。因此,以道德的正确性或者正义性来代替内容的正确性是可行的。③ 实际上,法律体系中融入伦理元素或价值尺度是当今各国卫生科技法的通行做法,而这为法律适用带来更多价值立论空间。另外,司法个案的纷繁复杂和层出不穷也同样造成更多的价值分歧,因而要构建一个封闭而完美的法律体系是很困难的,法律人唯一能做的就是构建一个"大体正义的""柔性的法价值秩序"。而法律原则无疑是实现这一理想的有效途径,因为原则比规则更加抽象概括,是适用范围更广的价值性尺度。④ 从这个意义上看,卫生科技法原则对优化卫生科技法的内部结构和引领良法善治有着特殊的意义,有助于将法律体系优化为协调一致的构造,从而能更好地发挥其对人类卫生科技活动的规范和调整作用。

第三,卫生科技法原则有助于增强法律认同和培育法律信仰。卫生科技法原则最基本的价值意蕴是通过理性化、抽象化的法律设计,增强社会公众对法律的价值认同和内心确信。前已述及,具体法律规范需要通过一些社会公认的价值理念连接起来,以增强法律自身的正当性和权威性。卫生科技法原则通过对其价值理性的概括和凝练,最大限度地将法律条文背后的立法意图和宗旨清晰呈现出来,从而增强社会公众对卫生科技法自身的价值认同,以实现法律本身力促的对其自身神圣性的信念。⑤ 前已述及,由于卫生科技法原则大都以伦理规范作为其价值生成基础,其内容既充分体现了生命伦理的价值理念和正义品性,又升华了卫生科技法的科学理性和立法真意,因此相较于具体法律规范来说,卫生科技法原则实则充当了固化法律价值的工具,创造了明晰的行

① Herbert L. A. H. American Jurisprudence through English Eyes: The Nightmare and the Noble Dream. *Georgia Law Review*, 1977, 11:969-989.

② Alexy, Robert. The Dual Nature of Law. *Ratio Juris*, 2010, 23(2):167-182.

③ Robert Alexy. Legal Certainty and Ccrrectness. *Ratio Juris*, 2015, 28(4):441-451.

④ 林立:《论"法律原则"的可争议性及为"柔性的法价值秩序"辩护》,《清华法学》2002年第1期。

⑤ [美]伯尔曼:《法律与宗教》,梁治平译,生活·读书·新知三联书店1991年版,第10页。

为准则。卫生科技法原则也为社会主体遵守法律提供内心信仰的价值基础,法律信仰是经过社会主体的利益感受、价值认同到信念产生的过程,必然伴随着社会主体用平等、人权、公平、正义、良心为标准进行价值选择,进而内化为对法律的敬畏,并外化为自觉遵守那些表征为法律原则的价值理念。从这个意义上看,卫生科技法原则有助于通过卫生科技法普遍价值有效引导、规范和推动社会主体法律信仰的形成。

综上所述,基本原则是卫生科技法的重要组成部分。如果说法律规范是卫生科技法的"细胞",那么法律原则便是卫生科技法的"灵魂"。① 卫生科技法原则具有价值导向性和伦理证成性的基本属性和特征,兼有道德调节和法律调整的双重功能。法律原则集伦理规范和法律规范于一身,但其所承载的价值理念远比具体法律规范的更加丰富。因此,有必要进一步研究卫生科技法原则的强大功能,以最大限度发挥其价值。

三、卫生科技法原则的内容

卫生科技法原则内容丰富,体系严密,比较有影响力的主要有恩格尔哈特的"二原则说",彼彻姆和詹姆士·邱卓思(James F.Childress)的"四原则说"以及蒂洛(J.P.Thiroux)的"五原则说"等,在我国颇为流行的有:

第一,行善原则(beneficence),也称有利原则,强调把别人当作目的,对别人行善,做好事不做坏事。在医疗领域,行善原则反映了一种历史悠久的医学道德传统,它要求医务人员在医疗活动中应当努力抑恶扬善,关心并致力提升他人的福祉,为人类造福,增进人类的健康。行善原则的内涵体现为两个方面:积极方面应当竭尽所能增进患者福祉;消极方面是尽可能减少或预防对患者的损害。

第二,无伤原则(non-maleficence),也称避害原则、不伤害原则,是指医务医疗行为的动机与结果均应当恪守有利于患者的道德原则,尽可能以最小的损伤获取最大的利益。无伤原则是从希波克拉底誓言演绎而来,是行善原则的消极方面,是针对现代医疗技术本身的"双刃剑"效应而提出的,强调医务人员有不伤害患者的义务,不滥施辅助检查,不滥用药物,不滥施手术。

第三,允许原则(permission),源自自主原则(autonomy),其核心理念是:任何不涉及他人的行动他人都无权干涉;同样的道理,任何涉及他人的行动的权威只能来自他人的允诺;反之,违背允许原则,未征得他人允许就对他人采取行动就丧失了道德基础,违背允许原则的人就成为道德共同体的敌人。

第四,尊重原则(respect),指尊重一个有自主能力的个人所做的自愿选择,承认该个人拥有基于个人价值和信念而表达观点、作出决定并采取行动的权利。在医疗健康领域尊重患者人格,尤其是精神性人格,是医学人道主义的最高境界。尊重原则要求医

---

① 李龙:《良法论》,武汉大学出版社2001年版,第253页。

务人员应当尊重有自主能力的患者的人格尊严,尊重患者隐私,尊重患者自主权及其作出的理性决定,特别是在涉及人的生物医学研究中,要尊重受试者的人格与尊严,取得他们自主的知情、同意或选择,而不能欺骗、强迫或利诱他们。

第五,公正原则(justice),也称王义原则,指服务或政策遵循人类社会的正义、公平信念,为解决利益冲突提供合乎道德的解决方法。公正原则要求医疗卫生资源分配应当努力实现公平公正,应当公平合理地惠及社会上的每一个人,而不能只向少数人或利益共同体倾斜。公正原则的内涵体现为形式公正和实质公正两个方面:前者即在某些方面相同的人相同对待、不同的人不同对待,后者即根据一定的实质标准来分配负担和收益,卫生资源分配、利益分享以及涉及人的生物医学研究风险应当努力实现公平公正。

第二十五章　医学研究中的伦理和法律问题

第一节　生物医学研究及其伦理法律规范的发展

一、生物医学研究的概念

本章所说的医学研究,是指以人体为研究对象的生物医学研究,即在生物学、医学领域内,以自然人作为研究对象,以验证科学推理或者假定为方法,进行新药物、新医疗设备、新治疗方法试验研究行为。这里的人,是自然人,包括为自然人的特定属性所涵盖的其他主体,如人体组织、血液、胎儿、胚胎等。2016 年 11 月中国国家卫生和计划生育委员会颁布的《涉及人的生物医学研究伦理审查办法》第 3 条将其称为"涉及人的生物医学研究",包括:"(一)采用现代物理学、化学、生物学、中医药学和心理学等方法对人的生理、心理行为、病理现象、疾病病因和发病机制,以及疾病的预防、诊断、治疗和康复进行研究的活动;(二)医学新技术或者医疗新产品在人体上进行试验研究的活动;(三)采用流行病学、社会学、心理学等方法收集、记录、使用、报告或者储存有关人的样本、医疗记录、行为等科学研究资料的活动。"

对于临床治疗和生命医学研究的界限,主要有主观和客观两种观点。主观观点认为,区别研究和治疗的标准是医生的目的。客观观点则认为,研究区别于治疗的特点在于对受试者具有的风险和缺乏对受试者的治疗利益。对此《贝尔蒙特报告》认为:

> 就总体而言,"治疗"这个词是指仅仅为了改善单个患者的健康并有合理的成功性预期的干预行为。医学或者行为治疗的目的在于为特定的个人提供诊断、预防处置或者疗法。相反,"研究"这个词是表示一种被设计来验证假设、得出结论进而发展或者促进总体知识的发展(以理论、原则或者对相互关系的表述的方式表达)的一种行为。……当试验被设计用来评估治疗方法的安全性和有效性时,试验和治疗可能会同时进行。此时不应因该行为是否需要经过审查发生疑问;对此总的原则是,只要其中有任何试验性的成分,该行为就应当为保护受试者而接受审查。[1]

---

[1]　The National Commission for the Protection of Human Subjects of Biomedical and Behavioral Research, The Belmont Report, Washington D.C.: U.S. Government Printing Office, 1978, pp.2-3.

我们认为,受试者个人的利益应当高于一切社会的或者科学的利益,在界定试验和治疗的过程中,必须以最高的标准保护受试者的利益。由于医学研究与常规治疗相比较,对于医生的注意义务要求标准更高,因此,在无法辨别某种行为是医学研究还是医疗行为时,应当认定为医学研究。

同时,2013 年版《赫尔辛基宣言》第 31 条规定:"医生只有在以下条件下可以把医学研究和医疗结合起来:研究的潜在预防、诊断或治疗的价值可证明此研究正当,而且医生有很好的理由相信,参加这项研究不会给作为研究受试的病人的健康带来不良影响。"除了符合该条规定的情形之外,医学研究和医疗必须严格加以区分。

二、生物医学研究的类型

(一)干预性研究和观察性研究

根据是否对受试者造成生理上或者心理上的干预,医学研究可以分为干预性研究(interventional research)和观察性研究(observational research)。干预性试验是对受试者生理上和心理上具有实际干预行为的试验,根据对受试者干预性程度和时间的长短,又可以分为持续干预性研究和短暂干预性研究。在持续干预性研究中,由于其行为涉及对受试者身体健康权和自主决定权的侵害,必须获得受试者的知情同意。短暂干预性研究,如某些基因试验在采集样本的过程中隐瞒试验的真实目的,这种行为是不能允许的。观察性研究,是单纯以观察受试者,或者利用受试者的病例记录来进行分析的试验,一般不会对受试者的身体和心理造成直接的干预,但是有时基于一定试验目的也会对受试者的生活造成一定影响,如要求受试者按照试验要求调整饮食习惯等。

(二)对照组试验、安慰剂试验、设盲试验、随机化试验

对照组是在试验中不接受新药物或者疗法的患者组。安慰剂是不含任何药理成分的制剂。使用安慰剂的目的在于与试验中的新药对照比较,同时避免试验组与对照组的受试者因为心理因素影响药物疗效有损试验结果准确性。设盲试验是为了避免受试者和试验者由于所使用治疗方法的不同引起不同的心理暗示而影响治疗和试验效果,同时也避免试验者在进行试验数据的收集、分析和研究时先入为主而设计的试验方法,又可以分为单盲试验和双盲试验。单盲试验是试验者知道各受试者接受疗法的情况,而受试者自己并不知道。双盲试验则是受试者与试验者均不知道受试者接受治疗的情况,由主持试验的第三方按照事先拟订的方案要求试验者进行试验。随机化试验(randomized clinical trial,RCT)是为了保证分组的合理性,避免人为将某一类受试者归入某一组,而根据统计学原理将病人"随机化"分入不同组别的方法。[①]

---

① Simon N. Verdun-Jones and David N. Weisstub, Drawing the Distinction Between Therapeutic Research and Non-Therapeutic Experimentation: Clearing a Way Through the Definitional Thicket, in David N. Weisstub, eds., *Research on Human Subjects—Ethics, Law and Social Policy*, Oxford: Pergamon, 1998, p.104.

对照组试验、安慰剂试验、设盲试验、随机化试验，是保证医学研究结果的准确性、科学性的重要方法，但在伦理上也最具有争议性。对照组、安慰剂试验会引发与医学研究的有利原则（beneficence）和受试者的自主决定权的问题。因为有利原则要求试验者应当尽可能使受试者的利益最大化和风险最小化，而安慰剂的使用往往并不最符合受试者利益。2008 年版《赫尔辛基宣言》第 32 段规定："除下列情形外，一种新的治疗方法的收益、风险和有效性必须与常规治疗方法进行比较检验：当缺乏现有的有效治疗时使用安慰剂或者不进行治疗；如使用安慰剂以确定一种治疗方法的有效性和安全性是不得已的和在稳固的科学方法论基础上是必要的，则使用安慰剂的或者没有受到治疗患者不应受到任何严重的风险或者不可逆转的伤害。为避免对这一选择的滥用，必须采取最大的谨慎。"对于对照组试验中的分组，随机化试验中的随机过程，也必须在尊重受试者知情同意的基础上进行。

（三）对于人类胚胎的研究

胚胎，是动物早期的生命形式。20 世纪 90 年代以来，科学家开始在人类胚胎中提取胚胎干细胞进行研究。由于胚胎是唯一具有发展成为完整的人的潜能的组织，人类胚胎从生物学意义上讲属于人类大家庭中的成员，为维护这种人类作为种的整体的尊严和"人类团结"的感受性，胚胎自身必须拥有一定的道德地位。① 对于胚胎，我们不能仅仅把它当成一种"物"，而应区分阶段，权衡不同的法益冲突，加以保护。以研究为目的使用，可以分为胚胎的采集、使用和处理三个阶段。在采集阶段，根据我国科技发展需要和社会伦理观念，采集发育不足 14 天的胚胎应当得到允许，但必须遵循当前社会和研究领域普遍接受的伦理规范，如不得为研究目的制造胚胎，不得运用体细胞转移方法制造胚胎，或者使用孤雌生殖、干细胞重新设定、人与动物细胞核转移等方式产生胚胎等。任何突破现有伦理规范的行为，必须在法定伦理审查机构批准的前提下进行。在使用阶段，研究机构和人员有权利控制和使用胚胎，但不得滥用权利而随意处置胚胎。在处理阶段，对使用后的胚胎应当充分尊重胚胎的尊严，不得将其作为普通物随意抛弃。

三、早期医学研究及其伦理

西方医圣希波克拉底为学医之人所订立的誓词确立了父权主义模式的"首先避免伤害"（*primum non nocere*）原则。但在早期的医学研究，往往以囚犯、仆人等"下等人"为试验对象，并未经过试验者的同意，甚至会利用受试者在认识和同意能力上的缺陷。

人类历史上第一个有关医学的立法是 1900 年 12 月 29 日德国普鲁士邦有关医学研究的法令。该法令规定，医学研究只有在有行为能力的成年人在被充分告知试验不

---

① 甘绍平：《应用伦理学前沿问题研究》，江西人民出版社 2002 年，第 69 页。

良结果的基础上做出同意时才能进行。① 1929年至1930年,柏林医学协会建议建立一个对医学研究进行审查的组织,成为人类历史上第一个提出对医学研究进行伦理审查的构想。② 1931年2月28日,德国内政部颁布了"研究性治疗和科学试验指导规则",规定任何医学研究必须在合理的理论原则包括动物试验验证的基础上,由受试者在充分获得有关信息后做出同意的表示方能进行,同时任何可能对受试的未成年人造成"最微小的损害"的试验都应被禁止。③

上述医学研究伦理的出现并未避免第二次世界大战期间发生的人类历史上迄今有关医学研究最惨痛的教训。1946年美国占领当局对第二次世界大战期间因为进行医学研究而犯下战争罪行的纳粹医生和官员进行了"纳粹医生案件"审判,④揭示了纳粹德国从1939年9月到1945年4月这些被告"领导、参与、被命令、被教唆、自愿参与并实际实施了一系列违反受试者医院的人体试验计划和活动"。"在这些试验中,被告对受试者实施了蓄意杀害、暴行、虐待、折磨、蹂躏和其他不人道的行为"。⑤ 同时第二次世界大战期间,日本军国主义的731部队在中国东北,以及其他一些类似的机构在中国其他地方,对来自中国、朝鲜、蒙古、苏联的战俘与平民进行了同样惨无人道的人体试验。

四、医学研究伦理的里程碑:纽伦堡法则

纽伦堡审判中诞生了纽伦堡法则(Nuremberg Code,也有人译为纽伦堡法典)。所谓纽伦堡法则,是指在纽伦堡审判的最终判决中认定的进行医学研究所必须遵循的伦理原则。由于在审判过程中,有关医学研究的伦理规范成为控辩双方的争论焦点。为此,法庭传唤美国医生 Leo Alexander 和 Andrew Ivy 作为专家证人出庭作证。Alexander 和 Ivy 根据 Percival、Beaumont 和 Bernard 对人体试验伦理的论述和实践,向法庭提供了有关人体试验的伦理要求的证词。法庭根据其证词,在判决书中列举了10项允许医学人体试验的原则作为审判的依据,包括:

1. 受试者的自愿同意绝对必要。这意味着受试者应有同意的法定权利;应处于有选择自由的地位,不受任何势力的强制、欺瞒、蒙蔽、挟持、哄骗或者其他某种隐蔽形式的压制或强迫;应对试验的内容有充分的知识和理解,以使其有可能做

---

① Paul M.Mcneill,*The Ethics and Politics of Human Experimentation*,Cambridge,New York and Melbourne:the Press Syndicate of the University of Cambridge,1993,p.40.

② Ibid.,p.41.

③ Ibid.

④ George J.Annas,Michael A.Grodin,eds.,*The Nazi Doctors and the Nuremberg Code—Human Rights in Human Experimentation*,New York,Oxford:Oxford University Press,1992,p.94.

⑤ Ibid.,p.97.

出理性和明智的决定；在其做出决定前，必须让他知道试验的性质、期限和目的；试验方法及采取的手段；可以合理预料的不便和危险，对其健康或可能参与试验的人的影响。确保同意的质量的义务和责任，应由每个发起、指导和从事该试验的个人承担。这是一种个人的义务和责任，不因主张自己代表他人而使自己免责。

2. 试验应该是可能为社会带来富有成效的结果，用其他研究方法或手段是无法达到的，其性质不是轻率和不必要的。

3. 试验应该立足于动物试验的结果，对疾病的自然研究和相关问题有所了解的基础上，其参加试验的结果应证实原有的结果。

4. 试验必须力求避免在肉体上和精神上的痛苦和创伤。

5. 有理由相信会造成死亡或残废时试验不得进行，某些情况下医生自己也作为受试者的试验不在此限。

6. 试验的危险性，不能超过试验所预期解决的医学问题的重要性。

7. 对受试者可能遭受的最低限度的创伤、残废和死亡的可能性也必须做好充分准备和应对能力。

8. 试验只能由在科学上适格的人进行。进行试验的人员在试验的每一阶段都应保持最高水平的医学技能和护理水平。

9. 试验过程中，受试者如果认为其身体或者精神已无法继续承受试验，有权利随时终止试验。

10. 在试验的任何阶段，当主持试验的科学家认为即使其按照善意、最高技能和审慎判断的标准继续试验也有可能造成受试者的创伤、残废和死亡的时候，应当随时终止试验。①

纽伦堡审判和纽伦堡法则并未中止不道德医学研究。1966 年，哈佛大学医学院教授 Henry Beecher 在《新英格兰医学杂志》上发表了题为《伦理与临床研究》（Ethics and Clinical Research）的论文，列举了 22 个"伦理上应受到怀疑的"研究项目，引起了极大的反响。② 同时 Tuskegee 梅毒试验③被揭露出来。在舆论和政治压力下，1974 年美国国会通过了《全国试验法》（National Research Act），成立了"全国生物医学和行为试验受试者保护

----

① 《纽伦堡法典》英文原文见 George J.Annas, Michael A.Grodin, eds., *The Nazi Doctors and the Nuremberg Code—Human Rights in Human Experimentation*, New York, Oxford：Oxford University Press, 1992, pp.102－103。本书文本为笔者根据该英文文本翻译。

② Henry Beecher, Ethics and Clinical Research, *The New England Journal of Medicine*, Vol 274 No.24 June 16,1966, Boston, pp.367－372.

③ 从 1932 年起直到 1970 年，在美国南方阿拉巴马州农村，约 400 名贫穷的黑人梅毒患者参与了试验，受试者并未被告知其已经患上梅毒，也没有受到任何治疗，即使在 20 世纪 60 年代医学界对梅毒已经有了全面的了解而且青霉素已成为治疗梅毒的常规方法后，该试验仍然在继续。

委员会"。该委员会在 1974 年至 1978 年先后公布了 17 个报告和附录,其中最著名的就是贝尔蒙特报告,即《保护医学研究受试者的伦理原则和守则》(Ethical Principles and Guidelines for the Protection of Human Subjects of Research),讨论了治疗与试验的界限、医学研究基本伦理原则(对人的尊重、有利和正义)以及实现基本原则的方法(知情同意、对风险与收益的评估和对受试者的合理选择),对于医学研究伦理与法律规范的形成与完善均具有重要意义。

五、国际与各国医学研究伦理与法律规范

(一)医学研究国际规范

1.《世界医学大会赫尔辛基宣言》

世界医学大会是代表各国医生的国际组织,第 18 届世界医学大会 1964 年 6 月在芬兰赫尔辛基制定通过了《关于以人体为对象的生物医学研究国际伦理指导原则》,一般通称《世界医学大会赫尔辛基宣言》,并先后对其进行了多次修订,现行有效的为 2013 年版。由于世界医学大会在专业领域内巨大的影响力和《世界医学大会赫尔辛基宣言》所规定原则的重要价值,宣言成为世界各国制定各自的法律、法规和伦理规范时的主要伦理依据。甚至,部分国家以法律的形式认可《世界医学大会赫尔辛基宣言》具有法律约束力。如我国《药物临床试验质量管理规范》(2020 年)第 3 条也规定:"药物临床试验应当符合《世界医学大会赫尔辛基宣言》原则及相关伦理要求。"

2. 国际医学科学组织委员会《人体生物医学研究国际伦理指南》

国际医学科学组织委员会(The Council for International Organizations of Medical Sciences,CIOMS)是世界卫生组织和联合国教科文组织在 1949 年成立的非政府组织。1993 年 CIOMS 和世界卫生组织共同制定了《人体生物医学研究国际伦理指南》(International Ethical Guidelines for Biomedical Research Involving Human Subjects,以下简称"CIOMS 指南")。该指南包含了 21 条进行人体生物医学研究时必须遵循的伦理方针,其中特别关注了以弱势人群为对象和在发展中国家进行的医学研究。

3. 国际人用药品注册技术协调会《优良临床试验指南》

国际人用药品注册技术协调会(International Conference on Harmonisation of Technical Requirements for Registration of Pharmaceuticals for Human Use,ICH)是由欧洲、日本和美国药品登记管理机构和医药界专家为研究药品登记科学和技术问题建立的专门组织。1996 年该协调会制定了《优良临床试验指南》(Guidelines for Good Clinical Practice,以下简称"ICH-GCP"),对药品医学研究领域所必须遵循的伦理规则作出了规定。

4. 世界卫生组织《评审生物医学研究的伦理委员会工作指南》

2000 年世界卫生组织发布了《评审生物医学研究的伦理委员会工作指南》(Operational Guidelines for Ethics Committees That Review Biomedical Research,以下简称"WHO 指南")。该指南是为生物医学研究的伦理评审质量和一致性作出贡献,使各国的伦理委员会得以据此建立自己的运行程序。该指南成为当前许多国家制定自己伦理委员会评审规则的参考依据。

5. 联合国教科文组织《世界生物伦理与人权宣言》

2005 年联合国教科文组织发布了《世界生物伦理与人权宣言》(Universal Declaration on Bioethics and Human Rights)。该宣言的目的"是为了结合有关的社会、法律和环境因素来论述以人为对象的医学、生命科学及相关技术所带来的各种伦理问题"。

6. 联合国《公民权利与政治权利国际公约》

公约第 7 条规定:"任何人均不得加以酷刑或施以残忍的、不人道的或侮辱性的待遇或刑罚。特别是对任何人均不得未经其自由同意而施以医药或科学试验。"

（二）区域性法律规范

1.《关于人权与生物医学的公约》(《奥维多公约》)及其附加议定书

欧洲理事会(Council of Europe)于 1997 年在西班牙奥维多制定了《关于保护与生物学和医学应用有关的人的权利和尊严的公约》,简称《奥维多公约》。为了具体落实《奥维多公约》在医学研究领域内的宗旨和要求,2005 年 1 月欧洲理事会在法国斯特拉斯堡签订了《关于〈人权与生物医学公约〉与生物医学研究有关的附加议定书》。

2. 欧盟关于药品试验的指令(Directive2001/20/EC 和 Directive 2005/28/EC)

为了协调各成员国在药品医学研究领域内的立法,欧洲共同体理事会(Euroupean Council)和欧洲议会(European Parliament)于 2001 年 4 月制定了《关于对各成员国有关在人用药品临床试验行为中适用优良临床行为的法律、法规和行政规章进行协调的指令》,即 Directive 2001/20/EC。[①]

为了进一步细化 Directive2001/20/EC 的规定,欧盟理事会(Commission of the European Communities)于 2005 年 4 月 8 日制定了《关于建立人用试验性医药产品原则和优良临床行为指南以及对该类产品生产和进口核准的规范的指令》,即 Commission Directive 2005/28/EC。[②] 该指令规定了在药品临床试验的设计、进行、记录和报告方面的优良临床行为准则,包括对伦理委员会、试验发起人、研究者手册的具体规定,并规定了对试验性药物的生产和核准程序。

（三）各国法律规范概况

荷兰在 1998 年制定了《有关人的医学研究法》(The Biomedical Research Involving

---

① Official Journal of the European Communities,1.5.2001,pp.34-44.

② Official Journal of the European Union,9.4.2005,pp.13-19.

Human Subjects Act,WMO),以及《关于医学研究强制保险的法令》。1988 年法国颁布了《医学研究受试者权利保护法》(loi Huriet-Sérusclat,或者简称 loi Huriet)。该法适用于所有以人作为对象的临床试验,包括医学、心理学、流行病学的试验。立陶宛在 2000 年制定了《生物医学试验伦理法》(Law on Ethics of Biomedical Research)。该法对生物医学试验的伦理原则、审查机制、民事责任以及保险等均作出了规定。芬兰于 2004 年制定了《医学试验法》(Medical Research Act)。该法适用于所有以人体、人类胚胎和胎儿作为研究对象的医学试验。2003 年,丹麦制定了《生物医学试验伦理委员会系统和生物医学试验项目程序法》,主要从伦理审查委员会的角度,规范了医学研究的相关法律问题。挪威于 2006 年制定了《有关试验的伦理与尊严的法律》(Law regarding Ethics and Integrity in Research)。该法主要通过在挪威建立全国和地区性伦理委员会进行审查的方式规定保护受试者的权利。瑞典在 2003 年制定了《医学研究伦理审查法》(Law on the Ethical Review of Research Involving Humans)。新西兰于 1990 年制定了《健康研究委员会法》(Health Research Council Act 1990)。2000 年新西兰又制定了《公共健康与身体障碍法》(New Zealand Public Health and Disability Act 2000),并根据该法在全国成立了 6 个区域性伦理审查委员会和 1 个多区域伦理审查委员会,负责对医学研究进行伦理审查。德国没有关于医学研究的法典,但是在各个成文法中散布有有关内容,如《药品法》(AMG)第 40 章,《医用产品法》(MPG)第 17 章和《基因工程法》(GenTG)。1991 年,美国各联邦行政部门制定的有关医学研究的规章由教育、医疗和福利部(现为健康与人类服务部,HHS)编纂为 Common Federal Policy①,习称 Common Rule。

六、中国法律规范

中国现行法律中,对医学研究的规定,见诸《医师法》(2021 年制定)、《药品管理法》(1984 年制定,2001 年、2019 年两次修订)以及《疫苗管理法》中。如《医师法》第 26 条规定:"医师开展药物、医疗器械、临床试验和其他医学临床研究应当符合国家有关规定,遵守医学伦理规范,依法通过伦理审查,取得书面知情同意。"《药品管理法》第 19 条至第 23 条、《疫苗管理法》第 16 条至第 18 条对药品和疫苗临床试验研究进行了规范。2020 年 5 月颁布、2021 年 1 月施行的《民法典》对医学研究受试者的权利给予了特别保护。《民法典》"人格权编"将医学研究受试者权利保护规定在第二章"生命权、身体权和健康权"中,第 1008 条规定:"为研制新药、医疗器械或者发展新的预防和治疗方法,需要进行临床试验的,应当依法经相关主管部门批准并经伦理委员会审查同意,向受试者或者受试者的监护人告知试验目的、用途和可能产生的风险等详细情况,并经其书面同意。进行临床试验的,不得向受试者收取试验费用。"从而在民事基本法上建

---

① 45 C.F.R. § 46.

立了以伦理审查和知情同意为核心的医学研究受试者保护机制。

在行政法规和部门规章层面上,2003 年,国家食品药品监督管理局颁布了《药物临床试验质量管理规范》,对药物临床试验中应当遵循的伦理原则和审查程序作出了规定。2020 年 4 月,国家药品监督管理局会同国家卫生健康委员会组织修订了《药物临床试验质量管理规范》,自 2020 年 7 月 1 日起施行。新的《管理规范》共 9 章 83 条,对药物临床试验全过程的质量标准,包括方案设计、组织实施、监察、稽查、记录、分析、总结和报告作出了具体规范。

对于医学研究的伦理审查,2007 年 1 月卫生部发布了《涉及人的生物医学研究伦理审查办法(试行)》,第一次系统地对医学研究伦理审查问题进行了规范。2016 年该办法为《涉及人的生物医学研究伦理审查办法》所取代。

第二节 受试者的知情同意权

一、受试者知情同意权的含义与内容

(一)知情同意权的含义与法律依据

知情同意原则是在当今世界在医学和医学研究领域被广泛认可的基本原则,是在医学研究领域内被首先提出的。《纽伦堡法典》在第 1 条中确认:"受试者的自愿同意是绝对必要的",并将之作为医学研究各项原则的核心。"知情同意"意味着对受试者个体自主决定权的尊重,试验者在对受试者进行试验前必须获得在法律或者规范意义上有效的同意。《涉及人的生物医学研究伦理审查办法》第 33 条规定:"项目研究者开展研究,应当获得受试者自愿签署的知情同意书;受试者不能以书面方式表示同意时,项目研究者应当获得其口头知情同意,并提交过程记录和证明材料。"《药物临床试验质量管理规范》第 11 条第(十一)项规定:"知情同意,指受试者被告知可影响其做出参加临床试验决定的各方面情况后,确认同意自愿参加临床试验的过程。该过程应当以书面的、签署姓名和日期的知情同意书作为文件证明。"《民法典》第 1008 条要求试验者向受试者或者受试者的监护人告知试验目的、用途和可能产生的风险等详细情况,并经其书面同意。上述法律法规均是受试者知情同意权的法律依据。

(二)试验者的告知义务

试验者对受试者履行告知义务,是知情同意权的前提。

1. 告知内容

对于告知的内容,CIOMS《伦理指南》、《美国联邦受试者通则》和《奥维多公约》附件议定书的规定总体上可以分为以下几个方面:关于受试者参与或者拒绝参与试验的机会或者权利;试验的性质、目的、风险和可能的收益;受试者的隐私权和信息安全;试

验资金来源和可能的利益冲突;对于试验可能给受试者造成损害的救济安排;受试者分享试验结果的可能性,试验的伦理审查情况。《涉及人的生物医学研究伦理审查办法》第 36 条规定:"知情同意书应当包括以下内容:(一)研究目的、基本研究内容、流程、方法及研究时限;(二)研究者基本信息及研究机构资质;(三)研究结果可能给受试者、相关人员和社会带来的益处,以及给受试者可能带来的不适和风险;(四)对受试者的保护措施;(五)研究数据和受试者个人资料的保密范围和措施;(六)受试者的权利,包括自愿参加和随时退出、知情、同意或不同意、保密、补偿、受损害时获得免费治疗和赔偿、新信息的获取、新版本知情同意书的再次签署、获得知情同意书等;(七)受试者在参与研究前、研究后和研究过程中的注意事项。"

2. 告知的形式

告知的形式决定着有关试验的信息不仅仅为受试者所获得,而且为受试者所理解。在这个过程中,不仅应当向受试者提供信息,更重要的是提高受试者的理解能力,其中一个重要的方面就是知情同意表格应当以作为普通人的预期受试者能够理解的语言制作,并且应当根据他们的特殊要求进行必要和及时的解释。对此,《涉及人的生物医学研究伦理审查办法》第 35 条规定:"知情同意书应当含有必要、完整的信息,并以受试者能够理解的语言文字表达。"第 37 条规定:"在知情同意获取过程中,项目研究者应当按照知情同意书内容向受试者逐项说明,其中包括:受试者所参加的研究项目的目的、意义和预期效果,可能遇到的风险和不适,以及可能带来的益处或者影响;有无对受试者有益的其他措施或者治疗方案;保密范围和措施;补偿情况,以及发生损害的赔偿和免费治疗;自愿参加并可以随时退出的权利,以及发生问题时的联系人和联系方式等。项目研究者应当给予受试者充分的时间理解知情同意书的内容,由受试者作出是否同意参加研究的决定并签署知情同意书。"《药物临床试验质量管理规范》第 23 条第(八)项规定:"若受试者或者其监护人缺乏阅读能力,应当有一位公正的见证人见证整个知情同意过程。研究者应当向受试者或者其监护人、见证人详细说明知情同意书和其他文字资料的内容。如受试者或者其监护人口头同意参加试验,在有能力情况下应当尽量签署知情同意书,见证人还应当在知情同意书上签字并注明日期,以证明受试者或者其监护人就知情同意书和其他文字资料得到了研究者准确地解释,并理解了相关内容,同意参加临床试验。"

3. 告知程度

对于告知程度主要有三种不同的判断标准。第一种标准是"合理试验者标准"(reasonable professional standard),即以在相同情况下一个合理的试验者所应当告知受试者的信息作为标准。第二种是"合理受试者标准"(reasonable subject standard),即以一个合理的受试者在同样情况下所需要获得的信息作为标准。第三种是主观标准(subjective standard),即所提供的信息应当满足每一个具体的受试者在做出判断时所需要的信息。从保护受试者的角度看,主观标准最能够保证每一个受试者充分获得其所需要的信息。然而,对于试验者而言,在招募受试者时要求他们预先知晓每一个受试者的特殊需要也是不现实的。因此,较为可行的方法是,首先以合理的受试者为标准,确定在招募受试者时所需要的告知范围,在受试者招募过程中,根据每一个潜在受试者的具体情况加以修正。

(三)受试者的同意能力

知情同意制度以受试者自主、理性地决定参与试验作为试验行为合理性的依据,其前提是受试者应当具有做出理性决定的能力,也就是同意能力。法律上的能力,是指进行某种行为的资格,如民事权利能力、民事行为能力和刑事责任能力等。做出参与人体试验的决定的能力,是一种行为能力,是以自身的行为参与法律行为并承担相应后果的资格。这种资格是与行为人的心智发育和成熟程度以及心理状态相联系的。在同意能力的认定上,我国《涉及人的生物医学研究伦理审查办法》第 34 条规定:"对无行为能力、限制行为能力的受试者,项目研究者应当获得其监护人或者法定代理人的书面知情同意。"《药物临床试验质量管理规范》第 23 条第(十)项规定:"受试者为无民事行为能力的,应当取得其监护人的书面知情同意;受试者为限制民事行为能力的人的,应当取得本人及其监护人的书面知情同意。当监护人代表受试者知情同意时,应当在受试者可理解的范围内告知受试者临床试验的相关信息,并尽量让受试者亲自签署知情同意书和注明日期。"

二、知情同意的例外

(一)知情同意的保留

知情同意的保留,是指在医学研究中,由于医学研究的目的和性质要求,无法向受试者揭示全部试验信息,而不履行知情同意原则的例外情况。允许知情同意的保留,必须符合:第一,这样做是取得准确的试验数据所必不可少的;第二,研究不会造成超过最低限度的风险;第三,受试者被告知隐瞒或者不完全告知是研究的一部分;第四,受试者同意在上述条件下参与研究。

(二)对照组试验、安慰剂试验中的知情同意权

对照组试验、安慰剂试验,可能违背受试者意愿。对于对照组试验特别是消极对照组和安慰剂对照组试验在使用上的限制,《赫尔辛基宣言》第 32 段规定:"一种新的医疗手段的收益、风险、负担和效果必须与现有最佳的医疗手段进行对比研究,以下情况除外:在当前没有被证明有效的干预措施的情况下,研究中使用安慰剂,或无治疗处理是可以接受的,或者,基于不得已的或者在科学上具有可靠的方法论基础的原因,使用安慰剂以验证一种手段的有效性和安全性是必要的,而且接受安慰剂或者未得到治疗的受试者不会遭受任何严重的风险和不可逆转的伤害。必须极其谨慎地避免对此的滥

用。"同时,在进行对照组试验,特别是消极对照组和安慰剂对照组试验时,应当向受试者充分告知试验包括对照组,特别是被随机选择进入对照组的受试者可能只接受安慰剂或者不接受治疗的情况。

(三)紧急情况下的试验性治疗

紧急情况下的试验性治疗是指当患者处于不立即实施试验性医疗行为其生命可能遭受重大危险的紧急状态时,医生有权在没有获得患者知情同意的情况下实施的试验性治疗行为。患者基于各种原因明确反对医生所采取的治疗措施,医生能否进行紧急试验性治疗?笔者认为,基于患者/受试者的知情同意权,患者/受试者拒绝进行试验性治疗的意愿应当得到充分尊重。在危及患者生命的紧急情况下,当进行试验性治疗对于患者具有重大的潜在治疗利益,或者对于患者疾病的研究具有重大意义时,患者因丧失意识而无法做出有效的知情同意,也无法通过有权代表患者的人获得同意的,医生/试验者可以在试验方案经过伦理审查和批准后,对患者进行试验性治疗。这种试验不得违反患者可得而知的意愿,如事先表达的反对意见,并且应当尽可能快地取得患者/受试者或者有权代表的同意。患者/受试者或者其有权代表反对继续进行试验性治疗的,应当在保障受试者安全的前提下停止试验。

三、弱势受试者知情同意权的特殊保护

《药物临床试验质量管理规范》第11条规定,弱势受试者,指维护自身意愿和权利的能力不足或者丧失的受试者,其自愿参加临床试验的意愿,有可能被试验的预期获益或者拒绝参加可能被报复而受到不正当影响。包括:研究者的学生和下级、申办者的员工、军人、犯人、无药可救疾病的患者、处于危急状况的患者,入住福利院的人、流浪者、未成年人和无能力知情同意的人等。对于弱势受试者,其知情同意权应当获得特殊保护。

(一)妇女

早期各国法律出于对妇女保护的考虑,禁止孕妇和育龄妇女作为受试者参与早期药物研究(除了患有生命危险的疾病外)。由于妇女具有特殊的医疗需求,伦理和立法逐渐对其加以允许。《奥维多公约》附加议定书第18条规定:"1.对孕妇进行的试验,如果试验没有对孕妇或者其胚胎、胎儿或者将来出生的孩子的健康具有潜在的直接利益,只能在符合以下特殊要求的前提下进行:(1)试验目的在于最大限度地为其他妇女,或者为其他胚胎、胎儿和儿童提供利益;(2)类似的试验无法在未怀孕的妇女身上进行;(3)试验仅具有最小程度的风险和负担。2.对于哺乳期的妇女所进行的任何试验,必须采取特别措施以避免对儿童健康造成任何损害。"同时,上述情况,也必须作为知情同意的内容,如实向受试者告知。对于非孕期和哺乳期的妇女,特别是在育龄中的妇女,在招募其作为受试者前,也应当向其告知任何已知的可能影响其将来生育能力和

子女健康的情况。

（二）未成年人

对未成年人参与医学研究,我国《药物临床试验质量管理规范》第23条第（十）项规定:"受试者为无民事行为能力的,应当取得其监护人的书面知情同意;受试者为限制民事行为能力的人的,应当取得本人及其监护人的书面知情同意。当监护人代表受试者知情同意时,应当在受试者可理解的范围内告知受试者临床试验的相关信息,并尽量让受试者亲自签署知情同意书和注明日期。"《奥维多公约》附加议定书第15条将试验区分为对受试者有直接利益和无直接利益。有直接利益的研究,通过受试者法定监护人的同意和受试者与其年龄和成熟程度相应的同意意见即可以进行。对于受试者没有直接利益的研究,只有在试验对与受试者同一年龄段的患者有利,且对受试者仅有最低风险或者负担时,方能被例外地予以准许。《美国联邦受试者通则》将涉及未成年人的医学研究分成4种类型。只有最低风险的试验通过伦理委员会（Institutional Review Board, IRB）核准,未成年人允许以及未成年人的父母或者监护人同意即可进行。除此之外的研究除了需要获得同意外,还需要对研究的风险与收益进行评估,决定是否可以获得允许。由于未成年人其身心上的不成熟,应当尽量减少未成年人承受无必要风险的机会,在对受试者没有直接利益的试验中,应当采取谨慎的态度。故本书赞成《奥维多公约》附加议定书的部分限制模式,同时应当根据受试者的年龄、成熟状况和心理状态考虑其意见。

（三）精神病人和智力障碍者

精神病人、智力障碍者与未成年人一样,均缺乏自主同意的能力,应当受到特别保护。我国《药物临床试验质量管理规范》对此同样采取了代理人同意模式。与未成年人参与试验一样,代理人同意模式对精神病人和智力障碍者参与试验的范围规定得太宽泛,不利于对其权利的保护。应采用部分限制模式,将精神病人和智力障碍者参与试验的范围限制在对受试者有直接利益,或者仅具有最小风险的范围内。在知情同意上,不仅应当获得其监护人的同意,而且应当根据受试者精神状况适当听取其意见,并尊重其具有行为能力时对参与试验问题所做的预先意见。

（四）被监禁者

1961年版《赫尔辛基宣言》规定:"羁押于监狱、惩戒所和教养所中的人不应被作为受试者参与医学研究。"这是因为,处于监禁环境中的人,其知情同意权很容易遭到限制或者剥夺。鉴于被监禁者意志极易为人控制的实际情况,为了避免监狱和其他羁押场所成为试验者更容易获得受试者的乐园,必须严格限制被监禁者参与医学研究。只有那些对于被监禁者具有直接利益的试验,例如患有威胁生命的疾病需要参与治疗性试验的情况下,方可以允许受试者参与试验。对于没有医学上的直接利益的试验,只有在试验只有最小风险时方得进行。

第三节　医学研究的伦理审查

一、作为受试者权利保护机制的伦理审查

伦理审查是人体试验中保护受试者权利的主要机制。1974 年美国国会通过了《国家试验法》(National Research Act)，要求所有进行联邦资金资助人体试验项目的机构，必须建立机构内伦理委员会。美国《人体受试者保护政策》(Policy for the Protection of Human Research Subjects)要求所有的大学、医学院、试验医院根据联邦和州法建立自己的伦理委员会。伦理委员会对人体试验方案进行伦理审查并监督其实施过程，以保证受试者的权利在试验中受到保护。

《赫尔辛基宣言》第 23 条规定："人体试验进行前试验方案必须提交给伦理委员会以做出审查、评论、指引和批准。该委员会应当运行透明，独立于试验者、发起人和其他任何不正当影响者，并具有适当的能力。审查中必须考虑到进行试验的一个或者多个国家的法律、规定以及可以适用的国家规则和标准，但不得因此降低或者取消本宣言对于受试者的保护。"

二、医学研究伦理审查机构

医学伦理研究的伦理审查有内部审查和外部审查两种模式。内部审查模式以美国为代表。美国伦理委员会是指由机构所选任的，负责在生物医学试验开始前进行审查，以及定期重新审查的委员会或其他群体，其目的主要是为了保护受试者的权利和福祉。伦理委员会的设立主体是机构，即指任何公立、私立的实体或者组织，包括联邦、州和其他单位，主要是进行医学研究的研究医院、大学医学院和研究机构。[①] 此外，还允许成立独立的营利性伦理委员会，以及多个研究机构共同设立的伦理委员会。

外部审查模式的代表是荷兰。荷兰建立了中央人体试验委员会(Central Committee for Research Involving Human Subjects, CCMO)和医学伦理审查委员会(Medical Ethics Review Committee, METC)。METC 负责对除法律规定应由 CCMO 审查的试验以外的其他试验进行审查，CCMO 则是全国性医学研究伦理审查主管机构，负责对 METC 进行认证，审查 METC 章程的制定和修改以及成员的任命，监督 METC 遵守世界卫生组织的规定，并制定相应的指导性规范，登记所有 METC 的决定，并以年报的形式予以公布。当事人对 METC 做出的决定不服的，还可以向 CCMO 提出上诉，CCMO 可以推翻 METC 的决定。当事人对 CCMO 做出的决定不服的，可以向高等上诉法院行政审判庭提出诉

---

①　45 C.F.R. § 46.102(b)，21 C.F.R. § 102(g)。

讼。CCMO 和 METC 具有公法上的行政主体地位。

我国《涉及人的生物医学研究伦理审查办法》第 6 条规定："国家医学伦理专家委员会、国家中医药伦理专家委员会(以下称国家医学伦理专家委员会)负责对涉及人的生物医学研究中的重大伦理问题进行研究,提供政策咨询意见,指导省级医学伦理专家委员会的伦理审查相关工作。省级医学伦理专家委员会协助推动本行政区域涉及人的生物医学研究伦理审查工作的制度化、规范化,指导、检查、评估本行政区域从事涉及人的生物医学研究的医疗卫生机构伦理委员会的工作,开展相关培训、咨询等工作。"第 7 条规定："从事涉及人的生物医学研究的医疗卫生机构是涉及人的生物医学研究伦理审查工作的管理责任主体,应当设立伦理委员会,并采取有效措施保障伦理委员会独立开展伦理审查工作。医疗卫生机构未设立伦理委员会的,不得开展涉及人的生物医学研究工作。"因此,整体而言,我国采用了机构内部审查模式,同时辅以外部监督。

CIOMS 指南指出,伦理委员会应对试验的伦理进行独立、称职和及时的评审。伦理委员会的组成、运行和做决定,不受政治、制度、专业和市场的影响。伦理委员会负责在研究开始前对提议的研究进行评审,同时还应对其批准正在进行的试验进行定期的伦理评价。

我国《涉及人的生物医学研究伦理审查办法》第 8 条规定："伦理委员会的职责是保护受试者合法权益,维护受试者尊严,促进生物医学研究规范开展;对本机构开展涉及人的生物医学研究项目进行伦理审查,包括初始审查、跟踪审查和复审等;在本机构组织开展相关伦理审查培训。"

三、伦理审查内容和标准

(一)伦理审查的内容

对于医学研究伦理审查中所审查的内容,《涉及人的生物医学研究伦理审查办法》第 20 条规定,审查重点应包括："(一)研究者的资格、经验、技术能力等是否符合试验要求。(二)研究方案是否科学,并符合伦理原则的要求。中医药项目研究方案的审查,还应当考虑其传统实践经验。(三)受试者可能遭受的风险程度与研究预期的受益相比是否在合理范围之内。(四)知情同意书提供的有关信息是否完整易懂,获得知情同意的过程是否合规恰当。(五)是否有对受试者个人信息及相关资料的保密措施。(六)受试者的纳入和排除标准是否恰当、公平。(七)是否向受试者明确告知其应当享有的权益,包括在研究过程中可以随时无理由退出且不受歧视的权利等。(八)受试者参加研究的合理支出是否得到了合理补偿;受试者参加研究受到损害时,给予的治疗和赔偿是否合理、合法。(九)是否有具备资格或者经培训后的研究者负责获取知情同意,并随时接受有关安全问题的咨询。(十)对受试者在研究中可能承受的风险是否有预防和应对措施。(十一)研究是否涉及利益冲突。(十二)研究是否存在社会舆论风险。(十三)需要审查的其他重点内容。"

(二)伦理审查原则和标准

《涉及人的生物医学研究伦理审查办法》第18条规定:"涉及人的生物医学研究应当符合以下伦理原则:(一)知情同意原则。尊重和保障受试者是否参加研究的自主决定权,严格履行知情同意程序,防止使用欺骗、利诱、胁迫等手段使受试者同意参加研究,允许受试者在任何阶段无条件退出研究;(二)控制风险原则。首先将受试者人身安全、健康权益放在优先地位,其次才是科学和社会利益,研究风险与受益比例应当合理,力求使受试者尽可能避免伤害;(三)免费和补偿原则。应当公平、合理地选择受试者,对受试者参加研究不得收取任何费用,对于受试者在受试过程中支出的合理费用还应当给予适当补偿;(四)保护隐私原则。切实保护受试者的隐私,如实将受试者个人信息的储存、使用及保密措施情况告知受试者,未经授权不得将受试者个人信息向第三方透露;(五)依法赔偿原则。受试者参加研究受到损害时,应当得到及时、免费治疗,并依据法律法规及双方约定得到赔偿;(六)特殊保护原则。对儿童、孕妇、智力低下者、精神障碍患者等特殊人群的受试者,应当予以特别保护。"

对于批准项目所应达到的标准,《涉及人的生物医学研究伦理审查办法》第22条规定:"伦理委员会批准研究项目的基本标准是:(一)坚持生命伦理的社会价值;(二)研究方案科学;(三)公平选择受试者;(四)合理的风险与受益比例;(五)知情同意书规范;(六)尊重受试者权利;(七)遵守科研诚信规范。"根据上述标准,伦理委员会对审查的研究项目作出批准、不批准、修改后批准、修改后再审、暂停或者终止研究的决定,并说明理由。

第二十六章　生命起始的伦理和法律问题

第一节　生育权的法律问题

人类辅助生殖技术的广泛应用,使人类的繁衍和生育能力大大提高。人类辅助生殖技术使生育与性爱、婚姻在一定程度上分离,使生育成为一个重大的社会问题,也成为一个伦理和法律问题。因此,合理界定生育权就成了一个时代命题。

一、生育权立法的回顾

1994 年开罗国际人口与发展大会通过了《国际人口与发展大会行动纲领》,生育权第一次出现在联合国文件中。1974 年布加勒斯特世界人口会议和其他一些联合国会议文件只是确认了计划生育是一项基本人权,但都没有明确使用"生育权利"一词。生育权利是从 Reproductive Rights 翻译过来的,在开罗会议正式文件中译为生殖权,但在会议筹备文件中有时也译为生育权。① 同时,国际人口会议文件中也设定了生育方面的义务性规定,如 1974 年布加勒斯特会议通过的《世界人口行动计划》指出,"夫妇和个人在行使这种(生育)权利时有责任考虑他们现有子女和将来子女的需要以及他们对社会的责任。个人的生殖行为与社会的需要和愿望应当互相调和"。1984 年墨西哥城会议通过的《为进一步执行〈世界人口行动计划〉的 88 条建议》中指出,各国政府可以做出较多的努力去帮助其人民以负责的态度作出有关生育的决定。任何权利的行使也意味着责任。夫妇和个人行使生育权利时,应当认真考虑他们自己的情况以及他们的决定对其子女和他们所生活的社区的平衡发展有何影响。1994 年开罗《国际人口与发展大会行动纲领》进一步指出,(夫妇和个人)在行使这种(生育)权利时,他们应考虑到他们已有的和将来的子女的需要以及他们对社会所负的责任。考察婚姻家庭和生育的社会职能,回顾国际生育权立法精神可以发现,为了社会发展和代际利益的需要,国际组织和我国的相关立法都毫无例外将生育权界定为夫妻的权利与义务,把生育看作权利与义务的集合体,并对权利进行必要的限制,以协调个人利益与社会利益。

---

① 李宏规、杨胜万:《中华人民共和国人口与计划生育法读本》,中国民主法制出版社 2002 年版,第 16 页。

我国长期坚持的人口政策和计划生育制度也对生育权进行了明确的法律规定。《人口与计划生育法》更是明确提出了公民生育权的概念,并规定:"公民有生育的权利,也有依法实行计划生育的义务,夫妻双方在实行计划生育中负有共同的责任。"关于生育权利和义务的规定是《人口与计划生育法》的核心。《人口与计划生育法》关于生育权利的规定主要有:第一,公民的生育权益受法律保护。各级人民政府及其工作人员在推行计划生育工作中应当严格依法行政,文明执法,不得侵犯公民的合法权益(第4条)。第二,公民有生育的权利,也有依法实行计划生育的义务,夫妻双方在实行计划生育中负有共同的责任(第17条)。第三,国家提倡适龄婚育、优生优育。一对夫妻可以生育三个子女(第18条)。第四,国家创造条件,保障公民知情选择安全、有效、适宜的避孕节育措施。实施避孕节育手术,应当保证受术者的安全(第19条)。第五,育龄夫妻自主选择计划生育避孕节育措施,预防和减少非意愿妊娠(第20条)。《人口与计划生育法》关于权利和义务统一的规定,反映了我国现行计划生育政策的基本内容。中国现行的计划生育政策是根据国情制定的,它考虑到国家社会经济发展的需要和国家的长远利益,也考虑到不同地区、不同社会阶层的实际情况和群众的生育权利、意愿与接受能力,把国家指导与群众自愿结合起来。《人口与计划生育法》有关生育权利和义务的规定,有利于保护公民的合法权益,也有利于中国的社会经济发展和可持续发展,以及世界人口的稳定。对生育权利的确认是社会主义人权发展的要求,同时也反映了中国政府认真履行有关国际公约和开罗会议通过的《国际人口与发展大会行动纲领》的承诺。对生育方面的义务规定,体现了权利和义务的统一,也是实行计划生育基本国策的需要。随着党的十九届五中全会提出"实施积极应对人口老龄化国家战略",进一步增强生育政策包容性,生育权的内涵和外延将有进一步放宽趋势。

二、生育权的法律特征

从立法例和法学理论上看,生育权是横跨公法和私法的概念,从公法角度看,生育权首先是一项基本人权,属于人身自由(权)的范畴。作为最古老的基本人权之一,人身自由与一般意义上的作为人的本质属性的自由是不同的,它只与人的自由的一个极为特别的方面相联系:在最狭隘的意义上的身体活动的自由[①],人身自由不受国家的非法约束、控制和妨碍。生殖权也具有经济、社会权利层面的含义,国家既要尊重和保护每一个人的生殖权免遭社会和经济上的不公正,又要尽可能地协助公民实现生殖的愿望,"尊重""保护"和"协助"构成了国家在公民生殖权实现过程的基本义务。生殖同时还表现为一种文化现象,这使得生殖权具有文化权利的特性,并要求可获得的生殖服务足以满足其所处的文化背景。其次,生育权也是一项民事权利。这里需要特别注意

---

① 国际人权法教程项目组:《国际人权法教程》,中国政法大学出版社2002年版,第132页。

的是,从国际人权公约和各国立法趋势来看,生育自由越来越受到责任、义务以及法律的限制。如 1968 年的《德黑兰宣言》规定"父母享有自由负责地决定子女人数及其出生间隔的基本人权";1974 年世界人口会议通过的《世界人口行动计划》对生殖权的内涵进行了全面阐述:所有夫妇和个人都享有负责自由地决定其子女人数和生殖间隔以及为达此目的而获得信息、教育与手段的基本人权。1994 年的《国际人口与发展大会行动纲领》进一步指出,促进所有人负责任地行使这些权利应成为政府和社区支持的生殖健康政策和方案的基础。

当前,医学技术的日新月异使得生殖权更加扑朔迷离,其内涵和外延都有很大变化,并延伸出"是否生(殖)""如何生"等具体问题。首先,"是否生"的权利,其价值在于确立公民的生殖自决权。从这个意义上看,"是否生"的权利是一项自由权,是"对国家的自由(freedom from state)",个人有生殖的自由和不生殖的自由,国家公权力不得进行不当干预,不得强制其生殖或者不生殖,否则就是侵犯生殖权的行为。当然,生殖自由往往涉及一个国家的计划生育政策,所以,生殖权是相对的、有限的。其次,"如何生"的权利,即生殖方式的选择权,对不孕症患者而言,无法实现生殖自由是先天生理缺陷或者后天疾病所致,因而不存在生殖权被侵害的情形。然而,人类辅助生殖技术的日益昌明,已经能够为不孕症患者提供更多的生殖方式。在这种情况下,"如何生"的权利就变得非常有意义了。显然,"如何生"的权利只能定位于"社会权",因为,由于生理缺陷或者疾病原因,不孕症患者生殖权的实现须有赖于国家的积极介入和协助。但是,由于医疗供给能力的有限性,目前大多数国家都不把人类辅助生殖列入基本医疗范围,再加上人类辅助生殖往往需要他人提供精子、卵子甚至子宫,如果一味满足不孕症患者的权利需求,则有侵害他人基本人权之虞。因此,作为一种社会权利,"如何生"的权利能否实现以及实现的程度并不能由公民自决,而是取决于医疗技术的成熟度、国家的经济发展水平以及国家医疗保障能力的覆盖面,以及国家的法治状况与人权发育水平。

三、生育权的技术挑战

生育权作为一个问题被提出来是辅助生殖技术催生的。人类辅助生殖技术使生育与性爱、婚姻在一定程度上分离,使生育成为一个重大的社会问题,继而出现生育权主体范围的扩大、权利内容的扩张以及权利行使方式的扩展等民法权利问题。伴随着辅助生殖技术的广泛采用,生育权可以不需要配偶的配合,而是借助第三方的帮助,通过辅助生殖技术实现,从而冲击了生育权的内涵和外延,辅助生育权之争由此而来,例如单身公民可以生吗? 在押犯和死刑犯可以生吗? 可以由他人代孕吗? 早在 2001 年死刑犯生育权案发生以来,法学界就对生育权展开了不间断讨论,2002 年伴随着《人口与计划生育法》进一步确定了公民的生育权的法律性质,紧跟其后出台的《吉林省人口与计划生育条例》第 28 条规定："达到法定婚龄决定不再结婚并无子女的妇女,可以采取合法的医学辅助生育技术手段生育一个子女。"一时间,生育权再次成为一个敏感而现实的问题。

关于生育权的法律定位,学理和实务多主张生育权为一项独立的人格权,男女平等,内容包括生育请求权、生育决定权、生育方式选择权和生育保障权。[①] 但是若生育权在夫妻之间发生冲突是否构成侵害生育权呢? 换言之,妻子擅自堕胎,丈夫能否主张权利呢? 对这个争议问题,人民法院在多起女方擅自堕胎的司法个案中一般是基于双方平等自愿、协商一致的原则对男女的生育权进行平等保护,不存在谁的权利优先于谁的问题。但是,考虑到女性生理结构和在生育问题上的特殊地位和利益,人民法院根据法益均衡、法益价值的原则,倾向于保护妇女的基本权利。基于此,《〈中华人民共和国婚姻法〉司法解释(三)》第 9 条明确否认了丈夫的损害赔偿请求权,规定:"夫以妻擅自中止妊娠侵犯其生育权为由请求损害赔偿的,人民法院不予支持;夫妻双方因是否生育发生纠纷,致使感情确已破裂,一方请求离婚的,人民法院经调解无效,应依照婚姻法第三十二条第三款第(五)项的规定处理。"这就意味着司法解释赋予了妻子对堕胎几乎完全的自由。换言之,丈夫生育权的实现不得侵害妇女的人身自由权,若妻子不愿意生育,丈夫不得以其享有生育权为由强迫妻子生育,妻子怀孕后,是否生育子女应由妻子本人决定。妻子未经丈夫同意自行中止妊娠手术的,即便可能伤害夫妻感情,甚至危及婚姻关系,亦不构成对丈夫生育权的侵犯,而是夫妻生育权行使的冲突,丈夫亦不能以本人享有的生育权对抗妻子所享有的生育决定权或者妻子的人身自由权。[②] 那么,丈夫对妻子堕胎并不享有绝对的同意权或要求其妻履行"堕胎告知"和"善意堕胎"义务。[③] 因为"从法理上讲,要求妻子善意堕胎违背了生育权绝对权和支配权的性质。如果法律赋予丈夫对妻子人工流产的同意权,实际上就是承认了丈夫对妻子的生育利益具有支配权,等于在妻子生育权的客体上设定了两个不相容的权利;如果规定妻子人工流产有告知丈夫的义务,等于为妻子设定了一个与生育权的排他支配性不相容的告知义务"[④]。这么规定的最重要理由是基于女性在生育过程中的天然作用。在自然生育的过程中,女性是生育活动的主要承担者。而从怀孕到分娩的整个过程中,女性不仅要忍受妊娠反应等生理上的痛苦,还要承受怀孕带来的精神压力和丧失社会发展机会。

---

① 马强:《论生育权——以侵害生育权的民法保护为中心》,《政治与法律》2013 年第 6 期。

② 《妻子怀孕后私自堕胎不构成对丈夫生育权的侵害——刘辉诉文静一般人格权纠纷案》,《人民法院报》2016 年 9 月 7 日。

③ 谭桂珍:《论"生育权"及其救济》,《湘潭大学社会科学学报》2003 年第 2 期。

④ 马忆南:《夫妻生育权冲突解决模式》,《法学》2010 年第 12 期。

第二节 辅助生殖的法律问题

一、人类辅助生殖的伦理和法律问题

人类辅助生殖技术作为 21 世纪最受瞩目的生命技术之一,所产生的技术隐忧、伦理困境和法律争议日益凸显,并催生了新的社会关系和权利欲求。

第一,第三方生殖产生的法律问题。基于人口可持续发展需要,生殖领域的责任越来越重要,但人类辅助生殖技术客观上加剧生殖权的扩张,尤其是第三方的介入,既造福不孕症患者,又带来一系列法律难题,如代孕物化妇女,挑战公序良俗和亲权关系。国家应当在尊重和保护人权的宪法维度内,及早制定高位阶的辅助生殖法,既要避免将道德评价作为立法选择的唯一旨归,又要充分评估代孕合法化的观念桎梏和制度障碍;既要科学引导代孕技术的合理应用,又要切实防范代孕技术的误用和滥用。

第二,人类配子和胚胎的监管和归属问题。人类配子、冷冻胚胎的监管和归属也将人类置于伦理与法律的尴尬处境之中。在冷冻受精胚胎保存期间,当夫妻离异或一方死亡后对受精胚胎的所有权产生争议时应当如何处理。这就需要研究人类受精卵、冷冻胚胎、胎儿的民法地位,构建人类配子和体外冷冻胚胎的人格利益保护制度,旨在解决胎儿生命安全权、健康权益受损的救济、错误妊娠和错误出生的侵权责任等问题。实践中,因胎儿财产利益、物质性人格利益或精神性人格利益引发纠纷或诉讼的情形比较多见。生殖医学技术尤其是助产技术、堕胎技术和辅助生殖技术等干预生命起点引发了大量的人类配子、胚胎和胎儿法律地位和权利归属之争,亟须厘清其法律地位及其权属关系。

第三,人类生育力保存的法律问题。人类精子、卵子、卵巢组织和胚胎等冷冻保存技术作为人类辅助生殖的重要组成部分,使长期保存生殖细胞或生殖组织成为可能,不仅能为不孕症患者提供更多的选择,创造更多的受孕和生育机会,还能为肿瘤患者手术、放疗或化疗前以及暂时无生育计划但未来有遭遇生育能力下降之忧者而保存生育力,胚胎冷冻将受术者多余胚胎保存起来,更便于选择合适的时机移植。此外,卵子冷冻的成功使赠卵试管婴儿更易于控制,还可以避免取卵后因特殊情况不能及时受精而浪费。[①] 生育力保存技术的发展无疑为晚婚晚育者未来实现生育愿望提供了保险,那么,是否应当向女性特别是向健康育龄女性开放卵子冷冻就成为纾解这一法律难题的根源和核心。我们应否向社会开放非医疗性冷冻呢? 我国应当尽快立法跟进,合理划定女性生育力保存的"适应证"和"禁忌症",有条件地开放非医疗性卵子冷冻。

---

① 乔杰:《人类辅助生殖技术的新进展》,《中国实用妇科与产科杂志》2008 年第 1 期。

二、国际人类辅助生殖立法

(一)立法模式

世界各国的人类辅助生殖技术立法模式很多,主要有两种立法模式:统一立法模式和分散(分立)立法模式。

统一立法模式,即将人类辅助生殖技术的监督管理、辅助生殖子女的亲子关系以及相关的法律责任,合并立法,目前的英国、丹麦、新西兰、加拿大、法国、意大利以及我国台湾就采用这种综合性立法模式。其优点在于充分涵盖相关领域的民事、行政和刑事方面,照顾到了它们之间的内在联系和必要衔接,便于人们正确理解和准确适用法律,但是这种立法模式对立法技术也提出了较高要求。反观大陆人类辅助生殖技术的发展现状,目前采用这种立法模式时机还不成熟。

分散(分立)立法模式,即将上述内容分别立法,在行政法里规范人类辅助生殖技术的监管,在婚姻家庭法里规定亲子关系,在刑法里规定辅助生殖犯罪及其刑事责任,其弊端在于这种立法模式很容易顾此失彼,影响各个部分之间的衔接。如美国各州和澳大利亚各州的立法,英国早先的立法,德国、瑞士以及我国香港和澳门的立法都采取这种分散立法模式。其优点在于立法宗旨明确,内容界限清楚,便于实际操作。由于统一立法模式和分散立法模式各有利弊,大陆人类辅助生殖技术立法到底采用哪种立法模式有必要总结各种模式的一般规律,并结合我国实际情况通盘考虑。

(二)亲子关系的法律确定

人类辅助生殖技术的高歌猛进必然要求亲子关系法随之变革。人类辅助生殖技术临床应用的直接后果是把父母职能分割为若干片段,把父母分裂为基因父母、妊娠父母和社会父母,引起父、母身份的多元化和亲子关系的不安定,重塑亲子关系法应当重点考察第三方参与人类辅助生殖过程对冲击传统亲权秩序的冲击,大致有"分娩主义""基因主义""意思主义"和"子女最佳利益说"等亲子关系认定标准的利弊与适用范围,未来的基本趋势是以子女最佳利益为原则,综合采用多种标准,注重代际利益平衡;我国未来亲属法应以此为依据确立适应国情和时代特征的新型亲子关系。我国未来亲属法应当合理安排受术夫妻、第三方参与者与所生子女的法律关系,依法防范趋利避害,实现人类辅助生殖领域中的个体利益、社会利益以及代际利益的共赢。

(三)第三方生殖的法律禁区

鉴于配子、合子捐赠的复杂性,许多国家的生殖医学团体也都作出积极回应,制定了相关伦理指南,重点规范捐赠者的匿名权问题。关于捐赠者的匿名权(right to anonymity)问题,传统医疗实践通常因为男性不孕的污名化而采取供受双盲制,但是,随着子女最佳利益原则的提升,互盲观念和惯例也被逐步打破,越来越多的国家立法试图限制捐赠者的匿名权,保护了子女的基因知情权。早在1984年,瑞典就率先立法赋予成年供精人工授精子女基因知情权（*right to genetic origin*）。① 此后，基因知情权受到公众的关注，捐赠者匿名权遂受到强烈冲击，美国甚至鼓励受赠父母向子代公开捐赠事实，一些临床医生也开始建议供受双方签署就未来孩子和供受者之间权益的协议。② 淡化匿名权导致配子捐赠的大量减少，例如，荷兰曾对取消捐赠者匿名权问题争论十五年之久，其间捐精者数量减少到70%以上，精子库数量减少了一半。③ 生殖细胞特别是卵子的短缺，导致生殖旅游业的繁荣，不孕夫妻纷纷到国外寻求捐赠的生殖细胞。例如，瑞典法律保护所生子女的基因知情权，而丹麦则保护捐赠者的匿名权，瑞典不孕夫妻就赴丹麦寻求生殖细胞。④

（四）代孕的法律规制

代孕也属于第三方生殖，但伦理争议较大，许多国家都特别予以对待。一般而言，临床实践都拒绝代孕，即便在接受代孕的国家，也较为审慎地严格管控。例如，在澳大利亚，妊娠母亲的名字必须出现在出生证上（各州具体规定略有不同）；在巴西，代孕者必须与委托夫妻有亲属关系，且不得付酬；在希腊，代孕必须符合一定的医学指征，必须得到法院的批准，且禁止付酬；在以色列，代孕虽然可以付酬，但是代孕事宜必须经过有关机关的批准，并有社会工作者全程监督子女监护权转移；新西兰也要求代孕必须提交国家辅助生殖伦理委员会（The National Ethics Committee on ART，ECART）审批；俄罗斯则要求代孕者必须在20—35岁之间且至少生过一个孩子；南非除了要求代孕者必须至少生过一个孩子外，还需法院批准，并且只能为当地居民服务；在泰国，妊娠母亲是孩子的法律母亲，基因父母必须收养所生孩子；英国也有类似规定，并且委托者必须符合规定的医学指证，但允许向代孕者支付必需的费用。⑤

（五）人类生育力保存的法律规制

生育力保存的法律界限方面，总体而言，男性宽松，女性较严。目前，发达国家已经为生育力保存和精子库、卵子库建设制定了相关伦理指南，规定配子和胚胎储存的伦理原则（如美国、澳大利亚和新西兰），一些国际学术机构和团体也总结了一些行之有效的伦理原则，如美国生殖医学会伦理委员会（The Ethics Committee of the American

① Johnson L，Kane H.Regulation of donor conception and the"time to tell"campaign.*Journal of law and Medicine*，2007，15(1)：117-127.

② Ethics Committee of the American Society for Reproductive Medicine，Birmingham，Alabama.Interests，obligations，and rights of the donor in gamete donation.*Fertility and Sterility*，2009，91(1)：22-27.

③ Janssens PMW，Simons AHM，van Kooij RJ，et al.A new Dutch law regulating provision of identifying information of donors to offspring：background，content and impact.*Human Reproduction*，2006；21(4)：852-856.

④ Ekerhovd E，Faurskov A，Werner C.Swedish sperm donors are driven by altruism，but shortage of sperm donors leads to reproductive travelling.*Upsala Journal of Medical Sciences*，2008，113(3)：305-313.

⑤ Jones HW，Cooke I，Kempers R，et al，International federation of fertility societies surveillance 2010.*Fertility and Sterility*，2011，95(2)：107-109.

Society for Reproductive Medicine）草拟《用于研究的配子和胚胎的利用和知情同意》（Informed Consent and the Use of Gametes and Embryos for Research）①、《配子捐赠者的权利、义务与责任》（Interests，Obligations，and Rights of the Donor in Gamete Donation）②，这些伦理指导文件都有利于促进合理、有效地采集、保存和提供精子和保障供者和受者个人、家庭、后代的健康和权益。

与人类辅助生殖蓬勃发展的现实相比，我国相关的法治经验比较薄弱，主要由卫生主管机关颁布的规范性文件进行监管，无法满足政府管制与权利保护之需。未来应完善相关立法。

第三节　代孕服务的法律问题

一、代孕生殖服务及其产生的法律问题

代孕（Surrogacy）与民间所流传的"借腹生子"有本质差别，有其特定内涵和外延，是指综合采用各种人类辅助生殖技术，是代替怀孕者（简称代孕者）自愿接受胚胎移植技术，将委托人（通常是一对夫妻）或者捐献者（可能是代孕者）的精子和卵子经由体外受精技术孕育的胚胎植入其子宫，从而代替委托方之妻怀孕及生产的医疗过程。通常委托人会与代孕者签订一份代孕协议并约定放弃其所分娩孩子。代孕中，生殖细胞有的来自委托夫妻，有的来自捐献者。根据代孕者是否提供卵子，一般可将代孕分为妊娠代孕（gestational surrogacy）和基因代孕（genetic surrogacy）。妊娠代孕也称借腹型代孕，是委托夫妻（或捐赠者）的生殖细胞经由试管内授精后，再将胚胎植入代孕者子宫内，代孕者只提供子宫代替怀孕过程，本身不提供卵子，这种情形出生的婴儿与代孕者之间没有血缘关系。妊娠代孕的生殖细胞可能有以下四种来源：（1）精子和卵子均来自捐献者；（2）精子来源于委托夫妻之夫、卵子来源于捐卵者；（3）卵子来源于委托夫妻之妻、精子来源于捐精者；（4）精子和卵子均来自委托夫妻。第一种情形下，精子、卵子和子宫均来自委托夫妻以外的人，委托夫妻和子女无血缘关系，亲子关系只可能拟制产生，因此，这种代孕与收养子女没有本质差别。其余三种情况中，委托夫妻与代孕所分娩子女之间至少有一半的基因关系，亲子关系可以依据传统的血缘标准认定，伦理和法律争议性相对较低。

基因代孕，也称传统型代孕（traditional surrogacy），即委托夫妻之妻无健康卵子，代

---

①　Ethics Committee of the American Society for Reproductive Medicine.Informed consent and the use of gametes and embryos for research.*Fertility and Sterility*，2004，82（SUPPL 1）：251-252.

②　Ethics Committee of the American Society for Reproductive Medicine，Birmingham，Alabama.Interests，obligations，and rights of the donor in gamete donation.*Fertility and Sterility*，2009，91（1）：22-27.

孕者既提供子宫又提供卵子,因而与胎儿之间存在基因上的遗传关系。依据"分娩者为母"的标准,无论是从血缘上还是从法律上看,代孕者都是所分娩子女的母亲。此种代孕法律争议很大,绝大多数国家法律都明文禁止,计划"有条件开放"代孕的中国台湾地区各版本人类辅助生殖法草案也均未开放基因代孕。基因代孕有两种情况:一种为部分代孕或者局部代孕(partial surrogacy),精子来自委托夫妻之夫,代孕者的卵子经由人工授精后,在代孕者的子宫内孕育和生产,委托夫妻之夫和代孕者分别是婴儿的基因父亲和基因母亲。另一种是在委托夫妻均无法提供精子和卵子时,由捐精者的精子与代孕者的卵子进行的人类辅助生殖,此种情形下所生子女与委托夫妻无任何血缘关系,亲子关系完全依据代孕契约(surrogate contract)产生,因此,除非法律承认契约的效力,则这种契约上的亲子关系将无从保障。因此,无论是否允许妇女出于经济考虑或者互助意愿代替他人怀孕,国家都应当对现行人类辅助生殖技术管理规范进行认真清理,及时制定切实可行的高位阶法律,对代孕严加管理和控制,尽可能防范技术的误用和滥用。

二、代孕合法化的伦理论争

代孕为人们实现生殖自由提供了一个方便、广阔的空间,不仅解除了不孕症夫妻的痛苦和婚姻危机,而且对家庭的稳定和社会的和谐都有积极意义,从这个角度看,代孕当然是一件利国利民的好事。但是,代孕毕竟技术风险大,医疗成本高,尤其是一旦涉及卵子提供、金钱给付、子女抚养等问题,必将带来一系列伦理、法律和社会难题。因此,自代孕技术问世以来即激起激烈争论,力主非法者有之,坚持合法化者有之,徘徊在合法与非法之间者亦有之。反对主要理由如下:第一,颠覆人伦关系。代孕既违反自然法则和人之常情,也破坏传统家庭秩序,并对家庭成员产生负面的影响。第二,子宫和女性工具化。以给付报酬为目的租借子宫,实际上是将女性视为生育的工具、赚钱的机器,是人格沦丧和社会倒退的表现。第三,深化性别歧视。女性的物化必将造成女性的人间炼狱,使得富有者有机会透过委托怀孕对中低收入女性进行剥削,也为父权体制透过现代科技继续压迫女性助力。第四,涉嫌买卖婴儿。代孕者怀孕分娩,不是为了养育,而是为了获取金钱,这与贩卖人口没有本质差别。第五,助长传宗接代观念,使新科技沦为旧传统的帮凶。第六,浪费有限的医疗资源。生育本来是公共卫生问题,以代孕技术解决不孕"有失应以预防为主的立场",是得不偿失的做法。第七,代孕缺乏正当性的法律基础。现行法律制度也未为代孕提供一套现成的制度和规则,代孕合法化涉及自然人有无身体支配权、代孕契约是否正当和可执行、母亲身份和亲子关系的认定,等等,这些问题都不能在现有法律体系内找到答案。

赞成者从生殖自由角度出发,认为在许多国家自由决定是否以及何时生殖是受到法律高度保护的权利,因此,意思父母(intended parents)和代孕者可以自由合作生殖事宜。支持者还以代孕契约涉及私权自治为由,主张承认代孕契约的效力。还有人认为代孕合法化为女性在生存发展与拥有子女问题上提供更大的选择空间,代孕者一方面可以凭借代孕维持生计,另一方面无须因怀孕而依附于任何男性,而得以保有自己的自主性,[1]甚至还有人主张"子宫原本就是一个工具,除了让孩子生长,它没有其他已知的功能","在子宫拥有者出于自由意愿之下提供子宫,既非胁迫,又何来剥削之说?"[2]

当前我国现有法律尚未对代孕作出明确规定。人类辅助生殖技术应用由卫生部进行行业管理,实效性较差。未来我国法律向何处去需要从长计议,从尊重生殖人权、解决现实的代孕纠纷以及保护代孕所生子女的利益出发综合考虑。无论代孕合法化与否,国家都应当充分调研,统筹规划,以科学审慎的态度引导和规范代孕人类辅助生殖技术的合理应用。

第四节　出生前诊断与筛查的法律问题

一、不当出生和不当生命的概念

出生前诊断与筛查是及早发现先天性缺陷和疾病,实现优生优育的重要方法和手段。但是出生前诊断与筛查也可能引发法律争议。医方于孕妇产前检查中的过失,在实务上可能引发两种不同的诉讼。一种为不当出生(wrongful birth)之诉,即医方在对孕妇的产前检查中因过失未能向其提供有关胎儿先天性缺陷的信息,具有先天性缺陷的子女出生后,父母因本来可以避免的缺陷子女的出生给其带来的财产损害和精神损害而对医方提起的诉讼。另一种为不当生命(wrongful life)之诉,即在发生上述情况后,子女就因先天性缺陷而遭受的财产损害和精神损害,以自己的名义对医方提起的诉讼。

当然,从语义本身而言,不管是"不当生命"还是"不当出生"的表达,都是失之准确甚至是有误导性的。因为无论是"出生"还是"生命",其本身都不可能是错误的或不当的。真正有过失的,是医方的产前诊断。[3] 但是,由于"不当生命"和"不当出生"的概念在理论和司法实践领域已经获得普遍接受和应用,为避免用语上的混乱,本书仍然予以沿用。

二、不当出生的法律问题

(一)不当出生的概念和特征

如上所述,不当出生之诉,是医方在产前检查中因过失未能提供有关胎儿先天性缺

---

① 《"代理孕母"公民共识会议可阅读资料》,http://tsd.social.ntu.edu.tw/summary.pdf,2006 年 6 月 11 日访问。

② 陈昭姿:《翘首期盼代理孕母合法化——等待生命的转折点》,《月旦法学杂志》1999 年第 52 期。

③ Barbara C.Steininger,Wrongful Birth and Wrongful Life:Basic Questions, *Journal of European Tort Law*, Vol.1,Issue 2,(2010),p.127.

陷的信息,父母因本来可以避免的缺陷子女的出生给其带来的财产损害和精神损害而对医方提起的诉讼。其特征是:

(1)医方的过失是在孕妇产前检查中未发现胎儿本身具有的先天性缺陷,即胎儿的缺陷是由诸如基因缺陷或者母亲孕期患病等自身原因造成的,医方的过失并非是在诊疗过程中造成了胎儿的缺陷,而是未能发现缺陷的存在。(2)子女于出生时即具有该先天性缺陷。(3)父母就缺陷子女出生对其造成的财产和精神损害要求医方承担侵权责任。

(二)我国不当出生之诉的裁判现状

我国法院在审理不当出生案件中均认可医方在产前检查中有过失,但其过失与子女的先天性残疾之间无因果关系,医方的过失实际侵害的是父母自主决定是否终止妊娠、避免有缺陷婴儿出生的权利。此种权利不是父母的生育权,而是其优生优育权。但是,优生优育权是否属于民法上可受保护的权利,法院有肯定和否定两种观点。[①]

(三)不当出生之诉的保护路径

虽然法院对《母婴保健法》和《人口计划生育法》上规定的优生优育权是否属于民法上可受保护的权利有争议,但从我国民法对于侵权责任法保护范围的规定看,侵权责任的构成并不以受侵害者为某种法定权利为必要。与《德国民法典》第 823 条第 1 款、第 2 款和第 826 条对于民法保护范围的三元递进式的封闭结构不同,我国自《民法通则》以来,对于侵权法所保护的范围,一向持开放态度。《民法通则》第 106 条第 2 款规定:"公民、法人由于过错侵害国家的、集体的财产,侵害他人财产、人身的,应当承担民事责任。"《侵权责任法》第 2 条规定:"侵害民事权益,应当依照本法承担侵权责任。"《民法典》第 1165 条规定:"行为人因过错侵害他人民事权益造成损害的,应当承担侵权责任。"无论是《民法通则》所说的"财产、人身",还是《侵权责任法》和《民法典》所言的"民事权益",均未将侵权责任的保护范围如同《德国民法典》第 823 条第 1 款那样限定于绝对权,而是像《法国民法典》第 1382 条一样,对包括人格利益在内的民事权益予以概括性、包容性的保护。此种规定,使我们得以从人格利益的层面看待不当出生之诉中原告的损害,而不需要踯躅于受侵害的是否是法律明定的权利。

(四)不当出生责任的构成要件

1.产前检查的诊疗行为。诊疗行为的存在是责任构成的基础。

2.医方过失。医方在产前检查中因过失未能查明胎儿既存之先天缺陷构成医疗过失。《民法典》第 1221 条规定:"医务人员在诊疗活动中未尽到与当时的医疗水平相应的诊疗义务,造成患者损害的,医疗机构应当承担赔偿责任。"因此,医方之过失有无,应当根据其诊疗是否达到当时应有的诊疗水平进行判断。

---

① 参见张红:《错误出生的损害赔偿责任》,《法学家》2011 年第 6 期。

3. 损害后果。父母的损害后果,包括其财产损害和精神损害。民法上的财产损害,一般采用差额说,即以如无侵权行为的应然状态与现有状态相比较,确定受害者损害。因具有先天性缺陷的子女的出生,父母需要为缺陷造成的残疾支付额外的费用,如对于残疾的治疗费、残疾器具费、额外抚养费等。这些费用应当是父母的财产损害。需要注意的有两点:第一,父母的损害不是"缺陷"或者"残障",而是因残障造成的额外费用的支出。第二,必须是额外支出而不是一般支出。父母为抚养子女所做的一般性支出,即使子女没有残障也会产生,不属于父母的损害。精神损害,则是父母因子女残障所受的精神痛苦。

4. 因果关系。在责任成立的因果关系上,应当遵循条件结果(sine qua non)标准,即如果没有侵权行为,就不会有损害后果。原告应当证明,如果没有产前诊断的过失行为,就不会有残障子女的出生以及由此引发的财产损害和精神损害。

三、不当生命的法律问题

(一)不当生命之诉的概念与特征

不当生命,是指医方在对孕妇的产前检查中因过失未能向其提供有关胎儿先天性缺陷的信息,子女于出生后因自身的先天性缺陷向医方提出的侵权之诉[1],有学者称其为"错误的生命之诉"[2]。

不当生命之诉的特征前两项,即医方的过失是在孕妇产前检查中未发现胎儿本身具有的先天性缺陷和子女出生时存在该先天性缺陷与不当出生之诉相同,但不同的是提起诉讼的是子女自身而非其父母。在此类案件中,子女就医方未能在产前发现其缺陷要求医方承担侵权责任。

(二)我国不当生命之诉案件的裁判现状

当前,我国法院对不当生命之诉在裁判结果和说理论证上均存在严重分歧。

持否定立场的判决的主要理由包括:第一,原告的出生不构成侵权法上的损害,原告有生命的价值仍然胜于不出生,无权就自己的所谓"不当出生"提起诉讼。第二,医方在孕妇产前检查中的过失与原告的残疾之间无因果关系。第三,子女作为原告主体不适格,在被告施行产前检查时,原告尚为胎儿,无民事权利能力,不具备民事诉讼主体资格。

持肯定立场的判决主要理由包括:第一,被告过失给原告自身和父母带来精神压力和痛苦,应给予精神损害赔偿。第二,被告的过错与残疾原告的出生之间存在间接因果关系。第三,原告可获赔偿的损害并非一般人身损害,而应是因缺陷所产生的额外费用。

---

① Ronen Perry, It's a Wonderful Life, *Cornell Law Review*, Vol 93, Issue 2(January, 2008), p.331.
② 参见张学军:《错误的生命之诉的法律适用》,《法学研究》2005 年第 4 期。

（三）不当生命之诉的比较法考察

在比较法上,由于不当生命之诉具有复杂性,不仅学术界有不同认识,法院的裁判乃至相关立法也呈现出多样性。

1. 法国。法国史上涉及不当生命的最重要案件是法国最高法院审理的 Perruche 案。法国最高法院在判决中认为被告医院有过失,而原告的损害是其有缺陷的生命,从而允许原告获得赔偿。① 然而,这一判决在法国引起了极大的争论。残疾人组织认为将残疾人的出生作为损害极大地伤害了残疾人的尊严,医生组织则认为此判决将引发大量的对医生的诉讼,法学界认为该判决有损民法典对于损害的定义,并会引发残疾人对其父母的诉讼。② 法国最高行政法院在 1997 年的 Quarez 案中,表达了与最高法院截然相反的意见。③ 2002 年 3 月 4 日,法国国民大会通过了第 2002—303 号法律(又称 Kouchner 法案),规定"任何人不得仅因为其出生而要求获得赔偿"④,从而否认了具有残疾的出生是民法上的损害。

2. 德国。德国联邦最高法院在 1983 年审理的第一起不当生命案件中认为,子女的残疾并非医院过失的后果,医院的过失导致了带有缺陷子女的出生,因此本案的核心是有缺陷的生命是否是一种损害。侵权法的核心是保障人格的完整性,从这个核心出发,医院没有义务避免从社会观点或者从其自身观点判断的"无价值的人生"的产生。⑤ 人的生命,包括胎儿,是值得法律以最优先次序予以绝对保护的法益,任何第三方不得决定其价值。因此,是否应当挽救病人或者伤者的生命等问题绝不可建立在对生命价值的判断之上。人的出生,或者未能阻止其出生,均不会构成对《德国民法典》第 823 条所保护法益的侵害。由于本案与人格完整性的利益无关,因此不能认为遭受残疾困扰的生命与没有生命相比较是一种损害。在 1993 年的另外一起案件中,德国联邦最高法院指出,"将子女的不出生作为一种财产上的积极事实,而将其实际存在作为一种消极损失",从而对两者加以比较,将有损《德国基本法》对人格尊严所提供的宪法保障。⑥ 德国联邦宪法法院 1997 年在判决中再次强调,"对诞生状况有问题的小孩承认直接的损害赔偿请求权,逾越了法律的请求权规范能被提出主张的界限。人类必须如大自然形成其生命的方式,接受自己的生命,不需要赋予它主张不存在或透过其他人

---

① *Cour de cassaton*, Nicolas Perruche 1 and 2(26 March 1996, D.1997, Jur. p.35, 17 November 2000, D. 2001, Jur. p.332).

② Brigitte Feuillet, The Perruche Case and French Medical Liability, *Drexel Law Review*, Vol.4, Issue 1(Fall 2011), pp.144-145.

③ CE Sect., Feb.14, 1997, Rec.Lebon 44.

④ Law No.2002-303 of Mar.4, 2002, Journal Officiel de la République Française, Mar.5, 2002, p.4118.

⑤ BGHZ 86, 24, JZ 1983, 447.

⑥ BGHZ 124, 128, NJW 1993, 788.

保护的请求权"①。

3.英国。英格兰法上关于不当生命的最重要案例是1983年的 McKay 案。在该案中,法院支持了父母提出的不当出生之诉而驳回了子女提出的不当生命之诉。② 法院的主要观点是:本案的诉讼基于原告的出生而产生,但是,医生并不负有终止胎儿生命的义务,否则将损害生命的尊严;不存在一种要么完善地出生,要么不出生的权利;由于法庭不可能知晓"不出生的状态",因此无法计算损害;允许此种诉讼将引发对于拒绝流产的母亲的诉讼;此种诉讼认为残疾者的生命没有价值;此种诉讼为《先天性残疾(民事责任)法》所禁止。③ 此前,1976年英国国会通过的《先天性残疾(民事责任)法》规定,生而具有缺陷的儿童可以向过失造成其损害的人主张赔偿。在 McKay 案中,法庭认为该法对不当生命案件不适用,因为被告的行为并未"造成"原告的先天性残疾。④ 1990年,英国对该法进行了修订,允许因人工辅助生殖技术(Assisted Reproductive Treatment, ART)的应用过失导致先天性疾病的子女提起诉讼。⑤

4.以色列。以色列法院对于不当生命之诉的态度也经历了重大的反复。早在1986年,以色列最高法院在 Zeitsov v.Katz 案中以4:1的裁决,支持不当生命之诉。⑥ 但是,在二十多年以后的2012年,以色列最高法院在 Lior Hammer v.Professor Ami Amit 案中推翻了 Zeitsov 案的观点,认为不当生命之诉"有悖于法治的基本原则,包括生命的神圣、对人格尊严的保护,以及对残疾人尊严和平等权的承认"。法院同时体认到子女的残疾对其生活带来的损失和不便,由此判决将子女成年后的额外支出计入其父母提出的不当出生之诉中。⑦

5.荷兰。2005年荷兰最高法院在 Kelly 案中,支持了子女提出的财产损害与精神损害赔偿请求。法院认为,当女性就其怀孕接受医学照顾时,即为其及胎儿与医方形成了医疗合同关系,胎儿自其利益受到保护时应视为已经出生。医院对于孕妇的义务决定了其对胎儿也负有义务。孕妇有权在充分知情的情况下考虑未出生孩子的利益,作出继续或者终止妊娠的决定。若医院未对孕妇履行该义务,则同时违反了对未出生孩子的潜在义务。⑧

---

① BVerfGE 96,375.转引自陈戈、柳建龙等:《德国联邦宪法法院典型判例研究·基本权利篇》,法律出版社2015年版,第8页。

② McKay v.Essex AHA[1982]Q.B.1166(CA(Civ Div))。

③ Rosamund Scott,Reconsidering"Wrongful Life"in England After Thirty Years:Legislative Mistakes and Unjustifiable Anomalies,*Cambridge Law Journal*,Vol.72,Issue 1,(March 2013),p.125.

④ Ronen Perry,It's a Wonderful Life,*Cornell Law Review*,Vol 93,Issue 2(January,2008),p.338.

⑤ Rosamund Scott,Reconsidering"Wrongful Life"in England After Thirty Years:Legislative Mistakes and Unjustifiable Anomalies,*Cambridge Law Journal*,Vol.72,Issue 1,(March 2013),p.119.

⑥ C.A.518/82,Zeitsov v.Katz.

⑦ C.A.1326/07,20/05/2012,pp.39-40.

⑧ Hoge Raad der Nederlandern,18 Maart 2005,NJ209.

6.美国。美国州法院对于不当生命之诉的态度是分裂的。从新泽西州最高法院1967 年审理的 Gleitman v. Cosgrove 案①以来,多数州的法院均拒绝支持不当生命之诉,而爱达荷、印第安纳、密歇根等州通过立法的形式明确禁止不当生命之诉。② 如密歇根州相关法律规定:"任何人不得基于如无被告的过失行为或不作为,其将不会出生的事实,提起要求民事赔偿的不当生命之诉。"③1977 年纽约州初审法院上诉庭第一次支持了不当生命之诉,但此后纽约州上诉法院推翻了该判决。1982 年,加利福尼亚州最高法院在 Turpin v.Sortini 案④中支持了不当生命之诉。之后,华盛顿州最高法院和新泽西州最高法院(推翻了 Gleitman 案的判例)也先后支持了不当生命之诉。在上述三个判例中,法院虽然支持了不当生命之诉,但仅允许原告就其残疾造成的额外费用获得赔偿,而不允许原告就其精神损害获得赔偿。

（四）不当生命之诉应保护有尊严生存之人格利益

通过对我国法院相关判决及比较法上的分析,我们对不当生命之诉中损害的存在持肯定观点。原告因医方过失而遭受的损害既不是其生命,也不是其残疾,更不是其单纯的精神痛苦,而应当是维持其有尊严生存的人格利益,理由如下:

1.子女之损害为医方违反法定义务之结果。我国《母婴保健法》第 18 条规定:"经产前诊断,有下列情形之一的,医师应当向夫妻双方说明情况,并提出终止妊娠的医学意见:(一)胎儿患严重遗传性疾病的;(二)胎儿有严重缺陷的;(三)因患严重疾病,继续妊娠可能危及孕妇生命安全或者严重危害孕妇健康的。"该条规定了医师提供正确产前检查意见的义务。该义务所指向的对象不限于父母,而且及于母体内所孕育之胎儿。

2.我国民法对于权益保护的开放性使得对此种利益的保护成为可能。如上所述,我国民法对包括人格利益在内的民事权益予以概括性、包容性的保护。

3.有尊严生存的人格利益的内容。有尊严的生存是每一个自然人必然的人格需求。此种需求既需要有精神层面的支撑,如人格尊严等,也需要有物质层面的支持。而作为具有先天残疾的原告,相较于普通人而言,更需要额外的物质帮助。此时,由有过失的医方为其提供此种帮助,能够更好地确保其获得和维持有尊严的生活。荷兰最高法院在 Kelly 案的判决中认为:"要求医方向 Kelly 作出赔偿的判决不会贬低 Kelly 的人格尊严,而是通过提供金钱保证其作为一个有尊严的人生存。"也就是说,作为损害的不是生命本身,而是维持有尊严生存的费用。⑤

①　227 A.2d 689(N.J.1967).

②　Ronen Perry,It's a Wonderful Life,Cornell Law Review,Vol 93,Issue 2(January,2008),p.337.

③　M.C.L.A.600.2971(2).

④　Turpin v.Sortini,643 P.2d 945,966(Cal.1982).

⑤　Barbara C.Steininger,Wrongful Birth and Wrongful Life:Basic Questions,Journal of European Tort Law,Vol.1,Issue 2,(2010),p.131.

在此问题上我们必须秉持实事求是的态度,充分考虑作为原告的残疾人的实际需求,特别是在目前我国社会保障体制尚不健全的情况下,简单地拒绝不当生命之诉,不仅不能维护人格尊严,反而会使原告的生活难以为继,丧失生命尊严。子女的此种人格利益所对应的义务主体为提供产前诊断的医方,而非其父母。因为父母享有生育选择权,根据我国《母婴保护法》的规定,即使医方提出终止妊娠的建议,父母仍然享有继续或者中止妊娠的选择权。子女的出生是父母行使生育选择权的结果,即使生育的子女患有残疾,子女也不享有向父母主张损害赔偿的权利。因为子女并不享有要求自己不存在的权利或者要求其母亲终止妊娠的权利。

(五)不当生命之诉的损害赔偿范围

1. 财产性赔偿。由于在不当生命之诉中遭受侵害的为子女维持有尊严之生存的人格利益,其财产性赔偿应以子女因残疾所造成的额外支出为限。《民法典》第1182条规定:"侵害他人人身权益造成财产损失的,按照被侵权人因此受到的损失赔偿;被侵权人的损失难以确定,侵权人因此获得利益的,按照其获得的利益赔偿;侵权人因此获得的利益难以确定,被侵权人和侵权人就赔偿数额协商不一致,向人民法院提起诉讼的,由人民法院根据实际情况确定赔偿数额。"此时,应将无残疾的生活费用支出与子女实际生活费用支出相比较,从而使赔偿的范围包括残疾用具费用、残疾造成的医疗费、护理费、特殊生活所需额外费用(如必须食用特殊食品而增加的费用)等。同时,该规定也赋予了法院根据侵权人的过错程度、具体侵权行为方式、造成的后果和影响等因素对损害赔偿数额加以酌定的权力。

2. 精神损害赔偿。不当生命之诉中是否允许精神损害赔偿,各国法院的见解也有所不同。就我国法而言,由于《民法典》第1183条对于精神损害赔偿采取非限定主义,故在认可子女有尊严生存的人格权益的前提下,其权益受侵害造成严重精神痛苦的,应可主张精神损害赔偿。

(六)与不当出生之诉损害赔偿的界分

不当生命之诉常与父母作为原告的不当出生之诉同时提起。相对于不当生命之诉,不当出生之诉更易获得各国法院的认可。如果我们认可独立的不当生命之诉,则有区别两者损害赔偿范围的必要。由于不当生命之诉中受损害的为子女维持有尊严生存之人格利益,对其的精神损害赔偿与不当出生之诉中的精神损害赔偿易于区分;但不当生命之诉中的财产性赔偿容易与不当出生之诉中的抚养费用损失赔偿相混淆。对此,荷兰最高法院在Kelly案中的做法是根据父母抚养义务的范围加以确定。在父母负有抚养义务的期限内,应由父母主张不当出生的赔偿。超出父母抚养义务的部分,应通过不当生命之诉获得赔偿。此种区分方法值得赞同。

第二十七章　生命存续的伦理和法律问题

第一节　基因治疗的法律问题

一、基因治疗的进展和伦理风险

伴随着 20 世纪 80 年代基因组学和基因克隆技术等的迅猛发展以及人类对自身疾病认识的不断深入,科学家萌生了从分子水平上治疗疾病的梦想。基因治疗(gene therapy)指所有遗传物质操作或基因修饰(gene modification)方法,包括有针对性地用外源正常基因导入靶细胞以纠正自身基因结构或功能上的异常、置换或替代缺陷基因、杀灭病变的细胞或增强机体清除病变细胞的能力,以达到从根本上预防或治愈一些现有常规疗法不能解决的单基因或多基因疾病的生物医学治疗手段。[①] 广义上的基因治疗指把某些遗传物质转移到患者体内使其在体内表达从而治疗某种疾病,狭义上的基因治疗即是指基因编辑治疗。

基因治疗的类型按照靶细胞的不同可以分为体细胞(somatic cell)基因治疗、生殖细胞(germline cell)基因治疗,按照治疗目的的不同可以分为以矫正缺陷或治疗疾病为目的的基因治疗和以增强为目的的基因治疗。体细胞基因治疗是应用体细胞基因工程技术将某个基因植入人体以校正该病人的遗传缺陷,生殖细胞基因治疗是将外源正常基因转入人类配子(精子、卵子)和早期胚胎细胞。基因治疗最初因攻克遗传疾病而生,但随着核心技术的发展,已超越疾病治疗的范畴,发展为基因增强。增强细胞基因治疗(enhancement gene therapy)包括体细胞基因增强和生殖细胞基因增强,可改变体细胞的遗传物质,也可以改变卵子、精子或早期胚胎细胞的遗传物质。目前,体细胞基因治疗已进入临床研究或应用阶段,生殖细胞基因治疗及与其相关的增强细胞基因治疗则因伦理争议较大尚未开展临床研究或应用。[②] 基因治疗经过 30 多年的发展已经由最初的单基因遗传性疾病的治疗扩大到恶性肿瘤、心血管疾病、自身免疫性疾病、代谢性疾病、感染性疾病等重大疾病的治疗,因而在重大疾病防治方面表现出独特的优

---

① 顾香芳:《基因治疗在临床医学应用中的法律思考》,《科技与法律》2011 年第 1 期。
② 王延光:《基因治疗的伦理:问题与争议》,《哲学动态》2005 年第 1 期。

势,将对传统制药业和疾病治疗模式产生深远的影响和冲击,必将成为 21 世纪重要的疾病治疗手段和重要的医药产业。①

基因治疗核心基因技术的每一次突破都获得质的飞跃。特别是伴随着基因检测技术、基因诊断技术、基因治疗产品规模化生产以及基因编辑技术等创新前沿技术的不断发展而有了更多选择②,锌指核酸酶技术(zinc-finger nucleases,ZFNs)、转录激活因子样效应物核酸酶(transcription activator-like effector nucleases,TALENS)以及成簇规律间隔短回文重复序列(clustered regularly interspaced short palindromic repeats,CRISPR/Cas9)等基因编辑工具的相继出现更是使基因编辑如虎添翼,为恶性肿瘤、遗传疾病等多种重大疾病提供了新的治疗路径,在基因治疗领域具有里程碑的意义。其中,被誉为"基因魔剪"的 CRISPR/Cas9 以特异性改变遗传物质靶向基因序列为目标,从理论上可以高效、方便、快捷地修饰任何遗传疾病的病因,在修正遗传突变、防治遗传性罕见病以及研究人类胚胎发育方面前景广阔。

基因治疗虽然是鼓舞人心的治疗方案,但是难度高、风险大、稳定性差,同时涉及一定的社会伦理和法律问题,尤其是新兴的基因编辑治疗,其技术风险和非技术风险难以评估和预测。基因编辑治疗不仅推动了科学研究从观察性基因解读发展到操纵性基因编写,而且能够助力基础研究和精准医学增进人类健康福祉,甚至可以改变人类生物特征和制造新型物种,因而是一场真正的遗传性革命,具有巨大的颠覆作用。③ 正因为如此,基因编辑治疗被视为一种真正意义上的基因治疗,比其他传统基因治疗具有更多优势的同时也具有更大风险,生殖系基因编辑治疗尤其利弊参半。④ 生殖系基因编辑治疗的优势在于可以通过改变胚胎或配子的 DNA 让携带致病基因突变的父母拥有健康的基因子女,但它是可遗传的,而且不良影响可能影响几代子女,⑤因而,其临床应用面临两大挑战:首先是难以预测的技术难题,诸如脱靶效应、嵌合现象、污染人类基因池、可替代方案的备选等;其次是不可逾越的伦理挑战,诸如个体受益—社会风险的平衡、对人格尊严的挑战、对优生学的亵渎、对社会公正的冲击、技术滑坡(朝向非治疗性的基因增强方向发展)。⑥ 基于此,基因编辑需要在审慎地评估各方利益、儿童健康、父母

---

① 邓洪新、魏于全:《肿瘤基因治疗的研究现状和展望》,《中国肿瘤生物治疗杂志》2015 年第 2 期。

② 邓洪新、魏于全:《肿瘤基因治疗的研究现状和展望》,《中国肿瘤生物治疗杂志》2015 年第 2 期。

③ 美国国家科学院、美国国家医学院、人类基因编辑科学、医学、伦理指南委员:《人类基因组编辑:科学、伦理与管理》,曾凡一、时占祥译,上海科学技术出版社 2018 年版,译者序。

④ Matthew H. Porteus, Christina T. Dann. Genome Editing of the Germline: Broadening the Discussion. *Molecular Therapy*.2015,23(6):980-982.

⑤ 李卓、吴景淳、裴端卿:《人类基因编辑的前景与挑战》,《生命科学》2018 年第 9 期。

⑥ National Academies of Sciences, Engineering, and Medicine, *Human Genome Editing: Science, Ethics, and Governance*, Washington, DC: The National Academies Press, 2017, 15-27.

的自主性、主管部门的监管能力、伦理规范的效力等情况下才能应用于临床。[①] 生殖系基因编辑有效性的不确定和风险性的不可控是其社会伦理风险的重要来源之一，目前临床应用条件尚未成熟。也恰是如此，"基因编辑婴儿"事件才石破天惊。该事件表明我国基因编辑技术用于疾病预防领域再次获得历史性突破，但也暴露了该领域法律规范的缺失、自我监管的失控和外部监管的缺位。当然，我们不能因噎废食，也不能放任自流，而应发挥法治对促进科技创新的制度保障作用，及时调整基因治疗领域出现的社会关系和利益冲突，合理保护基因治疗决定权、隐私权、知情权和平等权，防范技术风险和技术滥用。

二、基因治疗的自主权和知情同意权

基因治疗的自主决定权是基因治疗的关键和核心所在。基因治疗自主决定权是私法自治原则在医疗领域的具体表现，是患者自主决定权在基因治疗这一特殊领域的现实表征，即接受者在接受基因治疗及相关的遗传咨询、基因检测、基因诊断中，有按照自己的意愿进行选择以及决定是否披露自己的遗传信息以及健康信息的最终决定权。

基因治疗的特殊风险决定了患者自主决定权的特殊重要意义。目前基因治疗作为一种新的治疗策略和手段，虽然在实验室研究和临床应用方面取得重大进展，但是总体而言仍不够成熟，亟须解决其安全性、靶向性和有效性等问题。首先，基因治疗存在各种潜在的技术风险和安全性问题，需要在技术上解决几个关键问题：第一是载体因素。基因治疗通常是使用病毒载体系统进行递送。作为载体的病毒虽已去除其结构基因部分而不会复制完整的病毒，但仍存在恢复性突变的可能，并且可能引起人体免疫反应等，因而接受基因治疗的患者可能受到这种有复制能力的病毒的感染。第二是建立安全高效的靶向性基因治疗导入系统。携带治疗基因的病毒载体进入靶细胞后，若随机整合到染色体上，而不是定向插入突变基因部位，就会存在细胞恶性转化风险，可能破坏细胞生长的必需基因，引起代谢紊乱。[②] 第三是基因导入过程副作用和抗体形成问题。由于基因治疗用病毒载体属于外源性物质，在导入患者身体过程中可能出现一定的副作用，同时也可能刺激免疫系统产生抗体，引发严重的自身免疫反应，从而影响基因治疗的效果。第四是实现治疗基因导入体内后表达的可控性或可诱导性。即外源基因导入人体靶细胞以后，能适时、适量表达方能发挥比较理想的治疗效果，否则将会造成严重后果。[③] 总之，只有基因导入系统、表达调控元件以及新的治疗基因的发现，基因治疗将会成为恶性肿瘤等疾病综合治疗的重要成员。其次，是基因治疗的有效性。

① 美国国家科学院，美国国家医学院，人类基因编辑科学、医学、伦理指南委员：《人类基因组编辑：科学、伦理与管理》，曾凡一、时占祥译，上海科学技术出版社2018年版，第4页。
② 冯美卿：《生物技术制药》，中国医药科技出版社2016年版，第174页。
③ 陈挥：《顾健人院士集》，人民军医出版社2014年版，第397—403页。

基因治疗的风险性也影响到其效果,主要表现在:第一,基因治疗导入效率低下,并且不能定向地导入体内的靶细胞,进而影响治疗效果。第二,导入基因的表达量低。目的基因进入体内需要能够持续表达且达到一个适当的表达水平,表达量低将直接影响治疗效果。① 第三,基因治疗的受限性。目前临床上使用的治疗基因种类很少,限于当前医学科技的发展水平,许多基因疾病致病基因的表达调控序列及其相互作用规律尚不完全清楚,有待于科学阐明。此外,基因治疗还可能产生某些可预见或不可预见的社会心理风险,一旦治疗失败可能会造成基因治疗接受者的心理伤害,使其产生自卑、抑郁、焦虑等不良情绪,并传递给受检者及其家庭成员。总之,基因治疗是一把利弊共存的双刃剑,不仅关乎个人,同时也关系到其家族成员的健康和安全,因而赋予患者自主决定权,对保护其按照个人意愿作出选择的自由和免受基因治疗风险具有重要意义。

基因治疗自主决定权属于患者自主决定权的下位概念,是自然人人格权在医疗场域的具体表达,其终极价值是尊重人格尊严和人格自由;作为基因时代患者人格权的具体延展,它表征着患者对作为身体一部分的基因的自我支配权以及对作为隐私的遗传信息的知悉和披露权,即在基因治疗中被充分告知各种医疗措施的潜在风险和获益的基础上,自主决定是否接受拟采取的各种医疗措施(包括基因检测和基因诊断),以及是否知悉和公开自己或家族全部或部分遗传信息的决定权。基因治疗自我决定权的核心内容是知情同意权。这一权利用美国大法官本杰明·卡多佐(Benjamin Cardozo)的名言概括就是:"每一个心智健全的成年人均有决定如何处置其身体的权利;医生未经患者的同意便对其实施手术则构成人身攻击,并对手术产生的损害负责。"②后人把这句话抽象为告知后同意(informed consent)法则。知情同意是生命伦理学上的自主原则的具体应用,也是研究者私权保护的重要手段。尊重自主原则作为生命伦理问题是一个基础性原则,指的是参与人体试验必须基于受试者不受外界干扰的自主决定。告知后同意需满足信息的充分告知、信息的理解、同意的能力以及同意的自由表示等四个基本要素。首先,做出是否接受基因治疗的决定是基于本人的真实意愿;其次,接受者本人具有正常表达自己真实意愿的理解力与洞察力;再次,医疗机构必须充分告知患者该项治疗的详细信息,包括治疗目的、方法、可能风险等,以帮助他们在对该治疗措施有全面理解的基础上权衡利弊,做出理性选择;最后,沟通和治疗过程中不存在任何威胁、利诱和胁迫。关于知情同意的内涵、意义、权利主体和具体内容已如前述,此处不赘。

三、基因隐私权和共享权的法律保护

对于自然人而言,隐私权具有人文主义关怀的终极价值,与其个人尊严、人格等具

---

① 冯美卿:《生物技术制药》,中国医药科技出版社 2016 年版,第 175 页。
② Schloendorff.v.society of NY Hospital.105 NE 92(NY1914).

有密不可分的联系。① 隐私权作为一项重要人权在世界各国,包括国际组织中都得到了法律上的承认。1948 年,联合国颁布的《世界人权宣言》规定:"任何人的私生活、家庭、住宅和通信不得任意干涉,他的荣誉和名誉不得加以攻击。人人有权享受法律保护,以免受这种干涉或攻击。"作为重大社会课题,人类遗传资源共享平台的建设需要大量的公众积极参与,才有可能获得较为准确的研究结论。而他们隐私权的保护自然受到了各界的关注。人类遗传资源共享平台建设属于公共事业,在促进科技发展的同时,也要保护公众的权利。当公众的隐私权与公共利益相冲突时,在寻求公共利益时必须对个人隐私提供相应的保护。而且,由于隐私所保护的对象并非仅限于当事人,还包括具有相同遗传资讯的家庭成员,因此也要对他们提供相应的保护。寻求公共利益与保护个人权利,要在立法上找到一个平衡点。②

保护利益共享权尤为迫切。传统观点认为,生物遗传资料是全球的共有财产或全人类的共同遗产,可以自由取得,如同公海的生物资源一般,任何国家都对其没有主权,任何人都不得主张排他的权利。然而,随着财产权范围的逐渐扩张以及生物技术的进步,有许多利用遗传资源的相关发明在全球商业市场上,以专利等方式获取巨大的利润,导致共有财产概念逐渐被改写。③ 由于公众基于公共利益的目的而提供样本,基因资料库的建设即以参与者的自主性为基础,而产业界利用资料库的样本进行研究所衍生的商业利益,两者之间存在冲突,因此,自愿参与的公众不应受限于其出于自愿无偿提供样本而不得要求任何利益回馈。④ 利益共享,即设置者及人类遗传资源共享平台的商业运用所产生的利益,应回馈参与者所属人群或特定群体。我国台湾地区《人体生物资料库商业运用利益回馈办法》明确指出,"利益"是指"使用生物资料库之生物样本、资料、资讯产出或衍生之商业有关收益"。由此看出,承认人类遗传资源共享平台的商业利益的利益回馈对象仅限于群体,而非个人。一方面避免"利诱"公众前往提供样本参与人类遗传资源共享平台建设;另一方面在生物信息提供者、人类遗传资源共享平台的营运者以及人类遗传资源共享平台使用者三类主体之间,进行了合理的利益安排,在社会公共利益与个人利益之间寻找到了平衡点。

总之,为参与者的各项权利提供全面的保护,人类遗传资源共享平台创新发展的基本法律保障。其中,参与者知情同意权的规范性保护问题在人类遗传资源共享平台建设中备受关注,依据国际惯例确立人类遗传资源获取的知情同意制度也就成为其他制

---

① 陈玉梅:《论我国 DNA 数据库基因隐私权的法律保护》,《湖南社会科学》2015 年第 4 期。
② 郭彦伶:《探讨生物资料库之基因隐私》,《应用伦理研究通讯》2007 年第 42 期。
③ 倪贵荣、张宏节、李彦群等:《生物遗传资源之取得与利益分享之国际法发展趋势》,《科技法学评论》2005 年第 2 期。
④ 卓文琳:《探讨我国基因资料库建设的规范现况与未来展望:以英国、冰岛及日本法治为中心》,成功大学硕士论文,2012 年,第 1 页。

度的前提和基础。质言之,人类遗传资源获取的知情同意问题就成为人类遗传资源共享平台建设及其立法的重要环节。知情同意权是其他权利实现的基础。

第二节　器官捐献的法律问题

一、器官捐献的概念

目前我国现行法律规范并未对器官捐献行为进行明确的定义,而仅仅对活体器官捐献和尸体器官捐献作出了限定性的区分。一般认为,器官捐献行为是指,适格的公民在遵循自愿原则或者在不违反供体意愿的前提下,通过法定程序将自己的器官或者近亲属的器官无偿捐献给器官移植受体或者医学科学事业的法律行为。就目前的器官捐献实践情况来看,器官捐献可以分为如下几类:

第一,按照器官供体是否已经死亡,器官捐献可以分为活体器官捐献和尸体器官捐献。活体器官捐献,主要指具有完全民事行为能力的公民在生前自愿将自己符合条件的器官无偿捐献给特定对象或者医学科学研究机构的行为。在活体器官捐献中,器官捐献意愿的表达人与器官捐献人为同一人,而"特定对象"主要指捐献人的配偶、近亲属或者有证据证明与捐献人存在因帮扶而形成亲情关系的人;尸体器官捐献,主要是指具有捐献死者器官权利的人,在不违反死者生前意愿的前提下,将死者的器官无偿捐献给器官移植受体或者科研机构。在尸体器官捐献活动中,捐献意愿的表示人有可能是捐献者本人,有可能是其适格的近亲属。在尸体器官的捐献中,因捐献者已经死亡,而其尸体器官作为民法中"物"的形式存续并发生继承效力。因此,在死者生前未明确表示拒绝捐献器官的前提下,我们必须充分考虑死者近亲属的捐献意愿。

第二,按照器官捐献时捐献对象是否被指定,器官捐献可以分为指定对象的器官捐献和不指定对象的器官捐献。前者主要是指器官捐献的对象为器官所有权人所指定的器官移植受体①或者科研机构,器官捐献接受机构应严格按照器官所有权人的指定将器官予以捐献,不得另做他用。后者主要是指器官所有权人并未指定特定的器官捐献对象,器官接受机构可以在符合法定程序的前提下将器官捐献给不特定对象。

第三,按照器官捐献目的与用途来划分,器官捐献可分为以医疗救助为目的器官捐献和以科学研究为目的的器官捐献。前者是指捐献的器官主要用于器官移植手术,以挽救器官病变、坏损以及功能衰竭的患者的生命。后者是指器官所有权人将器官捐献给相关的科研机构,用以科学研究或教学等。

第四,依照被摘取后器官再生能力的强弱,活体器官捐献又可分为可再生器官捐献

---

① 这仅限于活体器官捐献,对于尸体器官捐献不得指定受体,以免产生器官买卖。

以及不可再生器官捐献。所谓可再生器官,是指被摘取后人体自身可重新再生的器官,例如皮肤、肝脏(留有正常肝脏的 1/3 以上可以再生)等,这类器官被摘取后往往不会危及人的生命,破坏身体的完整性。而不可再生器官,如心、肺、肾脏等,被摘取后则会严重危及人的生命。由于活体器官捐献不仅涉及自然人的身体权,更涉及自然人的生命健康权,而不同类型的器官又对于人的生命健康权影响差异较大,因此在活体器官捐献中,我们有必要在法律规范的制定上对可再生器官捐献及不可再生器官捐献这两种情况予以区别对待。

器官移植是指摘除一个个体器官并把它置于同一个体(自体移植)或同种另一个体(异体移植),或不同种个体(异种移植)的相同部位(常位)或不同部位(异位)。从器官移植行为的构成上看,器官移植行为实质上包括器官摘取和器官植入两个行为。在器官移植中,所谓器官摘取,是指具备资质的医疗机构及其医务人员,为了救治器官损坏、病变及功能衰竭的患者,从自愿捐献器官的供体身上(活体或尸体)分离器官移植所需器官的行为;而所谓器官植入,是指具备资质的医疗机构及其医务人员,以医疗为目的,将合法摘取或储存的器官植入患者体内以替换其损坏、病变、功能衰竭的器官。

由上述定义,我们可将器官移植分为自体移植、同种移植、异种移植三大类。自体移植是指个体将自身的某一器官移植到身体的其他部位,例如将完好的皮肤移植到烧伤的皮肤部位;同种移植是指相同种类的个体之间的器官移植,例如人与人之间的器官移植;异种移植则是指不同种类个体之间的器官移植,例如将动物的器官移植于人体中。就器官移植的实践来看,由于自体器官移植的器官供体和受体为同一人,法律关系比较简单,并不涉及第三人的身体权和生命健康权,因此法律对自体移植规制的比较少;异种移植由于目前受到医学发展以及医疗技术水平的限制,并且人体对动物器官的排异反应剧烈,术后风险巨大,因此在器官移植实务中,异种移植的临床应用也十分少见,目前仍处于科学研究阶段。但是,异种移植的普及能够极大解决器官来源短缺的问题,在克服因同种移植所引发的诸多法律、伦理问题方面也有着显著优势,所以发展异种器官移植显得很有必要;人与人之间的同种器官移植则最为普遍,目前绝大多数的器官移植均是同种移植,我国目前相关法律规范也仅对同种移植予以规定。若无特别说明,本书所研究的人体器官移植指的亦是同种器官移植。

二、器官捐献的法律问题

从生物学角度上讲,器官主要是指多细胞生物体内由多种不同的组织构成的结构单位,具有一定的形态特征,能行使一定生理功能,并与承担不同功能的其他器官一起组成各个系统(动物体)或整个个体(植物体)。器官由组织构成,是在生物结构层级中比组织高一级别,比个体低一级别的结构单位。人体器官属于动物器官,是指人体内由多种组织构成的,能行使一定功能的结构单位。如前所述,人体内的器官与组织的含义不同。在人体中,器官主要包括具有特定功能的心脏、肺脏、肝脏、肾脏、胰腺等内脏,以及皮肤、骨骼、肌肉等;而组织则主要包括血液、骨髓、角膜等等。本书所要研究的是人体器官捐献和移植的法律问题,并不涉及人体组织。目前我国与器官移植有关的法律法规,如 2007 年颁布的《人体器官移植条例》,主要调整的对象仅限于人体器官移植。

人体器官对于现代社会的医疗资源中而言,用经济学的术语,大体符合所谓的"自然垄断行业产品"的特征——供体十分有限,产品需量极大,而供给非常少。据国家卫健委统计,我国每年因器官衰竭而需要接受器官移植的患者大概在 30 万,而实际能够接受移植的患者仅为 1 万左右。虽然我国每百万人口的器官捐献人数由 2010 年统计时的 0.03 人上升到 2.98 人(截止到 2017 年),但是我国器官供需缺口仍然十分巨大,器官供给紧张的局面依旧严峻。在器官供需矛盾尖锐的背景下,器官捐献和移植所涉及的其他问题被进一步凸显。

事实上,人体器官捐献和移植所涉及的问题十分广泛和复杂,并不仅仅局限在移植技术等医学领域。就人体器官本身而言,特别是在器官的法律属性以及归属和利用方面,更牵涉法律、道德伦理等问题。从法律角度而言,由于人体器官不同于民法上的一般物品,它与人体本身密切相关,又包含诸多人格利益和伦理道德因素,那么它能否评价为民法意义上的"物"?患者死后,尸体器官究竟归谁所有?权利人能否对其进行利用和处分?权利人的利用和处分有无限制?第三人对器官的侵害要承担何种法律责任?诸如此类问题,都需要法律予以正面的回应;从伦理道德角度而言,由于器官本身的稀缺性及其所具有的巨大医疗价值,器官买卖、器官"黑市"在许多国家和地区普遍存在。部分穷人为了改善生活出卖自己的器官,不法组织和人员倒卖、盗卖人体器官,更为严重的是,有些父母为了获取未成年子女器官捐献的物质补偿,对自己严重患病的孩子故意不予救治……当人身成为一种"商品",一切都待价而沽,人性因器官买卖而被扭曲,那么人的尊严又被置于何地?上述伦理道德困境,不仅触碰整个社会的神经,也考验着法律人的智慧。

除了上述诸多具体问题之外,在器官捐献和移植领域还隐藏着更为深层次的矛盾。在器官捐献和移植过程中,由于医疗、法律以及道德本身所追求的价值目标不尽相同:医疗所追求的是"治病救人,救死扶伤",法律的价值追求则是公平正义、自由平等、程序正当等,而伦理道德可能更多要求的是行为人内心的良善。是故,在医疗、法律和伦理道德各自的价值追求的不一致的背景下,我们若是分别从上述三者的立场出发,判断某些器官捐献或者移植行为的正当性时,如果没有其他规则、程序、制度等因素规制,我们很有可能得出相互冲突的结论,进而导致争议、纠纷的产生。

三、器官捐献的自我决定权

(一)器官移植自我决定权的概念

如果从法理学的角度出发,对于权利概念的界定可以从不同角度进行,资格说认为:"权利概念之要义是资格。说对某物享有权利,是说有资格享有它……因他人的作为或者不作为而否认享有它,就是不正当的。他人因享有它而使限制于不利或者使其受难,也是不正当的。此资格应有之义。"①主张说认为:"拥有某项权利就是针对某人某事提出某种主张。"自由说认为:"权利就是意志的自由行使,可以理解权利为全部,根据条件,任何人的有意识的行为,按照一条普遍的自由法则,确实能够和其他人的有意识的行为相协调。"②利益说认为:"权力之特质在于给所有人利益","授权性规范的特质在于以各种限制条件对实际利益进行划分"。③ 通过前述对于人体器官法律属性、器官捐献法律性质和人格权视域下自己决定权的分析,器官捐献人自己决定权,是指器官捐献人对于自己和器官捐献有关的事项享有自己决定的权利,器官捐献人自己决定权的概念中蕴含着以下内容:

首先,器官捐献人自己决定权是器官捐献人支配自己身体器官的权利,体现的是器官捐献人对于器官捐献事项的自主决定的权利,是器官捐献人按照自由意志在器官捐献过程中做出的器官捐献同意的决定,一方面实现了其身体自主性的人格利益,另一方面也放弃了其身体完整性人格利益。我国《民法典》第 1006 条从两个方面规定了捐献人的自我决定权:一是该条第 1 款规定完全民事行为能力人有权依法自主决定无偿捐献身体细胞、人体组织、人体器官和遗体;二是该条第三款规定自然人生前未表示不同意捐献的其配偶、成年子女和父母可以共同决定捐献,换言之,若其生前明确表示反对的,谁都不可能捐献。

其次,器官捐献人自己决定权的行使必须是对做出器官捐献决定重要的医疗信息和其他信息充分知晓的前提下,在具备器官捐献行为能力,完全自愿的基础上进行的,器官捐献人行使该权利时不受非法干涉,器官捐献人在受到强迫、欺骗、利诱情形下做出的器官捐献决定都属于无效行为(《民法典》第 100 条第 1 款)。

最后,器官捐献人自己决定权不是一项绝对的、不受限制的权利,其权利的行使的限制要比一般意义上身体自主权的行使更加严格,其必须要在法律允许的范围内行使,不能有损社会的善良风俗以及不能危及社会公共利益以及人类的整体尊严,禁止以器官交易为目的的器官移植,不可以以牺牲生命为代价进行器官捐献,比如说要禁止未成

---

① ［英］米尔恩:《人的权利与人的多样性——人权哲学》,夏勇等译,中国大百科全书出版社 1995 年版,第 111 页。

② ［德］康德:《法的形而上学原理——权利的科学》,沈叔平译,商务印书馆 1991 年版,第 40 页。

③ J.Austin,*The Province of Jurisprudence Determined*,London:Weidenfeld & Nicholson,1954,p.140.

年人进行器官捐献。

（二）器官捐献自我决定权的法律性质

器官捐献人自己决定权是器官捐献人对其身体器官进行支配的权利,通常意义上所说的器官捐献,实际上应当是同意决定器官捐献的表现,器官捐献自己决定的内容还应当包括拒绝捐献的决定和同意后撤销捐献的决定。这是权利主体行使器官捐献人自己决定权的行为,因此,器官捐献人自己决定权的法律性质初步应当界定为身份权的范畴。

但是,身体权的权能包括保持身体完整和支配身体要素,以两者为内容的权利也可以被称为身份权的权能习惯权利,身体自主权的内容体现的是自然人对于其所有身份组成部分的自由支配,其中不仅仅包括身体器官,还包括身体器官以外的组成部分,自然人对于其身体器官的支配则是身体自主权的一个内容或者说是部分内容。

综上所述,就可以对器官捐献人自己决定权的法律性质进行明确的界定,应当是器官捐献人身体权下的权能性权利——身体自主权在器官移植活动中的特殊体现,既可以明确器官捐献人自己决定权的基本性质和权利属性,并且可以阐明其权利性质的特殊性,将其与身体权和身体自主权进行明确的区分。

（三）器官捐献自己决定权的结构分析

《民法典》第1006条规定:"完全民事行为能力人有权依法自主决定无偿捐献其人体细胞、人体组织、人体器官、遗体。任何组织或者个人不得强迫、欺骗、利诱其捐献。完全民事行为能力人依据前款规定同意捐献的,应当采用书面形式,也可以订立遗嘱。自然人生前未表示不同意捐献的,该自然人死亡后,其配偶、成年子女、父母可以共同决定捐献,决定捐献应当采用书面形式。"据此,就活体器官捐献而言,器官捐献需要满足以下条件:

第一,供体须为完全民事行为能力人。《人体器官移植条例》第9条规定:"任何组织或者个人不得摘取未满18周岁公民的活体器官用于移植。"自愿原则是人体器官捐献的基本原则,活体器官捐献者捐献其自身器官或者其组成部分,涉及其对自身身体的重大处分,能够行使器官捐献决定权的人必须是具有完全民事行为能力的人,能够认知器官摘除或者组织捐献后可能导致的生命健康损害的风险以及造成的负面影响,并且是具有独立判断能力的人,才具有是否摘取其器官的决定权,故供体必须为完全民事行为能力人。

第二,供体必须与受体存在特殊的关系。《人体器官移植条例》第10条规定:"活体器官的捐献接受者限于提供活体器官捐献者的配偶、直系血亲或者三代以内旁系血亲,或者有证据证明与活体器官捐献人存在因帮扶关系而形成亲情关系的人员。"原卫生部《关于规范活体器官移植的若干规定》第2条规定:"活体器官捐献人与接受人仅限于以下关系:(一)配偶:仅限于结婚3年以上或者婚后已育有子女的;(二)直系血亲或者三代以内旁系血亲;(三)因帮扶等形成亲情关系:仅限于养父母和养子女之间的关系、继父母与继子女之间的关系。"由此可以看出我国对于活体器官捐献的基本政策为"严控活体器官捐献"。

第三,捐献者本人及其相关近亲属共同书面同意。在器官移植领域,获取人体器官(活体或遗体),均需要相关人的同意。卫生部《关于规范活体器官移植的若干规定》第3条规定:"从事活体器官移植的医疗机构应当要求申请活体器官移植的捐献人与接受人提交以下相关材料:由活体器官捐献人及其具有完全民事行为能力的父母、成年子女(已结婚的捐献人还应当包括其配偶)共同签署的捐献人自愿、无偿捐献器官的书面意愿和活体器官接受人同意接受捐献人器官的书面意愿。"由该条款可知,活体器官捐献者对其自身器官的处分,必须经过相关亲属的共同同意。在家庭生活中,由于捐献者父母、成年子女、配偶是与其生活最密切的人,所以该规定充分考虑这些亲属的意见。在医疗机构审查书面文件时候,须相关亲属和捐献者本人共同书面同意的文件,意即这些亲属中若有一人反对,便否决了捐献者本人以及其他亲属"同意捐献"的意思表示。

第四,供体身体适宜进行器官捐献。由于活体器官捐献是从捐献者体内摘取人体器官,原卫生部在《关于规范活体器官移植的若干规定》中明确规定,要求从事活体器官移植的医疗机构及其医务人员在摘取活体器官前,应当履行如下审查义务:(1)评估活体器官捐献人的健康状况是否适合捐献器官;(2)评估摘取器官可能对活体器官捐献人健康产生的影响,确保不会因捐献活体器官而损害捐献者正常的生理功能;(3)评估接受人因活体器官移植传播疾病的风险;(4)根据医学及伦理学原则需要进行的其他评估。

就遗体器官的捐献而言,器官捐献需要具备以下条件:

第一,遗体器官捐献者主体适格。公民生前自己决定捐献其人体器官的主体,必须为完全民事行为能力人。只有完全民事行为能力人才可以在生前作出捐献其身体器官的有效意思表示。在自然人死后,若其生前未作否定捐献意思表示,能够作出死者器官捐献的死者近亲属也必须是完全民事行为能力人,而排除了限制行为能力人、无民事行为能力人对于死者器官的有效意思表示。

第二,获取捐献者本人或者其家属的共同书面同意。根据《中国人体器官捐献试点工作方案》的规定,人体器官捐献的第一种情况是,有完全民事行为能力的公民通过书面自愿申请器官捐献登记,并且没有撤销该登记,待其身故后进行的器官捐献。这一人体器官捐献类型,我国《人体器官移植条例》《天津市人体器官捐献条例》和《江西省遗体捐献条例》都有明确规定。如《人体器官移植条例》第8条第1款规定,"捐献人体器官的公民应当具有完全民事行为能力,公民捐献其人体器官应当有书面形式的捐献意愿"。《江西省遗体捐献条例》第10条规定,"生前表示捐献意愿的具有完全民事行为能力的公民……可以到其户籍所在地、居住地或者就诊地的登记机构登记捐献遗体"。《天津市人体器官捐献条例》第 14 条第 1 款规定,"捐献人体器官应当由本人以书面形式表示捐献意愿,并向人体器官捐献登记机构办理登记手续"。公民生前表示不同意捐献其人体器官的,任何组织或者个人不得捐献、摘取该公民的人体器官。

根据《中国人体器官捐献试点工作方案》的规定,人体器官捐献的第二种情况是:公民本人生前未明确拒绝捐献器官的,在其死后,其一定范围内的亲属同意死者器官捐献的。我国《人体器官移植条例》第 8 条第 2 款规定:"公民生前未表示不同意捐献其人体器官的,该公民死亡后,其配偶、成年子女、父母可以以书面形式共同表示同意捐献该公民人体器官的意愿。"

第三,捐献者须经过死亡判定。我国《人体器官移植条例》第 20 条规定:"摘取遗体器官,应当在依法判定遗体器官捐献人死亡后进行。"

第四,死者遗体器官适宜捐献。实施人体器官移植手术的医疗机构及其医务人员应当对人体器官捐献人进行医学检查,对接受人因人体器官移植感染疾病的风险进行评估,并采取措施,降低风险。由于人体器官是人体的有机组成部分,当人按照医学标准判定死亡或者器官摘取后,器官的保存、储运具有极强的时效性,即使在极好的保存条件下,如心脏、肝脏、肾脏、肺脏等可供移植器官最长有效保存数小时。公民捐献的器官必须是功能完好,组织完整,不会带来传染病风险,才具有供器官移植的实际效用。

(四)器官捐献同意模式

人体器官移植属于医疗活动,获取人体器官和从事器官移植手术前,均需要相关人的同意。在器官捐献过程中,涉及摘取活体人体器官捐献或者从死者身体摘取器官,这个过程中要体现出对捐献者及其家属自决权的尊重,获取同意的方式就显得十分重要。在器官供体短缺的现实背景下,采取何种"同意模式",立法者需要平衡个人权利与社会利益,针对这一问题的不同回应产生了两种不同的立法模式,即"告知同意模式"和"推定同意模式",前者又称为"选择进入模式"(opt-in system),后者被称为"选择退出模式"(opt-out system)。在选择进入模式下,根据捐献者家属是否有权反对捐献者生前的捐献意愿,又划分为"硬性选择进入模式"和"柔性选择进入模式"(soft opt-in system)。在选择退出模式中,根据个人退出的程序难易条件以及是否需要征询家属意见,分为"硬性推定同意模式"和"柔性推定同意模式"。各国器官移植法律在"同意"问题上,所表现的"硬性"和"柔性"立法的特征值得仔细研究。

根据各国法律规定,世界上有器官捐献和移植法规的国家基本可以划分为两种同意模式,一种是"告知同意模式"(又称为表达同意或知情同意,express or informed consent),在法学术语上,表达的同意在器官获取程序中被称为"选择进入模式"(opt-in system)。在此模式下,个人必须在生前自愿地选择捐献器官,如果个人生前没有自愿表达捐献器官(未进行捐献书面登记),就不能在其死后摘取其器官用于移植手术。①目前,明确采用"告知同意模式"的国家包括英国、美国、澳大利亚、德国和日本。

与告知同意相对应的另一种是"推定同意模式",也称为"选择退出模式"(opt-out system)。在选择退出模式中,个人被推定为愿意在其死后捐献遗体器官,除非其肯定地表示拒绝捐献器官,医生可以在其死后摘取其遗体器官。在这种立法模式下,个人自出生时起便被预先推定为潜在的器官捐献者。② 从法理上考量,"推定同意"显得有些偏激甚至极端,因为"推定同意"强加给所有公民一个登记退出的义务,否则便视为同意捐献器官,这种立法是对"私人自治"这一法律原则的侵犯。目前明确采用"推定同意"立法模式的国家主要有欧洲的 22 个国家,比如西班牙、奥地利、比利时、法国、意大利等。在拉丁美洲,在器官捐献方面采取"推定同意"的立法模式的有阿根廷、乌拉圭、智利等 19 个国家。新加坡是亚洲地区唯一在立法中明确采用"推定同意"立法模式的国家。

中国的器官捐献同意模式在器官捐献法律法规中有所体现,根据《民法典》第 1006 条,中国器官捐献的模式具备如下特点:(1)公民捐献其人体器官应当有书面形式的捐献意愿,对已经表示捐献其人体器官的意愿,有权予以撤销。公民生前表示不同意捐献其人体器官的,任何组织或者个人不得捐献、摘取该公民的人体器官。(2)公民生前未表示不同意捐献其人体器官的,该公民死亡后,其配偶、成年子女、父母可以以书面形式共同表示同意捐献该公民人体器官的意愿。(3)有权表达捐献意愿的公民必须是具有完全民事行为能力人,故未成年人和精神病人不属于同意捐献的范围。

另外,虽然我国尚无"脑死亡"立法,可是在器官移植实践中,医学界普遍认可脑死亡作为公民死亡的标准,器官捐献的许多案例采用了"脑死亡标准"判定标准。2011 年 2 月,中国人体器官移植技术临床应用委员会通过并公布了中国人体器官捐献分类标准(简称中国标准,〔2011〕卫办医管发 62 号),该标准分为三类:中国一类,脑死亡后器官捐献(DBD);中国二类,心脏死亡后器官捐献(DCD);中国三类,脑死亡后心脏死亡的器官捐献(DBCD),其中第三类标准 DBCD 是中国独有的。采用中国标准一类判定死亡的,需家属完全理解并同意采用"脑死亡判定标准"放弃治疗,同意捐献遗体,并且摘取器官前获得所在医院伦理委员会或领导的支持和同意。

根据以上分析可知,中国的器官捐献同意模式为"告知同意模式"。对于捐献者的捐献意愿,在其死后部分亲属有权否决死者生前的捐献意愿,因此中国的同意模式属于"柔性选择进入模式"。主要体现在:(1)捐献者本人生前明知且自愿表达捐献器官的

① Ricky T.Munoz and Mark D.Fox,The Brain-Dead Organ Donor:Pathophysiology and Management,21 DOI 10.1007/978-1-4614-4304-9_4,Springer Science+Business Media New York 2013.

② Miranda B,Fernández Lucas M,de Felipe C,Naya M,Gonzálex-Posada J,Matesanz R.Organ donation in Spain.*Nephrology Dialysis Transplantation*,1999,14(Suppl.3):15-21,at 15.

意愿,须经书面登记,并且在生前的任何时候均可自由撤销其捐献意愿;(2)若本人生前无否定的意思表示,则一定范围内的近亲属可以同意捐献死者器官,赋予家属捐献器官的选择权;(3)即使本人生前同意器官捐献,近亲属可以否决捐献者生前本人的意愿;(4)由于缺乏明确的脑死亡立法,实践中,若采用"脑死亡"医学标准作为公民死亡判断依据的,须本人生前或近亲属书面同意采用"脑死亡标准"来判定死亡,并且书面登记同意器官捐献。

第三节　性别变更的法律问题

一、性别自主决定权性质的定位

性别在不同国家和地区、不同时代和语境下都有不同的含义,如社会性别、生理性别和法律性别等。生理性别(sex)也称为生物性别、性腺性别、解剖学性别,是男性和女性生而有之的自然属性,通常通过生殖器、染色体、荷尔蒙等对男性和女性所做的生理区别。社会性别(gender)也称为心理性别或自我认同的性别,具有社会属性,指在特定社会历史文化环境中形成的男女两性基于性别之上的思想行为模式等①。生理性别和社会性别既有区别又有联系,前者是先天的,后者是社会建构出来的,②但也是基于生理性别塑造的③,人的生理性别和社会性别同为性别的不同属性本应协调一致,但是有少数人并不认同自己出生时被赋予的生物性别,并试图"恢复"心中的性别。伴随着社会的发展和医疗技术的进步,通过变性手术进行性别变更成为可能。该技术被称为性别重置手术(sex reassignment procedures),即以外科手段切除手术对象原有的性器官并重建新性别的体表性器官和与之相匹配的第二性征,从而使手术对象的生理性别与其心理性别相符。通过该技术变更性别(gender transition/sex change)的人通常被称为变性人。现实生活中,也有越来越多的人借助变性手术或其他医疗技术改变其生物性别特征(是为手术变性),由于变性手术可以更改一个人的生理性别,则法律性别就成为是变更其户口登记簿上记载的性别的依据,否则将导致其生理性别和法律性别的不一致。④ 这就需要通过法律实现其变更相关证书上的性别的愿望,是为法律变性。法律意义上的性别作为一种社会角色和身份关系的强制赋予而非生理学意义的客观认

---

① Catharine A. Mackinnon, Feminism, Marxism, Method, and the State: Toward Feminist Jurisprudence, *Journal of Women in Culture and Society*, 1983, 8(4). 转引自吕世伦:《法理的积淀与变迁》,西安交通大学出版社 2016 年版,第 497 页。
② 吴增基、吴鹏森、苏振芳:《现代社会学(第 5 版)》,上海人民出版社 2014 年版,第 210 页。
③ 陈耀、张广利:《女性·男性·社会》,吉林人民出版社 2004 年版,第 152 页。
④ 张帆:《性别自主决定权探析》,《云南大学学报(法学版)》2009 年第 6 期。

知，①即是根据法律的规定由记载于出生医学证明文件或身份证或户口登记簿的生理性别判定的。目前，已有一些国家和地区以成文法或者司法判例形式确立了自然人的性别自主决定权，保护其性别变更权。

性别自主决定权指自然人享有的依法自由决定其性别的权利，包括因生理差异或性别焦虑原因依法自主选择或变更为另一目标性别的权利，故也有学者称之为性别选择权②、性别变更权③、变性权④。关于自然人是否拥有性别自主决定权，学界意见不一。批评者认为，人为选择或改变性别可能导致人口性别比失衡，并引发社会、家庭、伦理、心理和医学等诸多问题，因而主张通过心理干预方法治疗易性癖。⑤ 其合法性确实存在诸多障碍。由于性别重置手术摘除或移植的是健康性器官和生殖器官，尚难克服技术风险，即便是变性者知情同意的仍有侵害健康权之嫌⑥，况且手术变性后尚需变革法律以授权其变更和重建身份关系⑦。尽管如此，仍有人主张自然人拥有自主决定是否接受变性手术、自主决定接受变性手术的时间、自主决定接受变性手术的地点的权利。⑧ 性别自主决定权的法律意义在于：第一，有利于主体资格建构；第二，有利于身份关系认定；第三，有利于婚姻关系缔结；第四，有利于社会角色识别。⑨

我们认为，性别自主决定权有坚实的自然法、人权法和民法基础，是自然权利、基本人权和身体自主权使然。首先，从自然法和民法上看，社会伦理观念是随着社会发展和技术进步不断转变的，社会伦理蕴含自然、正义与神圣性，也构成了自然法的伦理基础。"法律是植根于自然的、指挥应然行为并禁止相反行为的最高理性"⑩。自然法源于人类社会发展过程中形成的自然规则，始于自然社会，源于自然规律。依据自然法思想，每个人都是独立的、自由的和平等的，只要不损及他人正当利益，每个人均可以按照自己的意志决定自己的存在方式，以自己力量维持自己的自由。⑪ 性别选择即属于自然

---

① 李强、王进：《社会失范与心理障碍》，《医学与哲学》2005 年第 4 期。
② 刘云生、吴昭军：《性别选择权：性质界定与法权塑造》，《东北师大学报（哲学社会科学版）》2018 年第 2 期。
③ 王洁怡、葛治华：《变性人性别变更权及其衍生权利限制与保护》，《长江师范学院学报》2019 年第 3 期。
④ 翁里、万晓：《变性人的性别变更权及其婚姻家庭法律问题研究》，《宁夏大学学报（人文社会科学版）》2016 年第 1 期。
⑤ 任慧、李敏：《变性手术的法律分析》，《太原师范学院学报（社会科学版）》2009 年第 2 期。
⑥ 舒玲华、李文刚：《变性术的伦理学思考》，《中国医学伦理学》2001 年第 5 期。
⑦ 汤啸天：《性别变更手术与生命伦理之我见》，《中国卫生法学会卫生法学与生命伦理国际研讨会论文集》，中国卫生法学会 2014 年，第 5 页。
⑧ 张帆：《性别自主决定权探析》，《云南大学学报（法学版）》2009 年第 6 期。
⑨ 刘云生、吴昭军：《性别选择权：性质界定与法权塑造》，《东北师大学报（哲学社会科学版）》2018 年第 2 期。
⑩ ［古罗马］西塞罗：《国家篇　法律篇》，沈叔平、苏力译，商务印书馆 1999 年版，第 158、104 页。
⑪ ［英］洛克：《政府论（下卷）》，叶启芳、瞿菊农译，商务印书馆 1964 年版，第 5 页。

权利。性别自主决定权的提出正是遵循这种自然法则和心理诉求而逐步深入社会生活的。诚然,变性手术作为满足异性癖变更性别心理需求而实施,它的出现最初确实会引发伦理观念的冲突和造成社会关系的不适,然而,这只是暂时的,并且可以通过沟通商谈,被家庭成员理解和被社会群体认可。总之,性别自主决定权作为权利时代科技与伦理相互交融的权利诉求,必然随着医学技术的不断提高和社会伦理观念的不断更新而被广泛认同。其次,从人权法或宪法上看,宪法作为写着人民权利的纸,是以自然法理论为基础的自然权利实定化的表现,这为性别自主决定权提供了宪法基础和权利依据。性别选择乃人类性的自主决定以及发现与确认自己的性别同一性以及性取向,属于每个人维持其私密生活的重要事项,若非基于特别重要的公共利益,国家不得恣意干预,而应立法保护。① 2007 年《关于将国际人权法应用于性倾向和性别认同相关事务的日惹原则》(The Yogyakarta Principles on the Application of International Human Rights Law in relation to Sexual Orientation and Gender Identity)指出:"所有人生而自由,平等享有尊严和权利。所有性倾向或性别认同的人都有权充分享受所有人权。""一个人自我界定的性倾向和性别认同是其人格中不可或缺的一部分,是自决、尊严和自由最基本的方面之一。任何人都不应为了使其性别认同得到法律承认这一需要而被迫接受医疗程序,包括性别再造术、绝育术或荷尔蒙治疗。"1978 年 10 月德国联邦宪法法院的一份判决书援引《德国基本法》第 1 条第 1 项和第 2 条第 1 项关于人性尊严条款准许欲变性者决定并变更其出生登记簿上记载的性别,②直接推动了德国的变性法案立法进程。总之,性别自主决定权旨在自我理解和自我认同,性别选择和变更涉及人格尊严和人格的自由发展,在性质上属于基本人权范畴,有其正当性基础,应受国家宪法保护。③ 再次,从民法或人身权法上看,性别选择主体的自我建构、自己立法过程,是民法上的自主权在个人性别问题上的生动实践,属于人身权法保护的对象。如 2005 年新修订的《越南社会主义共和国民法典》和加拿大《魁北克民法典》都生动诠释了性别自主决定权的人格权属性。总之,肯定性别自主决定权的人权属性有助于防范国家公权力对公民私生活领域的不当干涉,确认性别自主决定权的人格权属性有助于保障自然人享有的性别自主决定权不受第三人侵害。④

性别自主决定权的行使条件和程序已受法律保护。目前亚欧地区都有保护自然人

---

①　转引自黄丁全:《医疗、法律与生命伦理》,法律出版社 2015 年版,第 1372 页。

②　该种观点为德国法所采纳。1978 年 10 月德国联邦宪法法院的一份判决书基于《德国基本法》第 1条第 1 项和第 2 条第 1 项准许变性欲者变更其出生登记簿上记载的性别。黄丁全:《医疗、法律与生命伦理》,法律出版社 2015 年版,第 1371—1373 页。

③　Romeo,F.H.Beyond a Medical Model:Advocating for a New Conception of Gender Identity in the Law.*Columbia Human Rights Law Review*,2005,36(3):713.

④　刘云生、吴昭军:《性别选择权:性质界定与法权塑造》,《东北师大学报(哲学社会科学版)》2018 年第 2 期。

性别变更权的立法出台。如 1972 年 4 月 21 日瑞典率先颁布《特殊状况性别确定法》，这是人类历史上首次以法律形式确认性别自主决定权。1980 年 9 月 10 日，德国出台了类似的《特殊情形下姓名与性别变更法》（TSG2009）。2013 年，德国修正《民事身份登记法》（Personenstandsgesetz），就性别选项在男性和女性之外增加空白选项，意味着德国立法对性别选择权的肯认和尊重。英国于 2004 年 2 月 10 日出台《性别确认法案》（Gender Recognition Act, 2004）全面承认变性人可以不通过变性手术变更自己的法律性别，并据此获得新的出生证明以及为包括结婚在内的各种目的使用新性别。2006 年 6 月，西班牙政府也通过类似提案，允许性倒错者在不必接受变性手术的情况下获得法律认可的变性身份。2008 年 6 月，古巴政府通过法律提案规定性别认知障碍者可以接受免费的变性手术。2011 年，澳大利亚政府允许个人在护照、婚姻证件和死亡证明上使用第三性别。2013 年 11 月，德国承认"第三性别"，德国公民的出生证上增设空白选项。2014 年 4 月，印度最高法院承认包括变性人和易装者等在内的跨性别族群为法定第三性别。2015 年 8 月，尼泊尔也发出第三性别护照。2016 年 8 月，泰国新宪法草案公投承认并保护第三性别的权利。[1] 纵观国际上诸国立法都逐渐趋向认同变性人的性别自主决定权，允许依法通过性别重置手术变更原始性别，并尊重其变性后的各项民事权利，依法保护其人身权利和自由，可见法律对性别认知的建构发挥着重要作用，[2]也彰显了现代法律的人文品性和文化包容力。

　　我国也颁布了规范变性行为的规范性法律文件，如公安部《关于公民变性后变更户口登记性别项目有关问题的批复》（公治〔2008〕478 号）和《公安部关于公民实施变性手术后变更户口登记性别项目有关问题的批复》（公治〔2002〕131 号）都规定将接受生殖器变性手术作为改变身份证性别的前提；2009 年 11 月，卫生部颁布《变性手术技术管理规范（试行）》，对医疗机构、人员条件、技术管理等方面的条件做了限制要求。2017 年 2 月，国家卫生计生委办公厅出台《性别重置技术管理规范》（国卫办医发〔2017〕7 号），在医疗机构基本设施、人员基本要求和技术管理等方面进行完善，并提出培训管理和术后随访制度，进一步弥补了《变性手术技术管理规范（试行）》的不足，进一步提高了性别重置技术的医疗质量标准，切实维护了变性人的医疗权利和健康权利。当然，现有规定依然存在不少局限，如提纲挈领式的规定过于笼统、缺乏详细的术后护理标准、伦理委员会的性质不明、手术成败评判标准缺位等，至于变性人术后性别变更法律流程、变性衍生的权利保护等方面未作规定，有待于将来进一步建立健全。

---

　　① 　王洁怡、葛治华：《变性人性别变更权及其衍生权利限制与保护》，《长江师范学院学报》2019 年第 3 期。

　　② 　付媛：《浅析社会性别理论对我国法学研究的价值》，《大庆师范学院学报》2010 年第 4 期。

二、性别置换手术的条件和程序

依据国内外相关法律规定,法律意义上的性别变更通常需要履行性别变更登记程序,并且需要将手术变性作为法律变性的必要条件和前置程序。如日本《性同一性障碍者性别特例法案》和英国《性别识别法案》均规定实施性别置换手术的自然人可以申请性别变更登记。《越南民法典》第三章第二节人身权第 36 条"重新鉴定性别的权利"第 1 款规定:"自然人有进行性别鉴定的权利。一个人的性别在具有天生缺陷或尚未完整定型且需要医学干预来确定性别的情况下,可以进行性别鉴定。"第 37 条"性别变更"规定:"性别变更应根据法律规定进行。已经进行性别变更的自然人有权利和义务根据法律关于户籍的相关规定,申报修改户籍登记并根据本法与其他相关法律的规定,有符合其变更后性别的人身权利。"加拿大《魁北克民法典》第 72 条至第 73 条规定:"已成功通过药物治疗和接受了引起性器官的结构改变以改变第二性征的外科手术的人,可以改变载明在其出生证书上的性别。如有必要,可以改变其名。仅住所设在魁北克至少 1 年的未婚加拿大成年公民可依本条提出变性申请。""变性申请向民事身份登记官提出;除了其他有关证件外,该申请须附有主治医生的证明和另一名在魁北克执业的医生关于治疗和手术已成功的证明。""变性申请适用关于申请改变姓名的相同程序、公示要求并缴纳同样的规费。关于改变姓名效力的规则,在经过必要的变通后,准用于改变有关证件上的性别记载。但在民事身份登记簿中,新的性别说明仅载入本人的出生证书。"

我国目前也是将性别重置手术作为法律承认变性的条件。鉴于性别变更通常以实施性别置换手术为条件,而性别置换手术需要通过外科手术切除原有性器官并进行组织移植和器官再造等,手术复杂精深,风险性极高,具有创伤性、致残性和不可逆性,对受术者及其利益相关者(如变性人的配偶、未成年子女等)均产生一定影响,因此,在大部分性别重置手术合法化的国家既要求手术实施机构及其医务人员应具备相应的资质条件,还对性别重置手术的适用范围和受术对象等给予严格限制,现据我国《性别重置技术管理规范(2017 年版)》概括如下:

(一)手术实施机构和人员的基本要求

1. 手术实施机构的基本要求

为规范性别重置技术临床应用,保证医疗质量和医疗安全,医疗机构开展性别重置技术应满足如下最低要求:(1)医疗机构开展性别重置技术应当与其功能、任务和技术能力相适应。(2)有卫生计生行政部门核准登记的整形外科、泌尿外科和妇产科诊疗科目。有独立建制的麻醉科、重症医学科和输血科等辅助科室。(3)设有管理规范的由医学、法学、伦理学等领域专家组成的伦理委员会。(4)整形外科需开展整形外科临床诊疗工作 10 年以上,床位不少于 30 张。(5)能够独立完成整形外科各类手术(包括

器官再造和组织移植手术),每年完成的整形外科手术不少于1000例。病房设施便于
保护性别重置手术对象隐私和进行心理治疗等。(6)有至少2名具备性别重置技术临
床应用能力的本医疗机构注册医师,有经过性别重置技术相关知识和技能培训并考核
合格的其他专业技术人员。(7)具备手术显微镜、血管探测仪等开展显微外科手术的
相应设备。

2.手术实施人员的基本要求

开展性别重置技术的医师需要满足如下四个条件:(1)取得《医师执业证书》,执业
范围为外科专业的本医疗机构注册医师;(2)有10年以上整形外科专业领域临床诊疗
工作经验,取得副主任医师以上专业技术职务任职资格5年以上;(3)独立完成生殖器
再造术不少于10例(开展女变男性别重置技术的需独立完成阴茎再造术不少于5
例);(4)经过省级卫生计生行政部门指定的培训基地关于性别重置技术相关系统培
训,具备开展性别重置技术的能力。

此外,其他相关卫生专业技术人员也需要经过性别重置技术相关专业系统培训,满
足开展性别重置技术临床应用所需的相关条件。关于技术管理和培训管理基本要求,
《性别重置技术管理规范(2017年版)》已有最新设计,此处不赘。

(二)性别重置手术的适应证

性别重置手术的适应证主要包括受术者的心理需求条件、前期心理治疗情况、实际
异性生活状况以及知情同意情况等。第一,从临床医学来看,并非所有变性者都适合性
别重置手术,在现有技术和认识水平条件下,手术治疗只适用于变性要求强烈并且业已
严重影响生活质量而药物治疗和心理干预均罔效的申请者。第二,从心理需求条件看,
一般规定变性愿望强烈且已经持续一段时间,如瑞典《特殊状况性别确定法》第1条规
定:"自幼即认识自己具有与教会记录簿上所记载的是不同的性别,并且在长时期内已
过着与这种性别相符的日常生活,而且即便是将来,也仍会继续这种性别下的生活,根
据该人的申请应允许他们变性。"德国法律规定,性别变更的前提条件是欲变性者意识
到自己的心理性别与出生登记簿上的性别不同,且处于压迫感中至少三年之久,强烈要
求与心理上的性别一致。英国《性别确认法案》规定已以其他性别生活的申请者应满
足如下条件:患有或曾经患有性别认同障碍,至申请日已经持续以获得的性别生活满两
年,打算以获得的性别持续生活直至死亡,提供注册医师或注册心理学家开具的性别认
同障碍疾病报告。我国《性别重置技术管理规范》规定,受术者术前必须对性别重置的
要求至少持续5年以上,且无反复过程。第三,从心理治疗条件来看,接受性别重置手
术之前通常必须有接受心理治疗或精神治疗(如药物治疗、催眠、电击等)的经历,但治
疗一定时间未能矫正。国际惯例通常需要对患者采取至少2年的心理治疗,18个月以
上的异性适应性生活,1年以上的心理分析,6个月的异性性激素治疗等。我国《性别
重置技术管理规范》规定,受术者术前必须接受心理、精神治疗1年以上且无效。第

四,实际异性生活条件。为防止受术者术后难以适应与融入社会,一般要求受术者在日常生活中先行以异性身份持续生活一定期限确感满意并坚持变性要求的才考虑手术治疗。如国际性焦虑协会主张要推荐的手术适应证是受术者对自己的解剖性别不认同并持续以异性身份成功生活一年以上。第五,医疗告知和知情同意条件,对手术治疗的知情同意通常要求医疗机构需充分告知受试者性别重置手术的内容、后果及其风险,并取得受试者的知情同意。如国际性焦虑协会认为拟推荐的手术适应证之一是受试者充分了解和认同手术的费用、住院时间、术后并发症、术后康复等诸多问题。我国《性别重置技术管理规范》规定,实施性别重置手术前,应当由手术者向手术对象充分告知手术目的、手术风险、手术后的后续治疗、注意事项、可能发生的并发症及预防措施、性别重置手术的后果,并签署知情同意书。

(三)性别重置手术的适用对象

按照国际惯例,因变性手术损及健康和身体完整并对术后社会生活有重大影响,因而性别重置手术申请者应当是了解其法律意义和社会意义的具有完全民事行为能力人;对未成年人而言,其生理和心理尚未发育成熟,难以辨识变性行为的性质和后果。因此申请性别重置手术通常有年龄、婚姻状况和子女等条件限制或要求。如日本《性同一性障碍者性别特例法案》规定,性同一性障碍者申请变更性别裁判需满足如下五个条件:年龄为 20 岁以上;目前处于未婚状态;目前尚无未成年子女;没有生殖腺或生殖腺的功能永久性的处于欠缺状态;其身体需具备与其相异性别身体的性器相关部分有着近似的外观。英国《性别确认法案》规定申请者应年满 18 周岁,且须以其他性别生活,或者已经在法律的前提下改变生理性别。加拿大《魁北克民法典》第一编"人"第三题"涉及人的身份的某些要素"第四节第 71 条专门规定了变性人的基本条件,即:"已成功通过药物治疗和接受了引起性器官的结构改变以改变第二性征的外科手术的人,可以改变载明在其出生证书上的性别。如有必要,可以改变其名。仅住所设在魁北克至少 1 年的未婚加拿大成年公民可依本条提出变性申请。"西班牙法律禁止十八岁以下的未成年人接受变性手术。日本法律规定接受变性手术的最低年龄是 20 岁。德国法律规定的自然人成年年龄是 18 周岁。我国《性别重置技术管理规范》要求受术者须年龄大于 20 岁,具备完全民事行为能力;未在婚姻状态;无手术禁忌证。

需要说明的是,由于性别矫正手术风险较大,预后不明,且在一定程度上等于强迫申请者实施具有危险性的身体处分行为,背离身体权不容侵犯之原则,同时限制了性别变更。故很多国家的最新立法趋势是不再将手术变性作为申请法律变性的必要条件,而增设"以其他性别生活"为变更法律意义上性别登记的申请情形。① 如《性别权利国

---

① 刘云生、吴昭军:《性别选择权:性质界定与法权塑造》,《东北师大学报(哲学社会科学版)》2018 年第 2 期。

际法案》宣称人人享有控制和改变自己身体的权利,有权为表达所选择的性别而改变身体。德国 1981 年版《特殊情形下姓名与性别变更法》规定申请人须"持续无生育能力"及"实施变性手术",但是 2011 年德国联邦宪法法院推翻了这一要件,认为这种规定违宪,生育能力和身体处分受《基本法》保护,变性手术具有风险并可能长期损害健康,如果没有医学上的必然要求,法律不能强行要求自然人为改变法律地位而实施变性手术,手术超出了申请人证明以另一性别生活的程度。[1] 故而此后的德国立法中,实施变性手术而改变身体器官不是必备要件,仅是可选择的申请条件之一。相关国际人权文件也普遍认同这一做法,例如 2007 年《日惹原则》指出:"任何人都不应为了使其性别认同得到法律承认这一需要而被迫接受医疗程序,包括性别再造术、绝育术或荷尔蒙治疗。"法律意义上的性别变更已逐渐脱离变性手术,似乎性别选择权与身体权逐渐剥离,但是也应同时看到,变性手术等生理性变更性别的法权基础依然是具有身体权属性的性别选择权,性别的生理和社会双重属性决定了性别选择权天然具有身体权性质。[2]

三、性别变更者人权的法律保护

性别与自然人的婚姻、家庭以及其他社会关系息息相关,变性人在性别变更后以新的性别参与社会生活,可能面临性别证明、婚姻状况、亲属关系、就业创业、社会福利等一系列法律问题,可能引发夫妻身份、亲权关系、社保关系等一系列身份法上的社会关系的变动,产生姓名(变更)权、配偶权、生育权、监护权、收养权、亲属权等人身权的法律保护问题。我国的相关规范性法律文件赋予公安机关更改性别变更者的姓名和性别的权利,但变性后的权利保护等方面保护不足,尤其是婚姻自主权、配偶权、生育权、亲权、监护权和亲属权等权利保护还存在盲点。未来的立法应当对变性在婚姻家庭领域的效力作出明确规定,全面厘清已婚者的配偶权、未婚者的结婚权以及变性后在亲子法上的效力等。

(一)变性人结婚权、配偶权和离婚权的法律保护

变性人变更性别后以新性别与异性结婚或组建家庭是一项重要的基本人权。欧洲人权法院、美国部分州以及我国都有相关立法和司法案例,涉及结婚、离婚、原有婚姻效力等问题。例如,《欧洲人权公约》第 8 条规定:"人人有权享有使自己的私人和家庭生活、家庭和通信得到尊重的权利。"第 12 条规定:"达到结婚年龄的男女根据调整结婚和组建家庭权利的国内法享有结婚和成立家庭的权利。"《欧洲人权公约:第七议定书》第 5 条进一步规定:"配偶双方在相互之间、在与其孩子的关系上、在婚姻、婚姻生活中及解除婚姻中,应享有私法中的平等权利和义务。本条将不阻止国家为了孩子的利益

---

[1]　张慰:《第三性别的法律地位——德国民事身份登记立法之变》,《德国研究》2013 年第 4 期。

[2]　刘云生、吴昭军:《性别选择权:性质界定与法权塑造》,《东北师大学报(哲学社会科学版)》2018 年第 2 期。

而采取必要的措施。"2002 年 7 月欧洲人权法院在"Goodwin 诉英国案"中支持变性人的结婚权,指出英国政府没有任何理由禁止变性人在任何情况下拥有结婚的权利,并责令英国政府制定新法以满足欧洲人权公约的要求。不久英国议会出台了《性别确认法案》,全面承认那些饱受性别认知障碍之苦者的性别自主决定权,甚至不必经过生理变性即可获得新的出生证,并以新的性别组建家庭。当然变性手术可以作为支持证据向性别确认专门小组提交。性别确认专门小组批准后,为申请人签发性别确认证书。如果申请人未婚,证书是完全性别确认证书;如果申请人已婚,则证书应是临时性别确认证书。临时性别确认证书签发后,婚姻解除则可取得完全性别确认证书。可见,英国法律确认性别变更不以变性手术为条件,当然也不要求变性手术前离婚,但已婚变性人只能取得临时性别确认证书,在取得完全性别确认证书前应先离婚。英国《性别确认法案》直接影响到英国、丹麦、瑞典等欧盟成员国的变性立法。

德国 1980 年变性法规定的法律变性条件要求变性者满足四个法定条件:未婚,永久不能生育,通过性别重置手术变更性特征,并以新性别生活三年。根据德国婚姻法的规定,变性人在法律变性后以新性别与异性结婚是合法有效的。由于法律要求变性须为未婚,因此,已婚者若要变性必须先行离婚,这也就不存在一方在婚姻存续期间变性的婚姻有效性问题。然而,德国 1980 年变性法实施后广受社会诟病,如欧洲人权理事会认为手术变性要求侵犯了变性人的身体完整性权利,德国宪法法院认定 1980 年变性法违宪,据此,法官 2008 年宣布基于同性不婚而要求变性人离婚的法律规定无效。2011 年认定不能以强制手术变性为法律变性的前置条件。因此,法院宣布在新的法定变更性别法式生效后,1980 年变性法的相关规定不再适用。[①]

美国联邦立法和州立法对同性恋等特殊群体的婚姻自主权比较宽容,但变性人的婚姻问题却鲜有涉及。这使得变性人的婚姻效力处于不明确状态。在各州判例法对变性的婚姻效力的解释也不太一致,一些法院判决个人法律性别若基于结婚目的则不可改变地由出生时的性别决定,如 2002 年堪萨斯州高等法院判决一位由男性变为女性的变性人与其亡夫的婚姻无效(尽管她婚前已实施变性手术很多年),但 2003 年 10 月 19 日佛罗里达州的法官则确认一名由女性变为男性的变性人与其妻子之间的婚姻有效。导致解释不一的重要原因之一在于少数州(如田纳西州)的法律仍然不允许变性人修改出生证明上的性别,导致变性人无法以新性别结婚,或者不承认变性人的性别变更事实作为法律根据(如得克萨斯州、堪萨斯州)。[②]

在我国,根据《婚姻法》第 5 条、第 7 条和第 8 条和《婚姻登记条例》第 4 条的规定及立法精神,合法有效的婚姻只存在男女异性之间,变性人申请结婚登记,只要身份证

---

① 田悦:《域外变性人婚姻效力探析》,《学理论》2014 年第 14 期。
② 刘国生:《美国变性人立法和司法情况评议》,《法律与医学杂志》2005 年第 1 期。

和户籍上的性别登记为一男一女,即符合法律规定的结婚要件。因此,确认变性人的性别实际上就成为判断变性人婚姻有效与否的重要依据,但是我国至今尚无一部有关变性人性别确认和权利保护方面的法律,唯一一部《性别重置技术管理规范》只涉及变性手术的适用对象和质量管理,在变性申请条件问题上设置了门槛"不在婚姻状态",这就意味着已婚人士若要法律变性则应先行离婚。这样规定可以有效避免性别变更后的婚姻问题与子女抚养问题,但是在法理上却有强制变性需先行离婚之嫌,是为侵害变性人的婚姻自主权,故建议删除"未在婚姻状态"手术条件,而要求变性人及其配偶在手术前共同签署性别重置手术知情同意书。同时建议对变性人的性别确认以户籍登记为准,只要变性人依法变性,公安机关就应为其变更法律性别,在其身份证和户籍上注明新性别,从而为其依法办理结婚登记提供便利。当然,鉴于变性人实施性别重置手术以后不再有生育能力,因为变性人若要与异性结婚,则应依据民法上的诚信原则和婚姻法上的自愿原则,向结婚对象履行告知其变性人身份的义务,如故意隐瞒变性事实则构成欺诈,对方有权依法撤销婚姻。

综上所述,各国对变性的婚姻效力问题并无统一的法律制度,我们认为只要立足于意思自治原则、权利平等保护原则,切实平衡变性人的权利和婚姻对方当事人权利的原则予以考量,就一定能找到合乎国情和文化的合适制度设计。

(二)变性人生育权、收养权、亲权和监护权的法律保护

纵观颁布性别变更法的国家都普遍关注变性人诸项身份关系的法律确认,尤其是亲权、收养权和监护权的法律保护。如日本《性同一性障碍者性别特例法案》第 4 条规定:"关于接受性别变更者在民法以及其他法律规定的适用,除了法律中有特殊规定,在性别问题上视其为其相异性别。关于前项的规定,除了在法律中有特殊规定外,在性别变更裁判做出前已产生的身份关系和权利义务并不受性别变更裁判的影响。"英国《性别识别法案》第 12 条规定:"依据本法变更为获得的性别,不影响自然人作为子女父亲或母亲的地位。"德国《特殊情形下姓名与性别变更法》第 10 条第 1 款规定:"从决定具有法律效力起,申请人属于另一性别,若法律无其他规定,其所适用的视性别而定的法律和义务取决于其性别。"第 11 条规定:"认可申请人属于另一性别的决定不改变申请人与其父母子女的法律关系,只要其收养的子女是在决定生效前被收养的。这同样适用于与其子女的子孙后辈的关系。"我国应借鉴国外的经验积极推进变性人亲权、收养权和监护权立法,妥善处理几个问题。

第一,变性人生育权的法律保护。变性人实施性别重置手术后将失去自然生育的能力,人类辅助生育技术可以弥补变性人不能繁衍后代的缺憾,如女性变更为男性的变性人与女性组建的家庭,实际上是生物性别和性染色体都是女性的夫妻,不可能自然受孕,只可以利用配偶的卵子通过异质人工授精生育。同样,男性变更为女性的变性人与男性组建的家庭实为两个生物性别是两个男性的夫妻,他们不能提供卵子和子宫,只能通过代孕途径生育。在极其个别的情况下,配偶双方同为变性人,因妻子没有自然女性的内生殖系统,若在术前冷冻卵子或精子,也可以通过代孕生育。然而,由于单身女性生育力保存和代孕所产生一系列社会伦理问题,需要打破传统观念和现行法律为其提供保护。在国外,为变性人生育大开立法绿灯已不鲜见,但是在很多国家还有制度障碍,我国亦然。现行《人类辅助生殖技术管理办法》第3条明令禁止医疗机构和医务人员实施任何形式的代孕技术。按照这一规定,目前男性变为女性的变性人无法通过代孕形式生育子女,但可以通过收养方式实现当母亲的梦想。

第二,变性人对子女亲权的法律保护。首先,变性人与亲生子女的父母子女关系是基于子女出生的客观事实而形成的自然血亲关系,不因变性人的性别变更、结婚和离婚而解除。因此,变性人一方或双方变性和离婚后,仍然是其子女(包括婚生子女、非婚生子女或养子女)的法律父亲或法律母亲,对未成年子女的抚养权和监护权应予以保障。至于学者争论较多的变性人离婚以后对不直接抚养的子女的探望权行使问题①,则视每个家庭和子女具体情况而定,但应以有利于未成年子女最佳利益为原则,考虑充分尊重不同年龄阶段子女的意愿,以体现法律的人文关怀精神。②

第三,变性人收养子女的权利保护。因变性人多不能正常妊娠,当代孕又不可行的情况下,收养就成为变性人为人父母的唯一选择。国际社会关于变性人收养权保护方面的立场并不完全一致,有的严格有的宽松,但是即便在对变性人收养权较为宽松的国家也进行了各种限制。我国《民法典》也未明文禁止变性人领养子女。但基于《民法典》的宗旨考虑,变性人能否收养子女仍然需要以未成年子女最佳利益为原则,以切实保障未成年子女身心健康发展为条件,对变性人收养子女进行特殊限制和严格审查,如给予一定时间的心理跟踪分析和抚养子女能力的综合评估,③保证为被收养提供良好的成长环境。④

(三)变性的平等权以及在就业、社保等领域的反歧视问题

性别变更者平等权保护和反歧视问题是其权利保护的重要课题之一。平等权的本质是承认差别基础上的形式平等与实质平等的统一。形式平等把自然人抽象为法律上的人格,使社会弱势群体在形式上获得了和正常人同样的权利。实质平等依据各个人的不同属性采取分别不同的方式,对作为各个人的人格发展所必需的前提条件进行实质意义的平等保障。两者从不同的角度努力实现同一个目的,缩小甚至消除形式平等

---

① 翁里、万晓:《变性人的性别变更权及其婚姻家庭法律问题研究》,《宁夏大学学报(人文社会科学版)》2016年第1期。

② 吴国平:《变性人婚后变性权及其婚姻家庭关系问题探析》,《西南政法大学学报》2011年第3期。

③ 吴国平:《变性人民事权益法律保护问题初探》,《中国政法大学学报》2012年第4期。

④ 翁里、万晓:《变性人的性别变更权及其婚姻家庭法律问题研究》,《宁夏大学学报(人文社会科学版)》2016年第1期。

下的不平等和不公正。实质平等理论昭示着人权范围的扩大及国家义务的增强,给予了社会弱势群体更有效的保护。性别变更者是一个特殊群体,理应得到社会的包容、理解、尊重、关怀和支持。平等对待性别变更者在劳动就业、社会福利和社会参与等领域的平等权利是社会文明进步的重要标志。然而,在现实社会中,由于传统社会遗留下来的错误观念、等级思想以及狭隘的无差别待遇造成性别变更者的弱势地位,导致他们不仅承受巨大的身心折磨和精神压力,而且在婚姻家庭、就业就学和社会参与等方面受到歧视和排斥。歧视是社会的毒瘤。不仅直接损害了公平、公正的社会法则,而且剥夺了性别变更者的机会资源,限制甚至阻塞了其发展前景和流动途径,最终影响社会和谐稳定。为了保证社会的安全运行和健康发展,就必须消除形形色色的对变性人的歧视现象。在这项复杂的社会系统工程中,关键是进行制度的回应,尽快消除各种直接的和隐性的制度性歧视,并重新构建我国的反歧视法律。一方面,我们必须坚持法律面前人人平等的原则,坚持形式平等,这是实现实质平等不可逾越的阶段;另一方面,又必须通过差别对待原则,对处于弱势地位的性别变更者给予法律上和政策上的特殊保护,为其建立特殊的法律保护机制,对其在劳动就业、社会福利和社会参与等领域的特殊权利进行明文规定,为其权利保护实践有法可依,有章可循。

第二十八章　生命终结的伦理和法律问题

第一节　临终关怀的法律问题

一、生命延续与人格尊严的冲突与协调

(一)生命干预技术带来的人格尊严问题

人生无常,死亡有恒。每个人一出生即奔向死亡。生命终结是每个人无可避免的唯一归宿,而能健康长寿和无疾而终却不是人人都有的福报。临终前遭受高龄失能和沉疴宿疾折磨更是许多人的命运。同时,伴随着现代医学的发展和生命干预技术的采用,实现了人类久远的长寿梦想,生命终结的情境有了更多的可能,但是无论哪种可能都不能改变生命的方向,最多只能延缓死亡过程减轻死亡的痛苦。在这种情境下,死亡从生命的一个极点变成一个漫长的过程,而且饱受疾病之痛和治疗之苦,生命的终结不再听天由命,而是通过生命维持系统来控制,但客观上也消弭了"生"与"死"的界限,引发了各种伦理和法律问题日益凸显。

(二)生命干预技术介入的法律规制

不施行心肺复苏术或者维生医疗备受关注,并引起较大伦理和法律争议,其核心议题涉及保障患者生命权和患者自主权的价值排序问题。若基于患者生命权考虑,实施心肺复苏术或维生医疗是最佳的选择;若从保障患者自主权出发,则应不施行或撤除/终止心肺复苏术。不施行或撤除/终止心肺复苏术都导致患者死亡,但是因不施行心肺复苏术属于消极的不作为,而撤除/终止心肺复苏术属于积极的作为,伦理上曾产生不同意见:一说认为积极作为比消极不作为具有较高的伦理风险;一说主张作为先插管再拔管至少曾给过患者一次生存机会,比不作为更具有伦理可接受性;另一说认为两者的结果都是一样的,仅行为方式不同而已,在伦理上应具相同的评价;伦理争论也反映在立法态度和司法实践,例如历经三次修正的我国台湾地区《安宁缓和医疗条例》第7条最初采取作为和不作为不同的伦理立场,主张前者比后者的伦理可非难性更高,2013年修正时改变了原先的伦理立场,采取作为和不作为伦理评价相同的观点,充分

提升和保障了患者生命自主权。① 由此看来,不施行或撤除/终止心肺复苏术的法律之争背后反映的是对患者人格尊严的高度重视,人格尊严使人有选择的自由,包括生命终结的自由。尊重患者自主权就意味着在必要的时候牺牲或限制生命权。然而,患者自主权是一个高度抽象的法律概念,需要通过预先指示或者知情同意书等法律文件进行意思表示。制定预先指示能确保患者权利的完整性。总之,人对自己的生命是否拥有自主决定权不仅需要伦理回答其正当性而且需要法律明确其权利边界,廓清预先指示基础上的安宁疗护范围,依法处理缓和医疗和患者生命自主权和医者救治义务之间的关系。

二、安宁缓和医疗与预先指示的规制

(一)安宁缓和医疗及其立法问题

安宁缓和医疗是 20 世纪 80 年代引进国内的。当前,随着我国社会老龄化日益加剧,治愈性治疗理念逐渐式微,老年群体缓和医疗需求不断增加,迫切需要积极推广和实践安宁缓和医疗理念,加大宣传生命维持治疗指令(Medical Orders for Life-Sustaining Treatment,MOLST)、不施行心肺复苏术(Do not resuscitate,DNR)指令或意愿书以及预先指示(advanced directive)的价值②,从身、心、社、灵全方位照顾到临终的患者,积极改善终末期患者的死亡质量。

我国台湾地区于 2000 年率先制定了《安宁缓和医疗条例》(2013 年最后一次修订)。根据该条例第 3 条,安宁缓和医疗是为减轻或免除末期患者之痛苦,施予缓解性、支持性医疗照护,或不施行心肺复苏术。③ 其福利在于:这种医疗方式既不加速死亡也不延迟死亡,但可以缓解患者的疾病之痛和精神之苦、抚慰患者及其家属的心理和精神,使他们理性、从容地面对生命和死亡。但是,安宁缓和医疗还存在诸多具体的法律问题有待解决,包括缓和医疗的基本条件、缓和医疗和安乐死的界限、患者自主决定权的行使以及预先指示的适用条件、不施行心肺复苏术意愿书的法律效力以及主治医师的法律义务以及医疗代理人决策权的法律边界等。

第一,安宁缓和医疗的适用条件。台湾地区新修订的《安宁缓和医疗条例》规定,只有末期患者在临终、濒死等紧急状况下才可以不施行心肺复苏术。但问题是,没有达到濒死程度或非末期疾病患者是否有权选择缓和医疗呢? 什么是紧急情况? 此条例的法律适用前提是否值得商榷? 在国家保护人民生命权的父权主义与公民自我决定权之间,是否符合比例原则?

---

① 参见张婷:《生命权与病人自主权之衡平——以〈安宁缓和医疗条例〉为例》,《东财经法学》2014 年第 7 期。

② 根据《安宁缓和医疗条例》第 3 条规定,所谓心肺复苏术指对临终、濒死或无生命征象之病人,施予气管内插管、体外心脏按压、急救药物注射、心脏电击、心脏人工调频、人工呼吸或其他救治行为。

③ 参见《安宁缓和医疗条例》第 3 条。

第二,生命维持治疗指令和不施行心肺复苏术意愿书涉及的法律问题。维生医疗指用以维持末期患者生命征象,但无治愈效果,而只能延长其濒死过程的医疗措施。生命维持治疗医疗指令的特征在于维持患者尚活着的状态及延长濒死过程,旨在促进临终医疗决策的制定,确保根据患者的意愿做出撤销或者拒绝维持生命治疗的决定。实施心肺复苏术大抵为紧急时刻的救治行为,不实施心肺复苏术指令通常由医生签署,表明在患者心脏骤停或者呼吸停止时不使用抢救手段抢救其生命,通常在挽救措施不再符合患者利益最大化或者严重影响患者生活质量时适用。不实施心肺复苏术指令的内容、形式和法律效力需要完全符合法律规定。

(二)预先指令的法律效力及其立法问题

尊重自主权意味着他可以在身体康健之时预先授权医务人员在他将来一旦罹患癌症且又极度痛苦之时作出安宁缓和医疗决定或为其实施安乐死等。如美国加州1976年通过的《自然死亡法》(Natural Death Acts)明文赋予患者预先指示权利。澳大利亚的南澳大利亚州1983年通过的《自然死亡法》批准有意识能力的成年人签署预先放弃医疗意愿书,表明将来若身患绝症可以选择不采取维生医疗作为维持生命的方式。维多利亚州1990年通过的《医疗(代理)法修正案》允许患者预先指定代理人为其在将来无意识能力时代理决定是否依赖维生医疗。美国社会普遍承认预立医疗委任代理人委托书的效力。我国2013年6月成立的生前预嘱推广协会也在致力于建立和推广与预先指示相关的缓和医疗学科、机构和制度。

预先指示作为患者生命自主权的体现和拓展,又称生命预嘱(living will)或临终决定,是患者制订的要求在他病入膏肓或失去决定能力后不必提供无效治疗,也不必用人工方法勉强延长其生命的书面说明。它是一种指示医师取消或者抑制处于疾病终末期并且不能参与作出医疗决定的患者的生命维持疗法的告示。预先指示生效条件与遗嘱比较类似,应符合三个条件:行为人有意思能力、意思表示真实、形式要件合法。预先指示具有法律上的效力,可以作为医师免责的有力证据。

我国目前的立法中尚无不施行心肺复苏术指令的规定,但是在实践中经常发生患者家属要求撤除维生系统的要求,其动因可能出于家庭关系不融洽,或者迫于经济压力,或者出于以患者死亡为法律事实的期待利益关系。此时,若无法律的严格规定就可能会严重侵害到患者的生命健康或者其他利益,而对患者生命健康的损害是不可逆转的。因而,未来法律应明文规定医疗事宜应以不得代理为原则,必要的代理应以患者本人欠缺医疗决定能力为限。对于涉及患者生命或者重大健康利益以及具有高度人身性和伦理性的医疗决定,应设立特别明示授权和禁止代理规定。医疗决定代理权的行使应按照顺序分别适用纯粹自主标准、替代判断标准、最佳利益标准。①

---

① 孙也龙:《医疗决定代理的法律规制》,《法商研究》2018年第6期。

三、中断延续生命治疗的规制

（一）中断延续生命治疗产生的法律问题

随着社会对生命规律和医学有限性认识的回归和尊重，中断延续生命治疗不断增多，中断延续生命治疗，即狭义的放弃治疗①，也称安乐死②，一般指医生根据患者、患者亲属的决定或自己审慎的决定，对身患绝症、没有康复可能和治疗价值或有治疗价值但负担不起医疗费用的患者不使用或终止使用维生措施的医疗行为。它是对世界进入老龄化社会、卫生资源的短缺和维生装置高度发达形势的适应③，也是追求生命价值和尊重尊严死亡的必然要求。由于放弃治疗由患者及其家属自主决定，又有效缓解了医生决策的顾虑及其可能带来的纠纷，与安乐死相比不易引起社会的强烈反响，因此临床上广泛采用。

放弃治疗是对提供无效治疗的道德否定，然而于法律却无依据。特别值得一提的是，放弃治疗作为一种医疗决策不纯粹是医学判断，它往往涉及更为复杂的利益矛盾和一系列的伦理与法律问题。在我国卫生立法尚不完善的今天，放弃治疗尚无法可依，一旦医患双方价值判断发生偏差，患者家属反悔极易引发医疗纠纷。这不仅向医院管理者和广大医务工作者提出了严峻的挑战，也向我国卫生立法提出了新的课题。制定有关放弃治疗的法律法规，使医疗决策科学化、合理化、规范化、文明化，减少和消除救治过程中盲目、不科学的医疗干预现象，这对有效维护患者的人格尊严和人格自由，具有重要的现实意义和法律意义。放弃治疗法律程序的基本准则是知情同意。谁有放弃治疗的最终决定权，患者本人还是家属？如何行使这一权利？医务人员法律义务应当如何履行？应取得谁的知情同意？

（二）放弃治疗权行使产生的法律问题

近年来，尽管医务人员已经高度重视患者本人的意愿，亲属同意往往不能完全代表患者的根本利益。放弃治疗患者往往因为年幼、心智发育不全、病痛、昏迷、精神疾患而丧失自主能力，自主能力是患者行使同意权的前提，没有自主能力便无法行使权利。这时，亲属有权代理患者行使同意权，但这绝不意味着患者丧失了同意权，也绝不意味着亲属获得同意权，亲属仅是患者的"代言人"，需要指出的是，亲属代理同意有严格的法律条件，即患者没有自主能力或委托授权。亲属必须在法律规定的范围内行使其权利，否则不产生法律拘束力。然而，由于传统的儒家文化中重亲情轻自我思想对医疗活动

① 杨芳、潘荣华：《试论放弃治疗病人的同意权——兼论生命预嘱的法理分析》，《南京中医药大学学报（社会科学版）》2001年第2期。
② 余慧君、古津贤：《ICU放弃治疗的立法思考》，《天津法学》2013年第1期。
③ 孙慕义：《放弃治疗与生命质量——对生命质量和"放弃"的求证》，《医学与哲学》2000年第6期。

的影响,常常导致亲属代理权优先于患者自主权,这种错误倾向在医患双方都普遍存在着,尤其是受到当下居高不下的医疗纠纷的影响,亲属代理同意在放弃治疗决策中的影响力越来越大,它无疑限制、削弱、剥夺了患者的自主权和同意权,与医患关系的民主化趋势越来越格格不入。又由于我国《民法典》中有关的代理制度和监护制度不太完善,监护人和代理人的职责规定不具体、不明确,亲属同意不能完全代表患者的最佳利益。可见,亲属同意的缺陷是很明显的,在医疗领域尤其在放弃治疗中,患者的权利应当是第一位的,医生有绝对的理由支持患者的决定,承认患者同意优先于亲属同意,除了患者事先声明放弃同意权,或正式委托其亲属,医生应鼓励患者自主作出放弃治疗的决定,做自己生命和健康的真正主宰者,尽量排除亲属同意给权利带来的障碍。

(三)放弃治疗程序的执行

放弃治疗事关患者的尊严和生死,容不得越俎代庖。为了克服实施过程中的随意性,严防失误,为防止患者因疾患失去自主能力,导致自己的生命健康权、同意权受到亲属决定的干扰,医院管理者和医务人员:第一,应当倡导和鼓励患者在病情未恶化或丧失自主能力前(婴儿和精神病患者除外),根据其病情制订预先指示,以充分保障患者的权利和有效避免医疗纠纷。第二,应当切实履行告知义务。告知义务是患者知情同意权实现程度的另一方面。对于终末期患者而言,医师的告知义务尤为重要,因为患者作出放弃治疗决定直接依据医师所介绍的病情。第三,成立专门的放弃治疗组织,科学制定规范合理的放弃治疗机制,综合评定预先指示的形式要件,认真审查和严格监督医务人员执行过程。其程序如下:

第一,患者是否属于放弃治疗的对象,即根据目前的医学经验,患者所患疾病必须是无法治愈的,而且患者所遭受的痛苦被认为是无法忍受的,放弃无谓的治疗符合患者的最高利益。医师和患者必须就每一种可能的治疗手段进行讨论,只要存在某种医疗方案可供选择,就说明存在治愈的可能。

第二,预先指示是否符合法律条件,即患者有无行为能力,是否反复、明确、具体地表达了放弃治疗的意思,放弃治疗决定是否真实自愿。

第三,证明预先指示有必要的证明人和在法律上的拘束力。

第四,执行的步骤:放弃生命维持疗法,限制性试验期,支持性替代措施,止痛剂和姑息疗法。另外,在预先指示执行的全过程中医务人员都承担着特殊的道德责任,应当对放弃治疗患者及其亲属尽人道主义关怀,尤其是心理上的关怀和精神上的抚慰。

第二节　尊严死与安乐死的法律问题

一、安乐死及其合法化论争

（一）安乐死的意义和内涵

现代医学科学技术在延长人的生命方面成绩显著,但是,当延长不治之症病人的生命被现代生命伦理所质疑,能否用用安乐死的方式使病人无痛苦地结束生命? 安乐死能否得到伦理的辩护和法律的承认? 这是目前世界各国医学界所思索和探讨的问题。

安乐死的历史十分悠久,几乎是自从有了人类社会就有了安乐死。但到目前为止,人们对于安乐死的概念、分类、对象、形式及实施的条件仍争论不休。大多数人认为,安乐死至少有两层意思:一是作为死亡状态,让患者无痛苦死亡,死得有尊严;二是作为死亡方法,专指为结束不治之症等患者的痛苦,所采取的"医疗措施"的一部分,即一种无痛致死术,指那些濒临死亡且无可挽救并极度痛苦的患者需求安适死去时,他人为解除其痛苦而采用助死的措施。

（二）安乐死从不同角度分类

安乐死可以从不同的角度分为消极与积极、广义与狭义、主动与被动、自愿与非自愿四种。

消极安乐死是指对垂危患者停止治疗,停止供给食物,尤其是指停止使用现代抢救设备(如人工呼吸系统和人工循环系统),让患者自行死亡。积极安乐死是指采取积极的措施,去结束垂危患者的生命,如给这种患者注射毒剂、喂毒药等。人们通常听说的安乐死主要是指积极安乐死。

广义安乐死,包括一切因身心原因(如老、弱、病、残)致死,任其自己死亡。狭义安乐死是局限于不治之症而又极端痛苦的患者,对他们采取人工干预的办法,加速其死亡。目前为大多数人所接受的是狭义安乐死。主动安乐死与被动安乐死的含义分别相当于积极安乐死和消极安乐死。

主动安乐死是指医务人员采用药物或其他方法结束患者痛苦的生命;被动安乐死是指中止维持濒死患者的一切挽救措施任其自行死亡。

根据患者意愿表达的可能性,安乐死又可分为自愿安乐死和非自愿安乐死。自愿安乐死是指遵照患者的志愿或要求实施的安乐死;非自愿安乐死是指对无法表达个人意思的患者实施的安乐死。安乐死一般包括以上几层含义,而通常所说的安乐死主要是指狭义的"无痛安乐死",即主动安乐死。

二、国内安乐死立法进程

安乐死自古有之。20 世纪初主动安乐死得到欧美国家支持。第二次世界大战期间,由于德国法西斯盗用安乐死之名残害数以万计的无辜生命,致使安乐死污名化及其法制化呼声失声。20世纪60年代,安乐死运动以其对濒死患者个人和社会整体发展所特有的积极作用再度兴起,要求赋予安乐死合法地位的呼声日益高涨。

当前,关于安乐死措施是否合法问题,已经成为欧美、日本等许多国家法律界和社会深为关注的法律问题。美国传统法律规定,医生即使是出于最高尚的动机,将愿意安乐死的患者致死,同样构成杀人罪。根据安乐死实施的方式不同,可将这种性质的杀人罪分为二级:一级杀人罪是指医生亲自给患者注射致命剂量的药物,即医生施行主动安乐死;二级杀人罪是指为了使患者能达到自杀的目的,医生供给毒药或过量的安眠药,而患者完全知道这个后果并因此引起死亡,医生应作为教唆犯而被定罪。1976年9月30日,美国加利福尼亚州通过第一个《自然死亡法》授权成人执行特定条件下的终止维生措施。瑞士法律规定,对一个遭受痛苦、注定要死亡的患者施行安乐死是合法的。并规定一个医生如出自怜悯给患者以致死的药丸是不受惩罚的。法律之所以这样规定,是因为如果动物对安乐死具有法律和道德的权利,那么人类也应当有。日本就是通过对刑法第35条"正当行为"和第37条"紧急避险"的解释,有条件地确认安乐死的合法性。2002年4月1日,荷兰颁布世界上首部安乐死法,成为全球安乐死最宽松开明的国家,2014年比利时修订法律允许医务人员终止重症儿童的生命。2015年加拿大魁北克省批准了安乐死的合法性。2016年4月4日,加拿大联邦政府向国会递交了医生协助死亡法案,使安乐死合法化的问题又前进了一步。但迄今为止,大部分国家在安乐死合法化问题上比较谨慎,只是其中有些国家通过法院判例有条件地承认安乐死。

三、我国关于安乐死的法律争议

我国关于安乐死的法律争议开始于1986年的安乐死第一案,而解决生命权的支配性问题又是首要的核心问题。我国已经具备安乐死合法化的民法基础。

首先,安乐死是对死亡权的尊重,反映现代法治发展的基本趋势。随着医疗科技的广泛应用和老龄社会的深入发展,传统人格要素不可支配不可让与观念的现实基础已经动摇,传统生命权理论也受到广泛质疑。生命权不仅是一项首要的人格权[①],而且还是各项具体人格权的基础,无论是物质性人格权还是精神性人格权都以生命安全和自我支配为前提。从内容上看生命权是指维护生命存在的权利,其权能通常认为包括生命存续权、生命尊严权、生命安全权等传统内容,生命自由权[②]、生命支配权则是随着社

---

① 生命是否是权利曾迫于争议,反对者认为,有权利就有救济,生命一旦被侵害,无法实现法律上的权利救济,故生命非权利;支持者认为,生命作为最高的价值,应当得到保护,而且健康、身体被侵害并不必然导致死亡,三者应当区别开来,分别予以保护。因而生命应为权利。龙显铭:《私法上人格权之保护》,中华书局1949年版,第42页。

② 汪进元:《生命权的构成和限制》,《江苏行政学院学报》2011年第2期。

会的进步和生命科技的广泛应用被赋予新的时代内涵。① 生命利益支配权是指自然人支配自己生命的权利,其形式主要包括自杀、堕胎、安乐死、医助自杀、尊严死。② 但是,生命权是否具有可支配性决定权利,人是否可以处分自己的生命,这一问题无论从理论上还是实践上都存在较大争议。③ 传统生命权理论反对自然人支配其人格因素的重要根据是生命权不同于其他人格权的最大特征在于其客体(生命利益)是与其主体的权利能力融为一体的,据此认为生命权不包括支配权和请求权,而仅指生命维护权。④ 肯定说则基于自然权利、自主权、财产权、人格权等理论,坚持自然人拥有生命支配权能。⑤ 目前肯定说已经逐渐取代否认说成为主流,立论依据纷呈。有学者认为,传统生命权理论通常被定位为先在的固有权利以示尊崇和禁止公权力介入,这一观点固然有助于提升尊重生命神圣性的意识,但对解决尘世的生命难题通常却并无助益。⑥ 因而需要对传统生命权概念和理念进行改造,如以与"生存权"较为接近的"生命安全权"取代"生命权"。⑦ 有学者主张我国的《民法典》不应将生命权利化,而应将其作为一种受保护的特别利益,以免得出"自杀权"的合法根据,违反伦理及善良风俗。⑧ 生命利益的法律化应以生存权、生命受保护权、生命安全权、生命安宁利益权、生命健康权、禁止侵害他人生命利益、生命损害求偿权、生命处断权和生命利益交易权等体系化思维完善生命权立法。⑨ 这里的生命处断权即是生命自由权。当然,这种支配权的正当性是建立在尊重公序良俗基础上的。

其次,生命权包含支配权能也可以从人格权的基本原理对其进行伦理证成。权利本身即是对一个对象的理性占有⑩,权利的本质就是意思自治。黑格尔曾说,每一个真正的权利就是一种自由。⑪ 民事权利既然是权利主体以实现其正当利益为目的而自由行使意志的范围⑫,则权利主体按照自由意志对权利客体进行支配就应当是民事权利的核心。生命权作为一项民事权利,其主要特征应是自由处分性而非处分的

---

① 刘士国:《中华人民共和国人格权法律条文建议附理由》,中国法制出版社 2017 年版,第 25 页。
② 西方各国法律史上对自杀行为的法律评价经历了从犯罪到个人自由的漫长而曲折的历程。参见李建军:《自杀行为在西方法律史上从"犯罪"到"权利"的演变探析》,《政治与法律》2007 年第 2 期。
③ 汪进元:《生命权的构成和限制》,《江苏行政学院学报》2011 年第 2 期。
④ 翟滨:《生命权内容和地位之检讨》,《法学》2003 年第 3 期。
⑤ 周平、严永和:《现代科技背景下生命支配权之理论审视与制度构建——兼论"民法典·人格权"编之生命权立法的完善》,《暨南学报(哲学社会科学版)》2019 年第 1 期。
⑥ 易军:《生命权发展中的权利论证》,《法学研究》2009 年第 4 期。
⑦ 韦以明:《"生命权"、"生命安全权"、"生命健康权"谁宜入宪——"非典"现象中的生命观透视》,《政法论坛》2003 年第 6 期。
⑧ 项斌斌:《生命权作为人格权之民事权利属性质疑》,《华东政法大学学报》2019 年第 2 期。
⑨ 王建平、李欢:《生命安全机制与生命权立法》,《当代法学》2017 年第 5 期。
⑩ [德]康德:《法的形而上学原理——权利的科学》,沈叔平译,商务印书馆 1997 年版,第 60 页。
⑪ 周辅成:《从文艺复兴到十九世纪资产阶级哲学家、政治思想家有关人道主义人性论言论选辑》,商务印书馆 1966 年版,第 681 页。
⑫ 李永军:《民法总论》,法律出版社 2009 年版,第 99 页。

受限性。① 近年来有更多学者以开放务实的态度接受生命权的支配权能。如徐国栋曾明确提出自然人享有生命权与防卫权,并且"不可放弃","禁止满足他人提出的终结其生命的请求"。② 但他后来把自杀区别为利己性自杀、利他性自杀与反常性自杀等几种形式,认为前两种不宜全部否定,后一种则难以实际禁绝。③ 刘长秋等则直言"人的生命权之中实际上已经先天地包含了死亡权的内容",保障人的死亡自由是死亡权的功能,死亡权体现了法律对人的意愿尊重和保障。④ 梁慧星就曾指出,"禁止一切侵害自然人生命或者有可能导致生命丧失的非法行为"。⑤ 但他也指出"人格权的内容是对身体、姓名、名誉、肖像等权利人自身人格利益的直接支配"⑥。杨立新甚至提出生命权的实质就是生命支配权。⑦ 这都体现了学者对社会需求的理论回应。承认生命支配权能已经为诸多国家和地区的立法所实践,我国台湾地区三年前通过的"病人自主权利法"也于 2019 年 1 月 6 日实施。综上,安乐死不仅不违反伦理理论和规范,也可从现代人格权法理论获得确证。未来法律应当尽早从传统观念中解脱出来,承认安乐死合法化。

总之,生命是自然人人格存在的物质基础,生命权是自然人的最高人格利益。尊严死亡是人格尊严和人格自由最鲜明的表现和最生动的诠释。承认生命权具有自决权和支配权能,则彰显法律个体权利的尊崇,使生命权构造更加理性务实,并合理解决现代科技带来的生命难题,承认自然人对自己的生命的自主权和支配权。我国未来安乐死立法应当以民法典的全面实施为契机,依法确认自然人生命自主权,并妥善处理好患者生命自主权和医疗人员救助义务的关系。为了不引起较大的社会波动,建议不直接在生命权问题上规定尊严死或安乐死问题,而是以"但书"的形式为生命支配权预留空间,同时把作为一般人格权的自主权落地,明确规定为具体人格权并使其延伸至生命处分,待将来时机成熟另行制定单行法保护患者自主权,并修改刑法里的相关规定,实现安乐死出罪化。

第三节　脑死亡的法律问题

一、传统死亡标准及其局限

(一)心肺死的判断标准

作为一种法律事实的死亡在法律体系和法律效果中具有重要意义,法律亟须重新

---

① 郑琼现:《论生命权法律性、权利性、神圣性的坚守——对生命权伦理化、义务化、生物化话语的批判》,《政治与法》2015 年第 1 期。

② 徐国栋:《绿色民法典草案》,社会科学文献出版社 2004 年版,第 87 页。

③ 徐国栋:《民法哲学》,中国法制出版社 2009 年版,第 226 页。

④ 刘长秋等:《脑死亡法研究》,法律出版社 2006 年版,第 68 页。

⑤ 梁慧星:《中国民法典草案建议稿附理由·总则编》,法律出版社 2004 年版,第 32 页。

⑥ 梁慧星:《中国民法经济法诸问题》,法律出版社 1991 年版,第 67 页。

⑦ 参见杨立新:《生命权的实质是生命支配权》,《北京日报》2007 年 8 月 27 日。

定义死亡,建立和承认某一死亡标准。然而,法律的任务不在于如何给死亡下一个完美无缺的定义,而在于如何从死亡过程中定一个终点——符合科学与伦理的终点,一个法律意义上的可以决定权利义务关系变更的终点。因此,死亡标准的法律界定才是法律和社会所需要的。

究竟以什么标准来判断人的死亡,人类最早的认识是呼吸停止。随着人类对自身认识能力的提高,形成了以心脏停止跳动作为死亡判断的标准,即心死亡标准。1628年,英国医生、实验生理学创始人哈维发表了《心血运动论》,在人类历史上第一次科学地揭示了心脏在血液循环中起的功能和作用,人们将哈维的发现与哥白尼的"日心说"相媲美,因为哈维使人类对心脏的认识进入了一个崭新的阶段。《心血运动论》的发表,在实践中更加支持了关于心死等同于人死的死亡标准。美国《布莱克法律词典》和《英国牛津法律大词典》都把死亡定义为:"生命之终结,人亡不存;即在医生确定血液循环全部停止以及由此导致的呼吸、脉搏等动物生命活动终止之时。"[1]由于非常直观,长期以来,实践中人们一直把心肺死作为操作标准。临床上也是以自主呼吸停止、心跳停止和瞳孔散开作为死亡判定无可争辩的标准。

(二)心肺死标准存在的问题

随着医学知识的进步和临床实践的经验,人们发现心死亡和脑死亡不一定是同步的,心肺功能全然停止的"死者"常有"死而复生"的先例。临床实践表明:心肺功能丧失并不代表大脑、肾脏和人体其他主要器官功能的停止,呼吸和心跳的停止并不预示人作为一个整体死亡的必然发生。从纯科学角度来看,心跳终止并不和死亡时刻吻合。患者在死亡之前或死亡之后才停止心脏搏动。而且心肺功能丧失具有医学可逆性,在心脏起搏器、人工呼吸机等先进医疗设备的帮助下可以长期维持。特别是心脏移植技术的临床应用,表明心脏是可以替换的,它与生命亦非同一,因而不是死亡的象征。[2]心脏死不等于人体死,心死不等同人死。这就促使人们重新思考生死的界限。促使人们寻找更能反映死亡本质的新的死亡标准。于是,脑死亡标准应运而生。

心肺死标准不科学的生理基础在于:人体是一个多层次、多器官、多系统的复杂有机体,在这个复杂的生命有机体中,各种器官和组织的死亡是分层次进行的复杂过程。究竟是哪一层次的哪个系统或哪个器官的死亡才意味着一个生命个体不可挽回的终结,从而可以宣布人死亡呢? 现代医学的大量研究揭示:不是心脏,而是大脑。人脑不仅是意识和自我意识产生的生理基础和前提条件,还是人体生命系统最高中枢所在,是主宰和协调其他器官活动的唯一器官,是人的生命的主导器官。人脑死亡就是人的意识和自我意识的不可逆转的丧失,就是人的生命本质特征或生命品质的无法复原的消

---

[1]　施卫星、何伦、黄钢:《生物医学伦理学》,浙江教育出版社 1998 年版,第 295 页。

[2]　郭自力:《生物医学的伦理和法律问题》,北京大学出版社 2002 年版,第 3 页。

失。在许多情况下,心脏停止跳动时,人的大脑、肝脏、肾脏并没有死亡。脑细胞的死亡是在心脏停止搏动后十多分钟乃至几十分钟以后才开始,在脑细胞死亡开始之前出现心脏暂停而致的意识消失,可采取复苏抢救使人的生命的本质特征得以恢复,而这时的肝、肾、肌肉、皮肤等组织器官还没有死亡。相反,人的大脑一旦出现广泛的脑细胞坏死、脑功能出现了不可逆的停止之后,即使可以继续使用人工心肺机等措施维持心脏的跳动,但最终无助于大脑功能的恢复,无助于人的社会意识的维持。正是基于对这一客观事实的尊重,当今世界的许多国家都相继抛弃了心死标准,转而重建脑死亡标准。

二、脑死亡及其判定标准

(一)死亡临界点的认识轨迹

医疗实践中常常遇到各种由于不可治愈的脑结构损害,如脑外伤、失血性休克、窒息、颅内肿瘤等。脑死亡系指全脑功能不可逆永久丧失而言。在形态学上表现为脑肿胀、脑疝及功能停止后按经过时间不同所发生的脑组织自溶。因人体主宰中枢神经系统的脑神经细胞为一类高度分化的终末细胞(或称固定型细胞),死亡后不可能恢复和再生(至少不能完全再生),当脑细胞死亡数量达到或超过一定极限时,其思维意识、感觉、自主性活动及主宰生命中枢的功能将永久性丧失。正是因为脑细胞的这种解剖学、生理学、病理学特性构成了将脑死亡作为诊断人类死亡的科学基础。脑死亡在具体判断标准上存在一些争议。对脑死亡的最早研究出现在 20 世纪 50 年代。1966 年,国际医学界正式提出"脑死亡"概念,即大脑功能不可逆转的丧失。1968 年,美国哈佛医学院特设委员会对脑死亡的概念有过经典的论述,即脑死亡就是整个中枢神经系统的全部死亡,包括脑干在内的全部机能丧失的不可逆转的状态。[①] 并提出了著名的哈佛标准:第一,不可逆的深度昏迷:患者完全丧失了对外部刺激和身体的内部需求的所有感受能力;第二,自主呼吸停止:人工呼吸时间停止 3 分钟仍无自主呼吸恢复的迹象,即为不可逆的呼吸停止;第三,脑干反射消失:瞳孔对光反射、角膜反射、眼运动反射(眼球—前庭—眼球—头部运动等)均消失,以及吞咽、喷嚏、发音、软腭反射等由脑干支配的反射一律丧失;第四,脑电波平直或等电位。凡符合以上标准,并在 24 时或 72 时内反复多次检查,结果一致者,即可宣告其死亡。但同时规定,服用过镇静剂、低温(低于摄氏 32 度)或其他代谢原因导致的可逆性昏迷除外。对婴幼儿的脑死诊断必须慎重。

继哈佛标准后,不少国家和组织也相继提出了脑死亡标准。1968 年,世界卫生组织建立的国际医学科学组织委员会规定死亡标准为:对环境失去一切反应;完全没有反射和肌肉张力;停止自主呼吸;动脉压陡降和脑电图平直。1970 年,加拿大提出脑死亡的指征。两年之后,加拿大曼氏托巴法律改革委员会提出了一份法定死亡定义书,作为

---

① 郭自力:《生物医学的伦理和法律问题》,北京大学出版社 2002 年版,第 3—4 页。

对曼氏托巴生命统计法规中的死亡定义的修改。这一定义是：一个人的整个脑机能出现不可逆的停止时称之为死亡。1973 年，第八届国际脑波——临床神经生理学大会提出了更加详细的定义，这就是全脑死亡概念（whole brain death），即：脑死亡是包括小脑、脑干，直至第一颈髓的全脑机能的不可逆转的丧失。全脑死亡后，尽管患者的其他脏器机能尚可以通过人工呼吸、药物疗法、输液、电解质的补充而得以维持，但这种状态绝不能持续长久。全脑死亡的概念虽然在国际上已被广泛采用，但英国仍以脑干死亡作为确定脑死亡的概念。持这种观点的人认为，脑干机能一旦永久性丧失，即使用人工呼吸和其他疗法来维持生命一般也在一两周内引起心跳停止。北欧各国把脑死亡作为经常见到的脑循环终止所引起的特异病态，因而把脑死亡称为全脑梗塞（total brain infarction）。由此产生三种不同的脑死亡判定标准：大脑皮质死亡、脑干死亡和全脑死亡。

（二）脑死亡的不同定义和判定路径

值得指出的是，在许多场合下，全脑死亡、皮质死亡、不可逆性昏迷和植物状态等术语，往往被视为脑死亡的同义语。而实际上这些状态和脑死亡状态具有完全不同的含义。

大脑皮质弥漫性死亡：大脑皮质主管人的思维、意识活动等心理功能。大脑皮质一经死亡，上述功能就不复存在，医学上把这叫作大脑皮质弥漫性死亡。此时至少可做出社会学死亡的诊断。大脑皮质死亡是否能作为人体死亡判定的最终标准，在医学和伦理上都存在争议。因此，"大脑皮质死亡"也是人体死亡判断的最后禁区。[1]

脑干死亡：人体有 12 对脑神经经由脑干发出，主管人的感官、呼吸等重要生理功能。现代医学认为，代表人体生命的首要生理特征为呼吸功能，而主宰呼吸功能的中枢神经区域位于脑干。因此，专家推荐将脑干死亡作为达到死亡临界点的标准，同时也作为判定人类脑死亡和死亡的标准。脑干死亡之后，依靠现代医疗手段所能维持的、包括残余心跳在内的部分生物特征不再表明生命的继续存在。

全脑死亡：大脑皮质弥漫性死亡+脑干死亡＝全脑死亡。全脑死亡一旦发生，应即时宣告个体死亡。虽然大脑半球对维护人类思维和行为的高级神经机能活动有重要作用，但却不能像脑干那样具有维持生命活动的基本机能。[2]

不可逆性昏迷：是由哈佛大学的标准而确定的名称。尽管它是不可康复的昏睡状态，但却保有呼吸和脑干的其他机能，这种状态常被称为"植物状态"。植物状态与脑死亡也迥然不同，植物状态具有自主性呼吸，脑死亡则没有自主性呼吸。植物状态有两种，一是持续性植物状态，二是永久性植物状态。以时间为判断标准，但各国的标准不

---

[1]　陈玉梅：《论我国 DNA 数据库基因隐私权的法律保护》，《湖南社会科学》2015 年第 4 期。

[2]　郭自力：《生物医学的伦理和法律问题》，北京大学出版社 2002 年版，第 5—6 页。

统一。植物状态在一年以上的患者,意识恢复率低,处于重残状态,因此有人将一年以上的患者称为永久性植物状态。现在,借助先进的医疗设备和技术可以长期维持植物状态患者的呼吸和心跳,并从体内排出废物。但这不等于患者还活着,也不等于死者还可以复活。因此,人们通常所说的"植物人"中有很大一部分可能已经死亡,正确做法是要尽快地、仔细地进行脑干或脑干以上中枢神经系统的系统性检查,以确定是否已经发生脑死亡。如果证实发生了脑干死亡或者大脑皮质弥漫性坏死所导致的永久性植物状态,就应当停止一切以复苏为目的的医疗活动。"植物人"是死人还是活人有待于严格的脑死亡鉴定才能确认。所以"植物人"应当打个引号。没有严格定义的"植物人"非常容易与脑死亡混淆,因此应当尽量避免使用。

由此看来,不可逆性昏迷、全脑死亡、脑干死亡、皮质死亡等与脑死亡不是同一个概念,究竟哪一个是死亡的临界点呢? 标准不一,必然影响到脑死亡的可靠性。

其实,弥漫性脑损伤发生时,大脑皮质死亡一般来说要先于脑干死亡,因此采用脑干死亡作为个体死亡的判定标准更具保守性、安全性、可靠性。例如缺氧时,脑细胞对缺氧耐受时间分别为:大脑皮质 4—6 分钟;中脑 5—10 分钟;小脑 10—15 分钟;延髓、脑干 20—30 分钟。同时,上述概念的内容尽管不同,但对维持生命不可缺少的脑机能状态不可逆转的丧失这一点却是相同的。

基于此,脑死亡标准可以界定为:以脑干或脑干以上中枢神经系统永久性地丧失功能为参照系的人类死亡判断。需要说明的是,脑干功能完丧失以全身功能脑干反射完全消失为特征,须由一组严格设置的医学实验、检查所构成的诊断标准加以确定,并需制定和遵循严格的脑死亡判定标准与技术规范。目前,卫生部脑死亡判定标准起草小组起草制订的《脑死亡判定标准》和《脑死亡判定技术规范》两个文件已在广泛征求意见。

三、脑死亡的社会意义与立法抉择

(一)脑死亡标准的社会意义

实行脑死亡标准是既是尊重死者人格尊严的表现,也是科学理性和人文精神复苏的标志,虽然它的提出可能还有浓厚的功利主义,但却不能否认它的科学性、道德性和现实可行性。

第一,使死亡标准更加科学、理性。脑死亡标准的伦理价值首先是表现在它的科学性上。从心死标准到脑死标准的转变是人类对死亡研究和认识不断深化的结果,脑死亡标准的确立使死亡标准更加科学、可靠。如前所述,人的大脑主宰人的中枢神经系统。脑的神经细胞为一类高度分化的终末细胞,死亡后不可能恢复和再生。脑细胞大量死亡后,人的生命本质特征立即消失。脑死亡后即使心跳和呼吸仍在继续,但这个人的思维、感觉、自主性活动及主宰生命中枢的功能都将永久性地消失。作为人的本质——自我意识也随之消失,人的存在已经丧失了现实的意义和价值。那么,这个人也就不复存在了。再对其进行"抢救"和治疗,是毫无意义的。实施脑死亡,可以终止"愚昧医疗行为"。而且,脑死亡之后机体各个器官不久都会死亡。国内外研究表明:就当前的医学水平来说,真正脑死亡的患者是无法复苏的。正是由于脑死亡的不可逆性决定用脑死亡标准取代心死亡标准具有更准确的科学性。可见,脑死亡标准的确立更能准确说明人的生命的完全终结,与心死亡标准相比更具有科学性。大脑是目前不可置换的具有主宰意义的器官。现在器官移植技术发展很快,已能应用于心、肝、脾、肾、肺等多种脏器,但大脑移植成功还需时日。何况,即便大脑移植成功,也是从另一个角度证明了以大脑功能来判断生死比"心肺死"更客观、科学。

第二,极大地维护了人的生命尊严。按照传统死亡观念和标准,有些脑死亡"死人"只要还有心跳和呼吸,就不能放弃抢救和治疗,"死马当作活马医"。于是各种医疗设施、药品和手术不断施与"死者",使死者死后还要受医疗技术的折磨,这难道不是对死者的一种亵渎吗? 相反,一旦诊断脑死亡成立,立刻撤销一切徒劳无益的抢救手段,尽可能让死者完整地、平静地、仪容整洁地升入天国。虽然有点"尸骨未寒"的凄凉,这恰是对生命和尊严的一种尊重。尤其值得一提的是,脑死亡的确立还可以使"死人""起死复生"。心肺死往往使许多服毒、溺水或冻死的假死患者人为丧失抢救机会,白白丢了性命。脑死亡的确立为真死假死的鉴别提供了科学的依据,以达到更好地维护人的生命权。

第三,使更多的人获得新生。脑死亡不仅带来更文明、更进步的死亡标准,同时也为器官移植增添了一条现实通道。现在,一边是需要器官移植的患者越来越多,一边是器官的供体相对地越来越少。实施脑死亡,可以拓宽器官供体的途径,缓解供需矛盾。因为脑死亡时间通常早于心跳呼吸死亡时间,实行脑死亡法,可以及时得到可以利用的脏器,如肾、心脏、肝、肺等,拯救濒危患者。采用脑死亡判断标准意味着人死亡界定点的提前,移植的器官从供体上取下的时间距离供体停止呼吸和体内循环的时间越短越好,如果在供体还留有血压时候取出,效果最为理想。相反,时间越长器官移植后的成活率越低,甚至为零。因此,采用脑死亡者的器官能够使成千上万的患者获得新生。从某种意义上说,死者的生命在别人身上得到了延续。中国如能使用国际通用的"脑死亡就等同肌体整体死亡"的概念,将脑死亡者作为器官来源,将有更多的患者得到新生。目前西方国家大多通过了脑死亡法。脑死亡的重要意义就在于能保证取下器官的新鲜度,使接受器官移植的患者存活率大大提高。

第四,节省医疗资源,避免过度医疗,减少患者家属与社会的压力。据粗略估计,我国每年为脑死亡后的"抢救"支出的医疗费用高达百亿元。抢救一个"脑死亡"患者,花费的治疗费用在一周时间里就可能达到十几万元。对脑死亡后毫无意义的"抢救"措施和其他一切安慰性、仪式性医疗活动不但是一种愚昧的医疗行为,而且给国民经济和医药资源造成巨大的浪费。同时,可以节省医务人员的时间、精力,让他们为那些更需要治疗且更有希望康复的人给予更多关爱。这实际上是更实际、更有人道主义价值的医疗行为。

第五,体现了医学和社会观念的进步。从社会价值观念上看,实施脑死亡可以在社会上倡导一种新的死亡观,一种为他人、为社会作贡献的崇高价值观。在美国,不少公民的汽车驾驶执照上都有一个标志,其意思是,万一出现了重大交通事故导致死亡,他们愿意捐献自己的身体、器官,供有需要的人使用,供医学事业使用,不需要经过他们家属的同意。① 这种对死亡、尸体、器官处理的坦然态度,是科学和人道的,值得我们学习和实践。

综上所述,脑死亡是人类对死亡认识的深化、是理性的复苏。虽然,脑死亡掩饰不住其功利主义的色彩,但正是这"残忍"和"冷酷"的背后饱含着对生命浓厚的关怀和尊重,对脑死者及其亲属是这样,对垂危患者更是这样。脑死亡体现了是抽象人格理念在生命终极问题上的要求。而脑死亡标准的实施必将更大程度上推进人格尊严理念向现实转化。

(二)脑死亡的法律效果

引入脑死亡标准就需要对脑死亡进行立法。死亡作为一种法律事实在法律体系和法律效果中具有重要意义,现行法律关于死亡的规定或制度均建立在传统死亡标准的基础之上,脑死亡标准的确立必然会引起有关法律概念内涵的变化,与之矛盾与冲突的相关制度也需要变革。首先,脑死亡标准的确立对民法的直接影响是权利能力制度。根据《民法典》第13条的规定,自然人从出生时起到死亡时止,具有民事权利能力,依法享有民事权利,承担民事义务。脑死亡标准取代心肺死标准后意味着作为整体的人的死亡,意味着其权利能力的丧失,以及生命权、健康权等人格权的丧失,导致民事法律关系的产生、变更和终止的效力。其次,脑死亡将导致侵权性质的认定。在传统侵权案件中,造成受害人脑死亡的都认定为"伤害",是侵犯健康权的行为,采取脑死亡标准,"伤害"则变成"杀人",侵权责任认定也就有重大不同。刑法中涉及死亡的犯罪条文,对罪与非罪、此罪与彼罪、重罪与轻罪的认定及其量刑责也有所不同。最后,脑死亡影响医疗行为的定性。对脑死亡患者不进行人工复苏或者已经抢救,然后撤销医疗抢救设施,不构成杀人。同时,经过死者生前遗愿或推定同意,摘除器官也不构成伤害。

早在21世纪初,已有包括美国、加拿大、阿根廷、奥地利、澳大利亚、捷克、芬兰、法国、英国、挪威、希腊、瑞典、西班牙、意大利、比利时、德国、印度、爱尔兰、荷兰、新西兰、瑞士、泰国、日本等在内的一百多个国家和地区,或通过了正式的死亡立法来确认脑死亡标准,或在临床上已实际使用脑死亡作为死亡判断标准。显然,在法律上承认脑死亡标准已渐渐成为一种发展趋势。对死亡进行立法的目的,一是为了死亡诊断提供法律

---

① 董玉整:《赞成脑死亡立法的理由》,《南方日报》2002年9月5日。

指南;二是为了推进脑死亡观念的转变。就已经进行脑死亡立法的国家来看,在立法模式上,大致有两种情况:一是单独立法形式,即专门制定脑死亡法。作为一部独立的法典,与其他法律没有附属关系。① 如美国堪萨斯州 1970 年制定的《死亡和死亡定义法》,美国医学会、美国律师协会、美国州统一法律全国督察会议以及医学和生物医学及行为研究伦理学问题总统委员会 1983 年通过的《统一死亡判定法》(Uniform Determination of Death Act, UDDA)即采用这种模式。其优点在于有助于扩大死亡法的适用范围,利于突出脑死亡的法律地位,因为立法的层次较高而且独立,所以对有关死亡的所有法律事项均有管辖权,另外就是将脑死亡与器官移植分离,避开了较为敏感的器官捐献问题,避免了脑死亡污名化,有利于器官移植的顺利开展。但是也存在增加了立法及执法成本等诸多不足。② 早期立法采取这种方式还有另外一个重要考虑,那就是可以避开移植目的的功利主义嫌疑;但是,由于反对者过于警觉,堪萨斯州早期的立法被广泛指责为移植器官的工具法,所谓避开嫌疑保障公正,加强信任基础的目的没有达到。二是器官移植附属法形式。当器官移植立法显得很有必要且条件成熟时,反对的浪潮势力大减,因而死亡确定作为器官移植中的一个步骤被规定在器官移植法当中,现存的死亡立法,这种方式占有绝大多数。它的唯一优点是与器官移植法衔接、紧密协调,因而在死亡确定的大多数时候能得到明确的法律支持和约束。它的弊端就是第一种模式的优点所在,一是功利动机的反道德色彩较浓,二是适用范围受到限制。在得到有效的司法解释或其他的立法明确指示以前,死亡法则不能扩大到非器官移植领域。即使是独立成篇的《堪萨斯死亡法典》,也只有明文指示这一标准可以适用于所有的民事或刑事审判,它才能得到统一的多领域适用的效力。

(三)脑死亡标准合法化的社会基础

脑死亡标准是一个医学技术问题,也是一个社会观念问题,直接影响死亡标准立法进程。因此,脑死亡立法离不开对国情的分析,考察其社会可接受性。我国长期受儒家文化和传统生命观的影响,尚未完全理解和接受脑死亡标准。一是认为人体脑死亡后短时间内可能仍保持原来的生理活性,存在心跳、呼吸和脉搏等生命体征,是为活着的个体,这时宣布患者死亡,无异于谋杀或亵渎生命尊严。二是脑死亡后往往伴随着器官移植,据此误以为确立脑死亡标准是为节约医疗资源和移植尸体器官,先据脑死亡标准判定死亡,再将其视作尸体而摘取器官,其中的功利之心昭然若揭,道德风险不言而喻,况且传统心肺死标准判定明确,具有公示性,而脑死亡认定具有专业性和隐蔽性,需要专业人员借助专业技术和辅助检查设备判定,普通人不具有判定资格,那么,如何防范掌握死亡宣告权的专业人员滥用这一特权? 此外,社会公众对脑死亡还存在一些误解,

---

① 郭自力:《生物医学的伦理和法律问题》,北京大学出版社 2002 年版,第 5—6 页。
② 黄丁全:《医疗法律与生命伦理》,法律出版社 2015 年版,第 160—162 页。

把脑死亡者和"植物人"混淆,或者认为脑死亡就是安乐死,不了解他们之间的不同本质。三是误以为脑死亡有助于解决器官移植供体不足问题,无视脑死亡者的器官捐献的无偿自愿原则。① 因此,我国社会对"脑死亡"的认可可能还有一段距离,现在,问题的关键在于"社会基础",也就是老百姓转变思想观念,接受"脑死亡"的概念,帮助社会认同和接受"脑死亡"标准。在我国现阶段,我国脑死亡立法也存在学理上的分歧,人们对应否立法确认脑死亡标准意见不一,这些分歧一定程度上也给我国的脑死亡判断标准的制定和立法带来了困难和阻力。但是,普及脑死亡不能"等"和"靠"。在过渡阶段应特别注意发挥法律的教育功能,积极宣传脑死亡,推进脑死亡标准的普及。这就需要进行脑死亡立法,将脑死亡定义、诊断标准、确认实验以及宣告程序等法律化、制度化,最终保证脑死亡的深入人心和顺利实施。

2018 年 9 月 12 日,全国人大教科文卫委员会回复了关于脑死亡立法建议的信函表示,建议在现行法律中增加脑死亡和心死亡的规定,给死者家属一定选择权。② 这足以说明,我国心肺死标准的终结已经不再遥远。

---

① 王彩霞、张君:《脑死亡立法的艰难与中国传统文化》,《医学与哲学(人文社会医学版)》2008 年第 1 期。

② 全国人大教科文卫委员会:《关于十三届全国人大一次会议第 5344 号建议的答复》(教科文卫〔2018〕2 号),2018 年 9 月 12 日。